中国少数民族传统法律文献汇编

ZHONGGUOSHAOSHUMINZU
CHUANTONGFALVWENXIANHUIBIAN

（第一册）

张冠梓 ◎ 编

中国社会科学出版社

图书在版编目（CIP）数据

中国少数民族传统法律文献汇编／张冠梓 编.—北京：中国社会科学出版社，2014.3
ISBN 978-7-5161-4093-2

Ⅰ.①中… Ⅱ.①张… Ⅲ.①少数民族—法律—汇编—中国 Ⅳ.①D922.159

中国版本图书馆 CIP 数据核字（2014）第 056727 号

出版人	赵剑英
责任编辑	张　林
特约编辑	张　滨
责任校对	韩海超
责任印制	戴　宽

出　版	中国社会科学出版社
社　址	北京鼓楼西大街甲 158 号（邮编 100720）
网　址	http://www.csspw.cn
	中文域名：中国社科网　010-64070619
发行部	010-84083685
门市部	010-84029450
经　销	新华书店及其他书店
印　刷	北京君升印刷有限公司
装　订	廊坊市广阳区广增装订厂
版　次	2014 年 3 月第 1 版
印　次	2014 年 3 月第 1 次印刷
开　本	710×1000　1/16
印　张	193.5
字　数	2176 千字
定　价	498.00 元（全五册）

凡购买中国社会科学出版社图书，如有质量问题请与本社联系调换
电话：010-64009791
版权所有　侵权必究

编校说明

中国自古以来就是一个统一的、多民族的国家，无论是古代的还是近现代的各个民族，都有着或多或少的、各具特色的传统法律文化。这些法律文化形式多样，内容丰富，宛如一颗颗明珠，构成了祖国传统法律文化宝库的重要组成部分。发掘、搜集、整理和编辑这份宝贵遗产，古为今用，一直是法学界、史学界、民族学界不断探索并力求实现的目标。本书就是对这些作为少数民族传统法律文化核心组成部分之一的法律法规和有关法律文献所做的较为系统的汇编和整理。

一

中国少数民族传统法律文化源远流长。早在上古时期，其先民就开始制定刑律。《尚书·吕刑》中记载："苗民弗用灵，制以刑，爰始淫为劓、刖、椓、黥、越兹丽刑并制，罔差有辞。"该记载表明苗族的先民早就使用肉刑，并参与了中国早期法律的制定。兴起于战国末期，兴盛于秦、汉时代的匈奴，是中国历史上北部草原游牧民族中第一个统一的游牧军事政权。

单于是匈奴的最高首领,是贵族统治阶级的代表,总揽军政及对外一切大权。从父权制确立以来,单于的职位和权力就逐渐转变为世袭制,或父死子继,或兄终弟继。下有王、侯、大将、大都尉、大当户等高级官职,也是由一些显贵氏族或家族世袭。匈奴有自己较为完整的国家政权机构,分为三个部分:单于庭、左贤王庭、右贤王庭,分别管辖匈奴中部、东部和西部地区。匈奴有刑律,由辅政的骨都侯主断狱讼。"其法,拔刃尺者死,坐盗者没入其家;有罪,小者轧,大者死。狱久者不满十月,一国之囚不过数人。"

北魏时期,历朝皇帝都很重视法制建设。自道武帝拓跋珪时修订律令,后六代皇帝八次修律。特别是孝文帝时期的法律修订与改革,规模较大,效果显著,最值得称道。他"变法改度,宜为更始",先后两次修律,是为北魏律。孝文帝配合政治上的革故鼎新,改变过去法律中繁复严酷的条文,从简从轻,把"恕死徙边"作为定制,改株连之法,废止某些野蛮刑讯,并"遣囚赴耕"。他还整顿司法机构,惩办枉法官吏。孝文帝的法制改革既承袭了汉、魏、晋律的传统,又依据民族政权发展的需要作了权变,以期补偏救弊,呈现出"综合比较,取精用宏"的特点。北魏律典融入了北方少数民族的法律精髓,对后世法律的制订和实施影响很大。

公元六至八世纪,突厥民族在金山南麓、漠北高原曾两度建立突厥汗国。在汗国内,可汗有着至高无上的权力,下设由贵族世袭的叶护等凡二十八等各种官吏。汗国还有相应的刑罚、税收制度。七世纪初,回鹘兴起于漠北,中期以菩萨为最高军事首领。"其母乌罗浑主知争讼之事,平反严明,内部齐肃。"

由此可见回鹘早期法律之一斑。八世纪中叶建立了强大的回鹘汗国。历回鹘十五世可汗中，有十一世接受唐朝封号，但仍设置自己的政权机构，行使自己的法律，沿袭自己的习惯。作为薛延陀属部之一的黠戛斯于九世纪中期国势强盛，设有君主（阿热）和官宰，实行兵民合一的制度。"其文字语言，与旧回鹘正同。法最严，临阵党项、奉使不称、妄议国若盗者皆断首；子为盗，以首著父颈，非死不脱。"七世纪末，在我国东北牡丹江上游，建立了以靺鞨族为主体民族的渤海王朝。渤海国延续二百余年，"为海东盛国"，有着比较系统的政治法律制度。它接受唐朝册封，并且"一准乎礼"建立起封建贵族等级制度、社会秩序和法律道德规范。其政治机构中，可毒夫（又称圣王、基下）是主宰一切的国家首脑，下设三省六部。在忠、仁、义、智、礼、信六部中，礼部相当于唐的刑部，掌管法律、刑狱、审复等，是王国的最高法律机构。

地处西北边疆塔里木盆地南端的于阗、鄯善国，虽皆先后臣属于汉、魏、晋、北魏王朝，但亦建立了整套的国家机器和较为系统的法律制度。据出土的法律文书记载，鄯善国王代表着法律，集行政、司法、军事大权于一身。由于人口稀少，生产力水平低下，所以刑罚种类比较简单，较少死刑，又因地处丝绸之路要冲，为发展贸易，法律对交换、贸易加以保护。

公元七世纪，吐蕃在我国西南部兴起，其首领松赞干布统一了吐蕃全境，建立了强大的吐蕃王朝。当时吐蕃已有较为系统的成文法，用创制不久的吐蕃文字行文发令，并制订了六种大法。墀松德赞时期又修订完善法规，有所谓九双木简、真智五木简、三审判木简及流动木简等法律。根据仅见的片断文献记载，可知吐蕃法律也是比较完善的，具有诸法合体特征。吐蕃法律保护等级森严的贵族统治制度，刑罚严酷，刑纲密布，往往轻罪重罚。其中还保留有某些原始社会的残余，如部落会盟、同态复仇以及类似神判的习惯法。八世纪，在云南全境、四川南部、贵州西部地区，乌蛮、白蛮等民族建立了南诏政权。南诏以唐朝的行政机构为参照，并部分采借吐蕃的法律制度，建立了自己的民族政权及其政治法律制度。国王为南诏，下有内阁首领称为清平官，还有军事高级将领大军将等。其下有相当于唐朝六部的六曹，其中刑曹主管司法刑律。又设断事曹长，主管缉拿推鞫盗贼。后六曹改为九爽，其中管理刑罚的称为"罚爽"。

十世纪初，契丹族在我国的北部兴起，首领耶律阿保机建立契丹王朝，并用创制的契丹文字制定了成文法，以北方民族的习惯法吸收汉律而制成决狱法，并设置夷离毕以决狱讼。太宗时因其境内民族社会经济发展不同而设置北、南两套官制。北面官制为统治契丹和其他游牧民族而设，南面官制为治汉人州、县而设。辽代前期法律不仅"同罪异论者盖多"，在民族待遇上也有很大差别，契丹人和汉人犯法处罚轻重不同，且刑法严苛。十世纪中后期，辽朝修订法律，改弦更张，逐渐趋于宽平，调整了民族关系，改变了契丹人同罪异论的特权，更加趋同汉律，后以辽兴宗重熙五年（1036）所订重熙新定条例为基础，屡经重订增补。

西夏于宋代称强西北，与宋及辽、金成鼎足之势。其统治民族党项人早期"俗尚武力，无法令"，北迁后，社会发展很快。其第一代皇帝景宗元昊案上常置法律书，可见当时已有成文法。党项族内有和断官，"择气直舌辩者为之，以听讼之曲直，杀人者纳命价百二十千"。元昊在全国仿中原制度，设十六司，分理六曹，其中有刑部，为审判司。西夏中后期法律更为完善。仁宗天盛年间（1149—1169）修订律令，制成天盛年改旧定新律令，目录外共二十章。它既吸收了唐、宋法的重要内容，又有自己独特的体例，并且表现出鲜明的民族特色。如在行政法方面，将行政机构设置、职官定员，官吏升迁黜免都载入法典；在军法方面内容具体、丰富；与其生产方式相适应，有关畜牧方面的律条规定颇为明细；诉讼程序是官府接到呈诉状后，将犯人押解到狱中，如审讯时不招供，予以严刑拷打，使其认罪服法。这部重要法典以西夏文刻印。但夏亡后，已久不传于世，二十世纪初才出土于古城遗址。这是保存至今的最古的一部少数民族法典，在中国法律史上占有重要地位。新律令之后又编成了新法一书。神宗时有《光定猪年新法》的编纂。

十一世纪初，东北地区的女真族完颜部发展较快。由于女真族原无成文法，"法制简易，无轻重贵贱之别，刑赎并行"，部落联盟首领石鲁曾改革女真旧俗，为制定法律，经历了激烈的斗争。十二世纪初，完颜阿骨打建立金朝，进行了一系列政治、经济、军事、文化改革，确立了新的法制。金初法制保留有氏族社会某些平等原则，刑赎并行。以后多次修律，如熙宗皇统年间，以本朝旧制，兼采隋、唐制，参辽、宋法，成皇统制，此为金朝的第一部法典，亦是其统一法制之肇始。随着封建经济的发展，金章宗时注重法典修订，制成泰和律，是为金朝最完备之法典。金朝法律基本上沿袭辽、宋旧制，同时具有其民族特点。如辽代刑法有杖、徒、流、死四刑。金因地理条件所限，无法流放边地，便只有杖、徒、死之刑。但女真人打伤与杀死汉人、契丹人无罪，而汉人对女真人稍有触犯，便处死刑。金律不仅行于当时，也影响于后世，在少数民族法制史上也具有重要地位。

居住在我国西南边疆的傣族，随着社会的发展，于十二世纪由首领叭真统一各部建立孟泐政权，受中央王朝封号。为维护封建领主地位，制定了封建法典。用老傣文保存下来的芒莱法典是十二三至十四世纪制定的。这一法典及其他法律如等级法规、民刑法规、地方公约、罚款和赎罪规定等多相互采借，甚至整条照搬，致使本书内容有些相似之处。在西双版纳地区长期发展中这些法规都保持着法律效力。

十三世纪初，蒙古族首领铁木真统一了漠北各部，建立了大蒙古国，被推举为成吉思汗。成吉思汗颁布了"札撒"（法度）、军断刑狱、词讼和掌管户口，征收财赋，后逐渐形成成文法。至世祖忽必烈时期，统一中国，建立元朝，这是中国历史上第一个由少数民族建立的全国性政权。忽必烈采取一系列措施加强中央集权，使国家机构日臻完善，中书之下设六部，其中设刑部掌管刑狱，另设宣政院掌管释教和吐蕃事宜。元初曾沿用金律，世祖时始编法典，成《至元新格》，后世又多次修订，都起到法典作用，但未能达到完整系统。元初蒙古的断事官依旧保留，执掌蒙古、色目、汉人词讼，后只处理蒙古事。蒙古统治者把全国各地各族分为蒙古人、色目人、汉人和南人四等。在法律上有许多对四等人不平等的律条，如汉人殴死蒙古人处死，而蒙古人殴死汉人只断罚出征。元朝的民族政策前后有所变化，有的政策在团结、融合其他民族特别是色目人上层集团方面起了积极作用。

明朝建立后，蒙古人大部退至长城以北，明王朝与蒙古封建领主开始长期对峙。为维护蒙古封建领主的统治，解决内外种种矛盾和纠纷，保证佛教的崇高地位，一些蒙古族大封建主或单独或联合制定了一些重要法典。其中主要有十六世纪后期蒙古土默特部首领俺答汗主持制定的《俺答汗法典》，明朝后期漠北喀尔喀蒙古领主所订《白桦法典》，明末清初喀尔喀和卫拉特封建领主会盟时制定的有名的《蒙古卫拉特法典》。《蒙古卫拉特法典》有一百二十一条，其中有政治、宗教、社会、家庭、婚姻、放牧、狩猎、战争、财产等方面的法律。他们对犯罪多用经济处罚，不强调刑罚。这些法典不仅是研究蒙古族传统法律文化的重要文献，也是研究十六至十七世纪蒙古族社会、政治、经济、军事、文化和宗教等问题的极其难得的文献资料。十七世纪初，居住东北的女真人进一步发展壮大，建州女真首领努尔哈赤建立了女真各部的统一政权后金，在法律设置方面渐由习惯法向成文法过渡，随着罪名和刑名的发展，刑法原则逐渐充实和明确。其中也反映出明显的民族不平等，如满族、汉族同罪异罚和满人可议功减罪等。此外还保留有某些原始民主制的残余。后来他们仿明朝设立包括刑部在内的六部，大明会典成为他们处理政事的主要依据。满族入关后颁行的大清律集解附例，大体沿用明律，掺合满、汉条例而成。后又多次修律，乾隆时期颁行大清律例。清朝以严刑峻法推行政治思想的高压政策，但维护满族优越地位的封建等级制度逐渐削弱，对少数民族司法管理相对加强。清朝设立了专门治理少数民族地区的理藩院，还制定了维护蒙古族、藏族、维吾尔族的军行法律蒙古律、番律、回律等，认可了盛行于南方山地许多民族地区的"苗例"，从而加强了对少数民族地区的司法管理。

据上所知，中国少数民族法制源远流长，历史上的少数民族法制内容十分丰富，具有各民族法律的多样性和不同历史时期的阶段性。亦即说，这些少数民族法制带有明显的民族、地方特点，反映出各民族在不同的社会发展阶段的经济形态、政治组织、管理手段、文化习俗等。有的随着少数民族社会的发展表现出变异性，有的则表现出相对的稳定性。少数民族法律和中原王朝法律有密切关系，往往互相影响和吸收，多有明显的内在发展联系。在我国各历史时期，少数民族在法制建设上都曾起过重要作用。所谓中华法系，不仅包括中原王朝法律，也应包括中国少数民族法律在内。随着少数民族的发展进步，汉族和少数民族交往的增加，少数民族参与全国政治、经济、文化生活意识的加强，中国少数民族传统法律文化的意义与地位越发显著。

二

在二十世纪五十年代以前，中国的少数民族分别处于不同的社会历史发展阶段。独龙、怒、傈僳、德昂、阿昌、佤、景颇、拉祜、纳西、基诺、黎、布朗、鄂伦春、赫哲等十五个民族或这些民族的部分地区，原始社会色彩颇为深厚。大小凉山的彝族处于奴隶社会。西藏的藏族、云南西双版纳的傣族处于农奴社会。壮、布依、侗、苗、瑶、土家、畲、白、回、维吾尔、蒙古、满等三十多个民族处于封建社会的中后期。由于各民族社会经济形态的差异及生产、生活方式的不同，不少民族仍然保留着与本民族社会形态相应的法律或习惯。这些处于不同社会发展阶段的少数民族有着不同特征的传统法律形式和内容。各民族不同内容和形式与其法律并存，是我国法制史上的一个重要特点。以下仅对处于不同发展阶段的几个民族的传统法律作一简单介绍。

居住在中国东北大小兴安岭一带的鄂伦春族，在二十世纪中叶之前还处于原始社会末期，依靠长期形成的习惯来管理社会。他们从生产资料占有、劳动组织、猎物分配到财产继承，从婚姻、丧葬到宗教、禁忌、血族复仇，从氏族到个体家庭，都有一套约定俗成的习惯。对违反习惯的成员，一般由氏族长、家长进行说服教育，重者则受棍刑乃至绞刑。后来有些案件如盗马、杀人等，逐渐交官方处理，但仍有很多问题在氏族内部按传统习惯处理。这种官方加氏族内部处理问题的情况，是与鄂伦春族社会处于过渡状态的村社制度阶段相适应的。

生活在云南西北部的独龙族，在二十世纪中叶以前尚处于原始社会末期，当地保留有父系氏族和处于解体阶段的由氏族内近亲成员组成的家庭公社。在贡山地区，独龙族的习惯法主要是处理时有发生、处理较轻的男女通奸和极少发生、处理较重的盗窃问题。处理时或由当事人和解或由老人调解；间或用神断，即倘若被告不承认犯罪则以捞油锅以决胜败，但他们有时也向土司衙门告状。居住在高黎贡山西部的独龙族则与此不同。在大家庭里，除个人首饰及武器外，一切财产皆为公有。贫富差别小，有互相帮助的习惯。由于无偷窃现象，也就没有保护私有权的习惯法。内部少交换，契约关系少，借贷无利息。个人和村寨间的纠纷械斗，双方死亡人数相等则人命相抵，如一方多死了人，另一方则要赔偿命金，命金由全村人平摊。

  在云南省西南地区居住的拉祜族，大部分处于不发达的封建地主经济或封建领主经济阶段，部分还残存着大家庭公社组织。这些地区有明确的村寨界线，村寨有较强的凝聚力，是一个紧密的集体。成员间能团结互助，村社公共劳动由各户轮流担任。村社有寨规，是各成员必须遵守的习惯法。每逢过年要开村社大会，称为"迪卡节达"，成年男女都可参加，全村吃一顿团结饭，选举新的村社头人。按原始民主习惯，村社成员具有选举权，也有罢免权。会上还要定出寨规，如不准吸鸦片、不准娶妾重婚、不准偷盗、不准懒惰等。同时还对违反寨规者订出处罚条款。这种习惯法形式带有原始民主色彩，但头人已经有了管理村社事务、处理案件的权力。

  与拉祜族交错或比邻而居的佤族，在二十世纪中叶之前尚处于原始社会向阶级社会过渡的历史形态，其习惯法为"阿佤理"。佤族各村寨都有世袭或选举出来的头人，其条件是能说会道，生活经验丰富，善于调解纠纷，作战英勇或是打猎英雄、家境富裕者。数小寨组成大寨，涉及全大寨的事和处理重大纠纷，头人不能专断，要由全寨群众商议决定。头人（窝朗）的职责之一是召集会议、调解纠纷、执行决断。巫师魔巴是解释习惯法的权威人物。抄家是佤族习惯法中强有力的手段，用以保障习惯法的实施。与佤族类似，近代的景颇族仍存在着一定程度的农村公社残余，头人山官管辖一个农村公社。它是由若干村寨组成，每一村寨还有头人协助山官管理事务。景颇族的习惯法叫"通德拉","通德拉"就是山官及头人维持社会秩序、处理公社各项事宜与纠纷所依据的法律。他们的习惯法往往与原始宗教信仰相结合，具有很大的约束力。

在典型的凉山彝族社会中，虽然没有出现国家这样的政权组织。但是，作为民族机关的家支却起着政权的作用，维护着其统治秩序，家支头人作为奴隶主代表行使职权。彝族奴隶社会长期适用习惯法，彝语称"节威"（制度之意）。所有的人被严格地分为四个等级，即兹莫、诺合、阿加、呷西，习惯法规定每一个社会成员等级地位的高低，维护奴隶主的等级特权和对所属奴隶的剥削压迫，保障兹莫、诺合的尊严和人身不受侵犯，保障他们的财产不受损失。凉山彝族的有些地区还设有司法机关和监狱。

聚居在中国西南边陲的傣族，处于封建农奴制的历史阶段，长期使用本民族的习惯法。"刑名无律，不知鞭挞，轻罪则罚，重罪则死"，"其刑法三条，杀人者死，犯奸者死，偷盗者全部处死，为贼者一村处死"。十二世纪，首领叭真统一各部建立勐泐政权，随后的历代宣慰司和勐级土司为维护封建领主地位，颁布了一系列封建法典，如西双版纳傣族的民刑法规、礼仪规程和孟连宣抚司法规等。这些法规体系完备，内容非常丰富，有有关财产所有权、债权方面，婚姻家庭、继承方面，也有犯罪和刑罚及诉讼方面的规定。其中以民刑法规最为典型。

在苗族地区，基本上是按宗支建立自己的社会组织，叫"立鼓为社"。各鼓社均有自己的民主议事制度，根据古理和传统习惯制定规约。这就是发展到后来的"议榔"制度。"议榔"在湘西称"合款"，在云南叫"从会"，黔东南称"议榔"。榔规款约就是苗族的习惯法。苗族的习惯法表现形式多种多样。过去都是口头传诵榔规，民国前后则用汉字记载于石碑、木牌上，立于寨旁路口，然后杀一头牛或猪。牛拴在坪地中央，人们围在四周，寨老念毕"议榔词"后，把牛杀掉，每户分一块肉，表示牢记榔规。他们饮血酒盟誓，表示由衷遵守。对习惯法的称谓，各地也不尽相同。贵州省从江县加勉乡苗族有专门管理农业生产事宜的"发财岩"，专门管治偷盗事宜的"禁盗岩"，专管婚姻纠纷的"女男岩"。从江县孔明乡则称刻有习惯法条款的石碑为"民法'。广西苗族通过"埋岩会议"，一般是把一块平整的石碑的三分之一埋入土中，碑上刻有大家商定和必须遵守的条规。违反者要受到处分，如罚款、戴高帽游街、活埋等。明、清时期，苗疆各民族的习惯法经过长期的演化，逐渐丰富起来，成为具有普遍约束力的"苗例"。"苗例"所涉及的内容相当广泛，涉及刑事、民事、诉讼程序等各个方面。经过中央王朝的认可，"苗例"在苗疆地区长期适用。

　　侗族虽然处于封建地主经济的发展阶段，却仍然存在原始社会的明显痕迹。例如，他们仍普遍存在村社会议制的残余——款。侗族的习惯法原本为"约法款"。"约法款"的形式主要表现为款条，而款条又分别表现为"款碑条"和"款词条"两种形式。款碑是早期款组织起款时树立的一种特定石碑。这种石碑一般都立在款坪中，日后的议款仪式和执法仪式都会在此碑前进行。款碑有成文和不成文两种。早期的款碑不刻文字，汉字传入该地区后，才以汉字刻入。款词条是侗族习惯法的主要形式。原始的款词条由款首聚众共商，款首当众发布并付诸实行。它是一种立石为碑的盟诅要约，故有人称之为"石头法"。这种"石头法"最初较为简单，也没有什么固定的表达形式。由于当时侗族没有本民族的文字，无法将有关条款用文字记录下来，不利于款众掌握。款首们为了便于款众记忆及在发布时使款众兴奋，于是采取词话形式，把约法编成歌词，日夜吟唱，世代相传。后来，这些款词被侗族文人用汉字记录音的方式记录了下来，成了侗族习惯法的主要成文法。近年来，湖南、广西、贵州等地均已整理出版流传于当地的约法款词。其中广西三江侗族自治县程阳马安寨老款师陈永彰保存有一部款书手抄本。该书迄今已有一百五十多年的历史，对款规款约的记载较全，其中款约法规有十八条，共七百五十六句。

与苗、侗等族的社会发展阶段和传统法律文化相似的是广西瑶族。过去中央王朝或在这里建立土司制度或直接设立州、县进行统治。但在瑶族内部，特别是中央政府的统治势力尚未渗入的边远山区还存在具有原始残余形态的瑶老制、石牌制等。瑶老的产生或经过民主选举，或自然形成，或由神判决定。有关生产、祭祀、民事纠纷、刑事判决、抵御外来侵略、滋扰等，都由民主讨论决定。大家订出共同行动的约法，由瑶老负责执行。有的地区把共同议定的公约条文，刻在石板上，或书写在木板、纸上，竖立或贴在集会的地方，要求全寨民众共同遵守，是为石牌制。涉及整个大瑶山各村寨利益时，要召开总石牌会议，共同商讨、决策，随着大瑶山瑶族社会经济逐步发展，近代中华民国政府的势力不断深入，石牌制原始民主色彩逐步减弱，渐变为少数头人统治、勒索人民的工具，政府强化县、乡组织形式以便于统治。

生活在新疆的维吾尔族，在近代已经有一部分进入比较发达的地主经济。他们以当时政府的保甲制度结合原有的伯克（乡、镇长）、于孜巴什（村长）、阿克沙卡尔（乡老）统治制度对维吾尔族人民进行统治。此外，伊斯兰教教义、教规和"宗教法庭"也起着社会控制的核心作用。他们的宗教法庭大多设于乡里的集市，本身是宗教统治的权力机关，但又与保甲政权血肉相连。设有卡孜（法官）、艾兰木（审判员）、热依斯（检查员）、毛拉（文书）等。法庭的职责是维护伊斯兰教教义、处理婚姻纠纷、财产继承及土地买卖问题，并有关押人三至五天的权力。卡孜（法官）、艾兰木（审判员）由县政府任命。有的维吾尔族地区地主经济初步发展，还保留有落后的封建庄园制度。二十世纪中叶之前，和加（封建统治者）庄园成了"化外"之地，政府与庄园内的依附农民不发生直接关系，行政事务均与和加管家交涉办理，民刑案件也由和加自行处理。和加们为了便于统治，还规定了各种礼法，对违反礼法者要加以惩戒。

藏族分布地区广大，二十世纪中叶之前，在四川、云南部分经过"改土归流"的地区，普遍推行保甲制度，在县之下设乡、保、甲，乡、保、甲长由藏族头人充任，政府为巩固和扩大在藏区的统治，采取"以教辅政"的政策，勾结上层喇嘛，管理包括诉讼等行政事务。在土司统治地区，各土司有一套统治机构，寺庙享有政治、经济特权，施行政教合一制度，各地一般无成文法，统治者的意志就是法律，但习惯上也有较为固定的司法规定。少数地区有成文法，如德格土司的法律十三条，毛垭土司的十三条禁令等。其法律维护农奴主封建所有制。凡反抗土司、拒服差役、抗纳贡赋、拖欠债务者都要受到严厉惩罚。不同等级的人在法律面前是不平等的，比如头人和喇嘛的命价至少比农奴高出两倍以上，土司和上层喇嘛的命价则更高。农奴主的司法手段野蛮残暴，他们设有室狱、水狱，牧区有穴狱、幕狱，刑罚中仅肉刑就有鞭笞、吊打、截手、割鼻、挖眼、剁脚、抽脚筋等。一般案件由村长处理，较大案件由头人或土司审理。西藏地方封建政权由西藏地方政府（噶厦）和班禅堪布会议厅两部分构成。噶厦下设协尔帮勒空，专门管理刑事案件。西藏地方政府有使用沿用了数百年的法典。法典维护农奴制度，保护农奴主阶级利益，根据法典规定，可"按其情节不同，或挖其眼睛，削其腿肉、割舌、截手、推堕悬崖、抛入水中，或杀戮之"。还有很多酷刑，未列在法典之内。政府的司法官员在处理案件时，公开收受贿赂，任意颠倒是非，专横跋扈，因此冤狱比比皆是。此外，藏族地区也还保留着比较原始的神判制度。

总的来看，一方面，中国少数民族的传统法律文化异彩纷呈，历史悠久，许多民族的法律仍然保留着本民族的特点；另一方面，由于各民族同社会经济、文化互相交往不断加深，他们的传统法律也有趋同的特征，其中不乏相互借鉴。

三

与各少数民族丰富而别具特色的传统法律文化相对应的，是他们有着极其丰富的法律文献资料。中国少数民族的传统法律文献资料，大多散见于以其本民族文字或汉文记载下来的文献资料里。其中有古籍文献，也有当代的文献；有较为系统、完整的法典和法规，也有零散的习惯法和司法文书资料；有成文的文献，也有口碑资料。

中国少数民族古籍文献内容广泛，种类繁多，卷帙浩繁。从内容上看，包括历史、政治、哲学、法律、军事、天文、地理、语言文字、生产技术和神话、传说等诸多方面。从形式上区分，主要有文字记载的和口头流传的两大类。其中文字记载的又包括用各种民族文字（含民族古文字）和汉文记载的。从历史上看，中国一些古代少数民族和现代少数民族的先民曾分别使用过佉卢文、于阗文、焉耆—龟兹文、西夏文、契丹文、女真文等，这些民族古文字的古籍也很丰富，如契丹文的《萧孝忠拇指》，女真文的《女真进士题名碑》、《大金得胜陀颂》，西夏文的《天盛年改旧定新律令》、《音同》等。

中华人民共和国政府非常重视整理和出版民族古籍的工作，专门成立了全国少数民族古籍整理出版规划小组并设办公室，组织人力物力，整理出版了或正在陆续整理编辑着大量的少数民族古籍，发表了大量民族古籍研究学术论文。据不完全统计，全国已经整理出版各种文字的民族古籍超过五千余种，许多口头流传的古籍已经记录下来或者进行了录音。在已经整理出版的民族古籍中，有一批学术价值很高的文献和史书。历史方面的有满族的《满文老档》、《八旗通志》，蒙古族的《蒙古秘史》、《黄金秘史》、《大黄册》、《蒙古源流》，藏族的《敦煌本吐蕃历史文书》、《巴协》、《红史》、《西藏王统记》、《西藏王臣记》，彝族的《爨文丛刻》、《西南彝志》，傣族的《孟连宣抚史》、《西双版纳历代编年史》，回族的《回族和中国伊朗伊斯兰古籍资料汇编》，哈萨克族的《乌古斯汗传》，锡伯族的《亚奇纳》，白族的《词记山花》、《白古通记》，纳西族的《东巴经》等。文学方面的有闻名世界的中国少数民族三大史诗《格萨尔》、《江格尔》、《玛纳斯》。这三部史诗均已成书，并有几种文字的译本。仅《格萨尔》藏文本就出版了六十二部，发行量达三百多万册。还有彝族的《阿诗玛》，哈尼族的《木地米地》，苗族的《仰阿莎》，维吾尔族的《福乐智慧》，藏族的《仓央嘉措情歌》，壮族的《今是山房吟草》，朝鲜族的《春香传》，傣族的《俄并与桑洛》等。目前，《中国少数民族古籍总目提要》的编纂出版工作正在进行，全部完成后将有六十余卷，约一百一十册，收录书目三十余万条。

少数民族的口碑文献，即口头流传、世代承袭下来的文化遗产，数量十分丰富。如侗族的《创世歌》、哈尼族的《创世史诗》、土家族的《摆手歌》、瑶族的《评皇券牒》、黎族的《祖先歌》、畲族的《高皇歌》、景颇族的《凤凰田》、水族的《古歌》、赫哲族的《伊玛堪》等。内容有神话故事、民族历史、民族起源、民族迁徙、民族交往等。上述由国家组织的种种文化抢救和搜集工作，尽管没有专门就习惯法一项进行研究，但里面包含了大量有关于此的内容和资料。

1958年至1964年，中国政府组织广大专家学者在全国范围内进行了大规模地针对少数民族社会历史方面的田野调查工作，基本摸清了各少数民族的包括民族来源、生产力和生产关系发展状况、社会政治结构、意识形态、传统文化、风俗习惯、宗教信仰以及其他各种社会现象在内的社会历史状况。据不完全统计，记录的各种资料有三百四十多种，二千九百多万字，整理的档案资料和文献摘录有一百多种，一千五百多万字。此外，还拍摄了一批有关少数民族社会发展状况和社会生活的科学纪录影片和图片，搜集了大量的少数民族文物。在此基础上，1979年至1991年，国家民委先后组织中央和地方民族研究人员、民族工作者三千多人，进行《民族问题五种丛书》的编写，包括《中国少数民族》、《中国少数民族历史丛书》、《中国少数民族语言简志丛书》、《中国少数民族自治地方概况丛书》、《中国少数民族社会历史调查资料丛刊》等，共编写出版四百零二本，一亿多字。2005年，国家民委决定对《民族问题五种丛书》进行修订再版，修订后共三百六十四本，更加全面系统地反映了少数民族的发展历史。在这些简史、简志中，或多或少地都涉及到少数民族传统法律文化的内容。

　　同时，中国政府对各少数民族的传统文化亦予以充分尊重和重视，组织对各民族的文化遗产的抢救、整理、保护和研究。从二十世纪五十年代开始，新中国各级政府以及文化艺术部门组织了数以万计的人类学、社会学、民族学专家和文学艺术工作者，深入到少数民族聚居地区，进行社会历史、文化艺术工作调查，抢救、搜集流传在民间的传统文化艺术。自二十世纪八十年代初期起，中国政府投入巨资，组织大量人力物力，深入民间采风，搜集整理各民族民间文艺资料，编纂了《中国民间歌曲集成》、《中国民族民间器乐乐曲集成》、《中国民间故事集成》、《中国舞蹈集成》、《中国民间谚语集成》等中国民间文艺十大集成。从县（旗）到地区（自治州）、市，再到省、自治区，级级选送。每个省、自治区、直辖市各编十卷，共编纂二百九十八卷，四百五十册，总计约四点五亿字，现已全部完成。

在对少数民族的传统历史与文化资料综合发掘与整理的同时，一些学者和机构对少数民族的传统法律文化进行了专题性调查与研究，比较集中地收集整理和研究少数民族传统法律文化资料。自二十世纪八十年代以来，这一领域有着渐趋增多的态势，较为著名的学者及其作品有黄钰辑点的《瑶族石刻录》（云南民族古籍丛书之一、瑶族文库之一，云南民族出版社1993年版），杨锡光、杨锡、吴志德整理译释的《侗款》（中国少数民族古籍之一，岳麓书社1988年版），广西壮族自治区编辑组编辑的《广西少数民族地区碑文契约资料集》（国家民委民族问题五种丛书之一、中国少数民族社会历史调查丛刊之一，广西民族出版社1987年版），周润年与喜饶玛译注、索朗班觉校的《西藏古代法典选编》（中央民族大学出版社1994年版），刀永明、刀建民、薛贤的《孟连宣抚司法规》（云南民族出版社1986年版），乔朝新、李文彬、贺明辉搜集整理的《融水苗族埋岩古规》（广西民族出版社1994年版），张济民主编的《青海藏区部落习惯法资料集》（青海人民出版社1993年版），苏联E.克恰诺夫俄译、李仲三汉译的《西夏法典》（天盛年改旧定新律令〔第一至七章〕，宁夏人民出版社1988年版），罗致平编译的《一六四零年蒙古—卫拉特法典》（中国社会科学院民族研究所历史室西北组1977年内部刊印），云南楚雄彝族文化研究所《清代武定彝族那氏土司档案史料校编》（中央民族学院出版社1993年版），王守礼、李进新编译的《新疆维吾尔族契约文书资料选编》（新疆社会科学院宗教所1994年内部刊印），海乃拉莫、曲木约质、刘尧汉的《凉山彝族习惯法案例集成》（云南人民出版社1998年版），陈金全、杜万华主编《贵州文斗寨苗族契约法律文书汇编》（人民出版社2008年版），内蒙古大学图书馆/晓克编《清代至民国时期归化城土默特土地契约》（内蒙古大学出版社2011年版），铁木尔编《内蒙古默特金氏蒙古家族契约文书汇集》（中央民族大学出版社2011年版）等。

  长期以来，有关少数民族法制史的研究为人们所忽视，有关这方面的论述寥若晨星，屈指可数。改革开放以来，越来越多的学者涉及这门兼跨民族史学和法学领域的学科，使这块"不毛之地"渐得开垦。其中藏族、蒙古族（包括卫拉特蒙古）、哈萨克族、满族等民族的习惯法和成文法得到了较多的关注。还有的学者对中国少数民族最早的一部法典——《西夏天盛律令》进行了深入的探讨，发表了高质量的研究成果。对满族法制史的研究尤为突出，这主要表现在两个方面：一是比较全面地研究了从努尔哈赤肇造基兴起，满族由习惯法过渡到成文法的过程，以及努尔哈赤和皇太极的法律思想、立法路线、各项法律的制定和审判制度等，不仅揭示了满族吸收汉族先进文化、建立饶有特色的"参酌汉、金"的法制历史实际，也从一个侧面说明了满族入关取代明朝、统治中国不是偶然的。另一个是阐述了满族入关、君临天下后清王朝对边疆少数民族地区采取的立法原则、法律形式、司法管辖以及具有民族特点的审判方式等问题，特别是论述了理藩院则例、回例、番例等法典的丰富内容。另外，关于其他少数民族传统法律文化的著作和文章也不断问世，如宋兆麟的《巫与巫术》（四川民族出版社1989年版），范宏贵的《少数民族习惯法》（吉林教育出版社1990年版），邓敏文的《神判论》（贵州人民出版社1991年版），师蒂的《神话与法制》（云南教育出版社1992年版），夏之乾的《神判》（团结出版社1993年版），王学辉的《从禁忌习惯到法起源运动》（法律出版社1998年版），徐中起、张锡盛、张晓辉主编的《少数民族习惯法研究》（云南大学出版社1998年版），徐晓光的《中国少数民族法制史》（贵州民族出版社2002年版），高其才的《中国少数民族习惯法研究》（清华大学出版社2003年版），李鸣的《中国民族法制史论》（中央民族大学出版社2008年版），陈金全主编的《西南少数民族习惯法研究》（法律出版社2008年版）等等。至于研究中国少数民族传统法律文化的论文则更是数量很多，且有不断增加的趋势。此外，许多研究民族法的著作也往往有包含中国少数民族传统法律文化的内容。

四

尽管中国少数民族的传统法律文化内容宏富、特征各异，足以对说明法理学等法律科学中的许多重大和根本问题有着非同寻常的意义，但迄今为止，在国内尚无一本将这些弥足珍贵的法律文化资料汇编出来的著作。为此，本书收录了中国历史上曾经存在过或近现代仍然存在的少数民族的各种法律文献。这些文献中的许多内容是过去已经被个别或部分地发现或整理了出来，有些则是散见于一些调查资料、方志、档案、著作中。凡是有关少数民族的法律法规、民族地区地方法规、乡规民约、习惯法和其他具有典型意义的法律文献者，一概收入。其中需要特别说明的是，本书的许多重要法律文献直接来自于一些专家的相关作品，如黄钰辑点的《瑶族石刻录》，杨锡光、杨锡吴志德整理译释的《侗款》，广西壮族自治区编辑组编辑的《广西少数民族地区碑文契约资料集》，周润年与喜饶尼玛译注、索朗班觉校的《西藏古代法典选编》，刀永明、刀建民、薛贤的《孟连宣抚司法规》，乔朝新等的《融水苗族埋岩古规》，张济民主编的《青海藏区部落习惯法资料集》，罗致平编译的《一六四零年蒙古—卫拉特法典》，王守礼、李进新编译的《新疆维吾尔族契约文书资料选编》，陈金全、杜万华主编的《贵州文斗寨苗族契约文书汇编》，内蒙古大学图书馆/晓克编的《清代至民国时期归化城土默特土地契约》，吴大华等著的《侗族习惯法研究》等等。还有一些法律法规的收集，来源于杨一凡、刘敏文、周润年、徐晓光等先生的大力帮助。

　　择其要者，譬如，夜郎君法规来源于王子尧等翻译的《夜郎史传》（四川人民出版社 1998 年版）。吐蕃三律，即藏族吐蕃时期的法律，包括狩猎伤人赔偿律、纵火伤人赔偿律（残卷）、盗窃追赔律（残卷）。蒙古卫拉特法典依罗致平译自戈尔通斯基的俄文同名文本。关于傣族的若干法规，主要来自刀永明、刀建民、薛贤编注的《孟连宣抚司法规》，以及新中国成立之初的社会调查资料。有关瑶族的传统法律文化的重要载体——石牌律，则主要来源于《广西社会历史调查（一）》（广西民族出版社 1984 年版）、黄钰辑点的《瑶族石刻录》等文献。本书的苗族传统法律文化——埋岩、理词，主要来源于乔朝新等搜集整理的《融水苗族埋岩古规》。该书的内容主要包括埋岩概述、埋岩理词、埋岩歌三大部分。其他各法规，亦多采借有关专家的著译、编辑、汇录之成果。对此，正文注释已有专门说明，兹不赘述。需要说明的是，本书对有些法典、法规、民约、司法文书的名称作了适当调整，一是力求简洁明了，二是实现全书体例的相对统一。但为了保持法律文献的原貌，原先的法律文献资料正文均保持完整性，基本未作删节或改动。有些资料原文未曾加以标点断句，错漏也时有所见，现全部进行标点、补漏。本书一般不加注释，特别需要者才加以资料来源、专有名词、特殊地名、民族风俗等方面的说明。

根据内容的不同，本书将这些法律文献资料分为法典法规篇、地方法规篇、乡规民约篇、习惯法篇，并附司法文书篇。所谓法典法规，是指各民族在长期的生产生活中所形成的法典或法规形式，如夜郎君法规、吐蕃三律、1640年蒙古卫拉特法典、阿勒坦汗法典、桑杰贝帝师颁给仁钦岗巴的法旨、贡噶坚赞贝桑布帝师颁给益西贡噶的法旨、藏巴第悉噶玛丹迥旺布时期十六法典、五世达赖喇嘛时期十三法典、钦定二十九条章程、果洛阿将三部落法规。所谓地方法规，是指朝廷委任或认可的官员在当地所制定、颁布的政策、规章，如那志寨晓谕碑、永远遵照碑奄章永远遵照例碑、海河奉示勒石齐心捕盗碑、梁子背晓谕碑、阿晓谕碑、岩鱼晓谕碑、者冲立碑安民碑、邑凡晓谕碑、场把官称厘金碑、把永垂千古碑等。所谓乡规民约，是指以村寨、部落为单位联合或单独制定的共同约定，超过它的地理和民族范围，就失去效力。如河东乡约碑记、有食上村村规民约碑、永平县杉阳乡捐积街约公项碑序、戒赌碑、永立戒赌碑文、永禁以婿作子约、铁甲把村乡规碑记、长新乡乡规民约碑等。所谓习惯法，主要是对没有成文法民族的传统生产生活规则加以收集整理，如赫哲族习惯法、怒族习惯法、彝族习惯法等。所谓司法文书，不仅是指司法机关制作或发布的有关处理民刑案件的有法律效力或法律意义的司法公文，还应包括民间的协议、诉状等。如复溪州铜柱记、龙脊十三寨头人会议记录、水目山普贤寺水利诉讼判决碑、大理移居西昌马氏产权诉讼碑、蕉峡塘新寨诉状书、请禁肇事口供录、请禁革苗俗酬婚积弊详文、潘天洪上呈书、潘天洪再呈要求禁革书、禀状归赎田产文、控告李怀秀抗供役禀帖、推呈禀告文、缉拿逃犯传在狱票、提讯传票、通行护照三例、解发回人犯批票、递解批票、护送铜般差票、递解人犯批照、差役催缴沙塘传票、征收灯油粮银合同书、通行给照、传票救护月食文、冯三产叶执照、谢纳印照、判决地界书、黄正昌田产执照、赏给田产执照、安平土州颁的执照、李辉卖田契约、神判书、悔过书等。每一篇中，又基本根据成文年代顺序编排。年代不详者，置于同类之后。唯独司法文书部分，是先按内容分类，同类中又分别参照年代、区域、族别等因素。

最后需要说明的是，中国少数民族的传统法律文化内容极其丰富，法律法规的形式与内容也多种多样。本文搜集的只是这些内容中的用汉文整理出来的部分，还有一些口承方面的尚未翻译、整理的习惯法，也有一些用各少数民族语言文字记载传承的法律法规，因时间关系和编辑者的水平所限，未能收入，只好付诸阙如。

在对有关少数民族法律法规的收集、整理、编辑过程中，得到了许多专家、学者的热情指导与大力帮助。著名法学家、中国社会科学院荣誉学部委员、法学研究所研究员杨一凡先生对本书的体例、法规的甄选等方面都给予了无微不至的关怀，中国社会科学出版社副总编辑曹宏举先生、编辑张林女士，中央民族大学法学院硕士毕业生、北京市政府法制办张滨同志等在本书的联络出版、编辑点校过程中做了很多工作，给予了热情支持和大力帮助，在此表示衷心的感谢。

由于本人水平所限，加之时间紧张，本书的各种缺点、错误在所难免，敬请各位专家学者和读者朋友多加指正。

张冠梓

2013 年 11 月 10 日

总 目 录

第一册　　法典法规

第二册　　地方法规、乡规民约

第三册　　习惯法

第四册　　司法文书（一）

第五册　　司法文书（二）

第一册　法典法规

目　录

夜郎君法规 …………………………………………（1）
吐蕃狩猎伤人赔偿律 ………………………………（8）
吐蕃纵犬伤人赔偿律（残卷）………………………（28）
吐蕃盗窃追赔律（残卷）……………………………（30）
蒙古卫拉特法典 ……………………………………（32）
噶尔丹洪台吉的两项补充勒令 ……………………（53）
　　第一项 ………………………………………（53）
　　第二项 ………………………………………（55）
阿勒坦汗法典 ………………………………………（56）
藏巴第悉噶玛丹迥旺布时期十六法典 ……………（69）
五世达赖喇嘛时期十三法典 ………………………（115）
钦定二十九条章程 …………………………………（137）
果洛阿将三部落法规 ………………………………（145）
　　第一部分 ……………………………………（145）
　　第二部分 ……………………………………（146）
阿哇铁吾部落制度及法规 …………………………（148）
　　政权组织与常用律例 ………………………（148）
　　宗教特权及有关律例 ………………………（150）
　　产品交换与比值惯例 ………………………（151）
浪加部落制度及法规 ………………………………（152）

头人 …………………………………………………（152）
　　部落法规 ……………………………………………（153）
　　生产制度 ……………………………………………（154）
莫坝部落旧制与法规 ……………………………………（157）
　　部落制度 ……………………………………………（157）
　　刑罚制度 ……………………………………………（166）
果洛旧制部落法规 ………………………………………（172）
　　征服外敌法 …………………………………………（176）
　　治理内部法 …………………………………………（178）
　　八调 …………………………………………………（185）
　　帐营迁布法 …………………………………………（187）
　　护田苗穗法 …………………………………………（187）
玉树部落制度及法规 ……………………………………（189）
　　部落制度 ……………………………………………（190）
　　部落法规 ……………………………………………（191）
　　案件审理 ……………………………………………（200）
千卜录部落制度及法规 …………………………………（202）
　　部落溯古 ……………………………………………（202）
　　部落制度 ……………………………………………（203）
　　部落习惯法 …………………………………………（204）
黄科部落制度及法规 ……………………………………（211）
　　部落形成传说 ………………………………………（211）
　　部落组织结构 ………………………………………（212）
　　部落法规 ……………………………………………（213）
阿曲乎部落法规 …………………………………………（219）
　　牧户迁居法 …………………………………………（219）
　　牧户管束法 …………………………………………（221）
　　贡税征集法 …………………………………………（222）

芒莱干塔莱法典 ………………………………… (224)
　我兰勐 …………………………………………… (224)
　咋星勐 …………………………………………… (225)
　广勐 ……………………………………………… (225)
　哈柏勐 …………………………………………… (226)
　巴维尼勐 ………………………………………… (226)
　哈谢勐 …………………………………………… (227)
　布算烂 …………………………………………… (227)
　坦麻拉札安雅的萨巴莫哈 ……………………… (229)
　两人争吵打架的处理办法 ……………………… (230)
　凡斗殴告到官府须有证人 ……………………… (231)
　坦麻散拉札安雅 ………………………………… (232)
　哈单拉尼 ………………………………………… (234)
　薄汉好(即埋设竹签暗器) ……………………… (234)
　盗贼进村 ………………………………………… (235)
　象马牛猪糟蹋庄稼 ……………………………… (236)
　拾物 ……………………………………………… (237)
　借牛耕田 ………………………………………… (238)
　借衣服及财物 …………………………………… (238)
　小偷小摸 ………………………………………… (239)
　奴隶偷盗 ………………………………………… (239)
　寄托 ……………………………………………… (241)
　困难户借债 ……………………………………… (242)
　财产继承 ………………………………………… (243)
　徒弟儿女养子孙 ………………………………… (253)
　不能作为断案依据者 …………………………… (253)
　婚姻 ……………………………………………… (254)
　酗酒犯罪 ………………………………………… (258)

懒人会丢失财物 …………………………………（258）

打枪射弩甩木棍无意伤人罪 ……………………（259）

两人闹架罪 ………………………………………（259）

行走夜路 …………………………………………（260）

偷盗牛马财物 ……………………………………（260）

诬陷 ………………………………………………（261）

儿子是父位的继承者 ……………………………（261）

召拉西抢占住地 …………………………………（262）

残废无能者不能继承父位 ………………………（262）

霸占山水地界 ……………………………………（263）

争权夺利 …………………………………………（263）

雇工放牧 …………………………………………（264）

分物要合理　办事要公道 ………………………（264）

好心不得好报　老虎终究要吃人 ………………（267）

重罪不能轻处　轻罪不能重判 …………………（269）

说话要算数 ………………………………………（270）

哄骗与食言 ………………………………………（271）

疑难事按传统办 …………………………………（274）

心邪带来灾祸 ……………………………………（275）

常洁身者多得金 …………………………………（275）

救人危难不成反遭连累 …………………………（276）

聪明反被聪明误 …………………………………（277）

兼听则明　眼见为实 ……………………………（278）

贼喊捉贼 …………………………………………（279）

两条蛇争吃一只青蛙 ……………………………（280）

蛤蚧吞大象 ………………………………………（281）

诈骗产业 …………………………………………（281）

移动田界 …………………………………………（283）

为柁果树争吵 …………………………………… (285)

捉贼要有证据 …………………………………… (285)

召片领罚款 ……………………………………… (286)

坦麻善阿瓦汉绍哈 ……………………………… (292)

不准抢占佛寺 …………………………………… (292)

抢占果园 ………………………………………… (294)

哈来牙金(后悔) ………………………………… (295)

朋友的儿子偷盗 ………………………………… (296)

阿瓦哈来牙金(触法后悔) ……………………… (297)

财物寄存 ………………………………………… (299)

比丘拐卖妇女 …………………………………… (300)

比丘骗取奴隶 …………………………………… (302)

贼偷奴隶逃走 …………………………………… (304)

拐骗女孩 ………………………………………… (305)

信聘信宰信干信卖胆腊干(犯罪赔偿断案
罚款罪犯) …………………………………… (306)

自杀 ……………………………………………… (307)

比丘偷鸟 ………………………………………… (309)

偷鸡亡命 ………………………………………… (310)

偷猪 ……………………………………………… (311)

尼戛许(偷漏税) ………………………………… (314)

比丘指使徒弟偷盗 ……………………………… (316)

偷船商的财物 …………………………………… (317)

散塔巴腊金(共同犯罪) ………………………… (318)

偷牛杀吃 ………………………………………… (319)

抢权 ……………………………………………… (320)

脱离佛门 ………………………………………… (321)

偷牛下酒 ………………………………………… (322)

暗示教唆罪 ………………………………………（323）
　　盗贼偷布 …………………………………………（324）
　　旧翻新 ……………………………………………（325）
　　制造假银罪 ………………………………………（326）
　　制造假砝码罪 ……………………………………（327）
　　摆赛牙密乃牙 ……………………………………（330）
　　帕雅的奴隶偷文书官的牛 ………………………（330）
　　附：修行者的教育 ………………………………（331）
孟连宣抚司法规 ………………………………………（334）
　　行政法规 …………………………………………（334）
　　民事法规 …………………………………………（344）
　　刑事法规 …………………………………………（383）
　　维护统治权 ………………………………………（426）
　　诉讼法规 …………………………………………（428）
　　礼仪种姓节日和宗教法规 ………………………（431）
西双版纳傣族封建法规 ………………………………（435）
　　犯上 ………………………………………………（435）
　　家奴 ………………………………………………（437）
　　破坏私人财产及农业 ……………………………（439）
　　婚姻 ………………………………………………（443）
　　财产继承及债务清偿 ……………………………（444）
　　经商及交通 ………………………………………（449）
　　污辱妇女 …………………………………………（451）
　　偷盗 ………………………………………………（454）
　　斗殴杀人 …………………………………………（456）
　　三大原则 …………………………………………（458）
西双版纳傣族封建法规和礼仪规程 …………………（460）
　　法律 ………………………………………………（460）

民刑法规 …………………………………… (465)
　　礼仪规程 …………………………………… (478)
　勐海傣族寨规与勐礼 …………………………… (493)
　　十二条寨规 ………………………………… (493)
　　十四条勐礼 ………………………………… (494)
　　十五条教规 ………………………………… (495)
　　佛寺六条纪律 ……………………………… (496)
　　经商三条规定 ……………………………… (497)
　　召勐五条法规 ……………………………… (497)
　西双版纳傣族法规 ……………………………… (499)
　　兴安竜（大法） …………………………… (499)
　　民事纠纷罚款条例 ………………………… (501)
　　上诉献礼条例 ……………………………… (502)
　　杀人罪的判决 ……………………………… (502)
　　诬陷罪的判决 ……………………………… (502)
　　财产分配法 ………………………………… (503)
　　犯上的处置 ………………………………… (503)
　　争田地的处置 ……………………………… (503)
　　偷盗和破坏生产的处置 …………………… (504)
　　有关违犯水利的处置 ……………………… (506)
　　牛马进菜园 ………………………………… (507)
　　无事生非扰乱地方秩序的处置 …………… (507)
　西双版纳傣族社会民刑法规 …………………… (509)
　　犯上法规 …………………………………… (509)
　　有关家奴的规定 …………………………… (510)
　　破坏私人财产及农业 ……………………… (512)
　　婚姻 ………………………………………… (516)
　　财产继承及债务清偿 ……………………… (517)

有关经商及交通的规定 …………………………（522）
　　污辱妇女 ………………………………………（525）
　　偷盗 ……………………………………………（527）
　　斗殴杀人 ………………………………………（530）
　　三大原则 ………………………………………（532）
傣族家族纠纷裁决法 …………………………………（534）
孟连傣族封建习惯法 …………………………………（537）
　　社会秩序 ………………………………………（537）
　　子女教育与家庭维护 …………………………（539）
　　处世之道 ………………………………………（540）
　　对偷盗的处理 …………………………………（542）
　　继承的规定 ……………………………………（548）
　　个人修行 ………………………………………（555）
　　婚姻规定 ………………………………………（556）
　　待客交友之道 …………………………………（558）
　　财务纠纷 ………………………………………（562）
　　损坏与伤害 ……………………………………（572）
　　财产分配与处分 ………………………………（573）
　　人性善恶 ………………………………………（577）
　　为人之戒 ………………………………………（588）
　　后记 ……………………………………………（589）
穆斯林圣训法典（摘编）………………………………（591）
　　一　婚姻 ………………………………………（591）
　　二　利札尔 ……………………………………（622）
　　三　离异 ………………………………………（637）
　　四　代证发誓 …………………………………（666）
　　五　释放奴隶 …………………………………（673）
　　六　贸易 ………………………………………（679）

七　合伙种植 …………………………………… (695)

　　八　遗产继承 …………………………………… (721)

　　九　馈赠 ………………………………………… (726)

　　十　遗嘱 ………………………………………… (732)

　　十一　许愿 ……………………………………… (739)

　　十二　发誓 ……………………………………… (742)

　　十三　集体宣誓、抵命和赔偿 ………………… (756)

　　十四　刑律 ……………………………………… (768)

　　十五　诉讼 ……………………………………… (782)

沧州回族戒酒歌 …………………………………… (788)

回族经堂歌 ………………………………………… (790)

　　命行总诗(七律) ……………………………… (790)

　　清真二十禁 …………………………………… (790)

　　禁止总词 ……………………………………… (793)

　　分析指明十四条 ……………………………… (794)

　　以妈尼之仪则六件 …………………………… (797)

　　以妈尼之断法六件 …………………………… (797)

夜郎君法规[①]

　　武夜郎君长，他在可乐城，坐定了之后，他的思想明，他的心里亮，在他地盘上，要有新法规。他是这样说，也是这样讲："凡是我的民，凡是我的臣，都听我命令。"

　　这样一来呢，夜郎的城池，所有的人们，只要长大后，力气大又好，健壮要当兵，勇敢要从军。这样一来呢，有着不少人，不断去服役。还有不少人，去为夜郎家，上山去放羊，到处去牧马。四方的百姓，家家都一样，定时交粮租。所有的山区，所有的林地，划好的良田，指定的沃土，全属武夜郎。条令还规定，所有男和女，都属君的民。不管是哪方，无论是何人，若是不照办，君长的强兵，就前来征服。条令发下后，四方的百姓，各地的臣民，彝人和濮人，或是武家人，全都要听从。君长的法令，服从君施政，听君发号令。凡是国中人，都得按令行，谁要是不听，死期就来临。说的是这样，传的是这些。武夜郎君长，他下的禁令，条条都苛刻，条条都严峻。法令二十条，条条都如此，看来是不错。说起那罚刑，全部是严刑。看起心肉麻，听来耳刺痛，看起眼发花。如此的法令，世上实罕见。凡君的臣民，人人要牢记，个个要遵守，不准谁违

[①] 摘选自王子尧《夜郎史传》，四川民族出版社1998年版。夜郎君法规分类共二十条，包括民法、刑法、军法、政法等。

抗。夜郎这道令，四方都传到，八面都知晓。

第一条禁令，凡属于臣民，切记莫遗忘。一不许偷盗，若谁敢违抗，就得砍手指，一次砍五根，二次砍十指。

第二条禁令，一不准骗人，二不准抢人。若不听从者，定将眼珠挖。一次挖一只，二次挖两只。

第三条禁令，凡人须敬老。如有不孝子，对父若不孝，对母若不顺，绝不轻饶他。轻者则重罚，重者则剥皮。

第四条禁令，一不准聚众，二不准结伙。若是不听从，聚众谋反者，不论是大臣，或者是平民，一律要处死。

第五条禁令，凡属于臣民，要缴纳租税。牛马羊都交，按规定交齐，不许谁违抗。若有违抗者，收回种的地，没收所有物，轻者进牢房，重者要处死。

第六条禁令，四方的臣民，每年要向君，献美女三十。若有谁不从，主管者坐牢。

第七条禁令，凡是君臣民，人间的四方，无论是哪方，大众和小孩，一律不准哭。哭者要挖眼，男哭挖左眼，女哭挖右眼。

第八条禁令，君令要遵守，对君无二心。若有哪一方，对君有嫌言，君就要下令，出兵讨伐他。

第九条禁令，四方的民众，所有的臣民，男女婚姻事，不准许硬逼。男女相慕爱，歌场定终身。男女各双方，相互都愿意。要是谁违犯，以强去欺弱，违反了规章，重者要砍头，轻者就说教。

君令第十条，凡是君臣民，每年十月间，到初一那天，要为君祝寿。若有不从者，轻者要坐牢，重者要斩首。人人都一样，定不留情面。

君令十一条，凡属君臣民，要认真耕作，家家要丰收，年年有肥猪，月月有肥羊。各家与各户，要在每年里，交一头肥猪，交一只肥羊。谁家不丰收，交上瘦猪来，交上瘦羊来，这样的臣民，就用人抵押。抵押的这人，终身为奴仆。

君令十二条，凡属君境内，所有的男子，都可娶三妻。由于战争多，男的战死多，如今的人间，女多男子少，便作此规定。各地的民众，要多子多孙，多生男儿者，奖大牛一头，奖田土三块。

君令十三条，凡在战争中，所俘的奴隶，都可在各地，安家分田地，同样成平民。若其不听从，私自逃跑的，偷偷逃跑的，无论到哪方，只要一抓获，就当场处死。

君令十四条，凡文字书契，经典与书籍，祭经和医书，各支史书等，全归呗耄管。平民和百姓，不得乱收藏。这样一来后，百姓没有书，无法识文字。凡是平民中，有书不交者，严惩不宽容。

君令十五条，凡是当兵将，人人都一样，做到这四条：一不准学偷，二不准抢劫，三临战不逃，四不准卖主。谁要是不从，当一次逃兵，立刻就处死。

君令十六条，凡是将帅卒，都要孝忠君。谁要乱言者，谁敢乱行者，只要一查出，立刻就用刑。

君令十七条，君长的兵将，作战要上前，斗敌要勇敢。宁可上阵死，不可临阵逃。谁退却一步，谁就是怕死，谁就是逃兵，就立刻斩首。军规从无情，君令遵守了，就可打胜仗。

君令十八条，凡是善战者，战死疆场者，他就是英雄。这样的英雄，要好好祭献，让活人跪拜。若不是英雄，死尸无好葬，由鸟兽去吃，放河里喂鱼，让他的灵魂，永不能超度。逃死和战死，是这样检验：凡是将帅卒，若是战死者，箭从前胸进，这就是英雄。若是逃跑死，箭伤在后背，这样的死卒，他准是逃兵。定是他怕死，心想往后逃，自己人看见，一箭把他射。君令这样定，兵将齐上战，只要一开战，有进而无退，拼死往前冲，人人都卖命。

君令十九条，将帅的条令。带兵的将帅，一要带好兵，二要打好仗，三要严军纪。将帅和士兵，都要扣得紧。在打仗当中，将帅知敌情，要心中有数，这就可取胜。将帅和士兵，只要打胜仗，各自都有赏。有的赐马匹，有的给金银，按功来奖给。若要是败兵，若要是败卒，就找将帅问，若是说不出，战败的根源，就将他处死，杀死示军威。

君令二十条，对外的战争。凡是外族人，故意来犯者，武家的人们，人人要齐心。谁要去卖主，引敌入内者，只要一查明，先将手脚砍，再挖去双眼，一律不留情。

君长定的令，四方都遵守，臣民无不从。君令二十条，条条说分明。武夜郎君长，法令二十条，条条都严厉，条条都完备。这些法令呀，定得真高明。这样一来后，四方各地呀，都按君令行。各地的臣民，都安分度日。谁犯上半条，就有死无生。

人们在当初，还将信半疑。不过有一次，夜郎已睡下，却隐约听到，有女人在哭，夜郎发怒了。夜郎有宿疾，曾经冤杀人。这死者之妻，昼夜哭不停，哭得人心慌，最后哭死了。从那以后呀，夜郎怕哭声，并且还禁止，周围有哭声。谁要故意犯，处死不留情。所以武夜郎，一听到哭声，就大发脾气，喝令左右人，快给我去看，半夜三更的，谁在那里哭。去看的侍从，回来开言道："夜郎君长呀，那边哭泣的，她是个女奴。"夜郎听见后，立即跳起来，大吼了一声："大胆的婢女，竟敢当着我，违背我法令。你们快给我，挖掉她的眼，我看她再哭！"那两个侍从，听见君令下，不敢再多言，便拿起尖刀，对女奴动刑，可怜的女奴，来不及反抗，就失去双眼，手捧着眼珠，满脸血淋淋。愤恨的女奴，口里大声喊，大骂武夜郎。夜郎听见了，这样还了得，他暴跳如雷，命令侍从们，把她拖出去，砍她一只手，看她再敢骂。女奴惨叫着，昏倒在地上。这样一来后，宫廷的内外，谁也不出声。怕一不小心，触怒了君长，若是犯下罪，酷刑难得熬。一传十传百，武夜郎君长，他的专横呀，和他的残暴，在那个时候，传遍了四方。这样一来后，武夜郎的兵，不管到哪里，哪里的百姓，脸色都要变。他们所到处，人们就惊恐。牵牛又赶羊，躲到深山里，几天不归家。可怜呀可怜，有家不能归，有室不能居。说的是这样，讲的是这些。

　　武家的军队，确实很威风，享尽了荣华，享尽了富贵。可是这些呀，那时间一长，他就不满足。夜郎君长呢，他的心里面，有了新盘算，想再次南下，攻打漏卧地。他这一辈子，如果不占据，漏卧的地方，他永不甘心；不占漏卧地，他誓不罢休。决心一下定，谁也不能改。武夜郎君长，正在这样想，一阵哭叫声，传入他耳中。君长侧耳听，到底是谁家，竟敢把娃崽，带到宫里闹，扰乱我心思。原是一女奴，这位女奴呀，撇下她的娃，出去挑水了。那周岁的娃，不见他阿妈，就不免喧呼。武君很心焦，攻打的办法，无一点头绪，莫非这娃崽，是我的克星？如果不杀死，大事做不成。武夜郎君长，越想越害怕，叫来侍从们，赶快去动手。这样的哭声，吵得我无法，谋划天下事。那些侍从们，听得脚发软，假装着糊涂，抱起那娃崽，就往外面走。可是武君呢，杀意早已定，叫住侍从们：怎不听命令，按条例执行。不准啼哭法，我早已定下。侍从没办法，只好去执行。可是这娃崽，样子很可怜，谁也不忍心，对他下毒手。全部侍从们，一起跪下来，苦苦地哀求：尊贵的君长，这孩子还小，什么也不懂，只会叫阿妈。我们手下人，怎忍心下手？恳求君长呀，赦免这孩子，他刚满周岁，离不开他娘。若是挖了眼，或是杀了他，都实在可怜。看他点点大，他能知什么。我们求君长，望君长开恩，这次饶过他，放他条生路。等他长大后，立功来报恩。武夜郎君长，双脚顿着地，两手挥了挥，开口便言道："你们都求情，那就这样吧，饶过刀下死，死罪难逃脱。把他扔下河，让他去喂鱼。从今往后呢，类似的事情，若是再发生，别怪我武君，手下不留情。"君长的命令，谁敢怠慢呢？抱起那孩子，就往河边奔。那位孩子妈，挑水回来了，见状好奇怪，上前要孩子："好心阿哥们，出了什么事？快还我孩子。"差役回答道："大姐呀大姐，今天你娃崽，闯下大祸了。"女奴急急问："一个娃崽呀，能闯啥大祸？"差役告诉她："你把这娃崽，撇下去挑水，他见不着娘，哭闹个不停，惊动了君长。君长下命令，条例要执行。君长的计划，被娃崽哭声，吵得乱纷纷。我们在场人，个个苦哀求：这娃崽太小，哭闹总不休，什么是君令，什么叫祖规，对他不得用。君长才开恩，饶过刀下死，丢下河喂鱼。"可怜的女奴，话还没听完,脸都吓白了,失声便痛哭:"我娃他还小,让我替他死。"有一老差役,眼看要出事,赶快走上前,劝阻女奴道:"姑娘呀姑娘,你要想开些。君长若听见,你的哀哭声,那么你的眼,就保不住了。我们这几个,迟迟不复命,是会招罪的。要说这横祸,就算你命薄。失去这孩子,你还可再生。这紧要时候,你更要小心,今天的你我,能苟活下去,已是福星高。若你不信我,再这样啼哭,我们都难活。"苦命的女奴,眼看着孩子,在自己身边,得不到活命,她痛断肚肠,昏倒在地上。夜郎的兵士,多数心肠好,赶快救女奴。不敢违令的,把女奴之子,投向了河心。说的是这样,讲的是这些。

吐蕃狩猎伤人赔偿律[①]

　　大尚论及其祖、父诸人或因狩猎射箭相伤及上述尚论人等，被尚论瑟瑟告身者以下、平民百姓以上之人，因狩猎而射中之处置律：大论、大诞论、赞普舅氏任平章政事之职者、任大论助理者等四种大尚论，其本人、其祖、其父，为箭所伤害，赔偿命价相同。

　　这些命价相同之人，若彼此因狩猎等被射中，或者这些尚论，为瑟瑟告身以下、颇罗弥告身以上，以及和他们命价相同之人因狩猎等射中，无论丧命与否，放箭人发誓非因挟仇而有意射杀，可由十二名公正且与双方无利害关系的担保人（以下简称"担保人"）。连同事主本人十三人，共同起誓。如誓词属实，其处置可与对仇敌之律相同，不必以命相抵。查明实情，系被箭射死，赔偿〔银〕一万两，交受害者〔一方〕和告密的知情人（以下简称"告密人"）平分。若无告密人，一万两全归受害人。中箭人如未身亡，赔偿五千两，由受害人和告密人平分。若无告密人，五千两全归受害人。如射中他人，进行抵赖，不予承认，或谓"此箭非我所射"，无论中箭人身亡与否，其处罚与对仇敌之律同。如不抵整赖，虽已起诉，亦可按对复

[①]《吐蕃狩猎伤人赔偿律》和后面的《吐蕃纵犬伤人赔偿律》、《吐蕃盗窃赔偿律》合称吐蕃三律。

仇人起诉之处置律对待。

大尚论本人和与大尚论命价相同之人，被尚论银告身以下、铜告身以上，或与其同命价者因狩猎而射中，无论丧命与否，放箭人发誓非因挟仇有意射杀，可由担保人十二名，加上事主本人十三人，共同起誓。如誓词属实，其处罚与对仇敌之律相同，不必以命相抵。否则，被害人身亡，则将杀人者处死，并绝其嗣；其全部奴户、库物、牲畜，归受害人与告密人平分；若无告密人，奴户、库物、牲畜，则全归受害人。绝嗣之家，其妻室有父归其父家，无父归其兄弟近亲。如中箭人未身亡，则赔偿银五千两，交受害人与告密人平分。若无告密人，则赔偿全归受害人。已射伤他人，尚进行抵赖，不予承认，谓"此箭非我所射"，无论中箭人身亡与否，均按对仇敌之律处死；若不抵赖，虽起诉，也可按对复仇人起诉之处置律对待。

大尚论本人和与大尚论命价相同之人，被大藏以下、平民百姓以上之人因狩猎等射中，中箭人无论身亡与否，放箭人起誓非因挟仇有意射杀，可由十二名担保人连同事主十三人共同起誓。如誓词属实，其处罚与对仇敌之律同。查明实情，将伤人者及其子孙一并杀之，以绝其嗣。全部奴户、库物、牲畜，归受害人和告密人平分。若无告密人，全部归受害人。绝嗣之家，其妻室有父归其父，无父归其兄弟近亲。伤人后，若进行抵赖，谓"非我所射之箭"，无论中箭人身亡与否，均按对仇敌之律处死；若不抵赖，虽起诉，亦可按对复仇人起诉之处置律对待。

瑟瑟告身之尚论本人及与瑟瑟告身命价相同之人，被大尚论以下、平民百姓以上，因狩猎而射中，视其身亡与否之处置律。

　　瑟瑟告身大尚论本人与瑟瑟告身之祖、父，大尚论四种人之子侄及叔伯昆仲无告身者诸人，及继母、儿媳、妾媵、未婚之妹等，如被狩猎箭矢射中，赔偿相同。

　　这些命价相同之人，彼此因狩猎等被射中，或者这些人为大尚论本人和与大尚论命价相同者，或同颇罗弥告身者及其命价相同之人因狩猎等射中，无论中箭者身亡与否，〔放箭人〕发誓非因挟仇有意射杀，可由十二名担保人连同事主本人十三人共同起誓。如誓词属实，其处置与对仇敌之律同，不必以命相抵。查明实情，系中箭身亡，赔偿命价六千两，由受害人与告密人平分。若无告密人，六千两全归受害人。少付一两则处死。中箭人未身亡，赔偿三千两，交受害人和告密人平分。若无告密人，三千两全归被害人。伤人后若进行抵赖谓"非我所射之箭"，无论中箭人身亡与否，均按对仇敌之律，处死。若不抵赖，虽起诉，亦可按对复仇人起诉之处置律对待。

　　瑟瑟告身大尚论及与瑟瑟告身同命价者，被银字告身及其同命价者以下、红铜告身及其同命价者以上之人因狩猎等射中，中箭人无论身亡与否，〔放箭人〕发誓非因挟仇有意射杀，可由十二名担保人连同事主本人十三人共同起誓。如誓词属实，其处罚与对仇敌之律同。查明实情，被害人系中箭身亡，必须将放箭者处死。奴户之半、库物之半、牲畜之半全交被害人继承。奴户、库物、牲畜之另一半，若有子交其子，无子则交予其父。如无父子，则妻室与库物、牲畜之半数给其兄弟近亲，放箭杀人者被处死之后，另一半奴户，愿为何人之奴，何人之民，可听其自愿。中箭后未死，赔偿三千两，归被害者和告密人平分。

如无告密人，三千两全归受害人。箭矢伤人后谓"非我所射之箭"进行抵赖，不予承认，无论中箭人身亡与否，均按对仇敌之律处死。若不抵赖，虽起诉，亦可按对复仇人起诉之处置律对待。

瑟瑟告身尚论及与瑟瑟告身同命价者，被大藏以下、平民百姓以上之人因狩猎等射中，中箭人无论身亡与否，放箭人发誓非因挟仇有意射杀，可由十二名担保人，加上事主本人十三人共同发誓。誓词属实，其处置与对仇敌之律同。查明实情，被害人为中箭身亡，则将射箭人处死，并绝其后嗣。其所有奴户、库物、牲畜、妻室，均由受害人与告密人平分。中箭人未死，只将射箭人处死。其牲畜、库物之半，被处死者有子则给其子，无子则给其父。无父，则将其女人与另一半牲畜、库物给其兄弟近亲中之一人。其奴户，在放箭杀人者被处死后，愿归何人为奴，愿做何人之民户，听其自愿。伤人后，若谓"非我所射之箭"，进行抵赖，不予承认，无论中箭人身亡与否，均按对仇敌之律处死。如不抵赖，虽已起诉，亦可按对复仇人起诉之处置律对待。

金字告身尚论本人及与金字告身同命价者，被尚论以下、平民百姓以上之人因狩猎等射中，视其死亡与否处置之律：金字告身尚论本人和有金字告身之祖、父及瑟瑟告身尚论之子侄及叔伯昆仲无告身者诸人，及继母、儿媳、妾媵、未婚之妹等，被他人因狩猎等射中，其赔偿相同。

这些命价相同之人，彼此因狩猎等被射中，以及这些命价相同之人，被大尚论和与之命价相同者以下、铜告身者和与之命价相同者以上之人，因狩猎等射中，中箭者无论身亡与否，放箭人发誓非因挟仇而有意伤害，可由十二名担保人连同事主本人十三人共同起誓。若誓词属实，其处置与对仇敌之律同。查明实情，系中箭身亡，偿命值价五千两，同受害人与告密人平分。如无告密人，则五千两全归被害人。中箭人未身亡，赔偿二千五百两，归受害人与告密人平分。如无告密人，二千五百两全归受害人。伤人后，谓"非我所射之箭"进行抵赖，不予承认者，无论被害人身亡与否，均按对仇敌之律处死。如不抵赖，虽起诉，亦可按对复仇人起诉处置律对待。

金字告身尚论本人及与有金字告身者命价相同之人，被大藏以下、平民百姓以上之人因狩猎等射中，无论身亡与否，放箭人发誓非因挟仇有意伤害，可由十二名担保人连同事主本人十三人，共同起誓。若誓词属实，其处置与对仇敌之律同。查明实情，被害人系中箭身亡，伤人者定予处死，其子媳单身赶走。其奴户、库物、牲畜全归受害人与告密人平分。如无告密人，奴户、库物、牲畜全归受害人。被害人中箭未死，仍将伤人者处死。其牲畜、库物全归受害人与告密人平分。如无告密人，牲畜、库物全归受害人。

颇罗弥告身尚论本人及与有颇罗弥告身者命价相同之人，被大尚论以下、平民百姓以上之因狩猎等射中，视其身亡与否处置之律：颇罗弥告身尚论本人与有颇罗弥告身之祖、父，及尚论有金字告身者之子侄及叔伯昆仲，无告身者诸人，及继母、儿媳、妾媵、未婚之妹等，若被他人因狩猎等射中，赔偿相同。

这些命价相同之人，彼此因狩猎中箭，以及这些命价相同之人，被大尚论和与之同命价者以下、铜字告身和与之同命价者以上之人因狩猎等射中，〔无论身亡与否〕放箭人发誓非因挟仇而有意射箭伤害，可由十二名担保人，连同本人十三人共同起誓。如誓词属实，其处置与对仇敌之律同。查明实情，被害人系中箭身亡，赔四千两，归受害者与告密人平分。如无告密人，四千两全归受害人。中箭后未死，赔两千两，归受害人与告密人平分。如无告密人，全归受害人。射中人后，若谓"非我所射之箭"，进行抵赖，不予承认，无论中箭人身亡与否，均按对仇敌之律将放箭者处死。若不抵赖，虽已起诉亦可按对复仇人起诉之处置律对待。

颇罗弥告身尚论本人及与颇罗弥告身命价相同之人，被大藏以下、平民以上之人因狩猎等射中，无论身亡与否，放箭人发誓非因挟仇而有意伤害，可由十二名担保人加上事主本人十三人共同起誓。如誓词属实，其处置与对仇敌之律同。查明实情，如受害人系中箭身亡，可将射箭人本人处死。子女妻室予以放逐，其奴户、库物、牲畜全归受害人与告密人平分。如无告密人，其奴户、库物、牲畜全归受害人。受害者中箭而未身亡，仅将伤人者处死，其库物、牲畜全归受害者与告密人平分。如无告密人，牲畜、库物全归受害者。奴户留在原处，归其子、女、妻室掌管。无子，交与其父；如无父，其奴户虽兄弟近亲亦不能交。其女儿、妻室可投靠最亲近之兄弟，而其奴户可按自愿择主。伤人后，若谓"非我所射之箭"，进行抵赖，不予承认，则无论中箭人死亡与否，均按对仇敌之律将伤人者处死。若不抵赖，虽依法起诉亦可按对复仇人起诉之处置律对待。

银告身尚论本人及与银告身命价相同之人，被大尚论以下、平民百姓以上之人因狩猎等射中，视其死亡与否处置之律例：银告身尚论本人与有银告身者之祖、父及颇罗弥告身尚论子侄及叔伯昆仲，无告身者诸人及继母、儿媳、妾媵、未婚之妹等，被别人因狩猎等射中，赔偿相同。

这些赔偿命价相同之人彼此因狩猎等射中，以及这些命价相同之人，被与大尚论及其命价相同者以下、与红铜告身及其命价相同之人以上因狩猎等射中，无论身亡与否，放箭人发誓非因挟仇有意伤害，可由十二名担保人连同自己十三人共同起誓。如誓词属实，其处置与对仇敌之律同。查明实情，如受害人系中箭身亡，赔命价三千两，归受害人与告密人平分。如无告密人，三千两全归受害人。受害人中箭而未身亡，赔一千五百两，归受害人与告密人平分。若无告密人，一千五百两全归受害人。〔赔偿之款〕若缺一两，虽是好人也须依法处死。伤人后进行抵赖，不予承认，谓"非我所射之箭"，则无论中箭人死亡与否，均按对仇敌之律将放箭人处死。若承认，虽起诉，亦可按对复仇人起诉之处置律对待。

银告身尚论本人及与银告身者命价相同之人，被"大藏"以下、平民百姓以上之人因狩猎等射中，无论身亡与否，放箭人发誓非因挟仇有意伤害，可由十二名担保人，连同本人十三人共同起誓。如誓词属实，其处置与对仇敌之律一致。查明实情，若受害人系中箭身亡，则将放箭人处死。处死后，其奴户之半、库物之半、牲畜之半全归受害人与告密人平分。若无告密人，则奴户之半、牲畜之半、库物之半全归受害人。另一半奴户、牲畜留给其子女、妻室。如无子则归其父；无父，其奴户之半，不能予其兄弟近亲。妇人与牲畜之半则予其亲近兄弟。而其奴户之半愿为何人之民，何人之奴，各随其愿。受害人中箭后未身亡，伤人者之一半奴户、库物、牲畜由受害人与告密人平分。若无告密人，其一半〔奴户〕、库物、牲畜全归受害人；奴户、库物，牲畜之另一半留给放箭人，就地对分完事。射箭伤人后若进行抵赖，不予承认，谓"非我所射之箭"，无论中箭人身亡与否，均依对仇敌之律将伤人者处死。若不抵赖，虽起诉亦可按对复仇人起诉之处置律对待。

黄铜告身尚论本人和与黄铜告身者命价相同之人，被大尚论以下、平民百姓以上因狩猎等射中，视其身亡与否处置之律例：黄铜告身尚论本人和黄铜告身者之祖、父及银告身者之子侄叔伯昆仲，无告身诸人，及继母、儿媳、妾媵、未婚之妹诸人被狩猎射中，赔偿相同。

这些命价相同之人相互因狩猎等被射中，与这些命价相同之人，被大尚论及其命价相同者以下、红铜告身及其命价相同者以上之人，因狩猎等射中，无论死亡与否，放箭人发誓非因挟仇有意伤害，可由十二名担保人连同本人十三人共同起誓。若誓词属实，按对仇敌之律处理。查明实情，受害人系中箭身亡，赔二千两，由受害人与告密人平分。若无告密人，二千两全归受害人。受害人中箭后未身亡，则赔一千两，由受害人和告密人平分。若无告密人，一千两全归受害人。〔赔偿之款〕如少一两，即系好人也应依法处死。射中人后，若进行抵赖，不予承认，谓"非我所射之箭"，则无论中箭人身亡与否，依对仇敌之律将放箭人处死。若不抵赖，虽起诉，均按对复仇人起诉处置之律对待。

黄铜告身尚论本人和与黄铜告身者命价相同之人，被大藏以下、平民百姓以上之人因狩猎等射中，无论身亡与否，放箭人发誓非因挟仇而有意伤人，可由十二名担保人连同本人十三人，共同起誓。如誓词属实，按对仇敌之律处置。查明实情，受害人系中箭身亡，定将放箭人处死。其奴户之半、牲畜之半、全部库物，由受害人与告密人平分。若无告密人，奴户之半、牲畜之半、全部库物归受害人。另一半奴户、牲畜给子女、妻室就地留下。无子则给其父。无父，这一半奴户虽有近亲弟兄也不能给。女人和一半牲畜，则予亲近之弟兄。奴户之半，愿为何人之民户，何人之奴，可听其自择。若中箭人未亡，则放箭人奴户之半、牲畜之半归受害人与告密人平分。若无告密人，奴户之半与库物、牲畜之半均归受害人所有。另一半奴户、库物、牲畜仍属原主，就地留下了事。射中人后，谓"非我所射之箭"，进行抵赖，不予承认，无论受害人中箭身亡与否，均依对仇敌之律将伤人者处死。若不抵赖，虽起诉，亦可按对复仇人起诉之处置律对待。

红铜告身尚论本人与红铜告身者命价相同之人，被大尚论以下、平民百姓以上者因狩猎等射中，视其身亡与否处置之律例：红铜告身尚论本人和红铜告身者之祖、父、黄铜告身者尚论子侄及叔伯昆仲无告身者诸人，及继母、儿媳、妾媵、未婚之妹等人，被人因狩猎等射中，赔偿命价相同。

这些命价相同之人，彼此因狩猎等被箭射中；或这些命价相同之人，被大尚论及其命价相同之人以下、红铜告身及其命价相同者以上之人，因狩猎射中，无论身亡与否，放箭人发誓非因挟仇有意伤人，由十二名担保人，连同自己十三人共同起誓。若誓词属实，其处置与对仇敌之律同。查明实情，受害人系中箭身亡，赔偿一千两，给受害人和告密人平分。若无告密人，一千两全归受害人。受害人中箭而未身亡，赔偿五百两，归受害人和告密人平分。若无告密人，五百两全归受害人。若缺一两，伤人者虽是好人，也应该依法处死。射中人后，若进行抵赖，不予承认，谓"非我所射之箭"，无论受害人中箭后身亡与否，均依对仇敌之律将伤人者处死。若不抵赖，虽起诉亦可按对复仇人起诉之处置律对待。

红铜告身者本人和与红铜告身命价相同之人，被大藏以下、平民百姓以上之人因狩猎等射中，放箭人发誓非因挟仇有意射箭伤害，由十二名担保人连同本人十三人共同起誓。如誓词属实，其处置与对仇敌之律同。查明实情，受害人中箭身亡，则将伤人者依法处死。其奴户、牲畜和库物等之半数，归受害人和告密人平分。若无告密人，奴户、牲畜、库物等之半数，全归受害人。另一半奴户、牲畜，给伤人者之子、妻，就地对分。若无子，给其父。若无父，奴户亦不能给其兄弟近亲。女人和一半牲畜则给其亲近兄弟。另一半奴户，愿为谁之民，谁之奴，可听其自择。受害人中箭未亡，一半奴户、库物、牲畜归受害人和告密人平分。若无告密人，其一半奴户、库物、牲畜全归受害人。另一半奴户、库物、牲畜仍归射箭人，就地留下。射中人后，若进行抵赖，不予承认，谓"非我所射之箭"，受害人中箭后无论身亡与否，均按对仇敌之律将放箭人处死。若不抵赖，虽起诉，亦可按起诉复仇人之律对待。

大藏和与之命价相同之一切武士，被大尚论以下之人因狩猎射中，视其身亡与否处置之律例：大藏本人和红铜告身者子孙以外，父系家族以内无告身诸人和继母、儿媳、妾媵、未婚之妹及王室家臣之一切武士、尚论和百姓之耕奴、岸本之助手等男女，被狩猎者射中，赔偿命价相同。

这些命价相同之人，被大尚论或与之命价相同者以下、红铜告身及与之命价相同者以上之人狩猎射中，无论身亡与否，放箭人起誓非因挟仇有意伤害，可由十二名担保人连同本人十三人共同起誓。若誓词属实，其处置与对仇敌之律同。查明实情，中箭人身亡，则赔三百两，由受害人和告密人平分。若无告密人，三百两全归受害人。受害人中箭未亡，赔一百五十两，归受害人与告密人平分。若无告密人，一百五十两全归受害人。命价〔银〕若缺一两，哪怕伤人者是尚论也要处死。射中人后，若进行抵赖，谓"非我所射之箭"，无论受害人中箭后身亡与否，均依对仇敌之律将放箭人处死。若不抵赖，虽起诉，亦可按对复仇人起诉之处置律对待。

大藏本人，红铜告身者子孙以外，父系家族以内，无告身诸人和继母、儿媳、妾媵、未婚之妹，王室家臣之一切武士，尚论和百姓之耕奴和岸本之助手等男女，被与其命价相同之人狩猎射中，无论死亡与否，放箭人发誓并非因挟仇有意伤害，可由十二名担保人连同本人十三人共同起誓。如誓词属实，其处置与对仇敌之律同。查明实情，受害人中箭身亡，赔偿命价一百五十两，给受害〔一方〕和告密人平分。若无告密人，一百五十两全归受害人。受害人中箭未亡，赔偿医药、食物银三十两，归受害人和告密人平分。无告密人，三十两全归受害人。无论是给死者之命价银还是给伤者之医药、食品银，不管是谁，缺一两处以死刑。射中人后，若进行抵赖，谓"非我所射之箭"，无论受害人中箭死亡与否，均按对仇敌之律将放箭人处死。若不抵赖，虽起诉，也可按对复仇人起诉之处置律对待。

"大藏"和王室家臣之一切武士及与之命价相同之人，被一切庸和蛮貊之人、囚徒等因狩猎射中，无论死亡与否，放箭人起誓非因挟仇有意伤害，可由十二名担保人，连同本人十三人共同起誓。如誓词属实，其处置与对仇敌之律例同。查明实情，受害人中箭身亡，赔偿命价银一百五十两，由受害人和告密人平分。无告密人，一百五十两全归受害人。受害人中箭未亡，赔医药、食品〔银〕三十两，由受害人和告密人平分。无告密人，三十两全归受害人。无论是给死者之命价银还是给伤者的医药、食品银，若缺一两，伤人者无论是谁，定处以死刑。伤人后，若进行抵赖，谓"非我所射之箭"，无论受害人中箭身亡与否，依对仇敌之律将伤人者处死。若不抵赖，虽起诉，亦可按对复仇人起诉之处置律对待。

王室家臣一切庸被大尚论以下因狩猎射中，视受害人中箭后身亡与否处置之律例：王室家臣一切庸及尚论和百姓之耕奴、蛮貊、囚徒等人，被尚论黄铜告身者以下和与之命价相同之人因狩猎射中，无论受害人身亡与否，放箭人发誓非因挟仇有意杀害，由十二名担保人，连同本人十三人共同起誓。如誓词属实，其处置与对仇敌之律同。查明实情，如受害人中箭身亡，赔偿命价〔银〕二百两，由受害人一方与告密人平分。无告密人，二百两全归受害人一方。若受害人中箭未亡，赔一百两，由受害人一方和告密人平分。无告密人，一百两全归受害人。命价银抑或养伤银若缺一两，伤人者即使是尚论也应处死。射中人后，若进行抵赖，谓"非我所射之箭"，无论受害人身亡与否，均依对仇敌之律将伤人者处死。若不抵赖，虽起诉，亦可按对复仇人起诉之处置律对待。

王室家臣之一切庸和尚讼、百姓所属耕奴，蛮貊及囚徒以上之人，被大藏以下一切武士及与之命价相同之人因狩猎等射中，无论射亡与否，放箭人发誓非因挟仇有意伤害，可由十二名担保人，连同本人十三人共同起誓。如誓词属实，其处置与对仇敌之律同。查明实情，受害人中箭身亡，赔银一百两，由受害人一方和告密人平分。若无告密人，一百两全归受害人。受害人中箭并未身亡，赔医药、食品〔银〕二十两，由受害人、告密人平分。无告密人，二十两全归受害人。无论是命价银或养伤之医药、食品银，应交款数若短缺一两，伤人者无论是谁，应予处死。射中人后，若进行抵赖，谓"非我所射之箭"，无论受害人中箭死亡与否，均按对仇敌之律，将放箭人处死。若不抵赖，虽起诉，亦可按对复仇人起诉之处置律对待。

王室家臣一切"庸"和尚论、百姓之耕奴，"庸"和蛮貊，囚犯以下之人，因狩猎中箭，赔偿相同。

这些命价相同之人中，彼此因狩猎而中箭；无论死亡与否，放箭人若起誓非因挟仇有意伤害，可由十二名担保人，连同本人十三人共同起誓。如誓词属实，其处置与对仇敌之律同。查明实情，受害人中箭身亡，赔偿命价〔银〕五十两，由受害人与告密人平分。无告密人，五十两全归受害人〔一方〕。受害人中箭未死，赔十两，由受害人与告密人平分。无告密人，十两全归受害人。无论是命价银，还是养伤之医药食品〔银〕，短缺一两，〔伤人者〕均须处以死刑。射中人后，若进行抵赖，谓"非我所射之箭"，无论受害人中箭身亡与否，依对仇敌之律将伤人者处死。若不抵赖，虽起诉，亦可按对复仇人起诉之处置律对待。

因狩猎射箭，一人中流矢身亡，射箭人务必赔偿适当之命价。议定后，按应该赔偿之数付给。身中流矢而未亡，付给一只肉羊作为医药食品之用。

射箭误中亲人，是否算杀亲人之律例：大尚论以下，最低平民百姓以上，因狩猎射死弟兄中一人，是否算杀亲人，就参照对仇敌之律中，兄弟中一人杀了另一人是否算杀亲人之律来判断。

大尚论和与之命价相同者以下，有颇罗弥告身和与之命价相同者以上，陷于牦牛身下，视其相互救援与否处置之法：大论等四种尚论之祖父、父、祖母、母及子孙以外，父系家族以内没有告身之人以及继母、儿媳、妾媵、未婚之妹等，陷于牦牛身下，赔偿命价相同。

这些命价相同之人，一人陷于牦牛身下，一人若在近旁不予救援，因而被牦牛伤害致死，对见死不救者惩罚如下：罚银五百两，交与死者一方。若因未救而致伤，其惩罚为：罚银二百五十两，交与自牦牛身下幸免者。若从牦牛身下救人，被救者则酬以女儿，无女则酬以妹，无女无妹则赠〔银〕二百两。

大尚论，及与大尚论赔偿相同之人以下，有颇罗弥告身者及与之命价相同者以上之人陷于牦牛身下，银告身者以下，铜告身者以上之人救与不救处置之法：大尚论四种人和与之命价相同者以下，颇罗弥告身者和与之命价相同者以上之人，陷于牦牛身下，银告身者和与之命价相同之人以下、铜告身者和与之命价相同之人以上见死不救，因而被牦牛伤害致死，对不救者之惩罚为：罚银五百两给死者一方。罚银五百两以后，由于懦弱行为而挂以狐皮，陷于牦牛身下之人未死，对不救者之惩处为：给懦夫挂狐皮完事。若从牦牛身下救人，被救者当以女儿或妹妹酬之，或赠银一百五十两亦可。二取其一。

尚论银告身者和与之命价相同之人以下，红铜告身者和与之命价相同之人以上，陷于牦牛身下，他们相互之间救与不救处置之法：银告身者以下、红铜告身者以上之尚论本人，和这些尚论之祖父、父、祖母、母、子侄及叔伯昆仲无告身者诸人，以及继母、媳、妾媵、未婚之妹等陷于牦牛身下，赔偿命价相同。这些命价相同者中一人，陷于牦牛身下，在其身旁之人见而不救，以致被牦牛伤害致死，对见死不救之人罚银三百两，交给死者一方。或因之受伤，对见牛伤人不从牦牛身下救人者罚银一百五十两，交与牦牛身下脱身者。若从牦牛身下救人，被救者要将已女作为礼物相酬。无女则以妹酬，无妹无女或酬而不受，则须赠〔银〕二百两。

大尚论以下，红铜告身者以上，其本人及与其命价相同之人，陷于牦牛身下，"大藏"以下之人救与不救奖惩之法：红铜告身者以上，其本人及与其命价相同之人陷于牦牛身下，因"大藏"以下、平民百姓以上之人〔未〕救而被牦牛伤害致死，对见死不救者之惩罚为：给其挂狐皮，将懦夫处死了事。懦夫之妻室与库物、牲畜、奴户就地留下。无子，则将其女、妻、库物、牲畜、奴户交与其父。无父，则女、妻、库物、牲畜、奴户交与亲近兄弟。奴户，虽为兄弟近亲，亦要交与。杀懦夫后，〔奴户〕愿为谁之民、谁之奴各听己愿。

尚论陷于牦牛身下致死，惩治懦夫，挂以狐皮，将其库物、牲畜判归死者一方。不让懦夫居家中，逐出。逐出后，若懦夫之子已成家，其奴户则给其子。子未成家立业，则给其父。无父，被逐者虽有兄弟近亲也不能将奴户给予。逐出后，其奴户愿为谁之民、谁之奴各听己愿。如从牦牛身下将人救出，奖〔银〕五十两。

大藏以下，平民以上之人，陷于牦牛身下，一切有告身之尚论救与不救奖惩之法：大藏以下、平民以上之人，陷于牦牛身下，而尚论红铜告身者以下、其本人及与之命价相同者以上之人，正在近旁，见而不救牦牛身下之人，因而被伤害致死，罚〔银〕一百两。给予死者（一方）。如该人未死，亦因不救，罚〔银〕五十两，给予自牦牛身下幸免者。如从牦牛下将人救出，〔被救者〕以其女酬之。无女则给其妹，无妹或酬而不受者，赠〔银〕二十两。

大藏以下、平民以上之一良民陷于牦牛身下，如因歹徒不救而被牦牛伤害致死者，对不救者之惩罚为：给懦夫挂以狐皮，给死者〔一方〕以库物、牲畜，将其同未成年之子一齐赶出家门。懦夫被逐后，如子已成家，其奴户给其子。子未成家给其父。无父，被逐人之奴户愿为谁之民、谁之奴听其自便。〔陷于牦牛下〕未死，对见死不救者之惩罚为：给懦夫挂狐皮，〔懦夫〕给脱身者马一匹。对从牦牛下救人者，被救人当以女或妹酬之，或给〔银〕十五两亦可，二取其一。地位相同两人在一起时，一人陷于牦牛身下，另一人未救，以致被牦牛伤害致死，对未救者惩罚为：给懦夫挂以狐皮，〔懦夫〕给死者一匹马。若伤而未死，对不救者之惩罚为：给懦夫挂狐皮了事。若从牦牛身下被人救出，以其女或妹酬谢救人者，无妹或酬而不受，赠马一匹。

低贱之人陷于牦牛身下，良民不救，以致死于牦牛身下，对其不救者之惩罚为：挂狐皮，给死者马一匹。若伤而未死，对不救者惩罚为：赠马一匹，给自牦牛身下幸免者。若从牦牛身下将人救出，被救人以其女酬谢救人者。无女，则给其妹，若无女无妹，或酬而不受，则赠〔银〕十两。

一人陷于牦牛身下，一人前来救援，二者皆死或未死处置之法：陷于牦牛身下，被牦牛伤而致死；救人者亦被牦牛伤害致死，两人俱亡时，先陷于牦牛身下之人作为酬报，在给救人者送葬时，要照顾体面，给以优厚物品。救人者被牦牛杀死，陷于牦牛身下者，被救未死，在给救人者送葬时，被救人要酬以与自己身价相当的银两。若救人者被牦牛伤而未死，则以一定数量之银两酬报。

一人陷于牦牛身下，一人为引开牦牛未成而被伤害致死奖惩之法：无论是尚论陷于牦牛身下或平民陷于牦牛身下，一方将牦牛引开，或用毡片逗引走，或用绳牵走，或驱打逐走，无论试图用何法引开，逼近牦牛而未能救成，以致陷于牦牛身下者死去。死则死矣，救而未成，不应惩罚。

一人陷于牦牛身下，被众人救出奖惩之法：无论从牦牛身下救人者多少，均按照法律规定将应得之银两悉数分完了事。

尚论以下，平民以上，陷于母牦牛身下，救与不救奖惩之法：有人陷于母牦牛身下，因无人救援致死，不管死者为尚论，或者平民，其处置与被牦牛伤害致死之法等同。

陷于母牦牛身下未死，尚论红铜告身以上中一人，见而未救，其惩罚为：罚马一匹，给母牦牛身下脱身者。如从母牦牛身下将人救出，赏给救人者马一匹。

陷于母牦牛身下未死，"大藏"以下、平民以上之人，见而不救者，对不救者之惩罚为：罚马一匹，给母牦牛身下脱身者；若救援，则酬赏救人者马一匹。未死者为红铜告身以下、"大藏"以下〔上〕之人，对近旁不救者之惩罚为：挂狐皮，给以重罚。给从母牦牛身下救人者赏以奶牛一头。

一人陷于母牦牛身下未死，"大藏"以下、尚论红铜告身以上之人见而不救，对不救者的惩罚：罚马一匹，给母牦牛身下脱身者。从母牦牛身下救人，酬赏救人者马一匹。

一人陷于公牦牛、母牦牛身下，在近旁之人若不相救，则为懦夫，应挂以狐皮之法如下：尚论以下、平民以上，陷于母牦牛身下，友人或佣奴正在近旁，若不救援陷于公、母牦牛身下之人，或不相帮，对最靠近之人，按对懦夫挂狐皮之法，挂狐皮以示惩罚。其余诸人不挂狐皮，但须处以规定之罚金。

尚论红铜告身者以上之儿孙及其旁系亲属无告身者，被箭射中及陷于公牦牛与母牦牛之身下，以告身分别处置法是：大尚论以下、红铜告身以上之子孙以内，父系家族以外无告身诸人，被箭射中或陷于公、母牦牛身下等，按其告身等级，即根据该条款处置之。至于告身之区分，子随父〔告身〕。兄弟近亲不在其内。

猎获野兽应分得之标准：猎获野兽，分配猎物，一头牦牛以射中六箭计算：头名射中者，得右侧下部肉并朝左一拃之肉；弧形割下，右侧皮子、肋骨、尾、心、胸脯、舌、一半牛血、牛筋也归头箭射中者。第二名射中者得左侧下部肉、皮子及一半牛血，内腑、膀胱和四肢之筋等亦归二箭射中者。第三名射中者得右侧上部肉。第四名射中者得左侧上部肉。第五名射中者得后肢。第六名射中者得前肢。

一头母牦牛以射中三箭计算：头名射中者得右侧下部并朝左一拃之肉；弧形割下，右侧皮子、尾、心、胸脯、舌、一半牛血、直肠顶端、牛筋等。第二名射中者得左侧下部肉、皮子及一半牛血、内腑、膀胱、脊椎下梢部位肉、四肢之筋等。第三名射中者得颈部皮子和四肢。

麋鹿和野驴以下、羚羊以上，以两箭计。头箭射中者得皮子，心、胸脯、舌、一半血、筋等也归头箭射中者。第二箭射中者得颈部皮子、脊椎下梢部位肉、内腑、膀胱、肝、一半血及四肢之筋等。

野兽被箭射中，如何判断为谁猎获之法：打猎时，不能以手中握箭为依据，而以射中第几箭为准。有谓"未见、不知"等，则不能算数。

打猎时偷箭和从地上拾箭处置之法：野兽被箭射中后，拔箭偷窃者，偷一箭罚两箭。从地上拾箭不算偷。如认识箭主，交还原主。

围猎放跑野兽处置之法：放跑野兽，对放跑者之惩罚为：放跑一头公牦牛，笞四十板。放跑一头母牦牛，笞二十板。放跑一头野驴，笞四十板〔可能是十板或十四板之误——译者注〕。放跑一头岩羊、盘羊、藏羚羊，笞八板。放跑一头黄羊，笞六板。对猎人之百夫长和十人首领的惩罚是：立即笞以适当之板数。猎人如偷走全部猎肉，在城堡中禁闭一年。谁抓住偷盗人，谁告发，奖一匹坐骑。趁村人打猎时偷肉，偷一罚三。有知情人告密，尚狡辩者罚交三十倍。

土工抢村户人家饭食处置之法：土工杀"桑夏"后，可将肉寄放在村户人家。"巴夏肖肖"不待在家里，来到村中，村民要给住处。如饭食已吃就算了，若饭食未吃，可乞讨饭食，如抢饭食，挖去双眼，作为村民的"驮畜"。

奖赏报仇之法：外仇未报，报外仇和抓住外敌者，赏坐骑一匹。

吐蕃纵犬伤人赔偿律（残卷）

男子放狗咬人致伤惩罚从严，罚骏马一匹，并根据伤情赔偿相应之医药费用。女子放狗咬人致伤，罚母马一匹，根据伤情赔偿医药费用给受害者。

尚论波罗弥告身者以上本人或与其命价相同者中一人，被银告身者以下、铜告身者以上之人或与其命价相同者，放狗咬啮致死，或因放狗惊骇骑于牦牛等上之人，坠地致死，对放狗者之惩罚为：无论何种方式伤人致死，将放狗者处死，其妻女赶走，全部财物、牲畜赔偿死者一方。奴户留给其另立门户之子。如无另立门户之子，则交给死者之父。无父，虽有兄弟近亲也不能给。〔奴户〕愿为何人之民、何人之奴各随己愿。

未另立门户之男子，放狗咬人致死，将其父子共有之财产、牲畜，分家后属于该人之部分，作为死者一方之份产。此份财产、牲畜，全部赔与死者一方。

有夫之妇放狗咬人致死，将其当初从娘家带来的陪嫁物，全部赔与死者一方。

未婚之女放狗咬人致死，将其全部佣奴、牲畜赔与死者一方。

放狗咬啮尚论，受伤未死；放狗惊骇骑于牦牛等上之人使致受惊堕地，受伤未死，将放狗者单身赶走，财物、牲畜之四分之一，赔与受伤者。放狗人若为妇女，将其逐出，其财物、牲畜之半数赔与受伤人。

尚论波罗弥告身以上者其本人，及与其命价相同者之人，被"大藏"以下、平民以上之人放狗咬死，或放狗惊骇骑牦牛等上之人，堕地身亡，对放狗者之惩罚，不论何种方式致死，为尚论办善后事，须惩治放狗者之罪孽。将其成年以上之男子杀绝，成年以上之女子逐出，财产、牲畜，全部赔与死者尚论一方。

吐蕃盗窃追赔律（残卷）

若盗窃价值四两〔黄金〕以下，三两"黄金"以上之珠宝，首犯诛，次犯短程流放，其余一般偷盗者罚令追赔。

若一人偷盗价值二两七雪（相当于"钱"）二南姆（相当于"分"）黄金以下，二两以上之珠宝者诛。二人合伙行窃，则判令追赔。若偷盗价值一两七雪二南姆〔黄金〕以下、一南姆以上之珠宝者，将其盗来之物全部判令追赔。

窃贼潜入赞蒙、夫人、小姐及女主人与尚论以下、百姓以上诸人住房、土房、牛毛帐篷、库房、地窖之中行窃未遂被擒后惩治之法：赞蒙、夫人、小姐、女主人及尚论以下、百姓以上之住房、土屋、牛毛帐篷、库房、地窖及旅客住处诸地，钻入盗贼行窃未遂被抓，若钻入价值二两（黄金）以上之地被抓，将为首者发配远方，其余人按偷盗二两〔黄金〕财物之罪惩治。若钻入价值二两〔黄金〕以下之住地行窃未遂被擒，按偷盗半两〔黄金〕财物惩治，对抓住盗贼者，赏以被流放窃贼之牲畜及赔偿物，务须依法行赏。

对盗窃赞蒙、夫人、小姐、女主人之亲属（指七代以内），尚论以下、百姓以上之青稞者惩治之法：盗窃赞蒙、夫人、小姐、女主人之亲属及尚论以下、百姓以上之青稞被抓，将盗窃粮食之克数，升数折成〔黄金〕两数、雪数，依盗窃财物之法等同论处。

盗窃军帐衙署以外其他帐舍，惩治之法：并非盗窃军营，仅盗窃商旅住地、帐篷或狗窝〔内之物〕，或山顶小库房，均不算作钻入住家。盗窃以上诸惩处以小两计，折成马匹，按盗窃马匹头数计之，若应处死则处死，若应驱逐则按规定远近驱逐之。若应赔偿则依法赔偿。

尚论以下、百姓以上之人盗窃佛像惩治之法：尚论以下、百姓以上之人，盗窃佛像一尊被擒，按佛像价值折成〔黄金〕两数、雪数计之。与钻入住家行窃惩治之法等同。

对盗窃赞蒙、夫人、小姐、女主人之财物及尚论以下、百姓以上财物者惩治之法：赞蒙、夫人、小姐、女主人之财物，及尚论以下、百姓以上之财物被盗，对行窃者惩治之法为戴上长一"小栲"、厚一拃之颈枷，刑官于其上盖印加封，责以大板，罚劳役修城堡一月。劳役未满死去，由其长兄〔长子〕戴上颈枷〔代服劳役一月〕。

蒙古卫拉特法典①

三位一体的佛啊，愿幸福同我们在一起！向一身具三性、在二众中充分显示不空劫圣德的喇嘛鄂齐儿、达儿叩拜。众生的导师释迦牟尼啊，愿您以炽热的光辉解脱我一开始就激动着的业惑。向迄今仍转法轮的高贵尊者宗喀巴，继续继承神圣的托音〔释迦牟尼〕之主叩拜。向纯洁的白雪之国（西藏）所矜夸的护法者达赖喇嘛和为〔济度〕众生而缠红黄法衣的〔地上的〕阿弥陀佛的再来者班禅额尔德尼两位尊者叩拜。以神圣的因赞、楞波泽之名而著称的尊者啊，愿您以诸胜利者（即诸佛）无异的摄律仪、摄差法、摄众生之戒与众生分离。在不空成就文师利（amogasiddi-mangnohiri）、阿閦文殊师利（angkhoбia-mangnohiri）、音赞、楞波泽之父释迦牟尼托音三位尊者面前，于英雄铁龙岁（1040）仲秋，第五吉日，以额尔德尼、札萨克图汗为首的我等四十四领侯，即图什图汗、东臣诺颜、戴青洪台吉、叶勒丁诺昆都仑乌巴什、顾始诺颜汗、鄂尔勒克〔台吉〕、书库尔戴青、额尔登〔台吉〕、藏青和硕齐、鄂什儿圆台吉、墨尔根戴青祖契尔、车臣台吉、墨特池台吉、博额尔登、

---

① 该法典又称《1640年蒙古—卫拉特法典》，蒙文本未曾找到，罗致平根据戈尔通斯基《1640年蒙古—卫拉特法典》（1881年彼得堡俄文版）一书所载译出，并参照梁赞诺夫斯基《蒙古部落之习惯法》（1929年初版）一书进行校阅。

墨尔根诺颜及达玛磷商议大纲〔在法典上署名〕写下了伟大的法典。

蒙古人与卫拉特人应联合一起，对违反法典规定（即所规定的行政秩序），杀（人）和掠夺大爱玛克人民者，全蒙古和卫拉特应团结起来〔攻击打倒之〕，犯人阙所，没收其〔犯人〕全部财产，一半交给受害者，一半（剩下的）平均分配。（第一条）①

掠夺边境地方小爱玛克人民者，科铠甲百领、骆驼百只、马千匹的财产刑；凡被掠夺之物必须偿还。（此外），官吏科贵重〔品〕五件，非官吏科贵重〔品〕一件。（第二条）

从火蛇年（1617）至地龙年（1628）间巴尔古族、巴杜特族、辉特族之俘虏，在蒙古者归蒙古，在卫拉特者归卫拉特；双方家族（投降者）全部应不拖延地互相送还；不交出者科羊二十头、驼两只的财产刑，并交出投降者。卫拉特之逃亡者引渡给卫拉特。（第三条）

敌人来袭蒙古及卫拉特时应即报告；得报告而不出动〔反对敌人〕者，大王公（邻境）科铠甲百领、驼百只、马千匹，小王公科铠甲十领、驼十只、马百匹之财产刑。（第四条）

反对宗教、杀（人）和掠夺属于僧侣的爱玛克者，科铠甲百领、驼百只、牛千头之财产刑；而只对某些〔掠夺者〕重罚。（第五条）

接纳逃人者，科（其财产）的一半，并将人送回；同时又

---

① 据罗致平注，戈尔通斯基《1840年蒙古卫拉特法典》一书有两种版本，一有法典条文数目，一为无数目，我们手头的版本系没有条目的，今依梁赞诺夫斯基的《蒙古部落习惯法》一书附上条目以供参考，但有些条目一时无法对上，只能暂缺。

杀人者，加重处罚。（第六条）

〔偷盗〕牲畜的罚款：罚八九，罚一九归证人。（第七条）

给众多逃人提供避难所的王公不将其引渡者，科铠甲百领、驼百只、马千匹，〔此外〕，〔这些人的所有主〕得领取半数。（第八条）

僧侣有权向近亲的同族者的贵族征收赎金（牲畜）五头、向平民征收（牲畜）两头或贵重〔品〕一件。十人中必有一人献身于佛。（第九条）

谁也不许违反本法典。如大王公违反，科驼十只、马百匹；中王公（原文作墨尔根戴青、祖契儿一级的）驼五只、马五匹；小王公驼一只及罚三九；塔布囊及四达官（管理人）驼一只及罚二九；王地的官吏驼一只及罚一九。（第十条）

无论任何借口，临阵后逃者，大王公科铠甲百领、驼百只、人民五十户、马千匹；中王公（原文作戴青和祖契儿）铠甲五十领、驼五十只、人民廿五户、马五百匹；小王公铠甲十领、驼十只、人民五户、马五十匹；塔布囊和四达官〔长官〕铠甲五领、驼五只、人民五户、马五十匹；王公的地方官吏贵重品三件、人民三户、马三十匹；旗手及小号手的处罚同塔布囊及达官；前卫同爱玛克的长官一样，除此以外，还要脱下军衣、头盔和穿上妇人无袖短衣；侍卫和内侍官人民一户、罚一九，而主要东西为军衣一套；兵士马四匹，主要东西则为军衣一套；甲士头盔一件，马三匹、甲骑兵胸甲一件、马二匹；平民箭筒一个、马一匹，又逃走者，穿上妇人无袖短衣。（第十一条）

（战时）（从危境）中救出王公者，受免税（达尔汉）的褒赏，（危险时）遗弃王公者处死刑及没收财产。（从危境）中救

出达官、塔布囊及其他人等者按上述规定赏赐。关于潜逃者同临危逃脱者的区别由见证人识别之。（第十二条）

看见或听到大敌而不报告者，处子孙追放、杀死、阙所之刑。看见匪帮掠夺而不报告者，罚没其一半的牲畜。（第十三条）

遇有动乱时，必须集合到王公左右；听到动乱而不报告者，科同前者一样的刑罚（按即死刑、犯人的阙所、子孙的追放），而当时游牧地方远近的和平是贵族必需的。（第十四条）

敌人掠夺游牧地方马匹时，夺回被掠夺之马匹者，给予被夺回牲畜及财产之一半；同时如夺回者因而致死，则应按规定赔偿损失。如企图夺回牲畜而死亡者，则（破产者）兄弟应按人赔偿贵重品一件；看见或听见〔敌人赶走牲畜〕时，未追踪敌人将其夺回，系贵族者没收其牲畜及财产之一半，系中层阶级者罚九，系平民者科牲畜五头。（第十五条）

必须提供三种法定的大车。必须区别使者的任务，有的为宗教上及行政上而出发的使者。有的为王公及其配偶生病而出发的使者，或者在大敌袭来的场合而出发者，均须提供大车；如不肯提供者则科罚九九。（第十六条）

以言词侮辱高级僧侣者科罚九九〔牲畜〕；侮辱喇嘛、王公教师者罚五九；侮辱格隆者罚三九；殴打者罚五九。侮辱班第或齐巴罕察者罚（牲畜）五头，殴打者罚九；侮辱乌巴什及乌巴桑察者罚马一匹，殴打者，按情节轻重处理。（第十七条）

僧侣擅自破坏戒律者，科牲畜及财产之一半。侮辱在家（结婚）班第者罚马一匹，殴打者加倍。（第十八条）

向喇嘛及班第征用大车者，罚母牛一头；将献佛之马征用于运输〔大车〕者，罚马一匹，但如系马伕贷与的场合，则马伕受罚，如系使者乘的场合，则使者受罚；如果证明使者不知情时，则应对此设誓。（第十九条）

侮辱大王公者没收其财产；侮辱中王公或塔布囊者罚一九，殴打者罚五九；侮辱小王公或塔布囊者罚五（牲畜），殴打系重打者罚三九，系轻打者罚二九。

以言词侮辱内侍官或收楞额者，〔罚〕马羊各一头，重打者罚一九，轻打者罚五。（第二十条）

为了执行公务、（汗之）敕令和法律，大小王公、官吏、得木齐、收楞额殴打人不坐罪；因而致死者，亦不坐罪。但任意殴打则科财产刑，重打罚一九，中打罚五，轻打罚马一匹。（第二十一条）

对骑者詈骂道："你父母这家伙"，又对他们嘲笑说："没出息的"，均科马一匹的财产刑。（第二十二条）

使者非因公务，征用大车仅限于自己的爱玛克，如从别的爱玛克征用时，则科三岁母马一匹的财产刑；替使者赶大车的使用马匹当天不通知其主人者，科羊一头；经过一昼夜后而不报告者科三岁母马一匹。

殴打使者罚一九，将其从马上拉下者，罚五〔牲畜〕。不提供大车或强行取回并殴打车夫者，（均）处以马一匹的财产刑。

僭称使者而征用大车及粮食的人，罚一九或科五打并罚五〔牲畜〕的财产刑；犯右罪之一者科罚五（牲畜）的财产刑。（第二十三条）

拒绝替换疲劳之马者，科以三岁母马一匹之财产刑；拒绝他人之投宿者，科以三岁母马一匹之财产刑；无子妇人拒绝他

人之投宿者，科以无袖短衣一着之财产刑，但如欲辩明其无罪时则使其设誓。（第二十四条）

在王公禁猎区灭绝野山羊者，罚一九及驼一只之财产刑；不知（是禁区）而犯之者则不坐罪。（第二十五条）

断绝大王公之食物者，科以罚九九之财产刑，属于中王公者则罚一九，小王公者则罚马一匹之财产刑，不正当（非法）地骗取（吃掉，王公的食物者，则科马一匹。午后和晚饭后嬉食者科马一匹。（第二十六条）

（重）打老师及父母者罚三九，中打者罚二九，轻打者罚一九。（第二十七条）

媳妇（重）打公公或婆婆者罚三九，中打者罚二九，轻打者罚一九；此外并科鞭刑，即重打鞭三十，中打鞭二十，轻打鞭十。（第二十八条）

父亲为教育其儿子，婆婆为教育其媳妇，即使责打也不坐罪，但是错误的（无辜的）责打，则（重）打罚一九，〔中〕打罚五，轻打科马一匹的财产刑。公公（重）打媳妇时，罚二九，〔中〕打罚一九，轻打罚五的财产刑。（第二十九条）

儿子杀父或母，目击者须将（杀人犯）扭送王公处，为此得（从杀人犯财产中）罚一九及贵重品一个；此外，杀人犯其他一切（财产和家庭）须被籍没。父亲杀儿子，除本人家庭外，其他一切（即财产及人）须被籍没。（第三十一条）

杀男奴隶者罚五九，杀女奴隶者罚三九之财产刑。丈夫杀其遗弃之妻罚五九。（第三十二条）

妻杀（他人之）妻（在重婚的场合）者，以（杀）人论处；或割去两耳，另嫁他人。即（将其另嫁给他人）（或领了偿

付的）牲畜者得由丈夫选择。（第三十三条）

父亲应按照惯例分给儿子以遗产；父亲贫困时，可从家畜五头中取一头。（第三十四条）

位高的王公同塔布囊之间的婚约，其（聘礼）牲畜的头数规定如下：即贵重（品）三十，马百五十匹，羊四百头；小王公同塔布囊之间的婚约为贵重品十五、牛五十头、羊百头。嫁奁依牲畜〔聘礼〕的头数而定；这一〔数量〕的减额也可根据双方的协定。

得木齐（四十户长）之女的聘礼为驼五只、大角兽二十五头、羊四十头。而得木齐之女的嫁奁，则须成衣十件、衣料二十件、鞍子、笼头、外套及无袖短衣各一件、马二匹；增人一口，则（女婿）须给驼一只；须回赠多少，一般说来和财产数量相符（同嫁奁相当的礼物）。

收楞额（二十户长）之女的聘礼为驼四只、大角兽二十头、羊三十头；而收楞额之女的嫁奁则须成衣五件、衣料十五件、驼一只、马一匹。（女婿）须回赠同嫁奁相当的礼物。

内侍官之女的聘礼等于收楞额同（数量）的牲畜。

中层阶级之间的（聘礼）牲畜如下：驼三只、牛十五头、羊二十头；嫁奁为成衣四件、衣料十件、驼及马各一头；（女婿）须回赠同嫁奁相当的礼物。

下层阶级之间的（聘礼）牲畜的（数量）如下：驼二只、牛十头、羊五头；嫁奁为马及驼各一头，外套、无袖短衣、鞍子、笼头各一件。（第三十五条）

女子的婚龄是十四岁以上；不及适龄者须有得木齐及收楞额的证明。违反上述规定者，娶女不付牲畜（即无聘礼），嫁女不赔牲畜（即无嫁奁）。（结婚式）得木齐（四十户长）（举行宴会）可屠宰大牲畜四头及羊五头；收楞额（二十户长）大牲畜三头及羊四头；中层等级者大牲畜二头及羊三头；下层等级者大牲畜一头及羊二头。（第三十六条）

四十户中有四户每年必使其儿子完婚，十人必为一人的婚事给予援助；给大牲畜（援助时）一头者，因此领取（从新娘嫁奁中）衣物（即已缝的）一件，给羊一头者得未缝的衣物，但不应取未婚妻的任何衣服。结婚之际不予帮助者，科驼两只、马五匹及羊十头的财产刑。（第三十七条）

四十户每年必须造胸甲二件，否则科马、驼各一头。

订婚的女儿（未婚妻）到二十岁时须三次将此告知未婚夫之父（未来的公公），如仍未完婚，将此事向王公呈报，然后可以将女儿另嫁别人；不呈报而将女儿别嫁时，对此，先前交付的聘礼被取回，而且构成法律上的罪，（依法办理）。（第三十七条）

订婚礼酒宴已毕后，订婚女子死时，则嫁奁应退回，如在酒宴前时，则未婚夫可以取回牲畜（聘礼）之一半。（第三十七条）

给头盔或铠甲者，可得代赏如下：头盔得五（牲畜），铠甲得以罚一九及骆驼一只；给火枪者得五（牲畜）。

盗窃头盔及铠甲者十罚九；盗窃头盔者罚三九，盗窃胸甲者罚三九，盗窃铠甲者罚一九，盗窃火枪者罚一九，盗窃良质剑及马刀者罚一九，劣质者罚五（牲畜）。盗窃矛者科如下之财产刑：良质者马三匹，劣质者马一匹，盗窃良弓及装箭十支的箭筒者罚三九，盗窃中等弓及箭筒者罚一九，盗窃劣质箭筒及

弓者科母山羊及山羊羔各一种。（第三十八条）

将许嫁他人之少女嫁人，媒人得处罚款；如少女未曾许嫁，则媒人不科罚款。女儿的双亲在婚约后将其另嫁他人者，科如下之财产刑：系高贵者科罚五九及驼一只，系中层阶级者科罚三九及驼一只，系下层阶级者科罚一九及驼一只，又第一未婚夫有取回妻（即未婚妻）及已付聘礼的权利。未经双亲同意而同别人结婚时，依法得付三倍罚金。同时应通过设誓把双亲的无辜问明白。这三倍罚金取之于第二未婚夫，应为嫁出少女的父亲所使用。（第三十九条）

养子情愿离（养父）去自己（生）父处者，可不付赎金；但只允许一人，如带妻子儿女同去则须赎金。养女得听从养育者的命令。双方的父亲（即生父和养父）各享有女儿牲畜（聘礼）的一半，同时也得分担嫁奁的半份。（第四十条）

诱拐同自己无婚约的女子私奔者，科以财产刑，高贵者罚七（牲畜），中层阶级者罚五，下层阶级者罚驼一只。（第四十一条）

来自其他领主的人返回自己（以前的）住地时只得携带来时所带的财产。王公（在那里寄居者曾找到安身之处）的亲属在返乡时可得所给什物的一半以及自己所得牲畜的一半。（注条目不明）

狂犬咬死（牲畜）者，科犬主以五头取其一（牲畜）之财产刑。如咬人致死者，则对高贵者科罚一九，对中层阶级者罚七，对下层阶级者罚五。疯子杀人者，没收疯子继承人财产的一半。（第四十四条）

但同时必须考虑各种情况（即由法院审理）。如疯子因经常

害人而被杀，则杀人者不坐罪。（第四十五条）

人在山谷为（行走山间的牲畜）所杀害，在牲畜所有主看管情况下被杀，则科牲畜主人财产刑：杀高贵者时，则处以罚一九及贵重品一个之财产刑，中层阶级者时则罚五，下层阶级者时则没收贵重品一个。杀人的牲畜在没有主人在场放牧时，则（受害者的继承人）从该牲畜群中取（牲畜）一头。（第四十六条）

公驼、公牛、公马相斗（致死）者不偿付。

行走自由的牲畜杀人者，按有关峡谷（即在山谷杀害）的法规办理。（第四十八条）

如有人骑乘之马杀人者，按有关有主人的峡谷（有主人看管的牲畜在峡谷杀人）的法规办理。

为了保卫生命在战斗中杀夫（主要人物）者作为褒赏得其妻。作战时，毙敌者作为褒赏领取所毙之敌的甲胄，对此予以帮助者则可选领胸甲或头盔一件，之后按来到（即遇上）之先后得到褒赏；如击毙之敌一无所有者，按前一规定（即取被杀者之妻）办理。（第五十条）

帮助从敌人中逃脱者作为褒赏赐马二匹、铠甲一着，（营救冲入敌阵者，可从大批战利品中的获得罚一九及贵重品一个。）作战时杀害请准为王公服役者，如得战利品，则（被害者）应得赔偿罚一九及贵重品一个。（第五十一条）

出征时遇有战利品对第一人（即第一个袭击战利品者）之马应予射杀；（此外）（攫取）牲畜者应全部交返和偿付一九（罚款）三昼夜过后，偷窃部分（战利品）者罚五（牲畜），追随者受处分。（注条目不明）

作战时误杀盟友、有见证人证明者，则（加害者）偿付一九；如（见证人）云不是真情则罚三九。（第五十四条）

（围猎）野山羊时（因射击）而误杀人者，征收射击者罚金的一半；按上述（关于杀人的）规定处罚。

切断指六只者处以罚五九同贵重品一个；切断拇指或食指者处以罚二九及罚五（牲畜）；切断中指者罚一九，切断无名指者罚五（牲畜），切断小指者罚三（牲畜）。（伤害）人而又平愈者，科罚一九及贵重品一个，轻伤者罚五，射箭穿过外衣者科马一匹的财产刑（第五十五条）。

无意（射）杀马者，则（所射杀的马的主人）得（被射杀的）马，（被射杀的）马的优良部分和享用其肉；肉不能用则换肥马（即四岁以上的马）。（注条目不明）

在牧民迁出的游牧地方扑灭（残）火者予以羊一头的褒赏。从火灾或水灾中救出人者，领得（牲畜）五头。想抢救他人，而自身被烧死或溺死者，则死者的继承人得一罚九及贵重品一个；如同时救助者所乘之马也因而死亡者，则得到（同样的马）及贵重品一个之赔偿。（救出）奴隶或胸甲或者甲胄者得马一匹，搬出胸甲或甲胄者从（物主）得马及羊各一头。搬走存放财物的帐幕者每人赏给马及母牛各一头。从火灾中救出若干畜群者，则（数量）多的得（牲畜）两头，（数量）少的得（牲畜）一头；并且按照时间及情况来分。（第五十七条）

由于仇恨而纵火者处极重之刑。（第五十八条）

（纵火）杀害高贵者阙所；杀害中层阶级者处以牲畜三百头及贵重品三十个；杀害下层阶级者处以十五罚九及贵重品一个的财产刑。（第五十九条）

（偷窃）应科罚：偷窃骆驼者十五罚九，骗马及种马九罚九，母马八罚九；母牛、二岁小马及羊六罚九。骆驼列入罚九之数。按所盗物品的数量而没收之。（被盗多少，就向盗贼取多少）要求赔偿应得额以上者，则只应取得罚款的半分。而牲畜所有主则只应得赔偿的一半；正月后被盗的牲畜，其仔畜一头则赔偿马一匹。凡占据赃物（盗贼）而不报告王公者，则为了（拨出）应筹王公的开支及为此事而奔走的使者、应得的东西（被盗牲畜的）所有主应得被盗物加倍的赔偿。（第六十条）

跟踪足迹应从三个方面来审理：在跟踪时，如有高贵的见证人在场，把足迹（追踪）到最后时，则按盗窃律处理，即认为此脚印人为有罪；如当时高贵的见证人不在场，则由裁判所审理之。但如足迹的证据（仅是受害人）所提则应向牧区长设誓，或代之以牧区长指出牧区中盗窃的人，此人应受到惩处。牧区（阿寅勒）长应面对兀鲁斯当局设誓，而兀鲁斯当局面对王公设誓，纵使牧区长原来没有过错，但由于管理无方也要科罚一九和贵重品一个。（第六十二条）

关于债务（债权人）应在见证人前宣告三次，（然后）得到偿还；在宣告时应通知收楞额；如不通知收楞额，则对他（债权人）处马一匹的财产刑，如不预告，日间（从债务）回收债则债务被取消，夜间回收时，（除剥夺债务外）还要处以罚一九的财产刑。（第六十三条）

债务涉及布拉台吉者不偿还。（第六十四条）

妇女在运酒和羊的途中，取去其中一部分（负债），那不算数，如果（拿走）负债很多，那么债应算一半（即偿还一半）。（第六十五条）

对迷路的牲畜如果三昼夜后公告此事，然后可骑乘；三昼夜内不公告而骑乘（此牲畜）者，则须支付所有主（物主）以三岁母马一匹；在（他人牲畜）的耳上打上自己的烙印，则支付罚一九，剪毛则罚五（牲畜）；如经公告而做此事则不坐罪。（第六十六条）

捕获迷路（无主）畜者必须交给收楞额，收楞额必须转交给奇衣列；（一般情况下）捕获（他人之牲畜）者必须转交给收楞额或奇衣列；不转交者加倍科罚。如有人询问（此等家畜）而仍藏匿者则罚九。（捕获）迷路牲畜而转交给远处之人者，则科以同（盗窃）一样的刑罚，转交给近邻者（按住址）则罚三九。（第六十七条）

凡用牲畜尸体而不公告者，则罚七（牲畜）。（第六十八条）

妇女爱慕别人，双方心愿下行淫者，则奸妇科罚四（牲畜），奸夫科罚五（牲畜）的财产刑；妇女不愿意，男子强（奸）之者，则男子处罚一九；（强奸）女奴隶者科马一匹，如女奴隶心愿者则不坐罪。强奸未婚之女子者罚二九，如女子心愿者则罚一九。（第六十九条）

口角（打架）时，双（方）介入，因参与而死亡（被打死）者，科行凶者罚一九及贵重品一个；有多少人参加则（受害人）得马多少匹。

兽奸者被剥夺牲畜一头予见证人。畜主见从犯罪人领得五头（牲畜）。（第七十条）

用利剑（凶器）切断、刺杀或射击使人重（伤）者罚五九，中等（伤）者罚三九，轻伤者罚一九；只用凶器刺人时则

科马一匹之财产刑；为了斩人而拔出凶器时则没收其凶器，对夺取出鞘的凶器并制止之者必须赏马一匹。（第七十一条）

撕破他人衣服者科两岁小马一匹，断人帽缨和发辫者罚牲畜五，扯掉胡子者科马和羊各一头，当着高贵者之面吐痰、投土者，殴打其乘马之头，从马上拉其下地者，各科马一匹，犯以上全部（罪）者科马一匹及羊两头，犯以上罪二种者科马及羊各一头之财产刑。（第七十二条）

用木棍或石块重打人者则罚九和贵重品一个，中（打）者则罚马和羊各一头，轻打者则罚三岁母马一匹。用拳头或马鞭重打人者则罚五（牲畜）；中（打）者则罚马和羊各一头，轻打者则罚三岁小马。

拔掉妇女之头发或帽缨者处以罚一九之财产刑（这足够购买高贵者所遗弃之妻的价格）。造成堕胎之因者科以同胎儿月数相等的罚九之财产刑。抚摸十岁以上女子之乳房或（与之）亲吻者，除财产刑外，还指弹其阴部；如果小于十岁者不科罚。（第七十三条）

（损伤）病眼、摇动的牙或长出的牙齿（即这样的牙齿，代替它还长出另一牙齿者）罚五（牲畜）；如果是好眼和牙齿没有受损害，则科以（杀人的罚金）的一半。（第七十四条）

因嬉戏误杀（打死）人者，则被害者的继承人（从加害者）取得相当于参加游戏者人数的家畜；加害者系成人男子时则并科贵重品一个的财产刑。两人在嬉戏时误杀对方者则处一罚九之财产刑；但隐瞒其杀人行为时则加重三罚九。（第七十五条）

在游戏时误伤对方眼睛、牙齿、手和足时，经医治平复，

则不治罪；如未（治疗）则罚五（牲畜）。（第七十六条）

纵容怀有恶意之恶人而提供大车及粮食者，科七罚九（牲畜）之财产刑；（恶人）逃走前援助其窝藏财产或牲畜而不将其交出者，科罚三九之财产刑。（第七十七条）

（盗窃）绸里大皮袍，黑貂皮袄，虎、豹、水獭皮的地毯，入棉的绸制短大衣，银鼠皮袄者，则罚五九；（盗窃）狼、狐、鞑靼狐、狼獾、海狸的皮袄或地毯者，则罚三九；（盗窃）良质大皮袄或虎、豹的（毛皮），或良质呢子，山羊皮或水獭的（毛皮），或绸长袍者，则一罚九；（盗窃）狼或狼獾或野猫或海狸的（毛皮）、夏布长袍或中等质量大皮袍者则罚七（牲畜）；（盗窃）黑貂、狐、松鼠、鞑靼狐、西伯利亚狐、野猫和貂的毛皮，特别是小野兽的（毛皮）者，则大块毛皮者科三岁母马一匹，小块毛皮者科羊一头的财产刑。（盗窃）掉进陷阱的野兽者，科以同盗窃该野兽毛皮一样的财产刑；盗窃用良质银镶嵌的马鞍、笼头和兜尾秋者，科以同盗窃貂皮袄一样的财产刑。盗窃用中等质量银镶嵌的马鞍、笼头和兜尾秋科以同盗窃狼皮、狼獾皮一样的财产刑。（盗窃）锤子、铁钻、钳子者（科）一罚九的财产刑，但同时得通过侦查讯问（品物）的好坏。（第七十八条）

声明安装自动弩地点而杀害人者，则（自动弩所有主）必须赔偿（受害者）以贵重（品）一个；如获痊愈，则不坐罪。自动弩杀人，虽声明自行安装，但是暗中进行（即地点不明）者，则（自动弩所有主）必被科以罚三九之财产刑；如折磨一阵子又恢复健康者，则所有主给予清汤（用肉、鸡等煮成，受害人病中食用）和马一匹。没有声明安装自动弩而杀害人者，则自动弩所有主必被科以罚五九之财产刑；如（受害者）痊愈，则罚五（牲畜）。没有声明（安装）自动弩而杀害牲畜者，则（自动弩所有主）必须赔偿所毙牲畜的数量；如声明（安装自动弩地点者）则不坐罪。自动弩杀害野兽者，由（自动弩）所有主享用之；享用别人的野兽，在所有主搜索野兽时，声明此事，必须赔偿野兽：按数量赔偿一头牲畜（代替一头野兽），没有声明而（享用）者，则野兽所有主得（代替野兽的牲畜）五头。（第七十九条）

从咬羊的狼中救出羊者，取得羊的所有主的活羊一头和为（狼）所咬死的羊，救出的羊不及十头者得箭五支；享用为狼所杀的羊的尸体者，则给物主三岁母马一匹。

从泥泞中救出骆驼者，得三岁母马一匹；救出马者得羊一头；救出母牛者得箭五支；救出羊者得箭两支。

护理病人、产妇、（因绞杀）晕倒者，按照契约支付报酬，没有契约时则赐马一匹。（第八十三条）

谁外出作客、打仗、狩猎而丢失乘畜（马）者，对此予以帮助回到家中者，则得马一匹。（第八十四条）

两个被告在法院上互相指出反罪行时，则罪责消灭（不过问）；但如有见证人，则通过审讯查明之。（第八十五条）

一个属于普通阶层的单身汉自己没有牲畜，（被证明是穷困的）在（盗窃）牲畜的（场合）应向收楞额设誓，而收楞额则应引渡（小偷）。（第八十六条）

（为了解渴）而不给库木斯（马乳酒、酸奶子）者，收羊一头。（第八十七条）

用暴力夺酒者，科以带马鞍的马一匹的财产刑。（第八十八

条）

拆毁蒙古包者，科马一匹之财产刑。（第八十九条）

将木头投入正在燃烧的炉子里，而炉子系设在领侯的蒙古包者，则罚六九，系设在平民的蒙古包者，则罚一九。（第九十条）

（嬉谑）时误杀家畜者应赔偿相当于（被杀家畜的）数量，此外（被害牲畜的所有主）得其（所杀）的马一匹；但同时须通过审讯查明：是否是开玩笑。（第九十一条）

捕获（他人）迷路的家畜僭称是自己者，对所有主必须支付相当罚五的（牲畜）。（第九十二条）

言人盗窃，进行诬告，夺其财产，后经查实，知是诬告，则因其诬告，得科罚金，为此处罚诬告者，而被诬告者从诬告者得其由于被诬告而夺去的自己的牲畜。（第九十三条）

小偷把（所杀的牲畜）拿来偷放到（他人的）兀鲁思里面，则兀鲁思的领主对（小偷）科以罚一九的牲畜。

跟踪追寻（所盗牲畜）的踪迹时，另一些人消灭其踪迹，则须使其向收楞额设誓；如不设誓，则第一个人（消灭踪迹者）被科以罚五（牲畜）的财产刑；否则（一般情况下）同时有多少人就科多少匹马的财产刑。

有许多人或少数人（即匪帮）出去偷东西，后来他们中有人声明此事，则声明（盗窃）者不治罪，其他人等则被没收全部什物，如声明（盗窃的）时间，正好此事已尽为人知（声明以前），则得不到受理。招集军队，打击盗贼者，则得相当于罚九和贵重品一个的褒赏。

奉命出差的使者拒不出差时，科罚一九。有允许使者及其

随员征发大车的赦令，不从者科罚二九。禁止使者喝酒，违反者科罚五（牲畜），但王公接待的场合为例外。（第九十八条）

杀害被收容的从其他地方来的逃人者，罚五九；把逃人扭送王公近处者，受到箭筒多少个即给马多少匹的褒赏。捕获企图越境去到（别的国家）的逃亡者，则除（逃亡者）本人外，可得他的其他财产的一半。（第九十九条）

（亲属）希望赎取为丈夫所遗弃之妻者可以娶之，付前夫以相当于罚一九及贵重（品）一个；中等阶级者之（妻）则付牲畜五头，下等阶级者之妻则付马及骆各一头。（第一百条）

女奴隶不能做见证人；如其（证据确凿）拿来（被盗的）畜骨和肉，才会被重视。怀恶意赶走他人牲畜和杀害之者，如（确有此事）证明属实，则按数科牲畜；涉及盗窃行径者须通过设誓问明白。破坏围猎的（规定），围猎时同别人并立或并进者科五（牲畜），走出线外三射程以上的距离者，罚马一四；二射程者罚母绵羊一头，一射程者没收箭五支。被告知有为箭所伤而逃走的野兽，捕获而藏匿之者罚五（牲畜），藏匿非箭伤之野兽者没收其马。（第一百〇三条）。

打死狩猎用之鸟者，罚马一匹。从地上拣起他人之箭，经请求而不归返者，罚马一匹。（第一百〇四条）

见证人可从所罚牲畜中取得相当于一罚九的褒赏；（如果是关于什物的证人），则按什物的数量获奖。凡盗窃火镰、刀、箭、锉刀、绳、三脚架、马勒、小锤、颈圈、良质帽子、皮靴、裤、剪刀、短剑、铁镫、木鞍、毡制伊盼初（ᠵᠠᠯᠠᠨᠴᠤ）、毡斗篷、装饰鞍被、弓袋、箭袋、布衬衫、布腰带、钢盔或铠甲套、锄头、斧子、良质兜尾秋（马镫）、袋肉、整羊肉、粗皮袄、妇人无袖背心、锯、装饰盒子、钳子、镶宝石的戒指、网罟、猎鸟和打鱼用网、捕兽用夹子者，断其指；如惜其手指，则罚五（牲畜）即大牲畜两头和羊三只。

缰绳、套杆、驼缰绳、针、钳子、梳、指箍、线、制鞋用的蜡线、纽扣、小碗、勺子、大盘子、水桶、小皮囊、质量差的帽子、皮靴、长袜子、马肚带、鞍皮带、兜尾秋（马镫）、盘子、鱼胶、车刀、钻子、马鞭、橱柜、大箱子、马衣、羊皮、山羊皮、羔皮、缺铁制尖头的箭、弓弦、压榨器以及列入这一法典的任何小器物；凡盗窃其中质量好的科（带羊羔的）母绵羊一头，盗窃质量差的科带山羊羔的山羊一头。（第一百〇八条）

原被告（原告人及被告人）必须自己出庭，否则不予裁判。诉讼当事人（原告人）应三次向被告声明，（要其出庭）然后伴同适当见证人出席并向（法庭）说明此事；如被告人不到，则通过使者拘留被告并没收其马。（第一百〇九条）

在必要的场合，可进行家宅搜索，拒绝搜索者科财产刑，但同时必须通过见证人调查真假（即是否拒绝进行家宅搜索）；如见证人（此时）不在场，得向爱玛克长设誓。（第一百一十条）

邀请萨满教的巫师或女巫师来家者，科邀请者以马一匹的财产刑，以及科来家的女巫师马一匹；如看见而不捉住（他们的马匹）者，科马一匹。看见翁干（偶像）者须将其拿走，如占有翁干，经过争论仍不交出者科马一匹。（第一百一十一条）

萨满诅咒高贵者科马五匹，诅咒下层阶级者科马两匹。将海番鸭、麻雀及犬用于祭祀者科马一匹；宰杀各种蛇（除阿拉

克乌拉的以外）用于祭祀者科箭两支，无箭者科刀子一柄。（第一百一十二条）

擅取饿死后十日以内的牲畜之尸体者，科三岁母马一匹。（第一百一十三条）

婴孩为马所踢几乎致死，对救出者应给予羊一头的报酬。（第一百一十四条）

除无仔驼留下的母骆驼、脱缰络的母马、最近产犊的母牛外，挤（别人牲畜）之奶者，科三岁母马的财产刑。

作为王公女儿陪嫁的姑娘，如经父母同意嫁人者，则罚其父母，如非（父母）同意而嫁人者按上述法律办理（作诱拐少女论）。

诱拐高贵者之妻私奔者，科罚九九及驼一头之财产刑；诱拐中层阶级者之妻私奔者，科罚五九及驼一头；诱拐下层阶级者之妻私奔者，科罚三九及驼一头。诱拐他人之妻到看不见她（难于发现）的地方，则其丈夫取其（诱拐者）的牲畜以及离弃之妻；则（被遗弃的）妻之兄弟有权将其赎回；按牲畜（即赎金）的头数予以牲畜。如他们没有牲畜，则爱玛克的兄弟（爱玛克的亲属）以牲畜九头将其赎回；如爱玛克的兄弟无力赎回，应当即把情况向王公报告。（第一百一十六条）

（由他家）教养的人想念自己的（生）父，可离开自己的养父，带着自己的儿子，而女儿则须留在自己的母亲那里。生父想领回由他人教养的自己的女儿者，如女儿超过九岁者得支付养父以相当罚一九的东西，如教养得不好则只支付一半。如女儿超过十五岁者则应留在自己的养父家里；双方的父亲（即生父及养父）各取得其女聘金的一半，同时也应分担财产（嫁

㤖）的一半。（第一百一十七条）

（谁家的）儿子都不应对母方的亲属有债务上的账目，外甥偷母方亲属的东西不受科罚，只需支付而已。（第一百一十八条）

逃逸（迷路）的牲畜的所有主在诚实的证人的场合下有取得牲畜头部（即优良部分）的权利，而购得此迷路牲畜的卖主有取得其臀部（即劣等部分）的权利。（第一百一十九条）

饲养迷路（流浪）的家畜者，一年后得其仔畜的一半。在此期间内由原不属自己的骆驼、种牛、种马传种而生的仔畜，全归饲养者所得。饲养一头或两头牲畜者不取报酬，饲养十头以上的牲畜者，则得两头牲畜，饲养九至三头（牲畜）者则得一头牲畜。（第一百二十条）

盗窃大锅或三脚铁架者，系上等的罚九，系中等的罚五（牲畜），系下等的罚三岁母马一匹。

噶尔丹洪台吉的两项补充勅令[①]

第一项

每一鄂托克（氏族）的管理人必须教导四十户的得木齐，及时向人民征收租税。如得木齐不征收则被罚九，丧失得木齐的称号。如鄂托克的管理人不这样处理，则处分鄂托克的管理人；如果宣告了，而得木齐不向人民征税，则处分得木齐。得木齐应关心照料不幸者（贫困者）；如无能力照料，应把情况向鄂托克的管理人申述，鄂托克的管理人应照料所有的人同自己的人民一样；如无资财照料，应把处理情况向上级（上级政权）反映。如有能力照料而不照料以致人亡者则按杀人法律处治；但必须通过审讯查明，死亡是否真的（由于没有照料所致）。

关于一般的盗窃（规定）如下：应由一人管理十户，管理者应把自己的十户管好；必须宣布犯盗窃的情况（十人的），如不宣布则砍掉其手，其他（自己的）人等则上镣铐。犯三次盗窃者，受到放逐的处分。去到别的和顺的普通老百姓，同当地居民杂居者应收税；如果他们没加入鄂托克，则把他们安置到鄂托克，如没加入爱玛克则安置到爱玛克中去，认为这样

[①] 噶尔丹洪台吉的两项补充勅令，目前仅见到戈尔通斯基的俄译文本和田山茂的日译文本，今将罗致平译文附于此。据田山茂《清代蒙古社会制度》一书第291页指出，噶尔丹洪台吉的第一项补充勅令公布于1677年至1678年间，第二项补充勅令公布于1878年。

处理不合适，就让他们说不合适，发表自己的意见；认为合适的也应当时就声明，如果此时不声明，以后应该声明，说"原来如此"，但是当全体人民都承认这是合理时，那我就要生气，说"不希望这样"。但愿永远幸福！

如果被告在见证人面前三次被传唤都不到庭，则无论其有罪与否都得罚款。

早在"马年"（1654）涉及巴图尔浑台吉的债务则作罢，但其后的债务如果有见证人在场的话则应收，如无见证人则作罢。

在一般情况下法官必须（在规定的地点）进行裁判。如果（法官）不把规定的部分上交王公则加倍科罚。如果法官三次都错判了，则法官受到停职的处分。

谁经过格斗从盗贼手中救出牲口者则受到如下的报酬：牲畜五头得马一匹，四头或三头（牲畜）得三岁母马一匹，两头牲畜得两岁马驹一匹，一头牲畜得母绵羊一只。不经过格斗而夺回牲口者则得如下的报酬：九头（牲畜）得马一匹，五头牲畜得两岁马驹一匹，其余的（五头以下）得羊一只。

谁将投降者扭送王公者得如下的报酬：（马）十匹得马五匹，马五匹得马三匹，马两匹得两岁马驹一匹，马一匹得羊一头。

如有人从自己所属的鄂托克迁往别处者，管理他的爱玛克长则代表整个爱玛克的人应罚其一九。谁不听爱玛克管理人的话离开自己的爱玛克迁往别处者罚一九。凡把离开本鄂托克或爱玛克而躲起来的人送交其爱玛克者则得到（爱玛克）管理者马一匹的赏赐，从别人那里得到公绵羊（爱玛克）有多少帐幕就取得多少公绵羊的报酬。

第二项

因为一般的诉讼缺乏明确的法规，所以往往有误审的情况，又因为有许多违背法庭和法规的事，所以在"土马"年（1678）开始规定了这些法规，在这年以后就要按这法规办事。诉讼是件大事，要办好，接受诉讼者必须本人办理。如果案子判错了和收贿，不符合法规，那么就要没收其财产（即交给法庭），受到逮捕和免（职）的处分。额鲁特人和突厥斯坦人之间的纠纷应由（法庭）审理之。一般说来，由于（结婚）做了亲戚的突厥斯坦人，如果愿意留在自己的氏族中，就允许之；如果单独地（个人地）（和亲戚一起）在另一村落（霍屯人）那里过活，那就不答应突厥斯坦人的要求，为的是怕违犯额鲁特人的利益；强迫他们按照从前的即按亲戚的规定生活。他们之间的关系应该审理即由高等法院来处理。总之，谁也不应包揽诉讼，如果有人贿赂，目击者就应没收犯人（贿赂者）的财物；谁秘密贿赂，就被加倍科罚。一般说来（霍屯人）的村落应由霍屯人自己的法院来裁决，共同的（人民的）诉讼应由这里的最高等法院来处理。写完于"土马年"（1678）白月新月吉日。

阿勒坦汗法典①

愿得吉祥一切诸佛殊胜灌顶，一切六道众生之救主观世音菩萨为调伏众生而化身为法王阿勒坦汗，汗之教诲有云："六道众生无不可转为父母者"，因是之故，佛之圣洁法旨中亦云："我之佛法将向北方再向北方传播和昌盛。"金刚座之北面，即吐蕃黑暗之洲。称为"法王松赞干布"之化身，将吐蕃众百姓纳入政教二法规，故能安享安康。金刚座及吐蕃之北面，即蒙古地方，此亦为不知善恶取舍之黑暗之洲。为给黑暗中之众生指明利乐之路，法王阿勒坦汗做了施主。遍知一切之殊胜化身幻变为索南嘉措喇嘛，调伏十方，德被一切众生关于引道众生坚信利乐，趋向善道，兹略述于上。

而今之政教二法规，佛教戒规之帛结如不坏金刚，世间法律如牛轭大金山，遍及广大国土的政教二法规之中，法律系统中之大小法律条款都是按照怎样妥当就怎样制订的。汝等做了蒙古四十部落之首领，尔等五首领及一切大、小鄂托克〔之官员和民众〕应铭记于心，倘若不铭记或排斥、藐视之，则必将按照阎摩狱主之指令，以政教二法规严厉制裁。故一切人等都

---

① 阿勒坦汗法典原文为藏文手抄本，由西德学者梅塞泽尔发现并于1973年公布。后蒙古学者沙比拉译成斯拉夫蒙文，我国学者暴彦奇格和宝音又译为汉文。此文为苏鲁格译。

要明确地铭记于心。要知道，不真正顺应〔政教二法规〕而各行其是者，无不变作罗刹女的眷属，必被永久镇压。

杀人者，打三组，罚头等牲畜一九，执为首者一人。〔或〕罚头等牲畜一五，执为首者一人。二人同案，执为首者一人。

九畜者：马二匹、牛二头、羊五只。

五畜者：马、牛合二，羊三只。

窃取财物、马、牛者，亦执为首者一人。

罚牲畜九九的案子，如果是穷人〔犯案〕，没收其所有财物，〔被盗之物〕无论是耗损了还是完好的，都要追究。

致人眼瞎者，杖一，罚牲畜九九，〔给受害者〕赔一人或一驼。

致人牙齿断裂者，罚牲畜三九和一人或一驼。

用锋利尖状石或锋利尖状木击〔人〕者，罚一人、一驼和以马为首之九畜。

用鞭、拳、脚、土块或石打〔人〕者，罚五畜。

斗殴中揪断〔对方〕头发、胡须者，而且〔对方〕无过错，罚五畜。

双方同等相打，不予处罚。

致人手足残废者，罚牲畜九九，执一人。若手足无残疾痊愈，则罚五畜，并酬医者。

因斗殴中之伤害而致人失去性功能者，杖一，罚牲畜九九。

嬉戏中致死、致盲、致断齿、致失去性功能，按〔参与嬉戏的〕人数罚马。肇事者，罚牲畜三九，执一人或以一驼顶替。

嬉戏中致他人手、足断裂者，以一人顶替，并酬医者。

误伤人命者，以人、骆驼、马、衣物等顶替。〔受害人〕若系有功德者，则多罚。

致妇女流产者，按〔怀胎〕月数，每月罚九畜。

男人揪妇女头发者，罚牲畜五九，扯破衣服者，罚五畜。

男女搞不正当的性行为者，罚牲畜七九。已染梅毒者，〔加〕罚九畜，杖一。

勾引少女为奸者，罚牲畜九九，杖一。

拉扯〔妇女的〕被褥者，罚牲畜三九。

父母以各种方式逼走女儿者，罚牲畜九九。女儿逃回家，不受处罚。

与恶意之人同谋者，罚牲畜七九。

将清白女儿身许配恶棍之家，或父母强迫女儿嫁人者，处罚其父母。

杀死管理财物之汉仆，或致其器官残废者，以五畜及一人赔偿。若〔被杀者〕系官吏之差役、好家仆，则依蒙古惯例处置。

恶棍、奴仆杀人，没其一切积蓄、食物和财产。窃贼偷盗，最好不要怜悯，不杀则有碍法律尊严。

以谎言陷害人者，按（参与制造谎言的）人数罚马。若系玩笑所致，则罚九畜。

疯子杀人，罚九畜。

遇到疯子，擒拿并捆绑后送来者，赏马一匹。

疯子杀人，赔偿九畜和骆驼一峰。

狗、疯狗、公骆驼、种马、种绵羊、公山羊等致人死亡者，与精神错乱者〔杀人之处罚〕同。

勃、额秃根占卜、作法者，〔被占卜或作法之人〕死，杖一，罚牲畜九九；未死，免杖，罚牲畜九九。

由送葬之处返回，进入〔他人〕家宅者，按〔进入家宅的〕人数罚马。

患恶病者至他人家宅，传染〔他人〕疾病并致死者，杖一，罚牲畜九九；虽传染疾病，但未致死者，罚牲畜三九；未传染疾病者，罚备有鞍辔之马一匹；传染疾病致〔他人〕眼瞎者，杖一，罚牲畜九九。

触动、抓握死人之尸骨者，应驱邪，否则，罚牲畜九九。盗窃随葬之何物与盗窃活人之何物同罪。放走祭祀之马者，罚九畜。

转移尸体、祭祀之马者，罚牲畜三九。

辱骂诺颜或诺颜夫人者，罚牲畜二九。

辱骂好人的夫人者，罚五畜。

辱骂出身卑贱的妇女者，罚马一匹。

辱骂〔出身卑贱〕转变为尊贵夫人者，罚马二匹。

若系对方前来挑衅，则不予处罚。

男子的衣服破烂者，罚马一匹。

自己行走中帽尾断开者，罚牲畜三九。

〔与他人〕同行中〔帽尾〕断开者，罚牲畜一九。

帽带断开者，罚绵羊一只。

许诺给男方之女子，女婿依约赴订婚酒宴途中死亡者，其女子归女婿之父；虽许诺，但未举行订婚酒宴者，其女子之去向，由女方父母决定。

拒绝供给好人的夫人食物、睡铺者，罚马一匹。

拒绝供给饮料者，罚山羊一头。

男子用尖状土块、木、石打妇女者，罚牲畜三九；鞭抽、拳打、脚踢者，罚九畜。

妇女口出秽语，扑打男子者，罚牛一头。

殴打使者，罚五畜。若使者先动手，则不予处罚。

使者在马群和家宅前面不下马，而是驰至〔马群和家宅〕后面下马者，罚马。

若系执行紧急、重要任务，则不为使者之过失。〔若非执行紧急、重要任务〕则根据其驰过〔马群和家宅〕距离的远近不同罚马。

毁改〔牲畜的〕印记者，罚牲畜三九。

经询问后阉割雄畜生殖器者，不予处罚。未询问者，罚五畜。给种马、公骆驼、雄黄牛、种绵羊和公山羊去势者，罚牲畜三九。

盗取〔马〕鬃，罚九畜。盗取〔马〕尾，罚牲畜三九。盗取牛尾，罚五畜。

盗取骆驼秋毛，罚马、牛合二。盗取骆驼绊脚索，罚马二匹。盗取〔骆驼〕鼻绳，罚马一匹。

盗取绵羊毛、箸索、缰绳者，罚羊若干只。

盗取〔马的〕三脚绊，罚马三匹。盗取〔马的〕前腿绊，罚马二匹。

盗取牛的前腿绊，罚牛二头。盗取牛鼻绳，罚牛一头。

随意饮家宅或库房中之酒、酪浆、乳、酸奶者，按〔偷饮者的〕人数〔每人〕罚五畜。

盗窃旅途中之军队的途中食品者，罚牲畜三九。盗窃旅途中之军队的绳索者，罚马三匹。盗窃营地之绳索者，罚马二匹。

若属于询问过长官的错误，则不予处罚。

盗窃火镰、锉刀、纯质〔金属〕矛枪、铁盾、银嚼子、铁炉、头盔、手剑、狐皮、弓箭囊、腰带、银颈带等，罚牲畜三九。

盗窃剑、小刀、凿子、钳子、钻子、斧头、锤子、锛子、剪羊毛刀、刨子、墨斗、锯、璎珞、围腰、小袋、帽尾缨子、料袋、褡裢等物品者，罚五畜。

盗活物者，罚活物。盗无生命物者，罚无生命物。

盗窃大盆、碗、木勺、夹子、铜壶、斗篷、毡子、雨具、黄狗皮大氅、山羊皮大氅、皮条䌽索、鞭子等，罚九畜。

盗窃匣子、梳子、抓挠儿、镊子、毛笔、竹笔、项环等，罚绵羊一只。

盗窃木槌、扇子、兽皮垫子、扯绳，罚绵羊一只。

盗窃箭、熊面具、帽翎三物，罚马、牛、羊三畜。

盗窃铠甲服、貂皮大氅、克斯蒙（khese mun）大氅及任何一种昂贵的猛兽皮大氅，罚牲畜六九，赔偿一人或一驼。

盗窃靴子、上等裤子、马褂、被褥、西方的青蓝色或红色旱獭皮大氅，罚牲畜三九。

盗窃马鞍，罚牲畜六九。无论盗窃何种马袋，罚马一匹。盗窃马衬，罚牲畜三九。

偷取鹞之翎、岩雕之翎、狗头雕之翎、鹫之翎，罚牲畜二九。凡偷取水禽之翎、肉者，罚马一匹。

盗窃金碗、金帽、银碗者，罚牲畜六九，赔偿一人或一驼。

盗窃金、银者，〔盗窃〕大块的，罚牲畜六九；〔盗窃〕小块的，罚牲畜三九。

偷猎野驴、野马者，罚以马为首之五畜。

偷猎黄羊、雌雄狍子者，罚绵羊等五畜。

偷猎雌雄鹿、野猪者，罚牛等五畜。

偷猎雄岩羊、野山羊、麝者，罚山羊等五畜。

偷猎雄野驴者，罚马一匹以上。

偷猎貉、獾、旱獭等，罚绵羊等五畜。

取掉入水中、陷入泥淖或被狼咬死之死〔畜〕肉者，应〔给牲畜的主人〕赔偿。取狼吃剩下的骆驼〔肉〕者，罚牛一头。

盗取〔他人套住的〕野兔十只，罚绵羊一只；盗取五只，罚山羊一只。

盗窃黄羊网、鸟网者，罚牲畜三九。

盗窃兔套者，罚牲畜一九。

盗窃蒙古包门，罚牛一头和绵羊一只。盗窃多少根椽子，罚多少只绵羊。

捕杀小的或中等的鱼、鸢、大乌鸦、喜鹊等，不受处罚。

十岁以下〔偷盗〕者，不按盗窃行为对待。十岁以上者，方以盗窃论处。

刚来一年的汉族家仆偷盗者，不按窃贼对待；〔已来〕二年者，取其遗失；〔已来〕三年者，则按盗窃论处。

无故加入两个人的斗殴并帮助一方，致对方死亡者，其罪行和处罚与杀人者相同。

进行公正调解的中间人被杀，杀人者，杖一，〔向被害人家属〕赔偿牲畜九九和一人。未动手者，免杖，罚牲畜九九，〔向被害人家属〕赔偿一人或一驼。

从风、雪、雨中救出羊群者，可以从每群羊中取上好绵羊一只。

救出被狼驱赶之羊群者，可以从每群羊中取上好绵羊二只。

谎称使者，按窃贼论处。

盗窃地弩、夹子、套索等此类物品者，罚五畜。

盗窃捕兽器、拉网等此类物品者，罚马、牛。

从沼泽中拽出多少峰驼，赏多少匹马。

救出马、黄牛者，每〔救出〕一匹（头）〔马或黄牛〕赏绵羊一只。

杀死窃贼者，不受处罚。若放走窃贼，则罚羊二只。

杀害子女或养子女者，〔凶手〕若系亲生父母，杖之，罚牲畜五九。〔凶手〕若系养父母，罚牲畜四九和骆驼一峰。〔被杀害者〕若系女孩，〔凶手〕从军，罚骆驼等九畜。

出生在蒙古人家的女孩或男孩〔被杀害〕，〔被杀害者〕若系意识混乱或眼有毛病者，〔其父母〕免杖，罚牲畜九九。

携带逃亡者一同逃走者，应赔偿。

窃贼用箭射人，无论射中还是没射中，皆罚牲畜九九，并以一人或一驼顶替。

用箭射或用刀砍使者，罚牲畜一九，并以一人或一驼顶替。

从火、水中救出蒙古人者，赏马二匹。

救出汉族家仆，赏马一匹。

救出一般汉人，赏绵羊一只。

救出劣等汉人，赏牛一头。

〔从火、水中〕抢出盔甲、手剑者，赏马一匹。

从河流、沼泽和火中救出骆驼者，每救出一峰骆驼赏上好绵羊一只。

救出牛群者，赏牛一头。

救出马、牛者，赏山羊一只。

救出马群者，赏马一匹。

救出羊群者，赏上好绵羊二只。

救助并携带迷路的儿童者，赏好马一匹。若系女孩，赏上等好马或骒马一匹。

取窃贼杀吃之剩留食物者，罚五畜。

失火致人死亡者，罚牲畜三九，并以一人或一驼顶替。烧伤他人手足者，罚牲畜二九。烧伤眼睛，罚牲畜一九。烧伤面容，杖一，罚五畜。

因报复出于恶意纵火者，杖一，罚牲畜九九。

盗窃铜碗，罚牲畜二九。

盗窃马褡裢，罚绵羊二只。

盗窃使者的马褡裢，罚马一匹。

盗窃铜嚼子，罚牲畜二九。盗窃银项环，罚牲畜三九。盗窃铜项环，罚牲畜一九。盗窃铜或锡铁项环，罚绵羊一只。

用鞭、拳、脚殴打朝廷使者、普通使者或侦察使者，罚五畜和一马。

乘骑使者之驿马者，罚物品二件。

朝廷使者带二贤者、二侍从随行。

长官叛逃，其部属中之任何人都可以招集人追赶。

拒绝供给驿马者，罚马一匹。驿马死亡，应予赔偿。

逃亡之汉人杀人，其罪刑与其他杀人罪相同。

调戏妇女，扯破〔妇女的〕衣服者，罚马、牛。

因嬉戏使牲畜落水并致死者，罚牲畜三九。

无故驱赶畜群者，驱赶五头〔牲畜〕远弃之者，罚马一匹。驱赶四头者，罚牛一头。驱赶三头者，罚绵羊一只。驱赶二头者，罚山羊一只。驱赶一头者，免予处罚。

驱赶不固定之马群者，驱赶十匹以上者，按每十匹罚马一匹。驱赶十匹以下者，罚牛一头。无故驱赶骆驼者，〔按被驱赶的骆驼群中的驼羔计算〕每峰驼羔罚牛一头。

牛年正月圣七日

靠长生天的气力，托大福荫的护助，皇帝圣旨。

向军官们、士兵们、城子达鲁花赤们、官员们、来往的使臣们、百姓们宣谕：

成吉思汗、哈罕（窝阔台）皇帝圣旨里说道："和尚们、也里可温们、先生们不承担任何差发，祷告上天保佑。"兹按以前的圣旨，不承担任何差发，祷告上天保佑，向绒地的拉洁僧格贝颁发了所持的圣旨，在他的寺院、房舍里，使臣不得下榻；不得向他们索取铺马、只应；不得征收地税、商税；不得抢夺寺院所属土地、河流、园林、碾磨等。他也不得因持有圣旨而做无理的事。如做，他岂不怕？

圣旨，牛年（1277或1829）正月三十写于大都。

桑杰贝帝师法七日

……官员、军官、士兵、法官、天使、地方官员、地方守官、译师、站赤、税官、过往官吏、百姓晓谕：

对仁钦岗巴所属古穷和期供玛吉的溪卡、恰岗、格顶、邦热、托噶拜莎等不得增派差役；不得索取只应、铺马；不得在溪卡、房舍下榻；不得饲养牛马；不得攫夺羊群；不得将农具和驮驴作抵押；对其原有的人口、财产、耕田、土地、河流、草场等一切，不得抢夺；不得借故惹是生非。使其安居乐业。特颁发了执持的法旨。若见法旨仍倒行逆施，一经上奏，严加惩处。尔等亦不得因持有法旨而做违法之事。

猴年（1208）闰十一月二十五日书于大都皇宫。

皇太后猴年九月懿七日

靠长生天的气力，托皇帝福荫，皇太后懿旨。

向乌思藏纳裹速古鲁孙三围宣慰司官员们、军官们、士兵们、俗官们、译员们、营官们、胥吏们宣谕：

麻吉期供所属仁钦岗、康萨、吉尔穹、甲岗、结丁、邦熟、土噶贝萨所属人口、头匹、土地、河流等，应由古香札巴坚赞进行管理，并对麻吉期供提供帮助。在他们所属的寺院、庄园里，使臣不得下榻；不得向他们征收地税、商税；在他们那里不得饲养牛马；他人不得图利；不得补收以前的差发；不得抢夺他们所属人口、头匹、土地、河流等；不得对他们使用暴力。为此颁发了所持的懿旨。如此宣谕了，违者岂不怕？他们也不得因持有懿旨而做无理的事。如做，他们岂不怕？

懿旨，猴年（1320）九月十五日书于大都。

鼠年三月圣七日

靠长生天的气力，托大福荫的护助，皇帝圣旨。

向朵甘思宣慰司官员们、军官们、士兵们、百姓的达鲁花赤们和官员们、来往使臣们、琼布的官员们、百姓的站赤们、和尚们、寺院部众们、驻帐房百姓们宣谕：

成吉思汗、窝阔台皇帝、薛禅皇帝、完者笃皇帝、曲律皇帝、普颜笃皇帝、硕德八剌皇帝圣旨里说道："和尚们、先生们、答什蛮们不承担任何差发，祷告上天保佑。"兹按以前的圣旨，不承担任何差发，祷告释迦牟尼佛保佑，向朵甘思类乌齐寺的和尚们颁发了所持的圣旨，在他们的寺院、房舍里，使臣不得下榻；不得向他们索取铺马、只应；不得征收地税、商税；不得在他们那里饲养牛马和猎兽；任何人不得抢夺寺院所属岗达以下措木多以上大小娘、亚尔、叶贝、叶布、却年、察瓦卡等地方的土地、河流、人口、头匹等；不得对他们使用暴力，和尚们也不得因持有圣旨而做无理的事。如做，他岂不怕？

圣旨，泰定元年鼠年（1324）三月十三日写于大都。

鼠年十月圣旨

……〔起首语部缺损〕官们、士兵们、城子达鲁花赤们、官员们、来往使臣们、蒙古和吐蕃百姓们宣谕：

成吉思汗、窝阔台皇帝、薛惮皇帝、完者笃皇帝、曲律皇帝、普颜笃皇帝、格坚皇帝圣旨说道："和尚们、也里可温们、先生们、答什蛮们不承担任何差发，祷告上天保佑。"兹按以前的圣旨，不承担任何差发，祷告上天保佑我们，向朵甘思札西丹寺的索南坚赞和斡节儿坚赞为首的和尚们颁发了所持的圣旨。在他们的寺院、房舍里，使臣不得下榻；不得向他们索取铺马、只应；不得征收地税、商税；任何人不得抢夺寺院所属孔噶尔、义店、松万、盛义、希尔格等地的土地、河流、园林、碾磨、店舍、铺席、解典库、浴堂、人口、头匹等；不得对他们使用暴力，如果他们因持有圣旨而做无理的事，他岂不怕？

圣旨，泰定元年鼠年（1324）十月二十三日写于大都。

牛年胃圣七日

遵奉皇帝圣旨。

真噶坚赞贝桑布帝师法旨。

向西夏鲁所辖百姓和然萨、玛、嘉、门卓、如参、然索、且林、江然、岩、卓等地百姓之千户长、百户长、什户长晓谕：

遵奉皇帝颁给益西贡嘎的诏书和金册，已令尔等知晓，吾亦已任命。尔等须听从其言，凡以军事、驿站、地税、商税为主的诸项公务，均得及时办理，特此晓谕。若有违反，必加惩处。同样，尔益西贡嘎若依仗法旨，未经与宣慰司官员们商议而做惩罚无辜或侵害百姓等违法之事，岂不畏惧？

鸡年正月圣七日

（首句"靠长生天的气力"缺损）托大福荫护助，皇帝圣旨。

向军官们、士兵们、城子达鲁花赤们、往来使臣们宣谕：成吉思汗、窝阔台皇帝、薛禅皇帝、完者笃皇帝、曲律皇帝、普颜笃皇帝、格坚皇帝、护都笃皇帝、懿璘质班皇帝圣旨里说："和尚们、也里可温们、道人们不承担任何差发，祷告上天保佑。"今按以前的圣旨，不承认任何差发，祷告释迦牟尼佛保佑，向藏的公哥曲寺贡觉桑布管辖的真格廊仁青比罗巴、隆嘎、比拉吉绒卡瓦、仲萨班赞嘎廊等溪卡牧人颁发了所持的圣旨。在他们的寺庙、溪卡、房舍里，使臣不得下榻，不得索取铺马、祗应，不得征收地税、商税。凡属寺庙的土地、河流、圃林、碾磨、店舍、铺席、解典库、浴堂、人畜等一切，任何人均不得抢夺征用，不得使用暴力。他们也不得因持有圣旨而做违法之事。如做，他们岂不怕？

圣旨，至正五年鸡年（1345）正月二十七日写于大都。

藏巴第悉噶玛丹迥旺布时期十六法典[①]

利德于诸凡人世间，王法犹如千金辐轮，顶礼威震四方之王。声如雷鸣震撼大地，统治大地英明王子，诸吉祥圆满之因缘，无数劫具足二资粮。对守纪者以诚相待，对顽敌如阎魔擒获，对护持政教者如文殊，对臣民象如意之宝贝，其大名称藏堆之王。其世系如珍宝饰串，佩藏顶上美观奇有，如意诸事源于恩德，天授福泽有所获求。

上述赞颂词记载于贝色之传记中。藏堆之王（gtsang-stod-rgyal-po）的事迹如下：彼之宫殿高大，领地幅远；彼之法律条文及遣教，皆为取舍之律，易懂易通。此法律条文皆参考古代诸贤者撰写的法典、传记、旧文献及传闻等编纂而成。最初世界史中撰有诸贤者之事迹，其文武之业绩已超越凡夫之所辖之境，具有深奥、详明、备悉无遗之特点，愚昧者甚难领悟贯通。即便领悟亦如同无智者写修辞和诗律一般，只可胡编乱造地写些喜神之言。智者视之，如同顽猴玩弄雄狮之鬃毛一般，为众人之笑柄。然而，亦把各自之观想略加叙述，撰写成文。

其次，整个雪域西藏为殊胜观世音菩萨的徒众之刹土，所有徒众皆成为不可思议之幻化者。特别是依止法王祖孙三人之

[①] 原名为藏巴第悉葛玛丹迥旺布时期十六法典，简称十六法典，周润年译，索朗班觉校。

恩惠，创立、译释和发展了藏传佛教。祥瑞之政教两种制度使众生得到幸福，亦使臣民们兴盛昌隆。

所谓西藏前宏期、中宏期、后宏期，即前宏期之佛教犹如果品之美味；中宏期之佛教系具吉祥萨迦巴犹如栽果树之王，第悉内邬栋巴（sde-srid-snevu-gdong-pa）之名如同冰上之石瞬间即逝；此后，中宏期之尾至后宏期之首期间，悄然在乌斯藏出现数名豪杰，彼等于各地兴建堡垒，依靠自己之计谋管理各自所辖之领地。此后，野蛮的蒙古人派兵占领西藏的所有地方，西藏一时兵火四起。值此众生未能安宁之际，昔日法王祖孙三人对众生仍深表恩德、慈悲，遂从法界大海中冉冉升起如意之光辉，普照整个世间，故藏堆之王的政绩因缘自然形成。后宏期之始，彼之王统于赤松德赞父子执政期间，编撰完金刚乘经，此事迹详见诸贤哲中名称涅古玛热（gnags-ku-mar-ra）之史籍。彼之世传期间，诸大德智者广行佛法，彼等护法护教、虔诚修习诸神通业绩，并非普通世系之所为；彼之母系亦连续不断地得到守舍神之护持，遂天授神子名称辛夏巴次丹多杰（zhing-shag-tshe-brtan-rdo-rje），其门阀高贵，具有福泽。其后渐次出现神、格萨尔、噶玛巴却迥（karma-pavi-chos-skyong）等之化身。彼等文武事迹及诸化身是难以叙述和撰写完的，故只可简而述及之。

承天奉运之统治者辛夏巴次丹多杰乃为吉哇噶玛巴米迥多杰（rgyal-ba-karma-pa-mi-bskyod-rje）和至尊塔巴贡嘎卓曲（rje-bt-sun-dam-pa-kun-dgav-grol-mchog）授记其管理乌斯藏的，其实为发始者。其有九子，著名的有雪域法王之化身噶玛图多那杰（karma-bstan-bsrung-dbang-po）、贝那坚之化身贡邦拉旺多杰

（kun-spangs-lha-dbang-rdo-rie）、格萨尔之化身噶玛丹松旺波（karma-bstan-bsrung-dbang-po）等三人，彼等三人于后藏上部斩除凶残的敌对势力，迎请噶尔钦噶玛巴师徒，把乌斯藏之大小政事交与其管理。彼等无数文武事迹如同格萨尔之故事难以写完。依止彼等三人之恩德，方开创伟业之端。

彼等三人之子名称彭措南杰（phun-tshogs-rnam-rhyal），因其反攻击败蒙古兵，故名。其是莲花生大师之化身，如日月之光辉普照人间。其于铁狗年降生在桑主孜地方，由保姆们将其抚养成人。幼年时，心性刚毅、沉着，智慧远谋，具有统治者之才干。其幼年时父母双亡。二十五岁时，率领八支部队前往前藏，消灭雅加本钦（yar-rgyab-dpon-chen）等敌对势力，前藏南方一带由其统辖。此后，消灭乌斯藏之诸残暴土邦，制定法律，使藏族社会出现了老妇不忧携金上路的太平盛世。此后于土阳马年，大批蒙古军队抵达卫地，西藏北方全被蒙古军队占领，拉萨大昭寺亦被蒙古军队占领。因此，印度之卓吉、多康、恰塔贡三地、乌斯藏等地的信教香客们只好在遥远的地方向释迦牟尼像祷祝，不能亲自前往进行转经、祈祷等善事；通往东方的运输茶叶的桥梁也被焚毁，给人们造成极大的不便。人们除等候邬金之禁区哲孟雄的朝圣机会，再无其他办法。是时，藏巴汗彭措南杰组织自卫反击大战，率兵至堆垅地方，其部队如同神兵一般瞬间遍布整个西藏，消灭所有外寇，收复了乌斯藏四如、多康三岗、珞门四部等地，皆由其管辖。为防止叛乱者们复来谋乱，故除溪卡桑主孜为主的十四大宗和受战火毁坏的土邦等承认、护持者外，其余小城堡全部烧毁。同时，尚为木工们发放修复以拉萨为主的寺院以及桥梁、牛皮船所需的材料；拉萨二尊释迦牟尼像前摆满无数供品，香火不绝；于镇肢寺庙等处进行大规模的祭祀活动；将以色拉、哲蚌、甘丹三大寺为主的寺院中之诸离经叛道者驱逐出寺院；召集守持戒律的僧人及尊者擦拭佛像，并开始修复被毁的寺院及佛像。噶玛巴却英多杰（karma-pa-chos-dbyings-rdo-rje）将管理乌斯藏的大权交给其，并赠给红黑印二方，遂使大部分地方出现繁荣昌盛之景象，僧俗百姓得到无数的益处。完美的法律使人们像处于圆劫之时幸福安乐。

藏巴汗彭措南杰之子系恰那多杰之化身，示显出护法之高贵容貌和福泽。其大名称噶玛丹迥旺布（karma-bstan-skyong-dbang-po），其如同日月之光辉普照人间。噶当小卷帙记载曰："佛陀能显示任何化身，幻化为国王即可救渡众生，幻化为王子渐次可执持国政。若非王子本人即未能得到王位，将会发生战乱。是时，愈益依止善知之王。"火阳马年星辰圆满之日，噶玛丹迥旺布降生于森格珑（segn-ge-lung）。星数家们观之，认为降生之地名与降生之星择期相合，乃为吉祥之兆。尤其是白玛林巴（pad-ma-gling-pa.）所著的《明镜预言》曰："莲花生从郎金之神秘地方抵达西藏时，把此地命名为'森格珑'，并于此地建有一佛塔，称谓'王之降生'。此期间，幸福之阳光普照西藏众生。"彼所预言与事实相符，确凿可信。所谓"人类英勇无比之王"出现了无数奇有之征兆。幼年时，威光赫奕，高瞻远瞩，实力雄厚，未有表现出孩童之稚气。其智慧超群，深思熟虑，豁达大度，气量宽宏，对佛教尤加敬信；亦精通书写、念诵等，善知诸学问，射箭等技艺可与格萨尔王匹敌；通达佛教和世间诸事，对臣民仁慈爱怜，对残暴、顽固者如同帝释天教训有方。

十五岁时，登上桑主孜之狮子宝座。至尊贡噶宁波（kun-dgav-snying-po）预先为其安排妥一切吉祥事宜；噶玛巴师徒授予西藏法王之教言，并赐予无数就任之权力。乌斯藏所有的官吏、百姓皆向其顶礼，宴庆规模之大是不可思议的。第悉噶玛丹迥旺布为世间所有食糌粑者之王。

蒙古的一队兵马复至西藏，占据拉萨，使一年一度的释迦牟尼供奉法会停止两年之久，整个社会不得安宁。是时，藏巴汗丹迥旺布向乌斯藏四如军队委派重任，率八支部队向前藏进发。藏巴汗丹迥旺布主张要歼灭蒙古军队，但临近拉萨时，因其具有大德福泽及威赫权势，故蒙古军队闻风丧胆，纷纷向海边逃窜。此后，其统管全藏，并为父王建有一座大圆满塔；把地方的所有收入用在各教派的期供和期茶之上，补建和维修父王遗留下的夏鲁、那塘、塔尔巴林和桑顶等寺院；随从至尊贡噶宁波闻习博大精深之教法，所闻之教法铭记于心。随从噶玛巴师徒广闻噶举派教法，还迎请至噶钦扎林坚（sgar-chen-vdzam-gling-rgyan）宫廷，是时僧俗马队相迎，千供万供之礼品不计其数，僧俗众人皆大欢喜。福田与施主心心相印，如同天空之日月双双运行，福田与施主二人之美名遍传大地。

其次，还随从具吉祥萨迦派的大学者和达隆巴等雪域西藏的诸位大德贤哲广闻教法，亦曾将数百个庄园赠送给寺院。特别是他具有著名的五大功业：

一、为执持护法之教制，一律不接受僧侣尼姑之礼拜。曾把各教派的数万名僧侣迎请至桑主孜殿，自始至终斋僧茶未有间断。赐予的礼品有金、银、珍珠饰品、绸缎、马、铠甲、铁、糖、羊毛、染料、茜草、盐、青稞等凡百希求之财物，使僧众皆大欢喜，心满意足。每年还要向每位僧人供给吃、穿等日常生活用品。

二、为使所有臣民们得到幸福，其对待弱小无力者像父母一般关心备至；为防止出现违法乱纪之行为，其编纂了大卷法典，遂出现了臣民们日日夜夜安乐于太平盛世之中。

三、为使纳税者认识到休息养生与幸福安乐之益处，其曾制定每年轮流减免一百户属民的支力役物税之制度，其所管辖的地方每年还要进行均贫富的活动。

四、为进行无畏救度施，其曾施舍肉、骨、皮于无主动物。为救护生命垂危之动物，使它们平安无恙，遂发布从神变节至十月间的封山令和封川禁令。

五、其从遥远之边地运来曼荼罗和服饰，敬献给拉萨大昭寺的释迦牟尼像，即如同为恩人父母送去舍利一般，遂五体投地虔诚祈祷。为方便给各教派的寺庙奉献礼品、祭品等善事，故取消北翼之法检关口，方便了边地之善良香客以白云为证，面朝白雪，于黑土地上五体投地，虔诚朝拜佛像。凡体力弱小及人困马乏者，可至绛康等地养息；凡受到饥寒困危者，可至绛如（byang-ru）等地寻求牛、羊等路资，同时还可至前藏之宗溪寻求糌粑等食品，且赐予氆氇服饰，施于慈悲之恩惠，使彼等诸人完成各自希冀之业。事后，安全返抵各自的家园。从而使从汉地之北大门蒙古至乌斯藏之路途出现老妇不忧携金上路的太平盛世。

其次，唯为修息、增、怀、伏四业之众生的方便，其所持业绩与藏堆王之大名相符，绝非藏堆王之虚言假语。

藏巴汗历代王统居住之中心宫殿名称桑主孜（bsam-grub-rtse）王宫，此威严之宝殿犹如须弥山堆积珍宝一般，四面有用松尔石镶嵌的雄狮，外门楼为绘有狮子的大门，外围墙犹如罗刹之寨堡坚固而威严，墙上挂着敌人的头颅、肠子以及从残酷的刑法中拯救出来的眼珠和手串，令人毛骨悚然，倍感恐惧。中门楼犹如多闻子之宝殿，是储藏珍珠宝贝之仓库，有用如月亮洁白的石板铺成的宽阔院子，四面有美丽的门楼、凉亭和阶梯。宫殿中心犹如妙法佛殿，美观而看不餍足，金碧辉煌的汉式金瓦屋顶，柱顶头拱下的横木及撑柱如彩如画，有用金宝幢、伞盖、吉祥饰装修的象征身、语、意之佛像、佛经、佛塔以及如来佛之舍利子等殊胜供奉之物，乐器之声传至由旬之间，犹如极乐世界之刹土。藏巴王和王妃就坐于金椅、银椅之上，座前排列着无数僧人、土邦、骑士、俗官等，犹如玉皇大帝之宝殿一般。四面聚集着护卫者、仆从以及印度王阿喀巴尔恰（ar-gah-par-bya）、汉地王、南诏王、蒙古六部公使等金字使者，彼等如同蜜蜂围绕着花丛，吸取着花朵之甘露。

宫殿周围有四座园林。东方欢乐园中的树木像掌心一样整齐匀称，入内顿感精神抖擞；南方吉祥园中有房屋、浴池以及盛开着各种花朵的花园和各种鸣叫悦耳的小鸟，置身于之中使人心旷神怡；西方喜林园中到处是果树，置身于之中使人悠闲恬静，故亦称为"僧人之众喜园"，北方的湖泊和茶园，一年四季湖水长流不断，置身于之中使人流连忘返。

宫殿所属之分殿有夏尔江喀孜（shar-rgyal-mkhar-rtse）殿如同狮子在空中跳跃一般，巴那龙祖孜（pa-rnam-lhun-grub-rtse）如同吊在空中的量筒一般。雄伟壮观的庄园遍布各地。外围城的情形：东面有防止达波、工布进犯的永恒不变之噶达孜

（dgav-stag-rtse）堡；南面有预防珞巴、门巴进犯的永恒不变之托卧宗堡（do-bo-rdsong）；西面有防止尼泊尔、印度进犯的永恒不变之那杰拉孜堡（rnam-rgyal-lha-rtse）；北面有防止蒙古、中原进犯的永恒不变之桑阿德钦堡（gsang-sngags-bde-chen）；以及还有防止各地火灾的许多坚不可摧之堡垒、前藏持金刚拉萨幻化寺、数万座寺院以及犹如空中星星一般的部落、村庄等。畅通无阻之汉藏桥梁、集市贸易比比皆是，农业五谷丰登，牧业六畜兴旺，人民生活富裕丰盛，美满幸福，吉祥如意。此乃为藏巴王之福泽和恩德所致也。

依照此三种传统法律和遗教制定出藏巴王统之圆满法律。若违此法即受到严惩，守此法即受到奖赏。对诬赖狡诈者，用煮沸的油锅内抓黑白石子的办法来判断其有无罪行；对杀人者，为平息愤怒令其赔偿命价，其赔偿办法要根据人的地位高低作出不同的赔偿。对金字使者的惩处办法是根据其所犯的罪行，需赔偿命价的四分之一。威严的法律使得天下出现老妇不忧携金上路的太平盛世，如此佳矣。

转动法轮之王制定的此法律如金牛轭那样沉重；如宇宙中出现的日月那样不徇私；如位于中心之须弥山那样任何力量亦无法使之移动；如大海一般深而莫测，任何人亦难以证悟。藏巴王之思维，任何人亦难以理解及知晓。像吾这样的平凡之辈何以知晓。然而，遵循大王之令前往防止蒙古进犯的桑阿德钦（gsang-sngags-bde-chen）宗执行任务，即像毛驴披上虎豹皮一般。吾于无毛皮垫之上执行任务的十一年中，根据世间论述法律和审判等遗教制定法规。这些遗教就像写在石板上的字一样清晰可辨，使人易读易通。

前藏之诸法律条文非藏巴王统世系之可依据之法律，这些法律条文是边想边写而成的。彼等不分是非黑白，胡乱治罪；贪婪使者可走到哪里吃到哪里，随便记账；主子随意向因狗咬或得病而死的仆人家属催逼超度命价。其次各个地方还有各种不同的诸多法律条文。

藏巴第悉噶玛丹迥旺布之令遍传整个乌斯藏。桑主孜宫亦急需此法律条文，故加盖水晶大印，请示呈文。迄此，管理仓库者和主管仆人之诸老翁草拟了一份完整的法律条文，并命名为吉祥圆满之法律。编辑后，放在奈邬德漾宫（snevu-bde-yangs）内。此后，因此法律条文遗失，故有人将一卷假的法律开头的赞颂词和主要内容冒充放在奈邬溪卡地方，造成此法律条文既不完整，又不正确亦难于理解。尤其是此法律条文还冒充遵照藏巴王之令草拟的，且加盖了大印。若追究根源，此法律完全属于主观臆断、凭空捏造杜撰出来的。

此后，在扎西岗地方（bkra-shis-sgang）将散失后剩余的法律草稿重新进行编纂。除向奥罗晋美多杰（ao-lo-vgyur-med-rbio-rje）询问有关如何制定世间法律条文外，在制定十六法典之前还参阅了旧法典、附则、传记，以及龙巴奈（lum-Pa-nas）手中掌握的一份可靠蔡巴旧法典，据传说此旧法典乃为祖先相传而来。吾亦曾前往乌斯藏、蒙古、珞渝、门域等地，按照彼等风俗习惯，依止法律最基本的条文，制定出包括教法、王法、自法等三种法律。教法像绫罗结一样柔和，即温柔和顺；王法像金牛轭一样沉重，即以武力压制；自法具有很高的德性，自觉遵法守纪。教法即是用佛教所说的十善法去压伏十不善，故祖孙三法王（即松赞干布、赤松德赞、赤祖德赞）依照此十善法治理天下。王法即在身方面，对杀人、邪淫和偷盗者要进行罚赔命价、奸淫罚金、归还偷盗之物等多种处罚；在语意方面，对说假话、贪心和使恶意者，要下令让彼等以智慧作证，发誓再不重犯。

自觉遵法守纪如同下述故事一样，传说古印度有三种动物即大象、兔子和鹧鸪生活在一起。大象力气大，具有在水中驮运物品之本领；兔子聪明伶俐，经常出主意想办法；鹧鸪具有飞翔之本领，能飞到树上采集野果。造三种动物为求得生存，遂共同生活在一山沟中。此山沟年年适时降雨，五谷丰登，故这三种动物过着幸福而又愉快的生活。婆罗门的术数士占卜曰："此三种动物亦懂得自觉遵守法规，和睦相处。"如今商人们为谋求各自的利益，在驻守驿站、排队购物和防御敌人等方面亦经常推荐一位具有学问之商主为头领，所有商人皆听从其指挥。若每人都能遵守自法誓约，那么必将一路平安，顺利返抵家园，因此人们把自法传为佳言。藏巴王命令所有执任地方的官员们亦须遵循"让人出家，首先自身守戒"的在家道德规范，必须遵纪守法。有愧知羞耻者乃为谨慎无放逸；在三宝面前不知羞耻者，倘若讨得官员欢心，须遵命杀死毛驴。即官员所下达的命令皆要服从，并给予极大的奉承。善于领会官员之意图者、完成官员所下达的任务者、正慧善妙者、非异想天开者、非随意行事者、以所有圣贤上流为榜样者、无遗漏误差者等，藏巴王皆以上述者作为自法之楷模。其在制定有关法律条文时，把所有记忆在心的范例牢牢掌握于手中。不认识上级或知心朋友者、口蜜腹剑者、能用针治好蚂蚁病之智者、能取出虱子的筋络者、能舐出虮子的脑汁者、把前所未闻之事铭记于心者、不计较因果关系者等，上述彼等诸人虽偶尔一时会在三宝面前知晓羞耻，然而最终不可得到圆满，亦到达不了彼岸。能分摊官员之职责，后把所有罪恶皆降至自己身上，这样的人即被称为"有愧知羞和高尚美德者"。

世间之吉祥之始，需要具备有愧、知羞愧、高尚行为等四种人道。这种正直之人不管是地方头人或者买卖商主，还是官员的执事者。所有头人和商主皆要大胆地制定自己的行为准则，地方官吏亦要执行此准则。若按照藏巴王的旨令去行事，所有天下百姓皆会得到太平安宁，即会出现昼夜无盗之太平盛世。倘若过分地对上级官员尊敬和奉承，所谓官员和仆人之间的关系即会如同刨花一样薄情。宗本们奉献给藏巴王的礼品，要以维护法律、珍视情义为主。最近流传着一谚语道："执法者需要带头守法，倘若有一位不守法之头领，有谁还能听从其之指挥。"有十人以上的头人或首领需要具有大志，有大志和知廉耻的头领，在制定法律判决书和挑选证人等诸方面，首先要居心正直，秉公办事。正如一谚语所说："派遣虎皮衣者不一定办成中证人之事，派遣居心正直之乞丐亦可做公正之王。"

要把佛经所述的根本善恶和法律所述的根本王法的汉文高挂于空，藏文平铺于地。按照藏巴王所规定的法律条文以及地方法律条文为范本，并广泛搜集有自法之卷宗，从而制定了十六条法律。世间文武官员、僧俗众人皆要把此十六法铭记于心。所谓的十六条法律即为：第一，英雄猛虎律；第二，懦夫狐狸律；第三，地方官吏律；第四，听诉是非律；第五，逮解法庭律；第六，重罪肉刑律；第七，警告罚镘律①；第八，使者薪给律；第九，杀人命价律；第十，伤人抵罪律；第十一，狡诳洗心律；第十二，盗窃追赔律；第十三，亲属离异律；第十四，污罚镘律；第十五，半夜前后律；第十六，异族边区律。

　　第一，英雄猛虎律。要制伏敌人，对此根本说一切有《部毗奈耶论典》中记载曰："智者须具备摧毁、极多施、引诱、辨别和完成部队诸项任务等五种能力。"制伏敌人之办法，应为不战而胜。正如民间谚语所述："外部不使莲花蕊瓣凋落，内部不使百灵巢穴受损。即既飞不了鸟，又要得到蛋。"

　　（一）智者须具备"摧毁"之能力的意思是，如若国政力量和军事力量相互等同的敌人，或者自我估计力量等同的敌人，开始均不要向这些敌人发动进攻。首先要弄清敌我之间的利害关系，要从所建立的驿站中了解征服敌人的办法，以及在息、增、怀、伏（zhi-rgyas-dbang-drag）四业中适用何种办法，所有这些皆要细心观察。金字使者亦要以自己所属官员的事情为主，认真完成所赋予的任务。若战斗坚持下去，要正确区分利弊。对待有奇谋的敌军，自始至终要防止他们搞阴谋诡计，正确取舍妙善与恶行。开始，所有人员莫考虑贿赂品和交通等难事，要大胆地利用善巧之办法，顶住来自各方面的压力，运用外柔内刚之法，开道和教育敌军，使他们转变思想，心向我方。正如民间谚语所说："平等对待他人，使其感到四方之温暖。"既要考虑到盈亏，又要真正完成所负之重任。例如对方的会议厅里挤满了人，大家纷纷提意见，若不听取他们的意见，就是胆

---

① 镘，古货币单位。

小没出息的表现，亦完不成大的事业。若对方不熟悉我方的情况，就像艾绒草火星蔓延成大火一般，一半的主意要去问敌方。不管何时发生战乱，驿站必须畅通无阻，不能诬骂金字使者，亦不能引诱或欺骗金字使者。彼等之间要相互鼓励奖赏。工作人员与金字使者皆要信赖首领，金字使者无论是遇到官员、喇嘛或头人，均须将其送至目的地。

（二）所谓"极多施"之意思是，要为敌人多施舍钱财和物品。倘若敌军众多，如果俘虏到二个敌人，须将一个敌人拉到我方，瓦解敌军内部，设法赐予彼等地盘、城池及房舍等，造成离心力，削弱敌方主力。

（三）所谓"引诱"之意思是，背信弃盟者、结亲者和结交朋友者，非引诱也。善巧者设法引道上当受骗或用甜言蜜语诱骗，后将其投入监狱，以及颠倒是非者、掩藏制敌之术者、赠送礼品者、乔装军队人马者、说假话办坏事者、夜间偷偷地在距离敌方很近的地方点燃许多火把，给以敌方假信号，造成敌人内部混乱者，即为引诱也。所谓"制伏敌人的英雄"即是善智者。彼等免不了使用欺骗手段，比如声东击西等，但绝不可用渝盟、掺毒之办法制伏敌人，否则将不齿于人类。不但要做一位无愧弃耻之活英雄，而且也要做一名道德高尚的殊胜死者。

（四）所谓"辨别"之意思即是要善于观察，制伏敌人要从何处下手，还要观察敌方所处的地理位置，包括山川是否险峻等，以及敌方军队的人数和实力，辨别敌人从何处而来，来的动机是什么。同时也要观察我方所处的地理位置，自卫防备以及与敌交战之能力。总之，要善于观察敌我双方利弊，即谓知彼知己，百战不殆。

（五）所谓"完成部队诸项任务"，若上述诸办法均不成功，军队则须摆开战场，设法制伏敌人。为此所有官兵要上下一心，正如谚语所说："要除掉掺杂于黄金中的黄铜和碎银。"一支好的军队，心必须要齐。全体将士要有福同享，有难同当，心往一处想，箭往一处射。有所谓"拔一根头发全头痛"的观念，大家绝不可下撤后退，要齐心协力，围剿敌人。不可靠之人，在不影响我方的原则下，设法使之离开部队。要派遣敢死敢拼而勇于转动轮回者、知晓将利害关系看作如磐石压羊毛团一样重要者、伺机乘隙者、思想毫不在乎敢于在刺堆上睡觉者、善于向他人问释者、能在暗地注视敌情者，具有此种智慧的英雄前往战场，布置阵地。对敌人要凶猛、残酷、武断，绝不可像儿子坐在父亲面前求情，父亲则可心慈手软。但是正如谚谱所说："一半人虽已变为恶鬼，另一半人亦要依照法律。"须依照法律办事，若不依照法律办事即会出现内战、内盗和内乱等不顺缘之果。一旦发生战争，首先要由大王或官员下令从地方头人中挑选一位公而忘私、富有经验、具有威信的军官，而后由其从军队中委派二名具备英勇、聪睿的精干者，后将军队分成右翼、左翼、中翼三支，每支部队里亦要任命如本一名以及甲本和久本多人。官员要服侍好英雄；反之英雄受官员之养育，则须对官员崇敬。具有英雄称号及勇敢作战的民兵们亦要将彼等编排成"定"，且任命一位精明者为定本，由其管教、训练。开始要把所属头人的军官集中起来进行训练。倘若对方的某个敌人是大王的勇士，那么他将会以大王的名义为重，进行反戈。此期间，所属百姓即会得不到安宁，以发生所谓真正的战乱，人民即会遭殃。

若是民兵，莫让彼等做有损于公众之事，要认真讲明利害关系。要像佛经中所说的那样，对敌人要以武器相待，对朋友要以爱心相待。因此，须要签订契约，契约之内容即为对敌人敢于竭尽全力进行斗争，对自己的朋友要全力支持和爱护。总之，要服从一切旨令，按照契约中所签订之内容执行，不能有超越现实的欲望。俗话说："虽是一张小小的白纸，一旦用墨水写上字、盖上印，即成为不可动摇之准则。"为防止不服从旨令和随时转变意志现象的发生，要签名画押，将其意牢记于心。无须征收而要主动准备好战马、顶幕帐篷、保护生命之铠甲、护身之服装等，绝不可应付差事。上述这些战马、服装等不同于街上看热闹百姓的防身用品。天下人为我一人之英才方聚会于此而战，故须慎重思考后，方可行动。

军队中有四种人不可缺少：一是救治伤病员的医生；二是预示吉凶的卦师；三是卜算测天象物候的星相师；四是祈祷战神的巫师。开始要由星相师卜算吉日良辰，搜集天相资料，供行军打仗时参考。军官、将领、英雄、士兵均分营造册，此后依花名册安营扎寨。要把所有的兵器对准敌人的营门，将三宝之塔和枕头对准我方，举宝伞和旗帜的二人莫要弄颠倒位置。指挥员要集中在三个宝伞之中间，要将军队的组织、驿站的位置、哨所的位置以及敌我双方的暗语等毫不保留地告诉予我方官兵。

军队转移时，则须做三件事情：第一，要处理好篝火；第二，将军营的全部帐篷收起来；第三，从军队右翼起依照侦察兵所探线路按队列顺次行进，以防敌人的追击。切记莫要将大驮子和小驮子掺杂在一起；不要抛弃伤病员，而要把他们放在坚固的牛皮船内；对路途脱逃者，不发放食品。若临阵逃跑者，则要加倍惩处；对抢劫者要处罚其抢劫财物的八倍的赔款；在军营中白天盗窃者要实行偿旧、科罚和赔新等三种惩处办法；对晚上盗窃者除让其交代情况，不需要作任何惩罚；行窃者被擒后，除将其双手绑缚外不准殴打；误把小偷当作敌人或被流箭、流石等武器打死的，视为善事也；由于内讧而武装残杀者，要罚赔双倍的命价以及罚赔双倍的平息愤怒费，受伤者也要按上述赔偿；遭到祸害，例如被盲人或被带角动物杀死的，称之为"带角凶手"。对摧毁象征护卫地方之旗幡以及袭击自己一方势力的军队，首先要把头人的马匹、铠甲置于中营，后有实物者交付实物，无实物者交付赔偿品。交物者须交付监督人员一份，所谓"惯匪"者要把其所有财产的十分之一交出来。若对得失数目意见不一致时，要用称为"那雅都库"（mnav-gyag-tu-khug）掷骰子的办法解决，凡赢者须送去赔偿的数目，凡输者则要送去赔偿的物品。此后，双方要把所有的物品各分一半。所谓的"交付三次"（sprod-gsnm-sprod），即不论丢失大小牲畜，也要交付此牲畜的一部分，交付两岁犊的一部分，交付牛犊和羊的一部分。

例如，福禄羊掉入悬崖下即会摔死，羊的四肢以及羊皮即会破碎，此即所谓的"胡楚巴库米仓"（lhu-drug-lpags-khud-mi-tshang）。若队伍向山谷转移时，提前一天多派遣一位猎人和一猎狗前往侦探，富有经验的老者要观察地形。开始搜寻敌人时，年轻者首先前去侦探，后派猎狗前往。若有敌人，则将肉放置于路旁以示警惕；若地方安宁，要继续寻找肉，得到肉者将肉分成大小不同的若干份，分送每人一份。

藏北高原辽阔，为发现敌情，须派遣一位骑士前往侦探，亦要熟悉当地的情况。所谓"夜晚很早到达金山，白天很晚才能抵达藏北"。夜晚要睡在地上，白天要观察敌情。观察时，莫要把敌人的运输队伍和野兽群相混淆。敌人运输队伍的马蹄弹起的尘土是朝着一个方向飞扬，天空中的尘土是白茫茫的一片；野兽弹起的尘土是飞散在空中，时而尘土飞扬，忽隐忽现。亲自用眼观察的经验是，野兽行走为灰白色的一片；牧群行走为黑乎乎的一片；若敌人的骑兵是来自北方蒙古，行走相当凶恶；若是藏族骑兵，行走相当雄壮；若是驮畜，行走相当踉跄；若是步兵，行走相当懒散。

莫要把狡猾敌人的假火把和军营中的火把相混淆。假火把别人看得最明显，并可一一地数出来，照得整个地方白花花的一片，十分耀眼。真正的军营火把比其他地方的灯火要略大点儿，许多火把模模糊糊，火光黑红重叠，密密麻麻。总之，要善于观察，莫要将真假相混淆。

如中举军旗者应为精明机警的侦察员。与敌人进行交战时，则需要三支如、三种智慧、三支鼓号队，所有的长号角和胫骨号筒之响声要震天动地。右前方为火枪手，左前方为弓箭手，中间为拿戟、铧和板斧者，后面为拿铁链者，此后方为骑兵和步兵的混合队伍，彼等须如同神兵一般疾速，此后方为身上插着鸟毛的队伍，左右角为身带弓箭囊的骑士和驮着箱子的战马，彼等来回穿行，如翱翔在天空的雄鹰。前进时，以军旗为先道，以鼓乐为信号；转移时，相当快速；驻扎时，相当威武。这支部队能围攻北方的敌人骑兵，能调遣珞门（lho-mon）地方的敌人，能战胜西藏的敌人骑兵和步兵。

全体官兵只要服从部队的命令，听从指挥。那么敌人的逃兵即像未有安放梯子无路可逃，像野牛受到惩罚一样乱蹦乱跳；我方的逃兵即像未有找到置身之地无处躲藏，掉进深山沟一样暴露无遗。总之，要善于卜算过去和未来之时辰，观察三智慧之飘幡。参战者于战场上取得胜利后，即可获得"英雄猛虎"（dpav-bio-stag）之美名。胜利之日，部队所到之地即命名为"达米查夏"（rta-mig-khrab-bsham）。为部队出谋划策者亦将列入英雄之名册是肯定无疑的。

第二，懦夫狐狸律。即同于"胆怯"一词。若英雄包围城堡时，莫要过多地言谈和探望。固守阵地时，莫乱射弹掷石，谨防关隘和陷阱，敌我莫要混淆，不要攻击善良的调解者。若战时败阵者不论其地位高低均须将其盔甲献于英雄之面前。若遇败阵者，无杀害之例。倘若一旦杀害，亦不可称懦夫为"持枪英雄"（mtshon-thog-tu-dpav）。两将相遇时，若其中一懦夫杀害对方，则可用丝条缚其双手，让其仍骑己马，且视其家境贫富，穿着命价衣服，使其不失身份。身份为普通地位而诡计多端者，将其双手反绑于背后，发髻披散。若为头人，则施其一劣马，陪以劣质鞍具，且解开马尾之结，此乃为旧时逮捕人之规。破关逮捕者，其刑法与上述类同。以计谋抓获者，要赐给有关参与战事的官兵适当财产，然禁止虐待投降者。功奖投降者，则理当如故，但不可过度。虽地位高贵者，亦不可以马匹迎送。以殊食招待施计谋之子，使其高兴而欢乐。释放其返家时，若对其存有疑心，应签订契约，契约之内容应根据俘虏身份的高低而定。尔后之律仪法统为，杀牲后将血盛于盘中立誓为证，未过一代人之期限内，不允许使任何坏心恶意及翻案复仇。

第三，镜面国王律或地方官吏律。按照大王之令所派遣之地方官吏，要摒弃谋私之恶习，以操持公务为主，尽力效忠于历代第悉和法王所开创的业绩，其目的即为以服侍和信奉佛法为主，不改教派之冠，不改信他宗。在节日期间的五个月内，禁止渔猎、清扫粮仓以及修缮身、语、意之佛像、佛塔，禁止修筑险道。藏历七月为"猴月"，要求各地僧属众人要祈祷十天。此期间，聂仓的工作不得中断，日常生活用品的支出，除加盖印章之批文外，宗本不得擅发指令。大司徒遗训中曰："主仆之区别乃在于糌粑之优劣。"宗本不得大量食用上等糌粑。私人所欠公债，宗本不得私自前往索取。除个别因战乱而被迫流浪者，其他人不得办理租借粮食之手续。对满一年的旧债，要尽可能地收回。剩余的债，该交或该拿做出相应的判决，不可不结账。属民与官吏之间的差别，不能像蒙古部落一样，应加以区别。法庭上不可感情用事，亦不可有亲疏远近之分。在辨明真伪之后，违法者予以严惩，执法者予以关照和爱护。内外任何地方均不得挑拨离间，以避免不和。至法庭大声喊冤者，不得放任，但允许其讲明缘由，使其满意而归，绝不可以权压人。执法者在任期间，无论对敌对友均不应有亲仇之分。总之，不能明知故犯，不分辨是非，而偏倚一方。官方大小诸事，均依世间之法妥善办理，不可认人为贤或左右摇摆不定，故请诸位应以此为鉴。

第四，听诉是非律。首先要有双方相当的人进行起诉，初须要诉讼双方到场对质。如不到场即无法进行对质。后可通过调查审讯，从而满足双方之意愿。尤其在拉萨河下游一带历来就有一些违法户，彼等视自己之利益为重，故不分远近至法庭相互告发，此乃自讨苦吃。从今以后，对此类告发者予以惩处，但不宜过重。审讯时，辨明是非后即依法判决。诬告者则予以严惩。如对上诉双方的情况不甚清楚，则可暂缓审理。等澄清事实后，方可判决。如二者均不坦白事实真相，双方则各负一半法律责任。已向法庭申诉争端而拟重新收回进行内部解决的，原告和被告可到法庭申请，说明事由，予以内部协商解决。

第五，逮解法庭律。对违纪犯法者，首先要下令进行逮捕法办。尤为在王宫前持刀殴斗者拘捕；饥寒行窃者拘捕；向头人造反者拘捕；恶意起诉者拘捕；以恶语攻击地位高于自己者拘捕；对重刑罪犯则要强行拘捕，加盖关防，并套上枷锁、脚架。对处以肉刑者，则要发布告示，严加法办。此外，凶手要根据被害者身份的高低，给予适当的命价赔偿，并予以赔礼认罪。

第六，重罪肉刑律。行五无间之罪孽者；抢劫上师、僧人和国王之财物者；严重损害官方之名声者；投毒者；挑拨离间者；无论何时杀人劫马者；在太平年代，进行打家劫舍，持械行凶，阴谋策划进行平民叛逆，总之凡违法犯纪者，即施行肉刑。处以剜目、刖膝、割舌、剁肢、投崖、屠杀等刑。须根据情节严加惩办，以防效尤。若多人向上造反，则将主犯投溺水中。

第七，警告罚锾律。凡未构成肉刑罪的违法者，皆给以一定的处罚，以警告之。所谓的"处罚"，即由法庭依据罪行的大小作出处理。惩罚的轻重，一般以黄金的两为单位，或以合金

的两为单位，或以合金的钱为单位等多种形式进行处罚。其中严重的罪行有聚众行凶杀人者、伺机报复进行抢劫者、阴谋策划反叛者等，法庭均应根据其情节轻重分别处罚黄金八至十五两不等。其次，对情节较轻即非故意杀人者和因饥寒行窃者等同类罪犯，处罚合金三两或视情而定。稍因取舍失误而触犯法律者，予以警告罚金二、三钱，酌情处理。金的重量只能以纯黄金计算，而不准以假充真。

罚金有下列九种换算方法，即一古尔肖等于二十四厘，八钱等于一两。犏牛和牦牛要根据其品种的优劣进行划价，其中黄金价由司列空制定。根据一古尔肖等于二十四厘黄金的计算方法，以后藏地方的藏升为标准，每厘黄金相当于一克青稞，如此计算一钱黄金折合青稞二十四克。若以官家秤斗为计量制以及根据集市上的价格对黄金进行划价。对优质合金和各类货物都有先划三种不同的价，最后取中间价之习俗。一两合金含纯金四钱，即四玛肖（smar-zho）。以后藏地方的藏升为标准计算，一玛肖折合青稞八克，黄金一钱翻倍即折合青稞十六克。亦有以孜升为标准计算的习俗，官方秤斗每六克计一玛肖，每十二克计一钱黄金。还有官方秤斗每八克计一玛肖，每十六克为一钱黄金。卫地尚有四藏升为一钱和三藏升为一钱等多种计算方法。

关于肖（zho）的计量方法，蔡巴法律等有关法典中又把肖分为上中下三等，其中一上等肖分别折合犏牛、马、骡各一匹，一中等肖折合公驴一匹，一下等肖折合母驴或小牛一头，以上均以官方秤斗之肖价六分法为标准计算的。若以青稞价计算，一两黄金以八肖制计算折合青稞九十六克；一两黄金以六肖制计算折合青稞七十二克。若以商品换算，前世诸法王及蔡巴时期，曾有一两黄金即可手抄一部《八千颂》或一部金汁《金刚经》等良好的风俗习惯。此后又有一驮砖茶计为一两合金，一头牦牛计为一钱黄金，薄绫二匹计为一玛肖，每四匹绸缎计为一玛肖等多种计算方法。聂仓（gnyer-tshang）对所属地方发生的争抢水源等纠纷的处罚，以一玛肖为二克酥油计算即要罚六克酥油，纯正的上等酥油即可罚交三克。而今有"玛色吉尚"（mar-gser-gyi-srang）之说法，但在蔡巴法律中把"玛色吉尚"释为以"玛"为例，视金为贵重，其次是把"玛肖松肖"（smar-zho-zong-zho）释为以"玛肖"为例，故视之为准确之说。

第八，使者薪给律。所谓的"忽尔扎"是指蒙古曾统治汉区并派使者至藏区传旨时，汉人备受藏人之尊敬，故以此为名称。此处引申为要对官吏加以尊重，诸官吏亦要掌握一定的分寸。尤其是拉萨一带，因正法混乱，不分公私，凭仗权势在布达拉宫领到印章后，随便从拉萨一带选派人前往逼债。对此无任何是非界限，食物必需品的处罚即为临行时要交付口粮二升、酒价计一升，共计三升。每天官吏所到之处皆要按上述标准交付。

后藏地方自称其藏升、斗为标准的计量衡器，然而昔日因税务繁杂且衡器标准太大，故无论数量的多少均不可以此为标准进行称量。若如今继续使用之，则对属民负担太重。因此，作适当规定：自发布此法令起，无故不得私自前往讨税。除布达拉宫派遣专人外，不许擅自领人前往。公派前往讨税者切须知，昔日之法律规定，若税金不足一两者，不得设宴，不交付其他费用；若满一两者，均要拿出税金总量的四分之一作为设宴熬茶、支付膳饷费和脚钱应交予官吏。然而目前凡纳重税者，要按照公文中所说的："除为官吏及随从人员交纳狗、马、骡之费用外，还要令其提供肉食一条羊腿和一驮货物。"在未还清税金之前，纳税者须为官吏每日分两次分别供应大小羊腿各一条，同时要为所有的随行人员每日三次分别供应小羊腿一条、茶叶五包和青稞酒，每日供应每匹马、骡饲料二升，还要支付膳后金一钱，彼等子孙辈不可得这种税金。以上税金的计算方法是从官吏抵达日至结清账目之日算起，昔日法律虽有要交足用于设宴、膳饷、脚钱等税金总量的四分之一，方可结算以后的账目之规定，但对此有些误解，所谓"垫"（gdan）即指讨税人员需同自己的官员坐在相等的坐垫之上。所谓的"筵宴"（ston-chas）是指宴会所需要的食品；所谓置办的"百牛筵宴"，意思是要交付一百克青稞和宰杀一头牛，这些物品要尽可能从纳税者家中拿取。第悉之法律中记载，所谓"垫"即不可使公文摆置于地上之意，令其交付公文之"垫"费为税金总量的四分之一。所谓"筵宴"是打开公文之费用，即纳税者应交付宴会费四分之一、脚钱费四分之一、惩罚金四分之一。最严重的惩罚是将被罚者之双手反绑，把所有的税金交给公家。讨税官吏的费用应从抵达之日算起，交付的合金数量应为：一般二人以上要支付膳食羊腿，每日分三次支付小羊腿、茶和青稞酒。若讨税人员有马匹，则要交付适当的草料，但不可获取太多。若税金不足一两者，须支付每位官吏半条羊腿，支付给每位官吏的随从半条小羊腿和五升青稞作为脚钱。此外，税金不足一两者，应免去所谓的"垫"和"筵宴"之费用，但须为催逼租税的工作人员发放必要的膳食。然而讨税之差头切莫一日三餐顿顿口餍腹饱。

　　按时交纳差税者，可不支付脚钱；若拖延交纳差税者，每日要交纳脚钱为五升青稞，天数要从讨税者抵达之日算起，讨税者一旦离开交纳差税者之家门，即可不用支付脚钱。对于个别不服从差头之令而拒绝交纳税金者，讨税者要对其严加管制，且令其交出所有天数的脚钱。对于狡猾、强辩喊冤者要处罚一钱黄金。对于穿着誓衣为政府办事，而需要发誓时亦不穿誓衣即办事的，即知法犯法者，要斟酌情况处罚一、二两黄金。对于中下等擒手要支付其一、二钱黄金，对于自我发誓者要支付其一钱黄金。在抓石时，所谓的"神幔、神垫、铁锅、平口锅、火铲、铁钳"及其工作人员的费用，不论是私人或公家开支，亦都要交付所属官员七份或九份。对违犯抓石规定者，一次要罚其交付一两黄金；在抓油时，亦有所谓的"神幔、神垫、放油的铜锅"等一切用具，凡违犯抓油规定者，一次要罚其交付一两黄金，总之要斟酌情况，适当拿取。对于普通的擒手要支付其二玛尔肖，对于自我发誓者要支付其一玛尔肖。对于家庭不和，所分的财产发生纠纷，意见不统一，双方不讲真话者，要按照前藏的惯例，得势者要分得三分之一的家产，未得势者一般可获得十分之一的家产。依此分取后，剩余的双方再各自拿取十个直至分完为止。总之，要按照双方的占理大小做出适当的处理。

　　擒拿罪犯者，可将罪犯身上所有的衣服拿走。超度命价者只可得到一点财物。其他则按照前藏之习俗，亦可得到十分之一的财物，但前藏此习俗不合适。按照后藏之习俗，二人相互交换财物时，要举行所谓的"松普松丹"（zong-phud-zong-stan）

仪式，即交换财物双方中的交付者须把物品放于地上，拿取者要把金钱放于垫上，而后双方平均各拿一种。倘若须交付合金，交付者要点清钱数，拿取者要量清粮食的克数，交付者可得到粮食晒垫的四面，拿取者可得到适当的合金，上述这些习俗最初记载于旧法典之中。

有人命者，凶手本人要按照有关规定交纳一定数量的代金，代金的多少要清楚地写在判决书的末尾。若需要交还脚钱之代替品，则须当面点清代替品的数量，这些代替品究竟是统一拿取，还是各自拿取，须酌情作出决定。未有交还物品的地方，要为参加判决的所有人员支付以瓷碗为主的礼品三份或五份，以茶包为主的礼品七份或九份，绸缎、铠甲、牛马等数量的多少要适当。此外按照规定尚须支付写判决书的笔墨费四分之一，支付贵族头人四分之一的费用，贵族头人之费用由卓尼或上交的内外工作人员获取，四分之一的笔墨费由仲益获取。

第九，杀人命价律。价者，皆指无价或数量之多而命其名曰价也。昔日，据传说："上部雅孜（stod-ya-rtse）王被霍尔（har）所杀，其尸价与黄金等量。下部格萨尔（ge-sar）王被丹玛（Ldanma）行刺，至今命价尚未偿还清。"此意思即为，所谓"东"（stong）即命价者，无比昂贵，尤以人之等级分为上中下三等，此三等中之上上即指德高恩重之赞普，其命价是无法偿还的。此后，上上者与妇女大概不会被人所杀。如果被杀，即判罚以土地与沙金无数，以示其身价之贵重，所有这些均酌情处理。对于妇女则要比各自之命价少出半倍。

蔡巴法律中记载曰："疯子、未成年孩童及牲畜等或其他非故意杀人者，无需交付命价。医生因医治不当而死亡之人，其目的是为患者而康复，不仅无错无罪，而且死者家属要心记其恩德。"此乃是说疯子和八岁以下之幼童，因彼等未有分辨是非之能力，故除为死者做善事外，无需赔付命价。无有思维之牲畜造成死亡事故，牲畜之主人应付死主四分之一的善事费用，上述规定直至今日亦兴盛不衰。此前，普通的人被杀，无有现今如此威严之王法，仅以各自之主人、父辈及女婿之势力大小论处。倘若死者之主人势力大，则要将死者之尸体葬于地势较高的地方，称之为"若托吉瓦"（ro-tho-skyel-ba）。把尸体送到墓地进行告别仪式后，死者家属方等集结兵力进行复仇，且定期送寡妇哭坟，以及送垫子和衣服。若死者有小孩，其小孩在未成年之前，则须交付抚养金。昔日之判决书中规定，死主之饭费、父方筹集兵力费、孤儿之抚养金、寡妇擦眼泪用的纸、布皆由死主决定其数量，肇事者要想尽一切办法满足死主提出的所有要求。如今为平息死主之悲痛和愤怒，亦要赐予"压悲钱"。

其次，旧时倘若凶手势力大，则将把死者之尸体葬于地势较低的地方，称之为"若帕东瓦"（ro-babs-gtong-ba）。牛马等供品的多少要以葬礼的规模而定。若供品非牛马而是以其他物品来代替，则要交付双倍的财物。命价数量的多少要根据凶手的财产，合理地作出判决。

旧法典中记载曰："国王至尊之贵体，以万物作为其命价。较聪明之凶手要为其举行'若帕东瓦'之埋葬仪式，根据尸价决定交付财物的数量。"如今实行"札普吉恰"（dgra-phud-kyi-cha）这一办法。事实上如果命价太少，影响劝试凶手即起不到惩处之作用；如果命价太多，凶手未能承受得了，地方众人亦会为此而发生争执，互不答理。倘若凶手交付不起，即会把人肉拿来作抵押品，由此会发生不安宁的动向。为使凶手和死主双方皆得到满意，故要为死者增加大量的"压悲钱"，并为凶手发放"札普吉恰"等。

昔日有所谓凶手应交付的费用以及凶手和死主双方交付的相互协调之费用的规定。如今凶手交付的费用为三两金，死主与凶手双方同意后可把协调金交与称为"古结"（sku-rhyal）之人。昔日上交之时，分为白命价（stong-dkar）、斑命价（stong-khra）和黑命价（stong-nag）三种。赔偿时，又分为玛尔（smar，意为财）、查（khar，意为珍宝）和松（zong，意为货物）三种，其中又将玛尔分为玛尔（smar）、玛尔日（smar-ri）和玛尔斯（smar-zir）三种；将查分为查（khra）和查恰（khra-chags）二种；将松分为松（zong）和松那（zong-nag）二种，尚有松那吉贝觉（zong-nag-gi-sbad-gcod）等多种称谓。所谓的"白命价"最为贵重，"斑命价"适中，"黑命价"最轻，以此作为准绳。赔偿"白命价"之时，要交付"玛尔"和"玛尔日"二种，"玛尔"包括金子、银子、上等茶叶、青稞、稻米等能消除罪孽之财物；"玛尔日"比"玛尔"要略微轻些，可交付少量青稞、中等茶叶和氆氇制品。赔偿"斑命价"之时，要交付所谓的"查"和"查恰"二种，"查"包括青稞、油菜子、豆类、有用的牲畜等。衣物方面要交付氆氇，"查恰"包括能换肉食的青稞和酒糟之类的混合物、良种牲畜、布匹、肉、羊皮等。赔偿"黑命价"之时，要交付所谓的"松"和"松那"二种，"松"包括交付优质纸张、马、驴、青稞和酒糟之类的混合物、装饭袋、饭勺、旧衣服和氆氇等；"松那"包括交付七克精选的青稞、普通弓箭、旧碗旧碟、油渣和干酒糟等。所谓"松那吉贝觉"是指交付赔偿物结束后，还要交付几片纸张和装饭袋，各值金一二两，旧鞍和旧铜子各值金一钱。总之，将一有洞之石和仅能跨过法场之门槛儿的老马、老驴作为日常偿品交付，比上述更轻的赔偿即称为"东秀龙其"（stong-gzhug-rlung-khyer），即连一名乞丐亦可按照法律赔偿其几两或几钱。

上述此乃为昔日具有聪明智慧的人们根据死主和凶手的地位高低贵贱，制定赔偿命价多少之规定。称为"那钦"（nag-chen，意为重罪），是以玄虚其名目而来隐藏一些命价之善巧方法也。但后来"松那"等又以命价之赔偿金出现，还曾一度盛行赔偿金交付钱物均可之制度。在大王本人制定的法律中记载有：不可根据势力的大小设置"集结军队"、"把尸体埋葬在高处"或"把尸体埋葬在低处"等制度，如果出现有上述情况，除交付命价的赔偿品外，不再付偿金。如若利用其势力则依轻重进行增减赔偿金。人分为上中下三等，其中上等又分为上上、上中、上下三等；中等又分为中上、中中和中下三等；下等又分为下上、下中和下下三等。上上如旧法典中所述的英雄虎豹律相同；上中是有三百以上仆从的头领、政府宗本、寺院堪布等，彼等命价值金三百至四百两；上下是扎仓之活佛、比丘、政府仲科及有一百名仆从的官员等，彼等命价值金二百两；中上是仲科官员之骑士、寺院扎仓之执事、掌堂师等，彼等命价值金一百四十至一百五十两，侍卫兵、各扎仓之老僧、小官吏、骑士等，彼等命价值金八十两；中中是运送粮草、弓箭武器者及小寺院之僧人，彼等命价值金五十、六十、七十两多种；中下是世俗贵族之类，彼等命价值金三十至四十两；下上是无主独生者、政府的勤杂人员、屠夫，彼等命价值金三十两；下中是占有差地的铁匠、屠夫、乞丐等，彼等命价值金二十两；下下是如旧法典所述的"流浪汉、铁匠、屠夫等三种人，彼等命价值草绳一根"，流浪未有固定居住的铁匠、屠夫和乞丐，彼等命价值金十两至十五两，也有慈悲者赔偿二十余两之习俗。

此上中下三种命价律曾吸取了古代旧法典和传记中比较合适的传统惯例以及古代君主和诸高僧尊者之教言。为严加惩处凶手，则将凶手的命价从一两降至十分之一。以前死主遣送寡妇哭坟的擦泪纸布、孤儿抚养费、父辈和女婿结集军队之费用等，皆须满足死主之要求，还须将"压悲钱"增加至二倍。命价"松那贝觉"（zong-nag-rbad-gcod）之赔偿费中的一部分可把两降为钱来计算。积德赔偿金每一两补加青稞一克，积德赔偿每十克青稞补加一克酥油，从积德赔偿费用之多少来确定是否有利于调解工作。故特设置"肖"（zho）的计量单位，"肖"又分为"玛尔肖"（smar-zho）、"查肖"（khra-zho）、"松肖"（zong-zho）三种。先王之时，规定官家秤斗中的斗和两计量单位中之利息皆为大王所有。计量标准的差别亦很大，有八克为一"肖"也。也有把剩余两克作为误差，制定了官家秤斗即六克为一"肖"。总之，"肖"的差别也因地方不同而有所变化，大小两种"肖"的区别为大"肖"要比小"肖"多两克。计量"肖"的标准一般以犏牛、小骡子能驮动的为一大驮；母牦牛、黄牛、毛驴能驮动的为一中驮；母毛驴、小牛能驮动的为一小驮。昔日祖孙三王（即松赞干布、赤松德赞、赤德祖赞）用法律的形式制定了判决命价之"色哲"（gser-bre）。标准的算法为一"色哲"等于四"肖"，如今拉萨地区的人们尚在使用着这一计量单位。倘若以驮的标准和"色哲"计量法换算"肖",所有地方的人们皆知晓六克为一"肖"的官家秤斗的标准算法,但现在使用的是八克为一"肖"的官家秤斗的算法。如果不用法律严格约束这一时期的人们,那么将来法律就会被践踏,丧失其应有的作用。俗话说:"官吏善知诸法律",应考虑各种情况依章办事。例如遇到一起中等命价之祸害,其罪行的大小尚无定论。若此人已死亡,即要追究凶手的责任,以告诫使其引起注意。目前尤其重要的是须适当赔偿其命价和善事费用。夜晚死者之命价为六十两,尚须交付积德善事之青稞六十克、酥油六克、"压悲钱"三大两,同时应从中减去"札普"(意即交给凶手)的六两。在交付命价之"札普"费用时,要以两降为钱和官家秤斗计量,如质量不符合标准,应从所交付的数量中减去四"肖"。交付时,自始至终要把时间、人员登记清楚。双方要向"古结"(sku-rgyal)官员敬献吉祥的洁白长哈达、中等茶叶、十二面薄绫等五包或七包,所有这些物品要妥善交付。此后依次准备妥四份笔墨之费用和工作人员的三顿茶叶、碟子、整腔羊肉、牛腿肉、四桶酒、六克糌粑。如因故推迟交付死主抵押品,须在交付保证金的公文中写清增加交付"压悲钱"的计量制应为"大两"(srang-chen)。所谓"大两"的计量制是一"大两"为"玛尔肖"之八"肖"青稞,若按一"肖"为官家秤斗六克计量单位换算即是六乘八等于四十八克,亦就是一"大两";若按一"肖"为官家秤斗八克计量单位换算即是八乘八等于六十四克,此罚金要按"玛尔"和"查"对半交付。作积德善事用的青稞、酥油等须要交付自家产的。虽赔偿金为一"大两",但交付时要降至一"肖","玛尔"为六"肖","查"

为四"肖","松"为二"肖",平均只有四"肖"。故交付赔偿费时,从应得的各种赔偿费中减去或增加几"肖",使之上下相等,亦即是四"肖"。此后,至于命价的多少要根据各地方的习俗酌情处理。若又要从"玛尔"降至"松"时,则要以双倍计算;从"松"降至"玛尔"时,则要以半价计算;"查"的上下皆以九藏合青稞计算。若又按八"肖"制计算,和上述的计算方式相同。如死者有重大罪过,其命价则要以死者在世时的年龄为标准计算。所谓"伤下舍偿"和"尸下之伤"的这种说法和上述没有什么不同之处。

倘若有利于积德行善,命价则要加倍;若不利于积德行善,只可按原价计算。对于究竟是否有利于积德行善,将会发生意见分歧,故规定为四十九天之内交付者为利于积德行善,超过四十九天不交付者为不利于积德行善。若偿金恰巧在第四十九天交付,不管积德行善程度如何,皆以双倍来计算,并将"查"降为"肖"。若不利于积德行善,其偿金不变,依然按物品的价值计算。实际上积德行善费要从命价中支付,非故意而造成的罪行,不分事故的大小,凡有利于积德行善之事,亦要按原定赔偿金支付,但是所有支付的积德行善费要从命价中减去三倍。还有一种方法,实际上积德行善费和命价是分别交付的,只不过是名目不同以及凶手的心里偏见或传统习惯不同而已。另一种是根据罪行的大小而定的,交付完各种赔偿物后,代表人需在判决书的背面注明,必须保证判决书的前页所述各项赔偿费全部如数交还。从此,死主和凶手双方不能推脱责任。倘若出现违例,还要补交碎金,同时双方要签字盖章,注明是什么人作证,盖的是什么样的章等。其次,如是仓库管理官或宗本进行审判，则要写明年、月、日，判决书要一式二份，其内容为："你俩（指死主和凶手）未有大的纠纷瓜葛，而由其他原因，造成致人死亡之祸。"首先法官要将判决书上交"古结"（sku-rgy-al）官审阅。此后，凶手须交付训诫费一两半合金，积德行善费及命价的多少皆要按照上述法定的章程办理。

再次，若中间人要撤诉进行调解，即必须弄清事故之缘由。例如何年何月何日发生的事故，并以足够的理由设法使双方得到满意。中间人所述之证词皆要与事实相符，要考虑死主和凶手双方各自的利益，须认真地调查核实。开始中间人要向法庭说明缘由，此后凶手须将杀人动机向"古结"官员交代清楚，这样赔偿金即应按命价的半价计算，先将各项赔偿金交给法庭，然后由法庭规定进行公平合理的判决。是时，凶手要付给死主胜利三两。所谓"尸下之伤"（ro-vog-tu-rmas），意即死者生前对凶手造成之伤痕，凶手若需医治伤病，根据伤势的轻重，其医治费用可从死主的胜利金中支出。但历来未有以争辩的方式来判决谁胜谁负之前例，所有赔偿的财物皆要按照法定的章程办理。

倘若既未有到法庭进行审理，亦未有请示汇报，中间人首先要拿听证，说明自己的身份，并介绍其与家主或尸主之关系如何，然后将协商统一的呈文上交，呈文之内容应为："这段时间虽进行过各种大大小小的审判，双方仍然有不同的要求、埋怨和阳奉阴违之事。"反之，须于法官大人面前亲自交付保证金。双方各以此呈文为证，并加盖印章，双方各执一份，判决书上之言词与上述相同。是时，此"古结"官要由地方宗本或一人代理，如其所属宫殿管辖，须将赔偿物交给仓库管理官，凶手付给死主的胜利金与上述相同。写调解书时，不需交付保证金，但要立下誓言。各方应该向中间人交付调解费，为此事也许会发生一些口角，实际各方须对中间人要尊敬、感恩戴德。如若在法庭上审判，工作人员之费用皆要由死主和凶手支付。对于被盗贼杀害的无主者，以及强盗斗殴被杀者，皆要以法庭中老官员作为其主，对凶手进行惩处法办。亦有将命价的赔偿钱作为积德行善之费用，即施舍于僧人、乞丐等人作为教化之善根，此乃亦是一种原有之法规。

第十，伤人抵罪律。古代旧法典亦记载曰："尊者滴血值一钱，卑者滴血值一厘。"因此价值不等，故在平民反叛中，伤人上下有别，民伤官，视伤势轻重，断伤人者手足。主仆之间，主失手伤仆，除治伤不用判罪，主殴仆致伤无赔偿之说。地位同等者可相互治伤。旧时虽有"伤下舍偿"（rma-vog-tu-gshags-dor）之说，然而此乃一种不正确之说。对伤人要以事实为根据，如用粗暴野蛮之手段殴打对方，致使对方承受不住，遂而进行还击致伤者，除对其医治伤病外，无须补偿。相互持刀殴门时，对先拿出刀者应该惩罚。如惩罚欠妥，须查清事件的真假而后依法惩处。倘若相互为谋自己之利益进行捅刀，应于养伤费用之上，增补活命价一两或半两合金，须量刑做出合情之处理。

若受伤者本人是贵族，应交付其称为"活命价胜利金和养伤补血费"，其数额为命价的四分之一。总之，要根据伤势之轻重来决定赔偿的物品。衣物方面，须为受伤者披上肩帔，血垫方面，须交付毡子和白氆氇等，旧时即有这种传统的习俗。而当今贵族受伤者不多见，如若出现，皆可根据实情进行必要的医治。对于中等受伤者，根据伤势之轻重及事由之真伪作出判决。依据上述的各种方法，如今制定出人们普遍皆知的"买肖摘桑"（me-zho-dras-srang）之法，即用火烧伤者以一钱金子作为其价，用刀砍伪者以一两金子作为其价。总之，须用此种方法认真作出判决。此外，用刀砍伤者亦要根据伤势的轻重，决定其需要赔偿数量多少。对受伤者，凡是受严重内伤者，须交付赔偿金二三两；无有内伤只有外伤者，若外伤面积为四指宽，则须交付其赔偿金二两，对此尚可协商妥善解决。对骨折者，虽然有一种"根据骨折之程度赐予等量赔偿金"之说，但仅靠这一点等量赔偿金是不够治疗伤病的，如此处理恐怕受伤者会受到损失。故规定若受伤之骨头像豆子一样大，则付赔偿金一钱。对于流血太多者，尚须赐予其血垫氆氇等物，血垫的多少视当时的情况而定。

上述之受伤者，倘若无理，则受伤者应交付对方五成或三成之胜利金，对方亦无须交付受伤者补偿费。倘若双方皆受伤，则按照双方的伤势轻重，各自计算其所交付的赔偿金。七天之内，伤人者要付给受伤者一至六克的糌粑，或者半个羊肉腔，或者半个牛肉腔、一克酥油以及酿酒用的青稞等，根据伤势的轻重要给予适量的赔偿费和两次请医生治疗费。在医治期间，须妥善安排好医生的饮食。此外，如果治好病，医生可取医愈费，亦符合法规。

打人者不为受伤者请医生治病是不符合法规的，必须根据法律之规定交付治愈费。交付费用时，有一种治伤费用和医生的饮食等费用按双倍计算的传统方法。对被打掉牙齿或拔掉头发者，旧时法律中有一种"掉牙偿马，掉发偿羊"之说法，然而此后再不实行。现行规定对被打掉牙齿者之赔偿费要比上述骨折者的赔偿费略多一些。对被拔掉二三根以上头发者，对方须酌情赔付偿金一钱等。倘若五官中之眼和手、脚、指头等被致残者，须按伤残者命价赔偿费的四分之一、三分之一和五分之一来计算。总之，要根据人的器官、手和脚作用的大小来决定赔偿金数量的多少。

第十一，狡诳洗心律。对是非狡诳者需要进行立誓。所谓："立誓"，即像自己的鼻子所处于面部之位置，相当正直。所谓"立誓"亦要由具有智慧眼和幻化身等先知先觉的护法神作证，以明鉴真伪。

挑选发誓人时，旧法典记载曰："金鹅无须用网抓，黑毒蛇不可往下坡追，无须用石块打乌鸦，无须用木棍打母狗，无须串联小红璁石。"金鹅即指喇嘛、善知识、尊者，彼等无须立誓，故不可算作吃咒发誓者之内；乌鸦即指饥饿、馋食之穷人，因彼等故意舍弃罪恶，为维持生命求得食物而随便发誓，故彼等不得参加吃咒发誓；黑毒蛇即指具有法力之咒师，因彼等可用魔力解除咒誓，故不可算作吃咒发誓者之内；所有的母狗皆指妇女，因彼等为丈夫及其孩子可违心地吃咒发誓，故不可算作吃咒发誓者之内；小红璁石即指不能分辨是非之幼童和傻子等人，因彼等不晓得取舍誓言之利害，故亦不可算作吃咒发誓者之内。那么什么样的人方可立誓呢？凡懂得或知晓自利和他利者、明见事理者、正直诚实者、能遵循因果规律者、胸怀宽阔即可视仇敌为己友者，若符合上述条件者，方可立誓。如若找不到符合上述条件者，即须用煮油抓石和煮泥抓石等方法来分辨是非。

上述这些有无道理，要看是否会出现山盟神证之因缘等。虽以事实为主，但将盟誓搁置一边亦不可生效，这是因为无论大小事情皆不能主观臆想，人是在经常不断地变化着，故心里亦随时会产生许多错综复杂之念头。例如，表达这类事实之言词若有损于发誓之仪规，则不可列入日程。虽未有因缘之事实，然而出现征兆乃是德高望重的护法神之愿力。神志清醒者将丝巾缠在他人头上，在此丝巾之下莫要做任何事情，此乃为一种立誓方法。若发誓后将丝巾抛弃，即会依次出现征兆。若对立誓之过失者进行惩处，须在裸体下垫上鲜皮垫，用装满血的牛肚在胸前来回摆动，思虑后随而会出现与上述相同的立誓之征兆。又如未有思虑者均会炫耀自方有理。无论上述寻思如何，彼等亦会因有相当理由和充分把握而一心一意地向智慧神求得分辨真伪之方法。因有智慧神作证，必然会出现真理之征兆，但是亦要依彼等诸人之寻思，并按照这些思虑进行立誓。

倘若立誓，则须有一位合格的法官或中间人，开始山盟神证时，需要具有一双慧眼来分辨过去、未来和现在三时内之真伪。此后，辨清是非即由世间法力无比之神进行判处。立誓之时，发誓者要以自己崇拜之阳神等作证，须供献神饮誓水。如若进行油中抓石和煮泥抓石等仪式，要事先准备有神帘、神垫以及完好无损的铁匠之工具和石子，而后于铜锅或铁锅中倒入干浮之菜油，油的多少一般以淹没拳头为宜，将两块拇指大小重量相等的黑白小石子放入油锅之中。如尚进行煮泥抓石之仪式，即在锅中放入一种浓稀如酸奶一般且能淹没拳头之泥浆或浊水，此后将两块黑白石子放入锅中，以人们看不见石子为准，则可用手下锅去抓。

上述仪式要与盟誓相互对比进行，所有法官和中证人要坐在远近适当的地方，诸盟誓者须将各自之心愿和誓词如实地写于判决书之上。开始，若立誓洗心者要亲自献新，同时又对立誓仪式不同意，即须掷骰子决定。按照上述判决书中之誓词所言，胜者可挑选中证人，败者可选择立誓之方式。无论骰子出现何等情况，中间人皆要向立誓者念三遍誓词；须使发誓者亲耳所闻，并牢记于心中。若能熟练地念一二遍，肯定达到立誓之要求，那么方可将立誓人带入护法神殿，此后要立誓者或披头散发、放下刀和护身符，或脱掉上衣即赤裸着上身，究竟采取何种方式，须根据当事人之地位高低和情节轻重来决定。立誓者不论大小诸事，除放下上衣、刀和护身符外，无须交付誓物。立誓者献神水及祈祷后，须于判决书上加盖印章，用立誓者本人的唾涎封住。如有手链和绳索则将其手系住；识字者须念诵誓词；非识字者则须随从他人念诵誓词。

如若违背誓词，即受到惩罚或遭受某种报应。被处罚者要将盟誓之物高举至头顶。尚须用石块立誓，则将洗干净的石块放置于盟誓物之上，以说明真理是立于雄厚的事实之上，并非靠碰幸运。若抓石者须交换物品，双方要将上述物品准备好。此后，由称为"阿达"（a-ta）的僧人祷告祝愿，铁匠将各自的炉火点燃，石头一遇到火即会发生不同程度的燃烧。是时，抓石者用水和奶汁将手洗净，须将手上原有之黑痣和伤疤标清记号。当把所有石头烧成灰白色后，用手取出置于铁锅内，挑选出未有尘土和灰烬的石子，而后将这些石子再放入碟子内。按照上述方法进行挑选后，两位抓石者须手对手行走三步或七步，两只手来回搓动，并将石子放置于所到之处。当把石头放到火上，若三次从火中蹦起，则视为有理，无须进行抓石。此后，用布将手包起来，法庭执法人员在布上加盖印章，等三天或七天后打开，若发现手上出现一点儿黄斑，即视为无有其他过失；若手上很干净且又有像豆子一般大的水泡，则视为有轻微过失。若过三天后仍未出现任何征兆，亦不可将原有的黑痣和伤疤视为征兆，须重新进行分辨是非。神帘、神垫归"阿达"的僧人所有，锅和碟归铁匠所有。若煮油抓石，其立誓仪式与上述相同，立誓者要像以往一样勤奋念诵誓词。在公众大厅内举行洗心立誓仪式时，所需的油和油具要从政府仓库中支取，所交换的物品要由各自准备。倘若一方拿油具，自然另一方要拿油。若发现破裂残缺之用具，受疑一方要重新准备，将准备好的用具交予法庭工作人员。

　　煮油抓石时，抓石洗手、念判决书、盖章等仪式皆按上述程序进行。此后，将黑白两种石子放入油锅，确认油达到沸点时，判决书上第一位签字者先抓。开始用手搅一下油再抓，不管拿到任何一个石子皆要抓出来。若是抓到光滑而明亮的白石子，手上除留下石子之痕迹外，不会发生任何伤情。如抓不出石子，即会出现火旺油溢等现象。若搅动油后，抓到一个黑石子，拿石子的手即会被烫伤或起水泡，是时则视为无理。若抓石者手上伤势小且又抓到白石子，那么他即有一半获胜的希望。但是如今把这类现象算作获胜之范围，故以此来对待。

　　尚有一种仪式，即无须用石子，仅用手指伸入滚烫的油锅内，看双方的手是否会被油烫伤，最后根据受伤的轻重来分辨是非。用铁分辨是非的方式是依照教派戒律进行的，以后大部分立誓者皆不采用此种方式了。虽然有部分人尚在沿用此种方式，但立誓之方法同煮油抓石之方法相同，以是否烫伤为根据进行辨别是非。煮泥抓石等仪式与煮油抓石之仪式相同。

第十二，盗窃追赔律。盗窃赞普之财物等罚赔原物之万倍，偷至宝之财物罚赔八十倍，偷与己同等地位人之财物罚赔七倍至八倍或八倍至九倍不等，依退赃、科罚、赔新三法，盗者被抢、交付羞耻同情费等多种方法对小偷进行不同方式的惩处。赞普包括官员、地方首领和头人；至宝包括上师、僧人之物品和寺院之供品等。偷地方上与己同等地位即近处百姓之财物，须罚赔七倍至八倍；偷盗邻居之财物，须罚赔八倍至九倍；偷距离远而未能返家之盗贼，须对其以退赃、科罚、赔新等三种方法进行惩处，上述均可根据退赔的情况作出公正的处罚。傻子或边地语言不同之流浪者，因饥饿不能忍受而进行盗窃，须给予所谓的"羞耻同情费"，即给予适量的食品和衣服。

其次，对诬陷他人为偷盗者，须对诬陷者如同盗窃者一样对待，除进行惩处，还须让其赔偿与盗窃者相等多的财物。

再次，尚有一种所谓"比拣坏和比偷好"的说法。对拣到财物不归还失主者、将财物隐匿他处者、狡诈欺骗者等，须对彼等以退赃和赔新等方法进行惩处。所谓"盗者被抢"，即指盗窃者所偷之物又被他人抢夺下，交还给失主。是时，失主须将所盗之物的一半作为奖赏品赐予此人；拣到财物能在集市或大庭广众之中叫喊认领者，失主须将财物的三分之一作为奖赏品赐予此人；拣到财物原封不动者，例如拣到马或毛驴未上鞍鞯，拣到羊未剪羊毛，一年后归还失主，失主须将财物的四分之一赐予此人。

尚有其他奖赏之方式，即对普通拣物者以饮食和酒类款待等诸符合法律之方式。打伤盗窃者无需付赔偿费用；用弓箭或石块打死盗贼者，除交付"松那贝觉"（zong-nag-rbad-gcod）和"东久隆其"（stong-mjug-rlung-khyer）之命价补偿外，无须交付念经善事之费用。已捕获盗贼而后又将此盗贼杀死者，须依照法律交付其命价及善事之费用。捕获入狱后死去的盗贼，须根据其罪行的轻重，酌情给予一至五两的命价赔偿费。

第十三，亲属离异律。例如，夫妻欢乐而离异或由中间人调解而离异等，无论彼等高兴还是痛苦离异，皆按最初结合之誓约，查清夫妻离异之主要原因，认真判处，务须公正。对此旧法典中规定："弃夫者罚金十八钱，称为虎纹赔偿法；弃妻者罚金十二钱，称为豹斑赔偿法。"事实上若夫有理而被妻抛弃，妻方须分三次付夫方十八钱黄金，且赐予一套衣服或照管好饮食、衣服等。对身份高的人须赔偿其活人命价，对身份较低的人须赔偿其三分之一的活人命价。总之，要根据占理的多少来赔付。若妻有理，被夫抛弃，男方须付给女方十二钱黄金，以及交付称之为"服侍赔偿费"，日薪为三藏升青稞，夜薪亦为三藏升青稞。尚有一种"日薪为一厘金，夜薪为三藏升青稞"的赔偿法。具体赔法还要根据女方人口的多少及占理的多少来判定。赔偿时，妻子出嫁之前由父方赐给的衣服和粮食归女方。无论是给男方的，还是女方的，只要是父方赐给的，不论是否有理均归女方所有。若以夫方之名义所赐给的财物，皆归夫方所有，女方虽有理，丈夫亦不必因理亏而将财物送给女方。

其次，子女的归属则须遵循"子由父养，女由母养"的原则，儿子的乳金依其年龄的大小酌情判定。分属女儿之粮食及母亲之口粮、上地、房屋和衣物等均须合情合理。对家庭兄弟分家、父子分家等，须根据其家庭人口的多寡，合理分配财产。女性应分得财产为男性的四分之一，土地、房屋和财物等所有家产须按人头合理分配，父母及其长辈有权优先自由选择所需财产，剩余的财产可用掷骰子等方法轮流挑选。总之，须酌情合理分配。如果有即将出嫁的姑娘，其嫁妆等陪嫁物要从公有财产中提留。若有出家的尼姑，则须为其代分厨具、份地、僧粮、衣物和小马等。若有出家之僧人，亦可按上述分配原则，妥善处理。若由非血亲关系组成并且以往能同甘共苦的家庭离异，则须查清团聚时双方拥有财产的数量，作出公正的判决。

第十四，奸污罚锾律。古代法王之旧法典记载曰："奸污他人之妻者，割断其手足之指头后，流放至边地。"此乃指对上师、官员等之妻进行不正当的行为，则须严加惩处之意。对其他奸污罪行之判决，旧法典中亦有过一些规定。如对奸污者处罚以钱财、绵羊、山羊、马、牛等，但处罚要以事实为依据，依照罪行的大小处以不同的罚金。与不同地位者之妻通奸，则要处罚为三两罚金以及活人命价之四分之一的罚金，赔礼费是以茶叶为主的七份礼品。倘若奸污同等地位者之妻，须判罚活人命价之总数为二至三两金，赔礼主要以衣服和食品为主的五份或七份均可。

如系女方主动勾引男方所致，则处罚男方奸金一两，赔礼费是以瓷碗为主的三份，无须赔偿活命价。奸污尼姑者，皆须按寺院法规惩处。若有女人勾引邻居有妇之夫，勾引之妇须交付其妻赔礼费以茶叶为主的七份，或以瓷碗为主的五份不等。总之，须根据情节轻重作出合理的判决。若丈夫偶尔一、二次犯奸，后可改邪归正，则无须交付赔礼费。

第十五，半夜前后律。譬如，无论马、骡、犏牛、牦牛等何种家畜被人所借，若牲畜死于借者之手，则须赔付偿金。若所借牲畜无病无伤归还后，过夜而死，主人则不可诿罪于借者。又如将所借牲畜无病无伤归还后，若前半夜死亡，借者须付给主人偿金；若后半夜死亡，主人不得向借者讨取任何赔偿费。上述规定皆记载于旧法典中，至今仍在沿用。又如因鞍疮等伤而造成牲畜死亡的，借者须根据鞍疮的大小给予部分赔偿。其它东西的借还方法，均可按照上述规定的办法处理。因集市上的饲料而造成牲畜死亡事故，亦有一种自法惩办之规定，所有这些皆要遵照地方传统法规判处。

倘若店主在秤斗方面欺骗顾客，店主须以物价的三分之一赔偿给顾客。卖主若以变质之肉食或破损物品出售，买者则可进行反盘，根据物品之价格，依照法律条款要求卖主进行赔偿。虽购物已过若干天，但买者若退二十克物品，即可从卖主处讨回四克。如劣质掺假货物出售后，买者亦可退还，但不必交付退货费。账目虽已算过一年，然而卖主亦要将旧账寻找出来重新计算，按照规定将财物退还给买主。

尚有其他多种法律条款，如烧毁他人之麦秸、木料等，亦须按上述有关规定，除进行惩处，还须向物主交付偿金及其适量的赔礼费。又如居心不良者于夏天往他人之田地里乱灌水及拔青苗、放牲畜入田等，亦须依上述有关规定对其惩处，其交付主人之赔偿，应将秋天收获粮食的数量和春播籽种之数量加在一起计算。又如主人故意将自己的牲畜赶往他人所属之草场吃草，若昔日有协议，给予象征性的赔礼费即可。若系牲畜自行进入草场或田地，牲畜之主则无须支付赔偿金。

第十六，异族边区律。指盛行于西藏四周如门巴族、珞巴族和蒙古族等地之法律。因珞巴、门巴等民族属边鄙之人，故既蠢又傻，大部分法律亦未能盛行。此条法律对西藏之用处亦颇小，故除阐述有关命价之差别，其他法律在此无须多赘。

蒙古是以格萨尔王之军纪和漠地法律等严明法纪治理于天下。蒙古之法律条文虽甚多，但此条法律所记载之内容颇有裨益。蒙古语称一种善妙法律为"艾齐"（al-phyi），大蒙古之金字使者所需之马匹及"乌拉"，无论到所属自己部落或他人部落皆可任意挑选马匹；无论何时到达驿站，均可根据金字使者及随行人员之人数及食量，除挤奶和驮运牲畜外，可任意挑选牛羊宰杀享用，但不可将牲畜之内脏、头和皮张带走。

如内部发生口角及斗殴，设法使双方和解。对不听劝解之顽固者，可用马鞍绳将其套住，使其只能骑着马兜圈儿或在马上拉空弓，而不能拔刀射箭。若有拔刀者即可劫其马；若有射箭者即可夺其弓；若有械斗者即可牵其马；若有人受伤由铠甲管理之官员将其马匹和铠甲收缴，马受伤则须付赔偿金。在门地方被杀死的中等官员，规定交付八十眼绿松石作为其之命价，若以每一眼的价值为一头黄牛计算，则应交付八十头黄牛；在蒙古地方被杀死的中等官员，规定交付六十"牛载"（mdzo-khal）之财物作为其之命价，每一"牛载"之价值为一头挤奶犏牛或一头驮运牦牛；藏区则以"松坠"（gsum-sprod）之方式，以合金交付命价赔偿费。"压悲之补偿品"待凶手女儿订婚后须要交付，对此法律调解书亦如此规定。

盗贼窃官员之马鞍垫子，则须交出其之马匹；窃地位相同者之财物，赔偿牛或羊均可。比上述更为严重之惩罚，称为"款摩喀达"（kho-mo-kha-btags），即令盗贼将家中的一半财产拿出来，其中一半须交予官员，另一半交予失主。被盲人或有角牲畜所杀，带角凶手若逃跑时，派一快马追赶带角凶手。如跑在前头，无论何人骑快马拿到何种财物皆归属其所有。若马跑得同样快，则按扔鞭子的前后计算，马鞭所扔到的地方，全部财物归属其所有。若由助手跟踪追回被盗之财物，失主须与助手平均分配这些被盗财物。抓住临阵脱逃者，后取其马和铠甲，即算作将临阵脱逃者杀死。猎人之标志为：持牛尾是快马骑士；持皮张是获胜壮士；持铃舌是英勇战士。谁先用箭射死野牛，谁即可获得上述之标志。较重的奖赏为牲畜的四肢或一条前腿和一条后腿。

又如一位猎人正追赶着一个猎物，而另一位猎人乘机跑上去将猎物杀死，这位猎人则应受到公众的斥责。对强盗的惩处办法有三种：一种称为"格格儒儒"（gaw-gaw-rog-rog），此乃为较轻微的惩处；一种称为"松坠"（gsum-sprod），此乃为中等的惩处；一种称为"齐响尔"（phyed-sho），此乃为最严重的惩处。偷政府之牧群和北方民族之黑帐篷者，须用所谓的"松坠"方式惩处，对们地诸愚蠢者，须用所谓的"齐响尔"方式惩处。其次，尚有所谓的一种盗贼发誓，即盗贼由自己所属之头领为其签订协议，协议之内容包括除吃喝后，所剩余的财物以及可分配之牲畜数目。此后，发誓者须将经文举在头顶，方可进行发誓。是时，主持仪式之官员和盗贼之头领须献新，此后要为经忏僧官、执事和诸掷骰者发放肉食等，其费用要由输方支付。

进行发誓仪式后，将盗窃之财物交还给失主手中者，须用

"松坠"方式对其惩处。无论丢失大小牲畜，也要按照牲畜之数量由盗贼为诸发誓者发放三等份之礼品。即第一份为全口牲畜，第二份为二岁犊，第三份为牛犊和羊。盗贼方面亦需要有中证人，但随便推选出的中证人称为"帕尔赛"（bar-zan）。根据丢失牲畜的多少来计算所需食品，亦要将这些食品交予称为"恰帕尼"（bya-vbabs-gnyer）的官方诸执事。有谚语称"红眼马其嘴亦要红"，故官方要尽量满足牧马人和牧童之要求，要经常不断地与彼等发生联系，及时了解情况。

第悉法王（sde-srid-chos-kyi-rgyal-po）亦将异族边区列入法律之中。驱逐政府牧群者须用"格格儒儒"之方法对其惩处，有实物者退还实物，无实物者要赔新。除吃喝完的食物，要将手上剩余的财物全部交出来。若现在尚欠缺，要将现有的实物全部交出来后，等来年一定要补交齐。

达垅寺（stag-lung）红宫之东门被强盗所捣毁，交付此赔偿费时，亦须由官方之军官献新，中证人要由官方之心地善良、思维敏捷的二三人担任。根据丢失财物数量的多少，开始要为中证人发放食物，即给称为"帕尔赛"的中证人发放母牦牛、小牦牛及二三只羊等。总之，要根据丢失财物数量的多少及中证人所担负责任的大小给予适当补偿。

若执事官员索取食物，则赐予一、二、三、四只羊均可。若丢失财物不在官方帐篷前，而是从帐篷后面取出，是时须认真观察辨析，所需赔偿物品则应由官方支付，丢失财物者须当面过秤。取出丢失财物的工作人员应分得财物的十分之一。若官方筵席上有臀肉即可带走，若私客筵席上有臀肉即可食之，剩余的食物要交予主人。若过秤者需在帐篷内过夜，必须和多人一起夜宿，否则认为不吉利。

交付政府之惩罚物品，上部者应交付数头小牦牛，下部者则应将强盗之马交出。此后，考虑到官员之名声，故将蒙古之法律代替了此习俗。属于政府管理有关丢失的财物方面，亦与上述相同，但无须交付政府之惩罚物品。根据政府之有关规定，追回之物品可取出一半用作献新和以"松坠"之方式进行惩处。若有钻在箭、刀、枪、神像之下发誓者，有可免除对其惩处之传统习惯。

综上所述，事情无论大小，凡违背法律者，不论由谁做法官和中证人，亦均毫无偏见地作出公正惩处。以三宝作证，对正直者要给予支持，对狡诈者予以防备，对初犯者须让其安分，对犯罪者要大胆揭发，对无罪者须纵容放任。总之，要依照事实公平处理。金字使者无论到达何处，皆要忠实地服侍。不管对自己做了任何善事，若大部分人均能如此正确取舍，未将此善事置于己方，那么天下将会和睦太平。虽属庸俗之辈，首领亦要对其关怀备至，积德行善，从而使首领犹如众敬王一样，永远得到众人之敬仰和爱戴。

有诗曰：

具有大恩大德之法王，主持公道正义无偏见，同饮智慧大海之水滴，渴望取舍世间之法律。

如愿获得丰足之喜悦，无智者从中吸取经验，此中倘若有不妥之处，祈请诸法王贤者海涵。

五世达赖喇嘛时期十三法典[①]

愿得吉祥！人间涅槃圆满路宽广，稀有福德、智慧俱圆满，赐法与僧伽具妙善、吉祥。嗡！如同光明之劫来临，供施宛如日月，转动法律之轮，属民生逢太平盛世，幸福之日升于顶空，目睹如此盛世良辰，久蓄福泽缘时力，特向教化众生的千手千眼观世音佛敬礼！雪域净上先后显现祖孙三法王、大译师、贤哲、师友、君臣……均为圣观世音利益众生之预言和智慧所致。今世，由于圣贤佛主开创了伟业，供施双方创制了法律，因而出现天下太平，安居乐业。老妪手执金羊头，亦无可虑而行。且向释迦牟尼佛叩首，按自身所发誓愿求得圆满。而今，人们财富丰盛，释迦牟尼佛前供品亦如云，为众僧侣大行善事。政教合一制为众生有情，实非虚假，而为真实之事业。此所有业绩均系佛之福田所为，非我等愚痴之辈能知晓，唯望稍诉小人所知的真实往事。本人曾在桑俄德钦宗居住数年，曾聆听入主之师甚深妙道五次第的教诲。良师林麦巴夏仲仁波且口传，在拉萨河下游有一具智慧天资广博的教法者，我知晓他深谙显密经典，熟知宗教史，遐迩闻名的故事。古时的拉萨是各地各类人来往之地，可闻南北上下之事，加之自阅部分文书记载，如

[①] 原名为五世达赖喇嘛时期十三法典，简称十三法典，喜贷尼玛译，索朗班觉校。

同自大海中取一水滴，吾且述供施之事业：上述其人即为圣观世音之化身——仲敦巴甲瓦迥乃，其化身又为一切知者根敦朱巴和一切知者根敦嘉措，此二位贤哲双具智者之化身为遍知一切的索南嘉措。其之化身为圣贤遍知一切之大德。这些在其各自的传记里都有清楚的记载。法王一切知者云丹嘉措与前辈法王慈悲之心如大海显现的如意宝。佛洛桑嘉措之业绩，名声远扬，更是显赫。如同先前古印度的转轮王簿记均有讲述各代事迹一样，大宝师尊索南嘉措在世时期，广阔的蒙古地方有位俺答汗法王，他依据显密经典等预言佛教将至北方兴盛弘扬，因祈祷之果，一切知者索南嘉措即与俺答汗法王结为供施关系，使佛教之光普照蒙古偏僻之地。索南嘉措的化身云丹嘉措，出生于蒙古无籍王室中。其时，国王实力雄厚，两者遂为供施，使佛教尤其是秘咒金刚乘大大发展。云丹嘉措的转世洛桑曲吉嘉措犹似日月之显明，执掌政教两权。此时，蒙古法王呈现异常之奇兆，遂奉天承运，授其藏区雪域之王，而为法王、佛主，即为政教之首领。王族雄健而英武，胸襟开阔、恭奉佛教、信守誓言、仁爱百姓、法律严明、不贪钱财，实为名副其实之法王。如若略叙王族世系，则当时世界上有六大王系，即古印度教法之王，漠地历算之王，格萨尔军队之王，巴达霍尔王，大食宝王，雪域洛布王等。古印度教法之王是以大象鼻子举起瓶子使受灌顶而执掌王权；汉地历算之王依止仙鹤呈送奉天承运之琉璃官印而占有王位；巴达霍尔王是靠捉住一万跳蚤而占据王位；大食宝王则是由外海取来如意宝而获得王位；格萨尔军队之王是克敌制胜而占有王位；藏地雪域之众敬王却是因上下和睦相处而执掌王权。比较起来，古印度、汉地和藏区易通达。

大食宝王是印度与克什米尔边际的蒙古人，是他们由外海取来宝贝。巴达霍尔王则为蒙古六支之王。格萨尔军王系厄鲁特蒙古六部的王统传承。此中持教法王犹如龙王的顶饰宝珠一般，为最高。须对法王世代传承不断祈祷，如此佛、圣人等功业的策士、国师即智慧、福泽双具之豪杰等依次降临。初，帕竹噶举时代，仲译钦莫仁波且大司徒，从政教两制入手，发展了佛教事业和历代坚俄巴的功业。他至今仍被称为"第悉"，或乃东孜巴。向蔡巴时，在向喇嘛的古寺里，曾出现功业卓著的蔡巴万户长格瓦白等为内地皇帝担任职务，并护持佛法的历代官员。初任官员名为朗索甲勒奈，他具有英雄金刚橛的智慧。这些依次出现者的姓氏是这样的：青康地区丹玛地方，有一个叫列马的村子，村里的汉官性情善良，颇具福德，虔诚信仰佛教。他是由外地迁往多康，来到列马村的。其种族逐渐繁衍，崇信释迦佛的名声遐迩闻名，当听到东方佛宗喀巴洛桑扎巴的教派在拉萨河一带盛传时，即去卫地，居住在堆龙地方，因其属汉族，再加康地村名，故称堆龙甲勒。两兄弟的族姓里具备勇气和圆满、智慧，所以成为拉萨河一带所有人的依怙和询问处，地上大梵甲勒这位超越古今智者的伟大事业，名声远扬，福泽极盛。他担任过圣佛索南嘉措和云丹嘉措的师傅。总之使藏传佛教，尤其是吉祥噶当派大为发展。从这一血统中衍生的当今第悉索朗曲批亦作出不可思议之政教伟业，圆满完成极高福泽的盛德，被王族及一切尊卑奉为顶饰。唯此，其与佛圣人由于祷告和缘分而同时到来，遂为事业之车的御者和法王同心同德，可谓天上的日月、地上的福田和施王。此说并非夸张，是圣人使佛教发扬光大，如升起的太阳，将内地皇帝与活佛结为福田与施主。

他慈悲和神变地莅临中原一年半,名声大震。先辈法王八思巴到内地的霍尔建立供施关系的传记中也载有圣佛慈悲神通之美名。这三种福田和施主以政教两制繁荣佛教,享受众生欢乐的福德,尤其是使吉祥噶丹派再度弘扬,相继恢复了色拉、哲蚌、甘丹三大寺为首的古寺,新建众多寺庙和大小扎仓,聚集数万名僧伽。自格鲁派盛行以来,使拉萨大昭寺又添吉祥法轮的新礼,宫殿式屋顶、顶周围的短墙、屋檐、廊院,规模为一○八根柱,并堆砌十二次方装饰起来,木漆壁画尤为灿烂,搜集有尊敬的贤哲先辈的遗言,涂上纯金而现光明相。金、银、宝贝和缎、帛等供品众多如云,并在红山上布达拉宫观世音殿建成奇幻多变的圆满结构。主佛像圣者洛根夏日安置在其中,其他古印度和汉地的优质响铜佛像、佛菩提心的舍利、甘珠尔、丹珠尔等藏族共同的福泽均供养于此。大师宗喀巴最初创立拉萨大祈愿法会,十分隆重,向上万多僧众发放布施,供养享受如降雨一般。在释迦佛像前也安放了众多供品。圣地拉萨是朝佛供佛的中心,虽然古代高官显贵与喇嘛活佛不分教派均予供奉的文书和历史记载很多,然而这福田和施主的供奉却是无比的。福田和施主这三者两制的好法律中用红、黑两色笔所写公文预示:从上部肉寇棍子敲打,到下部汉女织帛的范围内,盛行的好法律如丝帛之结细而柔软,又如金质牛轭重而有力。法王作了如下的定论,指出法律的根本意义:"法王预言如日升中天,光芒照耀地方官吏,臣民百姓如莲花盛开。"从此,法律文告将如阳光普照,一切众生都将享有那如柔绢遍布全境,名扬藏、汉区的仁政。法典的用意之深,实系为众生幸福,依赖佛教而成立。凭借圣者的讲、修、发展,已预音佛教之根本即为解脱。

首先，大小寺院的堪布和僧人为佛教尽心尽职，所有僧伽认真学习、遵循戒律，不得犯遮性罪、他胜罪，发挥闻思和说闻的技能。修行于不同禅院之僧众皆习精粹之佛教原理，以促修行，而封闭戒律之时限，按历代喇嘛所行定期法会等良规勤勉行事。俗人则须抛弃不崇信佛教之品行，使一切内外得到胜解，为供养卫藏上下数万僧人，而布施斋僧茶、坐褥、金、银、绸缎财物及其他所需之物。召开大法会时，除布施出家人的装束以外，其他无资粮。国法犹如金质牛轭，具微妙甚深之用意。旧法典记载："对奸淫者肢解流放异乡。即施行剜眼、刖膝、断肢后发配。而今福田和施主之法律，其特点则为，因先前大乘发菩提心，不忍心肉体上的痛苦，为使其尽快超度，而将福禄抛于水中，用威光破灭后路。因此将有罪之身即刻清净，不必再去体验瞎、跛等残疾人之痛苦。并把"十善法"中的杀生，特别是玷污高贵之人身的恶行作为重罪，将杀人者家中全部财产及尸体一起抛入河中，使无畏者获得佛的施舍。另外还颁布了封山蔽泽的禁令，使除野狼而外的兽类、鱼、水獭等可以在自己的居住区无忧无虑地生活。同时还公布了免除长年纠纷、放债的文告，使当事人化解怨恨。并隔年减免臣民百姓的税收和利息，对小宗的商业附加税、集市的减税等都比以往任何一个朝代之法律更具威力，执行亦更果断，威仪更服众。所谓弱小的父母官，确为名副其实，人们在自由的天地里享受天伦之乐。

本法典的各条是在早先旧法典的基础上形成的，因而使供施二主所指定的地方官吏们心情愉快，颇感清新。这主要是依照以前白色口传法和昔之十六法典而编纂的。其时，索要初稿者较多，因其不在手上，故未能满足。本法典仅对前言和个别语句作了校正，对一些名词重新作了法律上的解释。此条文中虽缺英雄猛虎律、懦夫狐狸律、地方官吏律等不完整的三条，但除听讼是非律稍作修改外，其余十二条均根据旧事为例而成，故内容丰富。颁布前，对文中不准确的地方，已作详细修改。

第一条，镜面国王律（地方官吏律）。其言：法王预言如太阳，光芒照耀地方官，居民百姓如莲花。根据法王预言，凡任公职者，均须舍弃自私之恶习，以公务为主，尽力效忠于历代第悉、法王传承为推行佛法的功业，不改同派之冠，不崇信异教。在假日的五个月里发布封山蔽泽令，清扫仓库，修缮身、语、意的佛塔，维修险道。至藏历七月，要求各地举行初十活动，进行祈祷。在此期间，涅仓工作不得中断，故临时物资支出除加盖该处印章之批文外，宗本不得擅发指令。凡私人欠公债者，不得由个人前往索要。除因战乱流离失所者外，不办理粮食租借手续。对已满一年到期的旧账，应尽多收回，但不必彻底清算。要做到属民与胥吏之间差别不致太大。要敢于督促法庭对混淆是非的违法者进行处罚，要维护、关心守法者。对内外纠纷均不进行挑拨。对在公堂喊冤者，要立即进行规劝协调，对其讲清事理，使之满意，不得以权压人。执法者在法庭上，无论亲仇，均须公正处之。总之，不能明知故犯，不辨是非，偏倚一方。官家之大小诸事，均须认真妥善办理，以免招致厄运。

第二条，听讼是非律。法律公文如海洋，听讼是非律似明月，光照正义之甘露，驱除虚假之黑暗。首先要讲清取与舍。

诉讼时，双方均须到场，一方缺席，则不能当堂对质。要通过明察暗访，明辨是非。世间常有一些胡作非为之徒，凡事以私利为重，于法庭上相互告发，自讨苦吃。对此类人虽要处罚，但不宜过重。经诉讼后，辨别是非，即依法判决。诬告者必须严惩。如对诉讼双方情况不甚清楚，可暂缓审理，先使其修性后发誓。如双方均不能详陈事实，则各负一半责任，依情节轻重予以判决。当事人已向法庭提起诉讼，又思协调解决者，双方须将情况如实上报法庭，请求允准。

第三条，拘捕法庭律。蛮横歹徒犹如黄刺树，须以法庭之火焚毁之。纲纪修明，法规俱在，方能如丝丝细雨，滋润大地而使五谷丰登。本律载明：王宫前上告吵闹者拘捕；持刀斗殴者拘捕；乞丐为盗者拘捕；流寇打家劫舍者拘捕；对头人造反者拘捕；不怀好意探查揭露秘密者拘捕；与高于本人地位者争辩拘捕；与官斗殴者拘捕。对重罪犯要强行拘捕，加盖关防，并套上锁脚架。对肉刑犯须发布告示，严厉惩处。此外，杀人者尚须按被害人身份地位，赔偿命价，并予赔礼认罪。总之，根据罪行轻重，行施以上处罚。

第四条，重罪肉刑律。本性恶劣之死神，情理难容侵人身；浊世蛮横之徒，须以利刃处之。行五无间之罪孽，谋害上师、规范师，抢掠僧尼物品及王者之库，使人身领主出丑，或投毒、施咒、骨肉残杀或奸淫，耍弄阴谋，强行杀人盗马。太平世界，而行打家劫舍，绑架肇事，持械行凶，犯上作乱，总之凡从事以上违法活动者，当施肉刑，处以剜眼、刖膝、割舌、剁肢、弃崖、溺水等刑。须据情予以惩处，以免效尤。

第五条，警告罚锾律。凡做恶事须予警告，贪恋财物者犹如被绳缠绕失去自由，似铁钩紧紧抓着的仪规鸟。此即对未构成肉刑罪的违法者要予警告，处以相应惩罚。这种处罚须由法庭执行。处罚的轻重一般以黄金的两数来定。或以合金（半纯金）的两为单位，或以"玛肖"（纯金）的钱为单位。对聚众作乱杀人，寺院骚乱，因仇视报复而抢劫，阴谋反叛等重罪，法庭根据罪行轻重，给予八至十五两黄金的处罚。对罪行较轻的误杀，因饥寒而被迫行窃者需根据情况罚合金三至五两。对一般性的违法者据情罚"玛肖"二至三两。重罪者不得以物替金。一钱黄金计为二十四厘，八钱为一两，犏牛、牦牛等则根据价值判罚。一钱为二十四厘，一厘值后藏的一藏克青稞，一钱折合青稞二十四克。普通合金的优劣，多以其形而定，以此划出不同财物之价值。合金一两中含金四钱。黄金四钱，即四"玛肖"使用日喀则官秤，折合青稞为后藏藏升八克。黄金一钱翻番折合青稞十六克。按一般行商例行的裁定，合金一两按官家秤换算，可得青稞九十六克。按商品质量换算，一驮砖茶可换合金一两。一头牦牛可值黄金一钱。此外还可以因地制宜，换算为当地价格，以八克换算成黄金一钱裁定。价格要视当时情况而定。

第六条，使者薪给律。"前往讨税之官员，须持合法之文书，抛却贪欲之恶念，以法护佑众百姓。"总之，官员行事须循合理章法，百姓亦须尊重官员。但是，当今有人却无视法纪，公私不分，依仗权势，手持盖有布达拉宫大印的文书，在"雪"等地带领一些无业游民四处敲诈，根本没有一定之规。须知官员临行之时，要按三次集会的范围计算，每个人一次一升，一人一天为三升。他们所到之处都须按此标准算。后藏藏斗被称为标准的计量衡器，但由于此衡器标准过高，且税务繁重，无论大小事均难按时催讨。而今如再依此办理，属民负担则过重。为此特作适当规定：凡政府派出的催税官员，须切记昔日旧律之规定，若税金不足一两，不得设宴敲诈。达到一两，则可以税金的四分之一为官员设宴，并支付脚钱等。而今对零散黄金判罚较多者，除令其为官吏及其随从添加狗、马、骡之费用外，还要支付羊腿一只，物品一驮及脚钱等。在未交付税款前，拖欠税金者须一日两次为税官分别提供大小羊腿各一只。并要求每日三次给所有随行人员提供小羊腿一只、茶叶五包、青稞酒适量；另供应每匹马骡饲料二升，还需付给膳后金一钱。膳后金及税金所余部分等的计算是酌情根据催税官吏到日至结清账款之日付给，所需物款及脚钱等费用加在一起，但其数额不能多于所欠税金。税金超过一两的，一般可派二人或二人以上前往催收。款额未到手期间，须向催税官员支付膳食羊腿，一日两次支付小羊腿、茶、青稞酒。对乘马者，还要交付适当马料。物品及脚钱等全部结算后再付，但不得从税金中支付。欠税仅几钱者，不派合适人，其间要如上面所规定的，交付膳食羊腿半只，脚钱等则不得超过税金的四分之一，并为催税官员准备好必要的膳食。主事的根保在减免税差时，为催税官吏准备膳食，如不能减免，则须其从村民中收取肉类、青稞酒等，每日两次交予税官。凡按时交纳税金的属民，不再支付脚钱；延误支付税金者，每天须交纳价值五升青稞的脚钱。时间系根据税官抵达所在地之日算起，催税官吏足到之处，每日收青稞三升，但不催要。对个别不按时交纳税金，且又不服根保管束者，催税官吏要严加要求，责令其付清所有官差开销及膳食费用。除特殊情况，且持盖有布达拉宫涅巴之印的公文外，不得为个人私利派人催税，否则视为无理，即使盖有其他各类印章，亦可不付任何物款。今亦有人刁滑投机，领每日值班之朗生，假公济私，借收税而谋私利。对此，如值班朗生已去，则按月处以罚金。倘仅从"雪"地而去，可酌情判罚金二至三钱不等。审判盗贼，收取事主十分之一的钱财，另从盗贼手中索要所有罚金，除接受适时提供膳食外，不再收取其他钱物。除有十人以上者，应收取多少，须据情而定。对竭力争辩喊冤者，要收取脚金一钱。对为政府办事，却不遵守誓言者，令重复当地之誓，处以一至二两罚金。或重复本人所立之誓，视当地情况处相同罚金。对中下等打手要支付一至二两黄金，自己发誓的要支付一钱黄金。用于以石立誓的神帘、神像、铁锅、铁碟、钳子等，不论公私何方，场须酌情将其分为五、七、九份一组。无论盛油容器是铁或铜锅，一驮油则付一两黄金，多少亦可酌情而定。对一般的打手付二钱黄金，自己发誓的支付一钱黄金。按前藏习惯，藏升青稞，十二克为十二升，自己发誓的可领六克或六升。对家庭不和，产生财产纠纷，且各执己见，不听调解，则按拉萨等地的惯例，分成三份。一般各拿十份。先分配，然后各拿十份，直至分完为止。通常是根据双方占理的多少来合理分配。逮捕罪犯后，可将其身上所有的衣服拿去，偿付超度命价费。按通常应得部分，裁决办理。按前藏惯例，也可取十份。但此种做法不太适宜。如按后藏之俗，两人相互交换财物，须采取"松普松垫"的方法，即交换财物的双方，先由交者拿出"松普"，取方则拿出"松垫"。而后，双方公平地各取一种。倘若要交付金银等物，交者要点清数字，取者须量好粮食的克数。这样，交者可得到四幅升垫或一围裙，取者可得到适量的合金。以上诸种习俗，初见于昔之旧法典中。

为免世仇再起或驱散阴魂，须按习惯法，以杀人凶器代替罚金。一般在文书之后，写清偿付代金的数量。如须付脚钱的替代物，则要当面付清。此例可统一分配，亦可各自拿取。总之，方法可据情而定。如无土地充作替代物，则要向参加点交、判决的有关人员支付以瓷碗为主的礼品三至五份，以茶包为主的礼品七到九份，或酌情付予以铠甲、犏牛、牦牛等为主的适量礼品。

第七条，杀人命价律。以畏怖之箭、刀、石等各类武器，酿成伤害之源，须据所生之事因，酌情超度命价，或绳之以王者之法。

昔之旧律谓：上亚孜王为霍尔人所杀，其命价即为与尸等量的黄金；下格萨尔王被丹玛人所杀，命价则无法偿付。此意系指人分上、中、下三等。上等上级者命价为最高。次上等上级者除逢战乱外，不会被杀，倘若被害，则须酌情因时制宜判以土地与沙金，而不以命价及财货珍宝判罚；上等中级者至下等下级者，命价之多少，均有定例，判以财货珍宝等。

上、中、下三等人须按其血统之尊贵、地位之高低、职能之大小而定。对此三等人的划分，通常以身份或地位而论，同时也可根据其实权之大小，公私之情分而定。

妇女、流浪乞丐、铁匠、屠夫等皆入下等下级。昔之旧律谓：杀铁匠及屠夫等，偿命价为草绳一根。此系以下等下级人为例。按近之习惯法，上等中级者为善知识、轨范师和大寺院管家、高级俗官，其命价为一百二十两金，并须付惩戒罚金六大两。此款可付金银，亦可钱物各半。如何交付，酌情而定。上等下级者为中等俗官和受持戒律的出家人。中等上级者系一般俗官、侍寝小吏、官家之办事员，其命价大小，如上所述。中等中级者则为政府职员等，命价为六十两；惩戒罚金为钱物各半，计三大两。中等下级者以中等世俗贵族为例，按以上命价计算，视罪之大小（杀死妇人不多见，付给部分钱财即可。下等人系根据其相应等级依次划出）。实际收到命价为六十两，超度粮食六十克，超度酥油六克，惩戒罚金为钱财各半，计三大两。

在命价交付事宜方面，须顾及上层僧侣之脸面或称"佛教减差"，为此减交六两。昔之旧律载明，为死者做佛事的粮食、酥油必须用于佛事，于四十九天内付清。如期付清，可算作成倍数额。否则，则只交命价。但是，大法官认为，一旦死人是重大损失，因此超度所用粮食、酥油不应计算在命价以内，而须另付。所用计量单位是八钱为一两。偿付命价之时，过去系"玛"八钱，"查"六钱，"松"四钱。偿付命价可用各类物品，甚至有孔之石亦可作为赔偿。一般来说，牲畜、物品等也可根据以上计量办法折算。但是，在计算和判决时，尚无统一的规定。计算命价的金银财物不分多少，均按牲畜六钱的标准计算。法律上判罚用的两、升都是根据日喀则的计量方法而定。除此而外，一般还要付为死者做法事的青稞即抚慰费一半。命价的三分之一要付茶叶、衣、帛，价格依照金银的单位计算。牲畜、物品抚慰费的一半可用能使的东西和可役使的牲畜折算。这些钱物的标准价格是以市价而定。如按前藏的升量，则比后藏多一倍。"雪"的升是盖有涅仓印信的，为四克，是大两的一钱，每三克是以牲畜折算的一钱，二克是以物品折算的一钱。用作超度的粮食也根据此法折算。其他地方的计量也与此计量单位一样。前藏的习俗，除了命价还要加上见面礼，后藏则不用。执法人办事的费用是根据命价的高低规格收取。每八十两收取以一块茶叶、一条哈达以及铠甲为主的五种一份或七种一份，多少酌情而定。其中的四分之一要扣下以作他用，其中四分之一为墨水费。聚会之钱物的需要量，则酌情写在附加判词中。前藏习惯法中，他人无罪而亡，领主不用命价而处罚。倘被狗咬致死，要向狗之主人追赔命价。而八岁以下的孩子扔物打死人则依对神经错乱者之法而定，只需付进行佛事活动的费用，不偿付命价。神经错乱者用箭、石、刀等各类武器致伤人命，导致死亡，亦只付进行佛事活动的费用，而无付命价之习俗。但因神经错乱而导致较大事件，则要负担命价的三分之一。边远蛮荒之地的小偷被抓住处死，要给予超度的钱物。盗者初次被擒后死亡，不需付命价等。以上诸条均见于旧法典中，要查清原委，公正处理。旧法典中还载明"死后不问伤害罪"一说。在斗殴中致死人命者，如其本人也受伤，则不再问其罪。如将公正放在首位，则要根据伤势轻重而从命价中偿付。

第八条，伤人赔偿律。斗殴致伤重与否，认真处理需赔偿；地方官吏戒亲疏，公正无欺不偏倚。旧法典载明：尊者滴血值一钱，卑者滴血值一厘。伤人上下有别。属民伤官，视伤势轻重，断致伤人之手足。主失手伤仆，治伤费用视医生的情况而定。主殴仆致伤，无依地位高低而赔偿之说。地位同等者则可相互治伤。旧日有"伤下人弃赔偿"之说，此规定容易被颠倒是非，故要依据事实，判明伤人缘由。如以暴力殴打他人，被打者无法忍受，率而还击，致伤对方，除负治伤之责外，无需赔偿。对斗殴中先拔刀者须予严惩。如有不当，要在认真调查的基础上，依法办事。相互间因私利而持刀行凶，除赔偿治疗费用外，另加命价一两或半两合金，作出合乎情理之判决。受伤者若系贵族，则需赔偿其"命价胜利金"和"补养费"的四分之一。总之，要依据伤势的轻重而决定赔偿的钱物。在衣物方面，需为受伤者披挂缎子肩帔；血垫方面，则要交付毡子和白色氆氇等，这是旧日的传统习俗。如今，伤害贵族之案不多见，如出现，可根据情况而处理。如对中等受伤者，要按其伤势之轻重和事由的真伪而定赔偿。此系根据上述情况而定，并按今日著名的"买秀摘桑"法。"买"由一钱为其价；"摘"以一两为其价。总之应用此法认真作出判决。"摘"亦须根据伤势轻重，决定需要赔偿数的多寡。对内伤严重者要偿付二至三两金；对虽无内伤，但外伤面积达四指宽者须付赔偿金一两。总之，可视具体情况而妥善解决。殴斗中发生缺臂断腿之事，虽然有"按骨折轻重赔偿等量金"之说。但仅这点还不完全足以治疗伤病。虑及如此会使伤者吃亏，故规定伤豆粒大之骨，即须付赔偿一钱金。对流血过多者，酌情给予血垫氆氇等。倘若系上述伤者无理，则伤者应付对方以五成之胜利金，对方则不再付赔偿费。如斗殴双方均受伤，则按各自伤势之轻重，计算所付赔偿费用。伤人者要在七日之内付与伤者一至六克的糌粑。少则整羊肉腔，多则整牛肉腔，一克酥油、酿酒之青稞等，按伤势之轻重给予赔偿费及延请医生治疗两次。治伤期间，医生的一切费用要妥善解决。医生如未能治好伤，亦可不负法律责任。伤人者不请医生替伤者治伤是不允许的，必须根据法律规定支付治伤费用。交付费用时，过去有治疗费和医生的衣、食、住、行等费用按双倍计算之法。在斗殴中被打掉牙或扯掉头发，旧日法典中有"失牙偿马，掉发赔羊"的说法，而今则不再沿用。而今规定对打掉牙者判罚的赔偿费要比致人骨折者之偿金略多。而拔掉二、三根头发，须酌情偿付一钱金。若五官中之眼、手、脚等致残，须赔偿受害者命价的三分之一、四分之一或五分之一。总之，要根据五官、手、脚作用的大小而判罚偿金。

第九条，狡诳洗心律。对行为不端狡诳者，需由正直公道之人协助，以"沸油取石"、"沸泥取石"等法，辨明是非，详加审定。

无论怎样，狡赖欺诈之诉讼者，需立誓。所谓"立誓"，即需如鼻之于面部，不偏不倚。立誓得由具智慧眼、幻化身、能预见之护法神为证，始可明辨真伪。

旧法典谓："金鹅不得用网擒，毒蛇无须赶下坡，以石击鸦行不得，路遇母狗不可打，小绿松石勿串链。"召集发誓人即须照此办理。所谓"金鹅"，意指喇嘛、善知识、上等人。彼等不需立誓，故不列于立誓人之内；"毒蛇"，意指具法术之咒师，其可以魔力消除罪孽，亦不需立誓；"乌鸦"则指饥寒交迫之人，因其为衣食之欲，而无正确取舍，以致随意发誓，也不在立誓人之列；所谓"母狗"喻妇人，彼等虑及丈夫及子女，亦随意发誓，自不在立誓人之列；"小绿松石"，指不谙世事之孩童及傻子等，此类人等不明誓言取舍之利害关系，也不列入立誓人之中。

那么，何等人可以立誓呢？一般来讲，凡知晓自利和他利，明事理，崇公正，心胸开阔，能化敌为友，具备以上诸条件者即可立誓。若诉讼者条件不符，则可采用"沸油取石"、"沸泥取石"等法来辨别是非，最终则是看实施之后是否会出现山盟神证之征兆。虽以真实为主，盟誓确切，也不能生效，因为无论何事，虽在人们心中客观存在，但人的思想变化却很快，随时可能产生错综复杂的想法。故表明这类想法的语词，便不能用于发誓。虽无征兆，却呈现因缘，系护法神之甚深法力所致。

理智之人将他人的头巾缠于自己头上，在此头巾下，就所要做之事发誓，尔后扔掉头巾。如此，即会依次出现征兆。对立誓之过失者，要进行惩处。即使其裸体卧于湿皮垫上，用盛满血之牛肚将血涂抹于胸。经思虑后，誓言之过失即会显于脑中。若此人不再狡诳，而是真正专注，无论怎样考虑，他都会认为自己是正确的，从而一心一意地向智慧神请求辨别真伪之法。以智慧神作证，即会出现无罪之征兆。但一般人由于心情复杂，易在心神不定的情况下立誓，因而立誓要有一位执法人员或中间人进行决断。首先，要具慧眼以分辨过去、未来、现在三个时期内之真伪，随即由世间法力无比之神很快进行判决。立誓者须以自己崇拜的阳神等为证，供养其神饮誓水。若以"沸油取石"和"沸泥取石"等法辨真伪，则需事先准备好神帘、神垫、铁匠工具和完好无损的石子。"沸油取石"，即在铜或铁锅中倾入干净之菜油，油量以淹没拳头为宜，然后把拇指大小、重量相等的黑白各一的石子放入锅内。"沸泥取石"则是在锅内倒入稠如乳酪的泥浆浊水，以淹没拳头为宜，随后放入拇指大小、重量相等、黑白各一的石子。人们看不见石子，（用火烧沸后）方可用手去抓。这种仪式要与盟誓相互结合而行。执法者和中证人要坐在距离适当的地方。立誓人要把自己的愿望和誓词如实地写于文书上。立誓人首先要表明心愿，报上姓名。如果对这种立誓仪式看法殊异，可以掷骰子判定。依上述文书之誓词所言，获胜者可挑选中证人，负者可选择立誓仪式。不论掷骰子后显出何种迹象，中证人均要向立誓人宣读三遍誓词，使之入耳，牢记心中，并能熟练地念一、二遍。如果这些都做到了，即可将立誓人引入护法神殿，大地神地狱王者之库，而后令其披散头发，卸去罩衣，解去佩刀和护身符，裸露上身。无论出身贵贱，成就大小，均须依此酌情而定。除卸衣解刀外，不用再交其他誓物。奉献上神水后，即在文书上盖印，然后用唾沫沾上，如有手链、绳索等要把手连起来。识字者要念诵誓词，不识字者也要先念"按誓词而办会有好事，否则厄运缠身"等语。如果要用石子发誓，须用像"吉热拉康"那里的石子。需向拉康献上供礼，计有糌粑五藏升，制作酥油花的五块酥油，每个护法神的哈达，庙祝的三盘供物，三份布施，神像的哈达及灯油五勺，做酥油花费一藏钱，"吉热"降神师的三种礼品，石洞为公付七种礼品。另外还须向石匠付做石阶的青稞三克，连同口袋、铁锅铁盘、取石的夹子、匙子、围垫用毡子一块，火帘所需布匹、红色火旗、蓝色水旗及彩箭等。另熬粥尚需整羊一只及牛前腿一条，集会所需细糌粑一克，粗糌粑一驮，酒料青稞一驮，茶叶两秤，盛满酒之献新小瓶，盛有青稞之献新小盘或小碗等。以上物品均需准备妥当。

抓石时，要先将洗净之石放于誓物之上，表明真理是立足于雄厚的事实基础之上，并非靠碰运气、找窍门。抓石者如需交换物品，则将上述物品准备好后，向"阿聂"祈祷诉说。随即由铁匠分别点燃各灶之火，将拳头大小的耐火石放入灶内。此时，抓石者要用奶和水将手洗净，要将手上原有的疤痕等记清。当石头烧成灰白色后，取出放入铁锅内，从中挑选出没有尘土和灰烬的石子，置于碟中，再由两位立誓人拿起行走三到七步，两手来回搓动，然后放下。如果石头七次都未到手而碎于火中，则视为有理，不需抓取。于是将手用布裹住，由执法人员盖上封印。待三至七天打开，如在手上发现称为"夺朗"的一点黄斑，即属有理。手上无痕，仅出现豆状水泡，系有轻微过失，算作非真非假。若三天后仍不出现其他症状，不可把原有的伤疤、黑痣记号等算在内，而是需要重新进行分辨是非的仪式。即用神帘、神垫、"阿聂"的财路，锅和碟的选择、铁匠的财路等仪式辨别。

如果进行"沸油取石"，立誓仪式与上基本相同。立誓者也需首先念诵誓词。在大庭广众前举行洗心立誓仪式时，油和油具从政府仓库中支取。交换物品由各自准备，倘若一方拿用具，另一方则拿油。用具如出现问题，怀疑者要重新准备，将这些物品交执法人员。取捞之时，立誓者要净手，念判决书，盖印等，仪式均如上述程序。"如能自沸油中捞出，手抚白石则如柔软的汉地哈达；如不能办到，手将被油烫伤。"将黑白石子扔进锅中，油沸之时，犹如青稞在锅内爆裂，即由第一个在判决书上签字者先取。取者将手伸入油中一搅，无论抓到哪个石子，都要取出来。如果抓到的是光滑闪亮的白石子，除留下石子之痕迹外，不会出现其他问题。如不能抓出，便会呈现油溢火旺之状。如搅动油后，抓出的是黑石子，手上出现水泡或被烫伤，便为无理。若手被烧伤，抓到的却是白石子，则表示其占有一半之理，而今则将此类现象说成是油溢所为，仍按上述所定。

另外还有一种办法，即不用石子，将手在沸油锅中搅动后，最终以是否被油烫伤及伤势之轻重论真伪。用铁立誓之法系据教法戒律而行，而今多不实行。虽有部分立誓人沿用，但做法则与取石类同，即以是否受伤来判明是非。"沸泥取石"等法，即于煮沸之浊泥中取石，与上述"沸油取石"法相同。

第十条，盗窃追赔律。"盗窃之罪，依其赃物判定。命价赔偿要适宜，公正处理须合法。"旧法典规定：窃藏王财物罚赔原物万倍；偷僧寺财物罚八十倍；偷与己同等人之财物罚七至八倍。而今则罚八至九倍或七至八倍不等。依退赃、科罚、赔新三法，财物须按所述种类退赔。如判决有争议或窃贼对此抵赖狡辩，除退赔外，则由法庭根据双方提出的确凿事实进行判决。

第十一条，亲属离异律。亲属不和、夫妻离异，须慎重处理。根据各自的理由，依法公平判决之。夫妻离异，则由一中人居间调解，不论其财产情况如何，均须按最初结合时的协议，认真查清分开的原因，以事实为重，务必公正判决。对此，旧法典规定，弃夫者罚十八钱，如虎纹清楚；弃妻者罚十二钱，如豹斑明了。综上所述，夫有理而遭妻抛弃，妻方须分三次付十八钱，并付一定欠理金，并须给予其衣、食和服侍费。要向理多者赔偿活人命价，理少者可分三次付。总之，要根据占理的多少来赔付。妻方有理，而被夫弃，男方要付十二钱，谓服侍赔偿费。日薪为（青稞）三藏升，夜薪亦为三藏升，或付日薪一厘（金）和夜薪三藏升。具体付法根据情况而定。女方独身期间，男方要保持女方出嫁前，由其父所给的衣食水平。父亲所给的财物由女方所有，男方所带财物为男方所有。女方即使有理，丈夫也不必因理亏而送与女方。子女的归属，则遵循子归父、女随母的原则。儿子的乳金，根据年龄判付女方。分属女儿的食粮及母亲的口粮、土地、房屋、衣饰等均须合适。至于兄弟父子的离异，则根据各处人口的多少合理分配财产。男方的份子为四分之一。而对女方，土地、财物等所有财产则需平均分配。父母及老人由其依个人意愿选择家产，剩余者可通过抓阄等法公平分配。如妻子回娘家，其所有嫁妆一般应按习惯法留下。家有出家在外的僧人，也须给予其厨具、份地或者代分其僧粮、衣物等。有尼姑者，亦同等对待。不同种族在共同生活后，须离异者，一定要据情查清双方结合之初，各自拥有财产的多寡，作出合理的判决。

第十二条，奸污罚锾律。"奸污尼姑、佛妻一类与普通邻居主妇等，均按惯例合法判决。"昔日法王旧律中，规定对奸污犯剁肢后，放逐异乡。这是针对强奸、诱奸高僧、官员等上层人物的妻子采取的处罚。一些旧法典中还有对其他类似罪的判决，即判决赔偿金钱、羊、羊皮、快马、耕牛等。判决此类案件，首先要公正。判罚金额不等。即有三两活人命价，与身体等量的四分之一，赔礼费则系以茶叶为主的七份。犯有事实确凿的奸情，判罚淫金、活人命价等，一般为二至三两不等，赔礼系衣食为主的五份或七份均可。如系妇人自揽罪责，罚淫金一两，赔礼为以衣为主的三份，勿用赔命价。奸污尼姑，按寺庙法规处置。如系丈夫被邻女勾引，要据情付与主妇赔礼费，即以茶叶为主的七份或瓷碗为主的五份。

另外，丈夫在野外或只是偶然一、两次犯奸，则不用送赔礼费。奸污有被称作"六十白毯"的说法，即通常要支付六十克青稞和一块白色毛毯。

第十三条，半夜前后律。对邻人互借牛马财物等出现的纠纷，需认真对待。执法之人所作所为均须公正合法。无论借骡、犏牛、牦牛等各类牲畜，如其死于借者之手，则必须赔付偿金。牲畜如非意外，过夜而亡，不得诿过于借者。但是，如果牲畜非意外，归还后不足半日而亡，借者须付偿金。如逾半日，则不需赔偿。以上均见于旧法典，今仍照此办理。牲畜如因鞍疮等疾而亡，则须根据其优劣等级，赔付偿金。其他物件的借还，亦照此办理。另如烧毁他人柴草，也须依照前理，讲明情况，并向物主付清偿金及适当赔礼费。如系居心不良，而于夏日放水冲淹邻人田地，或践踏青苗，或纵牲畜入田，则须酌情予以惩处。赔付的钱款等必须与主人春播撒下的种粒及可能收获的庄稼相符。对有意将牲畜赶入他人所属草地，如有旧日的协定，则按牲畜进入范围，公正判罚。但如系牲畜自行进入者，可不付偿金。

综上所述，无论事之大小，均要依法而办。执法官与中间人必须不偏不倚，以三宝为证，做到支持公正之人，防范狡诈之徒，安慰幼弱之人，揭发有罪之人，宽容无辜之人。总之，要依照事实，公正处理。属民无论做何事，均要遵从首领。善行必得善报，因而中间人须照此正确取舍。如此，即会呈现太平盛世。这样，虽系凡俗之人亦会积德行善，事久如意，犹如捧其为众敬王一般。从慈悲宝贝佛出现之源,产生福德与智慧二资粮,似如意宝称心遂意。南瞻部洲之宝幢于顶圆满安乐,光耀二部论著,法律似阳光普照大地,典律条文六十具音犹可信,此地之幸福而后为佛。对无数劫,昔有之二资粮、善行的天之气力无边相续遍大地。转动法轮而对众生行灌顶,法典之格言皆具奇迹,昔日王者之鉴及松赞干布颁布之法传于今世而无误,此等善业使众生祛病长寿,幸福圆满,终获金刚手。

钦定二十九条章程

第一条，关于寻找活佛灵童事宜。经各方认真考查，并问卜于四大护法神之后，将在御赐金瓶内放入写有拟写为灵童者名字及出生年月的签牌，选派学识渊博的喇嘛，祈祷七日后，由众呼图克图会同驻藏大臣于释迦牟尼佛像前认定。又若四位护法神认识一致，则将一有灵童名字之签牌同一无名签牌一并放入瓶内。若抽出无名签牌，便不能认定之，需另外寻找。再者，认定达赖、班禅灵童时，须将其名以满、汉、藏三体文字书于签牌，如此则可取信于天下民众。

第二条，钦派官兵进抵边境，廓尔喀人已俯首投降，藏地获得安宁。今后由邻近国来拉萨之客商，须登记造册，呈报驻藏大臣衙门备案。尼泊尔客商每年可来三次，克什米尔客商每年可来一次，此等客商无论前往何地，须事先由该管头领报请驻藏大臣衙门，按照该客商所经路线签发路证，并于江孜和定日两地新派官兵驻扎，此等客商经过时，须出具路证检验。对来藏之外人，须加调查，呈报人数，抵拉萨后，要接受检查。由不丹、哲孟雄、宗巴等地来拉萨者，亦照上述办法，由各边地头领进行调查。西藏政府派往尼泊尔修建三宾所依之人员或前往朝圣者，由驻藏大臣签发路证，如有逾期不归者，由驻藏大臣行文廓尔喀王，召回伊等。

第三条，西藏章喀，历来掺假甚多，今后均须以纯银铸造，并依旧制，每一章喀重一钱五分，六枚纯银章喀值一两汉银，汉银一两中含一钱银子的铸造费用。凡新制纯银章喀和尼泊尔纯银章喀，一律以上述比价为标准。新旧掺假章喀，一律以八枚值汉银一两。今后所制新章喀，不得有丝毫掺假。

第四条，新建军队，在前后藏各驻一千名，江孜、定日各驻五百名，共三千名。每五百名兵员委任一代本管理，驻拉萨之藏军总管由驻藏游击担任；驻日喀则、江孜、定日之军队总管由日喀则之驻藏都司担任。上述新编军队之兵员，一份名册存驻藏大臣衙门，一份名册存噶厦，其中如因死亡等事产生缺额，即依名册补充。

第五条，关于军官之职位，以前只有代本一职，此次在代本下设十二名如本，每一如本管辖二百五十名兵员。如本以下共设二十四名甲本，每一甲本管辖一百二十五名兵员。甲本以下设定本，每一定本管辖二十五名兵员。以上人员均挑选年青技优者充任，并发给令状。代本由如本中升补，如本由甲本中升补，甲本由定本中升补，如此类推。即使贵族、俗官出身之军职人员，亦须按照以上规定，逐级提升，不得越级提拔。按照旧例，一般不准平民担任定本职务，今后一律依照其智勇技能逐级提升，不得阻碍。

第六条，以前兵丁不发粮饷和武器，今后每人每年应发粮食二石五斗，总共为七千五百石。如此仅靠前后藏的收入不够支付，不足部分以夏玛尔巴、仲巴呼图克图、丹增班觉尔的田产支付，如仍不足，即将夏玛尔巴洛桑江白的财产变卖支付，则足矣。另外，凡入伍兵员，由达赖喇嘛发给减免差役之执照。

众代本因已有代本溪卡，故无须另发薪饷。如本每人每年应发三十六两银子，甲本二十两银子，定本十四两八钱，共计每年需二千六百两银子，由西藏政府交给驻藏大臣，分春秋两季发给。

第七条，给军人配备之武器，十分之五为火枪，十分之三用弓箭，十分之二用刀矛，从前后藏各寺院物色收购，费用由夏玛尔巴之牧场收入五百五十余两银子中支付。由政府每年派人前往工布及边坝制造武器火药。兵丁亦须认真操练。

第八条，达赖喇嘛和班禅额尔德尼二人的收入，由其亲属和随员等负责管理。恐有差错及舞弊等情事，今后由驻藏大臣进行审核，按照圣旨，每年春秋二季各呈报一次。

第九条，像一切佛陀利济众生那般，达赖喇嘛来至僧众中讲经，尊重僧伽等，均系为众生之幸福，是对属民的仁慈安抚，但受到盗贼之侵害，故此次决定蠲免吉仲、绒夏、聂拉木两年的大小差税，蠲免宗嘎、定日、喀达、曲堆等地一年的差役，并蠲免前后藏各地铁猪年所欠差役，减去孜雪的宗科、各宗溪头领等所欠差役的一半，此一切均系为了西藏之安宁。

第十条，驻藏大臣常设衙门中若有要事须到布达拉宫协商。其他诸项事务，由达赖喇嘛、班禅额尔德尼、驻藏大臣进行平等商议。以噶伦为首在西藏任职之大小活佛等均须听从驻藏大臣之指派。札什伦布之事务，有索本堪布公正办理，凡事须先呈报驻藏大臣，以便出巡时查实。

第十一条，升补噶伦时，依军代本、孜本、强佐之才能业绩，由驻藏大臣和达赖喇嘛推选二人呈报任命；升补噶伦喇嘛时，从大堪布中推选呈报任命；升补代本时，从边地宗本等推选二人呈报任命，军官不可或缺，军训不可耽误；升补孜本和强佐时，由业仓巴、审判官、噶厦大秘书、孜仲喇嘛中选任；升补业仓巴和审判官时，从雪巴、米本、达本中选任；升补达本时，从各级宗本及噶厦仲尼中选任；升补业仓巴和雪巴等僧官时，从僧人中选任；升补大秘书时，从小秘书和仲尼中选任；升补大宗宗本及边地宗本时，从小宗宗本中选任；升补小秘书时，从军队的甲本等小头目及其他合适人员中选任；边地宗宗本及小宗宗本之缺额，由一般仲科中选任。将边地等大小宗的宗本情况均予登记造册，以利于公务。以往僧官宗本因均属达赖喇嘛之随侍，故派其代理人前往，今后代理人均须报经驻藏大臣选定，不得擅自做主。噶厦的仲尼及秘书，虽官职较低，但其作为噶伦之助手，不可谓不重要，故须从仲科中挑选才能较强者充任之。管理造币之人员，须委任孜本、孜仲各二名。以上所述委任事项均须由驻藏大臣和达赖喇嘛协商而定。除噶伦和代本须呈报任命外，其他人员之任命不必呈报，可由达赖喇嘛和驻藏大臣委任，并发给满、汉、藏三体文字的委任状。至于柴草、糌粑、帐篷、牧场的管理人员及侍卫等，可由达赖喇嘛自行委任。升补札什伦布的强佐时，从索本喇嘛和森本喇嘛中选任；升补索本时，从孜仲中选任；升补森本时，从仲尼中选任。如此逐级升任。札什伦布辖区较小，乌拉差役可按惯例办理。强佐、索本、森本及大宗宗本等依照前藏之例，由驻藏大臣同班禅额尔德尼协商委任，并发令状。其余各小官吏，可照旧例委任。

第十二条，达赖喇嘛等人的亲属如果参政，多有不便，故达赖喇嘛和班禅额尔德尼在世时，其亲属不得参政。一旦圆寂，其亲属根据才能大小安排适当职务。

第十三条，二位驻藏大臣每年分春秋两季轮流出巡后藏的军训校场。汉官和宗本等有无扰害军民等事，须向驻藏大臣呈报。驻藏大臣所需乌拉等，均得付酬，不得亏欠。

第十四条，以往廓尔喀、不丹、哲孟雄、宗巴人等来西藏朝佛、进贡、办事时，达赖喇嘛或有回复不当之处，前如廓尔喀就章喀事进行交涉时，因回复不当，致起战端。今后廓尔喀方面特派使者面见达赖喇嘛和驻藏大臣时，其回文须按照驻藏大臣授意办理。同样，凡来自外方的书信，亦须呈报驻藏大臣过目。又，不丹、锡金、宗巴、洛保孟唐等藩属，派人向达赖喇嘛和班禅额尔德尼朝贡时，虽不加阻挠，但须详查。外方来藏人员，由各边地宗宗本登记人数，呈报驻藏大臣，并由江孜和定日的汉官进行检查。各藩属国给驻藏大臣的信件，可由驻藏大臣自行回复。给达赖喇嘛等之来信，如何回复应报驻藏大臣酌定。噶伦乃办理藏汉事务之官员，不得擅自与外方诸国通信。外方来信均应送交驻藏大臣会同达赖喇嘛协商之后，方可回复，而不得擅自回复。

第十五条，边界的结仲、聂拉木、绒夏、喀尔达、萨嘎、昆布等地同廓尔喀接壤，须在结仲边界之日索桥、聂拉木边界之樟木边界之樟木桥、绒夏边界等处速立界碑，不得迟误。尼泊尔人和西藏人不可擅自越界出入。驻藏大臣出巡时加以检查。

第十六条，边地各宗之宗本既是边民的头目，又是来往行人的检查者，所关甚要。如派才疏者任职，难免误事，故须从精干小宗本及军队头目中选派；任满三年后，如果胜任，可提升为代本；不胜任者，予以降职。

第十七条，以往委任官吏时，均从仲科中选任，未有从民众中委任之习惯，即便委任，也只能担任定本以下小官吏，不能升任更高职务，此不妥也。今后非仲科出身之军人，凡智勇双全者，可从定本逐级提到代本等官职。一般情况下，仍依旧例从仲科中委任。但若幼子承袭父职，难免误事，故此未满十八岁者，不得委任为小秘书、仲尼及小宗宗本等。

第十八条，堪布为寺院之首领，应委任学识渊博、品德高尚者充任之。大寺院之喇嘛等占有很多寺属溪卡，经商牟利。今后委任大寺院之喇嘛，由达赖喇嘛、驻藏大臣、杰仲呼图克图等协商选定，并颁发加盖三人印章之委任书。至于各小寺院堪布喇嘛之委任，仍依旧例由达赖喇嘛派任。

第十九条，政府所收税银、实物交易等所用银两差价，均按新定规章，区别新旧章喀进行兑换，不得额外收取。

第二十条，结仲、聂拉木两地抽收大米、食盐、货物等过境税仍依旧例收取，除非呈报驻藏大臣同意，不得增收丝毫税额。

第二十一条，西藏百姓支付乌拉等差役，一般贫苦百姓负担苛重，而富家大户领得了免税执照，大呼图克图多有颁给达赖喇嘛亲属执照情事，噶伦、代本、大喇嘛等溪卡之百姓也因持有执照而负担较轻。对此，今后收回所有执照，平均负担差役。对需特殊优待者，经达赖喇嘛和驻藏大臣协商，发给免除差役之执照。对新招之兵员，根据名册一律发给免役执照，若有死亡者，须将所发免役执照收回。

第二十二条，各寺院的大小喇嘛和扎巴人数、名字，要详造清册，呼图克图的属民由噶伦造报花名册，驻藏大臣和达赖喇嘛各存一份，以便查核。以后若有不领护照而擅自越境者，一经查出，必加严惩。

第二十三条，以前青海等地官员派人来藏，迎请学识渊博的喇嘛时，有呈报或未呈报驻藏大臣等情况。今后必须通过西宁大臣行文西藏之后，由驻藏大臣发给路证，并行文驻西宁大臣，以便查考。到外方朝佛之喇嘛，亦须通过驻藏大臣领取护照，不得私自通行。

第二十四条，依照旧例，需支派乌拉时，其执照向由达赖喇嘛发给，噶伦、代本、达赖喇嘛之亲属，均有擅自支派差马、收取食物等情事。今后因私往来时，一律不得支派乌拉，亦不得擅发执照；凡公务往来时，报经驻藏大臣和达赖喇嘛发给印照，沿途遵照执行。

第二十五条，对于斗殴、杀人及盗掠等案之处罚，西藏的规则与内地不同，故今后不能按照旧规则处罚。按罪行轻重，区别惩处，方能取信于民。近来噶伦及米本不能秉公办案，额外罚款，还将从富户所罚之大量金银牛羊纳入私囊，不交政府。噶伦中利用权势，对于地位低下之人，任意加以罪名，呈报达赖喇嘛没收其财产者屡见不鲜。今后处罚多少，按例进行登记后呈送驻藏大臣，对罪大恶极之重犯，要报驻藏大臣处理。同时，需没收财物充公时，要请示大臣酌情处理。今后无论公私，如有诉讼事务，均须公正办理。噶伦中如有依仗权势无端抢占民财者，则将其革职，没收其财产充公。

第二十六条，官兵操演所需弹药等，由噶伦派精干官员携带驻藏大臣印照，前往工布地方制造，运至拉萨发给各部。以往后藏没有火炮，现从新造十三门火炮中调两门给后藏，以便军队操练打靶时用，其余均交与布达拉宫。

第二十七条，过去对噶伦及代本，达赖喇嘛照例拨给宅第庄园，卸任时移交新任者。但个别家属等仍占据不交，对此，又另拨与新任官宅第庄园。今后卸任时应一律移交给新任官。

第二十八条，依照旧例，应发给活佛及喇嘛之俸禄，均有定时，但近来发现多有提前发放情事。今后应按照发放，不得提前。杰仲呼图克图须加调查，如发现提前发放俸禄或未照数发放情事，要惩处其负责者。

第二十九条，西藏百姓应交纳赋税，近处派孜仲前往催缴，远处派雪仲前往催缴。个别仲科和宗本，将每年税收不交政府，致使欠款者甚多，还有提前催缴来年税收及将逃亡户之差役转嫁常住户之情事，摧残百姓，加重负担。今后仲科及宗本等只准每年定时如数催收差税，不得提前催缴；对逃亡户之差役应予免除，俟该逃亡户返乡后照旧承担。

乾隆五十八年（1793）二月。

果洛阿将三部落法规[①]

第一部分

天佑伟大皇上的承命者,阿将三部头人的法制:

果洛孜尕仓的肖达以下,夏乐以上,内部如有恃强欺弱凌势压人者、作恶事者、盗窃马牛财帛者、内部偷盗者,罚以偷一赔九,并罚承罚款。

木拉交边肖达那边都依此法。

肖达以下,□□上有昼盗夜贼,如有一人肖达以下,夏牙以上的家有三匹马,有贼不追缉者,以马为首的罚其九数一。

如无马徒步,不追缉时,以一头犏牛为首罚其九数。

肖达以下,夏乐以上的各部落头人和部落三老都得商量对无马而有钱者须购买马匹,能购火枪者须购置火枪,如确实不能购马、枪者,部落头人吃咒证明之。

如果十八王国,和尚三寺等有强压无赖,收日有不顾今生后世者,孜尕仓的不论僧、俗、尊、卑何人都以骑马,为首者罚其九数。

从今年铁蛇年起,年年至向肖达以上和夏乐以上一人。也不得前去偷枪,如有去者,剿其全家,这是僧、俗的全法和尚

[①] 此文第一部分方言颇多,错白字较多,且语意含糊,难以辨译。第二部分为藏文钞本,多有古藏字,有些译者不识。

三寺还去……（有段系方言译不出来）

外三部如向超加和别处偷盗者，不论偷其马牛财物，都得照内部法以一赔九，持火枪者须购置弹药三十一，持箭者罚十九支。徒步者得置次等箭七支，次马一匹，如无得持好羊一只。

都得依此法制并得照知，如不遵守，就等于不服从阿将仓的话。

铁蛇年六月十三日张拉卡·拉德毛祥。

第二部分

全体圣神慈悲，显身于世观音。佛老普照于此世，冰山雪地中间，始生六姓于世。"阿加黑兵"的后裔——加毛果洛、阿将官耗，似海涛永世不绝。就是现今雄势四方自服。从城郭新生游牧幸福似海自生□□□□□□幸福自生身创。故乘生此永安之基慈悲善之本：

乃果洛阿将头人照界、俄项、年智三兄弟同心一致。

语声似雷，温柔缓布。

民似孔雀，闻声展羽耀华。

诚意互信，永无间离。

故布此法律如下：

放火烧山、病畜乱居者、闻呼不追缉者、早牧冬秋窝子者，罚银十两。

早牧春窝子过十五日者，罚土布（达日马）一个。

内斗使用火枪弓箭者，罚银二十两。用茅械斗者，罚布两个。刀斗者，办罚布一尺。

除阿柔外、当、年错、藏兰木、索仔哇卡西、丝柔拉德、哈秀开达、阿霸、果洛等地不得偷盗。如有违法而去者，用哈咒等办法，不但针线不留地予以交还，如有不交者罚银十两，如不服法者，有僧俗二法予以惩罚。

全议权有决□者可以，不到会者罚土布一匹。如不遵守本部落及他部落之规法而乱居者，罚土布一匹。

呼唤追缉时，本部落负责详查，如有无人出兵者，须将马交与什长，否则罚银十两。

如有好马不交者，罚羯羊一支。无马有钱而不交者，罚银十两。武器不准借用，现每个人有武器，富裕者需有火枪、弓箭，次者得有刀矛，如有不置者，罚羊一支，有左弓右箭者须置箭头十五枚，枪手须置弹药十五个，常备子弹五个，任何时候得备齐全，追缉须备七昼夜的口粮和预备马匹，如中途确系马乏者，得中途等待或返回。

美完的本法不遵守、失信者，罚银十两。

以上的法律，本部的什长，宣教遵守照知。此布。

土子年九月十三日于玛洋切外祥

阿哇铁吾部落制度及法规[1]

政权组织与常用律例

　　阿哇铁吾部落原设昂锁一人，百户一人，均为世袭制。昂锁被封于明宣宗宣德二年（一四二七），到民主改革时已历八世，百户始封于清雍正四年（一七二六）。明朝受河州卫管辖，清代直接受同仁保安都统府统辖，并受循化抚番府及河州副将统领。昂锁大于百户。清雍正年间飞虎令牌记载，百户的职权主要是：约束族众，不得为非作歹；每年应按时赴河州仓纳粮应差，不得延缓逾期；如遇都统、总镇、河州副将等官员或差人往来需用"乌拉"（人伕和马匹），要即速应付；凡大小事宜必须禀知副将、守备等。说明清王朝对这个靠近农业区的游牧部落的统治十分严苛，而部落头人的特权相对比较薄弱。

　　阿哇部落原无昂锁、百户制，系政教合一的完甲制度。据藏文隆务寺志记载，瓜什则完甲制原为瓜什则喇嘛所立，全部落共有完甲四十人，是一个上层僧侣集团。完甲下设"格奎"（僧官）、"文赞"（领诵）若干人，部落内的一切法规和赏罚均由完甲会议决定。部落属民的日常生活中诸要事由完甲做主，

---

[1] 阿哇铁吾部落位于今黄南藏族自治州同仁县瓜什则乡境内，东邻循化撒拉族自治县，北靠同仁县双朋西地区，西接同仁县的娘勃西一带，南依甘肃省的甘甲地区，东西长约二十公里，南北宽约十五公里。此部落制度及法规系索南才让整理译注。

其最常用的处罚及裁判方式如下：

一、两人打架流血者，各罚牛一头。

二、打架未流血者，罚先动手者一只羊。

三、偷盗案件，除将原物归还原主外，再罚银钱二十吊。

四、处理偷盗案件时，被窃者送一定的钱物给完甲，请其出面办案，事后还须送礼表示感谢。送礼请人一般需要炒面一百斤、酥油二十斤、茶二十五斤、羊一只等。

五、双方发生口角不服调解者，各罚四头牛。

六、口角中，一方辱骂了完甲，加罚牛一头。

偶有无法判断的案件，便以赌咒、发誓的方式决断。其方式通常是，用一锅煮沸的油，把黑白颜色的两块石子放入油锅，召集众人见证，举行祈祷，意在让神灵明鉴，扬善抑恶，然后由当事双方去捞，捞得白石子者，算其清白；捞得黑石子者，算有罪过，就须加倍赔偿，并送一头牛给完甲。

一九三六年，阿哇部落与铁吾部落合并，在政权组织形态上，形成了昂锁、百户制与完甲制两者结合的特殊形态，内部事务由完甲掌管，外部交涉由昂锁掌管。但时隔不久，完甲们凭借宗教在群众中的影响和传统的优越条件，逐渐代替了昂锁与百户，独揽部落大权，完甲会议变成了最高权力的机构。昂锁、百户已名存实亡。

完甲权力的扩张，使原有传统的生产组织权力落入僧侣集团手中。如原昂锁统治时期，每年农历十月廿五日，由群众推荐若干人为"求德合"，负责管理草场，安排搬迁帐房的具体日期，保护野生动物及草山资源等。到了完甲统治时期，草原管理掌握在"格奎"、"文赞"手中，"求德合"实际上变成完甲集团的差役组织，对此民众极为不满。后来，由阿柔活佛出面调解，建议五个措哇各推选出三名"干巴"（即有地位的年长者），共十五名，协助管理部落事务，矛盾有所缓和。

宗教特权及有关律例

阿哇铁吾部落共有三座佛教寺院，其中最大的是瓜什则寺，有活佛二人，格奎一人，文赞一人，尺哇（法台）、吉哇（财务总管）各一人，干巴若干。若活佛不在，诵经活动由尺哇与文赞负责，事务由格奎负责，财务由管家负责，凡事都要通过会议研究决定。

依附寺院周围的俗家人，俗称"塔哇"，他们使用的土地、草山均归寺院所有，所以生产活动直接由寺院管理。他们必须遵守寺院的一切规章制度，不得违背。

一、塔哇修房要交地租十至二十五元，并须征得寺院主管人或干巴会议同意方可动工。

二、各户牧放的牲畜不得超过寺院限定的数额。

三、塔哇有为寺院送信、接送客人、驮运物资的义务。

四、寺院的节日或有诵经活动，塔哇要承担砍柴、采送柏叶、驮送牛粪等劳务，并须密切配合寺院开展各项活动。

据统计，瓜什则寺院每年的诵经活动可分四类，共二百二十八天。一类是纪念性诵经活动共二十天；二类是月例经，即每月的初八、十五日和三十日；三类是季节经共一百三十五天；四类是念禅经共四十五天。这些活动的费用均由部落属民全部负担。

产品交换与比值惯例

一九四九年以前，这里的畜产品基本上是自给的，部落内部无交易市场，剩余的产品多拿到夏河、隆务等地去交换。这种交换建立在农牧两利原则上，以有亲朋关系者作为互相交换的主要对象。一九五四年，对循化县中库乡哇库村四十六户农民家庭调查表明，其中三十三户人家与阿哇铁吾部落牧民有亲朋关系，有些户之间往来已有二百年的历史，一般交换时间均在每年的夏秋季节。哇库的农民每年五至七月份去阿哇铁吾部落拿取所需的羊只、羊毛等，阿哇铁吾部落牧民入秋后去哇库换取青稞等所需物品，双方往来均带有土产礼品，相待如贵宾，和睦公平，因此其友情世世代代留传下来。

交换的形式主要有两种：一种是以羊或羊毛交换粮食的以物易物；另一种则是以货币进行买卖。

以物易物的比价是：一只母羊或两岁羊的羊毛（约二市斤），交换青稞十二碗（两碗约一市斤）；一只四岁至六岁的羯羊毛（约三市斤），交换青稞十六碗（约九市斤），平均一斤羊毛换三斤青稞。

一只羯羊换一皮袋面粉（约一百市斤）或一至三升青稞（约一百二十市斤）；一只母羊换青稞约七十二斤；一只二岁羊换约二十三斤青稞。

一头犏犍牛，最好的价格可卖白洋三十元（约合青稞二石五斗），五十年代初改为人民币支付。

浪加部落制度及法规[①]

头人

全族设"红保"一人，为世袭，管理部落内部行政事务和对外社交。下设"老兰"九人，大多是由有威望、能说会道的长者担任，名义上三年一选，实际上由"红保"委任。其职责是协助"红保"办理内外事务。"老兰"以下设有"过哇"一人，也是世袭的，主管修筑水渠。还设"汉士"四十至五十人，每年换一次，给"红保"、"老兰"跑腿。"求德合"四十多人，负责田苗管护。

一、"红保"：即长官，部落总首领。他家不出任何内外杂款、差役。可以委任和撤换村庄内的行政人员。

二、"老兰"：即长者，大多为有威望的代表。除缴纳政府的公粮税款外，可以免除部落内的劳役。还可以享受部分出卖或租典本庄草山的款项和调解纠纷等的罚金。

三、"过哇"：即头领，主要任务是领导修筑水渠和勘察地形等。庄上哪户人家出钱代工，可以不派出工修渠。修渠时，

[①] 浪加部落是黄南藏族自治州同仁县藏族十二族份之一，以麻日、牙日、日工麻、日秀麻、沙索麻沫、加毛堂六庄组成。东靠循化县岗察牧区，南连农牧交错地区双朋西，西邻保安汉族农业区。东西约二十公里，南北约十公里。主要从事农业生产，也有少量牧业。浪加部落制度及法规系一九五五年中共同仁县委第二区调查组的调查材料，索南才让整理。

庄上照例要宰羊数只，每户得一份肉，他可分得两份。另外，他还有优先浇水等权利。

四、"汉士"：即効劳者，负责部落内外的信使或传达首领的指令。可向托事者讨要跑路钱，若分罚款也有他一份。

五、"求德合"：专门负责按俗规看管庄稼、夏季执行农田护理禁规，对人畜践踏或损坏庄稼的行为实施罚物罚款，秋季决定收割庄稼的时间，并指定割田人数及驮畜数，凡有违犯者可处以罚物罚款。庄稼收获后，有按规定收取一定数额报酬和分得一定数量罚款钱财之权利。

部落法规

一、内外纠纷的处理

一般打架斗殴，亲戚邻里间讼争和伤风败俗行为，依情节轻重罚款。若发生较复杂的纠纷，就由"红保"、"老兰"前往当事人家中进行调解，两方都得供给伙食费用，直到事情了结为止。在内部事务调和后，双方当事人要拿出一定的报酬，一种叫做"日撒"，是外在费用的意思；一种叫"苟尕"，是调解所得酬份的意思。"红保"得到"苟尕"、"日撒"，"老兰"只得"日撒"。

对外纠纷的处理。若浪加部落与其他村落发生纠纷时，只有"红保"才有权召集"老兰"协商解决。其他人不得干预或自行调解，违者受罚。纠纷之解决与否取决于"红保"的最终决断。事情解决后若自方当事人不服，轻则罚，重则由"红保"动员全庄群众拆除不服者家的门面。对方当事人不服，亦由所在部落自裁。若纠纷严重，按武装制度中相应办法处理。

二、武装制度

发生对外重大纠纷（多为命案）时，要出兵解决。由"红保"、"老兰"研究决定出兵日期和办法后，派"汉土"到各户通知。凡十六岁以上、六十岁以下的男子均要出征。出发前秘密通知各户，自带刀枪矛等武器前往，不到或者迟到者罚，名叫"由求"，意即战事罚款。打仗期间，"红保"、"老兰"在后面指挥。出兵至敌对村庄时，对方如派人劝和，需送牛羊、哈达等为劝和礼。牛羊就地宰吃，然后回家再议命价。

三、杀人者赔命价

内部杀人，死者家要烧毁凶手家的房屋，拿走全部家具。对此，凶手的家人不能还手。凶手家一般提前把一些值钱的家产转移到近邻的亲朋家中隐藏后，领全家大小逃到外乡避难。等头人调解议定命价，并认服偿清后才回村定居。命价不论贫富，要以田地和牛羊折价赔偿，并供念经费。有钱有势者要分凶手家周围长七千至四千尺的田地。若死者家贫，背后无人，就分周围长一千尺的田地。土地不足赔偿时，由家族及亲朋补赔，并由各户赠送好牛或好马一头（匹）。以牛羊、赔命价的数额与土地之价相等。

生产制度

一、劳动组织制度

浪加部落多数农民在生产中都有各种自发的劳动组织形式，如"运粪组"、"耕种组"、"修渠组"等。这些劳动组织形成的历史是悠久的。起初只不过是劳动生产过程中的临时帮工（亲帮亲、邻帮邻），以后逐渐固定下来，到解放前演变成为一种祖传性的劳动组织制度。这些劳动组织所以能长久巩固下来，是因为这种组织制度建立在氏族式的家族或亲戚关系基础上，主要靠氏族观念得以维系。但也有极少数人家由于缺少人力畜力，早已脱离了这些组织。这些没有固定组织的农户，农忙时组织起来，是临时帮工关系。

运粪组：这种组织很普遍，并且历史最久。每组三至十户不等。凡具备以下条件之一者，都可参加运粪组：（一）一个家族者；（二）土地相连或为邻居者；（三）本人虽不属此家族，但土地属于一个祖先所分者。各家驴子集中在一起，不论土地多少，不管土地远近，不计驴子多寡，每户轮流驮运，全部运完为止，但在人力上一般都要计数换工。他们说："这是我们自古以来的规矩，没有人不遵守，也没有听说过有人说吃亏占便宜之类的话。"并认为，说这种话是可耻的。

耕种组：比运粪组的数目要少一些，其劳作内容包括种田、犁地、锄田、拔草等，每组三至七户不等，是一种建立在同一辈最亲近的亲戚关系基础上的非长期固定性组织。耕作时不分劳力、牲畜、农具的多少，全部出动参加。在哪家做活，就由哪家供给食物，做完了事。

修渠组：全浪加部落共有十二个，不是像上述两种组织那样以亲戚家族为基础，而是以水渠支流浇灌范围内所有的土地拥有农户集合起来组织的。

修渠要男子不要女子，若没有男子也不能雇人或找别人顶替，就只好拿酒、面等物送给"求德合"，请求宽免后可以不去。否则一次不到罚青稞五至七碗（每碗约一斤），迟到一次罚青稞四碗。还要量修渠者的铁锹，不足五寸大者罚青稞九碗。

二、几个生产过程中的制度

浇水制度：浇田不是按水渠依次浇下来，而是部分人有优先浇田的权利。这些人的田地分布是很花乱的，他们按祖规浇完优先天数后，其他农户依次去浇。就是先由"红保"浇地，再加浪加六庄的"过哇"（管渠者，三十二户）、"过麻"（管水者，三十户）浇十五天；然后是"塞尖巴"（管水者，权比"过麻"小，三户）浇一天；"项藏麻"（管水者，七户）浇一天。以上农户浇完应浇天数后，群众才可浇水。

三、护苗收割制度

下种后，如有牲畜踏田下地，不论是否吃了庄稼，罚白洋三元。

收割的时间和人数都有规定。如"求德合"下令某天可以割麦，规定每户去二人和两头牲畜，大家必须遵守执行，若规定时间只有一天，哪怕割不完或者麦子熟得掉粒，也只能停割，只有等"求德合"再次允准方可收割。否则，多去一人罚白洋四元，多去牲畜一头罚白洋三元。秋收毕每户给"求德合"交纳六碗青稞，名为"周行"，意即送交酬物。

莫坝部落旧制与法规[①]

部落制度

公元1700年前后，昂欠本部落相传四代，其后由曲杰儿、曲科儿、才旦三兄弟把昂欠本部落分为上昂欠本和下昂欠本两个部落，上昂欠本部落头人是曲杰儿，下昂欠本部落头人是才旦，上昂欠本部落住在德立长旗（今班玛县结瑞堂）和旗没赛日项（今班玛县幸福桥东南）之间，下昂欠本部落住在德长旗以南。当时封建部落割据，互相残杀，人们的居住很不固定。公元1737年，三果洛阿郡本部落头人莫何索尔孜勾结清兵抢劫上昂欠本部落，上昂欠本部落被迫离开德立长旗农业区，逃到满挡窝（今班玛县可马河乡），头人曲杰儿向阿郡本另一部落头人则哇咖吾讨了一些草山（在今达日县桑日马、达日河地区），从此，上昂欠本部落就定居在这里。

阿郡本部落头人莫何索尔孜攻打上昂欠本部落时，下昂欠本部落没有抵抗，阿郡本就给下昂欠本插了一面白旗，表示下昂欠本部落已顺为良民。其实，下昂欠本部落的实力并未削减，仍是一个完整独立的部落。其头人才旦在位十六年，死后其子

[①] 本文根据1964年社会主义教育运动工作团对满掌乡进行社会历史调查报告、油印藏文《果洛简史》等资料整理而成。莫坝部落位于今青海省达日县东南，海拔在四千至五千米之间，气候高寒，无绝对霜期，是一个藏族聚居的纯牧业区。民主改革前属果洛三部中的昂欠本。

拉杰耳继立头人统治二十一年，死后其子索南本、奴日本、才送本三兄弟"三分天下"，索南本住在德拉长旗东北山沟口，并盖了土房，地名叫"莫"；奴日本住南端破墙圈里，叫"红昂"；才送本住在中间，叫"关"，后来才送本死于部落内部纠纷，下昂欠本部落的政权落到索南本和奴日本手里。按古俗，索南本系长子，应继任下昂欠本部落头人，但他没有这样做，却把住地周围的五六户百姓组成了一个部落，以地名"莫"作为部落名称，叫"莫坝仓"（仓是家的意思）。奴日本在"红昂"住了一个时期，便把自己周围的百姓组织起来与兄长合作，立索南本为"莫坝仓"头人，从此（1756 至 1757）莫坝部落形成。

莫坝部落形成时，约有十五户人，主要经营农业，耕地面积五亩左右，年产粮食仅能维持十几户人的生活。莫坝部落头人索南本死后，由其子加哇继头人位，这时该部落已发展到二十户。由于人口增多，农产品不足，加哇在夏季播种后，组织大部人、畜到北方查日马一带（现达日县满掌乡东南）草原游牧，少部分人经营农田。加哇与其异母兄弟然勒不和，促成然勒带领几户百姓离开德立长旗农业区向西北草原迁移一年后，游牧到马日他马地区（今久治县白玉寺附近），仍称莫坝部落，然勒自立为头人。从此，莫坝部落一分为二，人们即将然勒统领的部落叫上莫坝部落或然勒部落，将加哇统领的部落叫下莫坝部落或加哇部落。上莫坝部落由于水草好，且距德立长旗农业区不远，除经营牧业外，还可经营部分农业，加之然勒治理有方，下莫坝部落牧民纷纷投向然勒部落。加哇死后，其六个儿子分家，把下莫坝部落分成了五个小部落，每个部落三至五户，后发展成九个分部。

上莫坝部落头人然勒死后，其子兹杭龙周继位，对本部三十七户人进行了改组，把七户聚集起来搬到头人帐房周围，专门为头人支差役和劳役，并保护其安全，这七户的名称叫"合拉麻"；其余三十户住在外围，形成"回"形帐房圈，以固防卫。后因外部落侵袭，迫不得已率领部落越过黄河迁到日莫儿那莫儿地区阿郡本部落地盘，不久又投靠上昂欠本部落头人多儿那莫，因氏族关系，划出马可河的瓦尔印勒到吉遭沟吉的娘之间（即今达日县莫坝乡）的草山给莫坝部落，从此便稳居于造片草原。

兹杭龙周死后，其子战得儿精明强悍，十五岁就当了莫坝头人兼带兵官，不断对外扩张，十一年中将莫坝六十户人扩大到二百四十户，为了巩固其统治，一八七四年完善了部落体制：（一）正式成立帐房寺院；（二）每十户立一小头人，八十户立一大头人；（三）居住迁徙必须经过头人统一安排；（四）每年六月七日（农历）检阅部落武装；（五）每家的男人平时必须携带一把锋利有钢之腰刀；（六）战时每家须出一人一马一枪；（七）火枪要配枪弹一百发，导火线长十托，长矛不得短于三托；（八）拥有八十头牛以上的人家，要为部落战备购买"宰不在木"（即铁铠甲）、"锅不"（丝衬甲衣）、"锅亚"（用野牛皮做的头盔），平时由各家保存，战时统一使用；（九）部落打仗时，迟到早退者，罚四分之二兀宝（合白银十二点五两）；（十）士兵在战斗中怯懦不前者，将其衣服翻穿，马尾剪短，乘骑配母马，以示不如女流；（十一）有损头人尊严者受罚；（十二）不执行部落规定者，罚八分之一元宝，此外，还实行"草山牧场划片固定",绝借让,禁越界。

战得儿二十三岁时(1881)部落已发展到五百至六百户,牲畜近五万头,并不断扩大自己的实力与地盘,对前来投靠的部落和百姓,采取"凡来归者皆纳之"的政策。1890年前后,战得儿并吞了十几个部落,地盘扩大了三分之一,人口剧增到一千来户,编为十九个小部落,是莫坝部落最昌盛的时期。战得儿统治末年,各小部落头人互争权利,尤其是原草山固定制度成为统治阶级内部矛盾的"导火线",经常为草山发生纠纷。

1898年战得儿病死,由其子布格儿继位。布格儿的统治过于严酷,人民无法忍受,纷纷起来反抗,外部落乘机侵犯,不几年,莫坝部落牧户大量外迁,人口顿减,有的小部落只剩下一两户。原一千来户的部落,不到十年仅存三百八十户了,这是莫坝部落的衰败时期。1909年,布格儿被迫带领十一户亲戚投奔阿郡贡麻部落。

布格儿走后,其堂兄脑儿昂与布陈奋发图强,稳定了社会秩序。1914年脑儿昂死,布陈自立为莫坝部落头人,他恢复战得儿时期的制度,召唤外逃的流民迁回,组织部落武装,集中精力训练。两年后,布陈亲临战场讨伐曾经侵袭莫坝的帮文部落,夺回了大量的牧畜,外逃的人们逐渐回来了。

布陈的地位巩固后,大封宗室,同贵族富商和宗教上层结成同盟;重新分配草山,依据天然河流和山脉,把草山分为冬窝子和夏窝子,只固定冬窝子;对投靠到莫坝来的部落或流民给予人身保护和照顾,让其住在合拉麻部落。一九一八年莫坝部落恢复到二百户以上时,布陈又在部落内部分设若干小部落,将嫡系亲戚封为小头人，扩大家族统治势力，并在莫坝部落设监牢和军队，加强了部落统治。此后继续扩充实力，先后吞并了七八个小部落，部落户数恢复到近千户，经济实力雄厚，兵器装备也较前优良，成为莫坝历史上的复兴时期。

由于连年战争徭役和税捐的负担过重，人民和士兵贫乏已极，积怨日深，加之统治阶级内部争权夺利，阶级矛盾日趋尖锐，布陈也积劳成疾，于1940年将统治交给长子一心旺杰。1943年布陈病死后，一些破产牧民和被俘的小部落纷纷外逃，这年冬天莫坝部落人口下降到八百多户。一心旺杰在加强家族统治的同时，把莫坝部落编为十一个小部，并分成内、外帐房圈。内帐房圈有大、小合拉麻两部。大头人住在其中央，附近有七八户贫苦牧民称"塔哇"，专门为头人支应差役，外帐房圈有九个部落，各部设立官、佐。莫坝当时有七个部落长官，二十八个辅佐，每佐管理十至六十户，有的也叫"吉红"。当地对"吉红"和"龙保"（佐）无严格区别。"龙保"如非后代无能则可以世袭。由于一心旺杰的苦心经营，到民主改革之际，莫坝已成果洛地区较大的部落之一。

一、政教合一

莫坝部落设有军队、法庭、监牢，政教合体程度较高，宗教为部落主的统治服务，部落政权保护宗教活动和寺院特权。总首领一心旺杰既是政治首领又是宗教首领，寺院设有寺主，管理具体事宜，而部落头人掌握着实权，寺院不能解决的问题，部落头人可以干预。部落之间或内部有问题，必要时通过寺院以宗教的方式处理。提倡对外部落的掠夺和武力征服，提倡部落英雄主义，维护牧主、头人的特权和社会等级。

二、首领

部落首领是至高无上的，有许多特权，主要有：

（一）掌握部落的政教大权，保持部落的稳固；

（二）制定法令、税则；

（三）任免官职；

（四）处罚牧民，没收财产；

（五）审理案件，裁判纠纷；

（六）决定迁移游牧的时间和草山划分；

（七）摊派无偿差役；

（八）收取婚嫁礼款；

（九）享有丧葬生育中的礼遇；

（十）处理绝户财产；

（十一）租赁或割让草山；

（十二）组织和指挥部落武装；

（十三）处理对外部落的交涉；

（十四）决定部分宗教活动；

（十五）摊派对僧侣的供奉和寺院的修缮费；

（十六）摊派无偿劳役。

三、并工制度

雇工分长工、短工和杂工。

（一）长工。以年度计算，牧民给牧主做十二个月活为一年。牧主给长工的报酬只有：旧毡衣（或破皮袄）一件，烂皮靴一双，酥油六十斤；不要酥油，可换一头淘汰母牛，长工干活不满十二个月者，以短工计算报酬。

（二）短工。以季节或半年计算或计件付工资，短工满六个月者，给酥油三十斤，或者给一件破皮袄、一双旧皮靴。不满六个月者，以季度付工资，三个月以上的短工，付给旧毡衣一件。

计件工资是：

劳作类	工资量
打一两银饰	一两银子
织褐子一托	一斤酥油
打一块石磨	一头三岁母牛
鞣一张牛皮	一只羊羔
缝一件皮袄	一斤酥油
缝一双精致的靴子	六斤酥油
缝一双次等靴子	一斤酥油
剪四十只羊的毛	给两只羊的毛（七至八斤）
拔十头牛的毛	给一头牛的毛（二斤多）

（三）杂工。有两种，有的是牧民之间的雇工，有的是头人帐房周围的"塔哇"。"塔哇"都是贫苦牧民，如果男人是头人、牧主家的长工，那么女的就是头人、牧主家的杂工。只能以劳动混点饭吃，没有任何工资，人们所称"内差十八项"：1. 背水；2. 烧火；3. 倒灰；4. 晒牛粪；5. 清理牛圈；6. 拾牛粪；7. 拴牛马；8. 放出牛羊；9. 挤牛奶；10. 磨炒面；11. 喂狗；12. 盘锅头；13. 晒曲拉；14. 搓毛线；15. 帮助搬家；16. 侍候主子；17. 拧毛绳；18. 侍候客人。

四、牧租制度

以年度计算，每年春季，牧主租出牲畜由牧民经营管理，承担牲畜病疫和责任事故，凡牛羊非正常死亡者将皮和肉交给牧主，并按牲畜原价折款另行赔偿，一般牧租有以下八种：

（一）酥油、曲拉、牛羊绒等产品百分之五十归牧民。所繁殖的牛犊、羊羔全部归牧主；

（二）酥油、曲拉、牛羊毛、牛羊绒、牛羊皮等产品，百分之七十归牧主，百分之三十归牧民，所繁殖的牛犊羊羔全归牧主；

（三）租出当年产犊犏母牛一头，收租酥油三十斤；

（四）租出隔年产犊犏母牛一头，收租酥油十五斤；

（五）租出头胎犏母牛一头，收租酥油二十五斤；

（六）租出当年产犊牦母牛一头，收租酥油十斤；

（七）租出隔年产犊牦母牛一头，收租酥油五斤；

（八）租出头胎牦母牛一头，收租酥油七至八斤。

五、高利贷制度

高利贷以半年计息，高额利息超过一倍者被人们称作"黑利"，不超过一倍者，称作"白利"。不论"黑利"或"白利"，均应按期还清本利，逾期者利变本，本利一齐算息。主要有以下十三种：

（一）春季借酥油五斤，秋季还酥油十五斤；

（二）春季借酥油十斤，秋季还酥油二十斤；

（三）当年借酥油六斤，折还适龄母羊一只；

（四）当年借酥油六斤，折还母羊一只；

（五）冬季借一头牛肉（除下水、蹄、头），第二年秋折还四岁母牛二头；

（六）冬借一头羯羊肉（除下水），来年秋折还母羊和羔羊各一只；

（七）秋借酥油六十斤，来年夏还怀胎牛一头；

（八）借青稞三克（约一百二十斤），第二年还适龄母羊一只；

（九）借一块茶叶（四斤），第二年还母羊和羔羊各一只；

（十）借一头牛下水（头、蹄、脖、肠、肚），第二年还三岁母牛一头；

（十一）借一斤茶叶，第二年还二斤半酥油；

（十二）借白洋一元，半年内还一点五元；

（十三）借一两银子，一年内还二两银子。

六、贡税制度

（一）牧民迁入本部落者，向头人纳"投靠税"一头牛；

（二）外部落迁入本部落者，向本部落纳"投靠税"五十至六十头牛；

（三）牧民迁出部落，向头人纳"脱离税"两头牛；

（四）小部落迁出本部落者，向头人纳"脱离税"二十五至三十头牛；

（五）有牛羊的牧民每年按一头牛（一对牙以上的牛）向头人纳"牲畜税"一两白银，十头牛纳税一头牛，三百头以上者，纳税三十六头，六只羊折合一头牛，纳税一两白银或六斤酥油，其余依此类推；

（六）有马者（不分公母马），一匹马每年纳"牲畜税"四两白银；

（七）牧民不论有无牛羊，每年向头人纳"水草税"十二斤酥油。

刑罚制度

一、违反草山管理的处罚

（一）引起草山失火者，罚其全部财产的二分之一；

（二）超过草山界线放牧者，调牛一头；

（三）在头人帐房周围能看见的地方放牛羊者罚牛一头，放马者，割掉马尾；

（四）牛闯入头人草场者，没收牛的三分之一。

二、偷盗的处罚

甲、偷盗牧主头人财物：

（一）罚偷盗者全部财产的三分之一；

（二）罚偷盗者全部财产的三分之二，无财产者做五年劳役；

（三）没收偷盗者全部财产；

（四）偷盗者无财产则以生命顶替，给牧主头人做一辈子苦役。

乙、盗窃牧民之财物：

（一）偷一赔二。也叫二赔法，即偷一头牛，赔其主二头牛（包括被偷之牛）；

（二）偷一赔五；

（三）偷一赔十。

丙、附加赔偿财物：

（一）盗窃他人财物冲走了"财神"，赔偿"请拜款"半个元宝（二十五两银子）；

（二）偷了牛或马匹，赔偿拴牛羊的地方款一只羊或一头牛；

（三）偷了帐房内的东西，赔偿易地款一只羊或一头牛；

（四）偷了客人的东西，赔偿主人的"门风款"半个元宝（二十五两银子）；

（五）罚偷者给头人认罪款一个元宝（五十两银子）。

三、命价、血价的处罚

甲、三个等级的死命价（一般以男性等级而论）：凡属于部落内部伤害死亡者，根据死者身份的高低贵贱确定等级命价：

头等命价，指一般官僚、贵族及其嫡系亲戚；

二等命价，指封建爪牙和生活富裕的牧民而言；

三等命价，指贫民。

赔偿程序和数额：

头等命价共有十四项赔偿。

（一）赔"认罪款"三个元宝（通用元宝为五十两纯银，一个元宝折合三头或四头牦乳牛）；

（二）赔"绝恶款"五匹马、五支枪（不能以它物代替）；

（三）向头人缴"服法款"十五个元宝或四至五头牛（此项根据头人权势大小而定罚款数）；

（四）赔死者家属"悔罪款"五匹马、五支枪（可用它物代替，以下同）；

（五）罚凶手向死者赔"命案结束款"一头尾上拴扫帚的白犏牛（表示将不吉利之事一扫而光）；

（六）赔命价正额九九制即八十一只羊，九五制即四十五头牦牛，九三制即二十七头犏牛；

（七）给死者兄弟"赔罪款"三个元宝（当地一般用牛羊代替元宝）；

（八）给死者亲友"赔罪款"一点五个元宝；

（九）赔"寡妇流泪锅"一口；

（十）赔"寡妇头巾"一疋（氆氇或缎子）；

（十一）罚凶手"洗手款"三个元宝；

（十二）罚凶手和死者家属给头人"调解纠纷款"各二个元宝；

（十三）罚凶手和死者家属给头人"调解纠纷伙食款"各四头牛；

（十四）罚凶手和死者家属给"文书笔墨款"各一头牛。

二等命价仍按头等命价各项赔偿，但数量较少，一般综合折价为一百个元宝或三百头牛。

三等命价仍按头等命价各项赔偿，数量更低，一般综合折价五十个元宝或一百五十头牛，但死者家属还要给官佐各种酬款，死者的家实际上得不到几头牛，凶手给头人的赔罪款十个元宝，折合牛四十头。

三个等级的女性命价是各等男性命价的一半。

乙、三个等级的六种命价：包括男活命价三种和女活命价三种。凡男的在头人、牧主面前动武犯上或类似此种行为者，均按活命价罚款；凡女的（一般指姑娘和妇女）被人抢走或订婚后随他人逃亡者，均按活命价罚款。

头等女活命价：

（一）罚"认罪款"三个元宝；

（二）罚"铺垫款"正额十五头牛；

（三）罚给头人"赔罪款"一个元宝或四头牛；

（四）罚给头人"调解纠纷结尾款"一头犏牛。

二等女活命价：与头等女活命价项目相同，只是数量较少，共折合十二头牛。

三等女活命价：与头等女活命价项目相同，只折合四头牛。

头等男活命价：牧民在头人面前抓腰刀柄，即罚八十一疋土布（土布是农业区的家庭工业产品，一疋土布宽约五寸，长约十丈，在当时可用土布代替货币，一疋土布值零点五两白银，也等于一张羔皮）。如果抽出刀子，企图行凶，则可严厉处罚。

二等男活命价：牧民在小头人、小牧主面前抽出腰刀准备动武时，罚款四十五疋土布。

三等男活命价：牧民与牧民打架，打伤对方者，罚血价二十七匹土布。

四、斗殴的处罚

（一）在头人帐篷周围打架者，没收双方枪马，并各罚牛一头；

（二）在能看到头人帐房杆子的地方打架或吵嘴者，各罚牛一头；

（三）牧民之间发生殴打者，各罚款白洋十元；如需要头人调解，双方再给头人一头牛。

五、军事处罚

（一）部落阅兵，牧民不到者，罚白银五两；

（二）征兵追杀敌人，不来者，罚枪一支、马一匹；

（三）部落打仗，不按时捐枪献马缴纳军饷者罚牛一头。

六、其他处罚

（一）部落之间发生纠纷，牧民不得离开本部落，违者罚牛一头；

（二）牧民在头人帐房周围能听到枪声的地方打猎者，罚牛一头；

（三）头人召集群众集合，无故不到者，罚酥油一斤；

（四）违犯头人"家规"者，罚马一匹；

（五）打头人家的狗，罚牛一头；

（六）头人家的大人或小孩子死了，在一年内部落发生不祥之事，增罚犯罪者一个元宝。

七、咒誓裁判法

（一）泥锅摸石，把黑白石子放进滚开的稀泥锅里，让嫌疑者伸手摸取，摸到白石子者清白无罪，摸到黑石子者有罪；

（二）丢骰子，涉嫌人员聚集一起丢骰子，输者为有罪；

（三）烧烤，用烧红的钢刀在涉嫌者腿弯部烧烤，谁的腿打弯即认作有罪；

（四）赌咒，令涉嫌者跪在佛像面前，敢赌咒发誓者无罪，不敢者为有罪；

（五）舔斧刃，令涉嫌者用舌头舔斧刃，谁的舌头被割破就认作有罪；

（六）摇丸，是将涉嫌者的姓名写在纸条上，裹在炒面丸子里，放到盒子里摇转，摇出来者无罪，留在盒子里的为有罪。

八、酷刑

酷刑有这样几种：（一）皮鞭毒打；（二）土窖监禁；（三）带脚镣手铐；（四）挖眼；（五）割鼻；（六）剁手；（七）削耳朵；（八）投河。

九、其他违禁处罚

（一）在看到寺院旗杆的地方，不得乘骑牲畜，违者没收骑畜；

（二）骑马进寺院者，罚银十两；

（三）佩刀进寺院者，罚银十两，

（四）在寺院周围吵嘴打架者，没收骑畜，并罚银六十两；

（五）寺院周围不许打猎，违者没收狩猎的一切器械；

（六）偷盗寺院的东西，罚赔原物的十倍；

（七）偷盗寺院的牲畜，没收其家产的二分之一；

（八）偷盗活佛（上层喇嘛）的财物，没收其财产的二分之一或三分之一，严重者，没收其全部家产，或偷者给失主做一辈子无偿劳役；

（九）僧侣还俗者罚牛一头；

（十）有了私生子，男的要给女的一头牛作为孩子抚养费。

果洛旧制部落法规[1]

唵，愿平安善妙！殊胜百数福德所造化，神与众生救主净饭子，博学万变所化师徒等，乃至菩萨尊为头顶饰。

---

[1] 果洛藏族自治州位于青海省东南部，西邻玉树藏族自治州，西北和北部同海西蒙古族藏族自治州接壤，东北与海南藏族自治州、黄南藏族自治州相邻，东部同甘肃省甘南藏族自治州、四川省阿坝藏族自治州毗连，南面与四川省甘孜藏族自治州相依，总面积为75750余平方公里，平均海拔在四千米以上。建国前，被称作果洛三部，又说实为四大部，即上昂欠本部、中阿什羌本部、下班玛本部和喇嘛藏巴仓。也有果洛八大部、九大部、十八大部之说。所谓"本"即十万之意，旧说每一本为十万户或十万众，两者差别甚大。从50年代初的情况看，果洛总人口也不过十万众而已。1952年前，果洛的政治制度基本属于封建部落制，由于地处偏僻，人口稀少，交通不便，文化不普及，产业结构仅限于畜牧业为主兼有小块农业，人们的观念、习俗和社会制度中还保留着不少比封建时代更为古老的成分。

有关本法规的文本主要有以下几种：一、果洛藏族自治州人大聘请旧社会多次参与审案的几位老人藏语口述旧法规的磁带两盘。二、1989年4月由果洛州人大常委会整理的果洛旧法规藏文稿及其汉译稿复印件。三、青海省检察工作调查材料之一附件关于本地法—谈藏文稿复印件及其汉文译稿谈一下果洛地区解放前的习惯法打印稿。四、张学忠发表于《青海社会科学》1986年第1期的《果洛藏族部落世俗法之研究》汉文简介稿。五、1985年10月第一版、国家民委"民族问题五种丛书"之一《中国少数民族社会历史调查资料丛刊·青海省藏族蒙古族社会历史调查》载《果洛藏族社会历史调查》。六、果洛州政府俄合保先生等民主人士1963年搜集整理、青海省政协《历史文献资料选编（第九辑）》登用的《果洛简史》的原藏文稿刻印本，以及经州政协近年校订增写的《果洛古史略述》藏文打印本。七、由青海省档案馆提供的、封面标题为《果洛区阿什羌贡马部落法规》（译文），卷号为第118号，标明"1952年12月5日"，盖有"青海省人民政府公安厅第一处"印的文献。八、没有标题和年代，也不能确定作者而部分内容同《果洛简史》藏文原稿相似，部分内容与《果洛藏族社会历史调查》相似，似从某个案卷内抽出的复印件。经过分析对比，以六、七两种作为主要根据，先由藏文整理后译为汉文。为不失原法规的面貌，数字的写法、大小标题、行文风格均未强求与本资料集的其他篇目一致。

随皈引道应化诸众生，登于上乐之道诸佛子，获得殊胜坚毅之威力，致礼永持佛法众僧伽。

无限慈悲光焰所拥抱，大千智慧涂绘童子颜，唯一至尊神圣年华者，将其足尖供奉于顶髻。

（接上页）据多方见证人和材料证明，果洛历史上有过一个著名的红本法，其产生年代和原貌已无从获悉，有人推测它可能是受迁移川西、青海、甘南等地的小邦岭国（即格萨尔王原型历史）的帕本包跌马布影响产生的。有人推测它可能因清代罗桑丹津事件在青海等地引起大动荡，为了部落的本位利益而产生的。因没有确切证据，难以定论，有待于进一步的考证。要从我们掌握的材料鉴别，恢复红本法的原貌是困难的。可是，经过琢磨这些材料，我们认为青海省政府档案馆所存《果洛阿什郡贡马部落法规天之准绳不变金刚》（译文）第一本和1963年州政协俄合保等民主人士根据当时口碑以及此前收集的一些零散材料整理而成《果洛简史》原稿抄件中法规部分，虽不比有些材料完整，但内容古朴，表述具有鲜明的古代风格和地方语言特色，可能是最近于古法的文献，所以用作蓝本，其他材料只作校订或注释的参考，凡这篇材料未述及的内容只好舍弃。这样选择蓝本是有理由的。据多方见证人所说，阿什郡部落首领丹增尖措在民主改革之后作为党和政府团结的民主人士在州政府任职，他将阿什郡部落法规完整地交给有关部门，而此法即是大红本法的抄录，只有少量修订，现存汉译"第一本"部分即应该是据此译出。《果洛简史》的主要执笔人和参与人都是吸收到我政府的原各部落长官，掌握的材料较为真实、丰富，成书年代又是一个有利记载真史的时期，且材料本身给人以可信感。

帕本包跌马布是英雄史诗《格萨尔王传》记载的一部神圣的古籍，它记有岭国所有守护神灵及祭辞，历代王室系谱及英雄的业绩，也有法规和重大庆典活动的仪轨等。英雄们起誓、盟约或立军令状时将之顶于头上，具有所有神灵、先祖及其业绩为证的意思。"帕"乃父或父系的意思，"本"是十万之数称，因此有一切护佑神和历代业绩的意思，"包跌马布"即"红色大部头"的意思，大红本法同"红色大部头"在法典命名上确有一定的相似性，但内容上是否具有较多相似处尚待考证。

此整理翻译稿的引言部分是依照果洛区《阿什郡贡马仓法规天之准绳不变金刚》恢复的，但是对原译的一些字词进行了调换或改用，其考虑有两点：一是藏文此类文献的引言有俗套程式，用语也是有套路可循的，对译文中难以理解或句法毛病较明显的地方根据推测进行改动，不致使其与原作的距离更大，而是有利于理解文意、感受原文风格。二是不少藏族部落在长期封建割据的状态下都以某某国家自居，部落长官以国王自居，如川西德格土司被称作德格王，玉树囊谦千户长被称作囊谦国王，鉴此作一些改动也是必要的。因此对"果洛阿什郡贡麻国的法规，天的准绳不变金刚"，"唯一尊神上圣达热马"，"历来稀有的诸法王们坚持着艰巨的任务，而以有神力的臂膊持着武器……"这些句与句中的词语，以及类似情况进行了一些改动。

此不驯污浊之灰白荒野，毒酒醉妄愚昧之魔众，好比疯狂象群冲闯之边地，稀见之诸代贤明法王，坚持着艰难之事业，以彼具神力臂膀执掌武器，夺取邪恶者心中之傲慢，愿我等一心一意去布撒仰慕与歌颂之花鬘，跟随他们引道之足迹。

（接上页）本稿中的法规部分采用《果洛简史》原藏文稿抄件作蓝本的考虑是：一、阿什郡部法规译文有多处明显的译误。二、它有明显的修订成分，如火枪、铅弹、引火绳，已变成快枪、子弹等。三、只译完了法规的第一本约三千言，关于第二本只有百余字的介绍。即第二本所用方言术语多，且因错白字甚多，至多只了解其义十分之一，无法进行翻译，兹将大略内容译录于下：（一）有关婚姻人命案的罚则；（二）有关误情人命案的罚则；（三）有关丧祭的条例；（四）有关部落间及内部纠纷的条例；（五）有关账债的条例；（六）有关内部杀伤人命的条例；（七）关于狗的条例；（八）有关纠纷调解的条例；（九）关于祭山放桑（烧山香）规矩；（十）关于管理牲畜条文、空页；（十一）续前；（十二）关于渡口放船等事宜。四、第一本除少数内容外，其余在《简史》原稿中更详细而系统。《简史》原稿中没有的又恰是没译的。

关于兵员征集，《天之准绳》（简称）与此部分采用的蓝本叙述有别，阿什郡不是以户为单位规定应征兵丁的，而是以分部为单位规定的。在兵法的第一项中写有："户数在一百以上者，各出马六匹，快枪二支，子弹二百四十；（户数）八十（至）九十者，各出马两匹，快枪一支，子弹六十；十（户）及十五户者马二匹、枪一、弹五十、细绳五庹；五户者，马一匹及矛子。单人力壮者要参军。

关于军备的处罚，《天之准绳》所采用蓝本的叙述有别，阿什郡部落的规定是："呼喊"（集合不到）及子弹（不齐）罚五钱（银），快枪（不齐罚）一品（即五十两。——译者按），马（不备）半品，跑路的人（不到）罚十五两，弹药每个五钱（银），矛罚五两，兵罚十两。头人如不领该地人到来，出兵（至）返一日罚一两。

关于伤害案的赔偿，《天之准绳》是这样规定的，人命：上等给头人悔罪钱十品（银子，每品即每锭，是五十两。——整理者按）僚佐悔罪钱半品，除此之外，人命赔罪时，赔偿公众、兄弟、亲属等以命价诵经费等，共一百品（银）：中等七十品，下等四十品。头人悔罪钱等比照牛等。交付命价等，上等以牛计，中等以马计，下等以枪计。女人命价：上等三品，中等二品，下等一品。射枪击伤者：上等养伤四品，中等二品，下等一品。刀伤：上等养伤二品，中等一品，下等二十七两。伤残肢体：上等七品，中等三品，下等一品，（各）枪马五（数）。伤瞎眼者：养伤上等二十五品，中等十七品，下等十品。涉及枪到婚姻关系中的人命在《天之准绳》译文第一本末尾有一段文字："男女二人因互相抛弃而致人命，除不与承继之外，尚须赔偿女命：上等一品，中等半品，下等四分之一品赔偿之。"这可能是第三本法规头两条，即婚姻人命案和误情人命案的内容。其他内部争斗的处罚也有所不同，如"内部抢而今填满妒恨之人们，唯取强暴蛮横行事之火焰，欲要将己将人皆毁灭之时，要成就国家平安之事业确非易事，然既如运缘使得投生为人，能使一应作为合于菩提之道，以王法之明向此方照射幸福光辉，兹的确值得欣慰。如是，先以美妙文句为前引，欲表述之实为何许乎？

吐蕃法王松赞干布时代，以十善之法及无比贤德治理这蕃

（接上页）劫，则罚马枪及子弹千粒悔罪。以器械枪支械斗，则罚弓箭刀枪及器械。持枪实弹者枪响则罚一品，从头上取枪则罚一品，伤而出血罚三九。以刀刃砍者罚弓箭刀子。人离队伍而残伤其肢体之一者以千网悔罪。手执大腰刀柄者罚五两，刀出鞘则赔偿刀及哈达。不伤赔血二十两，悔罪钱半品，应商定上中等级。棍伤悔罪钱四分之一品，血的赔偿（按即养伤）上等九两，以下类推。抓伤悔罪钱四分之一品，养伤六两。徒手相斗，罚以鞭笞"。

关于偷盗和掠夺，无论对内部还是对外部在阿什郡部落《法天之准绳》中都是予以排斥的，如"盗贼法：阿什郡贡马仓的（夏吉□□凯措）无论内部外部均不许盗窃，如盗窃则犯僧律俗规，亦罚以骑马背枪（按：即骑的马、背的枪），如有坏村（部落）坏人不遵法令，则即逐出，断绝关系。本部落人，不能勾引容留外人，如因容留而致生事端，则应由其人负责，该地什长罚银一品，因破坏僧律俗规，各罚三品，其计六品。由外地迁来的新村，三年后再行纳差，如不纳差，即不准居留，由公家给以毁圈费"。"各罚三品"应该是容留外人或被容留的外人因发生盗贼等事端而被各罚五十两银。译文的抢劫罪处罚之后，还提到"偷窃家户的贼与抢劫同。其他的贼，给头人悔罪金一品，马枪十；什长悔罪金半品，马枪五；物主一品，马枪三"。对于掳掠的处罚作了这样的规定："袭击牧地对头人悔罪金五品，马枪十五；什长悔罪金二品，马枪十五；低头费，上等五品，马枪廿五；中等三品，马枪十五；下等二品；侵入牧地的头人悔罪金三品，马枪十五，什长悔罪金半品，马枪十；低头费，上等三品，马枪十五；中等二品，马枪十；下等一品，马枪五。"

关于草原的使用与保护，《天之准绳》的规定也有一些不同："夏窝秋窝迁移时，由头人呼唤先移其帐后行迁移。秋窝子未到搬迁之前，如有先行搬迁者，则头人罚牛，被迁者罚羊。在冬窝子上不准毁原撑幕地及牛粪圈墙，毁则有罚；毁粪圈则头人罚牛，主人罚羯羊，罚一两。秋窝子未搬迁前有蕨麻禁令，搬后则无；部落内部无草地与蕨麻禁令，部落彼此之间关于草地的禁令，则有宰羊及割牛尾（按：即牛羊逾境则处罚）。如有牲畜病者，除商于什长外，不能强行下牧，违则罚头人一品，什长半品。""火规：八岁以下不处罚。失火者罚头人以牛，对于地主（按：即失火的草地主人），应由什长补偿地费。旅客移帐须熄火，否则按前条处罚。""一站内的旅客、客费（按：或入境费）半品，盐商等的客费为一品。"

域九州之教法与众生，使之幸福勃兴昌盛。从那以后，彼菩萨王统似金山排列，历代法王逐次不至使此规衰落，待众生福利得失，以恩威并施、宽猛相济之策治之，是乃天成之法、诸王历纪、十六律令之成就源流。其后分若卫藏、朵、康三大部之凉爽雪域，佛与菩萨化身之君王以及驾驭法教之贤士，公正处置众生福祸，概言根本之法分若军法与民法。然而，军民二法，因各部变通，历代更修，诸君增改或随时局而有易，难以尽述，只能就各部通行要律从略辑用。

为人有首颈肩，为土有山原川，类似鸟羽叠覆，官有佐而佐有属，以序遮蔽压服，其律乃征服外敌法，治理内部法，帐营迁布法，护田苗穗法，是四数。

征服外敌法

此辑兵阵旗帜，呼警追击，搜寻侦探，敌掠复仇，戒客禁行，昼之巡逻，夜之轮哨，集众聚首及点兵筹械，伺隙袭掠，俱之九数。

一、兵阵旗帜。兵律：凡集聚兵员，殊上之户征兵员三至五，上等之户二至三，中等之户一至二，下等之户亦须彼此协力配成各有骑士一名赴战。若非依此，当视战局等次，大则罚战马与枪，小则罚军旅食用牛羊。战局紧要时，即如八十老翁以下、十五岁少男以上之说，均在应征之列。

阵律：予战争勇士以犒赏，予懦夫以处罚。凡临阵退逃开溃者，由军旅中将其袍服下摆裁除套于颈，坐骑割尾，女装着身，妇名称呼，且痛打罚之。

旗帜：即依编旅队伍之数，分别委任执旗军官，拔定下属士兵，凡脱于指挥者罚之。

二、呼警追击。财产为敌寇明抢，则依官派传令者所告，追兵须聚于一声呼喊，迟到或不到者罚之。

三、搜寻侦探。财产遭盗，各部即刻召集人马为伍派往搜寻，明则群驱，暗则查探，以图识别赃物或堵盗匪于窝穴。各方查探，尽力使内部善良之族得清白，内部腐败与入侵得辨别，查明盗匪为何许人。

四、敌掠复仇。凡属结怨于我之部，以饵食诱外囊内服，或以暗探等合适计谋确认敌对，由长官发令召集相当精悍人马为伍，复仇掠夺。得则依俗将"普"献于官，原主得所失之倍数，其余作份予参与众人。虽言吞抢我财则夺取，亦有夺而不得之事，于是俘虏其人作奴仆。

五、戒客禁行。遇有严峻敌情，便绝外人客路，禁族内夜行，戒严属部帐营。

六、昼之巡逻。每当临敌对峙，兵丁皆轮流布收"哨托"，望哨于高山，巡逻于边界，若有可疑行者，伍分小股予以监视。

七、夜之轮哨。有防犯警戒必要时，于各部上下险要地点布哨轮流守备。

八、集众聚首与点兵筹械。集众聚首：即视所遇事务要紧之别，行官佐聚会与部众集合。此制又为，当有公众大事，先由官佐聚会为引，再集部众决断结终。

点兵筹械：即每临紧要而兴师之际，依各户等次承办枪马甲刃，并须配齐每枪百弹百药，引火绳三庹及所有刀矛，且依规矩各兵丁须备足三日粮饷马秣及分营灶具帐篷，若不齐备，无视贵贱须承受所罚财物。基于此，人与马对当整一，配定炊宿，组军划队，任命军官而编序成制。

九、伺隙袭掠。袭掠俗有部落统筹之年掠、夏掠、月掠等掠夺他部与商旅之兵掠，另有些许人自发之趁虚窃掠。无论兵掠或窃掠，首则推任一名骁勇而善事掳掠者为统领，皆举誓盟约服从其计令，然后各自应承枪马器械及炊营所需，齐则依约定时刻集合登程。

行掠归部之后分战利，于所得财物中献官以"普"，俗称"承受盟誓孽障之束者"之统领，可得匹马之殊利，其余以枪、马、皿及粮秣四数，复计自带或借带之人本身，齐王者得一大份，余之析得小份。

治理内部法

确定为维护二制通则及四法八调。

一、通则。维护法政（佛法与政治）二制之通则乃名望、职守与"放收"三训，各自须以身份贵贱与人伦德行尽善执之。

俗称本部以名望维护，他部以谋略统之，维持本部之根本为僧俗皆须遵从之名望。其常规为法师（化身活佛）优于官，僧官与（法师之）内总管优于佐，（寺院）管家优于什长或领工，僧院优于俗部。故而谚称：山岳之上日月高，王公之上法师崇。诸化身佛或法师所言，官与俗众皆遵从，且为官为佐者尽力扶持协助。寺院住持法师化身（灵童）升临宝座之仪式，即金瓶掣签及请旨于著名法师，依之寻访，遵照程序升就宝座。内总管大凡由化身佛本家史尚贵者充任。僧官三年一易，轮换执事。委任管家须请示法师及部落长官，由内总管任命。古谚道：官以世袭，佐以族承，领工以家属，子继父业。其实亦有依仗武勇、英明与财势之俗。

所谓职守，佛法一方尊贵之中，内总管、僧官、管家诸职于教法及政治二制均有权利，执掌寺规及公库以内总管为尊，执掌讲修法事以僧官为尊。另则，由管家请示官佐、内总管、领工等，征得许可便于俗户内选出富豪列名，依序轮流任总执事，每任数年一易，任期内执行经商业、营利贷、化布施等事务，取法择何随其便，须满足僧众用度、仪式道场费用、供物祭品所需，且揽承点查僧数、续各户僧系、补充幼僧诸事。

俗户以名望与职守依照税法而定，俗有除去未生坚齿之幼畜与脱齿衰老牲畜，仅就壮畜为计，牛计一数，犏牛二数，马计三数，羊五只计一，黄牛不计，以此定税。各部多以三百为殊上户，二百为大户或上等户，一百为中等户，十以下称作劳役者。超壮畜三百之余则不计税额，壮畜十数之下等户往下不纳财税，下等户以上不负劳役税。以此为基准，为了部落公众之事应承担管税如下：由殊上之户年征用鞍具齐备之马一匹，缴纳运役食用糌粑十五斤，酥油五斤，茶叶二斤，食羊一整只。由上等之户年征用鞍绳齐备之驮牛二头，中等之户征一头。除此，由殊上户至下等户，每年户均缴纳税额酥油十二斤。劳役者不仅承作官家之擀毛毡、织褐料、剪羊毛、拔牛毛、鞣皮张、小工匠、传信约、赴运输诸类劳役而计税，且有兴兵组团时必为兵丁之职守。

另则，官家迁帐移居，所有税民均应助工顶仆，承财物之税者以每十户帐营之小部轮流奔赴驮运，承劳役税者则须及时赶赴砌锅灶、拾牛粪、背净水。

所谓"放收"即放出收回之租与贷，招来付出之劳酬。无论贫富高下，彼此租贷之约皆须遵从。年租之制为：一头犏乳牛之年租为三十斤酥油，一头当年领犊牦牝牛为十斤酥油，一头上年犊牦牝牛为五斤酥油。年贷之制为：贷利分黑白花三种，白即每年四分之一利，黑即每年翻倍利，花即每年增半（二分之一）利。细算之法尚有长、增、本之说，长乃子，增乃孙（复利），本乃前之母数。

招来付出之劳酬各部小异不定，然而多有做重役与轻役之别，牧牛羊及做家仆之类重役，每年可于一头胎犊之牦牝牛或一身羊皮袍之中选其一，外加帽、靴、毡、雨披等穿用。轻役则视情形有获，并无定度，尚有所做劳务之"卡普"。

二、四法。毙命则赔命价，偷窃则加倍还，妄言则勒于誓，夺妇则付身价，此乃断讼之准。断讼之际，"执准"（藏俗把审理案件，辨明是非的人叫斯巴，意思是执准者。——译者注）之官佐入正席，"斯奏"（相当于陪审人员，通常是与执准者关系友好的部落长官或辅佐——译者注）与记录列坐垫。须将三餐食用摆停当，大案双对（当事双方各一对牲畜）肉牛，中案双对羯羊，小案双对绵羊。或从上等丈夫大案，中等丈夫中案，下等丈夫小案之例。又有俗规为：驮纠纷于人者（败诉）"乌鸦负箭"，被驮纠纷者（败诉）"僧伽众负"。审案问之食用份分之，依照执准官三份，佐（或"斯奏"）二份，炊仆一份之俗。无审案营帐则炊仆无份，其份属记录者。

（一）毙命则赔命价。此有死与伤，男与女，未遂活付，并各依其人身份上中下三等，赔偿数额亦如等次。

甲、命价。男性上等命价："调头"（取意把纠纷双方从势不两立的境地调转回头，实指官方介入纠纷的处理，控制复仇或纠纷事态扩大。——译者注）之项为五十两白银一锭或计五头牦牛，凶手坐骑与枪支，必索之五匹马与五支枪，非必索之五匹马与五支枪（必索是法定的，非必索是根据纠纷事态临时定的）。"悔罪"缴官之项白银一锭或牦牛四头。审酬之项为枪马各五。命价正额为百头牦牝牛。弟兄"失膀"抚恤为白银一锭及枪马各五。本家亲戚"失亲"之项为上款之一半。孤儿"捶胸"之项为十两白银。寡妇"拭泪"之项为袍料布一段。被害"铺垫"之项为枪马各一，盖尸布一疋，驮尸牛及鞍绳一套。"煞巴善末"之项刻石板嘛尼经文十万言超度。一旦复仇之兵不易平息，则以"调头"之项劝归。

男性中等命价正额为七十头牦牝牛；下等命价正额为五十头牦牝牛。调头、悔罪、审酬诸项如上无异，孤子寡妇诸项大多不行折扣。兄弟"失膀"，本家"失亲"，受害者"铺垫"虽与上等命价相同，却常因家族根基之别，得之多少不甚如一。善末之项可以减量或简化作其他形式，能否减量简化因事因人而异。

无论执准者官品大小，俗谓"执准者口大，赔偿者眼细"。实则所赔之额半虚半实，老马破枪顶数亦可。

女性命价上中下三等，分别为男性同等之半数。

乙、血价及未遂活付。依照"上等丈夫遭刃逼则赔，中等丈夫遭伤痛则赔，下等丈夫遭毙命则赔"之古训，审办武器伤害血价与凶器逼对要害之讼，当视双方人品优劣，失血多少，伤口大小，动手先后，正面争斗之伤与背部逃遁之伤，对准何处要害以及划服擦肤诸细节而断。亦有"狗伤自舔复原"、"二狗相斗狗皮未破"之俗，判不得赔偿，疗养损失自理。血价与未遂活付之计法，常以"呷达尔"布九段之制而论，每段"呷达尔"布与五钱银对等。

上等丈夫之血价，调头之项为白银二十五两及枪马各一，审酬为二马二枪，正额由"呷达尔"之九九八十一段、九五四十五段、九三二十七段中酌情而定。中等之调头为二十五两银及一匹马，审酬一马二枪，正额由九九或九五段中酌定。下等之调头为二十五两银及一支枪，审酬一马一枪，正额由九九或九三段布中酌定。

武器逼对要害而未动真，或者虽然动真亦不过损衣划服之赔付：上等丈夫以审酬之一马一枪为调头，以九九八十一段布为正额。中等以审酬之一匹马为调头，以九五段布为正额。下等以审酬之一只枪为调头，以九三段布为正额。

丙、薄产无财或乞丐犯下毙命伤人案之赔偿。属被驮纠纷者由部落公赔，属驮于他人者当由亲族作靠。部众与亲戚拒不承担纠纷赔偿之扶助者，当依俗规除于祸福同当之列。部内自相杀戮，则亲族连坐，十户帐营为靠作赔。若无亲无靠，则罚苦役抵赔，并依律体罚，自作自受。

（二）偷盗加倍还。偷盗区分为部内偷与部外偷，以及偷于何等门户，偷于当否之时，待之亦不同。偷盗之赔还分为加九倍、加五倍、加三倍、加两倍、本一倍一"连颈赔"。凡偷盗之赔还诉讼，由加两倍赔为讼议起点。基此，查作案手段，被偷者门户高低，执准官佐意下主见。有从重必要则上推，"连颈"之下亦可依"呷达尔"布之计数法。

另则，偷僧家或寺产，赔还愈加从重，有超乎通常律条之例。若非故意偷窃，马群多出自来马，畜群汇入混增数，或者偷而自首，则仅赔加两倍之起数，无再加之规。此二类尚有依卧数（失）起数（还）对等之赔偿，实抵原值即可。循古规还有于外部落偷盗而内部保密，则称"白封者骑大马"奖赏之；本部被外人偷盗而保密，则称"黑封者割其舌"而惩罚之。

外偷：预有企图目的，暗中偷摸他部牛马，向彼悔罪之项为一支枪或五两银；由其畜圈中偷来，则悔罪之项为一匹马或十两银。此二类窃案向本部之官悔罪缴一马一枪，向本十户帐营悔罪之额为一支枪。其赔偿正额因被偷一方人之根基高低及行偷一方人之根基势力左右判案致情势亦异，由加两倍赔上推从重或下推从轻，以及何数赔偿不定。

内偷：偷内部人家牲畜财物被视为下贱无耻，为官者判案从重罚取，且行体罚，屡犯则处罚更重。不仅加九倍，连本计十数赔还，且如偷户内财物当须增加向被窃户之悔罪。法师与官员逝世之岁，偷窃案处罚加重，通常以白银一锭，枪马各五之数向佛家或官家悔罪。若于法师或官家驻地近旁行偷，另加处罚枪马各五数。

（三）妄言则勒于誓。偷盗之讼因狡辩妄言清白与浊黑难断时，视案情轻重，于执准官监视之下，聘请一信佛法、重人德之公道者为中人，由原驮与被驮罪责双方取相等数量财产作抵押，勒誓于被驮罪责者，以求清白自身，后益他人。其法称作：贤良白三关，小人黑三关，以誓言、罚量、赌保三法勒之，暂搁后加分辩。投骰子、裹食丸、摸取黑白石子为白三关；油锅拣石、火中取斧、沸粥试手为黑三关。清白于誓言，即起誓若有罪迹，愿受神人共诛；认罚量于官，即言明若日后有罪责，甘愿受何等重罚；赌保于众亲，即召亲友共同起誓，以彼等财产、名声、身价担保。如此分出白黑，十分抵押中其一为"盘底残留"属中人，十分之三为结讼酬官，九数三份折其二归证得清白者。（这个说法令人费解，其实即十分之一归中人，十分之三酬官，十分之六归证得清白者。"九数三份"包括了酬官的那三份——译者注）

（四）夺妇则付身价。凡婚姻败离、争夺未嫁之女、婚外私生、分家析产皆据此律。

除官家贵族之女，通常视其夫贵贱确定拆散该婚姻当出妇女身价之上中下三等，分别与前之血价同等相对。

因未婚之女争风斗殴罚悔罪之额一支枪，因已婚之女争风斗殴罚悔罪半锭白银及枪马各一。

凡致私生则付抚养之用。未婚女之私生视家主根基高低，付额在一匹马至一头牦牝牛之间；已婚女之私生抚养与此同额，尚需另加悔罪之额。

若定立婚约者失约却婚，其女之身价与前"活付"上中下对等。

夫妻失和，官佐设法使之和好，仍不能和好则审夫妇何方过失及其大小判离，并分其子女家产。若双方过失相当，便以子归父、女归母分之；财产除去纳税之本，父母各得双份，儿女各得一份，婴儿幼女得半份，官佐亦可视情扣除适当审理之酬。若其中一方过失罪责重大，则判其无财产份额。无需调解或无争执自愿离婚者，谓之"拆除补钉"，各取原先已有财产分离。

八调

即压制强暴，扶持弱小，外护声威，内持节操，表彰高尚，贬斥小人，褒奖贤能，惩处劣徒，是八数。

（一）压制强暴。凡不尊官、不从佐，乱民败内，有冒临众上不驯之嫌者，予以剪除。

（二）扶持弱小。待弱小无耻欺凌，或致纠纷巧言狡辩，则不惑于外相，查真伪优劣，执法如故，竭力使皈公道。无论贵贱何许人，祸福同当，应尽所能顾全及扶持弱小。

（三）外护声威。诸如外部落对本部图谋不轨，杀人劫马，夺地掠财，污辱属民，糟践首领，当不畏强暴，奋起反抗，维护本部之声威。

（四）内持节操。须视巩固父业及本部公利，以政教一体情形尽善治理内部诸制，上下之间行遵从、记尊称，依照福运大小之名望、职守及放收之训，凡税贷租酬循制而行，违者必须领受惩处。每岁公益佛法所需即如：户有出家僧自备施献，靠施主修行者由他人施献，总用度由部落筹纳。僧人还俗，视其为大小领工或通常之僧而有别，于寺院监督之下予以适当处罚而轻视之。公祭之赛马、射击须由所有属民奋力。扰乱法令秩序则行监禁、镣铐、鞭打及罚取财物。

有外来投我部之民，我民须自愿接纳款待，数年内不纳官税。凡有新立门户，为官者当赏予灶具、福运碗以及象征昌盛之彩箭。凡新立之户，或折财遭祸重大之门户，公众须予以扶助。总之，不激发内争，不自相杀戮，如所谓"脚蹬一个土丘，手握一杆长矛"，同心协力。

（五）表彰高尚。倡导尊敬高尚福运者，慈爱贫微不幸者，平等之间不争斗。尤应崇尚勇敢威武、有才智、善言表、具财富之贤能。

（六）贬斥小人。待无耻寡信，谎骗失义，内争为患，内偷泄密之徒，众须厌恶、唾弃并贬斥。

（七）褒奖贤能。对于降服他部敌寇，维护本部大略，能于紧要关头侍奉本部长官，设想出奇特计谋者，免其家族赋税，授予耀功之旗。凡于用兵争战中立下特殊战绩者，免其终身赋税，授予耀功之旗。类此，军功为中者，亦可免三年赋税，此间亦授予耀功之旗，或者犒赏枪马银物。

（八）惩处劣徒。予有罪过之人以性命、躯体、财产、食用四种惩罚。其中代命刑之古俗有挖目、烙额印、刖鼻、割耳、断肢，实施则须慎之，不过成例偶用而已。

体罚有手铐、脚镣、裸体鞭挞，贬为家奴或终身为仆，地牢囚禁之类。犯于法师、违于长官，罪过颇重或屡犯者，以及犯有内部偷窃、自相杀戮之类罪过者，依俗说：生一、有二、具三、四未能免，或称九会十番确难驯服，则数种体罚复加，若系富豪并附带大额财产处罚。

财罚则有："黑蛇脱皮"，即没收全部财产充官；"黑三折"或"二突凸"乃没收三分之二家产，"纵析箭杆"乃没收整之劈半，"白三折"或"一突凸"乃没收三分之一，还有没收马、枪、牛、羊之类随时随机之处罚。

食用之罚，有严重军务之遇到轻微传约送信之失，视情罚取。通常小过罚皮张、茶叶、酥油之类食用纳官。

另则，殴斗揪薅发辫之小争，即如"薅发辫则长官得利"

之说，行小罚。僧徒之间争斗，管家有无视过失及其大小各罚五钱银之特许处罚。

帐营迁布法

部落之草场水流为公有，四季草水居地由长官召集各佐及什长商议，妥善划分。季迁之先汇合帐营，起迁与结终时间决为统一，且行探圈划地，贫富相配，组成分部，连时或错居则罚之。

夏季各分部马匹合群，以户轮流牧放，禁封冬季草场，入用则罚之。迁入冬季居地后，草场分先后主次，牧马之沟或牧母羊之沟被占用亦罚之。

分部之间草水纠纷由长官调解，皆须顺从。越界违禁之处罚，重则罚牛羊，轻则割剪马牛之尾。

护田苗穗法

农田为其主所有，买卖、交换、赠送、租托可自行操办。凡劳作种类，依时令成制，又有应税、换工及劳酬之规。

岁首鸟月起，垦地施烧灰，熟地施家肥。

实行轮作，一岁为小麦、青稞，复岁为豌豆、蔓菁，以利养地护土。

若非闰月，即于猪月轮值之月定吉日开犁耕种，继之平田土，碎僵块，下种子，锄松两次之后，鼠月齐苗，牛月见穗，虎月焚霜，兔月实熟，兔月尽时选黄道开镰。

犁镰超前迟后则罚。未至收割时期，耕畜、乳牛轮户值牧，践食农田，或于田边渠旁割草砍柴则罚粮。官田遣耕畜、耕种、收割、脱粒一应具须依轮值方式分户承担税差。

　　彼此换工依人次日工相抵，并有逢歉收之秋彼此自愿作哀友帮工之俗。非换工之付酬，一人日耕种或脱粒之酬为六"普尔"，可相等于六小碗，一人日割田之酬为"二邦巴"，每"邦巴"约七升。

玉树部落制度及法规[①]

玉树古为西羌牦牛种之地，今属青海省玉树藏族自治州。"玉树"的藏文译意为遗址。据传玉树族的第一代头人垦布那钦建立部落的地区是格萨尔王妃珠姆的诞生地，故命部落为玉树。位于青海省的东南边沿，东南与四川省甘孜藏族自治州毗邻，南与西同西藏自治区的昌都、那曲专区交界，北与海西蒙古族藏族自治州相连，东与果洛藏族自治州为邻，面积19.7万余平方公里。

玉树地处青藏高原腹地，气候寒冷，山高谷长，是长江、澜沧江等许多河流的发源地。虽然地处偏远，交通不便，但自古就是唐蕃交往的通道之一，受到历代统治者的重视。元、明、清以来，与内地的关系日趋紧密，民国十八年（1929），设置玉树县。1939年，玉树地区设立青海省第一行政督察专员公署，下辖玉树、囊谦、称多三县。1949年10月底，玉树解放。截至民主改革前夕，玉树藏区的囊谦千户有42个直属或领属部落，由于所处地理位置、经济、政治、文化传统诸方面的特殊性，形成了不同于青海其他藏区的部落制度和法规。

---

① 本文系多杰整理译注，根据《青海藏族蒙古族社会历史》、《玉树州概况》等资料进行整理。

部落制度

囊谦千户为玉树地区唯一的千户，也是最大的统治者，当地称其为"囊谦加保"，意即囊谦王。囊谦王下设有决定部落大事的机构，为"囊谦族务会议"。有资格参加这个会议的有：（一）部落的政务总管，藏语称"卓涅"，共七人，由千户的七个直属百户充任。他们轮流在千户驻地值班，总管部落的政务。（二）部落的财务总管，藏语称"襄佐"，从寺院僧侣中选定，当选者要具备理财专长，专管千户家的农牧业生产、税收、礼品、罚款、赏赐等各项收支，在千户家工作一辈子。政务总管和财务总管合议部落大事，然后请示千户决定执行。其下设有秘书两人，负责文书和会计工作；衙役二十五人，承当捕快和执行刑罚；侍卫五人，负责千户家主要成员的警卫工作。在财务总管之下，尚有管理农业小庄园的庄头，催交农牧业差户支差纳税的税务官，管理千户出租牲畜和小牧场的官员，以及千户牛场的场长、马场的场长，此外，还有管理生活方面的小管家。

千户为世袭制，父职子袭，世代相传。囊谦千户直辖加查、琼布、阿夏、东巴、巴庆、邦沙、季达等七个百户部落，还有领属部落三十五个。

各直属、领属部落中，也建有相应的社会统治机构，其组织形式大体相同。以典型的扎武百户为例：百户长为最高首领，下辖百长十四人，有专司政务管理的"楞布"十三人，财务大总管一人，财务小总管一人，秘书一人，衙役十四人，以及税务官、牧场场长，农业庄园小庄头等。侍卫、内勤由衙役担任，警卫由结古和新寨的二十四个"局本"（为十户之长）和"局约"（十户长助手）担任。

凡部落内重大事务，均由部落族务会议协商解决，有资格参加部落族务会议的为各百长、楞本和襄佐（大小财务总管）。各百长部落下设若干个"干布"、"干约"（长期或轮流），每十户设立一"什长"，他们各有一名侍佐谓之"局约"，负责税租征收。

千百户将自用草山以外的剩余草山，分配给属民使用，每户属民分到的草山，均由千户发给执照，一式三份，分别保存在千户、直属百户以及分得使用草山的属民手中。使用千百户草山而给千百户支差纳税的属民，谓之"差娃"即承担赋税者；牲畜谓之"差秀"即应赋纳税之牲畜。千户和属民之间，通过草山的使用方式确立了领属关系。

部落法规

草山使用法

一、草山牧场由千百户长支配，可任其买卖、出租、赠送、抵偿，并有优先使用权。

二、搬迁四季草场，更换放牧场所，由部落首领择定良辰吉日统一搬迁。如迟搬、早搬或随意落帐，则要受到处罚。处罚方式为罚打、罚款或没收财产。

三、各部落之间草场地界明确，不得逾界放牧，有他处千户错界驻牧，罚犏牛七头，百户等罚犏牛三头，平民户各罚牛一头。

贡税征集法

一、玉树地区的赋税是分等级缴纳，等级的区分是按牲畜的多少来决定，所划分的等级也不尽相同，最细的分十等。一等户每年缴带皮的一只绵羊肉；二等户每年缴一只不带皮的绵羊肉；三等户每年缴一只不带皮和胸部的绵羊肉；四等户每年缴三分肉（每只羊作四等分）；五等户每年缴二分肉；六等户每年缴一分肉；七等户每年缴一羊胸部肉；其余三等无明确的规定，一般缴纳些蕨麻、酥油。

此外，每年每户缴纳羊羔皮一张，富裕户每年还要缴酥油十斤，蕨麻二十五斤；平民户也得分几次缴纳酥油和蕨麻二十五斤，贫穷户也得分等缴纳一定量的酥油和蕨麻。

有的地区分为三等，其规定如下：一等户每年每户缴纳四只羊肉，酥油四盒，青稞四百盒，茯茶四封；二等户每年每户缴纳二只羊肉，茯茶二封；青稞二百盒；三等户每年每户缴纳一只羊肉，茯茶一封，青稞一百盒。

二、囊谦千户直辖香达百户的属民一年耕种十亩份地，必须为千百户承担如下义务：（一）给囊谦千户、香达百户、彩九寺冲尼活佛支应近三十个日人工，三十个日畜工耕种庄园农田；（二）向囊谦千户、香达百户、甘达寺送礼品和缴税钱；（三）春秋两季负责支应千户和冲尼活佛庄头所需的食物、马料和薪俸；（四）负责甘达寺收税人员的食物马料和薪俸；（五）承担千户委派过境庄头的食物马料所需；（六）在春秋两季为千户及冲尼活佛放债务管理人员缴纳佣金和供应生活费用；（七）向初一寺缴纳防雹费用；（八）负担千户放马人的肉食；（九）支付

千户家念"格里经"的花费。合计为每户缴纳七十五斤青稞、十五斤酥油、三只羊、一包大茶、二百四十斤草;

三、各部落属民除承担上述赋税外,还要承担各种无偿劳役和其他义务:(一)迁居新牧场时,部落头人帐房的拆除、搬运、重搭、砌灶、挖排水沟等;(二)供应头人家烧的牛粪;(三)为头人家炒青稞、磨炒面;(四)为头人家擀毡、捻线;(五)为头人家宰杀食用牛羊;(六)部落头人外出,或者去经商,属民须轮流派牛、马和人力协从,且伙食自理;(七)部落内部征物、调物的驮运由属民承担;(八)采蕨麻季节各户属民须将第一天挖到的蕨麻奉献给部落头人;(九)属民平时进见部落头人要拿"桑吉"(见面礼);(十)部落首领嫁女儿要在部落中派征"吉透"(陪嫁礼),头人家娶儿媳要在部落属民中派征"仁透"(聘礼)。

借贷法

一、借贷的债主大多为头人、活佛和牧主,每年春借秋还,利率规定为:(一)借二还三,利率为百分之五十;(二)借三还四,利率为百分之三十三点三;(三)借四还五,利率为百分之二十五;(四)借五还六,利率为百分之二十。

有些借贷还具强制性,如在白日部落,每年春季属民必须借贷千户家的一份青稞,到秋后回收一桶利息,具有统一选种或异地换种的意图。

二、出租的牲畜,按固定租额缴租,藏语谓之"吉约其约"(意为有生有死),即正常死亡牲畜不赔,生了幼畜归出租者。

三、每年派出清点牲畜的官员,藏语谓之"兽责"。各牧场及承租牲畜户必须接受清点，并按例承担清点官员的生活费用和薪俸。

四、寺院的公共财产、土地、牲畜、青稞、酥油等物资和银钱分成若干份，分别派给寺院内较富裕僧侣轮番经理。任期二至三年不等，在此期间，必须按照所经管财产的用途，供应寺院既定项目宗教活动开支。任届期满，以原基数为准如数移交下一任经管者，少则赔偿，多则上缴总库。

刑事法规

一、刑罚种类：

（一）罚款罚物；（二）罚刻嘛尼石；（三）罚转嘛昆堆；（四）罚劳役；（五）带脚镣手铐；（六）吊打，少则五百至六百鞭子，多则一千至二千鞭子；（七）关押于牢房；（八）烙火印（烙藏文"狗"字）；（九）割耳：（十）割鼻；（十一）割舌；（十二）剜膝盖；（十三）断脚筋；（十四）剁手；（十五）挖眼。

二、科刑范围：

（一）偷寺院财物，内外抢劫，无中生有，挑拨是非，对抗上层，在长官帐房附近打架等均可逮捕关押。

（二）外来坏人互相抢劫，破坏草山，致伤好人者剁手。

（三）因私仇念经咒死人及投毒害死人者割舌。

（四）外来坏人居住本族抢劫外族者，或本族坏人跑往别族反抢本族者，拿获后皆处以抽筋断脚之刑。

（五）反对当地喇嘛、千百户者，处以烙火印（烙藏文"狗"字）刑罚。

三、杀人赔命价：

（一）打死千百户头人，命价最高为一百锭银子；次之，六十锭银子，最少也得赔偿两千块大洋；若几个部落合伙打死一个头人，则每个部落均要交出五户牧民作为死者部落的属民，并要交出五条水流区域的草山。

（二）打死百长、干保、居本等小头人，赔命价分别为：七十头牛、四十五头牛、三十八头牛。

（三）打死一般属民，只赔五六头牛，或一锭银（五十两），或四百块大洋，并罚刻嘛尼，念经悔罪。另外，还得向受害一方交一支枪、一匹马、一把刀。巴塘部落规定：一般杀人者，首先得吊打二千皮鞭，然后赔死者命价二十锭银子；斗殴致死人命者，得十八锭银子；屡犯杀害人命者挖眼割鼻。有的部落赔命价的数额规定了三种：第一种，罚茶八十包（约值三百两银子）；第二种，罚购交经卷一百零八卷（约值六百两银子）；第三种，罚购交经卷其他实物（约值一千两银子）。

（四）部落之间出了命案，凶手没有能力赔偿命价，则本部落摊派赔偿；部落内部发生了命案，凶手无力赔偿命价，则亲属协助赔偿。

四、伤人赔血价：

（一）部落内发生争吵、斗殴事件，由百户审理判决。以香达百户为例：将闹事的双方予以鞭笞，或一百鞭，或二百鞭，同等处罚。

（二）打架斗殴致伤，由百户审理判决，以纠纷发生的起因、受害者的伤势轻重为主要依据来定夺赔偿血价的数量，通常受纠纷双方的社会地位和家族势力的影响。因此，赔偿血价的数量往往不一样。巴塘部落规定：斗殴致伤，赔约五十锭银子，或由干保、百长、百户毒打二百皮鞭。妇女之间斗殴打架被认为对牲畜发展、草原繁盛、长官不吉利，得剃除半个头的头发。

无论命案，还是伤害案，经部落头人调解，赔偿命价，并念经善结以后，须尽释前怨。

五、偷盗加倍罚：

对于偷盗的处理，以被盗人地位、身份的高低分等级处罚。

（一）偷平民，偷一赔二。

（二）偷活佛，偷一赔九。

（三）偷部落头人，偷一赔十。

（四）对屡偷不改者，还要处以鞭笞，或施以重刑。

有的部落对偷盗及相关案件的处理有所不同，以巴塘部落为例：

（一）族内偷盗平民的财物，打五百鞭。如供认不讳，得退还所偷财物的三倍；如不招供，又无确凿证据，则罚原告或无据作证人赔出所失财物的一倍给失主。

（二）族内偷百长、喇嘛的财物，除九倍或十倍赔偿外，还罚以吊打，甚至割鼻。

（三）部落之间的偷盗，一旦被发现，见官退还原物即可。

（四）偷盗抢劫被发现赔不起者，可赔三分之一，其余部分可罚刻嘛尼石或鞭笞折抵。

（五）抢劫者打死失主，如该失主是部落的中上层人物，则赔八十一锭银子，如果是平民只赔九锭银子，此外，给死者的百户一匹马，以示道歉之意。如抢劫者被打死，一般无命价，但有时视抢劫者与其百户的关系密切与否，必要时给半锭银子。

六、神判方式：

（一）油锅捞斧：在处理大盗案件时，由于原、被告争执不休，又没有确凿的证据，受理人无法判决，便采取"油锅"的神判方式，被告用手伸入已烧沸的油锅中捞斧头。如果没有受伤，就判为赢者，确认他不是案犯，原告赔偿一定数量的财物。如果烧伤，判为输者，即使没有作案，也定为案犯，还要受到惩罚。

（二）摸黑白石子：将泥水煮沸或烧一锅奶茶，投入黑白石子各一块，让被告伸手摸，摸出来的如果是白石子，即为清白，打赢了官司，原告还要给予物质赔偿。反之，则为有罪，施以刑罚和经济处罚。

（三）羊粪判断：由活佛或千百户头人主持，让双方当事人两边站立，画线定位之后，由活佛或头人抛出一定数量的羊粪蛋，以当事人前面羊粪蛋的多少来裁决官司的赢输，羊粪蛋多者，为打赢官司的一方，少者，为打输官司的一方。输者要受到处罚。如果被告面前羊粪蛋多、打赢了官司，那么原告要给被告一定的物质赔偿，谓之"面子钱"。

（四）抓烙铁：抓烙铁之前，当事双方各给头人一定数目的钱，抓罚以后补缴罚款。一般由头人或活佛主持，让当事双方用手抓烧红的烙铁，尔后以布即刻里上，盖章封结，次日解开检查，烧起一个水泡，意味着真，即判为赢者，烧起二个水泡为半真半假，烧起三个水泡，意味着假，即判为输者，给予制裁。

婚姻法

玉树地区多数为一夫一妻制，也有个别的一夫多妻和一妻多夫，婚姻多数为自由恋爱，禁止不同阶级的男女通婚，在婚姻、财产、继承、老人赡养方面，因地区不同而有差异。

一、男女青年相爱结婚，须征得部落头人的同意。

二、女儿结婚带走一份属于自己的财产（按所有家产和牲畜，父母各为两份、子女各为一份）。

三、夫妻失和欲要离婚，双方父母进行调解，尔后由部落头人出面调解，调解无效准许离婚，所生子女，男跟父，女随母，家庭财产有理的多些，失理的少些。

四、夫妻自愿离婚，财产各半。

五、夫妻离婚，孩子尚小，尤其是婴儿，财产都留给抚养婴儿的一方。

六、夫妻离异，如系一方行为不轨，将之驱逐出门，财产归贞洁一方。

七、离婚时，如果一方不同意，提出离婚一方要承担一定量的"吉日差"（遗弃补偿），补偿牲畜数量由头人决定。

八、私生子不受社会歧视，但男方必须给女方抚养费，其数量有下列两种：（一）一头怀犊乳牛，一只怀羔母羊，一只怀羔山羊。此外，还负担孕妇分娩期间的费用。（二）给女方三头牛、三只山羊、三只绵羊和抚养费。抚养费区别两种情形：第一种，属民与头人女子发生性关系所生孩子，除交抚养费以外，还受法律制裁；第二种，部落头人、牧主与部落属民女子发生性关系导致私生，一般不予抚养费（属民不敢告发）。

九、未婚得子，较之一般少女出嫁难。如果有人娶，女方需交付数量较多的财产作为陪嫁，并将女方所乘坐骑配鞍送至男方家，孩子留在父母处。

十、女方招婿，女婿在家庭中的地位近同儿子，不受歧视，有财产继承权。

十一、子女分家，另立门户，按人头分配财产，父母双亲各二份，子女各一份。

十二、继承财产，不重血统，无子，女儿也可继承，无子无女户其财产由亲属交给寺院。

军法

部落内部的成年男子，皆是千百户头人的义务兵丁。根据社会等级自备军械兵器，平时为民，战时为兵。以扎武部落为例，兵役共分九等：

第一等：长枪一支，子弹二百发，短枪一支，子弹二百发，战马两匹，男丁一名。

第二等：步枪一支，子弹二百发，战马一匹，男丁一名。

第三等：良马一匹，男丁一名。

第四等：马一匹，火枪一支，铅弹二百发，火药三十斤，火绳三十尺，男丁一名。

第五等：骡马一匹，战刀一把，男丁一名。

第六等：徒步，火枪一支，铅弹二百发，火药十斤，火绳三十庹，男丁一名。

第七等：徒步，拿刀或长矛，男丁一名。

第八等：徒步，拿抛石绳，男丁一名。

第九等：无男丁户，有枪出枪，有马出马，无枪无马，则出女丁驮运物资。

入册军械兵丁，经百户组织上官检验后，由百户指定分散管理，一旦发生战争，即由百户下令集合，指派下级军官率领，开赴前镇，从事战斗。

作战负伤后，给负伤者一缸大茶（四点五斤），以作抚恤。

为部落利益参战阵亡，其家属免去三年赋税，生前如果是什长、百长，其后裔还可世袭，并获得一定数量的财物。

获得的战利品中牛羊实物等作为抚恤金，分给阵亡和受伤者的家属。打了败仗，部落属民每户出一只羊，以抚恤死伤者家属。

有关习俗性规矩

一、属民对头人不准直接喊"喂"。

二、头人的牛羊吃了属民的庄稼不受罚；属民的牛羊到头人的地里，不管吃没吃庄稼，每头牛罚一"缸"茶。

三、路遇千百户或寺院活佛，必须下马落枪，拿下发结，双膝弯曲，低头视地。

四、禁止狩猎，若发现随便狩猎者，没收猎物、枪支，然后鞭笞或罚款。

五、属民分家时，须有部落头目临场监督，交一分酬谢物。

案件审理

一、诉讼费用

头人在受理案件时，不分原告、被告都要缴纳诉讼费、调解费、招待费等。根据纠纷大小、解决时间长短定费用多少。缴纳费用有如下几种规定：

（一）一头牦牛，四包大茶，四斤酥油，四百盒青稞，八十元白洋。

（二）一只绵羊，一包大茶，一斤酥油，一百盒青稞，四十元白洋。

（三）半只绵羊，半包大茶，半斤酥油，五十盒青稞，十元白洋。

（四）一只羊的四分之一，一包大茶的四分之一，二斤酥油，二十五盒青稞，五元白洋。

（五）一只羊的五分之一，一包大茶的八分之一，一斤酥油，二点五元钱。

扎武部落的诉讼费一般分三等：一等为一锭银子，二等为银币二至三元，三等为二元。

此外，若原告送一匹马的诉讼费，被告也必须交相等的诉讼费。诉讼费的一部分归断案的楞布、红杂和写字据的秘书私有，一部分交给百户的大管家。

二、诉讼程序

玉树地区的习惯做法是起诉由原告直接向部落头人告发，如果头人同意受理，就算完成了起诉手续。尔后部落头人找双方进行审理，并在当场予以判决。平常审理案件采取"论理"的方式，即一般由部落头人或管家主持，让双方当事人陈述自己的理由，尔后让双方依据理由进行辩论，受理人根据双方陈述的理由和辩论的胜负裁决官司的输赢。

千卜录部落制度及法规[①]

千卜录属现共和县，解放初期，有二十四个"措哇"（千户管辖的部落），其中百户部落十六个，即拉乙亥麻、甲乙、黄科、黑科、麦乃亥、曲什科、元者、哈乙亥、东卫、居里盖、土日乎、莫合里、元者莫日麻、大仓和石乃亥、铁卜加；百户以下的部落八个，即次汉达哇、塔哇、纳塔麻、加里、角色、江西石乃亥、切扎、汇让。当时有属民二千三百余户，人口一万一千余人。

部落溯古

"千卜录"是流浪的意思。早先在黄河以南驻牧，牧地叫"尼隆"（阳坡），内分五个部落，故称"尼隆措哇阿"即"阳坡五个部落"。后因牧地不够使用，约在二百年前，由头人索洛与刚察和拉麻拉夫旦、都秀头人完干以及汪什代海千户共同商定，通过千卜录活佛日阿子用一万只绵羊、一千头牦牛、一百匹马和一百疋氆氇，从蒙古族青海湖盟长冶什格贝勒手中购得了黄河以北的草山使用权，初期千卜录部落在兴海龙却、共和郭密一带放牧，后来定牧在倒淌河地区。

[①] 本文系多杰整理译注，根据《中国少数民族社会历史调查丛刊·青海藏族蒙古族社会历史调查》和本调研组的补充调查整理。

一百多年前,"尼隆措哇阿"的大头人是娘托麻当,后来拉乙亥麻头人索洛加日当纠合一大批"尼什匠"(单身汉),到处偷盗、抢劫,还联合其他头人,并暗中联络清政府排挤娘托,终于在1865年前后,以与娘托闹草山纠纷为名,由清政府裁决,被封为正千户,封娘托为副千户。

部落制度

千户为世袭制,自索洛始至切群加终,共传四代,千卜录设正、副千户职各一名。

千户下设百户、头人之外,还设有两名总百户。曲什科百户拉麻才让为统管曲什科、元者和麦乃亥三个百户部落的总百户;石乃亥百户尕贝为统管石乃亥、铁卜加两个百户的总百户。同时,在全部落内,还设有一个"求德合"(执行处罚)组织,由千户直接掌握,内有"求红"(执行处罚官)二至三名,每部设"求德合"三至五名,专司抓人、罚款事项。此外,在各个部落中还有一大批协助千百户管理牧民的"予哇"(说客)、"银肯"(书记)、"文保"(相当于内务副官)随从等等。

部落会盟制度。每年阴历的五月初一至初五,由千户主持,全千户部落在赛什贝多隆聚集七百至八百属民祭俄堡、"煨桑",借此机会,由活佛出面,借神意安排本部落草场,调解纠纷,征收税款,一般每个"单过"(马头,是一种征收税款的单位,每一匹马、一头犏牛、二头牦牛、十只绵羊合为一个"单过")摊派一元。每三至五年念一次"却得合",由千卜录寺院六十名僧人念十至十五天,每个"单过"收款三至五元。

部落习惯法

一、牧户管束法

（一）部落属民不得任意外迁，迁出要给头人送"出籍礼"，数量品种不定，一般一只羊、一条哈达，至少也得一包茶、一条哈达。

（二）未经部落头人允许而偷偷迁走者，轻者罚"达毛东西黑"（像纵析箭杆一样，没收家产的一半）或"过拉卡参木"（帐房门前的所有牲畜全部没收）。重者罚"撒拉顿巴"（土地上的所有财产全部没收）。例如：一九四四年，拉乙亥麻部落牧民才布，难以承受次合巴、阿乃亥等人的税款，偷偷迁往江西沟莫合里部落，全家仅有的二十头牛都被没收。

（三）新迁入牧民首先向千户缴"入籍礼"，藏语叫"遇得合"（意即拴头，这里指投靠的意思），数量、品种不定，一般一只羊、一条哈达，至少也得一包茶、一条哈达。

（四）新入籍的牧民每年要规定负担差款，遵守部落规矩。

二、草原使用法

（一）草场归部落头人所有，气候温暖、水草丰美的优质草场为头人牧地，不准牧民进入放牧，凡擅入者要受罚。

（二）部落属民只能在"公用草场"上放牧，不得擅自越界。

（三）部落属民必须按规定的时间、地点搬帐房，迟搬、早搬、错搬都要罚款，称之为"日求"（迁居约束处罚）。

（四）牲畜越界（分季草场界与部落头人、寺院固定草场界）吃草罚款，重则罚五十个"求德合"吃一顿饭或罚"旦未绸"（一匹马、一领氇氇衫）；轻者罚一头牛或一只羊，谓之"杂求"（用草约束处罚）。

（五）如牧民不服"求德合"所作处罚裁决，千户便亲自出面或者派人直接处理。这样一来，牧民除按规定缴罚款外，还得付"卡称木"（罚嘴）和"玉咋"（调解费），并要献上哈达等礼物，向"求德合"认错，赔礼道歉。

（六）如果还不服从调解，轻则没收一半家产，重则没收全部家产，逐出部落。

三、内部秩序法

（一）打死人者，罚命价款、死者念经款，没收"凶器"和"凶马"。

（二）打伤人者，罚养伤款和念经款。

（三）打架者，双方给头人出调解款。

（四）吵嘴者，双方给头人出论理款。

（五）结婚出"准婚钱"，离婚出"调解款"。

（六）"外偷"未经头人允许罚款；"内偷"没收家产；偷本部落头人、牧主的财物则没收行偷者的全部家产，痛打后逐出部落。

（七）违犯部落制度者，先打后罚。

（八）牧民向头人说错了话，罚"卡秋"（口舌约束处罚）。

（九）不遵守头人的决定，打残罚光。

（十）牧民在头人帐房附近吵嘴、打架、唱情歌，或者打了头人的狗，属冒犯头人尊严，酌情处罚。

罚款的方法：①"卡巴"，头人自定罚款数目；②"褡裢"，纠纷双方各罚一半；③"旦木绸"，罚一匹马，一领氆氇衫；④"达毛东西黑"，罚一半家产；⑤"过拉卡层木"，罚门前牲畜；⑥"撒拉丹巴"，罚其家庭地面上的全部财产；⑦"哈玉乎"，亲戚都要受罚或没收部分财产。

（十一）偷了部落头人财产，钉竹签，上烙印。

（十二）嫖了头人的姘头，割睾丸。

四、特殊审判法

（一）拿火斧：当事人拿上烧红的铁斧走三步，次日检查，若手起泡，即认定所供不实，定为罪犯。

（二）炼油锅：将油煮沸，令被指控偷盗者，将手插进油锅中，次日检视，若被烧坏，即定为罪犯。

（三）抓阄丸：将黑白两纸条，包在炒面丸内，放在盘中，由当事人取一粒，拿上黑纸条的，即为罪犯。

（四）赌咒：头人召集全部落牧民，念咒经，让人赌咒发誓，不敢赌咒发誓，则被认定为案犯。

（五）严刑逼供：刑罚有烙印、钉竹签、割鼻子、挖眼睛、割耳朵、剁手、押地牢、上脚镣、戴手铐、吊捆于旗杆等。

五、婚姻制度

（一）一般是一夫一妻制，重门当户对，富娶富，穷嫁穷。

（二）男女相爱，父母不同意时，偷偷将女人引去，待征得女方父母同意后，再举行结婚仪式。

（三）离婚和寡妇改嫁都要经过头人的批准。

（四）女子通常十五至十六岁结婚，男子一般在二十左右。

结婚须请活佛或密宗僧侣算卦，断定双方生辰八字。

（五）送财礼贫富不同，富户一般送羊三百只，马二十匹，牛十头，银元一千块；贫户只送一头牛或四至五只绵羊和女方的穿戴（衣物、银发饰、颈珠）。

（六）部落头人嫁娶全部落属民都要贺喜送礼，富的送一个"仓拉"（羊后腰以下的肉）；送不起"仓拉"，也得送"土吾"（藏点），最穷也送一条哈达。

（七）招女婿不送财礼，女婿的衣物全部由女方负责。招婿那天，女方家要举行盛大宴席，举行结婚仪式，请人"祝福"，致"贺词"。婚礼一毕，男方送亲人走时，女方家长要给女婿的父亲敬酒，送给一匹马或一头犏牛。

六、丧葬制度

死了人，用绳子将尸体的脖子和脚捆起来，在帐房内停放五天，男的放在帐房门的右角，女的放在帐房门的左角，并请活佛念经"超度"。富户请四十九个僧伽（其中活佛一至二人），念七天经；一般家庭请七个僧伽，念三至七天经；穷人请两个僧人念一天经。死了长辈，要给僧侣们布施，把死者的衣服、马、鞍、锅、勺、炒面袋子等全套生活用具送交布施。

出葬一般按照死者身份和原因，采取不同的葬礼。驮尸专用牦牛，不用犏牛和骡子（因忌讳犏牛、骡子不能繁殖后代，用以驮尸，死者灵魂不能转生，或对儿孙不利）。尸体送往固定地方，一般采用天葬，很少行水葬、土葬和火葬。

从尸体送走当晚起，转移帐房，并在"才秀"（帐房遗址）背后做很多泥塑小佛像，谓之"本坑"，一年内不在此地下帐房。部落头人死了，本部落属民（除亲戚）不哭葬，但每家得拿一条哈达和一盏酥油灯去告慰亡灵。

富户死了人，还到寺院烧"茫加"（供僧侣集体喝茶）、煮米饭，并给每个僧人一至二元的布施，给活佛送一匹马和全套马具，有的还在经堂点一千盏酥油灯。

绝户的全部财产、牲畜和帐房都要交给寺院。

七、习俗与规矩

（一）牧民见了活佛、头人都要远远下马，站立或跪在路旁，伸出双手，掌心向上，脱帽、弯腰，留辫子的还要把辫子拉到胸前，表示礼貌。

（二）头人、活佛上下马，都得有人牵马附镫。活佛下马时，地上铺白毡、红毡或红布。

（三）活佛和活佛见了面行触头礼，活佛的父亲，身份相当的头人和活佛见面也行触头礼。

（四）牧民群众见了活佛，在他的衣物或马镫上，用头触一下表示顶礼。

（五）寺院的"完德"（小僧）见了活佛、管家、领诵要避开。

（六）长辈见了晚辈，不论男女，行接吻礼。

（七）俗人不能坐在僧人的上位，牧民不能坐在头人的上位，妇女不能坐在男子的上位，在举行盛大的宴席或逢年过节请客时，按各人社会地位的高低排列座次，入席和离席，依照不同等级，按秩序先后行动，不可随意违背顺序。

（八）主人迎送客人须在牲畜圈外。遇到节日、喜事和久别初见时，互献"哈达"表示敬意和祝贺。献"哈达"时，两人的地位相等，双手献、双手接，以自己的哈达回献对方，一般人向活佛、头人献哈达时双手把哈达举起，放在炕桌上或放在受礼者面前。

（九）给死了人的家庭献"哈达"要折叠起来送交。

（十）不能挖泉水、开渠，以免得罪龙王，致使得病，家破人亡。

（十一）不在"神山"挖药材、打猎放枪，以免山神降下灾祸。

（十二）用作祭祀的牲畜，叫"才它日"（放生的牲畜），不出卖、不宰杀。

（十三）搬帐房、收割、娶媳、嫁女、招婿和立新帐房等重要活动，都事先算卦，选择"吉日"进行。

（十四）男人不能干清理圈中牛粪、打酥油、背水、磨炒面、做饭等"下贱"劳作。

（十五）避免让生人打酥油，不洗酥油桶和奶桶的外表，以免冲"福气"。打出的酥油，宰杀的牛、羊，先行祭神，方可食用。

（十六）藏历每月初八、十五不能宰牲。

（十七）不吃奇蹄类、爪类和鳞类的动物肉。不穿别人穿过的衣服，不用别人使用过的餐具。

（十八）吃弃的骨头不扔在灶里，不用脚蹬灶，脚不伸向供佛的方位。

（十九）帐房上不晒裤子、靴子和铺毡。

（二十）妇女不能跨越男子的衣物，寡妇不能去办喜事的地方。

（二十一）忌讳叫亡人的名字，邻近有死者同名的人要改名；家中发生丧事后三天以内不能到别家去串门。

（二十二）来客不在帐房前最中间的木橛子上拴马，此处是家中出了命案或其他纠纷时，说事人拴马的地方。

（二十三）帐房内不能打口哨。

黄科部落制度及法规[①]

部落形成传说

相传很早以前，黄河南尖扎县元者沙漠努后地方有一座大山，山阳面有五个部落，通称"尼隆措哇阿"。五个部落中的黄科部落，有两个弟兄：格洛乎和官曲乎。官曲乎的妻子是贵南县尕加村人，叫"尕沙"（尕加女子），尕沙生了八个儿子，分居八处，形成了八个部落，即现在的黄科、尼什科、黑科、曲什科、莫合里、哈乙亥、甲乙、拉乙亥麻。还有一种传说是这样的：数百年前"尼隆措哇阿"自黄河南迁入倒淌河地区后，一人娶贵南县尕加村女人为妻，该女生了八个儿子，其中一个叫官曲乎。官曲乎又生五子，分居五处。一个因去海晏抢劫被打死；一个出家为僧，称"喇嘛文则"（本名知化），后来还俗娶妻成家，其后代形成的小部落，叫"喇嘛合热"；一个叫又哈，住黑马河，喂着两匹黑走马，一天两马绊在一起放牧，摔死于悬崖下，又哈过度伤心成了疯子，后来以他的后代为主形成的部落叫"尼什科"（疯者帐圈）；一个能说会道，成了部落头人，以他的后代为主形成的帐圈叫"黄科"（官人帐圈）；最小的一个在十五岁时，去刚察、阿柔地区抢劫，一名伙伴被对

[①] 此文系多杰整理译注，根据《中国少数民族社会历史调查丛刊·青海藏族蒙古族社会历史调查》等补充调查整理。

方打死，大家埋怨讥讽他身不净，是倒霉鬼，以他的后代为主形成的部落取名为"曲什科"（被讽者帐圈）。

黄科部落自黄河南迁到倒淌河地方以后，力巴家族已传七代。前五代都是千卜录部落正千户，到娘托麻当晚年失去了正千户职位，成为副千户。娘托麻当死后，其子本巴袭职，一九四六年秋本巴死后，力巴承袭了职位。

部落组织结构

黄科部落包括"黄科"和"尼什科"两个分部。相传这两个分部的祖先是弟兄，其后裔各形成了一个氏族。"尼什科"原住黑马河地区，因户少、势弱，无法抵御外部落的侵袭，才迁居黄科地区，并入黄科部落。黄科本部以副千户力巴家族为主，分六个"哈玉虎"父系亲族：（一）环仓；（二）霍尔；（三）季仓；（四）石乃亥；（五）托杰安却；（六）甲里。"尼什科"部落，由四个"哈玉虎"组成：（一）拉麻吾热；（二）赛日那见；（三）黑斗后；（四）单本起。

父系亲族的特点和作用：（一）早年每个"哈玉虎"单独组成一个小部落，后来变成多数部落是几个"哈玉虎"所组成；（二）一般居住集中，有共同的草山和"神山"；（三）有宗族关系与行政合一的世袭头人；（四）每年有统一的宗教活动，如祭"俄堡"、季节性法事活动等；（五）有部落武装，用以保护本部落利益，防止外部落侵袭，进行部落兼并战；（六）支持和协助推行寺院的各种宗教活动；（七）管理内部事务，调解和处理内部纠纷；（八）管理、使用四季草场。

"哈玉虎"一般有一个共同的男系祖先，俗称："骨头相同，血脉相合"。因此，一家死了老人，全"哈玉虎"男女戴孝，一年内不准歌舞和办理喜事。并且禁止在"哈玉虎"内部通婚。

"哈玉虎"的社会功能是多方面的，大致可概括为：

（一）遇到丧葬事由时，召集老人商议送葬日期，帮助抬葬，请僧侣们做法事并支付费用。

（二）决定和处理绝户的财产、牲畜。

（三）照顾或扶养鳏、寡、孤、独。

（四）一户被抢劫、杀害，"哈玉虎"组织复仇。

（五）一户因抢劫、杀人案件受罚，由"哈玉虎"出面用罪犯的家产、牲畜赔偿，不足部分由各户分担。

（六）闺女出嫁，须征得"哈玉虎"内老人的同意。

（七）内部发生纠纷，先由老人出面调解劝说，调解无效再提交头人处理。

（八）弟兄分家，夫妇离婚，请老人参与作证人。

（九）宗教寺院摊派布施，通过"哈玉虎"动员和组织。

由于"哈玉虎"是大家族实体，形成了人人要维护"哈玉虎"的尊严和尊老敬长的习俗。

部落法规

一、户籍管束法

（一）新迁入牧民，要给部落头人送"入籍礼"，谓之"过得合"（意即投靠）。数量、品种不定，一般一只羊、一条哈达，至少也得一包茶、一条哈达。

（二）入籍后每年按规定负担差款，不得随意外迁，未经部落头人许可而偷迁者，轻者没收家产一半，谓之"达毛东西黑"（像纵析箭杆一样），或没收帐房门前的全部牲畜，谓之"过拉卡层木"。重者没收土地上的所有财产，谓之"撒拉丹巴"。

（三）部落属民迁出须征得部落头人同意，要送"出籍礼"，数量、品种不定，一般一只羊、一条哈达，至少也得一包茶、一条哈达。

二、草原使用法

（一）草原归部落所有，气候温暖、水草丰美的优质草场归部落头人、寺院使用，部落属民在较为边远的"公用草场"上放牧。

（二）部落属民必须按规定的时间、地点搬帐房，迟搬、早搬、错搬都要罚款。

（三）牲畜越界（分季节草场界，部落头人、寺院草场界）吃草罚款，轻者罚一头牛或一只羊，重者罚供五十个"求德合"（执法者）吃一顿饭或罚"旦木绸"（一匹马、一领褐衫），谓之"杂求"（用草约束）。如牧民不服"求德合"裁决，千户便亲自出面或者派人直接处理，这样一来，牧民除按规定缴罚款外，还要罚"卡称木"（妄言处罚）和"玉咋"（调解费），并携哈达等礼物找"求德合"认错，赔礼道歉。如果还不服从调解，继续进行反抗，轻则没收家产一半，重则没收全部家产，逐出部落。

三、部落秩序维护法

处理案件，多数是罚款，按通例，受害者所得不超过三分之一，头人得三分之一，调解人和调解耗费约三分之一。罚款种类：

（一）打死人者，罚命价款、死者念经款，没收"麦吾"（凶器）和"麦达"（凶马）。

（二）打伤人者，赔偿血价和诵经费用。

（三）打架斗殴者，双方给头人调解费。

（四）吵嘴者，双方给头人调解费。

（五）结婚出"准婚钱"，离婚出"调解款"。

（六）对未经头人许可向外部落行偷者处以罚款。通常偷活佛、部落头人财物的偷一赔九，偷平民的偷一赔三。对在部落内部行偷者，没收一半家产；偷本部落头人、牧主的则没收全部家产，打成残废，逐出部落；劫掠外部落财物须与本部落头人平分，否则，要加重处罚。

（七）违反部落制度者，先打后罚。

（八）牧民向头人说错了话，罚"卡秋"（口舌约束）。

（九）不遵守头人的决定，打残罚光。

（十）牧民在头人帐房附近吵嘴、打架、唱情歌，打了头人的狗等被视作冒犯头人尊严，酌情处罚。

（十一）牧民见了头人"发笑"、不答话、不问好，被认为是"讥笑头人"、"轻视头人"，按"冷笑"、"大笑"、"公开笑"、"偷笑"等四类进行处罚。

（十二）违反头人意志者罚款，有抵抗言行者，罚牦牛一头；与头人讲理，则以"反抗头人"、"有意破坏头人名声"加重处罚；听到别人骂了头人，必须立即报告，不报告被头人发觉，以"轻视头人"论处；与头人顶嘴，打一百皮鞭后，再罚七天劳役。

（十三）私自平息纠纷，以"企图推翻头人职位"为罪名，双方各罚一头牛或者一匹马。

（十四）判断不公，双方争执不休，头人无法裁处时，罚"褡裢庞哇"（一定量财产处罚，每人各承担一半）。

（十五）罪犯自首投案者，要付出"投案款气"，抢劫、杀人畏罪投靠的要缴纳"保护款"。

（十六）留客人住宿，要报告头人，否则，以"窝藏坏人"、"捣乱部落秩序"罪名罚一只羊或五至六元白洋。

（十七）头人患病念经，群众要听差，不到的罚款，并要持礼物（哈达、红糖）探问，对不来者也处以罚款或毒打。

（十八）头人家修院落、搬帐房，必须自动服役，不到的罚款。

（十九）打伤头人家的狗罚一只羯羊；打死者先拿上一包茶、一斤酒、一条哈达向头人赔礼道歉，然后赔狗的"命价"（一头牦犍牛）。

（二十）头人组织念经，不积极支持参加的罚"背叛佛祖"、"宗教叛徒罪"，罚一只羊或十五至二十五块白洋。

（二十一）不经头人允许，买了外人东西，毒打后罚款。

（二十二）不经头人允许，擅自结婚、离婚者罚款。

（二十三）路过头人帐房不下马者罚款。

（二十四）家中不和，头人调解后，再发生口角，女的吵嘴罚一头牛，男的吵嘴罚一只羊。

（二十五）头人面前放了响屁，除罚款外七天内不准见人。

（二十六）外出探亲、做事，未经头人允许者罚款。

以上条款中没有明确处罚量者，可视情在下列的方法中选择：（一）"卡巴"头人自定罚款数目；（二）"褡裢"罚纠纷双方各一半；（三）"旦木绸"（一匹马、一领氆氇）；（四）"达毛东西黑"罚一半家产；（五）"过拉卡层木"没收门前牲畜；（六）"撒拉丹巴"没收当事人家庭地面上的全部财产；（七）祸及"哈玉虎"亲戚，各门户分担处罚。

四、特殊审判法

（一）拿火斧：当事人拿上烧红的铁斧走三步，次日检查，手起泡，即认定所供不实，定为罪犯。

（二）炼油锅：将油煮沸，令诬为偷盗者，将手伸进油锅中，次日验视，手被烧坏，即定为罪犯。

（三）抓阄丸：将黑白两纸条里在炒面球丸内，放在盘中，当事人取一粒，拿上了黑纸条的，即为罪犯。

（四）吃咒：头人召集全部落属民念咒经，逐个发誓、吃咒，不敢发誓、吃咒的，就是案犯。

（五）摸黑白石头：将油烧开后，丢入黑白石子各一块，让当事者之中不服调解的一方，在滚翻的油锅内摸，如果摸到黑石头或不敢摸，即被认为作案者。

（六）抓门环：部落头人与活佛商定好，由活佛点上灯、念着经，让被告者从十步远的地方叩着头去抓门环。如果不敢去抓，即认定为作案者。

（七）施以严刑，进行逼供：主要有钉竹签、拴在马尾上拖拉、割鼻子、挖眼睛、割耳朵、押黑房、上脚镣、戴手铐、吊旗杆毒打等。

五、贡税征集法

（一）从力巴的父亲本巴开始，每年阴历二月十五日以私人名义，给化隆县支扎寺五百余名僧人赠念经费，规定富户每家收一只羯羊、一百元钱、十余斤酥油；中等户一只羊、三十元钱；次等户五至六元钱。

（二）每年去西宁给马家官员送两次礼，每次每个"单过"摊款一至十元。

（三）每逢年、节与红白喜事，部落群众都得送礼。

阿曲乎部落法规[①]

据传说，阿曲乎部落稳居现兴海县地界范围，约有三百年之久，是明末清初这一带部落兼并过程中产生的大部落。所谓"阿曲乎"，在藏语中作"大汇集"讲，是因为该部落兼并了邻近十多个藏、蒙古小部落，并且成为这一带引人瞩目的大部落之一而得到这样的尊称。历经数次盛衰沉浮，近代又分为上下两部，其中保持旧制较多者属上阿曲乎，其部落制度比较严密，习惯法规也较完备。

牧户迁居法

（一）草原的管理和安排权归千户执掌，违背其规矩者堂罚。

（二）牧户按小亲族每十户编为一个"日郭尔"（帐房圈），每个"日郭尔"设一个"求德合"（执法者）。共二十个"求德合"，分属八个"求宦"（执法官）统领。具体由各"求德合"依照部落俗规和千户的意志安排四季轮牧，包括迁圈的时间、落帐地点、使用草场的范围等。

（三）违背"求德合"宣布或通知的迁圈日期，擅自早搬

[①] 阿曲乎部落法规，系格明多杰整理翻译。

或拖延搬迁者要受"日求"（帐房搬迁约束）的处罚，一般是罚牛一头。

（四）误越草场界线，则罚"杂求"（用草约束），一般是放牛、马者罚牛一头，放羊者罚羊一只。如因越界用草引起争执，还要罚马一匹，叫作"尺门达"（犯科马）。

（五）造成草原失火，要罚以"尼求"（失火约束），一般是罚牛一头。

（六）外地牧户来该部落草山放牧要求得千户的允准。

（七）外来户当以送银两、绸缎、牲畜、茶叶、哈达等礼品的方式请求借用草原，经过千户准许后，通知使用地界"求宦"与"求德合"划地管理。

（八）外来牧户得到入居许可后，须遵守该部上述迁圈、用草规矩。

（九）过境商旅须事先给头人献礼，求得准许和保护。否则以犯境论处，根据牲畜和人头数扣罚牲畜和财物；发生丢失、偷盗、抢劫、伤害性命等案件亦不受理。

（十）千户及其家族使用本部草原具有特殊权利，任何人不得干涉。

（十一）全部落最肥沃的冬季草场、三条大沟和夏季草场的一条大沟（即措田、都台、垄纳合、松丝外等地，约占全部落可利用草场面积的三分之一以上），非千户家族不得使用放牧，擅入者当受到严厉的科罚，但千户家族的牲畜越出此界则不受处罚。

牧户管束法

（一）部落属民不得任意外迁，拥有私有牲畜的牧民为"哈哇"（纳税者），须负担马家政府的各种赋税，根据牲畜拥有数分为六等，按等级负担赋税；没有牲畜的牧民为"生斗"（召集部落会议时在外围或旁席就座者），须负担马家政府所派的运输、修路等徭役，并且是头人家族迁居、经商、运输的劳力依靠；赤贫的"拉腰乎"（仆人与雇工），无家安身的"尼什匠"（单身男子）、"毛什匠"（单身女子）按约助人养己，是帮家务、奔差遣有用的人，他们都是千户的属民，不能随意迁徙他乡。

（二）新迁入牧民要首先向千户表示"过德合"（直译即"拴头"，头喻命运，拴喻受约束于头人，可译作入籍为属民），一般送一只羊为入籍礼。

（三）新入籍的牧民每年按规定负担赋税；遵守部落规矩，因纠纷潜逃来的牧户当为头人作"腰乎仓"（全家为仆）。

（四）迁入不入籍的牧民也要行投靠礼，一般送一只羊，并且要每年缴纳赋税，但居住时间不能超过十年，超此年限则要入籍。

（五）入籍者不准随意迁走，请求迁走须经头人准许，并缴纳一匹马为"过向"（即抽去户头的当年税款补偿）。

（六）对未经准许逃亡被追回者，要罚以没收财产的处罚，轻者家畜截半，重者家畜尽收。逃亡过程遭受抢劫、偷盗以及伤害等不予保护。

（七）头人的权威不得损伤，全部落男女老幼均须维护而不得背信。

（八）属民给头人做工，不能随便辞工不干，做够约定年限离去时，要脱下头人送给的穿着；没有做够约定年限的，不仅要脱下头人送给的穿着，还要倒扣一年的工资。

（九）属民对头人说错话者要罚"卡求"（口舌约束）；违背头人的旨意要受处罚，视故意与无意、初犯与惯犯决定处罚的轻重。若系无意，可经说情以一瓶酒、一条哈达赔情了事；若系故意，一般罚银洋百元以上；若系经常不听令、不束嘴，打骂头人的使差公干人员，以至抗旨作乱，则属罪大恶极，处以重罚，或行"达毛东格斜合"（"达毛"即箭杆，"东格斜合"即从尾部缺口入弦的正中劈开，实际指没收家畜的一半），或行"郭拉卡层"（"郭拉"即帐房内圈，"卡层"即为界，取意帐内圈子为界，此以外的家畜、财产全部没收）的处罚。

（十）在头人的帐房附近吵嘴打架，属损伤头人尊严的行为，予以严惩。或没收双方的武器、乘马，或罚以近等价值的银元，此乃"过希合"（"过"即门，"希合"即清扫，取意清扫门前不净）。

贡税征集法

（一）上缴政府的各种"加恰"（即赋税，据说当时每年征收的苛捐杂税达七十多种），每年征收一次，凡纳税者不得拖延或借故不缴，拒缴抗税者交予政府投监。

（二）耕种"恰乡"（租田）的佃农，不仅要担负马家政府的苛捐杂税，还要缴纳"乡恰"（田租）予头人。每户年纳地租二斗（二百斤），借故拒缴者将受到应得处罚。

（三）从全部落的利益出发，头人代众每年给马家政府送贡礼一至两次，各种礼品（良马、犏牛、白洋、珍贵皮毛、鹿茸、麝香等）各户按财力分担，借故拒缴者受罚。

（四）头人去西藏朝拜时，各户要尽力送以钱和牲畜，承担"唉宗"（义务送行），数量不定（虽说义务送行的钱财数量无一定限额，但都要送，而且送的少了就往往被借故惩罚）。

（五）事奉三宝、向往善法而施舍是部民的美德，为保佑人畜平安、部落繁荣，祭神敬佛所需费用应皆尽力，不得难为于办理征集事务者。

（六）集体法事活动中，有牲畜的人家须承担"宁可尔"（即在寺院僧众念经时管一天的吃喝与一定数量的白洋和食物）。

芒莱干塔莱法典[①]

我兰勐

一、大家认为应该分封食邑，而有人提出不应该分封。

二、大家认为不应该分封食邑，而有人主张分封。

三、大家认为可以去，有人说不能去。

四、大家认为不能去，有人说可以去。

五、大家认为可以做的，有人说不可以做。

六、大家认为不该做的，却又主张应该做者。

七、大家认为应该保护的，他说不该保护。

八、大家认为不该保护的，他说应该保护。

九、大家认为应该保留的，他说不该保留。

十、大家认为不该保留的，他说应该保留。

十一、大家认为应该耕种栽插的地方，他说不应该耕种栽插。

十二、大家认为不宜耕种栽插的地方，他说应该耕种栽插。

凡以上违反众愿者，为叛逆行为。

---

① 此法规及后方几部法规，均系西双版纳地区傣族法规或习惯法，内容有所交叉或重复，有的显系同一法规的不同版本，或翻译、整理者不同。为了体现这些法规的原貌，尽可能不损害它们的完整性，故一概收入，或许亦可作不同傣族法规版本与内容之间的比较。

咋星勐

一、毁寨开渠，毁田建寨。

二、毁寨开田，毁田建村。

三、应该要者不要，不应该要者强要。

四、宜建坝蓄水的地方，不建坝蓄水；不宜建坝开渠的地方，硬要开渠建坝。

五、应该开渠排水的地方不去开渠排水，不应开渠排水的地方，硬去开渠排水。

六、将田开成鱼塘，将鱼塘开为田。

七、宜建寨的地方，不得开为田地。

八、宜开田的地方，不得建立村寨，建房盖屋。

九、用来作为各种庆祝活动、集会的场所，不让庆祝集会。

十、不应该举行庆祝活动的事，强逼大家庆祝。

十一、应该让大家知道的事，而又严密封锁者。

十二、不应让大家知道的，却又故意传播者。

广勐[1]

一、百姓不得升官。

二、官员不得降为庶民。

三、小官不能升大官。

四、大官不得降为小官。

五、乃哈西不得升为乃怀。

---

[1] 广勐共十五条，原文缺三条。

六、乃怀不能降为乃哈西。

七、列有大官席位不坐,却去和下级官员列坐者。

八、乃怀等级的官员,列有小官等级席位不坐,却和上级官员列坐者。

九、高级官员,排行应在前,却列坐于下级官员之后者。

十、下级官员,排行在后,却列坐于上级官员之前者。

十一、身为官员,却和百姓坐在一起者。

十二、身为百姓,却和官员坐在一起者。

凡违反以上条例,均为触犯了广勐法规。

哈柏勐

一、宜设圈官(相当乡一级)的小地方,却设置闷官(相当区一级)。

二、宜设闷官的地方,却又去设置圈官。

三、官职当乘象,却去骑马者。

四、官职只能骑马,却又去乘象者。

五、应封委为帕雅图的地方,却设帕雅龙。

六、该封为帕雅龙的地方,却去设帕雅图。

七、该设土司的地方,却不设置土司。

八、不该设土司的地方,却又设置土司。

凡违反以上惯例者,以犯哈柏勐罪论处。

巴维尼勐

一、是做好事,信教、听经、参加关门节、开门节、斋僧、拜年。

二、是帕雅（酋长）种为酋长；是嫡（小姐）种为嫡。

三、信仰宗教者为宗教徒。

四、官种为官，百姓种为百姓；旧的不毁，新的不立。

哈谢勐

一、傣历新年，应该举行三天三夜的庆祝活动。玩藤球、赛龙船、采山花团拜。

二、到佛寺拜佛。

以上两个方面，称为哈谢勐。

布算烂

一、要常和有智能者接触。

二、诸恶莫做。

三、干活量力。

四、和博学者交朋友。

五、学会各种技能，开阔视野。

六、经商要遵守法规。

七、应与人为善。

八、有了钱要分为四份。（按：孟连傣族习惯，凡有了收入，要将它分为四份使用，即一份留做养老金；一份留给子女；一份布施献佛；一份作现实开支。）

九、有福共享，有难同当。

十、尊师勤学。

十一、要和懂礼貌的人常交往。

十二、爱情靠耐心，对钟情女友要送礼。

十三、说话宜时，问话有目的。

十四、想迁徙，请教尊师。

十五、求助于人，应依礼而行。

十六、想富，要添人口。

十七、相爱须忠恳。

十八、看人莫看死，恨人莫恨终身。

十九、礼尚往来，礼貌相待。

二十、遇人生气要远离。

二十一、为官者要爱民，做长者要爱儿孙。

二十二、村寨头人要爱村民百姓。

二十三、讲话要看对象，训人要有道理。

二十四、价贵别买，遇难则退。

二十五、错者先言。

二十六、别离相告。

二十七、知识靠勤学。

二十八、防仇须练武。

二十九、知难则进。

三十、陈旧要更新。

三十一、当比丘要念经。

三十二、有急事须慢行，遇缓办之事要急行。

三十三、忍耐得福。

三十四、想出名须接见官。

三十五、想吃饭要勤耕种。

三十六、想吃鱼要勤下水。

三十七、想布施要助进佛寺。

三十八、想安静则独居。

三十九、想为师必须懂习惯法。

四十、想当规范师，必须懂佛教经典。

四十一、欲知道德法规，必须勤问老师。

四十二、想美腿，要经常洁身。

四十三、想当酋长，要用法规约束自己。

四十四、欲把远门出，先把远亲攀。

四十五、常把祸福想。

坦麻拉札安雅的萨巴莫哈

三好：

一、不失约。

二、不争吵。

三、不和无理的官员争吵。

三不好：

一、早睡晚起。

二、坐别人家的门槛。

三、两面三刀，乱讲他人坏话、丑话。

五不要：

一、班加戛底。

二、散打戛底。

三、朵萨戛底。

四、莫哈戛底。

五、帕雅戛底。

"班加戛底",即不要偏袒亲戚好友,强权加于人。

"散打戛底",即不要接受贿赂,不要偏袒,明知有罪判无罪,重罪轻判。

"朵萨戛底",即办案时要辨明是非,问清缘由,公正裁决,不以官势压人。

"莫哈戛底",即不要不懂装懂,错判错处。

"帕雅戛底",即判刑论罪时,不要以一方能说善辩、强词夺理而判有理;不要以另一方不善于能说会道而判理亏,应以事实为依据。

以上五条应力求避免,否则就要错判错处,重罪轻判,轻罪重处;有罪判无罪,无罪判有罪。明知是错的而说成对的,对的说成错的,颠倒是非关系,曲直不分。查找原因都是因为接受了他人的贿赂,或者是亲朋好友,不顾法律而偏袒;或者因不懂法规而装懂,偏听偏信,自作主张,或者以权势压人,其结果造成伤害好人,保护了坏人的不良后果。

两人争吵打架的处理办法

一、发生案情,有人先来报案,不宜急于处理,要兼听当事者双方陈述,让其充分阐述各自理由,查问清楚。对双方供词要反复核实,方能裁决。

二、主持审理的官员在裁决时,要充分考虑自己的断案能力,裁决依据的准确性,弄清双方争执、斗殴的原因是为了财产继承,还是为了债务纠纷,如谷米、金银、财宝、衣被抑或其他财物。所涉及的财物,价值高低、新旧、数量、事情发生的时间、地点、有无人证等都要落实清楚，如实记录。这样就可判断谁是谁非，情节轻重，事态性质。然后依据法规准则作出裁决。有的案件，经过查证，若与事实有出入，就应一笔勾销。

凡斗殴告到官府须有证人

若两人发生斗殴，告到官府，须有证人，对证人要查问清楚。

凡是信教徒、富人、家族兴旺之人、有名望的绅老、正直的人、儿孙满堂的人、农民、商人、诚实不说谎的人，这些人都可以作证人。

不能作证人者：

一、说话颠三倒四、记忆力衰退的老人。

二、小孩。

三、乱搞男女关系的人。

四、赌博者。

五、醉汉。

六、疯人。

七、贪财者。

八、憨人。

九、偷盗者及其子女。

十、两面三刀的人。

十一、耳聋眼瞎者。

十二、罪犯及其家族子女。

十三、和当事人有仇怨者。

十四、和当事人有亲戚好友关系者。

十五、喜欢别人破产者。

十六、平时不接受别人的劝告者。

十七、经常犯罪者。

上述十七种人，都不能作证人。

对双方邀约来的证人，首先要查清，断案才会公平合理。

坦麻散拉札安雅

凡违反坦麻散拉札安雅，都是犯上，罚款如下：

一、不论百姓还是为官者及其家族，凡是违反"坦麻散"、"星勐"者，都作犯上论处，出赎罪银一伴五汉（闷、伴、怀、漫、甩、汉、海、曼都是计量单位，一闷有三百三十三两；一伴有三十三两；一怀有三两三钱；一漫有三钱三分；一甩有四十四两；一汉有四两四钱；一海有四钱四分；一曼有四分四厘。下同）；外加罚银四十八两四钱。

贺闷、贺先官员犯上者，出赎罪银五十九两四钱；外加罚银二十四两二钱。

贺伴官犯上者，出赎罪银十六两五钱；外加罚银十七两六钱。

混干官犯上者，出赎罪银九两九钱；外加罚银三十两八钱。

百姓、商人、比丘犯上者，出赎罪银十七两六钱，外加罚银十一两。

其他民族的百姓犯上者，出赎罪银三两三钱，外加罚银三两三钱。

如果超出上述的规定，多出了赎罪银和罚银的，都不合道理。

办案收入的银两，一分为三。一份给告发者；一份给办案官员；一份给土司。这是召片领建立的勐的法规。

二、凡不执行土司命令，经召允劝告三次，仍不听从者，该训则训，该打则打，该捆则捆，将他送达城子后方能松绑，但不能罚款，需进行教育。

三、召混、召乃受封采食的地方，不得无止境地摊派无偿劳动力，在官府中从事杂差的农民和其他劳动者，农忙季节要让他们回去生产，不能久留。

四、百姓经商，没有本钱，向上司、头人借贷，三年后才能计算利息。

五、外地来的百姓，不论投靠定居在任何大小行政官员、头人管辖下的勐、村耕地田种、开荒、种植果园、甘蔗等生产劳动的新立户，三年后才能计税。

六、不能以各种形式或借口叫百姓充当官府里的听差奴隶，但按召片领的奴隶法规，如下几种人才能充当听差奴隶：

（一）因借债无力偿还者，可作抵债奴隶。

（二）民法规定（傣语称阿努打占），奴隶的子女，他们在主人家里出生，父母是奴隶，因此，子女也是奴隶。

（三）是"塔纳底打"，即在外勐、外地做了坏事，自愿前来投靠当奴隶者。

（四）是"戛腊麻拉底"，即因偷牛盗马，触犯了地方法规，无力偿还者，沦为奴隶。

（五）因萨猛打萨拔吾戛朵，即无路可走的，为了养活自身，自愿用生命担保充当奴隶者。

（六）犯了法被判处死刑者，可以赎身当奴隶。

（七）生命垂危，无钱医治者，自愿卖身当奴隶。

以上这些人都是百姓沦为奴隶。

百姓，是自古生长在召片领管辖下的自由民，称"卡桑满"。他们在召片领的庇护下生活，不受外来势力的掠夺；在召片领的保护下，不受土匪的抢掠；他们接受教育，遵守地方法规，从事各种生产劳动，使地方太平，这些都是道帕雅的功勋，百姓理应是他的农奴。

哈单拉尼

一、谁窝藏了逃亡的奴隶，但并未指使、怂恿奴隶再逃跑者，不应追究其留宿主人的责任。

二、如果留宿的主人，不知是逃亡奴隶，虽然留宿了，而且奴隶又逃走了，也不应追究责怪主人。

三、奴隶逃跑，不论躲藏在谁的家里，主人明知他是逃亡奴隶，还要留宿，并继续指使、怂恿其再逃跑，作窝藏奴隶罪论处，罚银三两三钱，送给奴隶的主人。

四、奴隶犯了偷盗罪后逃亡者，收容的主人出钱买了这个奴隶，后来，偷盗暴露被捉拿归案者，不应株连新主人，因为他出钱收容了这个奴隶，应该算他有功。

薄汉好（即埋设竹签暗器）

不论任何人，在寨旁、房前屋后埋设竹签暗器而又未告诉本寨村民者，如将他人的象、牛、马、羊、猪、鸡、鹅、鸭伤害或致死，要论价赔偿；如果在夜间伤了人，则不能责怪埋设的人，因为他是为了保卫自家的安全；如果是白天伤了人致死者，要赔偿人命；如未造成死亡，应对伤者拴线压惊。

盗贼进村

一、盗贼进村，没有偷到财粮就被捉拿归案者，罚银三两三钱四分四厘。

二、盗贼来劫村，主人知情不报，纵容其劫掠，并留宿者，应罚银六两六钱八分八厘。

三、盗贼偷了东西，村寨头人、家族长为失者追回赃物，自己不能私吞，应归还被盗者。因为头人和家族长是本村、本家族得到幸福的保护者和长者。

四、凡协助失者追赶盗贼，并将赃物追回者，追回的失物应平分。

五、盗贼偷了东西后出售，如买者明知是赃物，还要购买，若被失主发现，仍不讲明真相，继续隐瞒，直到将罪犯捉拿归案后，方肯承认者，应该罚款，并把赃物全部退回，但买主有权向盗贼索回其购买价款。

如果买主不知是赃物，卖方编造说是自己生产或所有的，成交后，买主已把东西带回家里，后来失主在买主家里认出自己的东西，应归还失主，但对买主不应治罪。买主有权向偷盗者索回自己所买价款。

六、偷盗者把赃物拿到集市出售，不论谁买了，一旦失主发现，有权索回，但必须按价赎买，不能责怪并问罪买主。

七、在路边、寨旁买了赃物，只要有人证明，失主只能索回一半，不能对买主问罪。

八、盗贼将偷到的大牲畜赶到集市上出售，有人买了，后来被失主发现，但买主能提供现场交易时的证人，而盗贼又查找不到，应该将赃物还给失主，但对买主不应问罪。

九、如果在集市上购买了赃物，又无见证人，对买主应罚款半价，并将赃物还失主；如买主知其盗贼下落，并捉拿归案，罚款应退还买主。

象马牛猪糟蹋庄稼

一、大牲畜闯入田地糟蹋庄稼，田主有权将牲畜扣留一天，并通知畜主。经通知后，一天之内不来认领者，如果发生牲畜死亡，不能责怪田主；如果庄稼受了损失，损失多少赔多少，同时畜主必须用两只鸡、一瓶酒为田主招回谷魂（表示预祝丰收）。如果所扣留的牲畜未通知畜主，后来发生死亡或遗失，田主必须按市价赔偿，庄稼损失多少，仍由畜主负责赔偿；如果通知了畜主，畜主必须先赔偿了损失，方能将牲畜牵走；如果畜主接到通知，后来发生死亡或遗失，都不能责怪田主；如果畜主曾询问田主是否扣留了自己的牲畜，田主又有意隐瞒，应对田主罚款银四两；后来如牲畜又遗失了，应论价赔偿。

二、家禽闯入田园，主人应通报对方，但经三次通告仍不听者，继而又再次发生，主人有权将其打死，然后通报对方，并共同平分肉食；庄稼损失多少，还须照价赔偿；如果未通告对方，则应对田园主人罚款，赔偿双倍价值，作偷盗罪论处；如果既没有通报对方应管理好家禽，而自己的田园也未设围篱，将其打死者，应负责赔偿，打死一只，赔偿一只。家禽的主人赔偿对方庄稼的损失。

这样的处理办法才合情理。

拾物

一、路遇拾物，应该大喊："谁的东西，丢失在这里。"连续大喊三次，无人认领，方能拾走；如果路遇失物，又未喊叫认领，应将拾物情况报告村寨头人。后来失主寻找，应如实讲明情况，这样就可和失主平分。拾得东西未向村寨头人报告，后来，失主来认领，拾者可分三分之一，失主分三分之二。

二、拾到东西，既未向他人讲，也未报告村寨头人，自己将其隐瞒，后来，失主知道而来索回者，不能将失物分给拾者，应由失主全部索回；如果拾主不愿归还，应该强行索取；如果拾者花用或变卖了，应该对他罚款。

三、寨内、屋内丢失东西，不论谁拾到了，都应归还失主，不能分成，因为东西是在保存财物的地方丢失的，拾物不报，应该追究责任，并论价赔偿，失物全部追回。如果拾到东西后，又将它丢失了，或者变卖花用了，应该照价赔还。

四、丢失的物品，时间长了，失主也无心再寻找，拾者可以留作自用。如果失主愿意赎回原物，允许论价赎取。

例如：坦麻估当了比丘，他将"巴力汉"（大佛徒用品）物件丢失了，他无心去寻找，那么，谁拾到就归谁已有。后来，另一个比丘拾到此物件，不应向他问罪。

五、在战场上丢失了东西，是因为本人无法携带才丢下的，谁拾到了就不用归还失主。因为，当时为了保存生命，才将东西遗弃，故无权索回；如果一定要索回，就必须论价赎取。

借牛耕田

租牛耕田，借象、马坐骑，如遇所借牛马被人盗走，或因劳累过度而死亡，都应论价赔偿，租金仍按原商定的租额付清；如果借来的大牲畜还未使用就突然死亡，租金不付；如属在使用中害病死亡，赔偿半价；如果管理不当造成伤残断肢，必须照价赔偿，大牲畜则留给借方自行处理。

借用的牲畜害了病，必须通知畜主，双方共同医治，治疗无效而死亡者，不宜相互责怪；如果属瘟疫，借方来不及通知畜主，已经死亡，不应该对借方问罪。

这样处理就合法规的规定了。

借衣服及财物

一、借他人衣服穿戴，发生被火烧、被盗或者撕坏了，都应论价赔偿。

二、借了他人的东西，借方已经送还，主人也亲自经收过目，后来，东西遗失了，原借方不负责任。

例如：戛麻尼坚借用耕牛，当他把田犁完后，把牛牵回拴在牛主家里常拴牛的地方，当时牛主正在吃饭，还牛的人因为害羞，没有作交待就走了，但牛主已亲眼见到牛已归还拴回原处，当借方回到家里以后，盗贼把牛偷走了。牛主去找戛麻尼坚，要他赔还。如果要他赔还，应该先把牛主的眼珠挖掉，然后再赔偿。这是帕雅按照"素戛底戛麻纳"法规进行判决的原则。

三、亲友之间互借东西，通常习惯都是未讲就先拿走了，用后又送回原主家中，归还时也未告知物主。这种互通有无的借用，事前无论相告与否，后来若发生丢失，但所丢失之物是在物主家中发生的，则不应让对方赔偿；如果东西是在借用者一方家里发生的，就应照价赔偿。

小偷小摸

小偷盗物，无论是一人偷盗，还是集团偷盗，赃物已追回者，罚款银六两六钱；赃物已销赃，则每人罚赎罪银三两三钱，失物价值多少，仍须按价赔还。

奴隶偷盗

一、无论谁家的奴隶，盗窃了他人的财物后逃跑了，必须责令奴隶主去寻找。如果赃物未能追回，主人必须代奴隶按价赔偿；否则，可将他拘禁，并罚银四两四钱。

二、奴隶犯杀人罪，应关押三百二十天，并责令奴隶的主人赔偿对方一切损失。如果被杀者伤而不死，主人应为被杀者拴线压惊，并出赎罪银四两六钱二分。

三、奴隶犯了偷盗大牲畜罪，应关押二个月。如果被盗的牲畜未归还物主者，须责成奴隶的主人赔偿，赔偿数必须一至二倍；如果赃物已经追回，只加罚一份即可；如果奴隶的主人没有把奴隶缉拿归案，应对主人罚银六两六钱。

四、奴隶犯了偷盗家禽、鱼、稻谷、果类等罪，应关押三十天。如果赃物未能追回，应责成奴隶的主人赔偿被盗赃物的二倍；如果赃物已经追回，则加罚一份即可。奴隶在关押期间如越狱逃跑，应对奴隶的主人罚银六两六钱四分四厘。

五、奴隶犯了偷犁锋、耙、锄、刀斧罪者，关押二十天，被盗之物由奴隶的主人按价赔偿。

六、奴隶犯了偷鱼笼、渔网、火枪等罪者，关押二十五天，由奴隶的主人按被盗之物的价值赔偿。如果捉拿不到奴隶，应对主人罚银二钱六分四厘。

七、奴隶犯了偷盗各种水果以及作为家庭观赏的花木等罪，关押二十天，被盗赃物价值多少，由奴隶的主人如数赔偿。

八、奴隶犯了偷盗别人打有印记的蜂窝者，罚银三两三钱。

九、犯偷盗菜地里的蔬菜罪者，罚银二钱二分，如果确因缺吃充饥则免于问罪。

十、犯偷盗耙罪者，耙价值银四分四厘，就赔偿四分四厘，价值八分八厘，就赔偿八分八厘，价值多少赔多少，多要就不合理。

十一、犯偷砍伐勐的或村子里的龙树，以及农户种植的私有林木者，应赔偿其损失。如果因砍伐了树，导致村子里的人死亡者，应赔偿人的损失和林木的损失。

十二、犯偷土司家的公文罪者，由奴隶的主人承担责任，如果本人不愿去承担，是贺闷官员的，应关禁闭三天，是贺先官员者，罚银六两六钱。

十三、为偷盗菜、水果、槟榔、茶叶、烟叶、香料、芭蕉、香蕉、甘蔗等而引起事端，在集市上争吵者，罚贝一伴（折银三两三钱）。

十四、偷鱼肉、棉花、小刀者，罚贝二伴（折银六两六

十五、偷金银、珠宝、首饰、绸缎者，罚银二钱六分四厘。

十六、因口角而骂了别人，使对方生气者，若属一般争吵不问罪。

寄托

一、财物寄存，代为收存者不知其袋内装有何物，后来，放存的东西遗失了，寄存者说明寄存的东西有多少，必须如数赔偿。因为收存者没有问清所寄数量与内容，故有责任赔偿；如果寄存者乘机将所寄之物多报，或者没有财物而欺骗说有，这样，需要失主作出保证，方可赔偿，如果不能作出保证，就不赔偿。

二、如果因遭官府道帕雅官员强勒索要，或者被盗、火烧、失落入水等天灾人祸，寄存的财物受到损失，不应向收存者问罪。

三、如果纯属收存者贪心而监守自盗，应照价赔偿，但不予以加罪；如果未经物主同意，自己用了，或者拿去经商，取用了多少，应赔多少，但不宜加罪，只需教育了事。

四、寄存者向收存者索要所寄财物时，但被寄存者拿去经商而又未向物主说明，应向物主交纳利息。

五、寄存者请人代保管财物，对方不愿接受，但寄存者仍将东西放在主人家里，后来遗失了，不能向主人问罪。

六、偷了他人的财物，将赃物转移、藏匿在他人的船舱、竹筏或者寨子里，这些人并不知道，但在他本人看来，别人会替他保管妥当，后来这些赃物又丢失了，究竟是被盗还是遗失，都不应该追究所藏匿处的主人。

七、寄存的财物被转移。无论谁寄存财物，本人将东西存放在寨内，或者屋里、船舱、竹筏等处，并未向主人讲明，后来有人把这些财物转移到他处，或者又遗失了，应由转移的人赔偿，但不应该加罪。

困难户借债

一、困难户向富有人借债，无力偿还者，应该以身抵债做奴隶。

二、如果是比丘或者有知识之人借债而无力偿还者，不能抵债当奴隶，应该延长赔还期限。什么时候有能力，就什么时候赔还，因为他们是有知识的人，不论何时赔还，都不应该计算利息。

三、百姓借债无力偿还者，由子女当差做工抵债，直至还清债务为止，方可回家；债务人帮了工仍不能还清债务者，债权人应根据原商定的意见，减免银三两三钱。

四、百姓借债无力偿还者，应该卖妻室儿女抵债。没妻室儿女者，应该出卖家产抵债。用儿女抵债后，夫妻仍为百姓。如果还债，其本已还清，利息未付清者，不论利息是三两三钱，还是三十三两，只要对方无力偿还，都应减半，减半后仍无力还清者，再减一半。这是坦麻散讲的古规。

例如：有一个人借银九两九钱，他没有儿女，本人应该卖工抵债，待还清了债务方能离开债主。

财产继承

一、夫死，财产归妻；妻死，财产归夫；父母死，财产归子女；子女死，财产归父母；哥死，财产归弟；弟死，财产归兄；祖父母死，财产归孙男女；孙男女死，财产归祖父母；师父死，财产归徒弟；徒弟死，财产归师父。这是古规的遗产继承法，如果死者生前有遗嘱，按遗嘱分配继承。

二、父母生育了四个儿子，排行为艾、依、桑、赛（即老大、老二、老三、老四）。后来父母双亡，没有留下遗嘱，其财产由官府派员帮助分配，共分为十份。长子得四份，老二得三份，三子得二份，老四得一份。这样的分配办法，就合乎法规的规定，因为长子赡养父母，应该多分。如果父母留有遗嘱，就按遗嘱分配了。

三、父母生育了四个儿子，一个出家当比丘；一个在家种田、经商赡养父母；一个在官府担任官职；一个专为父母保管家财，不让其损失。后来父母双亡了，其财产的分配办法是：分给出家当比丘的二份；分给种田、经商的一份；当任官职的儿子不应分配，因为父母养育了他，在他任官职后，父母没有得到他的什么好处。如果父母留有遗嘱，应分割给他时，就按遗嘱办理。父母在世时，因为喜爱某个子女，曾分了一部分财产给他，当时给了的东西，不应拿来分配，他人也不能提出要求或责备。

总之，凡父母有了遗嘱，就按遗嘱分配。剩余的份，应该分割给主持家业，保管财产的儿子。

四、出嫁了的子女和入赘的儿子，其财产继承权，应视出嫁和入赘时，是否以陪嫁分到了一部分财产，或者带着部分财产到女方。如果当时已得到了一份财产，就不能再参加财产分割；如果父母留有遗嘱，按遗嘱该分多少就分多少。没有遗嘱的，全部留给在家的子女；如果出嫁的子女和入赘的儿子家境贫寒，而父母的遗产又多者，应视其与娘家的联系情况来定，凡按家族关系紧密联系的，都应分得一份，因为谁也不能强行割断这种家族关系。

五、凡死者留有遗嘱，不论遗嘱指定的合法继承人是奴隶也好，还是侄儿男女，都应按遗嘱办理。如果留有的遗嘱说，他的财产由奴隶继承，那么，必须将其祖辈留下的那一部分划出来，分给死者的家族亲人，剩下的属死者增添的那一部分财产，才属奴隶继承。

六、父母的债权，由子女继承。例如，道帕雅借了债，死者的子女有权向他索要。不论谁借了，凡是父母放的债，子女都有权去索要，谁要得归谁，因为人死后，要债比较困难。

七、父母的财产不论是被盗贼偷走了，或者是被道帕雅勒索强占了的，其子女谁有本事，他能追究回来的，就归他继承。

八、带着家产（指牛、马、刀枪、金银财宝等贵重财产）到女方家入赘的儿子，不幸在父母之前死亡，父母有权去索要这部分财产；如果父母先亡，而家里又无贵重财产留给其他子女，他们有权去要回这份财产进行分配。因为这部分财产是为了显示自己家庭富有才让他带着去女方家入赘的。如果死者也无其他子女了，那么，这份财产全归入赘者所有；如果入赘者死亡，其财产归妻子所有。

九、入赘到女方家的儿子，父母分给一部分财产，让他作经商垫本，本人死后，这份财产归其子女继承。因为分给他的这份财产是少量的，他随身带去，有权处理，他愿留给谁继承，谁就是合法的继承人。如果他和他的妻室儿女都死了，那么，财产才归女方家族继承；如果女方家族也无后继人，那么，这份财产应该分为二份，一份归公，一份留作献佛，让死者在天之灵享用。

十、姑娘出嫁，其陪嫁的财产处理权和入赘带去的财产处理权相同。

十一、多子女，父母死后，其财产继承权凡属不懂事或经常犯罪者，抑或是哑子、憨人、聋子、瘫痪病人、瞎子、麻风病人等，不应享受财产继承权。但其他子女必须像父母在世时那样，怜惜他们，分给一定数量的能维持生活的一部分财产和衣被。

十二、死者无子女，又无家族，生前曾过继他人的子女为自己的养子，本人死后，财产归养子继承。

例如：有一个比丘，他有两个徒弟，其中一个是为了求知而来学习经文的；另一个不仅学习经文，而且接受师父的教育，经常为师父服差役。比丘死后，其财产归后一个徒弟继承；如果这个徒弟先死亡，其财产归师父所有。

上述财产继承法，人人必须遵守。

十三、妾所生子女，享有和正妻所生子女同等的财产继承权；有了妻子，又和女奴长期同房，所生子女，应视为妾所生的子女；无论和同房女奴所生子女，还是正妻所生子女，享有同等继承权；女奴及其所生子女有权与正妻及其子住在一起。如果丈夫死了，其遗产应分为五份，两份分给女奴所生子女，一份给女奴；两份给正妻及其子女；如果正妻有自己的私房财产，这份财产仍归正妻所有。

十四、正妻子女有自己的家族，妾生子女也有自己的家族，他们都有同等的财产继承权。结婚时，妾从娘家带来的财产也不多，其家族的家境比正妻家族的家境困难者，遗产应该分为三份，给正妻二份，给妾一份；如果结婚时，正妻从娘家带来的财产不多，其家族的家境也比妾家族的家境贫困，但正妻勤劳治家，而妾懒惰，遇这种情况，遗产应该平分；如果正妻也懒惰，遗产应分为三份，正妻分一份，妾分二份。

十五、前夫之子女和后夫之子女，有继承财产的同等权利。一个妇女结了婚，生了子女，不论生育多或少，后来丈夫死了，她又和另一个男人结了婚，又生了子女，不久，夫妻双亡，于是发生了其子女争夺父母的遗产纠纷。

遇这种情况，前夫和后夫之子女均有权利平分遗产；如果妻先亡，财产应归后夫，若前夫之子女要求分母亲的遗产，应分给遗产的一半，因为他们都是同母所生。

十六、一个男人结了婚，有了儿女，后来又娶妾，也生有子女，夫妻都双亡了，财产应分为五份继承。三份给正妻的儿女，两份给妾的儿女；如果正妻无子女，遗产全部归妾的儿女。

上述是佛经规定的，应该遵守。

十七、死者生前欠有债务，死时未付清者，遇有此等情况，死者的家族成员应负责偿还，谁负责了清债务，那么，死者的房产由他来继承；如果死者有子女，但他们无力偿还债务，家族成员中谁帮助还了债，那么，死者的子女也应交由代还债务的人抚养；如果死者既无子女，又无财产，那么，债务就不用归还，由债权人自己负责；若死者旁系亲属中，有自愿参加该家族作为成员继续维持家族关系者，债务应由他来偿还，死者的房产由他来继承。

十八、在官府当任官职，有了俸禄，死后其财产归妻所有；如果留有遗嘱，按遗嘱分配，他人不得干预，没有遗嘱他人更不能分割。

十九、当任了官职食贡又食田，积累了大量的财产，死后留有遗嘱，按遗嘱分配继承。因为他对地方有功勋，是上司奖励给他作为私有财产，无论哪一位道帕雅和官员，想把这份财产收回，都不合法规。

例如：帕雅西桑宰拿着钱财，去向盘（人名）赎回自己的两个孙子，这些钱财作为给盘收养这两个孙子的报酬，是他的私有财产。盘死后，帕雅可以转告他的家族成员来继承；如果盘的家族没有后人继承，道帕雅可以将这份财产收回。

二十、职官田这份财产，是道帕雅封委各职官等级的薪俸官田，谁接任职官，任职期间，有权享受这份官田；同时，享有该等级职官应使用和佩带的象、马、车、轿、金桌、银桌，以及珠宝、首饰、官帽、官服、封委令和印信等。如果人死了，上述这些财产，应全部归还给道帕雅。即使留有遗嘱，要分给某人，都不能同意。

二十一、地方的职官田，谁担任道帕雅，任职期间，由他食田。如果本人死后，这份职官田应收回官府，因为这份财产不属他私有。此外，若他还有自己的私有财产，并留有遗嘱，这份财产就按遗嘱分配；如果后继无人，应由新任职的官员保管。

二十二、夫妻双方，各自都有自己的私有财产者，经商时双方都拿出等量的银两作资本，积累了财产，夫妻双亡后，丈夫的那一份财产归男孩，妻子的一份归女孩；如果夫妻离婚，男随父走，女随母居；如果没有子女，夫死，财产归妻；妻亡，财产归夫。

二十三、同父异母之子女、同母异父之子女的财产继承权相等。父母死后，若某个子女把部分遗产收藏隐瞒，后来被其他子女察觉，应该调查清楚，若真有其事，应责成拿出，分为三份，一份给收藏者，其余二份给其他子女，但不对收藏者问罪。

二十四、夫妻恩爱时，丈夫用了妻子的钱财拿去献佛；或者治病、纳税、纳贡等，不应赔还给妻子；反之，也作同样处理。

二十五、一个妇女带着陪嫁的财物和丈夫另立门户，后来，因为某种原因，女方带着家产跑回娘家，父母也未劝阻回去，而且男方也没有同她分过任何家产。后来，女方死亡，男方有权索要这份财产，因为他们未正式离婚，岳父母应将男方应得的那一份财产交还女婿，这样，就算夫妻正式离婚，财产继承纠纷了结；另一种情况，女方将财产带回娘家后，男方来索要，女方父母当着乡亲的面，承认要还给男方财产，并定了归还的期限，女婿也发誓保证，只要女方还给两份就算了结。后来归还的日期未到，妻子突然死去，那么，原定的女婿应得多少，就应归还多少，但妻子应得的一份，不应断给女婿；如果出现女婿先于妻子死亡，那么，女婿应分的一份财产，仍应归妻子及其子女继承，才算合法。

二十六、入赘的女婿，不专心理财，也不听从妻子的劝告，双方发生了口角，后来，丈夫死了，其本人的财产应全部归妻子继承，女婿的家族来索要时，不能判给，因为他平时骄横，不听劝告而死亡的，所以财产应留给女方；如果双方发生口角后，男方带着女方的财产出走，应将这份财产追回，交还女方。

二十七、夫妻不和而离婚者，不应判罪，男方入赘时带来的财产都应归还男方，但在婚前赠送的礼物等不应退还；如果属于双方共同积累的财产，应分为三份，一份给男方，两份给女方，因为男女双方结婚时，曾保证要养活妻室儿女；男女双方负有债务，也应按此办法处理，分别承担债务的偿还；如果有儿女，男随父走，女随母居；如果只有独子，应该判给女方。

二十八、女方嫁到男家，因为不勤劳，受到丈夫指责，自动跑回娘家者，她的父母既不表态，也不教育劝说，待其丈夫一次、二次、三次来接，仍不回夫家者，女方的父母应将结婚时男方送的彩礼全部退回，这样就算办了离婚手续。双方共同积累的财产，不应分给女方，因为她自动脱离了这个家庭。

二十九、男到女家入赘，横蛮不讲理，既不勤劳，又贪淫乱爱，家族乡老劝阻无效；同时，对妻子的劝告进行报复者，对这种女婿，女方有权将他赶出家门，不能让他继续生事端，以此了结。结婚时，男方所送彩礼不应退还，双方共同积累的财产，也不能分给他。

三十、父母包办的婚姻，结婚后不论住在男方或者女方，因感情不和而离婚者，双方各自的私有财产归自己所有，共同积累的部分，一分为二，男女各得一份。若有子女，由子女自己选择，愿跟谁，就同谁生活。若男方到女方家入赘，曾保证要养活女方，婚后，双方均借有债务者，都应按财产分配办法处理。如果生有一男一女，儿子判给父亲，女儿判给母亲；如果只有独生子，不论是男是女，都应留在母亲身边；如果双方和睦相处，夫妻恩爱，后来丈夫死了，财产应归妻子；如妻子先死，财产留给丈夫；夫妻双亡，财产归儿女；如果没有子女，财产分为二份，男女双方家族成员各得一份；如果男方家族后继无人，财产全归女方家族成员所有；反之，按此办法分割处理；如果男女双方都绝了家族成员，那么，财产分为二份，一份给本寨头人道帕雅，一份为死者办理丧事。

　　三十一、男方无垫本经商，到女方家入赘，由女家出资本，婚后，夫妻不和而离婚者，妻方的私有财产应归本人所有，双方共同积累的财产，应该一分为四，男方得一份，女方得三份；如果，男方不善经营，纯属为了谋生投靠女家者，财产一律不分，因为他来入赘时一无所有，同时，又不从事劳动生产；如果女方也不从事生产劳动，如有共同积累的财产，应一分为三，给女方两份，男方一份；如果女方无经商垫本，而由男方出垫本者，共同积累的财产，应该平分，双方各得一份；如果男到女家入赘，男女双方都出经商垫本，各人的垫本有多少，就应分多少，不能偏袒；如果女方不从事生产劳动，共同积累的财产，一分为三，分给女方一份，男方二份；如果女方嫁到男方，女的不从事生产劳动，男女双方各分一半。

　　三十二、通过赎买手段娶来的媳妇，女方父母已经收取了银两，婚后，男方不喜欢而提出离婚者，原付给女方父母的银两，应归还男方；双方共同积累的财产，一分为四，给女方一份，男方三份，如果婚后女方不从事生产劳动，就不应该分财产；如果男方先死亡，财产应留给儿女；如无儿女财产归妻，父母亲戚不应干预。

三十三、凡是祖父母、父母、亲戚、兄妹死亡，未留遗嘱，后来发生财产继承的争执，由乍勐（法官）出面调解，将死者财产分为三份，一份为死者献佛，一份给儿女，一份归公。

三十四、夫妻之间发生争夺财产的纠纷，其处理办法是：原来各自从父母家带来的私有财产，仍归个人所有；共同积累的财产，不论旧有的，还是新增添的；不论是经商获利，还是双方勤劳所得，都应平分，如果男勤女懒，应分为三份，给男方二份，女方一份。反之，以同样原则对待处理。

三十五、父母为道帕雅，死后没有遗嘱，其财产处理办法是：不论谁的父母，当任了道帕雅、协纳、阿曼（土司署里的大小官员），或者是富翁，拥有大量的金银财宝和谷米，对侄儿男女放了债还未收清，本人就死了，没有留下遗嘱，遇这种情况，分配财产时，只能将其底财、浮财拿出来分配。分配时，以在家侍奉老人的人为主，给他二份，其余子女共分割一份。

例如：有一个比丘，占有大量财产，不仅留存在本寺院内，在其他寺院里，也有他的财产。生前，他并未提及要把这财产分给谁，后来他死了，本佛寺内的比丘应该是保存在该佛寺的财产的合法继承人；保存在其他佛寺的财产，应作为该寺内比丘的共同财产，不宜分到比丘个人。这个例子，适用于世俗人和出家人。

凡是占有大量财产的人，生前没有留下遗嘱，其家族成员都是财产的合法继承人。由于死者未留有遗嘱，生前，他长期在某儿女家生活，其财产就应归该儿女继承，其他儿女来索要，不能分割，也是合法的。

比丘死在世俗人家里，发生这种情况时，本寺院的其他比丘，应是死者财产的合法继承人。

比丘死在父母家里，或者其他亲戚家里，或者外人家里，不论死者有遗产多少，留有遗嘱的按遗嘱分配，没有留遗嘱的，其财产原保存在何处，该处的主人，就是财产的合法继承人。

比丘死了，该寺院内的其他比丘是死者财产的合法继承人。这是佛经规定的财产继承法，后人必须严格遵守。

三十六、死者留有继承其财产的遗嘱，这个遗嘱，无论他对某个儿女讲，都应算数，按其吩咐分配继承。

例如：佛主在允沙里寺院时，有个尊者名叫阿竹，他受寺内一个名叫戛哈巴里的人的委托，他的遗产应由对佛主虔诚的儿孙继承。当时，戛哈巴里有一个儿子和一个孙子，他们年纪尚小，当他向阿竹尊者嘱告后，即与世长辞了。阿竹尊者按照死者的遗嘱，在戛哈巴里的儿孙长大成人时，将遗产交给了对佛主虔诚信奉的孙子，其儿子不服。告到麻哈南尊者那里。他对麻哈南尊者说："师父，我向你请教，关于父母财产的继承，究竟是由儿子继承合法，还是孙子继承合法？"

麻哈南尊者不知道戛哈巴里留有遗嘱，于是回答说："应该由儿子继承。"

又问："那为什么阿竹尊者把我父亲的遗产交给孙子继承，我是他的亲生儿子，又为何不能继承父亲的遗产呢？"

麻哈南回答说："阿竹将你父亲的遗产交给你的儿子继承，是他的错误了。"

阿竹不服，他召集了寺内的比丘共同争辩。寺内一位年纪较长的尊者吾巴力，他向阿竹问明情由，阿竹回答说："嘎哈巴里临终前对我有嘱告。"

吾巴力尊者转身对阿南（麻哈南的另一称谓）说："无论是比丘也好，或者是世俗人，凡死者留有遗嘱的，就按遗嘱继承，不能违背死者的遗言。"

又例：一个大家庭内部，由四个方面的人组成，即儿女、孙辈、奴隶及亲戚。在老人得病期间，儿女虽是家族成员，但他们没有服侍老人，是由奴隶侍奉直至送终，那么，老人的财产应由奴隶继承；如果儿孙及奴隶在死者生前都没有侍奉，而由亲戚负责照料，谁照料服侍，他就是财产的合法继承人。

徒弟儿女养子孙

儿女的概念，包括亲生的儿女，凡在家庭内出生的儿女（包括孙男孙女、侄儿男女）；来学手艺、学技能、学知识的徒弟；收养的子女；还是用钱买来的奴隶，打仗时俘虏来的战俘，外地来投奔的，困难户来投奔的，都可算为儿女，所以儿女包括了这些概念和内容。

另外四种人不能算儿女，即同一家族的人；共事者；共同学习技术、知识的学友；亲密的知己者。

不能作为断案依据者

一、丢失了的文书凭据。

二、没有证据的话。

三、道听途说的话。

四、醉汉的话。

五、疯人的话。

六、仇人的话。

七、发火的话。

八、痴呆人的话。

九、憨人的话。

十、小孩的话。

上述这些人的话，不能作为断案的旁证材料和依据。

婚姻

订婚

一、男女双方自愿订婚者，如果是百姓，订婚期限以一月为准，一月内完婚。凡超过期限一天者，女方父母有权将男方礼物退还，即算退婚，女方就可自由选择对象，男方无权过问。如果是在官府里担任官员的人订婚，期限可延长为二个月，在期限内不完婚，超过一天者，仍可退物退婚，女方另择配偶，不得干涉。

二、男女双方订婚，女方自愿，父母也同意者，在订婚期限内，男方未娶，而女方另找配偶，并成事实者，除退回男方礼物外，应罚款贝二闷二伴（即二万二千个贝）。

三、男方娶了已订过婚的女子，应罚款一万一千个贝；如果本人不知道对方已订过婚，罚款五千个贝。

四、凡女方不自愿，父母又不同意者，不能允许订婚。不论谁，强逼订婚，都不合道理；女方另找他人作对象，不得干预。

抢婚

一、犯抢婚罪，无论被抢者是已订婚的女子，还是结了婚的妇女；无论她是道帕雅家族的人，或是道帕雅本人去抢别人的妻子者，都应罚款银五十二两八钱。

二、戏弄妇女。拉手搂肩搭脖者，罚银三十两八钱；如果只拉着衣服和摸着头上的饰物者，罚银十七两六钱；如果只进行耳语者，罚银六两六钱。

三、凡是道帕雅、混闷、混先等官员及其儿子，去戏弄他人的妻子者，罚银二十六两四钱；如果只拉着手、摸弄乳房、搂抱者，罚银十七两六钱；在暗里偷说耳语者，罚银三两三钱。

四、衙门里当差人、比丘、商人玩弄他人的妻子者，罚银十七两六钱；如果拉手、摸乳房者，罚银二十四两二钱；只拉了手，拿了头上的装饰品，罚银七两七钱；在背地里偷说耳语，亦罚银七两七钱。

五、男方进行调戏，女方不愿而大声喊叫，让邻里知道者，应对男方问罪，女方无罪。

六、丈夫出远门，传说消息已死，女方应守节三年，方能改嫁；当另嫁了一个男人，原来的丈夫回来了，不应对新夫问罪，应向女方询问明白改嫁的缘由。如果得到原夫的同意，她愿意跟新夫同居，那么，应向原夫道歉谢恩。双方共同积累的财产，按财产继承法进行分配；如果女方愿意和原夫同居，应该向新夫道歉谢恩，双方共同积累的财产，仍按财产继承法分配。

七、经过女方父母及家族亲戚的同意，男女双方结了婚，后来，男方自动脱离了家庭，反过来诬陷女方，女方父母向村寨头人及官府报告后，就可自由另选配偶，不应对女方问罪。

八、父母为子女订了婚，后来又有人来提亲，父母又同意了，对女方父母应该问罪罚款，以抢婚论处；对来提亲者无罪，因为他不知道女方已经订了婚；如果男方明知对方是他人未婚妻，应该问罪，以抢婚论处。

九、婚后，男方上前线打仗，战死疆场，女方应守节三年，方能另择配偶。

十、妇女二十种婚姻关系。

正式成为夫妻关系者有如下二十种（本文仅十三种）：

（一）男女双方自愿结婚者。

（二）双方父母指腹为婚，是一种婚姻关系。后来，女方长大了，另找婚配者，应解除原婚约，不应问罪。

（三）经女方父母同意，道帕雅官员和女方订了婚，正式成为对方的未婚妻，这是一种婚姻关系。后来，女方另找了对象，那么，和道帕雅订的婚约应该解除，对女方不另问罪。

（四）用金钱或物质，进行购买为未婚妻的买卖婚，这是一种婚姻关系。后来，女方又另找对象，原婚约应解除，不应对女方问罪。

（五）男女双方自愿订了婚，后来，双方感情破裂，互相主动脱离了关系，这是一种婚姻关系。后来，女方另找对象，应允许解除原订婚约，不应问罪。

（六）男女双方互相送礼，订为未婚夫妻，这是一种婚姻关系。后来，女方又和第三者结了婚，那么，应解除原订婚约，不应对新婚夫妻问罪。

（七）双方父母包办为子女订了婚，成为未婚夫妻，这是一种婚姻关系。后来，女方另找对象，应解除原订婚约，不应对女方问罪。

（八）男女双方互相送花，以花为媒订了婚，成为未婚夫妻，这是一种婚姻关系。后来，女方另找对象，应解除原婚约，不应问罪。

（九）女奴隶和主人长期同房，女奴应正式成为男主人同房的妻子，这是一种婚姻关系。后来，女奴又另找了对象，不应对他们二人问罪。

（十）女方因为当长工，或者做临时工，和主人长期同房者，这也属于一种婚姻关系。后来，女方又另找了对象，不应对他们两人问罪，因为当长工或临时工，有一定的期限。期限满了，她就可以离开主人，成为自由人了。

（十一）流落在他乡的妇女，一个男人答应把她带回家，条件就是订为未婚夫妻。后来，女方又在自己的家乡找了对象，不应问罪。

（十二）未婚男女双方，长期同房，这是一种同房的婚姻关系。后来，女方另找对象，不应对他们问罪。

（十三）有八个妇女，她们或是父亲死了，母亲做主；或因母亡父做主；或因哥死弟做主；或因弟亡哥做主；或因姐死妹做主；或因妹亡姐作主；或因祖父母、家族亲戚做主，只要这八个妇女自愿，她喜欢谁，愿意跟谁结婚，他人无权干涉，更不能问罪。

酗酒犯罪

一、凡办喜事，用酒将客人灌醉后，必须由主人把客人送回家，如果不送，让客人在回家的路上死亡者，主人应负抚恤、赔偿的责任，外加罚款银三两三钱四分四厘；如果客人拒绝主人送行，必须向村寨头人通报，取得凭证，那么，客人如在途中死亡者，不应对主人问罪。

二、办酒席的主人，把酒醉了的客人送回到家，客人的妻室儿女不照料，让其跑出而发生意外死亡者，应对其妻室儿女罚款银三两三钱四分四厘；如果妻室儿女已关心照料，但醉汉本人不能安静，吵吵嚷嚷，自动外出而导致意外死亡者，则家属无罪。

懒人会丢失财物

赶牲畜的人，在路途邀请他人无偿代为吆赶照料，如果途中发生牲畜受伤，导致脚断、眼瞎，甚至死亡等天灾人祸，代吆赶的人无罪，而由畜主负责。

例如：有一个名叫戛麻尼占的人，他接受别人的委托，因为那人有一匹马逃跑了，就请他帮忙，戛麻尼占按畜主的托付去追赶马匹，不慎将马脚打断了。畜主要他赔偿，本人不服，于是到帕雅阿塔萨木哈处公断。帕雅判决说：不应让戛麻尼占赔偿，因为他是按照你的请求去做的；如果要他赔偿，应该把畜主的舌头割下来后再赔偿。

帕雅的判处是合法规的。

打枪射弩甩木棍无意伤人罪

一、凡因打枪、射弩、甩木棍、抛石头等无意伤害了人畜者,应该赔偿其损失;如果只伤害而无生命危险者,应该出医药费,并为受害者拴线赔礼;若损坏了对方的财物,应论价赔偿。

二、因收藏刀、矛、枪而保管不当,无意伤害人者,若导致死亡,应论人价赔偿一半。

两人闹架罪

一、凡两人争吵闹事,一人谩骂,另一人则持凶器殴打,致使对方受伤,但没有流血者,罚款银二钱六分四厘;如果造成流血,罚款银四两四钱。

二、两人斗殴,有理者打伤了无理者,只要不造成流血,罚款银一至二冇("冇"为计量单位)

三、双方无理斗殴者,谁先动手,罚款银四两四钱;后还手者,罚款银四分四厘。

四、两人斗殴,一人持棍,一人空手,造成对方流血者,对持棍者应罚款三两三钱。

五、一人持棍,一人持武器,相互斗殴,造成持武器的人流血者,罪恶同等;若造成持棍者流血,应对持武装者罚款银四两钱;若持棍者被打死,应论人价赔偿;若持武器者被打死,罪有应得,也不应对持棍者问罪。如果属手持武器的人,上门寻众闹事,持棍者将他打死,罪有应得,也不应对持棍者问罪;

如果持武器的人上门闹事，持棍把持棍者打死，应对他问罪；如果持棍者把上门闹事者打伤，未造成打死亡，不问罪。

六、手持武器威胁他人者，无论是谩骂，或是鸣枪威吓，还是用梭镖吓唬，都应罚银三两三钱四分四厘。

七、凡属追打妻儿或其他家属成员，并将他们撵到他人家里者，应罚银四分四厘，用以祭祀户主的神灵。

八、凡属哥哥谋害弟弟，或者弟弟谋杀哥哥以及家族成员之间互相残杀而致死者，应该按人的价值赔偿；所赔偿项，一半归公，一半为死者献佛。

行走夜路

一、不论听差接受家人的差使行走夜路，还是其他人行走夜路，都必须点燃火把，双人同行，方可放行；违者应拘留一夜，待次日追究。

二、凡属持武器赶夜路者，罚银四两四钱；未带武器的一般行商，赶夜路者，□□□二十斤。

偷盗牛马财物

一、凡偷盗□□□□进入某寨的地界内，应责成该寨派人协□□人拒绝执行，应对该寨进行罚款；若□□负责赔偿。因为大牲畜的足迹在该□□□。

二、□□□或住宿，应向村镇头人通报，以便□□□能为其负责搜捕。凡经过通报后，□□□□□□□头人拒绝帮助追捕者，旅客的财物□□□□□责赔偿；如旅客歇脚或住宿不通报者，而发生了被偷盗事件，无论是死了人或财物损失，该寨概不负责。

三、如盗贼闯入下村行窃，该村必须击鼓，向上村通报。上村闻讯须立即派人协助下村捉拿强盗；如果上村听到鼓声，明知下村遭劫未前来帮助缉拿者，应对上村问罪。

四、凡遇盗贼闯入某家行窃，该户主人应大声喊叫，向左邻右舍通报；邻里闻讯，必须立即出动，协助该户捉贼。否则，应向邻里问罪。

五、凡盗贼进村行窃而当场逮捕者，应罚款银三两三钱四分四厘。

六、凡遇盗贼行窃，被窃者对邻里不叫喊通报，甚至有意窝藏盗贼者，应罚款银三两三钱四分四厘。

诬陷

一、百姓诬告官家者，应拘留一个月。

二、无论谁，犯诬告罪者，罚银三两三钱八分八厘。

三、帕雅的儿子雇请百姓做工，应付报酬。凡不付报酬者，百姓有权拒绝做白工。

儿子是父位的继承者

一、帕雅和女奴长期同房，生了三个儿子，他想让这三个儿子当奴隶，被佛主知道了。佛主对帕雅说：不管对方是奴隶或者不是奴隶，因为你和她长期同房，才生了儿子，你无权抛弃他们。帕雅听从佛主的话，把女奴及其儿子作为自己的正式妻兄对待。

二、有一个帕雅，生有一百零一个儿子。其中有一百个儿子专横跋扈，目无法纪，不听从教育，不遵守地方法规，为此，他们都不能继承父位。唯有最小的儿子，他有教养，博学多才，有办事的智谋，应该由他继承父位，正如一个高才生名叫召密帼版里达讲的："不论是自己的亲生儿子，或是女婿，或者是奴隶出身的妻子所生的儿子，抑或百姓出身的妻子所生的儿子也好，侄儿男女、孙儿孙女也好，这四种人，谁有学识、有纪律、懂法规，能像父母一样者，他就是财产和王位的继承人。"

召拉西抢占住地

有两起拉西人，先后到达允古鲁腊城郊某地，先来者在这里定居，后来者无立足之地，为了要挤走这部分拉西人，就用上乘轿子一辆送给帕雅。帕雅得到了贿赂，就答应把这个地方给后来者居住。先来者又以珍贵的珠宝送给帕雅古噜腊塔，帕雅受到双方的贿赂，就将这个地方划给双方各一半。

帕雅的判决不合法规，这样容易引起地方混乱。先来者应是土地的主人，后来者是依附民。

残废无能者不能继承父位

有个叫拉札西的帕雅（狮王）去和狼同房，生了一个儿子，貌似父王，但叫声不像狮吼，而似狼嗥。狮王对他说：你不要在众狮面前吼叫，要吼，就到偏僻的地方去，因为"札底"（种类）不同，狼嗥不像狮吼。

狮王去与低等动物结合，降低了自己的身份。

不论道帕雅、混协纳（属官的统称）、阿曼（文官的统称），以及官府的差役人员、百姓等，谁的儿子具备"广照巴底万"（有做官的才能），都可以继承父位。如果谁的儿子"麻戛坦万"（腐化堕落、经常干坏事）碌碌无为，不如父亲者，不能继承父位，就像狮王儿子的下场。

霸占山水地界

不论谁，占有草地、山地、田、森林，这些田地，无论是祖父的，还是自己通过买关系占有的，立有界标、凭据也好，未立界标、凭据也好，谁见占有者家境衰败，乘机据为己有，将其界标移动，从移动的那天起，其罪恶就从移动之日开始清算。

争权夺利

按照地方法规，凡担任了地方任何一种官职者，决不能"谢高翁戛"（失职），应履行该等级职官的职责。

凡失职或失去民心者，应撤职查办。

凡为争权夺利，利用欺骗手段或制造谎言，诬陷他人，牟取其职官和食禄者，应以偷盗论处。

任何职官在自己管辖的地界内的食田、食禄，是官府根据其官阶等级封赐的，是他应得的薪俸。凡因妒忌或者见利忘义，而通过各种手段占为己有者，这种不讲法理的人，应以偷盗论处，将自食其果。

雇工放牧

请雇工放牧，经双方同意，定了报酬金额，被雇佣者也作了保证，管理好牲畜。后来雇主不守信用，没有按原定的应付工价给被雇佣者。凡属此等说话不算数的人，像粪便里的蛆。反之被雇佣者刁狡无赖，雇主已按数付给了工价而矢口否认者为"罗列"（狡猾），也像粪便里的蛆。这两种人都有罪，应自食其果，其罪恶如石头埋在地里难改本性。

分物要合理　办事要公道

一、分配财物要公平合理。曾经有两个人去挖蚂蚁窝，同时间看到了一个金盒，谁都想多分，互不相让，只好到召西密宰那里裁决。

召西密宰说："是谁领路的，就应由谁多分。"

召西密宰这样处理合乎实际。

二、有两人同时射中一只鸟，一个射中鸟脚，一个射中胸部，两人都争着要这只死鸟，互不相让，共同找召西密宰公断。

召西密宰裁决说："谁射中鸟的要害部位，谁就应当多分。"这样的裁决合乎情理。

三、有两个魔鬼共同抓到一个人，谁都想多吃，互相争论不休，只好去找帕雅牙（牙：魔王）公断。

帕雅牙立即将人分为三份，两个魔鬼各分一份，魔王分一份。从此，凡遇有财物纠纷而请帕雅公断，谁个帕雅公断，谁就应得一份。请官府公断的，应该给公断的官员一份，其余的按情节分给纠纷的双方当事人。

四、无论谁，由于企图诈骗他人的财产而发生争执，双方都说是自己的财物。遇到此等情况，应该查清，找出证据。让双方说出所争执的实物的特征，谁说的符合事实，本人就是物主，如所说的与实物特征相异者是无赖之徒。

例如：有一人因要到外地经商，无人看管房舍，于是便将房屋委托给一个盗贼代管。当他经商回来后，盗贼说，房屋是他的。两人便发生了争吵，就只好去请帕雅公断。

帕雅问盗贼："你有什么证据，能说明房屋是你的？"

盗贼回答了房屋的长、宽及房屋柱子共有多少根。这些都讲对了。

帕雅再追问："除此以外，还有什么证据。"

盗贼说："除此以外，没有什么凭据了。"

帕雅又问房主："你又有什么证据，证明房屋是你的？"

房主回答说："建房的木材，用的什么材料，我全知道，因为在建盖房子时，是父亲和我亲自动手建造的。"

房主所说与实际情况符合。于是帕雅公断说："强盗是骗子，耍小聪明，认为丈量了房屋面积，记下了建房的柱子的数字，就可以行骗得逞。而真正的房主才能准确说出建房的木料用的是什么木材，这是他本人的劳动实践。"帕雅的公断合情合理。

五、盗贼偷牛正吆赶于途中，突与人相遇，认为是捉拿他的人，便企图逃跑，路人就将盗贼拉住，共同到了寨子报案。

贼指着对方说："是他偷的牛。"

路人说："真正偷牛的是他。"

最后到帕雅处解决。

帕雅对捉拿盗贼的人问道："你有什么证据，说明牛不是你偷的？"

回答说："我是把别人寄来的东西，托我转交给亲戚，是到亲戚家里去的路上，碰到了这个偷牛的人。"

经调查，本人回答的是事实。

帕雅又问盗贼："你又有什么证据，说明牛不是偷的？"

回答说："我是到寨子里串小姑娘的。"

帕雅观察了盗贼的穿着打扮，不是串姑娘的，于是就公断说："你就是盗贼，你说的证据不是事实。"

六、有四个小伙子，到勐达戛西拉学习技术，途中有一个人知道召帕雅的果园里有棵神柁果树，于是便共同走到果园。其中一人知道这棵柁果树在那里，另一人能准确计算出用木棍将柁果击落，又一人又能将被击落的果子完好地接在手中。结果谁都说自己应该多吃，互不相让，只好去找帕雅公断。

帕雅说："知道柁果树的人应该多吃，其余的人平均分配，如果不是他的指点，就寻不到这些果子。"

七、有两个男人，为争夺一个女人而争吵。一个曾经和女方同房，一个□□□□都争着要娶女方为妻，互不相让□□□。

帕雅□□□□□将他娶为妻，因为他们肉体已经□□□□□的人，只能作为（□磨牙）（名□□）。

帕雅□□□□。

八、□□□学习，学成后归来，在途中重温□□□哈萨里领（大雕）将衔着一个□□□学习弓箭射击的人，就剑拔弩

□□□一只大雕衔着一个姑娘从空中飞越，他便张弩一射，大雕和姑娘被射落在水里；另一个会游泳，就潜入水底，将姑娘救上岸，但姑娘已昏迷不醒；另一个人是学医术的，便去找药对她抢救。

当姑娘苏醒后，他们四人都争着要娶她为妻，人人都说是自己的功劳，互相争执不下，只好请求帕雅裁决。

帕雅公断说："应该由潜入水底救姑娘上岸的人娶她为妻，占卜者为祖父，射箭者为父，抢救医治姑娘者为母。潜入水底搭救的人，因他与姑娘的肉体已经接触过了，所以应该结为夫妇。但夫妻二人今后应赡养这些有功的人。"

九、有四个妇女，看见一个盗贼长得十分漂亮，但此人被帕雅施以重刑，她们都想以他为夫。于是一个用金三十三两给帕雅，替他赎罪；另一个给予生活上的照料；一个又找药为他医治；最后一人将包头巾取下给盗贼披在身上。人人都为盗贼尽力，谁都想与他结为夫妻，于是争吵不休，就请帕雅裁决。

帕雅公断说："取下包头巾为男人裹身的人应与盗贼结为夫妻，因为她不嫌弃盗贼的龌龊，并且肉体已经接触，所以判给她为夫；用金子赎买的人为父，找药医治的人为母，照料生活的人为姐。夫妻还应赡养这些恩人。"

帕雅的公断，合乎情理。

好心不得好报　老虎终究要吃人

有只老虎，因想猎食一条大蟒，而终日卧在土堆旁的大蟒洞口处，但却被大蟒出洞将它毒死了。这时，有一路过的帕雅拉西见到这只虎已经死了，顿时触动了他的一颗善良的心，便去找药来医治，虎终于得救而复活了。当虎看到帕雅拉西时，就想猎食，于是便对他说："你到了我的地界，是找上门的猎物了。"

召拉西（帕拉西的尊称）对它说："我是你的恩人，干么翻脸不认人了，你这个该死的作恶多端的老虎，要吃我呀，也应该有个证人。"

于是就共同去找帕雅我（牛王），牛王惧怕老虎，也只得顺从回答说："老虎既然要吃你，就让它吃罢。"

召拉西又辩解说："牛王不公正合理。"又去找狼，狼知道自己和老虎常居山野，来往相遇频繁，表态说："应该让虎吃了罢。"但狼这样表态，是为了表明它们是有亲族关系。

召拉西不服，又辩解说："不合道理，这里不是解决问题的地方。"

又去找猴子，猴子心想：过去我的祖父也曾救过人，但被救者脱离危难时，把我祖父打死当猎物吃了，今天我也要再报这个仇，让老虎把他吃掉。于是表态说："应该吃。"猴子这样表态，是复仇的态度，召拉西反驳说："不合道理，这里也不是解决问题的地方。"

又去找一棵神树，神树不会讲话，它用树枝互相拍打说："依俄，依俄。"老虎说，听见没有，树说"该吃，该吃"。召拉西听到的则是相反，树说的是"不要吃啊，不要吃啊！"

树这样的表态，是糊涂的态度，因为它不知道事端的根源。

召拉西说："这里也不是解决问题的地方。"

又去找小兔。小兔知道拉西是救了老虎的恩人，于是就说："为了弄清情况，老虎应当回到曾经死亡过的地方，当时头向哪里，尾朝哪方，恢复原状后方能解决。"

老虎回答说："可以，去吧，去吧！"

于是，共同到了大蟒出入的洞口处，小兔叫老虎按原状卧下。老虎认为：这是最后的判决，我将得到人肉饱餐一次了。卧下后用尾巴拍打土堆，一次、二次、三次拍打不停。睡在洞里的大蟒被激怒，出洞后又将老虎毒死。

这时，小兔说："老虎是专食肉类的凶猛野兽，它不知道善与恶，如今恩将仇报，只要得食肉，就舒服了。从今以后，尊敬的帕拉西，你不要对老虎和恶人做这样的好事了。"说罢，各自扬长而去。

重罪不能轻处　轻罪不能重判

一、因为"罢的办"（内部发生矛盾争吵），如道雅帕与协纳阿曼、比丘与阿估（规范师）、陶姐（乡老）与父母、兄弟姐妹以及一切家族成员，学生与老师等之间，互相有了矛盾，不应该记仇，应按照佛主训示的"底密塔腊干"，即用药敷疮一样，不让恶化，像牛踩上堆，踏平算了，互相息事，举杯和解。

二、夫妻吵架，比丘与世俗人互相争吵，不应该记仇，更不应该复仇、问罪，不能扩大矛盾，应当互相递送蜡条、米花、鲜花，表示道歉，因为都是"札底"（一家人），不应分裂，应该"阿拉戛蜡纳"，即互相亲密相处。

例如：索担麻厅罗汉，得罪了畿达戛哈巴底达戛（世俗人）。因为畿达哈巴底宴请素坦麻等三位罗汉，在宴会中，素坦麻厅罗汉对主人说："鲁拉"（贵人），你的菜饭丰盛甜美，什么都有，但缺少了芝麻糯米粑粑。因为主人是专卖芝麻糯米粑粑的，当他听到这句话后，觉得脸上不光彩，似乎对方是在奚落他。这件事传到佛主耳里，佛主就命素坦麻厅罗汉去向主人道歉，并对他说，当主人听了你的话后，感到难为情了，伤了对方的自尊心，认为是不怀好意的话，从而产生了仇恨心理，所以应当去道歉，以此消除憎恨。

三、有一种居心叵测，专想利用、谋害人的人，但害人终害己。

例如：有一个医生，看见一条毒蛇盘在树上，他想得到这条蛇的药，谋取暴利，但又怕被蛇咬伤，不敢亲手捕捉，于是就欺骗利用补提萨台（官人之子）说："我想要盘在树上的这条蛇，拿去替人治病，你是否能为我爬上树捕捉？"这位官人的儿子是儿童的头领，他便和几个小伙伴冒着生命危险爬上树去捕捉，当把蛇从树上丢下时，毒蛇缠住了医生的脖子，把他毒死了。事情发生后，有人就把官人的儿子及其小伙伴带到帕雅那里公断。帕雅问明情况后，断为无罪，并对他们拴线压惊。

说话要算数

有□□一包糯米饭和金子三十三两；走到一条□□□便对人们说："谁能背我过河，他□□□。"这时，有一个力大无比的□□□过了河，他将一袋米、一包糯米□□□就共同到阿曼（帕雅下属的文官□□）。

"阿□□□东西，算是应当够的了。"

大汉不服，又到帕雅那里请求公断。

帕雅竹腊麻尼也说："对方给你的酬谢，已经合理了。"

大汉仍旧不服。这时，帕雅的妻子婻萨腊得知，认为帕雅和阿曼对此处理不当，就说道："应该让对方将所有随身携带的东西都拿出来，大汉想要什么，就拿什么。"

结果大汉把金子取走了，婻对不会涉水的人说："你在求救于人时说了'谁把我背过河对岸，想要什么都能满足'的话，决不能食言，说话要算数才是。"对方知道无理辩解，当场活活地气死了。

这种判决，称为"摆的然"，即按照盟言办事。

哄骗与食言

一、有一妇女，带领小孩到河里洗澡，到了河岸边，将小孩放在一棵阴凉的树下，有一水神看到后，就想吃这孩子，于是，就变成一个妇女，对孩子的母亲说："你的孩子太可爱了，我见到就非常喜爱，让我抱一抱好吗？"

孩子的母亲不知道对方是鬼怪，马上答应道："想抱，你就抱吧。"

水神骗取了孩子后，立即就逃跑了，孩子的母亲追赶着去抢。这时，谁都说对方来抢我的孩子，双方拉着小孩不放，最后去请召麻贺孙裁决。

召麻贺孙对她们说："双方都把孩子放下，让他站在另一旁，然后，你俩去抢，谁抢到手，孩子就是谁的。"

小孩的母亲不肯，怕伤害了孩子，啼哭不止，水神则满口同意。

这时，召麻贺孙看在眼里，明白在心里，事情知道得清楚了。就对水神说："你不是孩子的真正母亲，因为你不怜惜孩子，你是鬼而不是人。"

水神原形毕露，便逃之夭夭。

二、有两个朋友，共同盟誓说，今后我们有了子女，如果是一男一女，就让他们长大后成婚。后来，果然一个生了一女孩，一个生了一男孩。但是，女孩长大后，嫁给了另一青年，男方不服，就去找"乍勐"（法官）裁决。

乍勐对女方的丈夫说："你是盗贼，抢了他人的未婚妻，因为她们两人是经过双方父母盟誓，指腹为婚的，应以抢他人未婚妻罪论处。"

三、有一个人去放牛，在树下乘凉时睡着了，盗贼乘机将牛偷走。当他醒来时，追赶上了盗贼，对方却反咬一口说："你为什么来抢我的牛？"

牧牛人反驳说："你真是贼喊捉贼。"

两人争执不下，共同去请召麻贺孙裁决。

召麻贺孙问："这条牛经常吃何物？"

盗贼抢着回答："它喜欢吃草，小奴天天割草喂养。"

牛主说："它喜欢吃豆子，今天还煮了豆喂它呢。"

召麻贺孙便去找了"梅行"树叶煮后灌喂，顿时，牛吐出了豆子。这时，召麻贺孙指着盗贼说："你是真正的盗贼。"

四、有个名叫姐里格萨的人，当了五年比丘后还俗，有一天，他赤身裸体地骑着一棵木材沿江河顺流而下。有两个妇女到河边挑水，看到上游远处一棵木材漂浮而下，其中一个说："我要这棵木柴。"另一个说："我要木材上的实物。"

当漂浮的木材靠近时，木材上的实物原来是一个不穿衣服的男人。原来说要实物的妇女，急忙跑回家去取衣服，而原说要木材的妇女当即用自己的包头巾，让男人裹身后，领回家去了。父母并同意他们结为夫妻。

后来,另一个妇女不服,两人就到乍勐法官那里裁决。

乍勐问她两人道:"你们两人原来是如何约定的?"她们都将事情经过一一作了述说。

乍勐最后裁决说:"用包头巾为男人裹身的妇女,因为互相接触了,这就算订了情,回家后,父母又同意结为夫妻。这完全符合婚姻法规定。另一位妇女只能算是名誉夫妻。"

这种情况是按照"约底"(实情)裁决。

五、有个富翁为了不让女儿随便与男青年接触交往,不准外出,经常独守在竹楼上,但已是豆蔻年华的少女暗地里却与年轻的帕雅团精往来,并定为自己的情人。后来怀了孕,生了一个孩子,她怕别人知道,就把孩子放在一个土罐内,叫奴仆将它放入河中流走。

时值有两个妇女到河中洗澡,看见河中有个土罐漂浮而来。一个说要土罐,另一个说要土罐里的东西。当土罐靠近时,取出一看,罐中有一个伶俐可爱的婴儿。原来要土罐的妇女改口欲要这孩子,对方不同意,互相争论不休,两人只好请帕雅丙华散判决。

帕雅按原来两人的盟约裁决,将土罐给前者,小孩给后一个妇女。这就是按原盟约判处。

六、有一天,麻哈阿奴陆塔厅召(罗汉)肚子痛,叫徒弟沙麻领(比丘)去向龙王(帕雅南)乞讨南阿努麻达萨(森林里的龙泉水),龙王说:去取就是了。龙王原本无意,当沙麻领取水时,它就伸长脖子把泉水出口处堵塞了。于是沙麻领就向众山神控告龙王说话不算数。然后,踩着龙王的头,进入泉水口取水，取到泉水后，飞回住地，龙王追赶而来，说："沙麻领偷了我的泉水。"

麻哈厅召问明情况后："帕雅南食言了，曾经同意取水，沙麻领是按你的允许做的，本人不守信用，反转过来还说别人偷了泉水。"

龙王无话可答，只好回去了。今后办事，原来如何说定的，就应按原定的办理，说了的话，不能翻悔。

疑难事按传统办

有一个富翁，家住勐戈占比（今瑞丽县）生有一个儿子。一天，他叫奴仆带领他去江里洗澡，不幸，有条大鱼将孩子吞食了，然后顺江而下，游了三丈左右，被一个渔翁用网捕捉住，拿到集市上出售。

有个女富翁的女奴，家住勐阿奴塔腊，她买到了这条鱼，送给主人，当剖开鱼腹时，看到了一个还活着的小孩，女富翁就将他收为养子。

之后，孩子的父亲得到其子还活在人世的消息，于是，夫妻二人就用金三十三两去赎取，女富翁不同意，双方发生了争执，就去请乍勐法官裁决。

乍勐说："勐戈占比的富翁十分心爱自己的孩子，自孩子遇到不幸后，终日忧伤悲切，到处打听是否还侥幸生还人世间，只要孩子生命还幸存，都应该是他的儿子。女富翁收养为子，并取名塔纳底达西尼哈，是合乎佛教经典的。"

最后裁决说："孩子应该是双方父母的共同儿子。双方父母应该在勐的中心修建一个'怕萨'（竹楼），以三个月为一期，轮流与孩子生活，共同抚育教养，并为孩子取名为胡拉满贡。"这是按"戛里洛戛里坦"，即人世间的传统和佛教经典判决的。

心邪带来灾祸

有个盗贼到帕雅的果园里偷窃柲果，为帕雅守果园的人发现后追赶，贼已逃遁躲藏，这时正巧遇上了一个拉西（比丘），认为他就是偷柲果的贼，于是把拉西当场打死，事后向帕雅作了报告。帕雅到现场调查，认为拉西是冤枉而死，于是叫乍孙（守园人）赔金子三十三两，自己赔金二百三十一两。此两项金额分为二份，一份为拉西修建纪念白塔，塔基建在拉西被打死的地方，进行火葬后将骨灰放置于白塔上；一份作为塑造拉西的肖像，作为今后人们怀念的地方。因为拉西是比丘，所以人们要纪念他。

常洁身者多得金

有两个妇女，一个已婚，一个未婚。一日，两人同行，途中拾到一个金罐，两人都说是自己先看到的，为的是都想多分，就去请帕雅裁决。

帕雅问："究竟是谁先见到的？"两人各执一词，都说是自己先看见的。

帕雅又问："谁记得最清楚？"

已婚妇女说："我经常洁身，一月两次不断，所以，说的都是实话。"

未婚妇女说："我天天洁身，从不间断。"

帕雅听后，将金子分为三份，一份给已婚者，一份半给未婚者。因为她每日洁身一次不停，半份留给裁决者。这种裁决办法，使贪财想多分者不能如愿以偿。

救人危难不成反遭连累

有一个人在爬杧果树时，因搭树架的竹竿断了，欲下不成，困于树上。适逢一牧象人路过，就对牧人说："贵人，请你搭救我一下，让我能安全地下树，届时，我将用金子三两三钱作酬谢。"

牧象人便驱使大象到树脚下，象用鼻子把他高高举起，当他拉住小伙子的手时，不小心蹬了象头一脚，大象认为主人已经上树，就走开了。这样，主人拉着爬树人的手高吊半空，上不去，下不来。

又恰逢一猎人路过，看到此情景，爬杧果树者急忙求救说："请你搭救我们，下树后，将以三两三钱金子作报酬。"

猎人就找来一根竹竿做梯子，搭在芒果树上，让他俩安全下了树。

当他们下树后，牧象人对小伙子说："酬金应该由你支付，因为是你叫我搭救你的，否则我不会吊在树上。"

小伙子说："应该由你支付才合理，因为没有我把你拉住，那你势必从高空坠落而死亡。"

猎人见到他俩互相推诿而感不满，就共同请帕雅裁决。

帕雅说："牧象人因为想得到一笔报酬，但并未达到将人救往树下的目的，反而危及本人生命安全，所以，酬金应当由他支付三分之二，小伙子支付三分之一。"

帕雅的裁决，合乎"苏戛底戛麻纳"，即实际情况。

聪明反被聪明误

有朋友二人，因寄存东西而发生了争吵。友人卖犁铧，没有卖掉，就拿到他朋友家寄存。为了骗取对方的犁铧，就将其藏匿，并用老鼠屎堆放在犁铧头上。后来，对方来取，他就欺骗说："朋友啊，你的犁铧被老鼠啃吃了。"犁铧的主人走到放置的地方查看，只见一堆老鼠屎，心里也就明白，是他在捣鬼了，于是就托词要办事，就常住他家里。

一天，主人要离家行猎，就对客人说："朋友，我要上山打猎，就拜托你看管一下我的两个儿子。"说罢，匆匆而行。

这时，友人高兴极了，认为机会已到，就想了办法，带领着他的儿子到另一户人家里，对主人说："他们的父母出门去了，托我照料，现在因我也有事要办，只好暂时让他们寄宿在你家里，等他们的父母回来，再来领走。"

当友人行猎归来时，不见了儿子，就问他道："我的两个儿子到哪里去了？"

朋友回答说："我领他俩去洗澡，不幸被老鹰叨到天空去了。"

为此，两人争吵起来，后共同请召波提撤裁决。

召波提撤说："老鼠不会吃犁铧，老鹰叨不走小孩，只要能将犁铧送还主人，也就能见到自己的孩子，否则也就难以见到儿子了。"

贪心的富翁（即卖犁铧者的友人）原认为自己聪明，可以轻而易举骗取他人财物，不料搬了石头砸了脚，自讨没趣地笑着承认了。

兼听则明　眼见为实

帕雅巴腊纳西带领着夫人、官员及协纳外出闲游，到了河边，夫妻双双下河洗澡，将贵重的金银首饰、衣服交给女仆看守，女仆睡着了，这时，有一只猴子看见一串闪闪发光的金项链，于是跳下树把它戴在自己的脖子上走了，当时，什么人也未发觉。

当女仆醒来时，项链不见了，就急忙喊叫道："有贼偷走了主人的财物，逃跑不知去向了。"

帕雅立即命随从搜寻捉拿，适逢有一青年路过，他听见有人喊捉贼，怕发生误会，就急忙跑了。冒宰见他神态惊恐，就喊叫："跑的那人就是贼，快捉住他。"于是把他抓来严加拷问，都说就是他偷走了主人的首饰，如不交代，就难于活命。

青年人怕死，于是就承认了。冒宰追问他藏在什么地方，青年人回答不出，就编造说，已交给了帕雅的文书官收藏了。

冒宰把文书官抓来拷问，文书官怕死，又编造说已交给了帕雅的卫官。又把卫官抓来拷问，卫官怕死，也承认说，交给女仆去了。

最后，将四个人都拘留了，共同关押在一间小屋里。帕雅的儿子召西密宰派人去日夜偷听。

被拘留的女仆对卫官说："你为什么说东西交给了我呢？"

卫官回答说："因我怕死，就只好编造承认了。"

文书官对小伙子说："你为什么凭空地说，首饰交给了我？"

路过的青年说："我怕死，所以才编造承认了。"

他们如此相问互答，偷听的协纳，就向召西密宰报告说，他们都不是偷东西的贼，都因怕死而胡乱供认的。

帕雅感到事有蹊跷，于是用同样的项链一根，放置在原来失物的地方，派人偷看究竟。不多时，只见一只猴子从树上跳下，把项链翻弄后戴到脖上走了。帕雅得知如此实情，释放了被拘押的人，并对官员们说："今后不论遇到何事，不是亲眼看到的或是经过调查，掌握实情，只是耳闻、道听途说，不能作为判案依据，更不能以感想代替事实，进行处理，这就必然误伤好人。"

贼喊捉贼

有一个人，家住勐巴腊纳西，他到处乞食讨饭，平时省吃俭用积攒了金子三十三两，舍不得花费。有一天，他边走边自言自语地说："假若我能找到一个口袋，将金子放在里面就好了。"

就在他说着此番话的时候，没有注意到后面有人。正巧，走在他后面的恰是一个骗子。当他听到这番话后，喜出望外，就设下了一个圈套，便急速绕道而行，用刀割下了衣角，做成一个口袋，丢在此人必经的路上。当这人看到路上弃置着一只口袋，就把它拾起来，感谢老天爷，说自己有福气，刚才想着能有一只口袋盛金子就好了，不料话才说完不多久，就拾到一只，真是幸运！于是便将金子放入袋里。当到达寨边时，看到有一间公房，就在此处住宿，骗子也跟着住进了公房。

第二天，天刚亮时，骗子到寨子里报案，说他住在公房里，深夜时，盗贼把他的金子偷走了，请求帮忙寻找捉拿。

村民听后，信以为真，即行出动搜寻查找，就在有金子者的身上搜出一只内里放着金子的口袋。骗子就用自己的衣服与口袋相对，缺口刚好吻合，说他就是盗贼，要他赔还金子，两人争论不休，只好请帕雅裁处。

帕雅问骗子："你的金子是从哪里得来的？"

骗子回答说："是从勐项萨瓦里家乡带来的，是父母交给我，用来买东西使用的。"

帕雅又追问："金子重量有多少？"

骗子编造说："共有十条。三十三两重，每条重三两三钱。"

帕雅问另一人："你有什么根据，能说明金子是你的？"

回答说："我有真凭实据，我的金子是十二条，其中八条，每条重三两三钱，另外四条，每条重一两六钱。"

帕雅当即将金子过称，重量与条数和后者所说完全相符。

一切是非真假清楚了，帕雅判决说："盗贼不是后者，前者所言与事实完全不符，骗子、盗贼恰恰是前者，是用计谋企图骗取他人财物，还反咬一口说真正的物主是盗贼，正所谓贼喊捉贼。为此，应作诈骗罪论处。"

两条蛇争吃一只青蛙

有两条蛇争吃一只青蛙，一个咬住蛙头，一个咬住蛙脚，互不相让，只好去请常住在河岸边的一位召拉西比丘调解。

它们对召拉西说："我们为争吃一只青蛙而吵架了。"一个说："是我先咬住蛙的脚，还未来得及吃，就被它抢着咬住了头。"另一条蛇说："是我先咬住了头，还未来得及吃，被它抢着咬住了脚。"各自都说是自己最先咬到。

召拉西找不到谁先得蛙的证据，就按实际情况裁决，说："谁咬住头，这是蛙的要害部位，应该给它吃；咬住脚的，既非要害部位，而且是来抢吃的。今后，互不应抢掠，各应自食其力。"

蛤蚧吞大象

一只住在大海里的蛤蚧，每天要食一头大象；住在大海旁的一只婼哈萨里另的鸟，也是每天要寻食一头大象。

一天，鸟猎到了一头大象，当从蛤蚧住地经过时，蛤蚧饿了，就扑到大象身上和鸟抢食，拼命争夺。

住在山林里的一位帕拉西比丘，外出化缘路过这里，鸟就向他诉说："尊敬的帕拉西比丘，请你为我们裁决，因我猎获一头大象，刚来到这里，蛤蚧见到后就来抢食争夺。"

蛤蚧也争辩着说："大象是我猎获的，是它来和我抢夺！"

双方都说是自己猎到的大象，召拉西比丘说："尊敬的二位，你们先把大象放下，我会为你们公正裁决的，决不会袒护任何一方，要为后人树立榜样，要世间的所有人都能办事公正，人人遵守。鸟是用爪抓住大象的，而蛤蚧是用齿啃，抓着要害部位的是鸟，是大象致死的结果。咬着象腿的蛤蚧是后来者，因饥饿而来抢吃。尊敬的蛤蚧，你不要背着盗贼的名声，应该按照先辈规定的乡规民约办事，我们到老死都不能违背做人应有的美德。"

诈骗产业

有两位青年争夺房屋产权，一个是真正的屋主，另一个则是路过歇脚的客人。两人曾经是相识的好友。

一次，屋主要外出经商，就请友人代管房屋。当主人离开后，友人为了要霸占这间房子，于是就数了房屋的柱子及各种木材的数量，然后记录下来，自作聪明地认为只有屋主才能掌握建盖房屋时所用的木料的确凿数字，说明自己是真正的主人。

不久，主人回来了，他的朋友就以主人的身份出现说："贵客，你从何处而来，怎么进门都不向主人打招呼？"

主人听罢，好生奇怪，回答说："我是房屋的主人，回到了自己的家何以还须向他人作什么说明呢，房屋是我的，只不过是请你代管罢，而今要喧宾夺主，哪有此等道理。"

于是双方争执起来，谁也不让步，只好请协纳评判。

协纳问客友："既然说房屋是你的，根据是什么？"

回答说："建盖房屋时，用的是什么质地的木料，数量多少，都一一作了记录。"

协纳又问房屋的真正主人："你又有什么根据，说明是属于你的房产？"

屋主回答说："建盖房屋时，根本没有想到，将来对产权会发生争论，也就未详细记录用了多少木材的事。"

协纳权衡了双方的陈述后，认为前者所说有其理在，就以对方有记录为依据而将产权判为他所有。屋主不服，上诉到帕雅那里。

帕雅问房主："你的房屋顶部用了多少木材？"

回答说："我没有记录，故无法说出具体数字。"

又问："那么房屋下层，又有何依据？"

回答说："竖柱的时候，用了一块石头垫作神柱。"

帕雅派人查看挖掘，确实掘出一块大石。这时，帕雅心里明白了，真假已经识别，才说道："有房屋木材数据记录的人是无赖、骗子。为了得到产权，早有预谋，是属企图霸占他人产业，今判处房产价值二倍的罚款，并将其本人撵出寨外。"

移动田界

有农民两人的田连在一起，在犁田时，互相越界侵占，为此，经常发生纠纷。帕雅为了教育他们，就讲了如下一个故事：

有两农夫，在开垦农田时，田界连在一起，在耕种时节，其中一个出远门经商去了，尚未返回，另一农夫把他的田犁了约半亩多。经商的农夫回来看到后，就问了他："为什么偷犁我的田？"

对方回答说："所犁之田均属我田界之内的土地。"

为此，双方争议，官府派协纳调查后，向帕雅报告。

帕雅对他们说："求神灵作证，我曾有过亲身经历，当我七岁时，有个潘巴洛雨（有学问，会说会算）名叫拉麻反的人，他是帕雅戈赖牙的助手，当时任文书官职，他知道先辈偷犁田界的案例，其中一个案例发生在勐普纳巴的纳管地方。拉麻反辞了文书官职去经商，到了各大勐小寨，每到之处，都对那里的百姓宣传说，大家不能偷犁他人的田界，互不要埋下怨恨。我得知勐普麻巴底，有个名叫麻哈密扎努巴洛喜，他建立了一个勐的地方，叫儿子洛麻潘继父位，当任召勐。在他当政的时候，有一年春耕时节，有个名叫鲁六反的人，是个首领，大于所有的'潘'。有一天他去犁田时，将一个寡妇的田犁了一部分。这位寡妇明知鲁六反越界偷犁了她的田，就去请协纳调查，协纳就向鲁六反说：'你错了，偷犁了他人的田，犯了罪，破坏了地方法规。'"

协纳把鲁六反押送到帕雅普麻巴底处，将其偷犁田的事作了报告。

当时，鲁六反知道自己犯了偷盗大罪，问题严重，就用黄金三十三两去行贿，帕雅接受了贿赂后，就进行包庇，并把田判给了鲁六反。帕雅认为对方是个寡妇，无力负担勐的差役贡纳，而鲁六反是勐的差役贡纳的主要负担人。所以办了如此一件错案。

寡妇胆小，不敢讲话，只好暗忍暗受。众神灵看到此情此景，就对帕雅显灵，河水暴涨，淹没了帕雅的房屋，本人也被洪水吞噬，凡拥护帕雅判决的人，也一起落难。鲁六反也被捉拿到龙王殿，受苦刑而死，死后变成一个长脚鬼，到了深夜，托梦给妻子，快将霸占的田赔还寡妇，并大声喊叫：'今后任何人不能再像我一样干这样的坏事了。'帕雅普麻巴底也变成了一个长脚鬼，嘴里衔着烧红了的铁块，到各勐凄厉惨叫着说：'请各位不要像我一样接受贿赂，利用职权，欺压百姓，贪赃枉法，结果没有好下场。''

全勐百姓听到这个消息，都惊吓惧怕。这次事件对判官和百姓都是一次深刻的教育。"

帕雅讲完这个故事，然后对两个农夫说："偷犁他人田界的农夫，就像偷犁寡妇的田界的鲁六反一样的罪行。"于是，罚以与犁头同等重量的黄金敷以结此案。

为杧果树争吵

有两户房舍相连的人,中间以篱笆为界。一户在篱笆旁种有一棵杧果树,树枝伸延到另一户的家园里,杧果成熟时,果实落到了对方范围内,芒果树的主人拾到了拿到集市上出售,每天收入一闷(一万)个贝。有一天,邻居也拾了一箩筐落在他院子里的杧果,树的主人来晚了一步,没有拾到,就提出抗议,上诉到协纳处评理。

协纳对邻居说:"你拾了他人落在庭院里的杧果,等于偷了,应加倍赔偿。"

邻人不服,上诉到帕雅那里,双方把情况向帕雅左达拉作了详述。

帕雅问果树主人:"你每天能拾到多少杧果?"

主人回答说:"尊敬的官人,我每天拾到的杧果,出售后,可得到一万个贝,今天,邻居拾走了,我一个贝也未得到。

帕雅判决说:"杧果树的主人应该赔偿给邻居二万二千个贝。"

然后对大家说:"杧果落在谁家的地界内,应该为谁家所得,杧果树的主人到邻人家里去拾取出售这不合理,过去出售所得的一万个贝,应加倍罚款赔偿,因为是别人的地界,像牛马遗失一样,牲畜跑到了其他勐的范围内,就必须用钱去赎回。这道理是一样的,不拿钱粮去赎,牲畜是牵不回来的。"

捉贼要有证据

有位农夫犁田晚归,将牛拴在竹楼下,到了半夜,贼把牛偷去杀吃了，然后，把牛头和脚丢到另一户人家的园子里。主人寻找牛时，看到牛的头脚藏在潘的园地里，就认为是偷牛的人了。就把潘捆绑送到帕雅处治罪。

帕雅对潘问道："如果事情真是如此，就应论价赔偿。"

潘回答说："牛不是我偷的，我又不是魔鬼，能吃完一头牛的肉，吃了不见踪迹，只见牛头不见肉。他只见到头脚丢藏在我的园子里，不问青红皂白，就断定是我偷的，天下哪有此等道理。"

帕雅听了之后认为，仅凭牛的头脚丢藏于潘的家园里就以此为证而下结论，认定对方是偷盗者，是不能成立的。于是判决说："捉贼没有证据，捉鬼没有人鬼穴。应该用一万个贝向潘赔礼道歉，因为证据不足，并犯了侵犯人身之罪。"

召片领罚款

帕雅召勐（土司）办事要公平合理，凡事应依据法规为准则，有罪者就定罪，无罪者不能判有罪，神灵才会保佑，死后才能升天堂，错判冤判就要下地狱，就像帕雅普麻巴底一样下场。

为了使裁处各种案件有依据，规定如下罚款法规。

一、偷犁他人田地者，犁有多重，则罚以犁的同等重量的银两，并将所侵犯他人的土地如数归还。

二、偷窃瓜果者，偷一赔十，以捉到人赃俱在的这次为准。

三、房前屋后种植果树，如枝干伸延到邻舍地界内，掉落的果实应由邻人所得，如果树主人拾取，应该罚款所拾果子的价。

四、诬陷他人偷盗，犯诬陷罪，罚款一万个贝。

五、偷放田水，罚款银一怀零一漫。

六、偷放鱼塘、水池里的水，罚款一怀零一漫。

七、妻以毒药暗害丈夫者，除夫身价值多少赔多少外，外加罚银三怀三漫。

八、夫以毒药暗害妻者，除赔其妻的身价外，外加罚银五怀五漫。

九、无论何人，因某种事端而跑到他人家里殴打他人者，应该处死，或根据情节按地方法规论处。

十、儿子杀父母致死者，断其四肢。

十一、和官员顶嘴者，重者罚银六怀六漫，轻者罚银三怀三漫。

十二、投放毒药造成人畜死亡者，应根据情节按价赔偿或处以死刑。

十三、写辱骂信，画肖像埋于地下邪伤他人者，如书写者是混帕雅，罚银九怀九漫；是混协纳者，罚银七怀七漫；是百姓者，罚银五怀五漫。

十四、盗窃者将所偷盗之赃物拿到他人家里共同吃喝者，除双方都应罚款外，还应将所盗之物论价赔偿。

十五、偷奴隶逃跑，罚银三怀三漫，奴隶价值多少，应以两倍银款赔偿；如果能在三日内把奴隶送回者，免去罪过。

十六、负责看守官府里的象、牛、马以及金银钱粮财产等，如有遗失，应该赔偿；本人死后还未赔偿了清之数，应由子孙后代继续赔偿。

十七、徒弟不得和师父顶撞；奴隶不得与主人顶撞；儿子对父母，士兵对长官，世俗人对比丘、规范师等都不得与之顶撞。

十八、应该尊敬父母及老人、村寨头人、规范师、协纳阿曼、富翁、帕雅及其家族成员。

十九、不准破坏佛像、菩提树、佛寺、毫林。

二十、偷鸡、鸭、鹅一只，赔偿九只，外加罚一只；偷猪一口，赔九口，外加罚一口；偷羊一只，赔偿三只，外加罚一只；偷牛一头，赔偿三头，外加罚一头。

二十一、士卒在战争中因怕死而逃跑者，处以死刑或刺"败卒"二字。

二十二、百姓向帕雅借债，三年后才开始计利息。

二十三、荒田、荒地、荒山，不论谁开垦，五年后才纳税，如果田地主人要收回，必须支付给开垦者工费。

二十四、不得任用犯人、赌博者、骗子、偷摸者为差役。

二十五、母亲是嫡（小姐），儿子应是召（官）；母亲是百姓，儿子仍为百姓。

二十六、奴隶的儿子不得当沙弥，若要当沙弥，必须经主人的允许；如果父亲是奴隶，母亲是百姓，其儿子可以自由当沙弥，因儿随母走。

二十七、不论何人借贷未还清而死亡者，有"阿衣哥、阿衣戛"（儿女），就必须代父母还清债务，方能当沙弥。

二十八、不论什么人杀人致死者，应该抵命，并把妻室儿女罪为道帕雅的奴隶。

二十九、奴隶死后，其亲属不得继承其财产。

三十、道帕雅的奴隶娶了百姓为妻，自己仍在官府当差役，其所生子女应该视为百姓。

三十一、妻子背着丈夫与他人有不轨行为者，应按情节轻重处置，可判决离婚；丈夫背着妻子调戏妇女，应该判处离婚，并出银两娶被戏弄者为妻。

三十二、士兵在战争中胜利了，对英勇杀敌者应论功行赏，升官晋级。

三十三、儿子不听从父母劝告，不赡养父母者应从家族成员中除名；谁听从父母的教诲，赡养父母，他就是当然的财产继承人，有权继承父母的遗产。

三十四、"信南"（调皮）破坏，招摇撞骗召片领的财产以及地方法规，按罪恶轻重，一等罚银一闷、金一伴；二等罚银九伴、金九怀；三等罚银三伴、金三怀。如果犯者属混先、混合官员，一等罚银三伴、金三怀；二等罚银二伴、金二怀；三等罚银一伴、金一怀。

三十五、践踏地方法规，遭受战争而不出征抵御，罚银一兰（十闷等于一先，十先等于一兰）；战火燃烧到村寨而不抵抗者，罚银一先。

三十六、如果冒犯了召片领的儿子，按罪恶轻重论处，一等罚银一伴、金一怀；二等罚银九怀、金九漫；三等罚银七怀、金七漫。

三十七、如果冒犯了混合、混先的儿子，按罪恶轻重论处，一等罚银一怀、金一漫；二等用蜡条、鲜花赔礼道歉外，另加银二漫、金二沽。

三十八、百姓之间互相犯了罪。罚银三怀三漫；轻者二怀二漫。

三十九、客人如在帕雅婼的家里发生争吵者，罚银三怀三漫，外加蜂蜡五两；在帕雅因家里发生争吵者，罚银五两、蜂蜡四两；在混拉札家里发生争吵者，罚银三两、蜂蜡三两；在混先家里发生争吵者，罚银七漫、蜂蜡七漫；在闷诺家里发生争吵者，罚银五漫、蜂蜡五漫；在闷因家里发生争吵者，罚银二漫、蜂蜡二漫；在百姓家里发生争吵者，罚银一漫一沾、蜂蜡一漫一沾；在村寨中或城镇中发生争吵者，罚酒一瓶，鸡一只献寨神。

四十、犯了谷魂罪者（如牛马践踏谷堆），如果是官家的谷堆，罚银二漫二沾、酒一瓶、鸡一对；如果谷堆主人是百姓，罚银一漫、酒一瓶、鸡一对。用来祭祀谷神。

四十一、凡有事告到官府者，应先送酒一瓶、槟榔一串、猪一头作礼物，在纠纷未结案时由起诉者负责办案人员的全部伙食，待判决后由理亏者负责结账，即伙食费由他支付，并外加罚银一怀一沾。

四十二、因战争而求援者，必须备送米一线（一百筒，每筒二斤）、牛一头、酒一瓶、槟榔四串、蜡条四对、鸡蛋四个作为求援礼物。

四十三、凡外勐的客人进入土司官府办事，应备送酒二瓶、槟榔四串、蜡条四驿、鸡蛋四个，作为见面礼。

四十四、赶着牛马帮外出经商途中，如遇他人牛马散失跟随而来者，应该由乃怀（商人）写出文告挂在路口上，文告内容为："谁的牛马遗失了，请跟随我们的马帮足迹来认领。"在文告发出后三四天内，失主来认领时，只需出点代管费了结；若在七八天内才来认领，由主人和代管者平分。如果拾者未写文告，主人来认领时，应加倍赔还；如七八天后主人未来认领，而牛马又遗失了，也不能责怪商人。如果跟随而来的牛马被盗贼偷走，若属白天盗走，应由鲁弄（帮工和合伙的同行者）赔偿；若系夜间被盗，应由乃怀（商人的首领）赔偿。如果未被盗贼盗走，应将牛马分为三份，给乃怀一份，乃哈西（商队的副手）半份，其他人共分一份半。没有写文告挂在路口者，以偷盗论处。

四十五、不论谁，凡是身背长刀、口袋，头戴斗笠登门坐在他人竹楼内者，以无礼貌罪论处，罚银三怀三漫；如果取下长刀、口袋及斗笠，放置在马驮、牛驮上者，也属犯无礼貌罪，应罚银三怀三漫。

四十六、外出经商时，凡宰杀牛、猪、鸡时应将头送给本商队的领路人。

四十七、经商途中遇有鲁弄把锅桩（即三个石头垒成的三角形火塘或者用木材搭成一字形的火塘木桩）碰翻，应给乃怀拴线，并用鸡二只、银一漫给乃怀；给乃哈西（商队副领头）鸡二只、银一漫；给商队的引路人银一漫、鸡一对；其他人也应出银一漫、鸡一对，作祭祀用。

四十八、召乃（官员）出远门，鲁弄将锅桩碰翻，罚银三怀三漫，并责成其他人负责献鬼。

四十九、土司的两种模式：一种为遵守教规、知礼执法，热爱官员及百姓者，称为"混坦"（正直的土司）；另一种为经常干坏事，敲诈勒索，欺压百姓者，称为"混满"（暴君）。

五十、一伴金（三十三两）等于半开（银元二千个）；一怀金（三点三两）等于半开一百个。

坦麻善阿瓦汉绍哈[①]

不准抢占佛寺

有个名叫顿皮戛的人，家住勐萨瓦底，他开垦了一块园地，种植了许多果树，十四个年头过去了，他和一个名叫西力吾达厅（罗汉）共同建立了一座佛寺，由西力吾达厅主持。他主持佛寺已经九年了，然而一直惦记着住在戈萨腊札纳问地方的师父，为了去拜会师父，就将佛寺交由持戒已十六年的一位徒弟代为主持，并告诉顿皮戛说："我要到戈萨腊札纳问去拜会多年不见的师父，以后还是要返回的。"

当他来到目的地拜见了师父，互相寒暄后，师父对他说："一定多住几天，现在佛寺里老年的比丘不多了，这次来了，就等到一年一度的佛吉日过后再回去。"他无法拒绝师父的挽留，只好留下过了佛吉日再返回，于是，写了一封书信告诉代管佛寺的比丘，说明过了开门节后才返回，在未回来前，佛寺仍由他继续代管。

当开门节即将来临时，从外地来了五位比丘，他们没有地方过佛吉日，于是向代为主持佛寺事务的比丘提出要求，在寺内度过节日。代管佛寺的比丘说："佛寺的主持人不在家里，我

[①] 该文又称二十五种难案裁系法，由占达伴亚康朗桑扁重抄于"龙芳"（辛酉）年（1921）四月下旬至"道谢"（壬戌）九月三十日。

不能做主。"五位比丘仍要求允许住下，过了开门节后即离开。

代管佛寺的比丘回答说："此事得问顿皮戛后再答复。"

当他去问顿皮戛时，回答说："待我向麻哈厅请示后再答复。"而他们仍纠缠不清。顿皮戛无法拒绝，只好答应了，并言明只允许留住三个月，过了开门节后必须离开。

开门节过去了，五位比丘仍然不走，这时西力吾达厅从戈萨腊札纳问师父处回来了，他们仍赖着不走，还说："过去这座佛寺的确是你主持的，但关门节时，你却离开了这里，到其他佛寺去了，顿皮戛同意我们留住在佛寺里，就应该由我们来主持了，不能再由你主持。"

西力吾达厅罗汉问顿皮戛究竟是怎么回事，他回答说："他们向我提出请求，我只允许他们住三个月，过了开门节就离开，现在，开门节已过，仍赖着不走。"

这时，西吾达厅（又名麻恰厅）去中心佛寺找麻哈吾巴力厅罗汉（即管理各佛寺的一位罗汉）反映情况，他就把外来的五位比丘召来询问，但他们都坚持一定要主持管理这座佛寺。

麻哈吾巴力厅本想仍叫西力吾达厅回寺主持，但又遭到五位比丘的拒绝。那么，要怎样才能使西力吾达厅既能回寺主持，同时又不引起五位比丘的仇视，否则就必然引起混乱和麻烦。如果让五位比丘继续留寺主持管理，那才不合情理。于是他就搬出佛教经典，对五位比丘说："这里不是你们出家的佛寺，为什么要来抢占已有他人主持的佛寺呢？如果拒绝离开，那么我就要念经祈祷，你们犯了'问腊信'即违反佛教规章制度，不能继续当比丘了。"

五位比丘也认识了自己的错误，当天就还俗了。

最后，他对原佛寺主持人说："这座佛寺过去就是你主持的，今天，他们五位还俗了，仍由你主持，一切财产和事务全由你管理。"

这次纠纷叫作"阿的然牙几混萨沙纳"（即佛寺纠纷裁决办法）。

抢占果园

有一个船商，名叫巴戛，家住勐拉札哈纳管，他在离城约数里之处，开辟了一个果园。有一个经营车子名叫萨里巴八连的人，他是船商的朋友，两人来往亲密。后来，车商也在船商的住房旁建盖了房子，双方地界仅以竹篱相隔。自此，船商在每年果子成熟时，送给友人二十五棵果树采摘，但只送果子不送树，果树和果园的所有权仍为船商所有。

船商有一个儿子，已婚，父亲叫他外出经商，不料，在未回家之前，其父病死。在他父亲临死时，曾对妻室儿子留下遗嘱说："家里的一切财产，全部留给儿子；送给朋友的二十五棵果子树，仍继续让其采摘果子，但果树及果树所占的园地不归他所有，所有权不能丢，我与朋友的友谊也不能中断。"

当船商死后，车商就将二十五棵果树用竹篱围到了他的地界内，据为己有。船商死后两个月，儿子回来了，家里的人都把父亲的遗嘱告诉了他。车商也对他说："你父亲临死前，曾对我说，原来给我采摘的果树赠送给我了，儿子回来时，转告给他，不能丢掉朋友的友谊。所以我才把这些果树围到了我的地界内。"

船商的儿子说："我们家族成员共同商量过了，只送果子，树和园地不送与。父亲临终时，也只是说只给果子不给树。现在你将果树圈到你的地界内，这就不对了。"

为此，双方争论不休，就共同请混官裁决。混官说："只送果子吃，现在车商把树围过他的地界，是合理的，因为果子与树及园地连在一起。"

船商儿子不服，又去请有智慧的官员裁处。官员说："当果实累累的时候，车商是果实的主人，当果子摘完后船商是果树的主人，在未结果实时，船商要卖给谁都可以，因为送的只是果实，没有送树。现在，车商把果树及园地圈进自己的地界是不合理的，如果不退回所圈占之地，就犯了抢占他人果树的罪了。"

不论是比丘，还是世俗人，凡是抢占他人的土地，就以所抢占土地的多少判决其罪恶的大小。

船商的儿子对车商说："你是我父亲的好朋友，所以他才送给你采摘果子，而今，却来抢占果园，从此，我不再送果子让你采摘了。"

判决的官员最后还说："必须把车商撵走，免得今后再生麻烦。"

这次纠纷叫作"阿的然牙景"，意思是说，抢占土地的人的下场。

哈来牙金（后悔）

有个麻哈萨巴力达厅（罗汉），他从勐拉札戛哈纳管出发，要到勐巴腊纳西，有一个年轻的比丘为他背佛钵和袈裟，他看到这两件东西漂亮，就产生了邪念，藏匿在山林里。

正当他去藏的时候,走在前面的麻哈萨力厅回过头看,不见比丘,认为他去大便了,就停下来等待,但仍不见踪影,又再等了好一会,仍不见来。

比丘进入山林去藏匿东西时,他犹豫了:"我把师父的东西偷走了,将会灾难临头。"边想边后悔,于是放弃偷盗之心,追赶师父来了。

麻哈萨力厅问他道:"你到哪里去了,为什么走得这么慢?"

比丘含糊其辞地回答说:"因为我解大便,所以来迟了。"

他继续跟随师父到达勐巴腊纳后,仍在暗暗忏悔着自己的过错,担心着灾难降临,终于向师父承认错误。师徒两人就共同去找吾巴力厅,将事情的经过,又细说了一番。

吾巴力厅对比丘说:"你不仅有偷盗之心,而且有了行动,当你将东西拿到山林时,就有罪恶了,你已经是'问腊西'(即不合当比丘的资格)。"比丘当天也就还俗。

朋友的儿子偷盗

有个名叫顿皮戛的人,住在勐萨瓦底,因外出赶摆,就请朋友的儿子背行装,内有衣物首饰,价值金八伴。到了城里,朋友的儿子看到街市繁华,人们熙来攘往,好不热闹,由于无钱花费,顿起偷盗之心,便乘机逃走。当顿皮戛转头看望时,已不见他了,便到"厅萨拉"(交叉路口的公棚)等候。

背着东西逃走的这人心想:"我偷走了东西,到哪里也没有出路,如果遇上小偷,弄不好会人财两空,这不仅对我不好,也给对方带来损失。"于是又来找顿皮戛,正巧在公棚里看到了他。便对他说:"因为走错了路,所以来迟了。"顿皮戛说:"已等了你良久，我还认为别人把东西抢走了呢！"

两人赶摆后，回到家里，朋友的儿子对妻子说了这件事情的经过，被奴隶偷听到了，并告诉了顿皮戛的奴隶，家奴又将听到的告诉了主人。

顿皮戛得知后，告到混官那里，混官传讯了代背行装的人，他一一承认了。

混官对顿皮戛说："对方虽曾有偷盗之念头，但未成为事实，现在要判他为偷盗，罚款都不合适，因为他仍把原物交还给了你。"

谁偷盗，成为事实或者未成事实，即使已偷走了若干天，最后又把原物送还主人，不加追究责任，不应罚款；如果偷去的原物遗失了，则应论价赔偿。偷奴隶的事，也是按同样道理解决，不超过五天又能送回，不追究责任。

世俗人偷盗，应以事实后果为准；佛寺则以思欲为准，办案应以此为准则。

阿瓦哈来牙金（触法后悔）

有一位住在阿兰然山林里的比丘，当时地方偷盗成风，有一个盘与比丘经常往来，他怕盗贼偷窃，就将银子装在四个土罐里，每罐重四伴，然后就与比丘一起埋藏在比丘住的这座山林的佛寺里，并对他说："尊敬的佛门，托你照料看管了。"

过了七个月，偷盗的风声平息了，但比丘起了偷窃之心，在一个夜深人静的夜晚，窃取了一罐，将银两倒出后，用木炭放进空罐里，仍按原处埋葬。

后来，盘来找比丘共同去挖取，但发现其中一罐的银子变成了木炭，不禁愕然。比丘也佯装惊诧，并对盘说："这可能是你的命运带来的结果了，曾经听说，佛主也遇到过这类事。"

盘说："我从来还未听到过这类事，但只怪自己晦气。"带着三罐银子回家了。

事后比丘感到内疚，心神不安，想到自己和盘已是多年之交，今日之事如此做法有失信用。过了十多天后，盘来找比丘，比丘对他说："丢失银子一事，究竟是命运带来的不幸，还是其他什么问题？我们试试看。重新把罐装进木炭，埋在原处，看能否变成原物。"

两人埋好罐后，叩拜说："我们不是罪人，是人间善良之辈，祈求神灵归还原物。"拜毕，盘说："如果真能做到原物归主，当然是好的了，否则也就罢了，还能去责怪谁呢！"

过了一月有余，挖出罐后，一看，真是原物归主，盘对比丘谢恩说："这是你的佛法高超。"为了表示感激，就将此罐银两送给比丘。

比丘心里暗自思忖着，如果收下这罐银子，他人一定会有所议论，认为是自己怕背偷盗之名而从中玩弄的一种手段。于是就拒绝了。盘还误认为比丘是真正的信徒，再三感谢他后带着银子回家去了。

当盘回到寨子，就把这事的全过程告诉了众乡亲。人们也就议论纷纷。有的说，这件事是得了问麻哈厅的福；有的说，是比丘搞的鬼，他怕事情败露才这样做的。各种闲言碎语都传到了比丘的耳里，比丘看来难以隐瞒，究竟将会带来什么结果，灾难临头是难于避免的了。就对盘说，要出远门到勐萨瓦底去拜佛。

他到了勐萨瓦底，拜会了吾巴力厅，把他的不轨行为作了交待。吾巴力厅对他说："你已触犯了教规，在盘丢失了银子时，你就不是佛门弟子了。"

比丘知道了自己的错误难于挽回，就还俗了。

财物寄存

有一个农夫有金子一伴，拿到邻居家寄存。一天夜里有三个盗贼对邻居挖墙破壁进入行窃，盗走金子三伴，其中有农夫寄存的一伴。当他得知自己寄存的金子也被盗走，就到邻居家问个明白。

邻人说："别着急，我们去向官府报案就是，官人会帮助追回被盗财物的。"

他们报案后，官员们说："盗贼不是外来的，是本地帕雅管辖下的人，丢失财物来此报案的已有多起，官府既然已有命令，保护百姓生命财产的安全，我们会派出士卒，去缉拿他们归案，为你们追回赃物。"

官府派出人马，逮捕了二十六人，押解给召麻哈协纳。

召麻哈协纳对盗贼说："你们是惯偷，到处骚扰百姓，作恶多端，现在应将所盗赃物全部交出，如果抗拒或有所隐瞒，就要处以极刑，如能老实认罪，认真退职，可以宽大处理，以教育为主。"

盗贼怕死，交出了金子七伴，并将从哪些地方偷盗而来的经过作了交待。

混官就通知被盗的人认领，逐一询问丢失多少，有的说丢失四伴，有的说被偷窃了二伴，有的说被盗的是金条，有的说金子是放在一只袋子里，如此等等。

混官就将被盗之物一一摆出，叫失主认领，他们各自取走了原物。农夫见到有两只袋子，一只是自己的，内有金一伴，一只是邻人的，内有金二伴，但自己口袋里的金一伴不是自己的，而是邻人家的。邻人也出来认领说："这金子是我的"，原来是农夫的金子被盗贼化用了，为此，他被盗的一伴金子未追回。

麻哈协纳就说："地方法规有规定，会合理为你们两人解决的，你们是亲密的朋友，又是邻居，所以互相信任得过，也才寄存贵重财物。现在已将金子为你们追回，至于农夫损失的一伴金子，邻居就应将追回的分给他五怀，如不听从，那就要强令你给他一伴。"

邻人无可奈何，只好把五怀金给了农夫，主人的二伴五怀金，又给了官府二怀二漫半，给帕雅七漫半，分给其他官员及士卒五漫，对强盗判处七个月的监禁。后来在狱里死了十人，其余十六人，经教育后释放。

这种裁决为"阿瓦哈来牙金"。复杂的事就是如此。

比丘拐卖妇女

有三位比丘外出化缘，遇到一位妇女挑着米饭去献佛，他们共同商量后，决定把她骗去卖了，于是就问妇女道："你要去哪里？"回答说："要到田里找主人！"又问："你从哪条道路走？"回答说："就从现在所走的这条路去了。"比丘说："我们是化缘的，来时，遇到了三个强盗，他们专抢人，你不能继续往前走了，免遭被抢劫，最好还是跟我们一块儿走吧，一定护送你到主人那里。"

妇女信以为真，就跟随他们一起去了。走了不多时，又遇到了两位比丘，就对他俩说："我们准备将这妇女拐骗去卖了，你们参与不？"两个比丘听罢，表示同意了。

当这五位比丘继续往前同行时，又遇上了另一比丘，又将此事告诉他，是否参与，对方表示不同意，但又说："如果卖了妇女后，能给我一点好处也可以。"

比丘把妇女交两个酒商去出卖，得银三怀，两酒商各得银五漫，其余两怀前三位比丘各分五漫，剩余的五漫分给后参加的二人各二漫，一漫分给未参与拐卖团伙的比丘，如果不给他一点好处，怕他去告诉妇女的主人。

后来两个酒商发生争吵，把这件拐卖妇女的事说出来了，消息传到被卖者的主人那里，他就向官府告发。

官员将酒商捆来审问，供认说："为首的不是我们，是五个比丘委托出卖的，共得银三怀，我们分了一怀，比丘得了二怀。"

混官又传讯比丘，他们都供认不讳，并到吾巴力厅罗汉处认错。吾巴力厅说："你们三个比丘已经不是佛门弟子了，当你们遇到妇女时，商量准备拐骗，从这时起，就已离开佛门；另外的两个比丘同意参与拐卖，当那妇女走出两步时，他们也就不具有佛门弟子资格了；最后一个比丘，因为没有心参与，只是想得到一点好处，得到的一漫银又是他们自愿给的，如果他们不给，他也不会争着去要。"根据情节，吾巴力厅命前五个比丘还俗，最后的一个比丘作"粉拉傣"（教育）处理，退回银一漫，仍继续留在佛寺当比丘。

五位比丘除勒令还俗外，还要按罪恶大小判处，并要他们退回赃款外，还要向自己的父母要银两作赔偿。他们的父母回答说："他们的罪恶，应由自己负责，要我们赔偿人价，则无力代其子女赔偿。"一出家人都会干出此等坏事，还俗后将会成为可怕的强盗，应该把他们降为帕雅的奴隶。

帕雅最后说："如果你们父母要来赎回，必须用银两怀，外加七怀，共九怀，这是以当时被卖者的价三怀加罚二倍的办法处理。"

比丘骗取奴隶

有一位比丘，要到勐干塔，要雇请一人为他挑"巴力漠"（行装及经书），没有雇请到，后来遇到了一位"宰兰"（奴隶）到佛寺里挑水，就骗他说："我要到勐干塔腊塔去，那里很繁华，不论谁到了这地方，都不愿再回家了，这里是适合你去经商的好地方，是否愿意跟随我去？"

奴隶回答说："我在官家当奴隶，受尽了折磨，我愿意高兴地跟你去，什么时候动身前行？"

比丘说："明天就走。"

次日，两人就一同出发了。

奴隶的主人，发现奴隶不在了，认为躲藏在佛寺里，就到寺中询问，才知道他挑着一位比丘的行装逃走了但去向不明。

主人听到后，追赶而来，当快要追赶到的时候，就大声呼叫："前面的比丘，等一等。"

比丘看到主人追赶而来，就忙对奴隶说："有人追赶来了，如果来人问话，我怎么回答，你就照着我说的回答好了。"

奴隶的主人问："尊敬的比丘，要到哪里去？怎么把我的奴隶也带走了？"

比丘回答说："因为平时我俩都友好相处，所以前来送行的，送了一程后他会回去的。"奴隶也跟着比丘重述了一遍。

奴隶的主人又问："你既然不是逃跑，为何将你本人的行李也全部带走？"

奴隶回答说："我送比丘走时，穿的是破烂的旧衣服，不好意思，是准备换洗用的。"

比丘说："好了，别再说什么了，你同主人一块儿回去好了。"

比丘独自一人到达勐干塔腊塔的佛寺里，在素腊几大殿内，想到自己骗取奴隶逃走这件事，是因为主人追赶而来，才没有得逞，这事将会得到什么报应呢？心里感到不安，就把心事向寺里的两位麻哈厅罗汉讲了。这两位麻哈厅，一位叫坦麻滴的，一位叫麻哈南达。两位尊者说："你已经在奴隶离开家里，走出两步时，就脱离佛门了。"坦麻滴则说："自动离开佛门的时间不是这个时候，应该是在你对奴隶说，明天就一块儿走，第二天奴隶来到佛寺，挑起行李，然后开始走出两步远时，就自动脱离佛门弟子了。"

比丘又到了勐萨瓦底找吾巴力厅。吾巴力厅仍然说："你自动离开佛门应该是从奴隶挑起行李，走出两步远，从此时开始就不是佛门弟子了。"

比丘知道自己的错误无法挽回，于是就还俗了。

按照佛法教规，佛寺里的比丘如拐骗奴隶逃跑，只要走出两步，就算为自动脱离佛门，如果被拐骗的奴隶又主动回到主人家中，那么也就不再追究比丘的责任了。这叫作"玉力牙巴塔密个败牙金乃萨沙纳"（佛寺里的规章制度）。

贼偷奴隶逃走

有盗贼七人，偷了四个奴隶，其中女奴三人、男奴一人，贩卖给酒商。在去偷奴隶时，其中一人因病未能直接参与，贩卖奴隶时也未参加，只是对同伙说，"卖了奴隶后，不要把我当外人就是了"。

奴隶贩卖后，三个女奴售价得赃款银一伴三怀五漫，男奴售价三怀，共一伴六怀五漫。六人各分赃款二怀一漫，余九漫分给未直接参与者。

后来，男奴因新主人苛刻虐待，无法忍受就逃回到原主人家中。

几户奴隶的主人将奴隶被拐卖一事向官府报案，都被捉拿归案，盗贼都供认不讳。

混官判决说："七个盗贼中，六人罪恶严重，应该处以死刑，未直接参与的一人适当制裁。但这伙人都是帕雅管辖下的百姓，应当交由他最后判处。如果帕雅不接受，只好将罪犯贩卖到外地为奴，今后帕雅要去赎回也可以。"

帕雅说："我出银将他们收买为奴好了，如果今后再发生此类事件，就要判处死刑。"于是帕雅出银一伴七怀，给混官三怀，给女奴的主人一伴三怀，给男奴主人一怀。

分得赃银九漫的那人也有罪，因他曾参与了预谋，虽未直接参加，但明知是偷卖奴隶的赃款，也得到了九漫，除退赃外，应加倍赔偿，罚银一怀八漫。但本人无力赔偿，无法，只好卖身给一商人，得银两怀九漫，如数交给混官作罚款了结。

拐骗女孩

有拐骗团伙五人，其中四人躲藏在山林里准备接应，一人以佯装找牛马，到处窥探，待机拐骗人口，恰逢有一小女孩独自外出，这人见到后就进行拐骗，态度既和蔼又亲切，并拿背着的食物给小女孩吃，好像对待亲生子女一样关照，亲亲热热地将孩子抱走了。

正在这时，从寨子里走出一人来，看到一个陌生人抱着寨里的这孩子，就忙问道："小孩，你要跟随他到哪里？"贼看到事情败露，放下孩子转头逃遁。那人抱起小孩跑回寨内告诉说："有贼来偷小孩，被我拦截，赶快去追赶捉拿。"

众乡亲听后，立即前往捉拿，只见盗贼跑进山林，众人在后追赶，追至山林时遇上等待接应的那四人，就问他们道："有一个贼偷小孩，被发现后，往山林里跑来了，你们可见到否？"

回答说："我们是来串山的，没见到什么人。"

追赶盗贼的人问小孩："偷你的人是否他们？"

孩子回答说："不是。"

四个隐藏的盗贼此时心神稍定，谎称他们是帕雅的奴隶，到山里找吃的，怎能随便诬陷他们呢？

乡亲们说："既然不是，也就罢了。"

四个盗贼也就装着寻找食物的样子，四散走了。追捕的人又绕道去堵截路口，终于抓到了偷小孩的这人，小孩指着他说：就是他了。于是将其捆绑去见混官。

经审讯后，供认了犯罪事实，并供出是五个人合伙同谋。

混官又派人将其余四犯逮捕归案，在审讯中，他们否认与此事无关。拐骗小孩的人作证说："我们五人原先是共同商量的，现在不能矢口否认，将罪过由我一个承担。"

混官判决说："巧辩是没有用的，人证俱在，都是拐骗团伙无疑的了，你们已经将人拐骗到手，只要她离开原地二丈远，就算有了行动，应判为拐骗罪；起心不良，指的是喊叫小孩时，就构成企图拐骗的罪恶了。"

有行动构成拐骗事实，应判死刑；罚银三倍价，算为从轻处理。虽然孩子已被搭救，但仍应罚款，小女孩债高，值银三怀五漫，另应付给搭救小孩的人奖赏费一怀，故应罚银四怀五漫，这是按法规对罪犯进行惩处。

罚款的分配办法是：给孩子的家里五漫，给搭救抱回小孩的人一怀，给帮助追赶的众人七漫半，给混官一怀二漫半，给帕雅一怀。

信聘信宰信干信卖胆腊干（犯罪赔偿断案罚款罪犯）

"信聘"即犯罪的人；"信宰"即不罚款，按原价赔偿损失；"信干"即到官府判案；"信卖"即罚款一倍至十倍；"胆腊干"即偷盗者只要离开偷盗场地十丈远者，就构成盗窃犯罪。

发生盗窃案件，如事发后，罪犯不知去向，那么，被盗者接近哪一户、哪一寨，就要对他们进行罚款，并责令捉拿盗贼归案。

凡遇有偷盗事件，即使原物追回来了，也要罚款。有人问："为什么原物追回来了还要罚款呢？"

原因是混官负责断案，需要得到断案费，罚款就是作此项开支。

自杀

有一女奴不堪主人虐待，要求出售，另易主人，奴主不肯，她就到山里上吊自缢。被三位牧象人发现，用刀砍断绳索，救活了女奴。与此同时，有一青年人到山中找竹笋，看见女奴后，知道是本村的人，牧象人就将女奴领回她所在的村子里，青年人便边向女奴主□□□主人得知，愿出银五怀五漫赎回，牧象人不肯□□□□□□的女奴已经死了，我们得到的是新的女奴。

双方争论不休，□□□□□□评判。

协纳说：女奴□□□□□□□已不再是你的奴隶，因为有人发现她□□□□□才使她能起死回生。

所以，女奴的主人□□□□□□□□给你银五漫作为补偿。

另有一个□□□□□□□临产，有天夜里，因遭主人□□□□□□□自缢。当时有四个渔人（帕雅的冒宰）路过，看到自缢身死的人，为了贪图死者身上携带的钱财，就从女奴的腰带里拿到金子五怀五漫、银镯三对，每对重五漫。

与此同时，有两个牧牛人也看到了自缢身亡的女奴，见她身怀有孕，便剖其腹，取出一个还活着的女婴，他们决定带回家抚养。

牧牛人为了抚养女婴，就向四个冒宰索要金子和手镯，他们不给。

牧牛人就编造说，有人图财害命，杀害了女奴。

消息传开后，女奴的主人知道了，就找牧牛人访问。他们就带奴主到现场，看到死者被剖腹的惨状，因而相信了，就到官府报案。官府派人调查，得知系帕雅的冒宰所为，将其缉拿到案。

混官问道："你们是否因图财害命，杀死一女奴？"

冒宰将事情的经过如实地说了。混官为进一步查明真相，亲临现场，看到死者确系上吊自杀，牧牛人纯属对他人诬陷。

冒宰又说："此事还可请牧牛人作证，因为他向我们索取死者的财产，没有给他，一定是他诬陷的了。"

混官对牧牛人说："你们应从实交待，否则是要罚款的。"

牧牛人仍坚持说："女奴不是自杀，是他杀。"

混官反驳道："如果你们所说的是事实，就应判谋杀者死罪，但为何绳索还套在死者颈上，舌头也伸了出来，这不是自杀，又作何解释？"

牧牛人招认了，说："因为我们向他们索取死者的钱财，他们不给，便诬陷他们了。"

混官对女奴主说："你的奴隶属上吊自杀，没理由责怪任何人，她带着自己的财产去寻死，这份财产已落入他人之手，这便罢了。现在，如果把死者的遗产分割出银一怀、银镯一对、金镯一只给你，到头来，女孩长大了，财产继承权应由她来继承，那时，遗产及女孩都不属于你所有了。牧牛人在当时能把实情讲清，还可参加遗产的分配，现在他们两人已构成诬陷罪，故不能参加遗产的分配。"

混官清点了死者的遗产，分给帕雅银五漫，四个冒宰得银五怀和银镯两对，乃得金子两寸，众百姓得银二怀，其余留作婴儿抚养费，待她长大二岁时，交由乃收为养女。当女孩长到成婚年龄十六时，乃应负责出陪嫁费银一伴七怀。

当女孩长大成婚年龄，年轻小伙来说亲，乃不给陪嫁费，小伙子告到官府，乃坚持说："当他们送来做我的养女时，也没有交待清楚，如果不是我收养，那么她也不会成人；如果他们把婴儿杀了，也不会落得向我索要银两了。"

为此，原死者的遗产银一伴七怀，只能分给四个冒宰四怀，给混官两怀，其余一伴一怀应留给养父，因为养父不仅要负责抚养，还要承担陪嫁礼银。

比丘偷鸟

有一个比丘外出化缘，见到他人驯养的一只鸟，就用饭为诱饵，将鸟哄回寺里。当时有个身背长刀的人走出村子，看见他在诱捕这只鸟，就问道："尊敬的比丘，为什么要诱骗这只鸟？"

比丘回答说："我哪里是诱骗，只不过是看到它美丽，喜爱才给它喂食罢了。"

那人说："既然不是诱骗，仅只是喜爱，何以边喂边哄着它跟你走呢？"

那人不听信他的谎言，就惊吓鸟飞回主人家里。比丘深感羞愧，回到寺院，如实地向吾巴力厅尊者谈了自己的过错。

吾巴力厅说："你有过失了，当你用饭喂鸟，在走出两步时，就不是佛门弟子了。"

比丘知道自己不够佛门弟子的资格，于是便还俗了。

这就是"巴塔密过败牙金混萨沙纳"，意思是触犯了佛门教规。

偷鸡亡命

有三户十八人为帕雅养鸡的农户，被帕雅的两个差使企图偷走一只公鸡，当他们正在捉拿时，村里的人看见了，就喊叫："贼偷鸡了。"于是，有人就用弩射击，其中一人被射中喉部而身亡，另一人则吓跑了，并向死者家属报信。村里的人听到打死人了，都出来观看，他们说："怎么见不到死者偷鸡的证据，人死了，可能会降罪给咱们村里的人。"

为了人赃俱获，人们就捉拿了一只公鸡，将其捏死后，放入死者的衣服里，并把死者头部移动转向村外，将箭从喉头处拔出，从背部插入，制造死者是在偷鸡后往回逃跑而被射中的假现场。然后离开现场，在远处蹲着观看，表示任何人都未接近过死者。

城里人知道后，也出城郊观看，都说："死者是帕雅的差役。"

村子里的人说："我们不知道他是帕雅的人，认为是盗贼来偷帕雅的鸡，所以用箭把他射杀了。因为他转身逃跑，所以箭射中了他的背部。"

城里的人问："谁能作证？"村里人回答说："当场见到的有两人，当贼捉到鸡后往衣服里面塞入时，公鸡叫了，有人才知道，偷鸡的人走在后面，所以射中了他。"

城里人指着跑了的那人对他们说："真正走在后面的人还活着，就是他。"

这人就出来作证说："死者先是用饭喂公鸡，当时我也在场，公鸡来吃时，我们还来不及捉拿，有人就用箭射击，结果把我哥哥射杀了,当时,面是向村子的,不是向外,箭是从前面方向射来的。"

城里人说:"这人已经讲了实际经过情况,人证在此,你们还有什么要说的?"

村里人看到事实难于掩盖,都承认了对方人证讲的都是实话。

官府知道案情后,混官亲临现场,看到血是从前面流淌的。于是就说:"贼偷鸡是事实,你们用箭射杀,不论是往前或者是往后面射,把贼射杀了,都无任何罪过,但应该说老实话,用不着制造假现场。"

村子里的人说:"如果帕雅的鸡遗失了一只,我们就有责任赔偿银二漫半,即使死了一只,也要照样论价赔偿。我们之所以制造假现场,是因为怕官府问罪。原来盗贼要偷的鸡是另一只,被我们捏死塞入贼的衣服里的是另一只,混官将死鸡给死者弟弟看,他也说他们要偷的比这只大。"

混官调查清楚后,把实情向帕雅报告。

帕雅说:"明知是我的鸡,还要去偷,虽未偷到手,但偷鸡是事实,有罪就该处死,没有死的那人应判处关押三个月。"

这次案情叫作"巴塔密各败牙金",即践踏地方规章,是帕雅的人还要触犯,明知有罪,还要犯罪。

偷猪

有个乃占(象官)和四个冒宰去牧象,路过一村寨时,见村里的百姓都到田间劳动去了,只留有三位老年人看守寨子。象官和一个冒宰就进入村舍偷杀了一头猪,另外三个冒宰看见后向他两人索要分享。

象官说:"村里的猪有的是,你们自己去偷杀吧。"

三个冒宰便随同象官进村,但寨门已关闭,他们便将围篱捣毁,闯了进去,守寨的老人吓得往外逃跑,他们四人又偷杀了三口猪,便逃之夭夭。

老人跑到田间,将村里发生被盗之事告知村民,人们就去追赶,一直跟踪追到城里,经过查访,方知是乃占一伙人所为,于是向官府报案。

混官派人到乃占家搜查,看到屋内挂满肉,就问乃占:"从哪里来的这么多肉?"

乃占回答说:"我们去牧象时,在村里买来杀了拿回家里来的。"

乃宰(听差)又问:"你们一共买了几头,付款没有?现在失主已到官府报案,混官才派我们来调查了解。你刚才所说的都是假话,应该迅速去付款赔偿才是。"

"猪已付了一部分,只欠一漫未付清,我们买了四口,每口一漫。如果主人现在就索取所欠之数,就请你等候一下。"

乃占同四个冒宰商量后,凑足了一漫银子送到官府去。

混官问:"你们是在哪一个村子买的猪?"

回答说:"是在日落西方的曼索醒村买的。"

这个人实际是在东边的一个村子偷杀的猪,这个村子名叫曼飞龙村,而他们却编造是在西边的一个村庄,并说是出钱买的。

混官又问:"你们买的四口猪,价值多少,是用什么成色的银子付的?"

回答说："每口一漫半，四口共六漫银。用的是二一成银付给的。①"

猪的主人不解说："说谎，不是三成银，是四成银。"

混官指着主人对乃占及冒宰问道："你们知道他们是猪的主人吗？"

答："见过，但不知其名。"

混官又问："你们到哪个方向去牧象？"

回答说："日落西方。"

有一个妇女插话说："西边方向没有见到这些牧象人，我见到他们是在东边方向。"

混官又问："见到他们带着什么东西回来没有？"

妇女回答说："见到他们挑了不少猪肉，有一个人在后面还拿着矛。"

混官又问："他们是慌慌张张地回来，还是无所事事的样子？"

回答说："他们神态紧张，行动急促。"

经过查据，混官果断地说："乃占的话完全是编造的一派胡言，这伙人犯了盗窃罪，应捆绑问罪才是。"

乃占等人无话可说，只好从实招供，并交待肉已出卖了一部分，得银二漫，给了守路的差官一漫半，余下的半漫在乃占家共同分赃了。

混官最后判决说："乃占及四个冒宰犯了偷盗罪，盗窃猪四

---

① 勐敢塔把地方使用的是"认乃罗"银，上注明一、二、四等成色，凡注有二至五的字样，说明含银量不高。

口，每口价以一怀半计算，乃占本人罚款四倍赔偿一口，共合银六怀；冒宰四人罚款四倍赔偿三口，每口价以四漫半计算，共罚银一怀八漫；其余吃到猪肉的人，因不知内情，故不加罚款，只赔偿所吃肉价银一怀。"

这种判决称为"萨哈体戛"和"阿纳体戛"、"混罗"，即折算办法。

尼戛许（偷漏税）

有一位比丘，随身携带贵重物品，到了关卡时，为了偷漏税收，趁守卡人不注意时，蒙混过关。

按规定，凡贵重物品价值超过一徐（"一徐"等于多少不详）就该纳税，价值不到一徐就免税，该比丘的东西因价值不到一徐，所以不作犯偷漏税罪惩处。

又有一个比丘，从勐占巴纳管出发，随身携带了一颗价值昂贵的珠宝跟随一伙商人到外地。到了"根"（关卡）的时候，比丘为了逃避关税，将珠宝放在另一个比丘的佛钵里，因守卡人不查看佛钵，当时该比丘并不知道是何物。出了关卡后，物主取回珠宝时，方知自己受骗上当，就将此事告知吾巴力厅。

吾巴力厅说："他人将珠宝放在你的佛钵里偷运出关，纯属受蒙蔽利用，你没有罪过，不应追究责任。利用你为自己谋私利的比丘不再是佛门弟子了。"

吾巴力厅是按"尼萨几亚乃萨沙纳"（佛门内部教规）处理此事的。

有一伙商人到勐素碗纳捧地方经商，当到达属该地管辖下的勐腊扎哈纳管边界关卡时，为了偷漏关税，深夜将所携带的贵重物品绕道偷运出关贩运到勐素碗纳捧出售。

当时有四个驻防关卡的官员也到这个地方经商，就向他们购买了银手镯二对，价值二怀，衣服三套，每套一怀。这伙商人并和官员交了朋友，一路同行返回住在关卡里。乃达（守卡官员）询问回来的官员买了些什么东西，他们就将所买之物给他看了。

乃达问道："是向当地商人买的，还是向外地商人买的？"

回答说："是向回来的这伙商人买的。"

乃达知道事有蹊跷，就说："他们过关卡受检查时，没有发现银手镯等贵重物品。于是就追问这伙商人，何以有贵重物品买卖？"商人撒谎说，是在过关卡后途中与别人买到的，有的又是在勐素碗纳捧买到的，买来后又出售，只不过是薄利经营罢了。

乃达说："既然如此，就请你们和我们走一趟，到当地去问个明白。"

商人为难了，知道事败露，就坦白交待说："为了隐瞒关税，欺骗关卡，将贵重东西绕道偷运出关，这是我们的错误了。"

于是就将他们捆绑送往勐腊扎哈纳管，请混官裁处。将商人不法行为陈述后，说明偷出关卡之物价值银二伴，折合贝二闷，应加五倍罚款中，合一先贝。

混官即按勐腊扎哈纳管规定的偷漏税收惩处办法处理。

此事称为"尼萨给牙"，即商人犯偷漏税罪。

比丘指使徒弟偷盗

一个名叫坦麻腊所的比丘，在"自己"家里指使捧麻加里和素米塔两个徒弟去偷窃在坝来牙地方的顿皮戛的财物。规定必须要偷他的金子一怀或二怀的数目，不管到什么时候，偷够数字才行。

两个徒弟按照比丘的指使，分头各自行窃去了。素米塔去了三个月，什么也未偷到，便教唆顿皮戛的女奴去偷主人，女奴偷了金子六怀，素米塔分给她一怀，交给坦麻腊所三怀，二怀归自己所有。当把金子交给比丘时，他就抵赖说："这件事我一点也不知道，我从未指使过叫你去行窃。"徒弟说："这才怪了，是你亲自交待布置的事，怎么反而说不知道呢？"

两人为此而争吵，就共同去请吾巴力厅评判。

吾巴力厅问徒弟："当比丘对你讲的时候，除你之外是否还有其他人在场？"

徒弟回答说："还有捧麻加里。"

吾巴力厅叫来捧麻加里对质，他说："比丘曾在某月某日当面授意我们两人说的，我去了一个月，没有偷到东西，就未继续再去偷了。自从比丘交待了这件事，我和素米塔就分手没有见过面了，以后发生的事什么也不知道。"

比丘在事实面前，为了开脱罪责，说什么由于时间长了，自己也记不清楚，不论他们偷到东西与否，我思想上早不存在指使人去偷窃的想法。

吾巴力厅问比丘："当你偷窃的思想消失之后，你对他们说了没有，劝阻了没有？"

比丘回答说："没有。"

吾巴力厅说："既然如此，你并未诚心忏悔，因此，罪恶仍没有离开你，如果你阻止了他们，而他们仍去行窃，那么你的罪恶就解除了。但你未这样做，他们仍按你的授意行事，现在你和素米塔都不再是佛门弟子了，按教规已成为'问腊信'，即取消佛门弟子资格。"

对未曾偷到金子，并不再继续去行窃的捧麻加里无罪，但今后必须苦心修行。

吾巴力厅是按"阿萨塔个乃萨沙纳"，即佛寺内部的佛法教规处理。

偷船商的财物

有一贼首，指使同伙三人去盗窃商船的财物，不论盗取衣服、被盖、金、银首饰等，谁偷到了，就是英雄好汉。

三人听了命令，各自到船商处行窃。由于商船防范严密，两月的时间过去了，谁也没有偷到什么。

有一个长得漂亮的小伙子，是这伙盗贼的朋友，他们对他说："我们的首领叫大家去商船行窃，两月时间过去了，什么也未偷到，现在只好请你出主意，想办法。"

小伙子说："既然商船防守严密，无法下手，只有等待时机，施用谋略，方能如愿。"

小伙子说："这没有什么困难，我已有了妙计。"

一天，当他看到船长的妻子在河里洗澡，并也佯装洗澡下河后接近她与她搭讪。她看到对方是一个年轻漂亮的青年，两人也就攀谈上了。于是，青年人就玩弄唇舌，以种种措词诱使她去偷丈夫的财物，果然，她拿了金子一伴四怀交给了他。后来丈夫发觉，其夫乃核（船长）告到官府说，"有人诱使我妻子盗取家财。"

原物追回后，除给协纳两怀外，其余物归原主。

巴祖哈纳协纳的这种判决，叫作"有哈腊恒姐乃尊"，意思是其妻想另寻心欢，而将丈夫的钱财作赠礼，出钱买男人，这不算偷盗。

散塔巴腊金（共同犯罪）

有比丘四人外出化缘，见到顿皮戛家里有一个银盆，就起偷盗之心，但不易得手，于是就在夜间商量，如何才能偷到手。到了夜晚却只来了三人，当还未商量研究时，未到会的一人则独自将银盆偷来了。其他三人看到后就说："我们谁也不知道，你却偷来了，现在我们不参加干这件事。"

那人说："这事我们是共同商量过的，并取得一致意见，只不过你们三人未亲自到现场偷窃，现在不能把全部责任推到我一人身上。"说罢，便将盆悄悄送回原主。

其余三个比丘说："这事是你自作主张，送回与否，是谁偷的，该谁有罪，由本人承担责任。"

为此，双方发生了争执，就去请吾巴力厅评判。

吾巴力厅说："你们都是一伙了，因为你们都有偷盗之心，共同都有了邪念，而且都取得了一致意见，但到后来，一人去偷也好，共同去偷也好，都犯了'问腊谢'（偷盗罪），人人都是'巴腊金'（犯了罪过，应主动脱离佛门）了。所以，没有资格当比丘。"这是按"尚密塔瓦哈腊乃萨沙纳"即佛教内部教规的处理。

偷牛杀吃

有七个人曾共同相合谋，结成盗窃团伙，准备偷牛杀吃。但在行窃时，其中四人未直接参与，另三人将牛偷来宰杀，煮成熟食共同分享，于是便去邀约其余四人。

他们回答说："我们虽共同谋划过这件事，但在我们不知道的情况下，你们却把牛偷来杀了，现在不同你们合伙了。"并谢绝进餐。

那三人则说："我们原先共同商量过，才去偷来宰杀的，不要怕承担责任了，还是应当共同分享。"

对方回答说："不管怎么说，我们是绝对不吃的。"

那三人又说："不合伙也就罢了，那就算我们请客，今后如果发生事情，我们负责，要捆要罚，与你们无关，但还是应当坐下来共享。"

对方又回答说："牛是你们偷来的，如果和你们共同吃了，罪恶就会降临。所以，无论如何，我们是坚决不吃的。"

那三人又说："既然如此，便罢了，那么给你们每人银子一漫半，这事就不要往外宣扬。"

他们收下银子后，心里很不踏实，便向官府告发。

混官传讯了偷牛的人，他们说："是其余四人出的主意，约我们去偷盗，但商量策划后就没有和他们见面了。牛偷来宰杀后，曾邀约他们来吃，对方拒绝了，之后，怕他们到官府告发，就送每人一些银子。"

混官问另外四人："他们给了你们银子，有这回事吗？"

回答说:"有这事。"

混官又说:"既然未参与行窃,也未去吃,同时,并能前来告发,所以没有什么罪恶。"

于是将牛主找来,问明被盗之牛价值多少。牛主说:"本人的牛是从曼金纳寨子以一怀银买来的。"

混官最后判决说:"偷牛者三人罚款四倍,共罚银四怀;未参与者四人因曾收取过银两,每人应赔银七漫半,两项相加共合银七怀。"

罚款按如下进行分配:

给牛主三怀;给混官二怀;给帕雅二怀;至此,了结此案。

抢权

官员坐镇地方,日久必须易地调换,新旧交替必须在送旧迎新的年节进行。

有一官员调离工作到乙地任职,其本人原有职务由另一官员接替,按规定,新旧官员的更替须在年终进行,但新任官员贪财,任期未到就去接管,并假传帕雅命令,派人对旧官员说:"是接帕雅通知,前来接任,从现在开始应即离职。"

旧官员说: "帕雅曾对我说过,新年后新任官员才能来接任。"

差人说:"是接到帕雅的命令,我们方才前来到任,官人离任与否,请你自己考虑。"

旧官员认为既然是帕雅命令,于当天就离开了官府。新官上任后,地方乡老按照旧有的规矩,用三伴银两为礼金,送给离任和到任的新旧官员。按规定,旧官员应得银一伴,新任官员得二伴，可是全部被新官据为己有。

到了新年时，原任官员去拜见帕雅，他问到了关于乡老送的礼银得到了一伴没有？

原任官员说："未曾得到这份礼金，因为新任官员说，是得到你的命令叫我提前离任。"

帕雅说："你被欺骗了，这份礼金不应放弃。"帕雅告知协纳追究此事。

协纳经了解后，说："未到接任期，新任官员就迫不及待地去上任抢权，这是一条罪状；去年的田租，仍应由原任官员收取，但也被新任官员抢夺了，这是第二条罪状；假借帕雅命令抢夺官位，是窃职大盗，这是第三条罪状；新官践踏法规，抢夺礼银一伴，虑加倍罚款；根据上述劣迹，应撤职降为百姓；今年的田租不到时间就催收，应罚四倍。所罚之款给帕雅二伴，给原任官员二伴。这样处理，是为了教育本人，今后必须执法懂礼。"

协纳作出上述处理决定后，向帕雅备案。帕雅说："他是我的百姓，罪该处死，他的罪恶，应捆绑游街，让本人向百姓宣讲自己的罪过，以作教育。为了让本人有改过机会，判处关押十天，释放后回原籍，继续任职当地官员。"又说："百姓送的六伴礼银，应如数归还百姓，他收礼是不合法规的。"

脱离佛门

有比丘师徒二人共同商量，去盗窃一只金戒指，原来他们是在外出化缘时在一户人家中看到。规范师对比丘说："戒指是在枕头下面藏着，只要主人不注意，伸手就可拿到。"徒弟听信了，就去盗取。后来主人发现东西丢失，家里的人说："刚才有一个比丘来过，可能是此人所为。"于是就去追赶，比丘看见有人追赶而来，就将戒指丢在路旁，神情紧张地回到了佛寺，然后对阿占（师父）说："戒指已拿到手，但主人知道了，前来追赶，我只好将其丢在路旁。"

阿占说："丢了就算了，赃物不在我们手中，不会出什么事的。"

徒弟心里仍不踏实，就去向麻哈吾巴力厅交待了不轨行为。

麻哈吾巴力厅说："偷到手也好，未偷到也罢，你们两人已经事先商量过，一个是'阿纳体夏'，即指使者，而你是'萨哈体夏'，即行窃者，只要赃物被移动，你们算就'巴腊金'，即脱离佛门，不再是佛门弟子。"比丘便只好还俗，规范师也不当阿占了。

偷牛下酒

有一贼首，指使手下的四个冒宰说："今天我们没有什么东西下酒吃，你们去偷一头牛来杀吃吧！"四个冒宰便去偷窃了一头水牛宰杀后挑回家里并向贼首报告。贼首说，"我叫你们偷黄牛，为什么去偷杀水牛呢？既然如此，也就罢了。"

主人发现牛丢失被盗，便向官府报案。混官经查明后，将四个冒宰传讯到案，他们都供认不讳。

混官说："贼首指使你们去偷，都共同犯了偷盗罪，贼首是'阿纳体夏'，即教唆犯，你们四人'萨哈体夏'即同案犯。偷了财物不自首，犯隐瞒罪。"

偷杀的水牛价值七漫半，罚款四倍赔偿，共合银三怀；贼首系教唆犯，罚银二怀二漫，共计五怀二漫。

罚款的分配办法：

给帕雅一怀五漫；给牛主二怀二漫；给混官一怀五漫。

此案叫作"尚姐达干"，即偷杀牲畜罪。

暗示教唆罪

有一个皮虎（比丘）带着一个徒弟去化缘，到了一个寨子里，见到晒着的一块白布，皮虎想要，就用眼暗示徒弟去偷，徒弟把布偷了放入佛钵里。主人看到自己的布不见了，就大声喊叫："谁把我的布拿走了？"

邻居的人说："看见有两个比丘来寨子里化缘，就站在晒布的地方，还没有给他们献钣就转身走了，是否他们拿走，就不得而知了。"

主人急忙前去追赶，当看到他们的背影时，就喊道："尊敬的比丘，请等一等。"

比丘看到有人来追赶，急忙将赃物丢在路旁。当时恰逢有一人路过，看见比丘将布丢了，没等布主赶到，便将布拾起后从另条路走了，布主就绕道拦截，将他捉拿到官府问罪。

在审讯时，布主说："他是偷布的盗贼，偷了东西后就逃跑，被我追赶捉拿来了，请官家做主。"

混官问此人道："你是否真正的盗贼？"

回答说："我不是贼，这布是两个比丘不知从什么地方偷的，是他在追赶比丘时，他们丢在路旁，我见到后就拾起来了。"

混官说："如果事实如你所说，那么你拾了布以后不应当逃跑，应等候主人赶到时，将情况向他说明，你就没有罪过了，可是你拾了布就逃跑，应该有罪，是第二盗窃犯。"

混官又说："比丘所犯罪过，应送佛寺内部处理。拾了比丘丢在路旁的布而又逃跑者，应加倍赔还；若原物未还原主者，应加罚四倍。"同时，并派人到佛寺对比丘偷盗之事向吾巴力厅报告。

吾巴力厅找比丘询问，皮虎说："因我见到这件白布质地好，就用眼暗示徒弟叫他盗取。"

又问徒弟："你的师父闭眼暗示时，你是怎么想的？"

徒弟回答说："师父又闭眼，又抓手，暗示我想要这件白布，我领会了他的意思，于是就偷了。究竟算偷或者不能说是偷，我就没有考虑这个问题了，当时主人来追赶，我怕有罪，就将布丢了，然后回到佛寺。"

吾巴力厅说："根据情况，你们师徒二人都犯了偷盗罪，就在你们盗取了布离开寨子时，就不再是佛门弟子了。"

吾巴力厅这样说，是按"尼密达干"，即佛寺内部教规处理的。

盗贼偷布

有两个人共同密谋策划去偷布，办法是两人装作互不相识，前后分别到卖布的商人处，当前行者以顾客身份在丈量布匹时，就对后来者说："我一个人不好丈量，请帮忙拉住布的一端。"并边量边收卷，当丈量完了之后，布已全部到了帮忙者手中。这时，就抱着布逃跑，以顾客身份出现的那人佯装追赶，实为掩护。

两人商定之后，即按计谋行事，当布主追赶逃跑者时，恰有一个外寨人手持木棍从前面走来，他听见有贼偷布的呼喊声，就举棍将贼打倒。布主赶到后，将其捆绑准备送往官府治罪。

那人看到同伙被抓获，吓得也躲避了。这时布主也识破了两人原来是合伙行窃，也将他捉拿归案。

混官问："你们就是偷布的贼吗？"

在事实面前，两人不得不承认是有罪了。

混官问了布商被盗之布的价值为三怀，于是判决说："本应按四倍罚款，但念其赃物已追回，所以从轻处理，加倍罚银六怀。此项罚款分为四份，给布主二怀，给帕雅二怀，给混官一怀五漫，给将贼打倒者五漫。"

旧翻新

有一位比丘有一手利用旧袈裟翻新的好手艺，常将自己穿旧了的袈裟，通过洗净，重新染色，变成崭新而漂亮的袈裟。然后用翻新的袈裟去换取其他比丘的新袈裟。凡和他换过衣服的比丘，一旦将翻新的袈裟下水洗涤时，立即变色，呈现旧状。当他们发觉自己受骗上当时，就去找他交涉，要他退还自己的新衣。对方不仅不肯，还强词夺理地说："已言明在前，合心了才交换，都出自双方自愿，现在要退，悔不该当初。"

双方争吵不休，只好一同去请吾巴力厅尊者裁决。

比丘对尊者说："我将旧袈裟翻新，为的是自己披用，可是对方非要和我交换不可，并言明在前，无论袈裟是新是旧，他都要。且本人也仔细看过，经过挑选，合了他的心意才交换的。"

吾巴力厅说："交换自愿，本来无事，问题是对方发觉你的袈裟是旧的时，把翻新的退还给你，而你不接受，这就不对了。交换应该是对等的，但他的袈裟是全新的，价值高，旧袈裟价值低廉，所以不对等。如果你不愿退回原物，就应论价给对方补偿，按市场价格，哪怕只相差一'行'（系一种货币，即野生红豆）或者二'行'，不论相差多少，就应补贴多少，否则就触犯了教规，何去何从，由你选择。当对方没有换回袈裟或未得到补贴时，你已构成触犯教规的罪恶了，如能物归原主，取得相互谅解，双方言和，就免除罪恶，作为一般缺点处理。"

制造假银罪

有一个名叫巴利帕吉戛的比丘，和另一个比丘是朋友，后一个比丘拿了一些银两请他铸造货币，因他会铸造假银在市场上流通使用。巴利帕吉戛欣然答应，为朋友铸造了许多银币，当朋友拿着这些银币到市场上购买了许多食物和用品，事隔不多久，银币变质成为铜币，凡得到这种假银币的人，都纷纷来找买主退银。这位比丘忙解释说："这些银币不是我铸造的，是巴利帕吉戛为我铸造的，当时我给他的是真银两，谁知他会干出这等事来。"于是共同去找他论理。

巴利帕吉戛很固执，他说："我铸造银币纯是为了自己使用，我的朋友请我铸造，我也帮忙了，是他本人使用，不是我拿到市场上去使用，既然东西是他购买，银币是他付给你们的，应由他负责，这事与我无关。"

货主吵着要巴利帕吉戛收回假银，他不答应，于是就共同去请吾巴力厅评判。

吾巴力厅对比丘说："你的朋友为你铸造了假银币，你不知道是假的，拿到市场上去使用了，你并未构成犯罪，但到市场上不仅买了食物，也买了生活用具，现在物主发现你付给他们的银币是假的，知其上当受骗，纷纷要求把假银币退还，你应当将所购之物归还原主，如果实物已耗费了，或者作了它用，就应另行付款，然后将假银全部丢入江河销毁，不得继续在市场流通使用，也不得收藏，日后又转手他人使用，否则将按触犯法规罪论处。"

对于巴利帕吉戛本人，在为他人铸造货币时，采取欺骗手段，瞒着银主为他铸造了假银币，当事情暴露后还为自己所犯罪行巧辩，企图开脱罪责，已构成犯罪事实，应取消佛门弟子资格，还俗为民。

如果在交换时，未讲明是银币还是金币，只讲是使用的货币，合心就交换，不合心就拉倒。出于这种自愿交换者，后来银币变质，也不能判为有罪。

制造假砝码罪

有个经营银子的商人，家住勐腊札哈纳管。自从父母双亡后，他继承了父亲的财产，继续经营银两，他一心想发财，便制造了两种不同的砝码，用以盘剥他人。他制造的砝码中，有大砝码九个，小砝码九个，在经营中用大砝码秤入，小砝码秤出，从中非法渔利为时已久。

有个经营布匹的商人，听见人们议论说，银商有大小不同的两种砝码，他决心前去领教，是否果有其事。于是他和银商的女奴交了朋友，想从她那里得到线索，是否确有其事。一天，他问这个女奴："听说你的主人有两种不同的砝码，购进银两时使用大的，售出时是用小的，是否有这事？"女奴回答说："果有其事。"

布商对她说："等你的主人做完买卖，快要散集时，请你暗地把两种不同的砝码拿来，让我看看，见识见识。"女奴答应了。趁银商收拾摊子时，女奴果然将两种不同的砝码拿出交给布商。布商看后作了鉴别，然后将原物交还了女奴。

布商也有一付好手艺，凡是他见过的，都可模仿着做，做出来的和原物一个样。于是他用铅也做了两种大小不同的砝码，同银商的无任何区别。他学银商的办法，将砝码放在布袋里，不让人们看出破绽。

有一天，他拿着四件布，一件价值银一怀，一件价值五漫半，其余两件各值二怀。他将布出售给银商，双方议定好价钱，共合银六怀二漫半。当银商付款时，用的是小砝码，六怀银多出三行（一行为一分）二漫半，多出的部分要由布商找补。布商说："我身上没有碎银，现在只有一漫半。"这时，银商用的又是大砝码，并对布商说："这是我称碎银用的砝码，要以我的为准，否则就不买你的布了。"

布商说："只要你的砝码合标准，否则恐怕就不好了。"银商用大砝码一秤，原来的一漫半还称不足一漫半，他要布商再加半"别"（半分），布商说："'银子尖，别也兴'，你的秤与众不同。就从今天来说，秤出的六怀银，超出实重三徐，二漫半银超一畜，共超重三徐另一畜，叫我补半别。我有碎银一漫，而你秤了差一半，为什么你秤出的银子多出实际的重量？秤进的又少于实际的重量。问题在于你使用了两种不同的砝码。"并用两种砝码当面衡量,果不其然,两种表面等量的砝码,一个轻,一个重,重的一个超出实际数一畜,轻的一个少一畜。从而当面戳穿了银商所耍的花招。"这叫作大秤进、小秤出的盘剥手段,我的布不卖了。"将布收回后,将银商的砝码拿在手中,转身便跑,边跑边喊叫:"大家注意听着,银商使用两种不同砝码,骗取钱财,当心受骗上当,他的行为触犯了经商法规,我要向官府告发去。"

银商急了,就去追赶。布商就将事先做好的一付砝码丢给他,拾取便走了。以后也未加细辨,认为是自己原来的砝码。用了五个月后,这付砝码表层的金质原来是镀上去的,由于磨损,时间长了露出了铅质。银商心想:"我的砝码是用纯金铸造的,怎么现在变成了铅呢!肯定是布商的搞鬼了。"就到官府告发。

混官传讯布商,他就将事情发生的原委作了陈述。于是,混官将布商手中所持银商原来使用的砝码作了鉴别,结果真相大白。

混官就问银商:"是谁为你制造的?"

回答说:"自己造的。"

又问:"使用多长时间了?"

回答说:"用了三二年了。"

混官说:"你是盗贼,以大秤进、小秤出的非法手段,对百姓进行盘剥渔利,罪该判处死刑,现作从宽处理,没收其家产的一半及伪造砝码。所没收的财产分为三份,一份给帕雅,其余二份给混官。"帕雅并对布商奖赏银三怀。

银商的作为,叫作"胎牙瓦哈腊混罗",意为人心不足蛇吞象,偷鸡不着蚀把米。

摆赛牙密乃牙

有一名叫吾巴南达厅的比丘,一天,他走到一所佛寺,看见有两个比丘正在争执,原来他们分到三匹布,两匹为白色,一匹为红色。由于红布质地较好,价较高昂,两人都争着要红布。正在争执不休时,吾巴南达厅刚好到来,便为二人仲裁,各分白布一匹,红布则作为仲裁者的报酬为名被他拿走。

两位比丘提出抗议说:"我们正是为了这疋红布而发生争端,你却把它拿走,这是不能同意的。"

吾巴南达厅仍执意强行将布拿走,两个比丘不服,就去告诉佛寺住持。佛寺住持招来吾巴南达厅询问,斥责他说:"他人财物未经允许,何以强行拿走?如果不是物主跟随而来,应作偷盗论处,但由于物主跟你一起同来,应将布退还他们,否则就犯了教规,没有资格当佛门弟子了。"

吾巴南达厅无奈,只好依此裁决。这件事称作"巴塞牙密乃牙乃萨沙纳",意思是贪心想占有别人的财物。

帕雅的奴隶偷文书官的牛

帕雅的七个奴隶偷了文书官的两头黄牛宰杀,文书官得知后,派人将他们捆绑关押,并没收其全部家产,还准备判处死刑。

文书官罢罗屋将此事向奴隶主帕雅报案,帕雅说:"你要处死他们，必须先向混官报告，由他进行判决。"文书官听取了帕雅的意见，又到混官那里报案。混官说："奴隶偷了你的牛杀吃，你捆绑并关押了他们，同时还没收了他们的财产，这样是不合法规的，无权如此处理。他们的罪恶，应按法规判处。"

混官最后判决说："应当给予罚款于牛价的四倍作赎罪，奴隶的财产折价后，除罚款外，剩余的仍是他们自己的财产。你私自没收奴隶财产，犯了偷盗罪，这是违反了地方法规，所以，应罚文书官奴隶剩余财产数的一倍。"

混官作出的处理决定，报请帕雅备案，帕雅回答说："这样的处理适宜，表示同意。"

附：修行者的教育

有一位名叫占达苏仑的麻哈厅，他从三种经书中得到启示，他知道佛经说教深刻，是"阿塔底戛"（应该施行），并与现实生活对照实施，让人们得到幸福，于是编著了教育徒弟及世俗人的经典，内容如下：

不要忘记"桑整"；不要抛弃"桑兰"；不要懒说话；不要闭着眼睛进入山洞；要沐浴净身；要尊重三老（即佛主、佛经、比丘）；要坚守"双把"；说话要三思；言行不要离开法规；不要做败家子；说话算数，不要失信誉。

教育经十条。

阿提外冇列解释说：

不要忘记"桑整"，即一是献佛；二是佛吉日要进佛寺拜佛；三是要修行，合称为桑整。

不要忘记"桑兰"，即一是要讲究卫生；二是不要懒惰；三是应谈笑风生，不要有话闷在心里。

不要闭着眼睛进山洞，意思是人生应该活到老，学到老，应该与智者接触，不应该接近那些目中无人的孤傲者；应与百姓接触往来。

要沐浴净身，意即接纳众生、师父、吾巴赛（管理人员）。

要坚守"双把"，意即尊敬父母。

说话要三思，即说话要有根据；有困难要讲；想不通的事要去修行。

言行不要离开法规，即不要明知故犯，不要以身试法。

不要做败家子。

说话算数，不要失信誉，不守信用者，对己不利。

贪吃懒做不好；对空口说大话，好逞强者不要惧怕；劳动中闲谈不好；生产季节去串亲访友不好；空嘴说白话不好；不讲理，目中无人者不好；不经常和土司往来不好；讲过头话不好；没有根据的话，不能拿到议事庭内议论，吓唬百姓不好；当官的不讲身份不好；流言飞语不好；欺负官员不好；欺负穷人不好；不分好坏乱发脾气不好；不尊重长官不好；不和比丘来往不好；自我吹嘘，抬高身价不好；盘剥他人，渔利自己不好；当师傅的人，骄横霸道不好；有事找人，不选择时间不好；不按法规办事不好；不懂规矩不好；对长者不讲礼貌不好；不经常学习不好；想占他人便宜不好；悲观失望不好；孤傲横蛮不好；忘恩负义不好；一意孤行，不听劝阻不好；急于求成不好；不分内外，家丑外扬不好；在背后议论别人不好；做事飘浮不好；霸道不好；自高自大不好；自欺欺人不好；不爱护身体不好；穷人装富不好；富人装穷也不好；憨人娶多舌妇女不好；戏弄他人妻子不好；不专心读书不好；"古腊古达告恼"，即迷信太深不好；不接受长者教诲不好；跟随他人干坏事不好；爱插话不好；酗酒不好；笑里藏刀不好；事未定，急问不好；不守信用不好、以上诸事，应以为戒。

孟连宣抚司法规[1]

行政法规

我兰勐（十二条）

第一条，大家认为应该分封食邑，而有人提出反对者。

第二条，大家认为不应该分封食邑，而有人主张分封者。

第三条，大家认为可以去，而持反对意见者。

第四条，大家认为不能去，而主张去者。

第五条，在处理某件人或事方面，大家认为可以做的，而持反对意见者。

第六条，大家认为不能做的，却又主张应该做者。

第七条，大家认为应该保护的，而持反对意见者。

第八条，大家认为不应该保护的，却又主张保护者。

第九条，大家认为应该保留的，而持反对意见者。

第十条，大家认为不应该保留的，却主张保留者。

第十一条，大家认为应该耕种栽插的地方，而持反对意

---

[1] 《孟连宣抚司法规》（云南民族出版社 1986 年出版）是孟连宣抚司署司法实践，并集《芒莱干塔莱法典》、《坦麻善阿瓦汉绍哈》而成。作者是原孟连宣抚司署御职官员帕雅龙干塔腊，勐海人。成书年代不详，收藏于孟连宣抚司署，现存放于云南省孟连傣族拉祜族佤族自治县文化馆。该法规由刀永明、刀建民翻译，薛贤整理，刀永明统编和修改。需要说明的是，《孟连宣抚司法规》在内容上与本书所收的《芒莱干塔莱法典》、《坦麻善阿瓦汉绍哈》在内容上有许多一致之处，但为了体现不同版本的完整性，并达到互补互证之目的，故一并收于此。

见者。

第十二条，不宜耕种栽插的地方，却又持主张意见。

凡以上违反众愿者，为叛逆行为，以犯我兰勐罪论处。

咋星勐（十二条）

第一条，不准毁寨开渠，毁田建寨。

第二条，不准毁寨开田，毁田建村。

第三条，宜建坝蓄水的地方不建坝蓄水，不宜建坝开渠的地方，硬要开渠建坝。

第四条，应该开渠排水的地方不去开渠排水，不宜开渠排水的地方，硬去作为者。

第五条，不得将田亩开成鱼塘，或将鱼塘开为田亩。

第六条，宜建立村寨的地方，不得开垦为田地。

第七条，宜开垦为田地的地方，不得建立村寨，建房盖屋。

第八条，应该要的不要，不应该要的而强行夺取者。

第九条，用来作为各种庆祝活动、集会的公共场所，强行禁止庆祝集会者。

第十条，不应该举行庆祝活动的事，则强迫大家去做者。

第十一条，不应该让人们知道的事，却又故意传播者。

第十二条，应该让人们知道的事，而又严密封锁者。

凡违反上述惯例，以犯咋星勐罪论处。

广勐[①]

第一条，百姓等级的人，永为百姓；百姓不得担任地方任何大小官员。

---

① 《广勐》共十五条，原文缺三条。

第二条，地方官员等级的人，不能降为庶民。

第三条，小官等级的人，不得晋升为高级官员。

第四条，高级官员等级的人，不能降为下级官员。

第五条，乃哈西等级的人，不得晋升为乃怀。

第六条，乃怀等级的人，不能降为乃哈西。

第七条，身为大官等级而不列坐大官等级席位，却去和下级官员坐在一起者。

第八条，是乃怀等级的官员，设有小官等级席位不坐，却和上级官员坐在一起者。

第九条，高级官员等级的职官，排行应在前，却列坐于下级官员之后者。

第十条，下级官员等级的职官，排行在后，却列坐于上级官员之前者。

第十一条，地方任何大小官员，不得和百姓坐在一起。

第十二条，地方百姓，不得和任何大小官员坐在一起。

凡违反以上惯例者，以犯广勐罪论处。

哈柏勐①

第一条，凡宜设置圈官（相当乡一级）的地方，却设置闷官（相当区一级）者。

第二条，宜设置闷官的地方，却又设置圈官者。

第三条，按官阶等级，外出只宜乘象，却骑马者。

第四条，按官阶等级，外出只宜骑马，却去乘象者。

第五条，应封委为帕雅囡（"囡"小也，即小帕雅）的地

---

① 《哈柏勐》十条，九、十两条不知为何原因，原傣文本没有记载。

方，却设置帕雅龙（"龙"，大也，即大帕雅）。

第六条，宜封委为帕雅龙的地方，却设帕雅囡。

第七条，应设置土司的地方而不设土司。

第八条，不应设置土司的地方，却又设置土司。

凡违反以上惯例者，以犯哈柏勐罪论处。

坦麻散拉札安雅

凡违反麻散拉札安雅这一土司旨令者，都是犯上，罚款如下：

第一条，不论百姓，还是为官者及其家族，凡违反坦麻散、星勐都作犯上论处，出赎罪银一"伴"五"汉"，外加罚银四十八两四钱。

贺闷、贺先官员犯上者，出赎罪银五十九两四钱，外加罚银二十四两二钱。

贺伴官犯上者，出赎罪银十六两五钱，外加罚银十七两六钱。

混干官犯上者，出赎罪银九两九钱，外加罚银三十两八钱。

百姓、比丘、商人犯上者，出赎罪银十七两六钱，外加罚银十一两。

其他民族的百姓犯上者，出赎罪银三两三钱，外加罚银三两三钱。

如果超出了上述规定，多出了赎罪银和罚银的，都不合道理。

办案收入的银两，分为三份：一份给告发者，一份给办案的官员，一份给土司。以上这些都是召片领的规定。

第二条，凡不执行土司命令，经召允劝告三次仍不听从者，该骂则骂，该打则打，该捆则捆，并将其送往官府，进行教育后方能松绑，但不加以罚款。

第三条，召混、召乃受封采食的地方，不得无止境地摊派无偿劳动力。在官偿府中从事杂差的农民和其他劳动者，农忙季节要让他们回家生产，不能久留。

第四条，不得以各种形式或借口叫百姓充当官府里的听差奴隶，但按召片领的规定，只有如下七种人可充当为官府的听差和奴隶。

第一种人，因借债而无力偿还者，可作抵债奴隶。

第二种人，父母是奴隶，其子女是在主人家里出生，因此，子女也是奴隶。

第三种人，因"塔纳底打"，即在外勐、外地做了坏事，自愿前来投靠充当奴隶者。

第四种人，因"戛腊麻拉底"，即因偷牛偷马，无力偿还者，沦为奴隶。

第五种人，因"萨猛打萨拔吾戛朵"，即无路可走的，为了养活自己，自愿投靠主人而充当奴隶者。

第六种人，犯了法被判处死刑者，可以赎身充当奴隶。

第七种人，生命垂危，无钱医治者，自愿卖身治病充当奴隶者。

上述七种人，都是百姓沦为奴隶。

百姓，是自古生长在召片领管辖下的自由民，傣语称"卡桑满"。他们在召片领的庇护下生活，不受外来势力的侵犯和掠夺；他们接受教育，遵守并维护地方社会秩序，从事各种生产劳动，服从道帕雅（官员职称）的管理。

召片领罚款条例（五十条）

帕雅召勐（土司）办事要公平合理，应按各种法规处理一切事务，赏罚严明，神灵才会保佑，死后才能升天堂，冤判、错判就要下地狱。为此，特规定如下对危害社会治安的罚款条例，以资照此执行：

第一条，偷犁他人的田，犯侵犯他人财产罪，应按犁有多重，罚以犁头同等重量的银两，所偷犁之田仍须归还原主。

第二条，偷盗瓜果者，按实物论价，以十倍数赔偿。

第三条，庭院种植的果树，如树枝、树干伸延到邻居家，果子归邻居所吃，如果树主人摘取，应按所摘果子价罚款。

第四条，诬陷别人偷盗者，应罚款一万个贝。

第五条，偷放田水者，罚银一怀零一漫。

第六条，偷放他人鱼塘、水池的水，罚银一怀零一漫。

第七条，妻用药毒死其夫者，按夫身价赔偿，外加罚银三怀零二漫；反之，照此论处。

第八条，不论任何人，跑到他人家里殴打主人者，应以处死或按地方法规论处。

第九条，儿子杀父母致死者，断其四肢。

第十条，百姓顶撞官员者，重者罚银六怀六漫，轻者罚银三怀三漫。

第十一条，投放毒药造成人畜伤亡者，按其情节论价赔偿或处死刑。

第十二条，用书信辱骂、恐吓或画肖像埋于地下邪伤他人者，如果是混帕雅所为，罚银九怀零九漫；是混协纳所为，罚银七怀零七漫；如果是百姓所为，罚银五怀零五漫。

第十三条，盗贼将所偷盗之财物，拿到他人家里共同吃穿用者，以窝赃、销赃罪论处，双方均应罚款，并责令赔还。

第十四条，偷奴隶逃跑，罚银三怀零三漫，并按奴隶价值多少，以两倍之数赔偿；如果在三天以内将奴隶送回，经教育后免去罪过。

第十五条，负责看守、保管官府里的象、牛、马以及金银财物等而被遗失者，应给予赔偿；如有未偿清之数，应由其子孙后代继续赔清。

第十六条，徒弟、奴隶、子女、士兵及世俗人等，不得顶撞师父、主人、父母、长官、比丘和规范师，否则应受谴责。

第十七条，偷鸡一只，赔偿九只，外加罚一只。

第十八条，偷鸭一只，赔偿九只，外加罚一只。

第十九条，偷鹅一只，赔偿九只，外加罚一只。

第二十条，偷猪一头，赔偿九头，外加罚一头。

第二十一条，偷羊一只，赔偿三只，外加罚一只。

第二十二条，偷牛一头，赔偿三头，外加罚一头。

第二十三条，士卒征战怕死而逃跑者，判处死刑或纹面"败卒"二字。

第二十四条，招摇撞骗，或是破坏召片领的财产者，视其情节分三个等级罚处：一等，罚银一闷、金一伴；二等，罚银九伴、金九怀；三等，罚银三伴、金三怀。如果犯者身为混先、混闷的官员，一等，罚银三伴、金三怀；二等，罚银二伴、金二怀；三等，罚银一伴、金一怀。

第二十五条，践踏地方习俗，或不执行召片领为维护社会秩序而规定的各种传统法规以及在战争时期，拒不出征者，罚银一兰；战火已燃烧到村寨而不抵御者，罚银一先。

第二十六条，不得在语言、行动方面触犯召片领的儿子，否则按情节轻重论处。情节严重者，罚银一伴、金一怀；情节较轻者，罚银九怀、金九漫；情节轻微者，罚银七怀、金七漫。

第二十七条，触犯了混闷、混先的儿子，仍按情节轻重，一等罚银一怀、金一漫；二等罚银以蜡条、鲜花赔礼道歉外，上置银二漫、金二沾。

第二十八条，百姓之间在言语行动上触犯了对方者，重者罚银三怀三漫；轻者罚银二怀二漫。

第二十九条，客人在帕雅龙家里发生争吵者，罚银三怀三漫，外加蜂蜡五两；在帕雅因家里发生争吵者，罚银五两、蜂蜡四两；在混拉札家里发生争吵者，罚银三两、蜂蜡三两；在混先家里发生争吵者，罚银七漫、蜂蜡七漫；在闷龙家里发生争吵者，罚银五漫、蜂蜡五漫；在闷因家里争吵者，罚银二漫、蜂蜡二漫；在百姓家里争吵者，罚银一漫一沾、蜂蜡一漫一沾；在村寨、城镇争吵者，罚酒一瓶、鸡一只，用来供献寨神。

第三十条，犯了谷魂罪者，如牛马践踏谷堆，而谷堆系官家所有，罚银二漫二沾、酒一瓶、鸡一对；如谷堆系百姓的，罚银一漫、酒一瓶、鸡一对，以作祭祀谷魂之用。

第三十一条，凡因各种纠纷告到官府者，应先送酒一瓶、槟榔一串、猪一口作礼物。在事态未了结之前，由起诉者负责办案人员的全部伙食，待纠纷了结定案后，由理亏者负责结账，并外加罚银一怀一沾。

第三十二条，因战争危急，需向官府求援者，必须送大米一线（"一线"为一百筒，每一筒二斤）、牛一头、酒二瓶、槟榔四串、蜡条四对、鸡蛋四个，作求援礼品。

第三十三条，外勐的人进入官府办事，应送酒二瓶、槟榔四串、蜡条四对、鸡蛋四个，作见面礼。

第三十四条，商人赶着牛马帮到外地经商，如有他人的牛马走失跟随而来，该商人应写出拾物招领的通知，插在交叉路口，由失主认领。在通知贴出的三四天内失主来认领时，须付代管费；如过了七八天后才来认领，则由失主和代管者平分；如超出七八天主人才来认领而牛马又遗失了，拾物者不负任何责任；如果跟随而来的牛马在白天被人盗走，则应由商人的帮工和合伙经营的同行者赔偿，如系夜间被盗走，应由商人赔偿；如果牛马未被盗贼偷走，那么，应将其分为三份，一份给商人，半份给乃哈西（商人的副手），其余一份半给其他人。如拾物者未写出通知，以偷盗论处，并加倍赔还。

第三十五条，凡是佩带长刀，背着口袋，戴着斗笠登门坐在主人屋内者，以无礼貌罪处理，罚银三怀三漫；如将长刀、口袋、斗笠取下，放置在主人的牛、马驮上者，仍属犯无礼貌罪，罚银三怀三漫。

第三十六条，偷骑他人的牛马者，罚银三怀三漫。

第三十七条，到外地经商的途中，如果鲁弄（即牛马帮的帮工或者合伙的同行者）将烧饭的锅桩（三个石头垒成的三角形火塘或者用木材搭成的一字形的火塘木桩）碰倒者，应为乃怀（商队的首领）拴钱，并以鸡二只、银一漫给乃怀；对商队副首领仍以同等数送给；另外，还须再以银一漫送给商队的领路人；其余人也应出银一漫、鸡二只作献鬼用。

第三十八条，召乃（官员）出远门，鲁弄（下级或帮工）将锅桩弄翻，罚银三怀三漫，其他人应负责献鬼。

第三十九条，土司的两种形象：一种为遵守教规，知礼执法，热爱官员和百姓者称为"混坦"（即正直的土司）；一种为经常干坏事，敲诈勒索，欺压百姓者，称之为"混满"（即暴君）。

第四十条，听差接受官员命令执行任务时，如行走夜路，或者是其他人行走夜路，都必须点燃火把，且两人以上方可行走，违者应拘禁一夜，待次日再加追究。

第四十一条，凡属携带武器赶夜路者，罚银四两四钱；未携带武器的一般行商赶夜路者，罚黄蜡二十斤。

第四十二条，凡偷盗象、牛、马等大牲畜、赃物进入乙地村寨管辖范围内，乙寨有责协助追捕罪犯，如该寨头人拒绝执行，不能追回赃物，应对该寨罚款，并负责赔偿。

第四十三条，来往客商，凡在村镇歇脚休息或住宿时，应向头人通报，否则如发生财物被盗、人员伤亡等意外事件，一概不负责任；经通报后而发生被盗等，头人有责任追查，如拒绝执行者，应对客商所受损失进行赔偿。

第四十四条，如盗贼进入甲村寨抢劫、偷盗时，应立即鸣鼓向乙村通报，乙村闻讯后须立即出动协助缉拿，否则应对乙村问罪。

第四十五条，凡遇有盗贼进村行窃，虽未偷到财物而被捉拿者，罚银三两三钱四分四厘。

第四十六条，凡遇有盗贼闯入家中行窃，主人应大声呼叫向左邻右舍通报，邻居闻讯须立即出动协助捉拿，否则应问罪。

第四十七条，盗贼进家行窃，被盗者对邻居不发出通报者，罚银三两三钱四分四厘。

第四十八条，窝藏盗贼者，罚银三两三钱四分四厘。

第四十九条，盗贼偷了东西，村寨头人、家族长等为失主追回的赃物，不得私吞，应与失主平分。因为头人及家族长是本村、本家族得到幸福平安的保护者和长者。

第五十条，不论何人，杀人致死者，应该抵命，并将其妻妾儿女贬为道帕雅的奴隶。

民事法规

权力继承

第一条，帕雅（土司或高级官员）和女奴发生关系后所生的子女，应对女奴和所生子女视为正式妻儿，不得抛弃；女奴所生的儿子有权继承父位。

第二条，帕雅的儿子是未来父亲的权力继承人，但有专横跋扈，目无法纪，不听从教育，不遵守地方法规以及无行为能力的人不得继承。

例如：有一位帕雅，生有一百零一个儿子，惟有最小的一个不仅有教养，且博学多才，有办事能力，从而被认定为帕雅的权力合法继承人。

第三条，除亲生儿子外，女婿、奴隶出身的妻子所生的儿子、侄儿等，谁有学识，能遵纪守法者，都可以作为各种权力的继承人。

第四条，不论道帕雅（土司及高级官员的统称）、混协纳（一般官员）、阿曼（文官的统称）以及官府里的差役、百姓等，谁的儿子具备"广召巴底万"（有为官的才能）者，都是父位的继承人；如果是"麻戛坦乃"（腐化堕落，经常干坏事，碌碌无为，为人低下之辈者）不能继承父位。

例如：有一位帕雅拉札西（狮王）去和一只母狼同房，生了一个儿子，相貌似父，但叫声不像狮吼而是狼嗥。于是狮王对他说："你不要在众狮面前吼叫，因为你与父王是不同的'札底'（种类），只因怪我与低等动物结合，降低了自己的身份，虽有父王的血统，但却是无能之徒。"

财产继承

第一条，总则

继承人有下列行为之一者，应丧失继承权：

一、经常犯罪者。

二、聋哑人、憨人、瞎人、痴呆人、瘫痪病者、麻风病患者等有特殊困难的缺乏劳动力的人，这些人不享受财产继承权，但其他子女必须像父母在世时那样怜惜他们，分给一定数量的能维持生活的一部分财产，并应关心照料他们。

三、遗产按下列顺序继承：

第一顺序：配偶、子女、父母。

第二顺序：兄弟姐妹、孙男女、祖父母。

这里所说的子女，包括婚生子女与奴隶长期同房所生的非婚生子女，养子。

兄弟姐妹，包括同父母的兄弟姐妹、同父异母或同母异父的兄弟姐妹。

第二条，法定继承和遗产处理

一、夫死，财产归妻；妻死，财产归夫；夫妻双亡，财产归子女；子女死，财产归父母；兄死，财产归弟；弟死，财产归兄；祖父母死，财产归孙儿女；孙儿女死，财产归祖父母。如果一方家族后继无人，财产归另一家族所有；双方家族后继无人者，财产分为二份，一份给本寨头人道帕雅，一份作死者善后之用。

（一）父母生育了四个儿子，排行为艾、依、桑、赛（即长子、二子、三子、次子），后来父母双亡，没有留下遗嘱，其财产由官府代为分配，共分为十份。长子得四份，二子得三份，三子分享二份，次子分享一份。这样的分配办法，因长子赡养父母，应予以多分，是合法规的。如果父母留有遗嘱，就按遗嘱分配。

父母生育了四个儿子，一个出家当了沙弥，一个种田兼商赡养父母，一个在官府担任官员，一个在家为父母理财，主持家务。后来，父母双亡，其财产分配办法是：分给出家当比丘的儿子二份，从事种田兼商的儿子一份，担任官员的儿子不应分享，因为父母养育了他，担任官职后，父母未得到他什么好处。如果父母留有遗嘱，应分割给他一部分，则按遗嘱进行分割。为父母理财，操持家务的儿子分享四份。父母在世时，因偏爱某个子女，曾给了他一部分财产作为个人所有，这部分财产在进行遗产继承时，不应分割，他人也不应提出要求或责备。

（二）出嫁的女儿和入赘的儿子，其继承权应视出嫁和入赘时是否以陪嫁的妆奁得到了一部分财产，或者带着部分财产到女方家入赘。如各自都得了一部分财产，就不得参与财产继承的分割。但父母留有遗嘱应予分享时，按遗嘱进行分割。如家境清贫，而父母的遗产又多者，应视其与娘家的联系情况而定，凡按家族关系有紧密联系的，都应照顾分享。

（三）父母的债权，由子女继承。不论谁，同死者生前有债务关系，子女有权向他索回。此项债权遗产，谁收回归谁所有，共同收回归共同所有，然后进行分割。因为债权人死了以后，要求债务人履行债务偿还是比较困难的。

（四）父母的财产不论是被盗贼偷走，或者是被道帕雅勒索强行占有了的，其子女谁有能力追回者，归谁所有。

（五）带着部分家产（金银财物，牛马刀枪等）到女方家入赘的儿子，先于父母前死亡者，其父母有权索回这部分财产；如父母先亡，而家境清贫，其他子女也有权索回进行分配。因为入赘时带到女方家中的这部分财产是为了显示自己家中的富有；如果入赘者也死亡，归其妻所有。

（六）到女方家入赘的儿子，父母给了他一部分财产作为经商资本，如本人死后归子女继承。因为父母给的这部分财产是少量的，他随身带走，有权处理，本人愿留给谁继承，谁就是合法继承人。如果他和妻儿女均已死亡，则归女方家族继承，如女方家族也后继无人，那么，这部分财产应分为二份，一份归公，一份留作献佛，让死者在天之灵享用。

（七）女儿出嫁，其陪嫁的财产处理权同入赘的财产处理权相同。

（八）死者无子女，又无家族，如生前有过继的子女为自己的养子，财产由养子继承。

例如：有一位比丘，他有两个徒弟，其中一个是为了求知而来学习经文的，另一个不仅学习经文，而且经常为比丘服差役。比丘死后，其财产归该徒弟继承；如该徒弟先死亡，其财产归比丘所有。

（九）妾所生子女，享有和正妻所生子女同等财产继承权；有了妻子，又和女奴长期同房而所生的子女，应视为妾所生之子女看待，仍应享有同等地位的继承权。女奴及其所生子女有权与正妻及其子女住在一起。如果丈夫死了，其遗产分为五份，两份给女奴的子女，一份给女奴；两份给正妻及其子女。如果正妻有自己的私房财产，此份财产归本人所有。

（十）妾从娘家带来的财产不多，其家族家境比正妻家族家境困难者，遗产应分为三份，两份给正妻，一份归妾所有；正妻从娘家带来的财产不多，其家族的家境又比妾的家族家境困难，但正妻能勤劳治家而妾懒惰，遇有此种情况，遗产应平分，如正妻懒惰，遗产应分为三份，正妻一份，妾二份。

（十一）同父异母或同母异父的兄弟姐妹，享有同等继承权。

（十二）死者生前有债务关系，死亡时尚未归还他人者，如子女无力偿还，死者的家族成员应负责偿还。谁代偿还，死者的遗产就由本人继承，死者的子女也应由代还债务的人抚养；如果死者既无子女，又无财产，由债权人自己负责；死者无子女，又无直系亲属，但有一定数量的财产，旁系亲属中为了维护家族关系，债务由他偿还，死者财产由本人继承。

（十三）在官府担任官员，有俸禄者，死亡后其财产归妻所有，如留有遗嘱，则按遗嘱分割，他人不得干预。

（十四）职官田财产，是道帕雅封委各等级职官时赐给的薪俸官田。谁接任职官，任职期间有权享用造份官田，同时并享有该等级职官佩戴和使用的象、马、车、轿、金桌、银桌以及珠宝首饰、官帽官服、封委令和印信等。如果该职官死亡，上述财产应全部归还道帕雅，即使本人留有遗嘱，要分给其他人，都不能生效。

（十五）道帕雅在职期间所享用的职官田，如本人死亡后，该份职官田应收归官府。此外，如本人还有自己的私有财产并留有遗嘱，则按遗嘱分割，如果后继无人，应由新任道帕雅保管。

（十六）夫妻双方各自都有自己的私有财产者，经商时双方都拿出同等数量的资金，夫妻双亡后，丈夫的资本归儿子继承，妻子的归女儿继承，所得利润均分；如夫亡，财产归妻；妻死，财产归夫。夫妻离婚，这份财产均分，儿子归父，女儿随母。

（十七）父母双亡后，子女中如有人私藏部分财产者，应责成全部交出并分为三份，一份给私藏者，其余两份给其他兄弟姐妹，对私藏者本人不应上诉判罪。

（十八）夫妻恩爱时，丈夫将妻子的钱拿去献佛或者治病、缴纳税收、贡纳等，不应向其夫索还；妻子如有同类情况，夫也不应向妻索还。

（十九）妇女带着陪嫁的财物婚后和丈夫另立门户，但因某种原因，带着陪嫁的这部分财产回到娘家居住，父母也未规劝回夫家，男方也未同妻分过财产，后来，若发生女方死亡，男方有权索回这部分财产。因为夫妻双方并未离婚，岳父母应将男方应得的这份财产归还女婿。这样，就算夫妻正式离婚。另一种情况是，女方将财产带回娘家，男方索要，女方父母当着乡亲的面同意归还，并约定了归还期限，但归还的日期未到而妻子突然死亡，那么，女婿应得的部分，仍应归还；妻子应得的部分其夫不得索取；如女婿先于妻子死亡，本人应得部分归妻及其子女继承。

（二十）入赘的女婿不务正业，为人骄横，对创业持家理财无所作为，又不听从妻子的劝告，为此，双方经常发生争吵，造成家庭不和。后来，丈夫死了，家庭财产全部归妻子继承。如男方家族进行索要时，不能判给；或者丈夫生前带着女方财产出走，应将其追回交还。

（二十一）夫妻感情不和而离婚者，不得对任何一方判罪，男方入赘时带来的财产应全部归还本人，但婚前男方赠送给女方的礼物不应退还；婚后夫妻双方共同积累的财产应分为三份，两份给女方，一份给男方。因为男方和女方结婚时保证要养活妻室儿女；如果借有债务，按此办法共同承担债务的偿还；如果有儿女，男跟父走，女随母居；只有独生子女者，判给女方抚育。

（二十二）女方嫁到男方，因不能勤劳操持家务，受到丈夫指责跑回娘家者，其父母既不教育规劝，也不表示任何态度，男方为了和解，曾多次亲临接回，女方仍不回夫家，那么，女方父母应将结婚时男方送的彩礼全部退还，这样就算办了离婚手续。如有夫妻双方共同积累的财产也不应分割给女方，因为是她主动脱离家庭关系。

（二十三）男方到女方家入赘，由于既不勤劳，生活又放荡，在外寻花问柳且又横蛮粗暴者，家族乡老规劝无效，同时，对妻子的劝告进行报复者，对此，不能再容忍其惹是生非，女方有权将其赶出家门，割断夫妻关系。结婚时送给女方的彩礼不予退还，如有双方共同积累的财产，也不应让其分享。

（二十四）父母包办的婚姻，婚后因感情不和而离婚，双方的私有财产归己所有，共同积累的部分，平均分割；若有子女，愿跟谁生活，由子女自由选择。

（二十五）男方到女方家入赘，由女方拿出一部分资本交其丈夫经营，但后来因夫妻感情不和而离婚时，这部分资本应归还女方；双方共同积累的财产分为四份，男方分割一份，女方分割三份；如果男方不善经营，纯属为了谋生而投靠女家入赘者，财产一概不予分给。因为他入赘时，一无所有，同时又不认真从事劳动生产和经营；如果女方也不努力从事劳动，但双方共同积累的一定财产，分为三份，男方分割一份，女方分割二份；如果经营的资本是男方入赘时带来的，共同积累的财产应平均分割；如果双方各拿出一部分资本，离婚时，各人收回自己的部分；女方不从事劳动生产，共同积累的财产，分为三份，男方分割两份，女方分割一份；如果女方嫁到男方，女的不从事生产劳动，男女双方平均分割。

（二十六）以买卖婚姻关系而结合的夫妻，女方父母已收取了男方的银两，婚后男方提出离婚时，原付给女方父母的银两应如数赔还，婚后共同积累的财产，分为四份，男方分割三份，女方分割一份；如女方不从事生产劳动，则不应分割；如果男方死亡，财产由儿女继承，如无儿女归妻继承，父母不应干预。

（二十七）死者未留有遗嘱而发生财产继承纠纷，由乍勐

（法官）出面调解，将财产分为三份，一份为死者献佛，一份给儿女，一份归公。

（二十八）夫妻之间发生争夺财产的纠纷，其处理办法是：原各自从父母家带来的财产，仍归个人所有；共同积累的财产平均分割。如果男勤女懒，应分为三份，男方分割两份，女方分割一份；反之，以同等办法处理。

（二十九）父母是道帕雅、协纳、阿曼（土司署里的大小官员）或是富翁者，拥有大量财产，生前对外又有债权关系，死亡时未留有遗嘱，分割财产时，将其动产和不动产分为三份，其中两份分割给在家负责侍奉老人者，其余的子女分割一份。

（三十）凡占有大量财产的人，生前未留有遗嘱，其家族成员都是财产的合法继承人，按继承顺序继承。

（三十一）死者生前长期同某一女儿生活，死后财产归该女儿继承，其他子女提出要求分割时，不能给予，也是合法的。

（三十二）在一个大家族内的成员组成中，有父母、儿女、孙辈或有血缘关系的人及其奴隶，在老人长期患病期间，儿女虽是第一继承人，但没有侍奉照料老人，而由奴隶侍候直至送终，那么，奴隶就是财产的合法继承人；如果儿孙及奴隶在死者患病期间未过问，而由亲戚侍奉照料，他就是财产的合法继承人。

（三十三）比丘的财产留存在本寺院或其他寺院里，生前未曾提及分给谁，死后，本佛寺的其他比丘是这份财产的合法继承人；保存在其他佛寺的财产，为该佛寺比丘的共同财产而不得分给个人所有。

这一条规定适用于世俗人和出家人。

（三十四）比丘死亡在世俗人家里，其本人财产仍应由该寺院其他比丘继承。

（三十五）比丘死在父母家里或亲戚家里抑或外人家里，不论死者留有遗产多少，留有遗嘱的，按遗嘱分割，未留有遗嘱的，其财产原在何处，该处的主人就是财产的合法继承人。

比丘死后本人财产的分割办法是佛经规定的，后人必须严格遵守。

（三十六）儿女不听从父母劝告，不赡养父母者，应从家族成员中除名；谁听从父母的教诲，赡养父母，就有权继承父母的遗产。

第三条，遗嘱继承

（三十七）凡死者生前留有继承其财产遗嘱的，按遗嘱指定继承人继承，他人不得干预。

例如：佛主在允沙里寺院时，有位名叫阿竹的尊者，他受寺内一位叫戛哈巴里的人的委托，他死后遗产应由虔诚信奉佛主的儿孙继承。当时，戛哈巴里有一个儿子和孙子，年龄幼小。当他向阿竹尊者嘱托后，即与世长辞。阿竹尊者按照死者的遗嘱，在戛哈巴里的儿孙都在成人时，将遗产交给了虔诚信佛的孙子。戛哈巴里的儿子不服，起诉告到麻哈南尊者那里，向他诉说道："关于父母的财产继承问题，究竟是由儿子继承合法，还是孙子继承合法？"

麻哈南尊者不知道戛哈巴里留有遗嘱，于是回答说："当然应该由儿子继承。"又问："为什么阿竹尊者将我父亲的遗产交给我的侄子继承，我是他的亲生儿子，为何不能继承父亲的遗产呢？"

召麻哈南回答说:"阿竹把你父亲的遗产交给你的侄子继承,这是他的错误了。"

阿竹不服,就召集了佛寺内的比丘进行争论,其中一个年龄最大的,受人尊敬的吾巴力厅,他问了阿竹为什么这样独断处理这份遗产继承权,阿竹回答说:"这不是我个人作出的决定,而是根据死者临终时的嘱托。"

吾巴力厅知其死者生前立有口头遗嘱,就对阿南(麻哈南的另一称谓)说:"无论是比丘或是世俗人,死者生前凡留有遗嘱的,指明由谁继承,谁就是遗产的合法继承人。因此,戛哈巴里的遗产应由其孙继承,不能违背死者的生前意愿,此项遗产无可争执,按遗嘱办理便是。

(三十八)当任官职,食贡又食田的官员,积累了大量财产,死后,如留有遗嘱,按遗嘱分配继承。因为他为地方办事有功勋,是土司奖励他归其本人所有的私有财产。因此,无论任何一个道帕雅和其他官员,不能侵夺或收回,否则,就触犯了法规。

例如:帕雅西桑宰用钱去向"盘"(人名)领回自己的两个孙子,这部分钱是作为给盘收养两个孙子的报酬,这份报酬就是盘的私有财产。盘死后,帕雅可以转告他的家族成员继承;如果盘无继承人,道帕雅可以将这份财产收回。

(三十九)不论什么人,当了他人的奴隶,死后,亲属不得继承其财产。

婚姻

一、订婚及婚约解除

第一条,男女双方自愿订婚者,如果是百姓,从订婚之日开始，一月内须完婚，凡超过期限一天，女方父母有权将男方彩礼退回，即算退婚，女方可另择对象，男方无权过问；如果是当官的订了婚，期限可延长为两个月，在期限内不完婚，超过一天，女方可提出退婚并退回彩礼另找对象，任何人不得干预。

第二条，男女双方订婚，父母也未持反对意见者，在订婚期限内，男方未娶，而女方另找配偶，已成事实者，除退回男方彩礼外，应罚贝二闷二伴（即二万二千个）。

第三条，男方娶了已订过婚的女子，以破坏他人婚姻罪论处，应罚款一万一千个贝；如果未知其对方系已订过婚者，罚款五千个贝。

第四条，凡女方不愿而且父母又不同意者，不能允许订婚，不论谁，强迫订婚，都不合道理，女方另找对象，不应问罪。

二、抢婚及戏弄

第五条，犯抢婚罪，无论被抢者是订了婚的或是结了婚的妇女，无论是帕雅家族的人或者是帕雅本人去抢别人的妻子者，都应罚银五十二两八钱。

第六条，戏弄妇女者，如拉手、搂肩搭脖，罚银三十两八钱；如只拉着衣服或摸着头上的饰物，罚银十七两六钱；如是言语戏弄，罚银六两六钱。

第七条，凡是道帕雅、混闷、混先等官员及其儿子，戏弄他人的妻子者，罚银二十六两四钱；如果只拉着手、摸弄乳房、搂抱者，罚银十七两六钱；在暗地里偷说耳语者，罚银三两三钱。

第八条，衙门里的差人、比丘、商人玩弄他人的妻子者，罚银十七两六钱；如果拉着手、摸乳房，罚银二十四两二钱；

只拉着手，拿了头上的装饰品，罚银七两七钱；暗地偷说耳语，罚银七两七钱。

第九条，男方进行调戏，女方不愿而大声喊叫，让邻里知道，应对男方问罪。

第十条，父母为子女订了婚，后来又有人提亲而父母又同意了，对女方父母应罚款，以抢婚罪论处；对提亲者，如不知道女方已订了婚，无罪；如果男方明知女方已订了婚，则以抢婚罪论处。

三、另娶和改嫁

第十一条，男女双方结婚后，如果男方提出离婚，双方不应有口角，满三年后仍不能和好，即可脱离夫妻关系；若不满三年，女方仍是男方的妻子。

第十二条，丈夫出远门，消息传说亡故在外，不论传说真假与否，女方应守节三年才能改嫁；女方守节三年改嫁后，如丈夫回来，不应对新夫问罪。如果女方愿意继续跟新夫同居，应向原配丈夫道歉谢恩，双方共同积累的财产按财产继承权规定进行分割；如果女方愿意同原配丈夫同居，应向新夫道歉谢恩，双方共同积累的财产仍按财产继承权分配。

第十三条，经过女方父母及家族亲戚的同意，男女双方结了婚，后来男方主动脱离家族，反诬陷女方不是，女方父母向村寨头人及官府报告后，就可另择配偶，男方不得向女方问罪。

第十四条，婚后，男方上前线打战而牺牲，女方应守节三年方能改嫁。

四、正式婚姻关系二十种[①]

（一）男女双方自愿结婚者，这是一种婚姻关系。

（二）双方父母指腹为婚，这是一种婚姻关系。后来，女方长大了，另择配偶，应解除原婚约，不应问罪。

（三）经女方父母同意，道帕雅官员和女方订了婚，这是一种婚姻关系。后来，女方提出异议并另找对象，原和道帕雅订的婚约应解除，对女方不应问罪。

（四）用金钱或物质为手段，双方父母带有强制性订婚的买卖婚，这是一种婚姻关系。后来女方提出异议并另找对象，原婚约应解除，对女方行为无可非议。

（五）男女双方自愿订婚，后来因感情破裂，互相脱离了关系，这是一种婚姻关系。之后女方另找对象，应允许解除原婚约，不应问罪。

（六）男女双方，互相送礼自愿订婚，这是一种婚姻关系。后来，女方另找对象，应解除原婚约，不应对女方问罪。

（七）女奴隶和主人长期同房，女奴已正式成为主人的同房妻子，这是一种婚姻关系。后来女奴又另找了对象，不应对他们二人问罪。

（八）女方因为当长工或临时工，和主人长期同房者，这也是一种婚姻关系。后来女方另找了对象，不应对他们二人问罪，当工期届满，即可离开主人，成为自由人。

（九）流落在异乡的妇女，一个男人答应把她带回家，条件就是订为未婚夫妻，这是一种婚姻关系。后来女方又另找一个

[①] 《二十种婚姻关系》，原书正文只列有十三种，特此说明。

男人为夫,允许解除婚约,并不得问罪。

(十)未婚男女双方长期同房,这是一种婚姻关系。后来女方另找了对象,应解除这种同房的婚姻关系,并不得问罪。

(十一)有八个妇女,她们或是父亡母做主,或是母亡父做主;或因哥死弟做主,或因弟死哥做主;或因姐死妹做主,或因妹死姐做主;或因祖父母做主;抑或家族亲戚做主。只要这八个妇女自愿,她喜欢谁,就与谁结为配偶,这是一种婚姻关系。他人无权干预,更不能问罪。

(十二)男女双方,互相递花,以花为媒,成为未婚夫妻,这是一种婚姻关系。后来女方另找对象,应解除婚约,不应问罪。

(十三)双方父母包办,为子女订婚,这是一种婚姻关系。后来女方另找对象,应解除原婚约,不应向女方问罪。

案例五则:

一、有个名叫姐里格萨的人,当了五年比丘后还俗,一天,他赤身裸体骑着一棵木材沿江顺流而下,适逢有两个妇女到河边挑水,远看有一棵木材顺流而下。于是,其中一个说:"我要这棵木材。"另一个则说:"我要木材上的东西。"

当木材靠近时,一看,木材上的东西原来是一个不穿衣服的男人。于是,原说要木材上的东西那妇女,就急忙回家取衣服,而要木材的妇女则急忙取下自己的头巾,让这男人裹身后将其领回家去了。后来,父母同意了她俩结为夫妻。这件事引起了争论,回家取衣服的妇女不服,两人就到乍勐那里请求裁决。

当她俩将事情的原委向乍勐诉说后,乍勐作出如下裁决:

以头巾为男人裹身,这就算订了情,回家后,父母也同意结为夫妻,这完全符合婚姻法规;回家取衣服的妇女,与比丘只能称为名誉夫妻。

这是按照"约底"(即实情)进行裁决。

二、有两个朋友,曾经共同盟誓,今后双方如生有子女,如一方生男,一方生女,将来就让他们结为夫妻。后来,果如愿以偿。但女方长大后,另一青年将其占为己有,男方不服,就请乍勐裁决。

乍勐对青年人说:"你是盗贼,抢了他人未婚妻,他们是经过父母盟约,指腹为婚,你骗取了对方,应以抢他人未婚妻罪论处。"

三、有两个男人为争夺一位妇女而发生争执。一人曾经和女方同过房,另一人赠送过礼物。两人都争着要女方作为自己的妻子,最后请帕雅裁决。帕雅将女方判给曾和她同房的男人为妻,因为他俩的肉体已互相接触了,曾经送礼给女方的那人,只能作为"乜磨牙"(意即女方只能作为他的名誉夫人)。

四、有四个青年,一同到勐大戛西拉学习,后来,在回家途中,懂得占卜的一个说:"明天将会有一只'诺哈萨里领'(大雕)叼着一位美丽的姑娘从这里经过。"这四个青年各有一技之长,其中有一个练就一身好武艺的青年就剑拔弩张地在等候着。第二天,果然有一只大雕叼着一个姑娘从天际远道飞来。当大雕临空之际,他眼疾手快,一箭射出,只见大雕连同姑娘溅落到水中。于是有一身游泳本领的另一青年跃入水中,潜入水底把姑娘救上岸,此时,姑娘已昏迷,不省人事。学有一手好医术的另一青年立即找来药物进行抢救,不多时,姑娘才慢慢苏醒过来。

以后，四个青年都要娶她为妻，各人都说了自己的功劳，互相争辩不休，只好去找帕雅裁决。帕雅公断说："应把姑娘判给潜入水底救她的人为妻，因为他们俩人的肉体已经接触。而占卜者应作为他俩人的祖父，射箭者为父，抢救医治者为母，并要夫妻二人赡养他们三人，因他们也各有功劳。"这样公断完全合理。

五、有四个妇女，看到一个盗贼长得十分英俊，但被帕稚将其用掰杆及脚枷用刑，钉在大门上。她们四人都想把他作为自己的丈夫，于是，其中一人用金一伴作赎金向帕雅赎人；另一人则送饭给他吃；一个用药为他医治创伤；另一个取下头巾为他裹身。

为了争夺盗贼为夫，互相争吵不休，都说盗贼得到复生是自己的功劳。于是，只好去请帕雅裁决。

帕雅公断说："取下头巾为他裹身的人应该得到这个男人，作为自己的丈夫；用金子赎买的人为父；为他医治创伤的人为母；用饭养活他的人应为夫妻二人的姐，并且，夫妻二人应赡养她们三人，因她们都有各人的功劳。"帕雅这样公断，完全合理。

房屋山水果园地界纠纷

案例六则：

一、有一起拉西人从外地到允古鲁腊塔城郊占有了部分土地作为他们的定居点，而后，又来了部分拉西与前者争夺这块地盘。为此，后来者用了一辆华丽的轿子为贿赂送给帕雅，于是，帕雅同意将这块地盘给这部分拉西居住，最先来的拉西又用珠宝送给帕雅。帕雅接受了双方的贿赂后，就将这部分土地断给双方各一半。帕雅这样处理是不按照法规办事了，是错误的判决，先来者应是这部分土地的主人。

二、不论谁占有草地、山地、田园、森林等，这些财产不论是祖传的或者是通过买卖关系占有的，竖立界标或者是未竖立界标，其他人不得侵占。如果谁看到占有者家势衰败而乘机霸占，将其界标移动，据为己有。这是侵犯他人财产的违法行为，故应从移动界标之日起进行清算其罪恶。[1]

三、有一青年路过某地到另一青年家中投宿，后来两人成了亲密朋友。一天，房主人要到外地经商，就委托其友人代为看管房屋，不料，这人顿起歹念企图霸占这份房产。于是，他将这间房子的柱子、椽子、桁架等所使用的木材数量作了记录。

当外出经商的主人归来时，代管房子的朋友以主人的身份问："贵客，你从什么地方来，为何未经我的同意就进入我的家门？"房主人听后感到惊诧，反问道："我本是这房屋的主人，回到自己的家屋，何以要经你的同意呢？"于是，双方争论不休，都说房屋是自己的，最后请协纳（官员）裁决。

协纳问代管房产的青年："既然你说房产是你的，依据是什么？"

青年回答说："我建盖房子时，用的什么木材，使用了多少数量，曾经都作过详细记录。"

协纳又问房屋的主人："你说房产是属于你的，又有什么证

---

[1] 有一段巴利语，内容与上述同，此处从略。

据呢？"

房主回答说："房屋本来就是我的，建盖时，我根本没有想到将来会与他人发生争执，所以，建盖时所用的各种材料未作任何记录。"

结果，协纳把房产判给了骗子，认为他说的是实情，有凭有据有记录。房主不服，就上诉到帕雅那里，请求公正裁决。

帕雅问房主："你的房屋顶部有多少木材？"房主回答说："我没有作过记录。"

帕雅又问："房屋下层你又有什么凭据？"房主回答说："建房立柱时，用了一个石头垫了神柱。"于是，帕雅派人去挖掘，果然挖出一个垫神柱的石头。

帕雅宣判说："路过投宿的人，玩弄聪明企图诈骗侵占他人房产的目的，岂不料还有无法看到的这块石头作为诈骗的依据。所以，应以房屋价值的二倍作为罚款处理，同时将其撵出寨子。"

帕雅的判决明察公正。

四、有两个农民在开垦农田时，田界互相毗连。到了耕种季节时，其中一个出门经商去了，另一个乘机将他的田犁了约有一个时辰（半亩多）。当经商的农民回来时，看到自己的田被人偷犁了一部分，就去质问对方。

偷犁的人说："我没有侵越田界，所犁部分是属于我的。"

双方只好请官府判决，官府派了协纳调查后，向帕雅回报。帕雅在未进行判决时，对两个农民讲了一个故事，用来教育他们。他说："求神灵作证，当我七岁时，知道有个潘巴洛雨（懂文字，会说会算）名叫拉麻反的人，曾经是帕雅戈赖牙（文书官）的助手，他知道先辈判处过越界偷犁他人田地的事例。这件案例曾发生在勐普麻巴底纳管。拉麻反辞了文书官职务去经商，前后贩卖了五百辆车到各地出售。每到一地都对那里的百姓宣传说：'尊敬的众百姓们，大家都不要偷犁别人的土地，不要同别人种下仇恨。'我曾经得知，在勐曾麻巴底纳管的地方，有一个潘，名叫麻恰密札努巴洛喜的人，他曾在这里建立了一个勐。后来，勐的地方权力由其子洛麻潘继承。在他当政的时候，有一年春耕时节，一个名叫鲁六反的首领，其地位高于潘。有一天他去偷犁了一个寡妇的田，寡妇就去请协纳查明实情，给予公断。协纳传讯了鲁六反，责备他说：'你偷犁别人的田，违反了地方法规，这是一大错误了。'"

于是，协纳把鲁六反送到帕雅捧麻帕底处，把他偷别人的田一事作了报告。潘知道自己犯了偷盗罪，情节严重，就用黄金三十三两向帕雅贿赂。帕雅受贿后对潘进行庇护，把田判给他，认为对方是一个寡妇，无能力负担勐的差役和贡纳，而潘是勐的财政收入和服劳役的主要负担人之一，所以作出了错误的判决。寡妇怕事，不敢争辩，只好忍气吞声地接受了。

神灵为惩罚这种不公正的裁决，于是显灵，让洪水泛滥淹没了帕雅的房舍并将其葬身于滚滚洪流中，凡跟随帕雅而拥护他判决的人，也被洪水吞没，偷犁田的人也被捉到龙王殿受苦刑而死。死后变成了一个长脚鬼，到了深夜托梦给妻子快把霸占的田还给寡妇，并大叫："不要像我一样偷犁寡妇的田。"帕雅旧麻底也变成长脚鬼，嘴里衔着烧红了的烙铁到各勐大喊大叫："请大家不要像我一样接受别人的贿赂，利用职权欺压百姓，贪赃枉法。"各勐的百姓听到他的忏悔、凄厉的呼喊，吓得心惊胆战。这件事对判官和百姓是一次深刻的教育。

帕雅讲完这个故事，就对两个农民说："偷犁他人的田的人，就像偷犁寡妇的田的潘一样，是犯罪。"于是，作出如下处理：

"用与犁头同等重量的黄金作为罚款。"帕雅作出的判决完全合理。

五、有邻居二户，以篱笆为界，一户在篱笆旁种了一棵杧果树，树枝延伸到另一户院内，杧果成熟时，掉落到该户庭院内，果树的主人到对方家里拾了拿到集市出售，收入一闷（一万）个贝。有一天，当杧果树主人再次来拾取时，已被邻居拾走了一箩，果树主人不服，就请协纳裁决。

协纳对邻居判决说："偷他人的芒果应加倍赔偿。"他不服，上告到帕雅那里。帕雅询问主人："你每天能拾取多少杧果，出售后收入若干？"果树主人回答："尊敬的官人，我每天所拾的果子出售后可得一万个贝，今天的却被邻居拾了，一个贝也未得到。"

帕雅听后作出判决："果树主人应该赔偿邻居二万个贝作为罚款。"然后又对大家说，"虽然是他的树上所结的果子，但伸向别人地界内的树枝落下的果子应为他人所有，果实落在谁家谁就得食，果树主人跑到他人地界内拾取出售是不合理的。所以，过去出售所得的一万个贝，现判罚二万个贝作为赔偿，正如牛马跑失一样，跑到别的勐界、地界，就必须用钱粮赎回是同样的道理。"

协纳的判决是错误的，事情不能颠倒。

六、有个名叫巴戛的船商，家住离城约数里的勐拉札戛哈纳管。他有一块果园，种有椰子、柚子、黄果树。另有一个经营车子的商人，名叫萨里巴达，他是船商的朋友，两人平时亲密无间，后来他也搬迁到船商居住地建盖房舍，两人成了邻居，两户住房联结处仅用竹篾篱笆为界。由于两人平素要好，加之友人又是新迁定居，船商就慷慨将果园里的二十五棵果树在每年果实成熟时由他采摘，但所划归采摘的果树及果树所占地的面积的所有权不予馈赠，仍属船商所有。

船商有一个已婚的儿子，父亲叫他外出经营，不料当他尚未归来之时，父亲病故。在临终时留下遗言说："凡家里的财产全部留给儿子，其中包括赠给友人每年采摘的果树。之所以由他采摘，是出于友谊，所以，我与他的友谊不能丢，今后仍归他采摘，但所有权不归他。以上就是我的遗嘱交代。"

当船商死后，友人变了心，就用竹篱将果树圈到他的地界内据为己有。船商死后两个月，儿子经商回来了，家中人就把其父临终时的遗嘱告诉了他。车商霸占果树心切，将编造好了的谎言对友人之子说："你父亲临终前当面对我说，他生前送给我采摘的果树给我了，将来儿子回来时替我转告就是。这是我们老一辈的友谊，所以我把果树圈到我的地界里了。"

船商儿子听后就与他争辩说："此事父亲临终时有交代，正是为了维护你们的友谊，所以，他死后仍继续让你采摘果子，但果树所有权并未给你。其余家庭成员及亲戚也都出面作证，死者的口头遗嘱就是如此交待的。"

双方争论不休，共同请求混官裁决，混官说："果子与树，果树和土地三者是连接在一起的，所以车商圈进他的地界也是合理的。"混官的判决不能说服果树主人，于是又去请有智慧的官员裁决。当问明情况后明确指出:"当果实累累的时候,车商是果实的主人,但树及其所占地面与车商毫无关系,别人送的只是果实。所以,乃黑(船商)要卖给谁都可以,乃金(车商)要占为己有是不行的。"

混官又追问乃金:"为何将别人的果树圈到你的地界内?"

乃金说:"是他父亲送给我的。"

混官又问:"有何第三人作证?"乃金支吾其词,无言对答。

裁决的结果:车商的行为,其性质是抢占了他人的果园,应按船商遗嘱执行,如果一定想要果树,乃黑的儿子可以论价出售,好树每棵二怀五十冇,两棵为五怀冇,然后再加九倍价值,合为二闷冇;椰子树每株五怀冇,然后再加四倍价值,合为三闷冇。以上判决可由乃金选择其一。

今后不论是比丘或是世俗人,凡抢占他人的土地(房舍庭院、果园、菜地等)的,均应按抢占的范围大小,情节轻重定其罪恶。

但判决后乃黑的儿子仍不服,就对乃金说:"父亲把你作为知心朋友对待,无偿地让你每年采摘果子,但你却忘恩负义,图谋抢占果园。现在我既不论价出售,也不再送果子让你采摘。"

判官听了之后,认为乃黑之子的说法也是合理的,然后另作如下裁决:

对乃金的行为,给予撵出寨外的处理。

这叫作"阿底然牙景",意即抢占地皮的人的下场。

借贷租赁

一、百姓经商没有本钱向土司头人借贷时,三年后才能计算利息。

二、外地百姓，不论定居投靠任何官员、头人管辖下的地方从事耕田种地、开荒、种植果园、甘蔗等生产劳动的新住户，三年后才缴纳税收。

三、他人的荒田、荒山，不论谁去开垦，五年后才应纳租；如果主人要收回，必须支付给开垦者工本费。

四、困难户向富有者借债而无力偿还者，应以身抵债做奴隶。

五、比丘或有识之人借债无力偿还者，不能以身抵债做奴隶，应以延长赔还期限或何时有偿还能力就到何时，但不论时间长短都不应计算利息。

六、百姓借债无力偿还者，应由子女当差做工抵债，直至还清债务方可回家；当差做工仍不能还清者，债权人应根据原商定的协议减免银三两二钱。

七、百姓借债无力偿还者，应卖妻室儿女抵债，无妻室儿女者，应出卖家产还债。以儿女抵债者，父母仍为百姓。还债时，若只付清本金而未付利息，不论利息多少，只要对方无力偿还，都应减半；减免后确实仍无能力付给利息，可再减半。这是坦麻散的古规。

例如：有一人借他人银九两九钱，他没有儿女，又无力偿还，只好卖工抵债，还清了债务方能离开债主。

八、租用耕牛或借用象、马为坐骑，如遇所租借的牛马被人盗走或因牲畜劳累过度而造成死亡，应论价赔偿，租金仍按原定的金额付清；如果还未曾役使便死亡，查明确属实情，租金不付；在役使中若因病疫死亡，则应赔偿半价；因管理不当造成伤残断肢，必须照价赔偿，所租借的牲畜归借方自行处理。

租借的牲畜害了病，必须通知畜主，双方共同医治，治疗无效而死亡时，不宜互相卸责；如果是瘟疫，借方来不及通知就已死亡，不应向借方追究责任。这样的处理办法就合法规了。

九、借用他人衣服穿戴，如果遗失或被损坏（火烧、撕破）应照价赔偿。

十、借用他人的东西，使用后借方已经送还并经物主过目验收，后来东西在物主家里遗失了，与借用者无关，更不得要求赔偿。

例如：戛麻尼坚借牛耕地，当他把田犁完后，便将牛赶回牛主常拴牛的地方拴妥，当时牛主正在吃饭，借牛的人因为害羞，没有当面交代便走了，但牛主也亲眼看到牛已归还拴在原处。不料，本人回家后，盗贼把牛偷走了。

之后，牛主去找戛麻尼坚要他赔偿，这是没有道理的，因他本人亲眼看到牛已归还，由于没有管理好而被人盗走。如果要戛麻尼坚赔偿，应先把牛主的眼珠挖掉，然后再赔还。

帕雅是按照"素戛底戛麻纳"法规进行判决的原则。

十一、亲友之间互借东西使用，通常习惯是未经对方同意与否就拿走了，用后便主动送还，归还时也未告知主人。这种互通有无的借用，事前无论是否相告，若后来发生遗失，但丢失之物是在物主家中发生的，就不应由借方赔偿；如果是借用一方家中丢失，则应照价赔偿。

十二、不论什么人负有债务而死亡者，"阿衣哥"、"阿衣戛"（儿女）必须为死者把债务还清，才能到佛寺当沙弥。

税务

案例二条：

一、有一伙商人，到勐素碗纳捧地方经商，当到达属该地管辖的勐腊扎哈纳管边界关卡时，为了偷漏税款，深夜将所携带的贵重物品绕道偷运出关卡到勐素碗纳捧出售。

当时，有四个驻防关卡的官员也到这个地方经商，就同他们买了银手镯二对，价值二怀，衣服三套，每套一怀。这伙商人并和官员交了朋友，并一路共同返回住在关卡里。"乃达"（守卡官员）询问回来的官员买了些什么东西，他们就把所买之物给他看了。

乃达问："是向当地商人买的，还是向外地商人买的？"

回答说："是同回来的这伙商人买的。"

乃达知道事有蹊跷，就说他们过关卡受检查时，没有发现银手镯等贵重物品。于是就追问他们，何以有贵重物品买卖。商人撒谎说，是在过关卡后途中与别人买到的，有的又是在勐素碗纳捧买到的，买后又出售，只不过是薄利经营罢了。

乃达说："既然如此，就请你们和我们走一趟，到当地去问过明白。"

商人为难了，知道事有败露，就坦白交待说："为了隐瞒税收，欺骗关卡，将贵重物品绕道偷运出关，这是我们的错误了。"

于是，将他们捆绑送往勐腊扎哈纳管，请混官判决。将商人不法行为陈述后，说明偷出关卡之物价值银二伴，折合贝二闷，应加五倍罚款，合一先贝。混官即按勐腊扎哈纳管规定的偷漏税收惩处办法处理。此案称为"尼萨给牙"（商人犯偷漏税罪）。

二、受蒙蔽为他人利用携带贵重物品出关卡者无罪。

有一个比丘，从勐占巴纳管出发，随身携带了一颗价值高昂的珠宝跟随一伙商人到外地。到了"根"（关卡）的时候，比丘为了逃避关税，将珠宝放在另一位比丘的佛钵里，因守卡人不查看佛钵，当时该比丘并不知道是何物。出了关卡后，物主取回珠宝时，方知自己受骗上当，于是，就将此事告诉了吾巴力厅。吾巴力厅说："他人将珠宝放在你的佛钵里偷运出关，纯属受蒙蔽利用，你没有罪，不加追究责任。利用他人为己谋私的比丘已不再是佛门弟子了。"

吾巴力厅是按"尼萨几亚乃萨沙纳"（即佛门内部的教规）处理此事的。

财物纠纷

一、畜主无偿地请他人代为吆赶照料牲畜时，如果途中发生意外，导致牲畜伤残或死亡，代吆赶的人不负责赔偿，而由畜主负责。

例如：有一个名叫戛麻尼占的人，受他人委托，代为追赶一只脱缰而逃的马匹，不料无意中把马脚打断了一只。畜主要求戛麻尼占赔偿损失，他不服，于是就到帕雅阿塔萨木哈处请求公断。

帕雅判决说，"不应让戛麻尼占赔偿，因为他是应你的请求追赶逃马的，如果要他赔偿，那就应该把失主的舌头割下来后再赔偿。"

帕雅的判决，是按法规进行的。

二、因雇佣他人劳动而发生纠纷时，按其情节处理；雇工放牧，双方都已商定了报酬，雇工对负责放牧，照料好牲畜也作了保证，但事后雇主不守信用，未付给对方报酬。这种说话不算数的人，就如同粪便里的蛆；如果雇主已按原商定付清了酬金，但雇工进行骗赖，他也如同粪便里的蛆。这两种人都有罪，应自食其果，其罪恶重如大地，凡此等人，如石头埋在大地里，难改本性。

三、帕雅的儿子雇请百姓做工，应付报酬，凡不付报酬者，百姓有权拒绝做白工。

四、分物要合理，办事要公道。

曾经有两个人一起去掏蚂蚁窝，共同拾到一个金盒，谁都想多分，互不相让。于是请召西密宰裁决。

召西密宰判决说："是谁带路，谁就应当多分。"

召西密宰这样处理是公平的。

五、有两个人共同射一只鸟，一个射中脚，一个射中胸部，两人都争着要这只鸟，互不相让。于是共同请求召西密宰公断，判决结果：射中要害部位的人应多分。这个判决合乎情理。

六、有两个魔鬼抓到一个人，谁都想多吃，争执不休，只好请"帕雅牙"（"牙"：魔鬼，"帕雅牙"即魔王）公断。帕雅牙将人分为三份，两个魔鬼各得一份，由于是魔王的公断，自己也得一份。

从此，凡请魔王公断财物纠纷，都应得到一份。后来，分财物不合理，请官府公断者，应给公断的官员一份，发生争执的人，按具体情况处理。

七、有四个青年人，到勐达戛西拉学习技术，途中，到了帕雅的果园旁时，有一人知道果园里有一棵神杧果树，就共同到果园里；另一人知道神杧果树的具体位置；另一人能准确计算出用木棍将杧果击落；最后一人又能准确地将落下的杧果接在手中。当杧果击落后，谁都争着要多吃，互不相让，最后只好请帕雅公断。

帕雅说："知道有杧果树的人应该多吃，如果他不告诉大家，那么谁也吃不到杧果了。"

八、凡发生财物纠纷，谁都声称是自己的东西，各执一词。遇到这种情况，应调查清楚，依靠确凿证据。同时，让双方对所争论的实物指出其记号、特征。谁说的与实物特点相符合的，谁就是真正的物主。

例如：有一个人到外地去经商，临行前将自己的房屋委托给他人代管。当他回家后，代管房屋的人骗赖说房屋的主人是自己。两人就打官司，请帕雅裁决。帕雅问代管的人："你说房产是属你所有，有何证据？"

代管的人将房屋的长、宽以及有多少根柱子都一一讲对了。

帕雅又问："除此之外，还有什么凭据？"

代管人回答说："再没有什么凭据了。"

帕雅又问房主："你根据什么说房子是你的？"

房主回答说："房子是我父亲带着我亲手建盖的，用的是什么树为木料，我都一清二楚。"

于是，帕雅公断说："根据各人所说的情况来看，房主应该是能说明房子是用什么木材建盖的，这是最实际的说法，如果本人不亲自动手建盖，他是不会知道的。而以房子的长、宽以及有多少根柱子企图以此证明是自己的，说法不能立足。这种人，以为自己聪明，实际是骗子、盗贼所惯用的自欺欺人的伎俩。"

帕雅的裁决实际合理，从而揭穿了骗子的本来面目。

九、不论是口头协议或是书面协议，必须按协议履行，不得违约翻悔。

例如：有一富翁，为了不让女儿随便与男人接触，不准出家门。女儿只好孤单地独自守在竹楼上，但女孩的情思关不住，暗地里与一小伙子名叫帕雅团精的往来，两人成为情侣。后来女孩怀了孕，生下一个孩子，怕别人知道，就把小孩放进一个土罐里，叫奴仆将它放入河中。

时值有两个妇女到河边洗澡，看到河中有个土罐顺流而下，一个说要罐，一个说要罐里的东西。当土罐靠近打捞上岸，一看，罐里有一个眉清目秀可爱的婴儿。原来要罐的妇女，推翻了原来的约定，坚持要婴儿不要罐了。两人就去请帕雅丙毕散判处。

帕雅问明原委后，按两人事前的约定作了判决。

十、求助他人办事，口头给予报酬的许诺，不能说了不算，应履行诺言。

例如：有一个人背着一袋米、一包糯米饭、金子三十三两。当走到河岸时，因不会涉水，就告诉人们说："谁能把我和所带之物背过河去，我带着的东西，想要什么都可满足。"这时，有一个力气很大的人答应把他背过河。到了对岸后，给了他一袋大米和一包糯米饭，大汉不服，两人就到"阿曼"（帕雅下属的文官）那里请求裁决。

阿曼说："送给了这些东西，已经合理了。"大汉仍不服，又去请帕雅公断。帕雅竹腊麻尼也说："给了你那么多东西，应该是可以的了。"但他仍不同意。

这时，帕雅竹腊麻尼的妻子婻萨腊丢密得知此事，她说："帕雅和阿曼的处理都不公平，应按照事前的诺言办，不能食言反悔，说话要算数。"于是，叫他将随身携带之物全部拿出，由本人挑选。

大汉把金子取走了。婻对求助于人的人说："当你求人帮忙时，可以不惜一切代价对人许愿，当达到目的后，就不顾自己的声誉和信用，这种过河丢拐棍的事，到头来吃亏的还是自己，这不能抱怨别人。"食言者无奈，因损失钱财惨重，当场就活活地气死了。

婻的判决称作"摆的然"（即按照盟言办事裁处）。

再如：有一天，罗汉麻哈阿奴陆塔厅召肚子痛，叫徒弟沙麻领（比丘）去找"南阿努麻达萨"（森林里的龙泉水）为药。于是，沙麻领就向龙王帕雅南乞讨，龙王同意了。

后来，龙王食言，它伸长了脖子把泉水口堵住。沙麻领很气愤，龙王何以如此骗人，就将龙王事前如何满口答应给泉水的事向众山神控告。然后，踩着龙王的头，进入泉水口取水并飞回罗汉处，给他饮用解除病痛。

龙王追赶而来，大声疾呼："麻沙领偷了我的泉水。"

双方争论到麻哈厅召处解决，当问明情由后，麻哈厅召判处说："龙王既然同意麻沙领取泉水，别人是按照你的允诺去做的，现在你却出尔反尔，不守信用，不但如此，还诬陷别人是贼，这是错误的了。"

龙王无话可说，只好灰溜溜地走了。

十一、按佛教经典和传统道德，两个不同的家族可以共同养育一个孩子，双方的父母都是孩子的共同父母。

例如：勐戈占比有一富翁生了一个视如掌上明珠的爱子。一天，他叫奴仆带领儿子到大江里洗澡，不料，有条大鱼把孩子吞噬了，然后顺江而下约三丈远，被一渔翁用渔网网住拿到集市出售。

家住勐阿奴塔腊地方有个女富翁的女奴，把鱼从集市上买回送给女主人，当把鱼肚削开时，发现有一个聪明英俊的小孩，顿时喜出望外，就把他收养为儿子。

后来，孩子的亲生父母听到儿子幸免未死，被江下游的一个女富翁收养为子的消息。夫妻两人立即起程来到了勐阿奴塔腊，用金一伴去赎取，女富翁不同意，双方请求乍勐裁决。

乍勐说："孩子的亲生父母很酷爱自己的儿子，自从丢了儿子后，天天啼哭，到处寻找，只要孩子还幸存人世间，都愿不惜一切代价找回自己的骨肉。"

女富翁得到孩子并将其作为养子，取名塔纳底达西女哈，这是由于喜爱的缘故，是佛教经典所允许的事。

最后乍勐判决说："小孩应是双方父母的共同儿子，两个富翁应该在勐的中心共建一个'帕萨'（竹楼），双方父母每三个月轮换一次，在这间竹楼里同孩子一起共同生活。"因而特为小孩命名为小胡拉贡满。

这是按佛教经典和"戛里洛戛里坦"（人世间的传统）进行裁决的。

十二、两人以上共同拾遗，分财物时，常净身者多得。

例如：有两个妇女，一个已婚，一个未婚。一次，两人同行，拾到一个金罐，互相都争着说，是自己先看到的，都要多分。最后只好请帕雅裁决。

帕雅问："谁先看见？"

两人各执一词，都说自己先看见。已婚的人又说，"我常洁身，每月两次。"未婚者也说，"我每天洁身一次，从不间断。"

常洁身者，灵魂干净，不说假话。于是，帕雅将金子分为三份，一份给已婚妇女，一份半给未婚者，半份给裁决者。

这样的裁决办法，使贪财者不能如愿以偿。

十三、因想得到酬劳而去拯救他人危难，致使自己也陷于困境，最后由第三者解脱，其酬劳应由前二者承担。

有一个人爬杧果树，因搭树架的梯子断折，欲下不能，他见到一个牧象人，于是对他说："请你搭救我一下，让我能安全地从树上下来，我将用金子三两三钱作酬谢。"牧象人即驱使大象到树下，象用鼻子把主人高高举起，当他拉住小伙子时，不慎失脚蹬了象头一脚，大象认为主人已上了树，便走开了。这时，牧象人被树上的小伙子紧紧拉住手，高高地吊在杧果树上，生命受到威胁。

两人正在危难之时，恰巧有一猎人路过，两人喜出望外，绝处逢生，就呼喊："请救救我们，事后将以三两三钱金子作报酬。"猎人就用一根竹竿做梯子搭在杧果树上，两人才得脱险，安全地从树上下来。

当他们下树后，牧象人对小伙子说："酬金应该由你支付，因为是你叫我搭救你的，不然我不会吊在树上。"小伙子回答说，"酬金应由你负责，因为没有我把你拉住，那你就会从树上跌落而死亡。"

猎人看到他俩互相推诿，唯恐酬金无着，就请帕雅裁决。帕雅问明情况后说："牧象人因为想得到一笔报酬而救人，结果不但救不了人，反而使自己陷于危难处境，险丧生命，故应负责三分之二的酬金，小伙子负责三分之一。"

帕雅的裁决，是符合"苏戛底戛麻纳"（意思是符合实际的处理）。

十四、不管任何人，在路上拾到东西，应该大喊："是谁的东西，丢失在这里？"连续大喊三次。无人认领时，方能拾走；或者向村寨头人报告。如后来失主寻找，应如实说明情况，这样就可和失物者平分；如未向头人报告，后来失主认领，拾物者如实说明，可分三分之一。

十五、拾到东西，既未向村寨头人报告，也未向他人讲，自己将其隐瞒。后来失主得知，不能将所丢失财物分给拾物者，应全部索回，如拾者不愿归还，应强行索取；如已花用或变卖，除按价赔还外，还应处以罚款。

十六、寨内、屋里丢失财物，不论谁人拾到，都应归还失主，不能分成；拾物不报，应追究责任，并论价赔偿或追回全部失物；拾到财物，又将其丢失或者变卖花用，应照价赔还。

十七、遗失的财物，时间长了，失主也无心寻找，拾者可留作自用；如失主愿意赎回，可论价赎取。

例如：坦麻占当了比丘，他将"巴力"（佛教徒用品）丢失了，比丘无心寻找。后来，另一比丘拾到该物品，可以归为己有，本人无任何过错。

十八、在战场上丢失东西，是因本人无法携带而抛弃的，谁拾到了，无须归还原主，本人也无权索回。如一定要索回，必须论价赎取。

十九、佛有佛法，家有家规，对佛寺的主持和管理，以及寺院的财产，任何人不得干预或争夺，否则即违反了佛主的训示。

勐萨瓦地方有一个名叫顿皮戛的人，他开了一块园地，种了许多果树。十四个年头过去了，他和一个名叫西力吾达厅（罗汉）的人共同修建了一所佛寺，寺院由麻哈厅（即西力吾达厅）主持管理。他主持了九年时间，由于一直惦记着住在戈萨腊扎纳问地方的一位名叫问巴萨的师傅，为了去看望他，就把佛寺交由一个持戒已十六年的徒弟代为主持，并将此事也告诉了顿皮戛，交代他说，拜会师父后，仍旧要还回来的。

当他到达戈萨腊扎纳问与师父会晤，互相寒暄后，问巴萨对他说："你我离别很久，这次光临，机会难得，一定要多住些时日，现在我所在的这座佛寺里，老年的比丘没有几个了，到一年一度的佛吉日和开门节过后，又再返回。"

师父的挽留，盛情难却，只好留了下来，于是，就写了一封书信，告知代管佛寺的比丘，过了开门节后才能回来，在我未回来之前，寺里的一切事务仍请你主持代管。

正当关门节即将来临之时，外地的五个比丘来到了勐萨瓦底，他们没有地方过佛吉日，就向代管佛寺的比丘提出要求，允许在寺里度过节日。

比丘回答说，"寺里的主持人不在家，我不能做主。"五个比丘仍再三要求，过了佛吉日和开门节后就离去。代管的比丘又说，"这事实在做不了主，请等我问了顿皮戛后再答复。"

当他去问顿皮戛时，回答说："这事须得向麻哈厅请示后才能答复。"五位比丘又苦苦哀求，并一再表示说，过了开门节后一定离开。

顿皮戛无法拒绝，只好答应，并言明最多只能停留三个月，过了开门节后，必须离开佛寺。

开门节过去了，这伙比丘仍不走。这时，麻哈厅回来了，叫他们立即离开，但他们仍然赖着不走，并且说："这里佛寺虽由你主持，但关门节时你却离开了这里到其他佛寺去度过节日，我们到这里是经顿皮戛同意留住的，所以，应该由我们主持这座寺院，不能再由你主持了。"

麻哈厅罗汉就向顿皮戛问明经过情形，他便将几个比丘进住佛寺的经过作了陈述。麻哈厅听了之后，就到中心佛寺找麻哈吾巴力厅罗汉（即管理各佛寺的罗汉）反映了五个比丘的作为。麻哈吾巴力厅便把他们招来询问，他们仍坚持要主持这座佛寺。麻哈吾巴力厅思索着，如果不同意他们的无理要求，仍由麻哈厅主持，事情会越闹越僵；如果让他们主持，就迁就了目无教规的五个比丘，同时，必然引起佛寺内部的混乱。然而为维护教规佛法，仍应由麻哈厅继续主持。于是就对他们说："你们原来并没有在这座佛寺里出家，而今要由你们来主持，今后会带来无穷的争端，结下怨恨。所以，你们必须离开，否则，这就成为抢占佛寺的性质，犯了'问腊信'（佛教教规），不能再当比丘了。"

五个比丘也认识到，他们的行为虽未成为事实，但却触犯了教规。于是便在当天还俗了。

最后，这座佛寺仍由原来主持的麻哈厅负责管理寺内一切事务，任何人不得再行干扰。

这样裁决，是按佛法教规"阿的然牙混萨沙纳"（佛寺纠纷裁决）处理。

二十、因贪图他人财物，企图据为己有而与之无端争吵者，实为强盗。

案例：

有一只蛤蚧，每天都要吃一头大象，住在海岛上的一只"捞哈萨里另"的大鸟与蛤蚧为邻，每天也要食大象一头。

有一天，大鸟猎获了一头象，蛤蚧看见了，就一头扑上去抢吃，鸟抓住大象不放，蛤蚧也紧紧咬住，双方展开了一场激烈的争夺，谁也不甘示弱。

正在这时，有一个帕拉西比丘外出化缘路过这里，大鸟看到来了一位比丘，就向他诉说，请求仲裁。蛤蚧在一旁也强词夺理地说："大象本是我猎获的，是大鸟贪图便宜，不劳而获，是来和我无理争夺的。"

帕拉西比丘听完各自的陈述后说："尊贵的二位，你们先把大象放下，我会作出合理的调解，决不会偏袒任何一方，要为后人树立榜样，要人世间人人都遵守。"于是，便作出如下裁决：

"大鸟是用爪抓住大象的致命处，所以大象是鸟猎获的，而蛤蚧只咬着大象的大腿，是后来的抢食者。尊敬的蛤蚧，你不要背着强盗的脏名，应按先辈的乡规民约办事，清白正直，才能受到人们的尊敬。"

蛤蚧心灵受到启迪，认识到自己的行为可卑，自愧地走了。这正是人心不足，蛤蚧吞象。

二十一、不贪婪财物，凡发生纠葛，应以礼相让，不多吃多占。

案例：

有两条蛇，争吃一只青蛙，一个咬住蛙脚，一个咬住蛙头，各不相让，便去请常住在河畔的一位帕拉西比丘调解，各自都对帕拉西诉说。一个说："我先咬住脚，还未来得及吃，它就来抢食了。"另一个说："我先咬住头，还未来得及吃，它就来抢食了。"双方都说是自己先咬住的。

帕拉西无法找到是谁先咬到的证据，只好作出如下判决："谁先谁后，不能作为唯一的理由，应按谁咬住头，这是蛙的要害，就应给它吃；咬住脚的，是来抢吃。今后不论谁，对财物不要贪婪，不占便宜，应自食其力，抢来吃的东西是不体面的。"

帕拉西这样处理，合于实际。

二十二、寄存财物，代为收存者不知其袋内装有何物，后来，存放的东西遗失了，寄存者说明寄存的东西有多少，必须如数赔偿，因为代为收存者没有问清内容与数量，故应负责任；如果寄方趁机多报或者乃系空囊，骗取赔偿，诬陷好人，则失主必须作出保证，方可赔偿。

二十三、如因遭到帕雅官员勒索、强要，或者被偷盗、火烧、失落入水等天灾人祸，寄存的财物受到损失，不应向代为收存者要求赔偿。

二十四、如果是收存监守自盗，就应照价赔偿，但不加问罪；如果未经物主同意，自己用了，或拿去经商，取用多少，应赔多少，并应付给利息，不宜加罪，但须教育。

二十五、寄存者将其财物寄存他人处时，主人不愿接受，但对方仍将其放在主人家里，后来，东西遗失了，主人不负赔偿责任，更不得问罪。

二十六、偷了别人的东西，将赃物转移，藏匿在船舱、竹筏或者寨内，但主人并不知道。在他看来，主人会替他保管；后来，赃物又丢失了，但不论是被人盗走，还是遗失，都不得追究主人。

二十七、所寄存的财物，如未告知收存者而被第三者转移或者转移后遗失了，应由转移的人负责赔偿，但不加问罪。

二十八、象、牛、马、猪糟蹋庄稼，田地的主人有权将牲畜扣留一天，并通知畜主。经通知后，一日之内未来认领者，如发生牲畜死亡，对方不负任何责任；庄稼损失多少，应如数赔偿。同时，牲畜的主人必须用鸡二只、酒一瓶，为主人招回谷魂（预祝丰收）；如果所扣留的牲畜，未通知畜主而发生死亡或遗失，必须论价赔偿，庄稼所受损失，仍应由畜主负责赔偿；如果通知了畜主，必须先赔偿损失，方能牵走牲畜；如畜主询问田地主人，是否扣留了自己的牲畜，而田主有意隐瞒，应罚银四两，如发生牲畜死亡或遗失，应论价赔偿。

二十九、家禽跑入田园，吃了庄稼、蔬菜、瓜果，园主应通知主人，如再三通知仍不加以管理，继而再次发生践踏田园之事，园主有权将其打死，然后再通知主人并共同平分肉食；所损失的庄稼，仍应照价赔偿；如打死家禽后，未通知主人，应对其罚款，赔偿二倍价值，作偷盗论处。

以上处理办法，合乎一般情理。

三十、以物易物要等价。

有一个比丘，有一手用旧袈裟翻新的手艺。他将自己穿旧了的袈裟洗净染色，即能变成崭新而漂亮的衣服，然后去换取其他比丘的新袈裟。凡和他换过衣服的比丘，一旦下水洗涤时，立即退色，呈现旧状。当发觉上当受骗，找他交涉，要求退换，对方不肯，还无赖地说，已言明在先，合心了才交换，现在要退，悔不该当初。双方只好去请吾巴力厅尊者裁决。

比丘说："我将旧袈裟翻新，为的是自己穿用，可是，对方非要和我换不可，并言明在先，无论是新旧他都要，交换时都仔细看过，经过挑选，合心意后才交换的。"

吾巴力厅说："交换自愿，无可非议，问题是，对方发现是旧的时，要求退还，而你不接受，这就不对了，交换应该是对等的，别人的袈裟是新的，价值高，而你的是旧的，价值低廉，所以不是对等的。如果你不退还原物，就应论价给予对方补偿，按市场价格，哪怕相差一'行'或者二'行'以上，相差多少，就应补偿多少，否则，就触犯教规了。是补偿或是退还，抑或既不补偿，也不退还，应明确回答。当对方尚未换回之前，或未得到补偿时，你已构成触犯教规罪，如双方新旧之物各归原主，这就未构成犯罪，作一般缺点处理，以后引以为戒。"

刑事法规

诬陷

一、百姓诬告官员者，应给予拘留一个月的处分。

二、无论何人，犯诬陷罪者，罚银三钱八分八厘。

三、犯栽赃罪，贼喊捉贼者，从严惩处。

案例一：有个盗贼偷了一头牛，在途中与人相遇，认为是来捉拿他的人，于是，惊慌失措。他的举止引起了对方的怀疑，正当要盘问他时，丢下牛拔腿就跑，对方迅即追赶将其逮住送往寨子。一路上俩人无休止地争吵，对方反诬捉拿他的人偷了牛，最后只好请帕雅查处。

帕雅问途中路过捉贼的人："你有什么证据，说明你没有偷牛？"

回答说："我因受人委托，把别人寄的东西转交给亲戚，所以，今天路过时恰逢遇上这个盗贼。"

帕雅向他的亲戚了解，对方证明是事实。

又问盗贼："你有什么证据，证明你不是偷牛的人？"

回答说："我是到寨子来串小姑娘的。"

帕雅仔细观察了他的衣着、神态，不像是串姑娘的。就果断作出公断："你就是盗贼，因为所说的证据不足以成立，反而诬陷、栽赃好人，罪恶太大了，应予以严惩。"

案例二：有一个人去放牧，在树下乘凉时睡着了，一个强盗乘机把牛偷走了。当他醒来时，追上了盗贼，贼反咬一口说："你来抢我的牛。"

牧牛人反驳说："是你偷了我的牛，反而还诬陷我，真是贼喊捉贼。"

后来只好去请召麻贺孙裁决。

召麻贺孙问："这头牛经常吃的是什么饲料？"

贼回答说："它喜欢吃草，小奴天天割草喂养。"

牛主说："它喜欢吃豆子，我每天煮豆喂养。"

召麻贺孙听了之后，便用"梅行"（吃了能反胃呕吐的一种药物）树叶煮后灌喂。顿时，牛吐出了豆子和草。这时，召麻贺孙对盗贼说："你是盗贼，但还要对牛主反咬一口，诬陷于他，应按诬陷罪惩处。"

诈骗

一、见他人财物，顿生歹念，行骗术者只能自讨没趣。

案例一：有一人去赶集，把卖不完的犁铧寄存在友人家中，主人见利忘义，顿生邪念，便将犁铧藏匿，用老鼠屎堆放在上面。当朋友来取犁铧时，主人欺骗说："你的犁铧被老鼠啃吃了。"犁铧的主人到原来放置的地方看过究竟，只见一堆老鼠屎，不见犁铧。他心里思忖着，是主人玩弄手脚了，不禁暗自好笑，并自言自语地说："自己以为是一只聪明的'婼小'（小鸟）。"为了等待时机，戳穿骗术，就借故留住主人家里。

果不其然，时机来了。有一天，主人要离家远行，就对客人说："拜托你代为照料我的两个儿子，我要上山行猎去了。"

主人走后，客人就领着他的两个儿子到主人亲戚家里，对他们说："孩子的父母出门去了，托我代管，我又因一时有事，就暂且寄宿在你们家里几天，不日即来领走。"

当主人行猎归来时，不见儿子，就问客人："亲爱的朋友，我的两个儿子到哪里去了？"

友人回答说："真对不起，我领他们到河里洗澡，不幸被老鹰叼去吃了。"

主人听后，如雷轰顶，百般怪责，便请召波提洒裁决。

召波提洒听了各人的陈述后，说："老鼠不会吃犁铧，老鹰叼不走小孩。如果交出犁铧，也就能马上见到儿子。"

主人听后，如释重负，不好意思地笑着承认错误了。这时，友人说："'婼小'再聪明，也不如'婼燕'（小燕）。自以为聪明的人，其实往往是最愚蠢的人。"

案例二：有一妇女，带领小孩到河里洗澡。到了河边，让小孩睡在阴凉的树下，有一个水神看到小孩就想吃，于是就变成一个笑容可掬的妇女，对小孩的母亲说："这小孩太可爱了，可否让我抱一抱？"

母亲不知是水神，就答应了。水神骗取小孩后，立即逃跑，小孩的母亲急忙追赶，双方都互相指责说对方抢了自己的孩子，互相拉着孩子不放，争执不休，就到召麻贺孙那里请求裁决。

召麻贺孙说："你们将小孩放下，让他站在一旁，然后，你俩去抢。"母亲怕伤害自己的孩子，就号啕大哭，不愿去抢拉，而水神一口同意了。

召麻贺孙明白了，真假已分辨，就指着水神严厉地谴责说："你是一个诈骗犯，所以，你不可能怜惜孩子，是鬼神而不是人。"水神的面目被揭露，便逃之夭夭。

二、诈骗钱财者，按诈骗犯论处。

案例：有一个家住勐巴腊纳西的人，携带着三十三两金子到外地去，但没有口袋盛金子。有一天，他边走边自言自语地说："我能找到一个口袋放置就好了。"当时，恰好有一个人走到他后面，此人是一个骗子，他听到走在前面的人自语的话，喜出望外，认为发财的机会到了。于是，就设下一个圈套要骗取这些金子，他便绕道而行，用刀割下自己的衣角，做成一个口袋，然后丢在路上。当行人看到路上有一只口袋，就急忙拾起来，并说："感谢老天爷有眼，赐了一只口袋，真是有运有福。"然后，将金子放入袋内，到了寨旁的公房里住宿，骗子也跟随着到了公房。

第二天天刚亮，骗子到寨里报告说："昨夜我住在公房里，深夜时有人把我的金子偷了，请众乡亲们帮助寻找。"村民听了之后，就出动为他缉拿。当见到背着金子的人时，对他进行搜查，果然从袋里查出一袋金子。骗子就对他说："你为什么偷我的金子？"这人被问得莫名其妙，两人便发生了争吵。为了证明金子是自己的，骗子就用自己被割去衣角的衣服相对，缺口刚好吻合，就动手抢夺，互相扭住不放，最后只好请帕雅裁决。

帕雅问骗子："你的金子是从哪里得来的？"

回答说："从勐项萨瓦里家乡带来的，是父母交给我，叫我外出买东西用。"

帕雅又追问："金子有多少重量？"

回答说："有三十三两重，共计十条，每条重三两三钱。"

帕雅又问另一人："有什么根据，说明金子是你的？"

回答说："我有真凭实据，我的金子共十二条，其中八条每条重三两三钱，另四条每条重一两六钱五分。"

帕雅将金子清点过秤，结果和这人说的事实完全相符。

帕雅便作出裁决：前者是骗子，是用阴谋诡计诈骗他人财物，应作诈骗犯论处。

三、假借他人名誉或上司旨令抢夺职权或钱财者，以诈骗罪惩处。

案例：有一个官员，原在甲地任职，后来，帕雅又委派他接替乙地官员的职务，但按规定，新旧官员更迭职务时，手续的接替和移交务须年终进行。然而，新任官员贪财，未到接任期就迫不及待地前去任职，于是，对乙地官员谎称："因接到帕雅的通知前来履行新职，从今日起，就应离任。"

乙地官员回答说："帕雅曾对我说过，关于新旧更替的时间，订于新年过后方能接任。"新任官员的下属在旁说："因为是接到帕雅的命令，我们才前来的，现在，你离任也好，不离任也好，由你自便了，但你不得再行使任何职权。"

乙地官员认为，既然是帕雅的命令，当天就离开官府。

新官上任后，按照传统的规定，乡老都须用三伴银两为礼金送上。但按惯例，这三伴礼金，接任的官员得二伴，原职官得一伴。可是，全部被新职官侵吞，据为己有。

到了新年时，离任的职官到帕雅官府去拜见帕雅时，当谈到职务更替这件事的时候，便将其经过情况一一向他陈述。帕雅问："乡老送的礼银，你得了一伴没有，想要还是不想要？"

回答说："当然愿意要，但是，接任的官员说了，接你的命令，已到移交手续的时间，所以我就遵命匆匆离开了，也未得到这份礼金。"

帕雅说："既然你不愿放弃这一伴礼银，也未收到，那就是已被新职官侵吞了。"于是，就令协纳去追问。

经协纳调查了解，新职官在接任职务时，犯了一系列罪责。召混就宣布说："新职官目无帕雅旨令，未到接任期，就提前任职，实属抢权，这是一条罪恶；更不能容许的是，假借帕雅名誉，捏造是按帕雅的命令去履行新职，实属窃职大盗，这是第二条罪恶；去年田租，本应由原职官所得，但也被其侵吞，这是第三条罪恶，为此，新任职官践踏法规，犯了诈骗罪。根据上述情由，应作如下判处：侵吞的一伴礼银应加倍罚款；违抗并捏造帕雅旨令，应撤职降为百姓；今年的田租未到时间就催收，应按租额罚款四倍，罚款所得之数，给帕雅和离任官员各二伴。"

召混将作出的以上判决，送交帕雅备案。

帕雅说："他是我的百姓，又是下属官员，按其情节，应处以死刑，为教育本人，今后必须执法懂法，从宽给予捆绑游街，让他以身试法，然后关押十天，释放回原籍，仍继续担任官员，其余所判各条，仍按原判执行，百姓所送礼银，应归还众人。"

以上裁决，称为"突纳尼谢瓦布拔纳戛"。

窝赃销赃

一、盗贼的赃物暗地出售，购买者明知是赃物，还要购买，犯了销赃罪；若被失主发现，仍不讲明真相继续隐瞒，直到将罪犯缉拿归案，方肯承认者，应罚款，并无条件地追回全部赃物。但犯销赃罪者可向罪犯索回所付价款。

二、不知是赃物而购买者，不构成销赃罪；购买后被失主发现，应归还失主。失主有权向罪犯索回所付价款。

三、路边、寨旁买了犯罪分子的赃物，买主不知是赃物，只要有人证明情况属实，不应构成销赃罪。失主发现只能索回一半，并不得对买主问罪。

四、犯罪分子将所得赃物拿到集市公开出售，不论谁买了，但不知是赃物，不应构成销赃罪。失主发现后，有权索回，但必须按价赎买，不能责怪、问罪买主。

五、犯罪分子将盗窃的牲畜赶到集市公开出售，有人买了但不知是赃物，不应构成销赃罪。若被失主发现，但买主能提供现场交易时的证人，而盗贼又未捉拿归案，买方应将赃物还给原主，但不应问罪。

六、在集市上购买犯罪分子的赃物，又无见证人，但又确实不知是赃物而购买者，不应构成销赃罪。但对买主应罚款赃物价值的百分之五十，并将赃物归还原主；如买主知道罪犯下落，并捉拿归案，就不应罚款，也不问罪。

拐骗人口

一、比丘犯拐骗、贩卖人口罪者，取消佛门弟子资格后还俗，然后论其情节判处。

案例一：曾有三个比丘外出化缘，途中遇到一个妇女拿着米饭去献佛，三个比丘心术不正，商量后决定将她骗去出卖。于是，就问她："你要去哪里？"回答说："到田里找我的主人一道去献佛。"又问："准备走哪条路？"回答说："我每天路过都往这里走。"比丘就欺骗说："我们是化缘的，来时，遇到了三个强盗，他们专抢人，你不能前去了。为了安全，跟随我们一起去吧！一定护送你到主人那里。"

妇女信以为真，就跟随比丘一道前行。途中又遇上了两个比丘，于是，便把要骗走妇女去贩卖的事暗地里告诉他们，并问是否合伙参与，两个比丘同意了，从而五个比丘结成一个拐骗团伙。

行走了一段路程后，又遇到了另一个比丘，又邀约他参与，他不愿参加，但是又说，如果你们贩卖了这个妇女后，能分给我一点钱也就满足了。

之后，他们把妇女交给两个酒商贩卖了，得银三怀，两个酒商各分五漫，前三个比丘每人各分五漫，后两个每人各分两漫，剩余的一漫给最后一个比丘，如不给他，恐不服而去报案。

后来，两个酒商争吵，把这件事泄露了，消息传到妇女的主人那里，即刻向官府告发。

官府便将酒商捉拿归案，酒商承认说，"为首的不是我们，是五个比丘交给我们贩卖的，我们便把她带到外地，贩卖后得银三怀，我们分了一怀，比丘分了两怀。"

召混当即传比丘，他们也承认了所犯罪行事实。

最后，麻哈吾巴力厅判处说："前三个比丘取消佛门弟子资格；后两个比丘当已动心参与时，只要那个妇女走出两步，那么，他两人也就离开了身为佛门弟子的资格了。"当判处到最后一个比丘时，他申诉说："我未直接参与拐卖团伙，当他们约我参加时，心里只是想得一点好处罢了，所以，我对他们说，贩卖后得到的银子随心给一点就行了。因此，后来他们把贩卖妇女所得银子给了我一漫。"

麻哈吾巴力厅说："根据情节，无心参与，只是想得到一点好处，而又是他们自愿给的，如果他们不给，也不一定争着去要。因此，只作'粉拉傣'（教育）处理，退还赃款一漫，仍留寺院当比丘。其余众僧，除还俗外，还要按罪恶大小判处，并要向他们的父母要银两作为罚款，以贩卖所得赃款三倍处理。"

几个比丘的父母回答说："他们的罪恶，应由本人负责，要父母承担罚款，没有能力，身为佛门弟子，做出此等坏事，如果还俗后将会成为可怕的强盗，要求把他们降为帕雅的奴隶。"

案例二：有一个比丘，要到勐干塔腊塔去，准备雇请一个力夫为他挑"巴力汉"（行李、经书等），没有找到。恰巧遇上一个"宰兰"（奴隶）到佛寺里挑水，就骗他说："我要到勐干塔腊塔去，那里是个十分繁华的好地方，不论谁到了那里，都不愿返回家乡，这正符合你去经商的心愿了，是否愿意一道前去？"

奴隶回答说："我在官家充当奴隶，受尽折磨，吃尽苦头，要我跟随你走，我高兴极了，什么时候动身呢？"

比丘回答说，"明天吃了早饭就起程。"

第二天，他挑着行李，两人一道前行。后来主人发现奴隶不见了，认为可能藏在佛寺里，便去询问，方知已逃走，是一个比丘叫他挑着行装一起出走的。奴隶主听罢，就跟踪追赶。比丘见奴隶的主人赶来了，就对奴隶授意："你的主人同我谈话时，我怎么回答，你也按照我说的回答好了。"当奴隶主追赶到他们时，就问："尊敬的比丘，你要到哪里去？为何将我的奴人也带走？"

比丘回答说："因我两人平素要好，他前来送行，送了一程后，他是要返回的，并非逃跑而来。"奴隶也如此重述。

主人又问："你既然不是逃跑，为何带走全部行李？"

奴隶回答说："因起程送比丘时，穿的是破旧衣服，是准备用来换洗的。"

比丘对奴隶说："送到此就可以了，跟主人一道回去吧。"奴隶主也未责怪比丘，便带着奴隶返回。

比丘继续前行，到达勐干塔腊塔所在地的佛寺里的"素腊几"大殿内，回想到了自己是有意骗走奴隶，但未得逞，这事不知将会得到什么报应。由于感到惧怕，就将此事向寺里的一个名叫麻哈坦麻滴厅和另一个叫麻哈南达的麻哈厅作了陈述和忏悔。

两位尊者说："对于你的行为，当奴隶离开主人家里，走出两步，你就算已经自动脱离了佛门弟子的身份了。"麻哈坦麻滴厅又补充说，"还应将时间往前推移，应当是，你对奴隶说：'明天，你来找我，我们一块儿走'，奴隶听了你说的话，他才有心逃走。从这时开始，你就算脱离佛门弟子了。"

由于两位尊者对他何时脱离佛门弟子的说法不同，他又到勐萨瓦底找麻哈吾巴力厅。麻哈吾巴力厅说："应该是把行李挑起后，开始走出两步时，是你开始脱离佛门弟子的时间。"

听了三位尊者的话，只不过是时间不同，但共同的是触犯了佛法教规，再没有资格当比丘了，只好还俗。①

二、百姓犯拐卖人口罪者，判处死刑，或罚款重处，或贬为奴隶。

案例一：有七个人到外村寨串门子时，偷了四个奴隶贩卖给酒商，其中女奴三人、男奴一人。女奴贩卖后得银一伴三怀五漫，男奴三怀，共一伴六怀五漫。所得赃款，其中六人每人各分二怀一漫；另一人分九漫。此人因当时未直接参与拐骗，仅只是奴隶被拐骗后，对其生活作了一些管理，并对其余六人说，"奴隶贩卖了以后，不要把我当外人就行了"。所以分赃款时，仅得银九漫。

---

① 根据佛寺里的规章制度（傣语称为"玉力牙巴塔密个败牙金乃萨沙"）的规定，比丘骗取奴隶逃跑或其他违法行为，都应取消比丘资格。只要不轨行为开始，走出两步，就是犯罪行为的开始，从而也就是脱离佛门弟子的开始。

后来，被赎卖的男奴，因受新奴隶主的苛刻虐待，就逃回原主人家里，并把他如何受人拐骗的情况作了详尽叙述。于是，主人就邀约了其余几户被拐骗的奴隶主，同到官府报案。官府立即派人将一干人犯捉拿归案，经审讯，均供认不讳。

根据罪犯供认，混官初审后作出如下判决：七个犯罪分子中，六人罪恶严重，应处以死刑，并追回全部赃款，但罪犯已花费殆尽，再者，罪犯为帕雅管辖下的百姓，故还应交由帕雅最后判处。

帕雅接案后，改作如下判决：

罪犯由本人出钱赎买后充当奴隶，今后如再发生类似事件，作死刑判决。于是，帕雅出银一伴七怀，给混官三怀；给女奴的主人一伴三怀；给男奴主人一怀，因奴隶已回到了主人家里。

混官又对未直接参与，但事前已曾知晓，并对拐骗来的奴隶送饭给他们，事后又得赃款九漫者，也属有罪，但情节较轻，故免于处以死刑，只作加倍罚款银一怀八漫处理，但该犯已将赃款用尽，无法赔还，最后只好卖身给一商人为奴，得银二怀九漫，全部作为罚款交给混官。

案例二：有五个人结成团伙，从事拐骗人口的罪恶活动。一次，他们守候在山林伺机而行，其中四人隐藏山林深处，一人佯装寻找牛马。就在这时，看到一个小女孩独自走来，这人就对小女孩哄骗，说："可怜的小孩，怎么一个人跑到这里来，别怕，让我亲你一下吧。"接着拿出背袋里的食物给她吃。小孩不懂事，看到他和颜悦色，也就不怕什么了。这人就像对待自己的子女一样，将小孩哄骗走了。

这时，有个男人从寨子里出来，看到有个陌生人抱着寨子里的这个小女孩，知道事有蹊跷，就追问道："小孩，抱你的人你认识吗？要跟他到哪里去？"骗子看到事有败露，神色慌张，一时不知所措，放下小孩，拔腿就跑。于是，他便将小孩领回寨内，告诉寨子里的人说："有一贼来拐骗小孩，被我碰上救了回来，贼已逃遁。"寨里的人听到消息后，立即出动追赶捉拿。拐骗犯顺山林而逃，当追到山林时，碰到了隐蔽在这里的另外四个人犯，追赶的人问他们："刚才有一个人贩子，偷了一个小孩，向这里逃跑，见到没有？"回答说："我们是来串山的，没有见到什么人。"

又问小孩："抢你的人是否是他们？"

回答说："不是。"

同伙的四人因其身份还未暴露，故作镇静地说："我们是帕雅的奴隶，是进山来找吃的，诬陷我们是贼，不合道理了。"于是，佯装寻找食物，分散离开了。追赶的人又绕道去堵截路口，终于捕拿到拐骗犯，女孩指着他说："就是他。"便将其捆绑去见混官。

经审讯，承认了犯罪事实，但供认，是五个人同谋的，其余四人隐蔽在山林里，如果拐骗到人，出来接应。我拐到小孩后，还未靠拢他们，就被发现，丢下小孩，就去找他们。

混官派人将其余人犯一并捉拿归案，在审讯中，并未从实招供，企图推脱罪责说："我们四人是串山找吃的，只不过是同他同路罢了，进入山林后就分手，他到什么地方就不知道了，更不知道他拐骗孩子的事。"

拐骗犯听了同伙的话，再次供认说："他们说的都是假话，我们本来就是一伙人，现在怎么能完全推在我一人身上呢？"

混官最后判决说:"你们都是同一犯罪团伙,根据法规,把人拐骗到手,只要离开被拐骗人住地二丈远,就是犯罪行为的开始,就应判犯拐骗罪,处以死刑。犯罪行为未开始之前的各种预谋、心理活动、策划等,也是犯罪的开始,只不过尚未构成行为罢了。对拐骗犯,如果只罚银三倍,这就量刑太轻了,但作为此案来说,由于女孩幼小,如贩卖得逞,必是高价。然小孩又能得救回来,故以罚银四怀五漫处理,所罚银款,一怀二漫半给混官;一怀奖给最初发现案情者;七漫半奖给参加捉拿罪犯的人;奖给小孩的家长五漫;一怀分给帕雅。"

杀人斗殴及其伤害罪

一、杀人

(一)不论任何人,无端杀人致死者,应该抵命,并将妻室儿女贬为奴隶,送给帕雅。

(二)误杀他人致死者,重处重罚。

案例:有个盗贼,到帕雅果园里偷柁果,守果园的人去追赶,但偷盗者已藏匿,正巧遇到了一个拉西比丘,他误认为就是贼,当场将他打死,事后向主人帕雅报告。帕雅到现场察看,认为拉西并非偷盗者,于是,作出决定:乍孙(守果园的人)赔偿黄金三十三两;帕雅本人自愿赔偿黄金二百三十一两。此两项赔偿费分为两份,一份用来修建一座白塔;一份用来雕塑拉西比丘的肖像,置于白塔上。塔基修建在拉西被打死的地方,拉西火葬后骨灰置于塔内,作为人们怀念的地方。

(三)凡属哥哥谋害弟弟,弟弟谋害哥哥以及家族成员之间互相残杀而致死者,应按人的价值赔偿。所赔款项,一半归公,一半为死者献佛。

二、自缢

（一）女奴自杀未遂，被人抢救，抢救者即为奴隶的新主人。

案例：有一女奴，不堪主人虐待，要求出售，另易主人，奴主不肯，就到森林里上吊自缢。被三个牧象人发现，她尚未断气，就用刀把绳索砍断，救了女奴。与此同时，有一个青年人到山中找竹笋，看到女奴后，知道她是本村的人，牧象人就将女奴带到她所住的村子里，青年人便向女奴主报信。主人得知，愿出钱五怀四漫赎回，牧象人不接受，并说："你的女奴已经死了，我们得到的是新的女奴。"

互相争执不下，就去请协纳判决，协纳说："女奴真的是死了，此人已不是你的奴隶了，因为有人看见，挽救了她才使她起死回生。所以，得救的女奴的主人不再是你，而是救她的人了，但可判给五漫银作为补偿。"

又如：另有一个女奴，已怀孕十个月，快要临产了，有天夜里，因遭主人打骂，忍受不了，就上吊自缢。当时有帕雅的冒宰四人路过，看到自缢身死的人，为了贪图死者身上的钱财，就从女奴的腰带里拿到金子五怀五漫、银镯三对，每对重五漫。

与此同时，有两个牧牛人也看见了自缢身亡的女奴，见她身怀有孕，便剖其腹，取出一个还活着的女婴，他们决定带回家家抚养。

牧牛人为了抚养女婴，就向四个冒宰索取金子和手镯，他们不给。牧牛人就编造说："有人图财害命，把女婴的母亲杀害。"消息传开后，女奴的主人知道了，就找牧牛人访问，他们就带领奴主到了现场，看到死者被剖腹的惨状，因而相信了，就到官府报案。官府派人调查，得知系帕雅的冒宰所为，就将其缉拿归案。混官问："你们是否因图财害命，杀死一女奴？"冒宰就将事情的经过如实地说了。混官为了进一步查明真相，亲临现场，看到死者是上吊自杀，牧牛人纯属对他人诬陷。冒宰又说："此事还可请牧牛人作证，因为他们向我们索取死者的财产，没有给他们，一定是他们诬陷的了。"

混官对牧牛人说："你们应从实交待，否则是要罚款的。"牧牛人仍坚持说："她不是自杀，是他杀。"

混官反驳说："如果你们所说的是事实，就应判谋杀者的死刑，但为什么绳索还套在死者颈上，舌头也伸了出来，这不是自杀，又作何解释？"

牧牛人招认了，说："因为我们向他们索取死者的钱财，他们不给，便诬陷他们了。"

混官对女奴主说："你的奴隶属上吊自杀，没理由责怪任何人，她带着自己的财产去寻死，这份财产已落入他人之手，这便罢了。现在死者遗留下来一个幸免活着的婴儿。这个小孩今后长大了不能作为你的奴隶。死者的遗产分给帕雅银五漫，混官得金镯半只，冒宰得银五怀、银镯两对，众百姓得银二怀，其余留作婴儿抚养费，待她成长二岁时，交给混官收为养女。女孩年满十六岁成婚年龄时，混官应负责出陪嫁费银一伴七怀。牧牛人因犯了诬陷罪，故失去了参加分配遗产的权利。"

三、酗酒

（一）凡办喜事，用酒将客人灌醉后，必须由主人送回家，否则，客人在回家途中死亡时，主人应按人的价值赔偿，外加罚银三两三钱四分四厘；如果客人拒绝主人送行，必须向村寨头人通报，以资作证，那么，途中发生意外死亡时，不应对主人问罪。

（二）客人喝醉了，主人护送回家，如客人的妻室儿女不进行照料，让其跑出家门而发生意外致死者，应对其亲属罚银三两三钱四分四厘；如果已作了安排照料，而醉汉不肯睡觉，自动外出导致意外死亡者，妻儿无罪。

四、伤害

（一）凡因斗殴告到官府者，须有证人。

若有斗殴发生，告到官府，须有旁证。信教徒、富人、家族中有威望的人、有声望的地方绅老、正直的人、儿孙满堂的人、农民、商人、诚实不说谎的人，都可作证人。

说话颠三倒四、记忆衰退的老人、小孩、乱搞男女关系的人、赌博者、醉汉、精神病患者、贪财人、憨人、偷盗者及其子女、两面三刀的人、耳聋眼瞎者、罪犯及其家族子女、和当事人一方有仇怨者、和当事人一方有亲戚及友好关系者、幸灾乐祸、有妒忌心理并愿他人破产者、不接受劝告者、经常犯罪者，上述十七种人，都不能作证人。

对双方邀约来作证的人，首先要查清他们是否和一方有家族关系，否则，不得作证，断案才会公平合理。

（二）凡有争吵、斗殴，有人先来报案者，不宜急于处理，要兼听当事者双方的陈述，让其充分阐述各人的理由并查问清楚。对双方供词要反复核实，方能裁决。

（三）主审官员在定案时，要慎重考虑自己的断案能力、裁决依据的准确性，弄清双方争执、斗殴的原因，是为了财产继承的争执，还是债务纠纷，所涉及的财物价值高低、新旧程序、数量多少、事情发生的时间、地点、有无人证等，都要落实清楚，如实加以记录，反复查证，方能辨明真相。然后按其情节轻重、事态的大小、案情性质，再依据法规准则作出裁决。

（四）凡两人争吵闹事，一方对他人谩骂，另一方则动手殴打，致使对方受伤害，但未流血者，罚款银二钱六分四厘；如果流血，罚款银四两四钱。

（五）两人殴斗，有理者打伤无理者，只要不造成流血，罚款银一至二冇。

（六）两人打架，谁先动手，罚款银四两四钱；后还手者，罚款银四分四厘。

（七）两人打架，一人手持凶器，一人徒手，造成对方流血者，对持凶器者罚款银三两三钱。

（八）一人持棍，一人持武器，相互打架，造成持武器的人流血者，罪恶同等；造成持棍者流血，应对持武器者罚银四两四钱；若持棍者被打死，应论人价赔偿；若持武器者被打死，罪有应得，不应对持棍者问罪。如果属持武器的人寻衅上门闹事，持棍者将其打死，罪有应得，也不应对持棍者问罪；如果持武器者上门闹事，把持棍者打死，应对持武器者问罪；如果持棍者将持武器上门闹事者打伤，未造成死亡，以同等相待不加问罪。

（九）持武器威胁他人者，无论是谩骂，或是鸣枪威吓，还是用梭镖吓唬等，都应罚银三两三钱四分四厘；如果动手打人，罚银六两六钱四分四厘。

（十）凡属追打妻室儿女或其他家族成员，并将他们撵到他人家里者，应罚银四分四厘用以祭祀户主的神灵。

（十一）凡因打枪、射弩、甩棍棒、抛石头等，无意伤害人畜者，应赔偿损失；如只伤害而无生命危险者，应负责医疗费用，并为受害者拴线赔礼；若损坏了对方衣服、财物，应论价赔偿。

（十二）因收藏刀、矛、枪保管不善，造成无意伤害他人，若导致死亡，应论人价赔偿一半。

（十三）埋设竹签暗器（傣语：薄汉好）在寨旁、房前屋后而又未告诉本寨村民者，如将他人的象、马、牛、羊、猪、鸡、鹅、鸭等家畜家禽刺伤或致死，应论价赔偿；如果在夜间伤害了人，不能责怪埋设的人，因他是预防自家的安全；如果白天伤了人或致死者，要赔偿人命，如未造成死亡，应对受害者拴线压惊。

五、恩将仇报，害人终害己

（一）对恶人不能施于人道。

案例：有一只老虎为了猎食一条大蟒而守卧在大蟒的洞口，不料反被大蟒出洞将它咬死。这时一个帕拉西路过，看见这只死虎，触动了他善良的心，于是就去找药为虎医治。虎复活后看到帕拉西时，张口就要猎食，就对他说："你到了我的地界，是送上门的猎物。"

召拉西（帕拉西的尊称）回答说："我是救你的恩人，怎能如此恩将仇报，简直是个该死的东西，你既要吃我，也该有个证人。"

他们就去请"帕雅俄"（牛王）为证。牛王惧怕老虎，只好顺从地回答："老虎要吃你，就让它吃罢。"

召拉西不服，又去找狼。狼知道虎和自己常居山野，见面频繁，就表态说，"应该让虎吃了你。"狼这样说，是为了表明它和虎有亲族关系。

召拉西又去找猴子。猴子心想："过去我的祖父也曾救过人，当被害者脱离陷阱后，得救者恩将仇报，将我祖父打死，并拿去当猎物吃，今天我也要报这个仇。"就说让老虎吃了他，猴子这样表态，是复仇的态度。召拉西说："猴子也不会公证，这里不是我俩解决问题的地方。"

他们又去找一棵神树。神树不会说话，它用树枝互相拍打，发"依俄、依俄"的声响。老虎对召拉西说："听见没有，神树说了'该吃啦，该吃啦。'"树持这种态度，是糊涂的、模棱两可的态度。

召拉西又对虎说："这里不是解决问题的地方。"于是又去找小兔。小兔知道帕拉西是救了虎的恩人，就对老虎说："既然拉西说是他救活了你，为了弄清事实真相，你仍回到曾经死亡的地方，头向那里，尾朝那方，恢复原状后才能公断。"

老虎回答说："可以，去吧，去吧！"

于是，一起回到山间蚂蚁窝的土包上，小兔叫老虎按原来准备猎食大蟒的姿势卧下。老虎认为这是最后的公证，马上将得到人肉吃了，高兴地就用尾巴一次、二次、三次地拍打土堆，睡在洞口的大蟒又出洞将老虎毒死。

这时，小兔说："老虎不知道善与恶，恩将仇报，只要得吃肉就舒服了。从今以后，尊敬的帕拉西，不要再对老虎做这样的好事了。"说罢，各自走了。

（二）不顾他人生命危险而为己谋利者，只能自食其恶。

案例：有一个医生，看见一条毒蛇盘在树上，为了得到它作为药物获取大利，但唯恐被咬伤而不敢去捉拿，于是就利用补提萨台（官人的儿子）为他捕捉。官人的小孩是儿童的头领，就约同其他小伙伴爬到树上，捕住蛇后将其丢下树，正巧毒蛇落到医生身上并缠住他的脖子，把他毒死了。

人们就把官人的儿子带到帕雅那里公断。帕雅问明情况后，判为无罪，因为医生不顾儿童生命危险为他谋利，结果害人终害己。帕雅差使冒宰（差人）对儿童批评了事，并为官人的儿子拴线压惊。

六、一般争吵，勿使矛盾激化，应以和为贵。

发生内部争吵的矛盾（傣语：罢的办），知道帕雅与协纳阿曼的矛盾，家族成员之间的矛盾，学生与老师的矛盾等，不要记仇，应互相忍让，要像佛经里训示的"底密塔腊干"即如同用药敷疮，不让恶化一样；如牛踩土堆，踏平了事，要举杯和解，互相递送蜡条、鲜花，表示道歉。因为都是一家人（傣语：札底），不应分裂，而应"阿拉戛腊纳"即相互亲密。

例如：素坦麻厅罗汉得罪了几达戛哈巴底"达戛"（即世俗人），事情的起因是：几达戛哈巴底宴请麻哈散力问、麻哈磨戛腊以及素坦麻厅等三位罗汉到自己家里，在宴席上，素坦麻厅罗汉对主人说：" '鲁拉'（贵人），你的菜饭丰盛甜美，什么都有，但是缺少了芝麻糯米粑粑。"因为几达戛哈巴底是专卖这种小吃的小贩，他听到罗汉这样说，感到伤了自尊心。这事传到了佛祖那里，就叫罗汉去道歉，并对他说："你的话使对方认为你是不怀好意，歧视了他，使人为难害羞。因此对你产生了仇恨和不满。所以，应该道歉，消除憎恨。"

偷盗

一、偷盗财物但能翻然悔改，主动将原物交还失主者，不再追究。

案例：有个住在勐萨瓦底名叫顿皮戛的人，在外出赶摆时，请了朋友的一个儿子背行李。行李内除衣服、被褥外，还有金银首饰，价值金八伴。到了目的地后，这个青年看到街市繁华，但无钱花费，便起偷盗之心，携物潜逃。顿皮戛发现人不见了，就在"厅萨拉"（交叉路口的公棚）处守候等待。

青年人背着东西潜逃后，忐忑不安，心想："我把东西偷走，赃物也不会轻易得手，迟早也要暴露，如果碰上小偷，不但会把东西偷走，而且还有生命危险，这不仅于我不利，同时也给失主造成损失。"于是心回意转，带着东西来找顿皮戛。

当他见到顿皮戛时，撒谎说："我刚才走错了路，所以来迟了。"

顿皮戛回答说："好了，好了，我还以为东西被人抢走了呢！"赶摆以后，一同返回家里。青年人把去赶摆时发生的这件事对妻子说了，不料，被奴隶偷听，奴隶又将偷听到的话告诉了顿皮戛的奴隶，他又将听到的事告诉了主人。

顿皮戛听到朋友的儿子对他曾有偷盗行为，就告到混官那里，混官当即传讯了这个青年，他承认了。

混官说："你又不仅有偷之心，而且有了行动，但后来能当即悔改，将原物交还失主，所以，最后未构成事实，根据情节，免于罚款和追究责任。今后，如谁偷走奴隶，如不超过五天又送回，不追究责任，因最后未构成事实。"

世俗人偷盗，应以事实后果为准；佛寺的人则以思欲、心动为准。一切案件的处理以此为准则。

二、佛门弟子有偷盗行动者，不论构成事实与否，即以心动，产生邪念，就为犯罪开始，便应离开佛门，取消佛门弟子资格。

三、"哈来牙金"（有后悔之心）。

有一位"告哈来牙金"（"告"，原意为首领，这里译为师父。"告哈来牙金"，即后悔人的师父）名叫麻哈萨巴力厅的罗汉，从勐拉札戛哈纳管出发，要到勐巴腊纳西，就请了一位年轻比丘帮他背佛钵、袈裟。比丘看到这两件东西很漂亮，就产生了偷盗之心，便把佛钵和袈裟拿到森林里藏匿。

当他离开罗汉拿着赃物到森林去时，罗汉回过头看，不见比丘，认为他去解便，就等了一会儿，仍不见踪影，就到一棵树下坐着等候，但仍不见比丘到来。

比丘行窃后，感到不安，自愧自责。心想："偷了师父的东西逃走，将会灾难临头"，越想越后悔，越想越惧怕。于是，翻然悔改，回头是岸，追赶罗汉来了。

赶上罗汉后，罗汉问："你何以走得这般慢，叫我老等你不着？"比丘吞吐地回答说："因解大便，所以耽搁了。"

两人便继续前行，到达勐巴腊纳西后，他仍在想自己的错误，究竟会得到什么报应。为了赎回罪恶，就向师父交待了自己的错误，然后师徒两人共同去找吾巴力厅，将事情的经过作了陈述。

吾巴力厅对比丘说："你心地里已产生了邪恶的念头，并将师父的东西带到森林里准备藏匿，已经是犯了罪孽，虽能知过自悔，但仍不能再是'问腊西'（不合当比丘的资格）了。按佛法教规，作为佛门弟子，凡有私欲或邪念，就视为罪恶，以此作为辨别善恶的准则。"

佛寺住持问皮虎（比丘）："有没有这种情况？"

皮虎回答说，"佛寺里是有这种情况。"

四、"阿瓦哈来牙金"（有悔改的行为）。

阿兰然这个地方，当时偷盗成风。有一个盘与住在阿兰然的一个比丘有往来，盘害怕贼偷他的财物，就把四罐银子埋藏在比丘所在的佛寺里，每罐银各重四伴。并对比丘说："尊敬的佛门，托你照料看管。"然后就回家去了。

过了七个月，偷盗风逐渐平息，但比丘却见利忘义，顿起盗取之心，在一个深夜里，偷偷地挖出了一罐银两，倒出后装进一个准备好了的空罐内，埋藏到另一个地点。然后在原来装有银两的空罐内放入木炭，又按原处埋下。

后来，盘邀约比丘共同去挖取银罐，发现其中一罐内的银两不翼而飞，雪白的银子变成了黑糊糊的一罐炭。顿时不知所然，就问比丘："这究竟是怎么回事？"比丘说："这可能是你的命运带来的结果，曾经听说过佛寺里也遇到过这类事。"

盘说："但我从未听到过这类事发生。"然而在事实面前他也相信了，晦气地背着另外三罐银子回去了。

盗取银子的比丘一直为这事心神不安，心想："我和盘是莫逆之交，今日之事如此做法，是出卖了友谊和灵魂，有失朋友的信用。"如何是好，踌躇不定。

过了十多天，盘来找比丘时，比丘对他说："你丢失的银子，是命运带来的结果，还是其他的问题，是否再试一试，重新将土罐装上木炭埋入地下，看是否会有变异？"

盘也存侥幸心理，两人就将土罐拿到原来的地方埋下，并叩拜说："我们不是罪人，是善良的人，祈求神灵赐还原物。"

拜毕，盘说："如果真能原物归主，算是幸运，否则也只好罢了，又能去责怪谁呢？"

过了一个多月，将土罐挖出一看，木炭变成了白银。盘对比丘谢恩说："这是你的佛法使我丢失了的银子原物归回，为了表达心意，赠送给你了。"

帕摆（比丘）心想："如果收受了，旁人会说我狡猾，是在玩弄手段骗取他的钱财，是因为做贼心虚，怕今后事情暴露，才设计归还。"想到这些，比丘假意婉然谢绝说："你的银子我不能享受，失物仍应归还给你才是。"

盘听了比丘的一席话，认为他是一个虔诚而正直的信徒，也就不再谦让，再三感激后，带着银子回家去了。回到寨子后，把事情的原委告诉了众乡亲，但对此事有不同的评论，有的认为这是得了问麻哈厅的福；有的则认为是比丘搞的鬼，吃进嘴的东西怕咽不下去才吐出来的。寨子里人们的各种议论，恶言善语，一时纷纷扬扬。比丘听后吃睡不宁，坐卧不安，暗自思忖，此事人们在寻根究竟，看来已露出了蛛丝马迹，灾祸即将降临，难于隐瞒真相了。于是，决定去拜见吾巴力厅承认错误，当他临走时，对盘撒谎说，要出远门到勐萨瓦底去拜佛。

到了勐萨瓦底后，拜见了吾巴力厅，交待了自己的不轨行为，表示忏悔。吾巴力厅说："你已触犯了教规，当你有盗取之心，并在盘丢失了这罐银子时，就不是佛门弟子了。"比丘知道自己的错误无法挽回，遵照佛法教规还俗了。

五、比丘偷鸟。

有一个比丘外出斋僧，见到他人驯养的一只鸟，就用饭为诱饵，把小鸟哄回寺里。当时，有一个背着长刀的百姓走出村子，看见他在诱捕这只小鸟，就问道："尊敬的比丘，要把鸟诱骗到什么地方去？"

比丘回答说："我哪里是诱骗，只不过是看到它美丽，喜爱它才给它喂食罢了。"

百姓说："既然不是诱骗，仅只是喜爱，何以边喂食边哄它跟着你走呢？"

比丘说："因为鸟贪吃，就跟着来了。"

百姓不听信他的鬼话，于是用棍子惊吓小鸟，鸟才飞回主人家里。比丘深感羞愧，回到寺院，如实地向吾巴力厅尊者谈了自己的过错。

吾巴力厅说："你有过失了，当你用饭喂小鸟，在走出两步时，就不是佛门弟子了。"

比丘知道自己不够佛门弟子资格，于是便还俗。

这就是"巴塔密过败牙金混萨沙纳"（意思是触犯了佛门教规）。

六、比丘指使徒弟偷盗。

一个名叫坦麻腊所的比丘，在沙姐家里指使两个徒弟，一个叫捧麻加里，一个叫素米塔的，去偷窃在坝来牙地方的顿皮戛的财物。规定必须要偷他的金子一怀或二怀的数目，不管到什么时候，偷足才行。

两个徒弟按照比丘的指使，分头各自行窃去了。素米塔去了三个月，什么也未偷到，便教唆顿皮戛的女奴去偷主人，女奴偷了金六怀，素米塔分给她一怀，交给坦麻腊所三怀，二怀归自己所有。当把金子交给比丘时，他就抵赖说："这件事我一点也不知道，我从来未指使你去行窃。"徒弟说："这才怪了，是你亲自交待布置的事，怎么到头来反而说不知道呢？"

两人争吵不休，就共同去请吾巴力厅裁决。

吾巴力厅问徒弟："当比丘对你讲的时候，除你之外，是否还有其他人在场？"

徒弟回答说，"还有捧麻加里。"

吾巴力厅将捧麻加里叫来对质。捧麻加里说："比丘曾在某月某日当面授意我们俩说的，我去了一个月，没偷到东西，就未继续再去偷了。自从比丘交待了这事，我们两人就各自分手，没有见过面了，以后发生的事什么也未知道。"

比丘在事实面前，为了开脱罪责，说什么由于时间长了，自己也记不清楚，不论他们偷到东西与否，思想上早不存在指使人去偷窃的想法。

吾巴力厅问比丘："当你偷窃的思想消失了之后，你对他们说了没有，劝阻了没有？"

比丘回答说："没有。"

吾巴力厅说："既然如此，你并未诚心忏悔。因此，罪恶仍没有离开你。如果你阻止劝告了他们，而他们仍去行窃，那么，你的罪恶就解除了。但你未这样做，他们仍按你原来的指使去偷窃，现在你和素米塔都不能再作为佛门弟子了，按教规已成为'问腊信'（取消佛门弟子资格）了。"

对未曾偷到金子并不再继续去行窃的捧麻加里定无罪，但以后必须苦心修行。

吾巴力厅的裁决，叫作"阿他萨塔个乃萨沙纳"（即佛寺内部的佛法教规）。

七、比丘"巴腊金"（犯了罪过）。

有四个比丘外出化缘，见到顿皮戛家里有个银盆，就起偷盗之心，但不易得手，于是，就在夜间商量，如何才能得手。到了夜晚却只来了二人，当还未商量研究时，未到会的一人则独自把银盆偷来了，其他三人看到后就说："我们谁也没有知道，你却去偷来了，现在我们不参加干这件事。"

偷的人说："这事我们是共同商量过的，并取得一致意见，只不过你们未曾亲自参加，是我一人独自偷来的，现在不能把全部责任推到我一人身上。"说罢，便将盆悄悄送回原处。

其他三个比丘说："这事是你自作主张，送回与否，是谁偷的，该谁有罪，由本人承担。"双方发生了争执，就请吾巴力厅裁决。

吾巴力厅说："你们都是一伙了，因为你们都有偷盗之心，共同都有了邪念，而且都取得了一致意见，但到后来，一个人去偷也好，共同去偷也好，都犯了'问腊谢'（偷盗罪），人人都是'巴腊金'（犯了罪过）了。所以，没有资格当比丘，这是按'尚密塔瓦哈腊乃萨沙纳'，即佛教内部教规处理。"

八、"阿纳体戛"（唆使）。

有一个比丘和阿占（规范师）师徒两人乍（乍：共同商量）："某寨有一家族，我们去化缘时，在他家我看到了一只金戒指在枕头下藏着。你要趁早想法把它偷来，在主人不注意的时候，伸手就可拿到。"

年轻的比丘听信了，终于把戒指偷到手。后来，主人发现东西丢失了，就问家里的人是否知道是谁偷走的。回答说："刚才看到来了一个比丘，但是否就是他偷的，就不得而知。"于是，主人追赶比丘而来，当看到他时，就叫等一等，有话要说。比丘看到有人来追赶，便将戒指丢在路旁，急忙回佛寺去了。然后对阿占说："戒指我已偷到手，但主人前来追赶，我把它丢在路旁了。"

阿占说："丢了就算，我们没有偷来，当他们把戒指找回去，赃物不在我们手中，就不会出事了。"

徒弟对这件事是否有罪恶，心里不够踏实，就去问麻哈吾巴力厅。

麻哈吾巴力厅说："偷到手也好，未偷到手也好，你们两人已存偷盗之心，并且商量过，所以，一个是'阿纳体戛'（指使者），一个是'萨哈体戛'（大胆偷窃者）。只要赃物由原来位置被移动，就算为"巴腊金"，即你们已离开佛门，不再是佛门弟子了。所以，你们已犯了'巴腊金'了。这叫作'尚姐达干'（巴利语，意思不详）。"

九、尼密达干（以暗示为教唆）。

还有一个比丘带着一个徒弟去化缘，走到一个寨子里，看见一床白布晾在外边凉台上，比丘想要，于是暗示徒弟行窃，得手后放进自己的佛钵里。主人看到自己的布丢失了，就大声呼喊："谁把我的布拿走了？"邻居的一个人说，"刚才见有两个比丘化缘，我还没有给他们献饭，转眼就不见了，是否他们拿走，就不清楚了。"

失主听罢，就急忙追赶，当看到他们背影时，就喊："尊敬的比丘，请等一等。"比丘看到有人追来，忙把赃物丢在路旁。

当时恰逢有一人路过，看见比丘丢了布，没等主人赶到，拾起就从另条路走去了。失主又去追赶他，并把他捉拿到官府报案，说他是偷布的贼，请官家为他做主。

混官问："你就是偷布的人吗？"

回答说："我不是贼，这布是我从路旁拾来的。"

混官说："如果你说的是事实，那么偷布的就是比丘了。但是，比丘见有人追赶，丢下布逃了，你看到后，不应拾取，如果拾了应交还主人，然而你拾了布后就溜走，应该有罪，是属二次偷盗犯了。对比丘的罪过，应交由佛寺去处理，而你则应加倍赔还，如不归还原物，则应罚四倍。"便派人到吾巴力厅处反映两个比丘偷盗的事。

吾巴力厅叫来他俩询问，年长的一个说："我见了这件白布就爱上了，于是就闭眼暗示给徒弟行窃。"

吾巴力厅又问徒弟："你的师父闭眼时，你是怎么想的？为什么要去偷呢？"

回答说："师父又闭眼，又抓手，暗示要这件白布，我意识到了他的意思，于是便偷了。"

又问年长的比丘："当你暗示时，意思是向徒弟表示什么？"

回答说："表示叫他拿走。"

吾巴力厅最后说："你们师徒两人共同犯了偷盗罪，当你们拿了布离开寨子时，就不再是佛门弟子了。"

这种处理，是按"尼密达干"，即犯佛寺规章规定的教唆罪裁处。

十、"摆赛牙密乃牙"（强夺他人财物）。

一个名叫吾巴南达厅的比丘，一天，他走到一所佛寺，看到有两个比丘正在为分布而争吵。原来他们分到了三匹布，两匹为白色，一匹为红色。由于红布质地较好，价值较高，所以都争着要红布。当正在争执不休，吾巴南达厅刚好到来，便为他们仲裁，各分白布一匹，红布则作为仲裁者自己的酬谢被他拿走。

两个比丘提出抗议说："我们正是为了这匹红布而争吵，你却把它拿走，这是不合道理的。"

但吾巴南达厅仍执意强行将布拿走，两个比丘不服，就去向佛寺住持申诉。佛寺住持招来吾巴南达厅询问，并斥责说："他人财物，未经允许，何以要拿走？如果不是物主跟随而来，应视为偷盗论处。应将原物归还，否则就触犯了教规，没有资格为佛门弟子了。"

吾巴南达厅只好听从佛寺住持人的教诲。这就是按佛门教规"巴赛牙密乃牙乃萨沙纳"进行处理。

十一、向他人寄存财物，连同主人的一起被人偷盗，如只有一方追回赃物者，应给另一方补偿，共同承担损失，对偷盗者按情节处置。

案例：有农家夫妇二人，有金子一伴，寄存在邻居朋友家里，夫妻二人终日从事农活。有三个不务正业的人，一向偷鸡摸狗。有天夜里，他们破门而入，盗走了邻居朋友家的金三伴，农夫寄存的金一伴。农夫知道自己寄存的金子被盗，就到朋友家问个明白。

朋友说："事到如此，急也无用，只好到官府报案罢了。"

办案的官员说："不用着急，我们会把赃物追回还给你们的，这伙鸡鸣狗盗之徒不是外来的，而是本地帕雅管辖下的人，丢失财物来此报案的已是多起的了。官府既然有命令，要保护百姓生命财产的安全，我们有责任捉拿这伙人的。"于是派出人员，终于捉拿到二十六名罪犯归案，交由召麻哈协纳法办。

召麻哈协纳对罪犯审讯说："你们一贯偷盗作孽，危害乡民，今日恶贯满盈，应将前后盗窃得来的赃物如数交出，如不招供，妄想隐瞒，就要枪决。假若能弃旧图新，交出赃物，则适当量刑，以资教育。"

盗贼怕死，鉴于官府的威慑，交出了金子七伴及装金子的口袋。召麻哈协纳追问他们："这些金子是从哪里偷来的？"盗贼都一一招供。

召麻哈协纳问了被盗的失主各丢失了多少财物。有的说丢了四伴；有的说被盗了二伴；有的说被盗的是金条；有的说被盗的金子是放在布袋里；有的又说金子没有用布袋装放。所有被盗的人，情况各异，众说纷纭。

召麻哈协纳将赃物全部摆出，由失主认领，于是，各自领回了原物。农夫看到有两只口袋，一只是朋友的，袋里有金子二伴；一只是自己的，袋里有金一伴，但两只口袋里的三伴金子全是朋友的，农夫的金被盗贼花费了。

召麻哈协纳说："根据地方法规，能合理的为你们解决，你们如不是莫逆之交，是不会互相信任、寄存贵重物品的，现在失物已为你们追回，仅有农夫的被盗贼用了，所以，已追回财物的一方应负责部分补偿给寄存者的一方才合情理。失而复得的三伴金子的主人，应给农夫五怀，如不听从，应拿出一伴给他。"

谢来约（农夫的朋友）无可奈何，补偿了农夫金五怀，给了官府办案的官员协纳二怀二漫半，送给帕雅七漫半，送给众官员及捉拿盗贼的人五漫。盗窃者因能退赃，故判处监禁七个月。后来有十人死于监狱，余十六人经过教育，刑满出狱。

这个案件称作"阿瓦哈来牙"（复杂的事的判决）。

十二、偷盗者当场被打死，罪有应得。

案例：有兄弟二人在帕雅家里当听差，有一天，兄弟二人走到城郊的一个寨子里。这个寨子有几户百姓专为帕雅养鸡。当他们看到有一只大公鸡在觅食，就想偷走，于是就用米为诱饵准备捉住它，正在这时，被寨子里的人看见，就叫喊："有贼偷鸡了。"

有人就用弩射去，一箭射中了其中一人的咽喉而当场毙命。村子里的人听到人被射死，都出来观看，有的议论说："我们没有看到死者偷鸡的依据，人死了，可能会降罪于大家。"有的人就捉了一只公鸡，把它弄死后，塞入死者的衣服里，并把死者的头部移动朝向寨外，将箭拔出从背部插入，表示死者是偷了鸡后就往寨外逃跑。然后众人就距离死者一丈五尺远的地方蹲着，以示任何人未接近过被打死的人。

城里人知道后，也纷纷来观看，见到死者是帕雅的人。

寨子里的人说："我们不知道是帕雅的人，认为是盗贼来偷帕雅的鸡，所以才用弩把他射死了。"

城里的人问："你们见到偷鸡的有几个人？"

回答说："有两人。当他们把鸡塞进衣服时，公鸡叫了，我们才知道，拿鸡的人走在后面，所以我们把他射死了。"

城里的人说："你们说的不真实，走在后面的人还活着，应让他出来说明真相。"

在场的另一人说："死者是用米喂公鸡，当公鸡吃食时，我们还来不及捉拿，就把我哥哥射死了。当时，我们是面向寨子，箭是从正面射来的，我本人走在后面，走在前面的人中箭后，我就逃离了。"

寨子里的人最后承认说："他讲的都是事实的经过。"

混官听罢众人的话，说："好了，现在去检验尸体，一切就明白了。"

验尸后，血是从前面流的。

混官接着说："现在不是争论箭是从哪个方向射的，只不过是把事情发生的过程弄明白。问题的关键是死者弟兄二人确有心偷鸡，而你们是为了保护帕雅的鸡不让人偷走才把盗贼射杀。因此，你们无罪，但对事情的经过应如实讲明，不应有所遮盖。"

寨里的人说："当时我们之所以如此说，因为帕雅的鸡遗失了一只，就要负责赔偿二漫半，鸡死了也要论价赔偿，所以当盗贼还未捉到鸡时，就用箭射他了。由于人死了，没有什么证据证明他们偷盗，怕官府问罪，才将鸡塞入他的衣服里，把箭拔出插入背部。"

混官将一切真相问明后向帕雅作了报告。

帕雅说："明知是我的鸡还要偷，虽然还未偷到手，但也算为偷盗了，因为他们是有心偷盗，所以是犯罪的人了。死了的人罪有应得，未死的人应判处关押三个月。"

此案件叫作"巴塔密各败牙金"，意思是违犯地方法规，帕雅的人明知有罪还要犯。

十三、偷猪杀吃者，应重处重罚。

有个乃占（象官）和四个冒宰去牧象，路过一村寨时，村里的百姓都到田间做活去了。只留有三位老人看守寨子。象官和一个冒宰进入村子，看不到一个青年人，于是就偷杀了一头猪，然后抬到村外。另三个冒宰看见后向他俩索要分享。

象官说："村子里的猪还很多，你们自己去偷杀吧。"三个冒宰便跟随着象官进村，但寨门已关闭，他们便将围篱捣毁，闯了进去，守寨的老人吓得往外跑，他们四人又偷杀了三口猪，便逃之夭夭。

老人跑到田里，将村里发生被盗之事，向村民报信，人们就去追赶，一直跟踪追到城里，经过查访，方知是乃占一伙人所为，于是便向官府报案。

混官派人到乃占家里搜查，看到猪肉挂满屋，就问乃占："从哪里来的这么多猪肉？"乃占回答："我们去牧象时，在村子里买来杀了拿回家里来的。"乃宰（听差）又问："你们一共买了几头？付款了没有？现在失主已到官府报案，混官才派我们来调查了解，你刚才所说都是假话，应该迅速去付款赔偿才是。"乃占说："猪款已付了一部分，只欠一漫未付清，我们买了四口，每口一漫，如果主人现在就要索取所欠之数，就请你等候象官同四个冒宰商量后，凑足了一漫银子送到官府去。"

混官问："你们是在哪一个村子买的猪？"

回答说："是在日落西方的曼索醒村买的。"

这伙人实际是在东边的一个村里偷杀的猪，这个村子叫曼飞龙村，而他们却编造是在西边的一个村子，并说是出钱买的。

混官又问："你们买的四口猪，价值多少？是用什么成色的银子付的？"

回答说："每口一漫半，四口共六漫银，用的是三成色的银付给的。"

又问："你们到哪个方向去牧象？"

回答说："日落西方。"

有一位妇女插话说："在西边方向没有见到这些牧象人，我见到的他们是在东边方向牧象。"

又问："见到他们带着什么东西回来没有？"

妇女回答说："见到他们挑了不少猪肉回来，有一个人在后面还抬着矛。"

混官又问："他们是慌慌张张回来，还是同平时一般样？"

回答说："他们神态紧张，行动急促。"

经过查据，混官果断地说："乃占的话，完全是编造的一派胡言，这伙人犯了偷盗罪，应捆绑问罪才是。"

乃占等人无话可说，只好从实招供，并交待肉已出卖了一部分，得银二漫，给了守路的差官一漫半，余下的半漫在乃占家里共同分赃了。

混官最后判决说："乃占及四个冒宰犯了偷盗罪，盗窃猪四口，每口价以一怀半计算，乃占本人罚款四倍赔偿一口，共罚银六怀；冒宰四人罚款四倍赔偿三口，每口价以四漫半计算，共罚银一怀八漫；其余吃到猪肉的人，因不知内情，故不加罚款，只赔偿肉价。"这个判决称为"萨哈体戛"和"阿纳体戛"、"混罗"，即折算办法。

十四、事前商议准备集团盗窃，但后来部分人未曾参与行窃和分赃者，对这部分人不加问罪。

有七个人曾共同相约，结成团伙，准备偷牛杀吃。但在行窃时，其中四人未参与，另三人将牛盗来后宰杀，煮成熟食共同分享，于是便去邀约其他四人，他们回答说："我们虽共同谋划过这件事，但在我们不知道的情况下，你们却把牛偷来杀了，现在不同你们合伙了，并谢绝进餐。"

那三个人说："我们原先共同商量过，才去偷来杀吃的，不要怕承担责任了，还是应该共同分享。"

对方回答说："不管怎么说，我们是决定不吃的。"

那三人又说："不合伙也就罢了，那就算我们请客，今后如果发生事情，我们负责。要捆要罚，与你们无关，但还是应当坐下来吃。"

对方又回答说："牛是你们偷来的，如果和你们共同吃了，罪恶就会降临，所以，无论如何，我们的态度是坚决谢绝。"

那三人又说："既然如此，便罢了，那么给你们每人银子一漫半，这事就不要往外宣扬。"

事并未到此结束，他们收下银子后，心里很不踏实，便向官府告发。混官将偷盗者传讯，他们说："是其余四人先出的主意，约我们共同偷盗，但商量策划后就没有见面了，所以，行窃时只有三个人，牛偷来宰杀后，曾邀约他们来吃，对方拒绝了，之后，怕他们到官府报告，就送每人一些银子。"

混官问另四人："他们给了你们银子，有无此事？"

回答说："有这事。"

混官又说："既然未参与行窃，也未去吃，同时并能前来告发，所以没有什么罪恶。"

于是将牛主找来，问明被盗窃的牛价值多少，牛主说："本人的牛是从曼金纳寨子用一怀银买来的。"

混官最后判决：偷牛者三人罚款四倍，共罚银四怀；未参加者四人因曾收取过银两，每人应赔银七漫半，两项相加共七怀银。

罚款的分配办法：给牛主三怀，给混官二怀，给帕雅二怀，至此，了结此案。

十五、教唆他人偷盗者，犯教唆罪。

有这样一个侍卫官，曾指使下属四个随从（即冒宰）去偷一头黄牛杀了下酒吃。四个冒宰便外出行窃，但却偷了一头水牛宰杀后挑着牛肉回到家里向侍卫官报告，牛已偷到手。他得知所盗之牛非黄牛，斥责之后，四个随从便将牛肉分吃了。

牛主发现后，告到官府，混官将他们四人传讯，都供认不讳。

混官说："贼首指使你们去行窃，不论偷了黄牛或是水牛，都是犯了偷盗罪，属同案犯（萨哈体戛），侍卫官为教唆犯（阿纳体戛）。"

据此，应作如下罚款处理：水牛折价七漫半，罚款四倍，共三怀，由同案犯四人负责赔偿；犯教唆罪者罚二怀二漫，共五怀二漫。给混官一怀五漫，给帕雅一怀五漫，给牛主二怀二漫。

这个判决称为"尚姐达干"，即偷杀牲畜罪。

十六、其妻与他人有暧昧关系，并私拿丈夫资财给对方者，不作偷盗论处。

有一个偷盗主犯，指使其同伙三人，去盗窃船商的财物，不论偷到任何东西，都给予英雄称号。

三人听了以后，各自到船商处行窃。但由于商船里的人防范严密，两个月时间过去了，谁也没有偷到什么。

有一个长得很漂亮的小伙子，是这伙盗贼的朋友，他们便对他说："我们的首领叫大家去商船行窃，两个月时间过去了，什么也未偷到，现在只好请你出主意，想办法。"

小伙子说："既然商船防守严密，无法下手，那只有等待时机，施用谋略，方能如愿。"

盗贼说："那就依你的高见行事罢了。"

小伙子又说："这没有什么困难，我已有了妙计。"

一天，当他看到船长的妻子在河里洗澡，便也假装洗澡下河接近她与她搭讪。她看到对方是一个年轻漂亮的小伙子，两人也就攀谈上了。于是青年人就玩弄唇舌，以种种措词诱使她去偷丈夫的财物，果然，她拿了金子一伴四怀交给了他。后来，丈夫发觉，其夫乃核（船长）告到官府说："有人诱使我妻盗取家财。"

原物追回后，除给协纳两怀外，其余全部物归原主。

巴祖哈纳协纳这样判决，叫作"有哈腊恒姐乃尊"。意思是其妻想另寻新欢，而将丈夫的钱财作赠礼，出钱买男人，这不算偷盗。

十七、偷盗他人财物被查获后，能退回赃物者，处罚从轻。

有两个人共同密谋策划去偷布，办法是两人装作互不认识，前后分别到卖布的商人处，当前行者以顾客身份在丈量布匹时，就对后来者说："我一个人不好丈量，请帮忙拉住布的一端。"并边量边收卷起来，当丈量完了之后，布已全部到了帮忙者手中。这时，就抱着布逃离，以顾客身份出现的那人假装追赶，实为掩护。

商定之后，即按计谋行事，当布主追赶逃跑者时，恰有一人手持木棍从前面走来，他听见有贼偷布的呼喊时，就举棍将其打倒，布主赶到后，将其捆绑准备送往官府。

另一人见到同伙被抓获，吓得也躲避了。这时布主也识破了这两人原来是合伙行窃，也将他捉拿归案。混官问："你们就是盗贼吗？"

在事实面前他俩不得不承认是有罪了。

混官问了布商被盗之布的价值为三怀，于是判决说："本应按四倍罚款，但念其赃物已追回，所以从轻处理，加倍罚银六怀。此项罚款分为四份，给布主二怀，给帕雅二怀，给混官一怀五漫，给将贼打倒者五漫。"

十八、强夺侵吞他人俸禄田或其他薪俸者，以偷盗论处。

按照各勐的规定，凡被封委为政府官员的人，按其等级、官阶在所管辖地区都封赐给一部分食田、食禄为薪俸，对此，任何人不得因妒忌、见财起心而施用种种手段或借口强行侵吞豪夺占为己有。否则，应以偷盗论处，让其自食苦果。凡有此等案件称为"顺该"，即夺利。

十九、凡为争权夺利，利用欺骗手段，制造谎言中伤、诬陷他人，夺取职官和食禄者，以偷盗罪论处。这种职官属不讲法理的畜生，将自食其恶果。

此等案件称为"顺该"。

附记：

按照地方法规，凡担任地方各级官职的官员，应认真履行其职责。凡失职或失去民心者，应撤职查处。此等情况称为"谢翁戛"，即失职。

制造假银伪造货币罪

有一个名叫巴利帕吉戛的比丘，和另一个比丘是朋友，后一位比丘拿了一些银两，请他铸造货币。巴利帕吉戛欣然答应，为朋友铸造了许多银币，朋友拿着这些银币在市场上购买了许多食物和用品。事隔不久，银币变质，成为铜币，凡得到这种假银币的人，都纷纷来找买主退银。这位比丘忙解释说："这些银币不是我铸造的，是巴利帕吉戛比丘为我铸造的，当时我给他的是真银，谁知他会干出此等事来。"于是，共同去找巴利帕吉戛论理。

巴利帕吉戛很固执，他说："我会铸造银币是事实，但过去我所铸造的银币是为了自己使用。我的朋友请我铸造，我也帮忙了，是他本人使用，不是我拿到市场上流通购买物品。既然东西是他购买，银币是他付给你们的，应由他负责，这事与我无关。"

货主吵着要巴利帕吉戛收回假银，他不答应，于是，他们又共同去请吾巴力厅尊者裁判。

吾巴力厅对比丘说："你的朋友为你用假银铸造了货币，调换了你的真银，这是他瞒着你干的事，欺骗了你，拿到市场上使用，现在物主发现银币是假的，知道上当受骗了，纷纷要求把假银币退还，你应将所购之物归还原主，如实物已耗费，应另行付款，然后将假银币应全部投入江河销毁，不能在市场继续流通使用，也不能收藏保存，日后又转手他人去使用，否则将触犯法规，以犯罪论处。巴利帕吉戛本人，在为他人铸造货币时，采取欺骗手段，瞒着银主为他铸造了假银币，当事情暴露后，还为自己巧辩，企图开脱罪责，已构成犯罪事实，应取消佛门弟子资格。"

伪造假砝码罪

有个经营银子的商人，家住勐腊札哈纳管。自从父母双亡后，他继承了家业，继续经营银两生意，其本人一心想发财，为此，他专门制造了两种不同的砝码，用以盘剥他人。他制作的砝码中，有大砝码九个，小砝码九个。在经营中，用大砝码秤入，小砝码秤出，从中非法渔利为时已久。

有个经营布匹的商人，听见人们议论，经营银子的商人有大小不同的两种砝码，他决心要前去领教是否果有其事。于是，他和银商的女奴交上了朋友，想从她那里打听一番，是否确有其事。一天，他问这个女奴："听说你的主人有两种不同的砝码，购进银两时用大的，售出时用小的，是否确有其事？"女奴回答说："真有其事。"

布商对她说："等你的主人做完买卖，集市快要结束时，请你暗地把两种不同的砝码拿来，让我看看，见识见识。"女奴同意了。趁银商收拾摊子时，女奴果然把两种不同的砝码拿出交给布商。布商看后，作了鉴别，然后将原物交还了女奴。

布商也有一副好手艺，凡是他见过的，都可模仿着做，做出来的和原物一模一样。于是，他用铅也做了两种大小不同的砝码，同银商的无任何区别。他学银商的办法，将砝码放在布袋里，不让人们看出破绽。

有一天，他拿着四疋布，一匹价值银一怀，一匹价值五漫半，其余两疋各值二怀。他将布拿去向银商出售，双方议定好价钱，共合银六怀二漫半，当银商付款时，用的是小砝码，六怀银多出三行（一行为一分）二漫半。多出的部分要由布商找补。布商说："我身上没有碎银，现在只有一漫半。"这时，银商用的又是大砝码，并对布商说："这是我称碎银用的砝码，要以我的为准，否则我就不买你的布了。"

布商说："只要你的砝码合标准，否则，恐怕就不好了。"银商用大砝码一称，原来的一漫半还称不足一漫半，他要布商再加半"别"（半分）。布商说："'银子尖，别也兴'，你的秤与众不同。就以今天来说，称出的六怀银，超出实重三徐零一畜，二漫半银超一畜，共超重三徐零一畜，叫我补半别。我有碎银一漫，而你称了差一半，为什么你称出的银子多出实际的重量，称进的又少于实际的重量。问题在于是你使用了两种不同的砝码。"并用两种砝码当面衡量，果不其然，两种表面等量的砝码，一个轻，一个重。重的一个超出实际数一畜，轻的一个少一畜。从而当面戳穿了银商所耍的花招。"这叫作大秤进、小秤出的盘剥手段，我的布不卖了。"布商将布收回后将银商的砝码拿在手中，转身便跑，边跑边喊叫："大家注意听着，银商使用两种不同的砝码，骗取钱财，当心受骗上当，他的行为触犯了经商法规，我要向官府去告发。"

银商急了，就去追赶。布商就将事先做好的一副砝码丢给他，拾取便走了。以后，也未加细辨，认为是自己原来的一副，但用了五个月后，这副砝码表层的金质原来是镀上去的，由于磨损，时间长了露出了铅心。银商心想："我的砝码是用纯金铸造的，怎么现在变成了铅的呢？肯定是布商搞的鬼了，"就到官府告发。

混官传讯布商，他就将其事情发生的原委作了陈述。于是，混官将布商手中所持银商原来使用的砝码作了鉴别，结果事实真相大白。混官就问银商："是谁为你制造的？"回答说："是自己制造的。"又问："使用多少时间？"回答说："使用了二三年了。"

混官说："你是盗贼，以大秤进、小秤出的非法手段，对百姓进行盘剥，罪该判处死刑，现作宽大处理，没收其全部家产的一半及伪造砝码。所没收的财产分为三份，一份给帕雅，其余二份给混官。"帕雅并对布商奖赏银三怀。

银商的所作所为，叫作"胎牙瓦哈腊混罗"（意为人心不足蛇吞象，偷鸡不着反蚀把米）。

维护统治权

奴隶偷盗

第一条，无论谁家的奴隶，盗窃他人财物后逃跑，必须责令奴隶的主人去寻找，如果赃物追不回来，主人必须论价赔偿，否则，可将其主人拘禁，并罚银四两四钱。

第二条，奴隶犯了偷盗象、牛、马等大牲畜罪，应关押二个月，如果被盗的大牲畜未归还物主，应责成奴隶的主人赔偿。赔偿时须加罚一至二倍；如赃物已经追回，仍应按原物价值罚款一倍；如果奴隶的主人没有把奴隶缉拿归案，应对奴隶的主人罚银六两六钱。

第三条，奴隶犯了偷盗狗、鸡、猪、鸭、鱼以及稻谷、瓜果等罪，应关押三十天。如果赃物未能追回，应责成奴隶的主人赔偿被盗之物的二倍；如果赃物已追回，则加罚一倍。奴隶关押期间如越狱逃跑，应对主人罚银六两六钱四分四厘。

第四条，奴隶犯了偷盗犁锋、耙、锄、刀、斧等农具，关押二十天，被盗之物由主人按价赔偿。

第五条，奴隶犯了偷盗鱼笼、渔网、火枪等罪者，关押二十五天，并由主人按价赔偿，如果捉拿不到奴隶，应对主人罚银二钱六分四厘。

第六条，奴隶犯了偷盗水果及家庭观赏花木，关押二十天，被盗之物价值多少，主人应负责赔还。

第七条，奴隶犯了偷盗他人打有印记的蜂窝者，罚银三两三钱。

第八条，奴隶犯了到园地偷盗蔬菜罪者，罚银二钱二分；如果确因缺吃，则免于问罪。

第九条，奴隶犯了偷伐勐的或者村寨里的龙树，以及私人自有的林木者，应赔偿其损失，如果因偷伐林木导致村里的人死亡者，应赔偿人的损失和所砍伐林木的损失。

第十条，奴隶犯了偷盗土司家的公文罪者，由奴隶主承担责任，如果本人不愿承担，是贺闷官员的，应关禁闭三天；是贺先官员的，罚银六两六钱。

第十一条，奴隶在集市上偷盗水果、槟榔、茶叶、烟草、香料、甘蔗等而引起事端，发生争吵，罚贝一伴（折银三两三钱）。

第十二条，奴隶在集市上偷盗鱼、棉花、小刀者，罚贝二伴（折银六两六钱）。

第十三条，奴隶偷盗金银、珠宝首饰、绸缎者，罚银二钱六分四厘。

第十四条，奴隶与他人发生口角，骂人使对方生气者，若属一般争吵，不问罪。

第十五条，奴隶犯杀人罪，应关押三百二十天，并责令奴隶的主人赔偿对方一切损失；如被杀的人，伤而未死，主人应为受害者拴线压惊，并出赎罪银四两六钱二分。

奴隶逃跑

第一条,"哈单拉尼"即奴隶逃跑,不论躲藏在任何人家里,主人明知是逃亡奴隶还要留宿,并继续指使、怂恿其再逃跑者,作窝藏奴隶罪论处,罚银三两三钱,此项罚款判给奴隶的主人所得。

第二条,对留宿逃亡奴隶者,若不知是逃亡奴隶,虽留宿而且又逃跑了,对留宿者不应追究责任。

第三条,奴隶犯了偷盗罪而逃亡者,收容的主人买了这个奴隶,后来,被捉拿归案,不应株连新主人,因为他出钱收容了这个奴隶,应该算为有功。

诉讼法规

在审查案情时,除原告和被告双方外,往往会涉及调查材料和旁证材料的人和事,对旁证必须真实可靠。如有下列情形者,不能作为断案依据和旁证:

一、道听途说的话。

二、醉汉的话。

三、精神病人的话。

四、与当事者一方有仇的人的话。

五、痴呆病人的话。

六、憨人的话。

七、小孩的话。

八、没有证据的话。

九、丢失了的文书凭据。

十、审理案件的官员，不得以推测、感想代替事实。

案例一：

帕雅巴腊纳西带着夫人及协纳、阿曼等官员到郊野散步，当走到河滩时，将其衣物及贵重首饰交给女仆看管，夫妇双双下河洗澡，后来女仆睡着了，这时有一只猴子看到女仆身旁有一串发光闪亮的东西，原来是一条金项链。猴子出于好奇将它戴在脖子上溜走了，当时没有任何人发现。当女仆醒来，见项链丢失，就急忙喊叫："有贼偷了主人的项链逃跑了。"

帕雅即令随从追赶捉拿。恰巧有一青年听到有人喊捉贼，他怕发生误会，就急忙逃跑躲避。随从看见他在奔跑，认为贼就是他，就大声喊叫，于是，追赶的人抓住了这个青年，进行审讯拷打，令其交出赃物，否则就难得活命了。

青年人在逼供下，承认了是他偷的。随从追问藏在什么地方，他说不出来，最后只好编造说，交给帕雅的文书官了。随从将文书官传讯并拷问，文书官怕死，又编造说，交给帕雅的卫官了。于是又传讯拷问卫官，卫官怕死，也承认了，并说交给女仆了。这件事前后共拘留了四人。

后来召西密宰（帕雅之子）派人日夜偷听。女仆说："卫官，你未曾交给我，何以要陷害我？"卫官回答说："因为我怕死，只好胡乱地说了。"文书官对青年人说："我俩素不相识，你为何陷害我？"青年人回答说："我怕死，所以才编造了谎言。"

协纳将偷听到的情况向召西密宰报告说："被拘捕的四个人与此案无关，因为他们怕判刑或处死才被迫供认的。"

帕雅为了进一步弄清事实真相，仍用一条项链放在原来遗失东西的地方，并派人偷看个究竟。不多时，只见一只猴子从树上跳下，跑到放置项链的地方，将它玩了一会儿后戴到脖子上走了。

事情真相大白，才将被拘留的人释放。帕雅对众官员说："今后不论遇到什么事，不是亲眼看到的或没有可靠确凿证据的，只是道听途说，或者只凭当事者一面之词，不能作为断案的依据。"

案例二：

有一个农夫犁田晚归时，把牛拴在竹楼下，到了半夜，贼把他的牛偷去杀吃了。然后将牛头、牛脚丢到另一农户潘的园子里，当主人寻找丢失的牛时，看到牛头、牛脚在潘的园子里，就认为潘是偷牛的人了，于是将他捆绑送到帕雅那里，对帕雅说："尊敬的大官，被捆绑的人是因为他偷杀吃了我的牛，未吃的头脚藏在他的园子里，赃物俱在，被我查获，所以将他捉拿向你报案。"

帕雅对潘说："如事实果真如此，就应论价赔偿。"

潘回答说："我没有偷他的牛，是他诬陷我了，我并非魔鬼，一个人能吃完一头牛肉，他见到牛头、牛脚丢在我的园子里，就肯定是我偷了他的牛，并把我强行捆绑送到官府，天下哪有这般道理。"

帕雅经思索分析，认为仅凭原告提供的证据，不足为信，更不能以此作为断案依据，潘也再三为自己辩护。

最后，帕雅对牛主说："捉贼证据不足，捉鬼没有入鬼穴，应当把人放了，并赔礼道歉。"

礼仪种姓节日和宗教法规

巴维尼勐（礼仪种姓四条）

第一条，做好事、信教、听佛经，参加关门节、开门节、斋僧、拜年等活动。

第二条，是"帕雅"（酋长）种为酋长；是"嫡"（小姐）种为嫡；母亲是嫡，儿子应是"召"（官）。

第三条，信仰宗教者为宗教徒。

第四条，官种为官，百姓种为百姓，旧的不毁，新的不立。

哈谢勐（宗教节日的规定）

第一条，傣历新年，应该举行三天三夜的活动。玩藤球、赛龙船、采山花团拜。

第二条，到佛寺拜佛。

布算烂（祖训之一）

第一条，诸恶莫做。

第二条，干活量力。

第三条，要经常和博学多才者接触交朋友。

第四条，应学习各种技能，开阔视野。

第五条，经商要遵守法规。

第六条，应与人为善。

第七条，钱财应分为四份。

（按：孟连傣族习惯，钱财收入要分为四份使用，一份留作养老金；一份留给子女；一份布施献佛；一份作现时开支。）

第八条，有福共享，有难同当。

第九条，尊师勤学。

第十条，学礼懂礼，并和懂礼的人常交往。

第十一条，爱情靠耐心，对钟情女友要赠礼。

第十二条，说话宜时，问话有目的。

第十三条，想富，要添人口。

第十四条，爱情要忠贞。

第十五条，看人莫看死，恨人莫恨终身。

第十六条，处世要礼尚往来，礼貌相待。

第十七条，遇人生气要远离。

第十八条，为官要爱民，长者要爱儿孙。

第十九条，村寨头人要爱村民百姓。

第二十条，讲话要看对象，说人要有道理。

第二十一条，价贵别买，量力而行。

第二十二条，为人难解，互通有无；求助于人，应依礼而行。

第二十三条，想迁徙，请教尊师。

第二十四条，错者先言，而后改之；理者相让。

第二十五条，别离相告。

第二十六条，知识靠勤学。

第二十七条，防仇须练武。

第二十八条，知难则进。

第二十九条，陈旧要更新。

第三十条，当比丘要念经。

第三十一条，有急事须慢行，遇缓办之事要急行。

第三十二条，忍耐得福。

第三十三条，想吃饭要勤耕种，想吃鱼要勤下水。

第三十四条，想布施要勤进佛寺。

第三十五条，想安静则独居。

第三十六条，想出名须接近官。

第三十七条，想为师必须知法守法。

第三十八条，想当规范师，须懂佛教经典。

第三十九条，欲知道德法规，须勤问老师。

第四十条，想美丽要经常洁身。

第四十一条，想当首领，要用法律约束自己。

第四十二条，欲把远门出，先把远亲攀。

第四十三条，常把祸福想。

坦麻拉札安雅的萨巴莫哈（祖训之二）

一、三好。

（一）勐与勐，头人与头人之间的协定，盟约要履行。

（二）不要与人无端争吵。遇事要冷静，不要发脾气。

（三）不和官员无理争吵。

二、三不好。

（一）早睡晚起。

（二）坐别人家的门槛。

（三）两面三刀，诽谤他人。

三、五不要。

（一）"班加戛底"。

（二）"散打戛底"。

（三）"朵萨戛底"。

（四）"莫哈戛底"。

（五）"帕雅戛底"。

"班加戛底"即不偏袒亲戚朋友；不要强权加于人。

"散打戛底"即不要接受贿赂，不要明知有罪判无罪，或重罪轻判。

"朵萨戛底"即办案要明辨是非，问清缘由，公正裁决，不以势压人或草率从事。

"莫哈戛底"即不要不懂装懂，错判错处。

"帕雅戛底"即量刑论罪时，不要以一方能说会辩，强词夺理而判有理；不要以另一方不善于能说会道而判理亏，应以事实真相为裁决依据。

以上五条应引以为戒，否则就要错判错处，重罪轻判，轻罪重处，或有罪被判为无罪，无罪判为有罪；明知是错的而说成对的，对的则说成错的，颠倒是非关系，曲直不分。找查原因，都是因为接受了他人的贿赂，或是袒护亲朋好友，从而践踏法律；或是因不懂法规，偏听偏信，自作聪明，自作主张；或是以权势压人，其结果造成伤害好人，保护了坏人的不良后果。

西双版纳傣族封建法规[①]

犯上

第一条，百姓路上遇着"倒叭"（头人）、"召勐"（土司）

[①] 此法规原件为老傣文，手抄本，系本文译者之一刀光强之长子刀志达所藏。刀光强在民主改革前的西双版纳宣慰司署中，担任"召毫纳占"（管象官）之职，是八大"卡真"之一，也是议事庭的主要官员。关于西双版纳傣族封建法规，1955年3月曾有译本，详见1958年5月全国人大民委办公室编《西双版纳傣族社会经济史料译丛》傣族调查材料之一。发现刀志达这一藏本后，我们与之对照，发现有以下差异：

一、前译本是勐一级头人（即勐笼的叭竜桃）收藏，是从五本手抄本中翻译整理而成。此文是宣慰议事庭头人收藏，全文都集中在一个抄本之中。

二、前译本中，上层统治者已出现宣慰、叭诰、波朗等官名及议事庭等政权机构；农民阶层中已出现"鲁澜倒叭"（贵族后裔）等级。此本的最高统治者是叭召勐（相当于土司），叭召勐以下只有"倒叭"（头人）、"丕勐"（百姓）、"卡很"（家奴）之称。

三、前译本的币制计量已出现有元、角、分，斤、两、钱等名称。此文只有白银及贝，计量单位主要是傣族古代的"罢"，不仅无元、角、分，斤、两、钱也很少见。

四、前译本已出现"版纳"、"陇气"、"火西"等行政区划名称，此本只有勐与寨两级。

五、前译本有关家奴的法规仅五条，此文有十条，除前译本的内容以外，增有：家奴当和尚要主人同意，否则佛寺也不准收；家奴与家畜并列，可以买卖，买卖还有一定试用期，在试用期内，若发现有疾，可以退回原主；奴主打死家奴不偿命等规定。

综上所述，此文比前译本内容较详尽，年代更早，有一定的参考价值，故译出，供研究傣族社会制度参考。至于此法规的制定年代及沿用年限，有待今后大家来研究。

为了保持原文本来面貌，译者除分条外，均未改动，其前后条文重复、矛盾，或不是条文而是解释之词等，也仍旧照录，未予删改；译者的话用括号标出或加注。但为了把问题相对集中以便研究，顺序作了相应的调整，并加了章节。原书无名，现在的书名是译者加的。

不及时让路，罚蜡条三千支"松玛"（赎罪），倒叭、召勐不让路给佛爷和尚，罚赎罪的蜡条五千支；和尚不让路给佛爷，罚赎罪的蜡条八千支；学生不让路给老师、徒弟不让路给师傅，罚赎罪的蜡条一万一千支。

第二条，百姓辱骂和尚佛爷、土司头人及长辈，罚"罗梅顶"（蜡花）一束，跪着赎罪，被骂者用脚踏着骂者的头，口说"阿奴雅德"（恕你无罪了），才能起来。或用拳打头六至十下，然后放行，若不这样就罚银三百三十罢。

第三条，百姓得罪了土司头人，要按该土司头人受封时所出的"买官费"处以罚款，名曰"布扎"（赔礼道歉）。若赔不起"召"级的买官费，按"叭竜"级赔，若"叭竜"级也赔不起，就按"叭"级。或根据情节轻重，罚蜡条十、十五、二十对三等赎罪。包括得罪了还未受封的官家子女，也要罚蜡条赎罪或处以罚款。

第四条，学生告老师、徒弟告师傅、俗人告僧侣、随从告主子、儿女告父母、百姓告召勐，即使有理也不能让他们告赢，因这些人是不懂礼教、不通人性的。"诈勐"（有如法官）这样判决就合理合法了。

第五条，师傅、父母、召勐、祜巴、纳帕（圣贤）、阿章（祭佛师）、西纳阿玛（文武大臣）、西梯（富翁）、倒叭他们是懂经识礼、知识渊博、道德高尚的人，不能得罪他们，得罪了这些人，就没有依靠了。

第六条，拆毁佛像、佛寺、佛塔，砍菩提树，杀害无罪的僧侣、圣贤、祭佛师者，判处死刑，其子女罚为寺奴。

第七条，杀死召勐，判处死刑，其子女罚为召勐的家奴。

第八条，杀死父母，判处比死刑更重的刑法，就是砍去手脚，赶出勐界，让其活受罪一辈子。

第九条，砍"梅色曼"（寨子神树），要给"丢瓦拉曼"（寨神）赎罪，具体按该寨规矩办，若不照办，该寨人畜生病或死亡，由其负全部责任。

第十条，无大事、紧急的事，乱敲土司头人的大鼓，罚银三千三百罢。

第十一条，无大事、紧急的事，白天乱吹牛角，罚银一百罢滇；晚上乱吹牛角，罚银三百三十罢滇。

家奴

第十二条，买卖家奴及家畜，都有一个试用期，家畜一至二个街期（五至十天气家奴一个月。在试用期内，若发现是鬼，如"披丝"、"披捧"及"披播"，或惯偷、惯骗、一贯欠账、一贯搞他人妻子，或害有癫痫、精神病、夜盲症、传染病、慢性病等，可以退回原主。若不准退，要罚三百三十罢滇。因为出售不健康的家畜、家奴，是想让他人吃亏，就是嫁祸于人。

第十三条，家奴要出家当和尚，寺主必须征求奴主的意见，若奴主不同意就不能收。

第十四条，百姓要求做土司头人的家奴，以下六种人不能收：一、欠债；二、小偷；三、嘴硬傲慢的人；四、杀人犯；五、懒汉；六、骗子。

第十五条，男奴拐走人家的女奴，若只追回男奴，应将男奴出卖，按卖价赔一半给女奴主；若后来女奴也追回，女奴主应将那一半退还男奴主。若男女家奴都同时追回来，应将女奴卖给男奴主，让男女家奴结婚。

第十六条，两家的男女家奴相爱，若女方奴主愿卖，男方奴主不想买，以后家奴相约逃走，应由男方奴主按女奴身份赔偿女方；若男方奴主愿买，女方奴主不卖而造成私奔，就共同去找，这叫"由奴得祸"。

第十七条，拐骗他人家奴，又自动送回来者，不罚款，只赔误工费，每天按银十罢计。

第十八条，家奴逃走，不论与谁同路或到谁家住宿，已满三天不报寨上，也不通知奴主，以拐骗犯论罪，按家奴身价的一倍处以罚款；病死也要赔一半，若自杀、被杀、淹死、逃跑要收留户赔全价。若已报寨上，奴主找上门来，应由奴主开给收留户伙食费，每天以银一罢计。若通知奴主后，未来领走前发生病死、逃跑或其他原因死亡，收留户概无责任。

第十九条，家奴在农村的亲属死了，不能仗着土司头人之势，去抢占财产，只能按死者遗嘱办。

第二十条，上司头人的家奴，到农村与百姓结婚，家奴死了，其农村财产应归其妻儿继承，更不能将其妻儿拿来作家奴。这是对土司头人的约束，目的是不让百姓绝种。

第二十一条，奴主将家奴打死，不能按人命案判处，首先应区别是有意或无意，若无意打死，不应降罪。若确是用凶器打死，也要搞清楚打死的原因，也许是因与人通奸、偷东西、挖得金银、其有罪怕主人告发治罪而要行凶等，应根据情节论处。若是有意打死，罚奴主三千三百罢。

破坏私人财产及农业

违犯家规

第二十二条，借宿者未经主人同意，自立或搬动火塘三脚石或三脚架，罚银一百罢滇。

第二十三条，在这家住宿，到那家洗脸，罚银一百罢公。

第二十四条，在东家泡米，到西家蒸饭，罚银一百罢滇。

第二十五条，戴篾帽、背挂包或背着长刀进人家屋里，罚银三百三十罢滇。

破坏房屋

第二十六条，砍他人楼房的柱子，罚银三百三十罢滇；砍他人扛在肩上的木头，罚银三百三十罢公。

第二十七条，用火枪打停歇在他人房头上的鸟，罚银一百罢滇。

第二十八条，晚上去摇晃或用石头木棒打砸他人的房子，罚银三百三十罢滇。

第二十九条，烧火不注意而烧了房子，不应罚，因他的房子也被烧，根据情节，分三百、六百、九百罢三等出银，向火神赎罪。

破坏农业生产

第三十条，破坏水坝，罚银四百四十罢滇。

第三十一条，拆毁他人田房，罚银三百三十罢滇。

第三十二条，骑马骑牛踏着耙好整平的田，罚银一百罢公；踏着已栽的田，罚银三百三十罢滇；踏着抽穗的田，罚银五百五十罢滇。

第三十三条，未经田主同意，用鱼笼安放在灌沟中捕鱼，罚银二百二十罢公。

第三十四条，将鱼笼安放在田埂的水口处捕鱼，在孕穗时，罚银二百二十罢公；在抽穗时，罚三百三十罢公。

第三十五条，枪打歇在谷堆上的鸟，罚银二百二十罢滇；枪打谷席上的鸟，罚银三百三十罢滇；枪打割倒的谷把上的鸟，罚银一百罢滇。

第三十六条，水牛在秧田中打滚，应按秧田损失的大小，出"布扎"（赔礼）费，若不服，罚贝三千三百个。

第三十七条，犁错了田，以银二罢为"松玛"（即赔礼道歉）费。

第三十八条，不经田主同意，挖沟从他人田里经过，罚银二百二十罢公。

第三十九条，砍他人的槟榔树及贝叶树，罚银五百五十罢滇。

第四十条，砍他人的辣子树及绿叶树（傣族嚼槟榔的代用叶），罚银二百二十罢滇。

第四十一条，砍他人的芭蕉树，罚银一百罢公。

第四十二条，水牛黄牛吃刚栽的稻田，牛主要出鸡三对、银三罢、谷子及大米各三饭盒、蜡条三对祭谷魂；若在抽穗时，除罚牛主出三拳大（即三个拳头垒起来，用绳绕一圈，再用此绳去量猪的胸部）的猪一头祭谷魂外，还要赔偿稻谷的损失。若田主已通知牛主三至九次，仍放牛来吃，罚牛主出银五罢和五拳大的猪一头祭谷魂。

第四十三条，栽了秧以后，不论牛吃或踏着，不分田头、田脚、田中间或沟头，都要罚牛主祭谷魂，谷魂是大事，要按"兴安竜"九级判处。

第四十四条，若水稻已成熟，被牛马吃着或在田里睡觉打滚，除要牛马主人赔偿全部损失外，还要罚牛（马）主出鸡一对、蜡条一对、大米一盒、酒一瓶祭谷魂。

第四十五条，牛马主人不拴、不用吊杆也不用人放牧，有意放牛马吃庄稼者，损失大，照价赔偿，损失小，分两等赔偿。一等：水牛一头赔田主九挑谷子，黄牛一头赔五挑，马一匹赔八挑；二等：水牛六挑、马五挑、黄牛四挑。因为谷米是人及"丢瓦拉"（神）的重要粮食。

第四十六条，水牛、黄牛、驴、马进他人园地糟蹋庄稼，损失多少，应折价赔偿，若园主已将牲畜送交主人达三次，仍放来吃，园主可将牲畜牵去送交叭召勐，让他向召勐去赎，让"召"教育大家爱护庄稼，管好家畜。

第四十七条，鸡、鸭、猪、狗进田吃谷子，田主通知家畜主已达三次，仍不管好，放出来吃，田主杀死后，自己吃一半，还家畜主一半，若畜主不来拿，将这一半献给叭召勐；若未通知畜主，田主折价赔偿畜主，畜主赔偿稻谷损失。

破坏牲畜发展

第四十八条，破坏放牧牛马的吊杆，罚银三百三十罢滇。

第四十九条，未经牧主同意，将放牧的吊杆拿去放牧自己的牛马，罚银一百罢滇。

第五十条，在寨旁安地弩、插竹尖，造成牲畜死亡，要赔偿；受伤，要负责医好；晚上，人去碰着而死，不追究责任，谁知他是去干什么坏事；白天碰着而死，要赔人命钱三百三十罢滇。

第五十一条，未经主人同意，将他人的象、马、黄牛、水牛骑走，被畜主发觉，罚银三百三十罢滇。

第五十二条，砍水牛、黄牛、马等家畜尾巴者，罚银三百三十罢滇，被砍伤的家畜要强制卖给他。

第五十三条，在他人的田地边放牧牛马，田地主自行把牛马放跑了，若发生被盗、虎咬、眼瞎、脚断等情况，应由田地主人赔偿全部损失；若田地主人也警告三次，仍拉来放牧，以后放跑、被盗、虎咬、眼瞎、脚断，放者皆无责任。

第五十四条，有意赶牛去打架，造成脚断、眼瞎、角断、角掉、流血致死，皆由肇事者全部负责，伤由他买、死由他赔。

第五十五条，放牛在田坝中，牛将人触死，将牛卖了，赔死者一半，牛主一半。

第五十六条，两条牛打架，一条被打死了，应将打赢的那条卖了赔；若未死，应由赢方的牛主负责医好。

第五十七条，黄牛、水牛、马进田，被田主戳死了，由田主赔偿，并罚银三百三十罢滇。若牛未死，应将伤牛卖给田主，并罚银一百罢滇。

第五十八条，牛马进园子，园主将牛拴住，告诉牛主限期拉回，牛主未按期来拉而牛死了，牛主赔偿园子的损失，园主赔偿牛价。

第五十九条，将他人的家畜拴着不报，隐瞒下来，以偷盗论罪，按牛价加一倍罚款；若杀吃了，赔牛主三头，罚一头（召勐头人吃）。

婚姻

订婚

第六十条，订婚后，若不按期来结婚，可另找对象，原来婚夫不能有什么话说。

第六十一条，男方以礼物交给女方的父母，姑娘未同意，以后另找对象，不罚。

第六十二条，姑娘原来已同意，并接了男方的订婚礼物，后来又反悔另找对象，罚女方出银二百罢公。

第六十三条，男方不知女方已婚而与之结婚，女方犯重婚罪，罚二百二十罢滇；若已知，罚男方三百三十罢滇。

离婚

第六十四条，丈夫离开妻子三年不归，就自动解除夫妻关系；若未满三年归来，仍是夫妻。

第六十五条，夫妻无法生活下去要离婚，若夫先提出，应补偿妻四百罢，并罚银三百三十罢滇；若妻先提出，应补偿夫五百罢，罚银二百二十罢滇。

第六十六条，妻子与人通奸，父母也不喜欢，因女方而造成离婚，罚女方三百三十罢滇。

财产处理

第六十七条，百姓与百姓通婚，男方不论有多少银钱财产，带去与女方同居生活，后来离婚，不能让女方赔还。

第六十八条，岳父岳母将女婿赶走，或因妻子与人通奸而造成离婚，女婿带来的财产要全部赔还。

第六十九条，两个相好的朋友，子女互相通婚，双方都有财产，如金银、象、马、水牛、黄牛、家奴等，后来离婚，各人带来的归各人带走；共同创造积累的财产，先抽本再分利，利润分配，按双方劳动表现而定，若劳动表现一样，就平均分配；若表现不一样，勤劳的分三分之二，偷懒的分三分之一。

财产继承及债务清偿

财产继承

第七十条，招入的女婿不满一年，没有子女，种的田也未收，姑娘就病死了，岳父岳母应分给女婿适当的劳动报酬，女婿送给姑娘的聘礼，如金银首饰要送还，至于结婚时请客的费用就不应赔了。

第七十一条，招入的女婿满一年后，已收了一季庄稼，而姑娘病故，又无子女，岳父岳母应将他夫妻俩共同劳动所得的财产分一半给女婿。

第七十二条，夫妻结婚立户时，双方亲属曾支援，后来死了丈夫，夫方亲属要分财产，只能根据死者遗言及妻子的心意办，先死了妻子也同。

第七十三条，已立户的夫妻双双死了，又无子女，其财产应归双方父母，若无父母，应归双方的家族亲属，若无家族亲属，应分一半给叭召勐及"西纳"（大臣），另一半赕佛超度死者。

第七十四条，夫妻白头到老，无论谁先死，共同劳动积累的财产，男女双方家族亲属都无权来争，应由妻子儿女继承；若无子女也只能分走结婚时带来的财产。即使是其夫带来的财产若夫遗言要给妻子多少，也应照分。

第七十五条，祖父母或父母死前，未交代清楚遗产归谁继承，子孙后代为分遗产而告到官府，"诈勐"判决，应分三份：一份赕佛超度死者，一份分给子孙，一份装进叭召勐的箱子。

第七十六条，倒叭"玛哈西梯"（富翁）或百姓，有金银借给子女另立户去经商或作生产垫本，父母死时交代下，应将这笔钱还三分之二给供养父母到死的子女，三分之一留给另立户，必须照办，若父母生前说不要他还，也就算了。

第七十七条，凡子女单独立户或与父母同居，只要他对父母有特殊贡献，应将遗产分一半给他。总之应根据对父母的亲疏，功劳大小来判决遗产的分配。

第七十八条，继父与母亲婚后所生弟妹，若父母死，财产应平分，因是同母所生；若父亲娶继母，所生弟妹，财产也应平分。

第七十九条，同胞子女与义子义女，在父母死后，其财产的分配是：同胞子女四分之三，义子义女四分之一。

第八十条，大小老婆所生子女，应平均分配遗产，不应歧视小老婆所生子女。

第八十一条，若父母死前未交代财产继承权，大小老婆子女分财产应该是：大老婆生的分五分之三，小老婆生的分五分之二。

第八十二条，父亲到另一家娶小，成了两个家，父亲未娶前，那边无子女，两家所生子女，有权继承各自的财产。另一家或其亲属家族无权去分。若父母死前明确交代，分给亲属家族多少，照办。否则，全部由各子女继承。

第八十三条，抢占他人的财物或田地、园界、勐界、村界，告到官府评理判决，谁告输，罚其"编沙"召勐（即召勐受封时缴纳的买官阶费）；谁告赢，要经受"点蜡烛闷水"的考验（即借神验证）。最后真正输的一方，罚银九百九十罢。若仅是寨、园、田界，输的一方，罚三百三十罢或五百五十罢，赢的一方，不需"点蜡烛闷水"，找当事人出庭作证即可判决。

债务清偿

第八十四条，借钱已付利息一部分，后来不论借钱人死了或未死，若无钱还本，应卖儿女还债。父母应留着承担门户，继续出"召"的负担。

第八十五条，倒叭（头人）或"西纳阿玛"（司署文武官员）向富户借钱粮不还，"诈勐"要保护富户，强制头人还债，"诈勐"得三分之一，赔债主三分之二。

第八十六条，丈夫借债不告诉妻子知道，丈夫死了，妻子可以不赔。

第八十七条，祖父母或父亲借债，子孙不知道，祖父母或父母在世，由他们还债，若他们死了，子孙只还本不付息。

第八十八条，借钱时没有讲利息多少，后来债主要利息，不应该给。若超过定期，年利一百罢应付息三罢。

第八十九条，专靠借债为生，不想劳动，屡教不改，亲属、家族及寨子上的人也因其欠债而曾受过牵连，其亲属、家族及全寨百姓有权集体将其出卖还债。卖得多少还多少，不应再连累亲属、家族及同寨亲人。

租牛租船

第九十条，租牛被盗，按原来议定赔偿，若还未犁田就被盗，只赔牛价不交牛租。

第九十一条，耕牛被累死或腰脱脚断，应由租牛者按价赔偿。

第九十二条，耕牛生病而死，没有事先通知牛主，应由租入者赔偿一半；若已通知牛主，应合作医治，若医治不好而死，那是命中注定免赔。

第九十三条，若开荒田不知有主，开了以后，田主来认，不赔也不交租，应让开荒者种五年。五年以后才交租或送还田主，开鱼塘也同。

第九十四条，租船，若船碰坏或被盗，应由租借人赔偿。

第九十五条，借衣服，若撕破、穿烂或被火烧坏，应照价赔还。

拾得财物

第九十六条，拾得黄牛、水牛、马、驴、鸡、鸭、猪、狗，不告诉寨里人知晓，自己杀吃了以偷盗论罪；若告诉寨上人知道后才杀吃，不罚，失主找到，照价赔偿；若还未杀，给一定报酬赎回。

第九十七条，在坝子中拾得水牛、黄牛，每头赎价银一百罢；若在山上拾得，每头赎价银二百罢；若从外勐拾得，每头赎价银：黄牛三百罢，水牛五百罢。

第九十八条，若过了地界拾得水黄牛，应对半分，拾得猪、狗、驴、马也同。

第九十九条，在坝子拾得鸡一只，赎价银二十罢；鸭一只，赎价银三十罢；狗一只，赎价银四十罢；猪一头，赎价银一百罢。

第一〇〇条，在坝子里拾得象一头，赎价银六百六十罢；从野象群中拾得象，每头赎价银八百八十罢；从勐界以外拾得逃走的象，分一半。

第一〇一条，拾得顺水淌下来的船，要向寨上报告，将船拉到寨中，不能藏、卖、斧破，船主来认，大船每张赎价银二百二十罢，中等船每张赎价银一百罢，小船每张赎价银四十罢。若拾得船不告诉寨上人，按盗窃论处，除赔船外，还要罚银一百罢滇。

第一〇二条，拾得衣服钱财，要在原地大喊三声："是谁的，掉在这里！"若无人来认，回到家告诉寨上人；若失主来认，还物主三分之二，拾者得三分之一；若拾得不叫，回到家里又隐瞒不告，问了才说，既不罚，也不给报酬，将原物送还失主就算了。

第一〇三条，若将东西忘记在寨上或屋内，物主来找，原物送还，不要赎金。

第一〇四条，谁挖到黄金白银，必须交叭召勐一半，倒叭不要再罚，因他只得一半，另一半不罚了。

受人之托

第一〇五条，倒叭将金钱、象、马、家奴、牛或其他物品托人看守保管，后来被保管者偷了一定要赔还，三代人以后，物主的子孙来要也要负责赔清。

第一〇六条，两人将财物合在一起保管，甲将财物取回，乙说是甲偷了他的，应区别有意或无意，若财物相似，属于错拿，不罚，送还原物或按价赔偿；若财物并不相似，实属有意，应加一倍的赔偿。

第一〇七条，将财物寄留他人家，物主未告诉是什么东西，寄留户也未当面打开看，以后不论水淹、火烧或被盗，都不应由户主赔；若户主未损失，只损失托寄人的，应由户主赔偿。

第一〇八条，因事外出，将房子委托他人看守，若已承担了责任而不在心，该户财物被盗，抓着小偷，由小偷赔，抓不着小偷，由看守人赔。

第一〇九条，因有事暂将小孩委托亲朋邻居招呼，已受人之托而不负责任，致使小孩爬树跌下来，水淹、失火、牛马踏而死亡，应由承担招呼的人赔偿人命银三百三十罢。

经商及交通

经商

第一一〇条，拆毁街房，罚银三罢。

第一一一条，将篾帽盖在马鞍子或马驮子上，罚银三百三十罢滇，因只有送丧的马才这样做。

第一一二条，戴篾帽、背挂包、背长刀坐在商人牛马帮的"开稍"（打尖）处，罚三百三十罢滇。

第一一三条，商队牛马帮到路上打尖或露宿，必须先由"乃怀"（百头之商）查看牧场后，随从按"乃怀"指定的范围去放牧，被虎吃了，随从无责任；若被盗，属于随从未看守好，应赔一半。

第一一四条，商队在途中打尖或露宿，若在白天放牧时，牛马被虎咬，应由随从赔一半；若晚上被咬，算主子应得的祸。

第一一五条，商队的牛马晚上被盗或被虎咬，应由随从赔偿一半，另一半分成三份，由"乃怀"、乃哈西（五十商之头）及同伙各赔偿一份。

第一一六条，商队在打尖处，随从蒸饭，将甑子弄倒或饭泼出来，要罚随从银五罢、鸡五对作"树宽"（叫魂）。"乃怀"、"乃哈西"及同伙按人头及牛马头数，各出银一罢、鸡一对集中在一起"布扎可"（即送祸赎过之意）。

第一一七条，商队的随从将倒叭（地方头人）西纳阿玛"司署文武官员"及百姓的饭甑弄倒，饭泼出来，罚随从出银三百三十罢滇，给主人家"布扎可"。

第一一八条，商队杀猪杀牛，应将猪牛头分给赶头把的人吃。

第一一九条，他人的牛跟着商队的牛帮走，要用竹片写通告挂在打尖或露宿的睡棚处。内容是："我们商队至此，不知谁的牛跟着我们的牛帮来了，望牛主速追上来领回，我们无力再放养。"连续写三天，若牛主来认，需出放牧费；若超过七站，无人来认领，可以杀吃。若在第八站以内牛主跟上来，肉还在，分一半，若已吃了，按半价赔偿。象、马跟着商队走，也按此原则处理。

交通

第一二〇条，砍寨门的竹栏杆，罚银八十罢。破坏围寨的篱笆，罚银二百二十罢滇。

第一二一条，骑马把人踏死，要赔偿人命；若未死，要负责医好，并罚银三百三十罢滇。

第一二二条，骑马，缰绳断；骑牛，穿牛鼻子的绳断；骑象，象链断，要大吼："行人让路。"若叫喊而不让路，踏死无责任；若已来不及让路而被踏死，赔偿一半；若被踏伤，要出叫魂费一罢，并负责医治好。

第一二三条，牵着牛将人踏死或将他人的牛触死，应由牵牛人赔偿，若牵牛人已喊叫而不让，牵牛人没有责任。牵马、象遇到此情也同。

第一二四条，走路人途中遇着牛帮，若走路人不让路，罚一百罢公。

第一二五条，牛帮遇着马帮，若牛帮不让路，罚二百二十罢公。

第一二六条，马帮遇着象队，若马帮不让路，罚三百三十罢公。

第一二七条，象队遇着车队，若象队不让路，罚三百三十罢滇。

第一二八条，车队遇着叭召勐，若车队不让路，罚五百五十罢滇。

第一二九条，因船长不负责而翻船，造成人及财物的损失，应由船长赔偿，若人被淹死，要赔偿人命银三百三十罢滇。

污辱妇女

调戏

第一三〇条，傣族拥抱着本族的妇女，罚三百三十罢公。

第一三一条，傣族拥抱着山区民族的妇女，罚三百三十罢公；山区民族拥抱着傣族的妇女，罚二百二十罢公。

第一三二条，头人甲拥抱着头人乙之妻，罚三百三十罢滇；召勐甲拥抱着召勐乙之妻，罚五百五十罢滇。

第一三三条，不论百姓或头人拥抱着叭召勐之妻子，判处死刑。

第一三四条，在衣服外摸他人妻子的乳房，罚二百二十罢滇；若在衣服内，罚一百罢滇（因女方同意才可能）。

通奸

第一三五条，山区民族与傣族妇女通奸，罚三百三十罢滇；傣族与山区民族妇女通奸，罚五百五十罢滇。

第一三六条，百姓与百姓、百姓与头人的妻子通奸，罚三百三十罢滇；头人与百姓的妻子通奸，罚五百五十罢滇。

第一三七条，头人与召勐的妻子通奸，罚七百七十罢滇；召勐与头人或百姓的妻子通奸，罚九百九十罢滇。

第一三八条，还未封官阶爵位的召与召勐之妻通奸，不罚，根据情节轻重，做十朵至一百朵蜡花向召勐"布扎"（赔礼道歉）。

第一三九条，山区民族与山区民族妇女通奸，罚三百三十罢滇；傣族与傣族妇女通奸，罚九百九十罢滇；召勐与召勐之妻通奸，应给召勐"编沙"即赔偿他被封为召勐时之"买官费"。

第一四〇条，傣族与傣族妇女通奸，罚五百五十罢滇；"哈滚西纳"（头人的家族）与百姓妇女通奸，罚七百七十罢滇；哈滚叭勐召（召勐的家族）与百姓妇女通奸，罚九百九十罢滇，若是叭召勐的儿子与百姓妻子通奸不罚，做"罗梅罕"（金蜡花）向其丈夫赔礼道歉（布扎），按情节轻重，分六十、八十、一百朵三等。

第一四一条，头人家族内部通奸，要做银花向其丈夫赔礼道歉，分二十、三十、四十朵三等，要是村寨头人的子女内部通奸，做银花向其丈夫赔礼道歉，分三、五、七朵三等；若是召勐之间的子女通奸，要做金花一株，头上一百朵，尾上四十朵向召勐赎罪。

第一四二条，自大臣家族至村寨头人、管船官、渡口官、象官、马官、牛官等四个家族通奸，要做银花一株，头上四十朵，尾上八朵，向召勐赎罪。

第一四三条，不管是当官的或一般平民百姓，若到人家内房与有夫之妇通奸，被其夫亲手或请人将奸夫奸妇当场杀死，无罪，不准追究。

第一四四条，领有夫之妇下箐通奸，罚二百二十罢滇；若领上山坡通奸，罚一百罢滇（自愿）。

第一四五条，山区民族与山区民族、傣族与傣族妇女通奸，若是婚前的情人，只罚三百三十罢公，否则，罚三百三十罢滇。

强奸

第一四六条，马官强奸妇女，罚二千二百罢；象官强奸妇女，罚银九千九百罢。

第一四七条，司署大臣及地方头人家族强奸妇女，罚银二点二罢；小勐的召勐强奸妇女，罚银六千六百罢。

拐骗

第一四八条，百姓拐走百姓之妻，算"新安龙"（大案大罪），罚银六千六百罢，若拐走后又送回来，不罚，因若不送回，还不知是谁拐走的呢？抵补"同床费"三百三十罢滇。若回来后，弄清楚并非女的自愿，要补罚九百九十罢滇。

嫌疑

第一四九条，甲说要到乙家去玩，到了乙家附近，不上楼去说明一下，又转到另一家，乙碰上问为何不上楼，支支吾吾就避开，这种形迹可疑的人，不是来串姑娘、偷东西、偷听话，就是与女主人有约会，可能女主人看到丈夫还在，而不敢赴约。若女主人没有情夫，丈夫不能怪罪。若是企图偷，罚银一百罢；若是情夫，罚甲出银三百三十罢，若造成离婚，罚女方出银三百三十罢。

偷盗

偷家禽、农副产品

第一五〇条，偷鸡一只赔二只；偷鸡诱子一只赔三只，罚银一百罢公；偷鸭一只赔九只，罚银一百罢公。

第一五一条，偷砍放在山上的木料，罚三百三十罢；偷搭桥的木头，罚银五百五十罢滇；偷楼下柴火，罚一百罢公；偷砍堆在山上的柴火，罚二百罢公。以上既罚还要赔原物。

第一五二条，偷竹笋一个或偷砍竹子一棵，罚一百罢滇；砍围园子的篱笆，罚三百三十罢公；偷围稻田的篱笆，罚三百三十罢滇；若水稻已收，罚三百三十罢公。

第一五三条，拿鱼笼偷放他人的鱼塘，罚银二百二十罢滇。若偷撒鱼塘，鱼未到手罚三百三十罢滇，若鱼已到手，没收并罚款。偷拿鱼的笼，密鱼笼罚一百罢公，鱼笼两边有门的罚二百二十罢公，稀鱼笼罚三百三十罢公。

第一五四条，偷谷子一箩还九箩。偷槟榔一串赔九串。偷十串罚五万贝。偷二十串，罚六万贝。偷一百串，罚三十四万贝。

第一五五条，偷他人田里的水放进自己田里，罚银一百罢公。偷犁、耙一件还九件，损坏要赔，另罚银八十罢。

第一五六条，偷下鸟的扣子或鸟，罚银四罢半。偷蜂桶一只，罚二千二百贝。偷土蜂儿一窝，罚银八十罢。偷砍有大葫芦蜂儿的树，罚银二百三十罢。

第一五七条，女人进他人家屋里偷看，不论白天或晚上，罚银一百罢滇。若作案未得逞，罚银三百三十罢滇。

盗窃家畜、财物

第一五八条，偷猪一头赔三头，罚银二百二十罢。偷怀孕母猪一头赔五头；腹中小猪，一头赔二头，偷阉猪一头赔九头。

第一五九条，偷羊一只赔三只，罚银四百罢。偷黄牛水牛一头赔三头，罚一头。偷怀孕的母牛，一头赔三头；肚中小牛，一头赔一头半。

第一六〇条，偷人一人赔三人，罚一人。

第二八一条，盗窃犯进房作案，被主人杀死无罪。若杀而未死，罚偷盗者三百三十罢滇。

包庇分赃

第一六二条，留小偷宿食者，区别两种情况，若主人明知是贼不报，属有意包庇，与小偷同罪，酌情罚款；若主人不知是贼，办案明智的人，应依靠主人提供线索，将案查清，不应降罪于主人。

第一六三条，小偷偷了他人的东西，却从另一户家中查获赃物，户主与小偷同罪；如果是户主协助才抓到小偷及赃物，应奖。以盗窃犯分赃者，以后发觉，同罪。

第一六四条，明知是盗贼，来投宿不报，罚户主三千三百罢；若不知是盗贼，其作案也未得逞，罚户主一千一百罢。

第一六五条，小偷偷牛杀了分给寨上的人吃，凡吃着肉的，按一倍半折价赔偿牛主外，每人罚银一百罢滇。谁叫你嘴馋，吃来历不明的肉。小偷偷牛杀了卖给本寨或外寨的人吃，若不知是偷来的，即使后来牛主发觉，买肉吃者也无罪。

第一六六条，盗贼偷了百姓的财物，头人得到赃物来留着，应将财物送还原主，不应要脚钱或赎金。

诬陷报复

第一六七条，诬陷好人偷盗或杀人，罚银三百三十罢滇。

第一六八条，不论头人、百姓或家奴，若因私仇而借机报复，捏造并扩大事实，诈勐（法官）应视情节轻重，处以罚款，重的罚三百三十罢滇，轻的罚三百三十罢。

第一六九条，虽然原有矛盾，有私仇，但他所揭发控告或出庭作证的情况基本属实，就不能算报复或有意陷害，不能降罪或罚款，相反应依法惩办罪犯。

斗殴杀人

斗殴伤人

第一七〇条，与人吵架，手提长刀，追赶人行凶未遂，罚三百三十罢滇；口说要杀人，但刀未出鞘，罚二百二十罢滇，虽然刀已拔出鞘，但未追人行凶，罚一百罢滇。

第一七一条，打人未死，但已出血，罚五百五十罢滇；打人虽未致残，但已重伤，罚三百三十罢滇；打人轻伤不出血，罚一百罢滇。

第一七二条，与妻吵架追打妻子，追到他人家里去打，罚一百罢滇。

杀人害命

第一七三条，夫妻不睦，不论妻放毒药将夫毒死或夫将妻毒死，都要判处死罪，以命抵命。若中毒未死，妻放就罚妻三百三十罢滇，夫放就罚夫五百五十罢滇。

第一七四条，由于吵架，一方持刀、枪、矛、棒等凶器到对方家中行凶杀人，反被户主所杀，属于自卫，"诈勐"不应问罪。

第一七五条，出钱请凶手杀人致死，主使者与凶手各赔偿一半，罚款也同；若只是口议，行凶未造成事实，各罚五百五十罢滇。

第一七六条，没有罪而被杀，罚凶手三千三百罢，赔人命银一千一百罢。

过失犯

第一七七条，用枪、弩、弓射鸟而误伤了人及家畜，人死要赔偿人命，畜亡要折价赔偿。若未造成死亡，必须负责医好。枪、弩、弓箭等凶器，应归伤亡者所有。人医好后，要出鸡及银手镯一对，给受伤者叫魂。若不医，轻伤者罚三百三十罢滇。

若家畜伤重，就卖给肇事者。

第一七八条，丈夫打死妻子，若不是有意打死，将财产分成三份，一份留给丈夫，两份分给妻子的亲属，另罚丈夫三百三十罢。若是有意将妻子打死，就要以命偿命，或罚款三千三百罢。

第一七九条，客人来访，用酒招待，客人酒醉主人应送客人安全回家。若不送，客人在途中被杀或发生什么意外，抓不到凶手，主人应负全部责任。若非客人自己来访，而是有事相求，请来的，返家途中被杀或跌、淹而死，应赔偿人命三千三百罢，并罚银一百罢滇。若主人留宿，客人不听，（有人证明）而归，途中被杀或发生什么意外，主人无任何责任。主人已将客人送到家，客人若不留宿，主人归途中被杀或其他原因造成死亡，客人应赔偿八个人命钱，并罚银一百罢。若客人已留宿，而主人不听劝阻，归途被杀或发生什么意外，客人皆无责任。

巫术杀人

第一八〇条，不分男女，若搞巫术杀人，如将人形咒语咒符、神牛等拿到寨内、大路上或坟山去埋，已将人害死，证据确凿，放巫术者应判处死刑。若未造成死亡，应按"新安龙"处以罚款。巫术谋害叭召勐，罚银九百九十罢，巫术谋害司署大臣，罚银七百七十罢，巫术谋害百姓，罚银五百五十罢。

三大原则

第一八一条，杀人无罪有五：

一、奸妇奸夫在行奸现场被杀。

二、盗窃犯在作案过程中被杀。

三、手持凶器杀人而被人所杀。

四、夜半三更闯进他人屋里被主人所杀。

五、破坏人家房子，在进行中被杀。

若事后寻机杀人报复，就必须依法治罪。

第一八二条，重罪不能轻判的有十一条：

一、械斗杀人；二、谋财害命；三、拆毁佛寺佛像；四、拦路抢人；五、霸占财物；六、留宿犯人；七、盗窃佛寺财物；八、盗窃佛像金身财宝；九、杀死父母；十、夫杀死妻；十一、妻杀死夫。

第一八三条，应判处极刑三条：

一、偷佛主的钱；拆毁佛像佛塔；

二、杀死召勐；

三、杀死父母。犯前两条罪的，罪犯判处死刑，其子女罚为寺奴及召的家奴。犯第三条的罪犯，砍去手脚，赶出勐界，让其受一辈子活罪。

西双版纳傣族封建法规和礼仪规程

法律

处理诉讼时应持的态度和方法

一、处理诉讼时应防止的五点偏袒。

大头人或小头人，当你在处理事情的时候，必须防止这五点：

第一点，"满达呷底"：对待纠纷案件中的双方，有理的一方就说他有理，无理的一方就说他无理，不要颠倒黑白。不要偏袒自己的亲戚朋友或自己的爱人，而颠倒是非。

第二点，"躲沙呷底"：在纠纷中的双方，若有一方是从前和你有仇恨，你不能趁机报复，把有理的说成无理。

第三点，"本沙呷底"：不要用自己的威力，把有理的说成无理。

第四点，"六帕呷底"：不要接受贿赂，把有理的变为无理。

第五点，"叭呷底"：要看清双方是什么人，认清他们的身份，例如召、叭、昆、悍、医生，要分别等级按照身份处理。

公正地处理犯罪或犯错误的人，犯罪的人或犯错误的人是会感激你的。要使受处罚的人在处理后对你像亲戚一样，不要使他对你像仇人一样。不要袒护有钱有势的人，不要以为有地位的人就有理，不要以为他做叭西纳（当头人有钱的）就有理。不要说某人是我的亲戚朋友（这样无理也会变为有理）；不要说某人是我的仇人（这样有理也会变为无理），不要说谁人有福（无理也有理）；说谁人没福（有理也无理）；说谁人穷（有理也无理），说谁人富（无理也有理）；不要说二流子是二流子（有理也无理）；也不说害怕养鬼的人和放鬼的人（无理也有理）；也不要说有福的人由于他对佛忠实信仰（无理也有理）；不要说某人是笨人或哑巴（不善于说话的人）（有理也无理）；不要说穷的人就无福（他们有理也会变为无理）；不要说富的人就有福（他们无理也会变为有理）；也不要说这个勐是大勐，那个勐是小勐。

二、"犯上"案件，不得申诉。

（一）百姓想反对土司，和尚想反对佛爷，家奴想反对主人，儿子想反对父亲，这些人都是忘恩负义，不懂道理的，不能给这些人申诉。对那些不反对的人，就好好对待。

（二）那些想反对佛爷和尚的人，也是不懂道理，同样不能让他们申诉。

三、解决案件应遵守的要项。

处理犯罪和犯错误的人，要公正地按照犯罪的轻重来处理：偷钱的处以偷钱罪；偷宝的处以偷宝罪；偷衣服的处以偷衣服罪。

在处理时，应根据他的财产情况，要看他是富人或是穷人，是当官的，是大勐的人或是小勐的人，如果是商人，要看他是大商人或是小商人，如果是百姓，要看他的家产值多少钱。按照这个道理来办才是真正公道的人。

解决一件事情，四大头人没有到齐来开会商讨，就一个人办了，是不合道理的。

四大头人以发怒的态度来解决事情，是不合道理的。

四大头人开会，若由女的来召集主持，是不合道理的。

有了以上三种情形，就是解决了的事情也不算为解决，应该另行解决。

四、考查犯罪时的三种方法。

（一）要了解犯错误的人有多少，如果同案的犯人多，应个别的审问，不要同时拿来问。并要详细问他犯罪的原委，问清后用笔记下来，由他划供单。从这些个别的供单上来看是否互相符合。

（二）审问的时候，一面问，一面要看他的脸色。

（三）了解他的祖先父母和他自己是不是一个好人。

从以上三点，才能判出谁是犯罪的人，谁不是犯罪的人。这样还审判不出结果，最后就念经，祭神，烧着火或煮着开水，把东西放在开水里面或火里面，使犯罪的人用手去取，请神来审查，就可以鉴别出谁是好人，谁是坏人。

这是自古以来的规矩，不这样做，会使犯罪的人成了习惯。

地方之间违犯公约时罚款规定

一、勐与勐间违犯保卫公约时罚款的规定。

在勐与勐间定有保卫互助公约，如果敌人侵犯甲勐境，攻击甲勐，乙勐不出兵援助，依约罚银三万三千两。敌人侵犯乙勐，甲勐不出兵援助，罚如上数。

二、大勐之间、小勐之间、版纳之间、头人之间的三条公约。

一百一十个大勐的头人集合起来，请叭麻火孙定出三条公约，如有不遵守者，分别予以处罚：

第一条，忠诚老实，说到做到。

第二条，相亲相爱，互相信任。

第三条，友好合作，共同遵守。

定约后，大勐之间不遵守者，处罚如下：不遵守第一条，罚银十万六千五百六十两；不遵守第二条，罚银七千一百四十两；不遵守第三条，罚银七千二百四十两。

小勐之间不遵守第一条，罚银十万五千六百两；第二条，罚银七万零四百两；第三条，罚银三万五千二百两。（小勐的罚款实收三分之一）

版纳之间不遵守第一条，罚银四百一十六两；第二条，罚银四百一十六两；第三条，罚银四百一十六两。

怀郎级头人之间不遵守第一条，罚银一百零五两；第二条，罚银七十两；第三条，罚银三十五两。

怀郎级以下头人不遵守第一条，罚银三十二两；第二条，罚银十八两；第三条，罚银十两。

寨与寨的头人不遵守第一条，罚银十两；第二条，罚银六两；第三条，罚银三两。

佛寺与佛寺之间违犯上三项原则，不罚款，只用蜡条谢罪。

关于罚款和赎罪的一些规定[①]

一、罚款的处理办法。

罚勐或罚火西，照判罚十九两八钱，实际只收六两六钱

---

① 三译自勐笼叭竜桃家藏本。

（三分之一）。罚款的分配是：大头人是三两，中级头人适当分取，小头人得一两。

如是"内理"（罪轻的），罚九两九钱的只罚三两三钱；如是"外理"（罪重的），罚九两九钱的应罚十九两八钱。如果应罚十九两八钱的罚三十七两，罚款是用九成银缴纳。

二、通奸罚款的规定。

进入有夫之妇的寝室内去通奸，被发觉，应给被奸的丈夫银三两，拴线银五两；如果女的因而要离婚，要罚银三两三钱，拴线银三两。

如果不进内室去奸淫未婚但已订婚的女子，所罚的钱有多有少，有的是三两三钱，有的是二十九两七钱，看是属于什么地位的人。

三、死刑的赎罪。

犯死罪的人，得用银抵死罪。另外应出绳子银三两三钱；刽子手的刀银三两三钱；拴绳子的银五厘；解绳子的银三钱；"赛沙公"（一种像脚镣的刑具）银一两五钱；监狱银一两五钱。这份银波勐分得一半，火西分得一半。此外，送给议事庭银三两，槟榔一串，猪一口，——猪要五卡大（用绳围猪腰计算），若没有猪，每卡折银六钱六分。

四、一般刑事赎罪。

罪犯要赎罪的时候，要出"拔根"银。计议事庭长三两，文书一钱七分五厘，站抗七分五厘；其余分作三份，一份给土司，一份给议事庭——这一份中，议事庭得一半之外，叭诰和叭陶得一半，如果这一半是三两，审判官得三钱三分，剩余的完全给其他的头人。还有一份给原告。

五、诉讼的礼金和礼品。

最后事情完全解决，还要送给议事庭银三两、槟榔二串。这份礼品由议事庭分成二份，以一份送土司；以另一份分作二份：议事庭得一份，原告得一份。走时再要出酒一瓶，槟榔一串，猪一口。

民刑法规

杀人

一、道叭（波郎）杀死百姓，不论杀死大人或小孩，如有人向上控告，须问清理由，无理上告者，罚半开银币十元零五角。

二、对人怀恨，指使人去行凶，如不曾杀死，按人的价格（半开银币一千五百元）罚款，由指使人与行凶人各出一半。

三、坏人放毒药，被发觉抓住，就杀掉。

四、杀死父亲，破坏菩萨，驱逐出勐。

五、杀人不罚的有四项：

（一）不论头人或百姓，与有夫之妇通奸被丈夫发觉杀死，不罚。

（二）凡行为恶劣者，或带抢刀去杀人，反被杀死，杀者不罚。

（三）夜静更深，乱闯进屋子，被户主杀死，户主不罚。

（四）偷东西被抓着杀死，不罚。

六、因吵嘴持刀砍人的，罚半开银币十元。

七、亲戚来家（包括来家调解事情的人），请喝酒后，不护送回去，如途中遭谋杀，户主应负责；如经户主留宿，彼独自归去，发生事故与户主无关。

八、杀死了人，劫得财物，要到佛寺去当和尚，佛寺的大佛爷如要接收，须先经宣慰使审查批准。

九、儿子杀死父亲，要砍掉他的手脚，让他活着，这样惩罚才算合理。

十、妻子放毒药毒死丈夫，罚银币十元零五角。

十一、丈夫放毒药毒死妻子，罚银币十六元零五角。

十二、妻子与人通奸，被丈夫发觉，把两人都杀死，无罪。如只要求罚款了事，其妻罚十七元；奸夫是百姓一级罚十七元零五角，头人一级罚二十七元，上司一级罚三十三元。如是鲁郎道叭，不罚。

伤人及斗殴

一、两人打架至流血，罚款七元零五角。

二、丈夫打妻子，妻子跑避到头人家，丈夫又再上头人家去打，应出罚款七元给头人。

三、丈夫打妻子，妻子偷跑或出外想自杀，被别人发现后留在家中，妻子的吃用概由丈夫负责，交还该户主。

霸占公家和私人的土地

一、霸占勐界者罚十五元。

二、霸占田地或菜园者罚十三元零五角，并退还田地菜园。

破坏公共财产、私人财产和生产

一、破坏公共财产。

（一）拆掉街上卖东西的房子，罚七元零五角。

（二）破坏桥梁，罚十七元零五角。

（三）敲掉或砍掉别寨的围桩，罚七元。

（四）砍掉别寨的龙树，须负担该寨全部的祭费；若该寨死了人，按每人价格（一千五百元）赔偿。

二、破坏私人财产。

（一）砍别人房子，罚十元零五角。

（二）点火不慎，烧毁房屋，连自家房屋也烧了的，不罚。但须由他出钱祭鬼，有钱的出二十七元，穷的最少出六元。

三、破坏生产。

（一）砍掉别人的芭蕉树，罚三元。

（二）砍掉别人的槟榔树，罚七元零五角。

（三）砍别人的房子，罚十元零五角。

（四）拆掉田里的房子，罚十元零五角。

（五）在别人田里挖沟，罚三元。

（六）骑牛马经过别人已耙好未种之地，罚三元。

（七）骑牛马走进已下种的田，罚七元。

（八）骑牛马走进已黄的稻田，罚十七元零五角。

（九）在别人打谷时，用枪去打吃谷的小雀，罚十元零五角。

（十）小鸟停在别人的谷仓上，用枪去打鸟，罚三元。

（十一）出外打猎，不小心打着牛，按牛价赔偿（肉归赔偿者）。如因此伤了人，应负全部医治费。

（十二）乱放牛马，吃了别人家的谷，是水牛罚谷最高八十一挑，少者九挑；是马罚七十二挑，少者七挑半。吃着菜地，按损失赔偿。

（十三）牛马吃甲家菜地，被乙家砍死，找不到砍牛的人，应由甲家赔偿；如砍不死，把牛交还牛主，牛主不收，由调解者将牛卖去，卖得若干，交给牛主，然后罚款三元。

（十四）牛吃菜地，通知牛主三次后还不来拴，应将牛交给土司；若牛主需要，须用款赎回，由土司加以训诫。

（十五）鸡鸭在田里吃谷，通知主人二三次后无效，准其杀死，交还主人一半，如主人不收，则将该份送给土司。若不通知鸡鸭主人就杀死，就按价赔偿，由鸡鸭主人赔还谷物损失。

四、杀伤牲畜。

（一）无故砍牛的尾巴，罚十元零五角，并按价把该牛卖给砍者。

（二）出外打猎，不慎打着牛，按价赔偿（肉交打者吃）。如伤了人，应负责全部医疗费。

（三）拴住别人的牛马，而不告诉，应按牛价加倍处罚；如牲畜死去，还要再按价格赔偿；如被杀吃，要赔四条牛。

（四）种田后，要写通知给各寨，把牛马拴好；连续通知三次还不理，田主就可以把吃着庄稼的牛杀死，送一腿肉给土司，送一腿给各头人，田主自留一腿；其余由宰牛人、牛主、田主共同分吃。

（五）捡到牛，找不着牛主时，将牛拴起来，牵到街上去报。找着牛主后，由牛主出银赎回，水牛一钱五分，黄牛一钱。如果找不着牛主，无人来认，则土司与各头人平分。牛马要拴得离田远一些，怀胎母牛拴在家里，不要乱放。牛马跑掉拴不着，请人帮助；如拿不到，因而跑进别人田里，被别人杀死，你就不要再讲什么。

（六）靠近寨子的田要围好篱笆，每隔一尺立三个竹子桩。牛马要看好，如发现牛马吃谷吃菜，通知牛马主人，达三次仍不来管，无论牛马鸡猪，都可以把它杀死，牛主、田主各得一半。

违犯灌溉规定

一、修理水沟时不参加，但又占用很多的水，不让给别人，罚三元。

二、两家田地相连，无论谁家先去偷放了水，被发现，予以适当处分。

公共秩序及交通规则

一、没有什么事，在议事庭乱敲鼓，罚九十九元。

二、没有什么事，晚上乱吹牛角，罚十元零五角。

三、车子来了，管象的不让路，赶车的就罚管象的十元零五角。

四、人走路，不让牛，管牛的就罚那个人三元。

五、赶马和赶牛的相遇，牛不让路，罚赶牛的七元。

六、管象与管赶马的相遇，马不让路，罚赶马的十元零五角。

七、划船的人，如不小心，把船弄翻，应赔偿损失。

盗窃

一、偷一只鸡，赔十只。

二、偷一只鸭，赔九只。

三、偷一条黄牛，赔四条。

四、偷一条水牛，赔四条。

五、偷一头猪,赔九头。

六、偷一个人,赔四个。

七、偷人家用作盖房子的木料,罚十元半。

八、偷鱼,罚半元。

九、偷别人的牛桩,罚三元。

十、偷别人的柴,罚三元。

十一、偷别人放在山上未驮回来的柴,罚三元。

十二、偷别人围田的桩,罚十元半。

十三、偷别人未围起来的桩,罚十元半。

十四、偷一串槟榔,赔九串。

十五、偷一箩谷,赔九箩。

十六、偷菩萨的钱,罚他当寺奴。

十七、偷已怀胎的水母牛,罚赔大牛三条,小牛一头半。(按大牛和未生小牛计算,合赔四头半。)

十八、偷已怀胎的黄牛,同样罚赔大牛三头,小牛一头半。

十九、偷已怀胎的母猪,罚大猪五头,小猪五头。

二十、偷别人的妻子,被偷后主人不明底细,罚十元。了解清楚后,罚三十二元半。如果偷了三天后,主人不知,送还不罚。

二十一、偷别人的家奴,送回来不罚,但应赔偿其家务损失,每天一钱银。

二十二、小偷如偷了东西,到别家去住,留他住的主人,当作小偷论罪,如帮助抓回来,是好人,就不罚。

二十三、窝留坏人小偷到家里居住者,罚九十九元。

二十四、不明情况,留坏人居住,他晚上出去偷东西,罚户主三十三元。

二十五、有人偷别寨的牛，本寨人不知，牛主发觉后，不算该寨偷牛；否则，牵涉全寨。

二十六、诬良为盗者罚十元零五角。

婚姻①

一、订婚。

（一）订婚后不按期结婚，逾期可另找对象。

（二）订婚时，男方已给女方送了聘礼，后来女方不同意而跑去心爱的人家里去住，罚女方两元。

（三）男女双方同意，但父母不满意，后来女人也变更，罚女方七元。

（四）如果女方不喜欢，强求订婚，女人又已离家，家长把聘礼退回后，不罚。

二、离婚和离弃。

（一）夫妻彼此关系不好，男的不要女的，应给女的十二元，另罚款二元半给头人。

（二）女方对男方不好，女的不要男的，应给男的十五元。

（三）夫妻生活在一起，吃的穿的都由男的负责，如彼此闹意见或离婚，女的不应赔款。

（四）如男方对女方的父母不好，被女方的父母赶走，男的可带走他原来从本家带来的东西。

（五）丈夫出门离开妻子，三年不归，就算解除夫妻关系；不满三年回来，仍然承认夫妻关系。

---

① 三译自勐笼叭竜桃家藏本。

三、对非婚生子的处理办法

从曼卖到陇嘞这一带地方，如果未婚的女人生了孩子，这女人应去景瓮祭神，祭神要用猪一口（有五卡大，约二三十斤），鸡四只，"慕欢"一桌，送给"喃召勐"（土司之妻）。

如果男的要与女的结婚，应出钱一两三钱二分，槟榔四串，蜡条四对，鸡一只，酒二小瓶，猪后腿一对，"慕欢"一桌——内装银二两六钱四分，槟榔四串，蜡条四对，鸡一对，酒二小瓶，猪腿一对，这项礼品给昆欠拴钱。

如发生在陇嘞以外，就在土司家解决。如是祭竜时，罚银三两三钱；不是祭竜时，加倍罚银六两六钱。

结婚不满一年生孩子的，要罚银三钱三分，并用银一钱，或二钱或五分祭竜神。还要拿出十两零五钱：议事庭得三两，"叭竜诰"得五分，文书得五分，"站抗"得五厘；其余分作三份：土司得一份，议事庭头人得一份，勐的"存银袋"得一份（可能是存在勐上作公用费——译者）。

污辱妇女

一、强奸。

强奸者，不论什么人，按其等级、地位，给予严重处罚。

二、通奸。

（一）哈尼族与傣族。

1. 山区民族与傣族妇女通奸，罚七元半。

2. 傣族与哈尼族妇女通奸，罚十七元半。

（二）百姓与头人。

1. 百姓与头人的妻子发生关系，罚十元半。

2. 头人与百姓的妻子发生关系，罚十七元半。

（三）头人与土司。

1. 头人与土司的妻子发生关系，罚二十二元。

2. 土司与头人的妻子发生关系，罚三十二元。

（四）百姓之间。

百姓甲与百姓乙的妻子发生关系，罚十六元半。

（五）头人之间。

头人甲与头人乙的妻子发生关系，罚二十八元。

（六）土司之间。

土司甲与土司乙的妻子发生关系，罚三十六元。

三、调戏妇女——拥抱别人的妻子。

（一）哈尼族与傣族。

1. 傣族抱一下哈尼族妇女，罚十元半。

2. 哈尼族抱一下傣族妇女，罚七元。

（二）头人之间。

头人甲抱一下头人乙的妻子，罚十元半。

（三）土司之间。

土司甲抱一下土司乙的妻子，罚二十二元。

四、污辱嫌疑。

到别家去玩，上楼不说明一下，又跑到另一家去，如果原先那家有姑娘，就不追究；否则就要追问到底来做什么？不是来偷听话，偷东西，就是来与人家的妻子约会（有时妻子约他来，因家里有人，避而不出）。如与妻子没有关系，那就是小偷，罚三元；如真是妻子约他来，罚十元半。

五、污辱妇女案件中关于证人条件的规定。

凡遇强奸妇女和调戏妇女的事件发生,要以下的人做证明:

(一)有福的人;

(二)忠实于佛教的人;

(三)不偷人(抢人)和守佛的规矩,劳动做事的人;

(四)要性情爽直,从不冤枉别人的人;

(五)要从他的祖先到他本人都是忠实的人;

(六)要经常赕佛和经常施舍给穷人(原文有乞丐的意思)的人;

(七)要经常听经拜佛和学习道理的人;

(八)要经常爱护自己和不做坏事的人。

合以上条件的人,才能作证人。

有二十种人不能作证人:

(一)老人;

(二)小孩;

(三)女人;

(四)醉酒的人;

(五)赌博的人;

(六)调戏妇女的人;

(七)患神经病和不能说话的人;

(八)贪心重、爱受贿赂的人;

(九)精神错乱、丧失记忆力的人;

(十)会唱会跳的人;

(十一)贫苦帮人的人;

(十二)狡猾和爱说空话的人;

（十三）眼瞎、耳聋的人（五官不健全的人）；

（十四）犯罪充军的人；

（十五）喜欢别人受苦的人；

（十六）卖给别人做过奴仆又赎回来的人；

（十七）不采取别人意见的人；

（十八）爱冤枉人不正直的人；

（十九）犯错误人的亲友；

（二十）犯错误人的仇人。

财产及债务[①]

一、财产的继承和分配。

（一）父母死后，财产没有明确交代，引起儿女纠纷，应把财产分为三份，一份作赎父母之用，一份给儿子，一份给宣慰。

（二）夫妻共同生活，如男人死了，男方的亲戚要来分银钱财产，一部分由男人临死时决定分配数目，其余部分由女方掌握分配。

（三）如男方要回家，由女方老人分给他财物，如果夫妻都死了，一切东西由老人保管；若没有父母，则由亲戚掌握。

二、债务清偿和人身抵债。

（一）丈夫借钱，不通知妻子，死后不能由妻子赔偿。

（二）父亲借钱，死后由子赔偿，但只付本不付利。

（三）借钱时不讲清利息，时间长了，对方索利不必交。

（四）负债太多，无法清偿，由父母或亲戚将他本人卖掉，以抵债务。

---

① 三译自勐笼叭竜桃家藏本。

三、租地和租牛。

（一）所开垦的荒山、鱼塘，如有业主，五年后交租；五年后如业主索回，应付给开荒费。

（二）所租的牛被人偷去，除赔牛外，应交牛租。

（三）如租牛尚未种田即死去，不必赔牛；如牛病死，赔一半；如牛因耕地死去，按价赔偿。如田耕犁完毕，把牛送还主人，数天后死去，不用赔。

（四）租田耕种的人将田退还田主时，要出蜡条四对，槟榔四串。

四、买卖杂物的保用。

出卖供使用的东西，卖主要保证使用的期限（如能使用一个月或两个月），对方才买。在期限内东西就坏，卖主除退还卖价外还要罚款。

五、一般拾获遗物的分配办法。

（一）不论任何人，在地上拾得金银，应分给宣慰土司一半，等于处罚；其他人不能向他分取。

（二）看见别人遗失了东西，应问三次，无人答应，就拾起来，把情形公开告诉寨上的人，然后保管好，如物主来寻找，把失物分为三份，物主二份，拾得者一份；如不交出，就以偷盗论。

（三）在坝子上拾得牛马猪鸡，失主发觉后，要给拾得者半开银币半元。如外勐人拾得交回来，应给二元。如是拾得水牛，给二元半。如在部落界，按价格与交回者对半分。

（四）拾得牛马猪鸡，不告诉寨子的人就杀吃，算是偷盗。如告诉后才杀死，按价格赔偿。

六、代宣慰、头人管理牲畜等，如有损失应负赔偿责任。若父死，由子负责赔偿。

七、勐笼地区拾获牲畜的处理办法。

每年十月和十一月（傣历），"响叭"向百姓宣告："如获得失牛，应好好保护。"如没有人来领，由"召播"通知"乃戛"（街长），"乃戛"在街头巷尾喊："丢失牛的人来领牛。"如果一连喊三街都没人来领，那么，在"祭竜"结束时，"召播"就应报告波郎，同时牵着牛一道去报上司。若是黄牛，土司给他们银一两六钱五分；若是水牛，给银三两；若是马，给银五两，都以九成银计算。波郎所得的银是，黄牛得一钱六分五厘，水牛得二钱三分，马得五钱。其余分作三份：议事庭头人得一份，另有两份由"召播"给各"火西"的头人。拾获得失牛的"火西"，土司另外给九成银三两，酒一坛，槟榔一万；这份赏赐，由"火西"分给波郎银三钱三分，槟榔一千。

有关家奴及其子女身份的规定和逃亡案件的处理办法

一、接受家奴时，凡有以下情况者就不要：

（一）会借别人的钱；

（二）会偷东西；

（三）会欺骗人；

（四）身体不健康，懒得劳动；

（五）本身有问题尚未解决；

（六）想站在别人头上。

二、波郎、头人的家奴，其居住农村的父亲去世时，除临终前决定分给他的若干财产外，不能承继全部家财。否则，他的亲戚分不得财产，将会贫穷下去而变成家奴。

三、波郎、头人的家奴到农村去结婚，生下儿女后，本人回宣慰街当奴，儿女交给妻子抚养，不当奴。他在农村的家属和一般农民同样要负担租赋和差役。家奴本人死后，波郎不得把他的妻要来当奴。

四、甲家的男家奴与乙家的女家奴逃跑，男奴的主人应赔偿身价一半（六百元）给女奴的主人。如男奴的主人把女奴找回来，只赔四分之一（三百元）。如把两人都找回来，就把女奴卖给男奴的主人（一千二百元），倘男奴的主人不接受，以及两个家奴都已跑脱，则男奴的主人一方应到女奴的主人家去当奴。

五、别人的家奴跑到家里来，户主不告诉人，也不通知家奴的主人，共以偷盗论，按身价加倍处罚（二千四百元）。若已告诉奴主，而家奴病死在自己家里，由户主出钱埋葬，不再赔身价。若家奴在自己家里自杀或者偷跑，户主应按价赔偿。

留藏别家跑来的家奴，不交还原主者，罚三十三元。

礼仪规程

宣慰使及其亲属、各勐土司称谓的规定

一、对宣慰亲属的称谓。

宣慰的子女、兄弟、伯叔，都有一定的称谓。所有贵族及各级头人，也都有一定的称谓。如果在称谓上喊错了，是要受罚的。而且各级头人的称谓都有一定，不同等级的头人不能乱称，如勐遮等土司的召庄（土司的家族）称召，别的头人以及百姓就不能称召。这里把宣慰亲属的称谓列举于下：

宣慰祖父：帕拉爱余咖

祖母：帕拉扎马都底咖

父：帕拉扎比打

母：帕拉扎马拉

兄：帕拉扎吉他

姐：帕拉扎结底咖

弟：帕拉扎阿奴鲊

妹：帕拉扎咖尼咖

儿：帕拉扎母打

女：帕拉扎不底

侄儿：帕拉扎那打

侄女：帕拉扎拿底

伯父：帕拉扎比都腊叭打

叔父：帕拉扎比都沙

大舅父：帕拉扎马都腊尼

大姨妈：帕拉扎马都结提咖尼

小舅：帕拉扎马都沙

同岁者：帕拉扎沙马比打

二、各勐土司的称谓

（一）整董土司　召顿帕补塔捧麻翁沙

（二）勐仑土司　召顿帕宰牙翁沙

（三）勐罕土司　（缺名）

（四）打洛土司　召顿帕捧麻翁沙

（五）勐笼土司　召顿帕拉顿翁沙

（六）勐海土司　召叭先龙捧麻翁沙

（七）勐阿土司　召叭先龙拉顿翁沙

（八）勐远土司　召晚拿翁沙

（九）勐很土司　召晚拿翁沙

（十）勐万土司　叭龙康塔翁

（十一）勐康土司　叭龙捧麻翁沙

（十二）勐旺土司　召孟麻哈宰

（十三）勐宽土司　叭龙捧马

（十四）勐养土司　召孟脱纳翁

（十五）勐遮土司　召顿帕捧麻翁沙

（十六）勐板土司　（缺名）

（十七）勐景真土司　召孟哈乃

（十八）勐腊土司　召顿帕赧麻翁沙

（十九）勐捧土司　召孟麻哈宰

（二十）勐混土司　召孟空坎

（二十一）勐往土司　（缺名）

（二十二）勐满土司　召顿帕宰牙翁沙

（二十三）勐宋土司（三宋）　叭龙央达翁，叭龙曼金，叭翁应达翁

（二十四）勐拉土司（六顺）　召翁坎

委令和节日祝文

一、宣读宣慰使公文批复时应有的态度。

各勐文书员宣读宣慰使的批复的时候，先拜叭，然后端正坐下，不看左，不看右，不咳嗽，不抓头，不骚痒，不畏惧。心情安静，声音平稳，如像平静的流水，不急不缓，将指示念

给土司听。

二、开、关门节，宣慰复各勐土司的祝词。

开、关门节（两个盛大的宗教节日），各勐土司派人向宣慰使献礼，祝贺节日，感谢升官之后。宣慰使复各勐土司的祝词如下：

宣慰使致书戛鲁那于ＸＸ土司：

"今年开门（关门）节，年成很好。你们来拜献后，特回书祝贺你们：有福有寿，长命百岁，水土顺利，年年丰收，坝子和山头的人畜都很旺盛，战胜各方面的敌人和灾害，给你们丰衣足食，安居乐业下去。"（各级头人在节日上书宣慰、议事庭、波郎，都接到回文一张，内容大体相同，都是一些祝贺和吉利的词句——译者。）

三、宣慰使委任土司的委令。

"委任：

叭龙宰牙翁沙希立爹扎拉扎，到职后，可配用金伞一把，银包捍枪四支，银长刀四把，银痰盂一个，银水杯一个，银嵌花马鞍一副。希终身为本宣慰服务。"（宣慰使批准配用的物品，不由宣慰使赐予，是由当职土司自备——译者。）

四、各勐迎接宣慰使差官的礼节。

宣慰使差员下勐时，先通知勐的招待人"波勐"，由"波勐"把差官安置住定后，然后通知议事庭，再由议事庭转告土司。先由议事庭派遣文书来招待和问明来意，土司然后来迎接。

如果是大版纳，迎接时，要用蜡条八对，谷子八把，槟榔八串，蛋八个，绿叶八把，酒一瓶来迎接宣慰指示，把它放在小桌上，抬到土司衙门，摆在方桌上，然后土司来接听，由差官念，念毕转回住处休息。

土司对百姓的训条

当用的不用，不当用的你又用；当说的你不说，不当说的你又说；当做的不做，不当做的你又做，是不对的。

该造桥的地方你不造桥，不该造桥的地方你要造桥；不是寨子的地方，你偏要修房子，在寨子的地方，你要开田，是不对的。

不是头人，你一天像头人一样，是不对的。是小头人，却摆起大头人的架子，是不对的。不能把只有五十丈高的地位，提高到一百丈；不能把一百丈高的地位，提高到二百丈。

一百丈高的地位，你不能降低到五十丈。

是小等级，不能自以为是大等级；是老蚱，不能说自己是老叭。在跑马的地方，你不要骑象。在骑象的地方，你不要跑马。是什么等级的人，就说是什么等级。

画的象、马、狮、兔、青蛙的像，不能留在家中。

大路不能穿过寨子中心，穿过寨子中心，会伤着寨神的心。修房子用的柱子，应该树根在下，树尖在上，使推刨推时应该记清。

修房子的梁不能比柱子大，梁比柱子大是要压死人的。

盖房子的旧料不要再拿来盖房子，因为你不知道这根柱子是不是坏的。

大房子不能改作小房子，小房子不能改作大房子。寨子边的树林应保护，不能去砍。田不能把埂子挖了。龙山上的树不能砍。森林中间不能砍开树，盖房子在里面。寨子边的水沟、水井，就是不要的也不能填。佛寺对面和佛寺侧边不能盖房子，龙山上不能盖房子，不要和鬼、神、佛抵抗。

大佛爷是教过你读书的人，你有势力的时候，也不能欺压他们。学生不能偷老师的东西。

寨子上和其他地方的龙树不能砍。

寨子里的房子不能接连着修盖，应隔开方能避免火灾。

没有信义的人，和好吃懒做的人，是会被人看不起的。自高自大的人，是不对的。

借别人的东西，应好好地查看，有没有损坏。

别人做事很忙的时候，不喊你去帮忙你就去帮忙，是不会受到别人尊敬的（肯帮助人的，是会受人尊敬的）。不应该跟着坏人学。

不欺软怕硬的人，是会受到别人尊敬的。

不要破坏别人的婚姻。

不能因为送给别人两元的东西，就借别人八元不还。借是借，送是送。

不能因为想得别人的产业（绝后），就说和那人是亲友。

不要与流氓做朋友。

不能当面不说别人，背后乱说别人的坏话。

教训儿子处世的道理

有一位修养和学问很好的先生，有五个儿子，最小的儿子明白道理，不贪玩，不斗鸡，不斗牛。四个大的都是贪玩、好斗鸡斗牛的顽皮的孩子。

有一天，小儿子对四个哥哥说："我们的父母都是会死的，我们将来也会死。父母死了，我们依靠谁？我们不做一点事，糊混日子的死了，是太可惜的。依我看，我们应该到一个可以学习的地方去学一些道理，或是学一些手艺，我们生活才有依靠，活在世上才有意思。"

四个哥哥都很感动，说道："你的话很对，应该依你的话去做。"

于是小儿子提议道："我们的父亲不是一个很有学问、有修养的人么？别人都来向父亲学各样规矩和各样道理，我们何不就向父亲学习呢？"

四个哥哥都同意了。从这一天起，他们把房子和房子的周围，以及他们自己的身上都搞得很清洁；有客来了，就捧茶去敬客。这样一连做了几天，父亲很奇怪地问道："孩子们！这几天你们为什么都变得这样好？"小儿子回答道："爸爸，我们贪玩好耍地混过了我们宝贵的时间，没学到一点道理和技术，是太可惜了，因此我们想向爸爸学一些东西。"

父亲道："很好！你们听我讲吧！"

"孩子，对人要和气，不要一不合意就发脾气；不要倚仗有势力的人去欺压没有势力的人；这样做法，就像坐在危楼上一样危险。"

"不遵守自古以来的老规矩，不尊重佛爷、老年人，不听父母的话，是不对的。看不起女人和小孩，喝很多的酒，每天睡得早，起得迟，这都是不对的。"

"到外面去不要单独走，不要说谎话，不要和妇女开玩笑，白天不要贪睡，不要听是非，不要说这人好那人不好，不要在背后说别人的坏话，座位要分清楚有尊有卑，不要乱坐长辈和长官的位子。"

"不要逞自己的能干，不要嫉妒别人有钱和有名誉。"

"在大庭广众的面前不要讨账，这会使别人难堪的。过去陈古的话，不要再提。"

"借别人的东西应有借有还，在人多的地方不要说别人的坏话，这会使人心中难过的。别人不问你的话，你不要插嘴，别人问你什么，你就答应什么。别人和你谈话还没有谈完，你不要走开，等别人话说完了然后再走。不关自己的事不要管。应有耐心，能吃苦，好好做事情，起早睡晚，不要贪玩耍。"

"土司和土司的夫人，以及所有为妻为女的，不要和她们玩笑。这样做，将来会使自己丢脸的。"

"大象、火、水、爬高树、骑牛骑马，这些都不要乱玩。乱玩是会损害自己的。"

"不要接近犯人、强盗、小偷、流氓，更不能和他们交朋友，这会使你变坏的。"

"犯过罪的朋友，与土司一起住过的人，陌生的人，都不要和他们同住，他们会引诱你走上犯罪的道路，或偷掉你的东西。"

"不要和订过婚的女人在一起，这样会使她的未婚夫不满意。"

"不要陷害别人和放毒给别人。有琵琶鬼的人不要接近，他们是害人的。"

"孩子，你们应接近医生、占卜者、教师和比你有学问的人。"

五个弟兄听了都很高兴，遵照父亲的话去做。

教训妇女做媳妇的礼节

一个当家妇女应该怎样做？

在一个家庭里当一个主妇，遇着的困难是很多的，必须记住这些道理，细心地料理家务。

做个女人你不要想可以独立自主，你必须结婚。女人上了男人家的门，大小事都要会做：每天楼上楼下都要扫，屋里的事样样要理清，做这些事要耐心，不要发脾气，别再像那小姑娘一样，跳跳蹦蹦。要爱护自己的亲人，别再玩小伙子，惹起丈夫的疑心。安下心来把家管，看守家门，一边织衣，一边织几块红线包头巾，缝几条花腰长裙新衬衣。这些事情样样都做好。还要思念父母养育的恩情。对待丈夫要耐心，煮饭做菜，盐巴要调匀，说话要轻声。男人上山砍柴去，你赶快做完了事就按时去迎接，问声你从哪里来，辛苦了，请休息吧！丈夫进屋来，连忙摆饭菜，请丈夫来吃饭，端茶倒水侍候在跟前。吃完饭，洗碗、扫地，接着去把猪鸡喂好。稍歇一下去纺线，纺到天黑，放下纺车，抱柴去煮晚饭；饭好后，先请男人，后请父母，去请一次就要跪下来抬起手；男人起身，自己跟在后，等男人坐下自己才坐下，等男人先拈三筷菜自己才拈菜，这样才能把福气沾。晚饭后收拾停当，又去纺线；纺线纺得二三两，鸡叫月亮上树梢，全家人都睡静，轻轻走到床前，先向男人磕三个头，再解开发髻，手捏头发扫三次男人的脚底心。枕头要比男人的枕低四寸，不能同男人的头平起睡。天亮之前就起床，快把火吹燃，吹火要轻轻吹，免得柴灰入眼睛。生起火来煮上饭，拌熟之时才把冷饭掺进去；灶旁边烧下三壶热水，等候男人起身。天大亮了，就打扫庭院；这时候饭已蒸熟，把饭倒在竹席上，让凉风吹去热气，先拿一点供在神龛上，再用饭盒、饭坛来装好。装好饭后，将锅歇上，等会儿再炒菜，先去舂米和挑水。这时男人已起身，快把洗脸水端上去，双手摊开毛巾献给他。接着去炒菜，一碗一碗摆好了，恭请丈夫来吃饭。饭后收拾好，腰上束着装刀子的竹箩，邀约几个姐妹朋友上山去拾柴，时间不要长，柴要找得多，高高兴兴转回家，看看水缸干了没有。家务是天天细心做，一来不会辜负老人的嘱咐，二来赢得邻舍称赞你是好媳妇。如果有福气当头人的媳妇，可以昂头阔步了，但须记住几件事：不要骄傲，不要自满，对待家奴要和蔼，早晚出门不要单身走，并将百姓送给你的东西分赠给你的朋友，说话要庄重，这样才是（召南）头人的媳妇。家奴爱你，百姓拥护你。

哪些是不好的事情？同样也指示你：对男人不好的女人，不会理家务，没有人爱护，只好离婚两分开。劝大家，千万莫偷懒，免得闲言闲语，说你是狠心人，没有人要你。教育你，你不要听，反以言语咒男人，这样大家就以死鬼寡妇看待你。另一种是你不肯上男人家，男人到你家，你便离开他，不煮饭烧菜，这种女人就没人敢要她。

有关丧葬礼俗

一、成年人与未成年人的丧葬。

（一）一家或一寨同天死两人，后死的先葬，先死的后葬。

（二）七岁至十五岁的小孩死后，不能请和尚去坟上念经。

（三）十五岁至二十岁死的，可以追悼，并请和尚送至坟上念经，但不能念古刹那经。

（四）三十岁以上的死去，追悼，请和尚到坟上念经，并念古刹那经。

二、丧葬仪式的各种区别。

丧葬仪式，有亲疏和贵贱的不同，也有孤魂、凶死的不同，大略如下：

（一）不是父母的亲友，而是外人在自己家里死去，不能算为寨子内的鬼，不由寨子内处理；死在谁家，由谁家负责，只能用两个人抬出去埋，给抬的人工资九成银一钱，给寨子的礼肉折银一两。

（二）不管男女，离婚后死去，作为单身人看待，给寨子的礼肉折银一两五钱。可用四人抬，给抬的人每人工资银一钱。

（三）夫妻中的一人死去，或者男的是头人，都以双人看待，应给寨子的礼肉折银三两三钱。用四人抬，给抬的人每人工资银一钱。

（四）叭级的头人死去，给寨里的礼肉折银六两六钱，不制作"帕萨"（亭子样的冥房），可以做一个小的冥房。

叭竜和宣慰土司的亲戚死去，可以制作一个"帕萨"，但只能做三层。给寨里的礼肉折银五两五钱。给编"帕萨"的工资一层三两，共九两。棺材上可以贴用金箔做的两朵花。

宣慰和祜巴勐死去，"帕萨"可以编五层，棺材上可以贴十二朵金花。给"帕萨"钱（十五两）和其他的费用（工资）共三十三两。用人拉，不用人抬，丧架上可以做龙头。

宣慰的弟兄、小祜巴、大佛爷死去，可做四层的"帕萨"，给抬丧的工资五两。"勉暖酒"（丧架）不能做龙头，用人拉，不用人抬。

（五）跌死的、水淹死的、犯法死的、患痢疾死的、肿病死的、被马牛踢死的、被野兽咬死的，这些人都不追悼，也不念经，死后就埋，若是追悼、念经，则全勐和全寨都会不好。

（六）在江河里淹死，在山上和从树上跌死的，不埋，死在哪里就在哪里。水淹死不捞尸，死者身边的东西不能带回家，他留在家里的东西可以赊给佛爷。

（七）死者入棺后，还有响动，是因为死者想念着他的东西，就要编芭蕉盒（用芭蕉树干编的）八个，把家里所有的东西都拿一点装在里面，并请四个佛爷念经，经念后，把芭蕉盒和棺材一齐送到坟山上。如果不照这样做，以后家里是不好的。

（八）埋葬的日子如果不好，尸就不腐，要把死尸挖出再用火烧。如果不这样做，会使寨子不好。

（九）被树倒房倒压死，很快就埋，并编一大篾盒，内装泥做的各种动物，如猪、牛、马、象等各一百样和白石头八个，请莫勐来送，和尚佛爷念经，念后把尸抬出去。然后再念经一次，请佛爷把八个白石头分别埋在寨子的四方，先东方，次北、南、西三方。

（十）死后又活转来的，女的不能再住在本寨，若是已嫁的青年妇人，应离开丈夫嫁到远处；男的则去做和尚。若已娶妻，妻不认他为丈夫，还是要去做和尚。

这是麻怡虎召勐景迈所规定的；如果不遵守，就会灭亡。

经商牛队的规矩

宣慰使及各勐土司派赴盐井运盐的牛称"火赖"、"火迈"，赶牛的人称"乃怀阿那蚱都答"。全部牛运队的管理人有三个：正领队称"乃怀"，副领队称"乃怀西"，伙食、账目管理者称"乃租号"。

据说这规矩是很早由"叭桑目底"（权力、智慧的代表）定出来的，称运盐叫"爸力租"。

在运盐队的前面，一个打前站的先去找好歇宿的地方，搭好草棚。草棚的中央有供神的神柱四根，一根是宣慰使的神柱，三根是正领队（乃怀）、副领队（乃怀西）、伙食账目管理者（乃租号）的神柱。每柱相距八寸，柱下端接连地面的三尺作八方形，三尺以上作圆形。做神柱的树干须剥去树皮，直径六寸。若不是宣慰使的运盐队，神柱的直径只能是四寸。

搭草棚的横梁，头向东，尾向西，下支小柱九根。若不是宣慰使的运盐队，不能作此方向。

另一个草棚是专住赶牛的人，神柱较小较低，小柱是九根。草棚盖四面，中间留一孔。

每天走半日，住半日，到歇宿地住下以后，在当地购买做"神旗柱"的直木一根（宣慰使的商队还未出西双版纳时，土司的商队还不出所辖勐时，不必出钱买神旗柱）。柱上悬挂白色的神旗。升旗由"乃怀"主持，日落时降旗由"乃怀西"主持。如升旗时"乃怀"不升旗，由"乃怀西"罚他出银十两三钱；降旗时"乃怀西"不降旗，（约在下午四点钟，降旗后吃晚饭——译者）由"乃怀"罚他出银十两；但在神旗还没有降下前，有外人来摸着旗柱的，罚银三两三钱；如是自己人，则罚银三两、酒一瓶。

草棚里的四大神柱不能倚靠，如有外人来靠着"乃祖号"

的神柱，罚银六钱五分；靠着"乃怀西"的神柱，罚银二两六钱五分；靠着"乃怀"和土司的神柱，一样要罚银（罚银数原缺——译者）。

"乃怀"等三人，有三个随从专门搭棚，收铺。

在放牛时候，"乃怀"在前，"乃怀西"在中间，"乃祖号"在后面。放牛的地方，由"乃怀"划好目标范围，如在目标范围外损失了牛，放牛的人应照价赔偿；在范围内则不赔。倘若牛在范围内死了，大家应同吃牛肉，共赔牛价三分之一，不吃牛肉者不出钱。在竜山或虎豹出入的地方住宿，每一个赶牛的小队，应拿火把三把，大树三根——每根三拿，集中到"乃怀"、"乃怀西"住的地方，"乃怀"夜间要起来查看三次。大家已拼凑了柴火，夜间仍失落了牛，"乃怀"赔三分之一，"乃怀西"和"乃祖号"赔三分之一，赶牛的赔三分之一。如不拼凑柴火，夜间失落了牛，"乃怀"、"乃怀西"、"乃祖号"就在赔偿中不负责任。如在白天失落牛或被人偷走，由赶牛的大家赔。

牛在半路上跑回去，由"乃怀"、"乃怀西"、"乃祖号"率领一部分人去追回。

在上路时，"乃怀"在前面领队，遇有危险和岔路的地方，用树枝拦好，使牛不致失足。否则，跌死了牛，由"乃怀"赔偿。

赶牛的人每人管五头牛，前管三头，后管两头。如有失落跌伤等情，赶牛的人负责赔偿。

牛头下的牛铃和"榜郎"等失落时，应由管牛的人赔偿。

至某勐某寨住宿时，先要派人问清某勐某寨的规矩。

有别的牛来跟着牛队走，应告诉走回头路的人把消息传下去，说明这牛由某某地跟着我们，叫派人来清理回去，如遇不到回头的人，在歇宿的地方应贴出招贴招领，连续七天，到第八天还无人来认领，就可以杀吃。如在第八天杀牛以后，牛主赶来领取，给他一半牛肉；如还未宰杀，牛主应以半价赎取。其他猪、马等，也同此例。

在歇宿地，有外人用雨伞、雨帽或所背东西放在马鞍或驮子上的，罚银十两。外人带刀走入歇宿地，也罚银十两，骑牛马进入的，也罚银十两。

赶牛人将饭甑弄倒，罚银一钱五分，鸡五只。并给"乃怀"拴线银一钱，鸡一对；给"乃怀西"拴线，银三钱，鸡一只；给大家拴线，银三钱，鸡一只；给牛拴线，银三钱，鸡一只，还要送鬼。

如"乃怀"把饭甑弄倒，罚银十两，还要送鬼。

大家杀牛，或杀猪吃，牛头、猪头应当给"乃怀"。

防火通告

议事庭遵照宣慰使指示，通告各村各寨以头人为首的百姓，傣历五月至九月，这一时期是"大太阳"阶段，应该注意防火，吃了早饭后火塘应该熄灭。如果不遵照办理，发生了火灾（对失火者——编者注）要坚决处理，严重的要判徒刑。

勐海傣族寨规与勐礼

十二条寨规

一、吃，要按祖宗的礼；住，要按父母的规。

二、到哪里居住要供奉哪里的寨神。

三、到哪里安家，必须供"家神"。来客必须尊重"家神"，若把马拴在主人的神柱上，要罚款十二元；弄翻（架锅的）"三脚架"要罚款十二元。

四、住在哪个寨就要服从哪个寨的头人管。

五、住在哪个寨要遵守哪个寨的寨规，就是说："到哪山砍哪山的竹子做篾绳；到哪个勐哪个寨必须按哪个勐的规矩办事"。

六、祖宗传下来的习俗，不得丢掉，丢了祖传的规矩必死，犯了头人（定的）规矩必亡。

七、进寨要报，出寨要告。要到什么地方必须先拜告"寨神"，然后用三元钱，一瓶酒，一盒槟榔，一对蜡条向村寨头人请求批准，违者罚款十元。

八、出门做事必须向"家神"念经告别。

九、出门做事，要向父母亲戚告别。

十、搬家逃跑者，一切财富不得变卖；死了的财富归亲戚；外出的财富归头人。

十一、到那勐必须服从那里召勐的法规，按那里的规矩办事。

十二、到那寨必须服从那寨的规矩，按那里的规定办事。

十四条勐礼①

一、召勐的死在别勐土地上，必须把遗体运回本勐；如无法运回，脑袋不得丢失。如果召勐的脑袋被敌方拿去，全勐的百姓，要向敌方投降认罪。召勐病死在家里或外地，必须用火葬送上天，赶三天"大摆"，请佛爷、和尚念"巴塔龙"经昼三次。

二、人死逢十五、三十两日（冷那、冷丙），不得请佛爷、和尚念经化斋。妇女怀孕而死，必须剖腹深埋。

三、因肿病而死的人不得火葬。

四、和尚不得死在家里，若病死在家里，必须请佛爷、和尚念经送鬼，费用由父母负担。凡无亲属之大佛爷死了，由本寨各户摊派送葬费。

五、俗人不得死在佛寺里。

六、子女出嫁上门后，不得回家死在家里。

七、别勐别寨的人来死在本勐本寨，必须"买土盖脸"，否则，不得埋入土。

八、凡本勐土司生了子女，全勐的"波占"（经师）、莫勐（卜卦者）、属官、波郎等头人，要向召勐祝福送礼，向公主、王子拴线祝福。

---

① 前七条是死的礼，后七条是生的礼。

九、女子出嫁到别家别寨，不得回娘家生儿育女；别寨的人因事到本寨，而在寨生小孩者，必须满月后才能离开寨子，否则，发生一切祸害，要由她负责任。

十、生双胎者，以后出生者为老大。

十一、一个家里有两人同时怀孕，同一时间生娃娃，必须分开，一个在家里生，一个在家外生，要吃一锅菜，同吃一盒饭。

十二、不论人或牲畜，有两个头的不准留在寨里。

十三、不论人或牲畜，生来缺手短脚的不准留在寨里。

十四、手脚生六指的孩子，不准许在寨内养，至少要满月以后才能回寨。

十五条教规[①]

一、佛爷、和尚不得私自乱拿佛寺的佛衣穿用。

二、佛爷、召勐、头人必须尊重和严守教义，不得用新的礼教取而代之，违者有罪。

三、不得用佛寺里的砖头、木料盖房，修仓。

四、佛爷、和尚不得谈论国事和寨内的事情；不得佩金银首饰；不得做生意；不得玩女人。

五、有人到佛寺里去玩，佛爷、和尚不得谈论有关婚姻、丧事、牛马牲畜之类的话。

六、佛爷、和尚不得穿衣披毯去"串"姑娘。

---

① 一至三条是教礼，四至六条是教人行善的礼，七至九条是地方的礼，十至十二条是召勐、头人的礼，十三至十五条是为人子的礼。

七、本勐本寨不得请外勐外寨的人来当官办事。

八、本勐有规，本寨有礼，不得用外勐的规、外寨的礼来代替本勐、本寨的礼规。

九、各勐必须按各勐的规矩办事，各勐土司必须住在各勐；一勐不得有二召，一山不得有二虎。

十、当召、当帕雅的人，要注意百姓犯不犯罪；歧视佛爷或不赕佛的人，有罪无理。

十一、当召、当帕雅的人，不得应用别勐的法规来解决本勐的事；不得用别寨的礼来处理本族本寨的纠纷。

十二、当召、当帕雅的人，不懂"三规"（教规、赕佛规、头人规）或轻视亲戚家族的，有罪无理。

十三、当百姓的人必须有三个父母：第一个是亲生父母，第二个是哥哥姐姐，第三个是寨里的老人、头人。这三个父母都要尊重、孝顺，违者无理。

十四、子女长大后，必须替换父母负担和劳动，孝敬父母，若东奔西跑，不孝敬父母者，有罪无理。

十五、父母老后，无力劳动，子女不得打骂父母；不抚养父母者，有罪无理。

佛寺六条纪律

一、佛寺的大佛爷，如没有新的佛爷替换而私自还俗，或者搬走逃跑的，寺内的东西遗失了多少，必须由大佛爷本人赔偿，违者无理。

二、不满一百户的寨子，选升"古巴"者，有罪无理。

三、身为一寺之主的大佛爷，不得歧视外来的其他佛爷或其他佛寺的佛爷；得了钱财不分给其他佛爷者，有罪。

四、身为佛爷，如不按照十五条教规办事，或者办了不符合"佛祖、经书、众教律"意旨之事者，有罪无理。

五、年轻的佛爷，每年关门、开门节，必须集中到城内向全勐"松领"和大佛爷"苏玛"（忏悔和祝福）。关门、开门节内，是召勐分封官职给头人的好日子，关门节时分封村寨头人，开门节时分封城子的头人。关门、开门节期间，本勐土司必须写信向"召片领"祝福忏悔，买勐封官，违者有罪。

六、佛爷、和尚在寺内玩弄女人，不行善者，要罚一万两黄蜡，一千两银子，要忏悔认罪。若在寺外不行善者，罚一千两黄蜡，一百两银子。

经商三条规定

一、贱买贵卖，买少卖多者不对。

二、两杆秤、两个箩箩做生意不对。

三、插手倒卖东西者不对。

召勐五条法规

一、别勐的法规不得用来治理本勐。

二、别勐的人或无家族的人，不得请来当本勐的"召"（土司）；也就是说："四方布不能做口袋，外地人不能来当官。"

三、召勐王公贵人，不得同百姓结婚。

四、不得与买来的奴才结婚。

五、小勐不得立宫殿，小勐土司不得同大勐土司相等，不准打金伞,不准带宝刀;小头人不得同大头人相比;百姓不准同召勐、头人相比,不准有官家的架子,用东西、穿戴服装不能与召勐同样。

本勐所有土司、头人、教徒须知:是召,必须懂十二条规矩;是头人,必须懂十四条礼;是教徒,必须懂十五条教规。是召要有善心;是头人要无私;是教徒要慈善。当召,要使本勐本寨繁荣;当头人,要使百姓喜欢;黑心的人不能当头人。不该死的人,不杀;不该罚的人,不追。在地上的人使之莫哭;在树上的人使之莫笑;毒蛇不该愤怒;田鸡不该让死;罪大的人罚一百块;罪小的人罚酒和槟榔。独木不成林,独话不成章。当召要想万桩事;当头人要想千种法;当召要有千只眼;当帕雅要有千只耳。建勐必有召,建寨必有头人和召曼,种田必有水沟,建勐必有召勐。百姓越搬家越穷;病人病得越多越会死。当召要记礼,当"卡排"(奴隶)□□□。只有这样本勐才能繁荣,百姓生活才幸福。

西双版纳傣族法规

兴安竜（大法）

一、凡谋害召片领者：

头等罚款：银三"闷"，金三"版"；二等罚款：银二"闷"，金二"版"；三等罚款：银一"闷"，金一"版"。

若从宽处理，不罚款，则以赎金赔礼：

头等，银九"版"，金九"怀"；二等，银三"版"，金三"怀"；三等，银一"版"，金一"怀"。

凡不接受以赎金赔礼从宽处理者，则按谋害召片领罪论处。

二、凡版纳的召版纳或勐的召顿帕（一级土司）谋害召片领者：

头等罚款：银三"版"，金三"怀"；二等罚款：银二"版"，金二"怀"；三等罚款：银一"版"，金一"怀"。

若从宽处理，以赎金赔礼：

头等，银九"怀"，金九"伴"；二等，银三"怀"，金三"伴"；三等，银一"怀"，金一"伴"。

凡违背勐的盟约，亦按此条款处理。

三、凡战火烧到勐，不共同抵抗者，按规定罚款：

勐罚银一"兰"；寨罚银一"气"。

四、凡谋害召顿帕（土司）者罚款：

头等，罚银一"版"，金一"怀"；二等，银九"怀"，金九"伴"；三等，银七"怀"，金七"伴"。

从宽处理者，贡礼银三"怀"，金三"伴"；若要求减轻者，贡礼银二"怀"，金二"伴"；再要求减轻者，贡礼银一"怀"，金一"伴"。

五、赦免罪者，赔礼条款如下：

（一）凡属召勐家族和有官衔之功臣犯罪赦免者，应做"顿罗罕"（金花束）贡献给主（召片领或召勐），表示感恩。

头等，做金花一百束；二等，金花八十束；三等，金花六十束。

（二）没有官职的家族、亲族犯罪赦免者，送礼如下：

头等，四十束金花；二等，三十束金花；三等，二十束金花。

（三）乃曼的家族被赦免者，送礼是：

头等，十八束金花；二等，十六束金花；三等，十四束金花。

（四）象官、马官、牛官的家族被赦免者，送礼是：

头等，十六束金花；二等，十四束金花；三等，十二束金花。

一束金花等于一两金子。凡做"顿罗罕"一束，金一两附加四钱（即一两四钱）；一百束金花，金一百两附加四十两，称做"汉顿罗罕"。

象官、马官、牛官、步行官的家族送的礼是"顿罗恩"（银花），每做一束银花，银一两，尾加二钱，即一两二钱；四十束，即四十两，尾加八两，这叫做"罗梅恩"（银花）。

六、凡谋害召版纳、召勐、帕雅竜、帕雅囡以及勐的怀郎者：

头等罚款：银九"怀"九两，即三十八两七钱；二等罚款：银七"怀"七两，即三十两一钱；三等罚款：银五"怀"五两，即二十一两五钱。

宽大处理者，送礼银五两。

所有百姓，包括勐的官员、村寨头人在内，凡不执行从宽处理者，按前述罚款条文处理。

民事纠纷罚款条例

一、百姓之间发生纠纷，罚款：

头等，罚银三"怀"三"伴"；二等，罚银二"怀"二"伴"；从宽处理者，罚银一"怀"一"伴"。

二、凡百姓纠纷，经处理不服，上诉到官家者，罚银一"怀"，附加一两。

三、犯上罚款：

凡触犯召的儿子拉鲊兵鲊翁这一级，必须按小帕雅级官赔礼；触犯帕雅竜级和召版纳的儿子，与触犯拉鲊翁级官同罪。

凡触犯帕雅竜者，赔其第一次接任费，碎银五两；触犯小帕雅者，赔碎银四两；触犯拉鲊级官者，赔碎银三两；触犯拉鉽级官者，赔碎银七"伴"（即二两三钱一分）；触犯闷竜级官者，赔碎银二"伴"（即六钱六分）。

四、百姓纠纷，赔礼银一"伴滇"一"伴来"（一"伴滇"即银三钱三分，一"伴来"即五成银三钱三分）。

在路途发生的纠纷，赔礼银一"伴"；在街上发生纠纷，赔礼酒一瓶，槟榔一串，不应罚款；在路途或街上触犯召庄，应判其给召庄"拴线礼气"。"拴线礼"银二"伴"（即六钱六分）、鸡两对、酒两瓶。

触犯一般头人，赔礼银一"伴"（即三钱三分）、酒一瓶、鸡一对。

百姓之间相互纠纷，赔礼银"伴滇伴来"、鸡一对。

以上条文规定属于相互赔礼，不是罚款。

上诉献礼条例

一、纠纷处理不服，上诉至勐的议事庭，双方各送礼酒一瓶、槟榔一串、猪一口；上诉到（宣慰使）议事庭，各送礼银一"怀"、酒一罐、槟榔二十斤、猪一口。如果一方没有，单由一方出也行。

二、在"贯"（地方议事庭）得到处理解决，不用送彩礼，只需送解决问题的礼银一"怀"、猪一口、酒一罐、槟榔二十斤。此外还须送赎罪银（五成银）一"怀"（傣语称"怀来"）、洗过失银"怀戛"（即四成银一"怀"）、洗黑锅银五"伴"、洗口舌费五"伴"。

杀人罪的判决

凡儿子杀父母致死者，要使其无依无靠（无法生存），应该把手脚砍掉，让其受罪至死，这样判决才合理。

诬陷罪的判决

道帕雅、百姓、阿曼，不论是谁，有了冤枉，把事因告到勐里，在职的官员，必须对诬陷他人的罪犯按情节轻重情况，进行处理。重者，罚实银三"怀"（九两九钱）三"伴"（九钱九分）；轻者，罚空银三"怀"（六两六钱）三"伴"（六钱六分）。若罪犯坦白，可视情况，按等级酌情从宽处理。

财产分配法

父母死前没有留遗嘱；父母的兄弟（亲戚）、祖父母、公婆死前没有留遗嘱，后来儿孙亲戚相争继承家产，应该按照古规将财产平分三份，一份为死者赕佛超度，一份给儿孙亲戚平分，一份给召勐。

犯上的处置

徒弟反师傅，农奴反召勐，百姓反对官家，儿子反对父母，这些人不懂人性，都是有罪过的人，不应该判处他们有理。

争田地的处置

争田地。不论争财产、争田、争勐或寨子地界，还是争山地、园圃、秧田的地界。哪一方理亏逃走，他必须做"沙"给有理的召勐，并点火进（原文直译，不知其意）；同时，罚银九"怀"九两（即三十八两七银）。如果属于寨子地界、田界、山地界，追方（即主人一方）必须问清情况，可罚银五"怀"五"伴"或三"怀"三"伴"。罚款时，不用举行点蜡条、滴水的仪式。

偷盗和破坏生产的处置

一、偷鸡一只，赔九只。一只鸡折价一"粉"（金），折合空银一"伴"（即二钱二分）。

二、偷鸭一只，赔九只。一只鸭折价银一"伴"（三钱三分）。

三、偷黄牛一头，赔三头，连同偷的一头共四头。

四、偷水牛一头，赔三头，连同偷的一头共四头。

五、偷一个人，罚三个，连同偷的一人，共赔四人。

六、偷金，偷得一"版"罚九倍；偷一"伴"至五"伴"的，罚三倍；偷"怀"至"版"的，罚二倍。

七、偷银，偷一"版"，赔九倍，即一两赔九两，一"版"赔九"版"；一"闷"赔九"闷"。

八、偷盖房子木料，留在山里未拿回寨者，罚银三"怀"（九两九钱）。

九、凡骑水牛、黄牛、马和驴，踏过刚糊的田埂或当天已平整即将插秧的田者，罚银一"怀"（空）（即二两二钱）；骑牛马过秧田，罚银三"怀"三"伴"（即十两八钱九分）；凡骑马、驴、黄牛和水牛，闯过刚扬花灌浆或谷穗已低头的稻田者，罚银五"怀"五"伴"（即十八两一钱五分）。

十、偷竹笋一枝，罚银一"伴"（即三钱三分）。

十一、偷竹子一棵，罚银"怀伴"（即五成银三两六钱三分）。

十二、偷砍围田的篱笆，罚银一"怀伴"（空）（即二两四钱二分）。

十三、用刀砍房柱，罚银三"怀"三"伴"（即十两八钱九分）。

十四、偷捕鱼塘的鱼，罚银"怀伴"（即三两六钱三分）；所得的鱼，一尾也不能拿走。

十五、用刀砍别人抬着的树，罚银三"怀"三"伴"（即十两八钱九分）。

十六、偷鱼塘的鱼，水还没有放干，也未得鱼者，罚银三"怀"三"伴"（即十两八钱九分）。

十七、偷鱼笼罚银一"怀伴"（空），偷两个口的鱼笼，罚（空）银两"怀"两"伴"（即四两八钱四分）；偷大鱼笼，罚（空）钱三"怀"三"伴"（即七两二钱六分）。

十八、偷拆街栅，罚银三"怀"三"伴"（即十两八钱九分）。

十九、偷拆田房，罚银三"怀"三"伴"（即十两八钱九分）。

二十、偷放水坝的水，罚银四"怀"四"伴"（即十四两五钱二分）。

二十一、偷砍拴牛杆，罚银三"怀"三"伴"（即十两八钱九分）。

二十二、未经借用手续，把别人的拴牛杆拿去拴牛，罚银"怀伴"（即三两六钱三分）。

二十三、在别人设的"水坝"上偷放鱼笼，罚（空）银二"怀"二"伴"（即四两八钱四分）。

二十四、用枪打鸟，鸟落在别人正在打谷的谷堆上，罚银三"怀"三"伴"（即十两八钱九分）。

二十五、用枪去打停在别人谷堆上的鸟，罚（空）银二"怀"二"伴"（即四两八钱四分）。

二十六、用枪去打停落在已割倒的稻谷上的鸟，罚银"怀伴"（即三两六钱三分）。

二十七、用枪去打停落在别人家屋顶上的鸟，罚银"怀伴"（即三两六钱三分）。

二十八、不经过主人同意，即住入别人家；主人不知道，就擅自上竹楼，主人可罚银"怀伴"（即三两六钱三分）。

二十九、住这一家，到另外一家去洗脸，被主人发现，主人可罚银一"怀伴"（即三两六钱三分）。

三十、在住的这一家泡了米，到另一家去蒸饭，蒸饭这家主人得知可罚银一"怀伴"（即三两六钱三分）。

三十一、偷房屋楼下的柴口，罚（空）银"怀伴"（即二两四钱二分）。

三十二、偷别人堆在山里的柴火，罚（空）银二"怀"二"伴"（即四两八钱四分）。

凡偷盗，该赔则赔，该罚则罚。

有关违犯水利的处置

一、派修水沟不去者，偷放别人田里的水者，都罚（空）银"怀伴"（即二两四钱二分）。

二、在别人田里挖水沟者，罚（空）银"怀伴"（即二两四钱二分）。

牛马进菜园

一、牛马闯入菜地，吃了瓜菜，价值多少，由公众查看后议定，让牛主赔偿损失，牛归还原主；经过三次调处，牛马还闯入菜园，园主可把这些牛马拴了交送召勐，因为牛主不听劝告，让他到帕雅召勐那里去赎回。帕雅召勐则教育牛主，并向他劝告；如牛主横蛮不听劝告，仍要再三教育，因为要保护牲畜。但必须由牛主赔还园主的损失，损失多少赔多少，不给罚款，作这样处理为宜。

二、拴住闯进园子里的牛，若不告诉牛主，牛死了，园主必须赔还牛主的损失，牛主则赔还园主地里的损失。

无事生非扰乱地方秩序的处置

一、无事夜间吹牛角，罚银五"怀"三"伴"（即十两八钱九分）。

二、无事白天吹牛角，罚银"怀伴"（即三两六钱三分）。

三、地方没有备战，没有战争，无故在夜间击鼓，罚银三"版"三"怀"（即一百零八两九钱）。

说明："兰"、"先"、"闷"、"版"、"怀"、"伴"，均为傣族计重单位，一"伴"等于三钱三分，十"伴"为一"怀"（三两三钱），十"怀"为一"版"（三十三两），十"版"为一"闷"（三百三十两），十"闷"为一"先"（三千三百两），十"先"为一"兰"（三万三千两）。凡计算单位注明"空"者，则不足该数，为该数的三分之二，如"怀空"只等于二两二钱,"伴空"只等于二钱二分,其余均可类推;若注明"滇"者,如"怀滇"、"伴滇",则标明为足,"滇"者足也。

又有的古抄本中还有"来仰"银,"来仰"是傣族古代的一种银锭。一"版滇"金,折三版"来仰"银,以此类推。

上述计算法是以景洪为代表的多数地区的习惯法为标准,唯勐笼地区略有出入,一"怀"等于三两五钱,也依此类推。

西双版纳傣族社会民刑法规

犯上法规

第一条，百姓路上遇着"倒叭"（头人）、"召勐"（土司）不及时让路，罚蜡条三千支"松玛"（赎罪）；倒叭召勐不让路给佛爷和尚，罚赎罪的蜡条五千支；和尚不让路给佛爷，罚赎罪的蜡条八千支；学生不让路给老师、徒弟不让路给师傅，罚赎罪的蜡条一万一千支。

第二条，百姓辱骂着和尚佛爷、土司头人及长辈，罚"罗梅顶"（蜡花）一束，跪着赎罪；被骂者用脚踏着骂者的头，口说"阿奴雅德"（恕你无罪了），才能起来；或用拳打头六至十下，然后放行；若不这样就罚银三百三十"罢"。

第三条，百姓得罪了土司头人，要按该土司头人受封时所出的"买官费"处以罚款，名曰"布扎"（赔礼道歉）。若赔不起"召"级的买官费，按"叭竜"级赔，若"叭竜"级也赔不起，就按"叭"级。或根据情节轻重，罚蜡条十、十五、二十对三等赎罪。包括得罪了还未受封的官家子女，也要罚蜡条赎罪或处以罚款。

第四条，学生告老师、徒弟告师傅、俗人告僧侣、随从告主子、儿女告父母、百姓告召勐，即使有理也不能让他们告赢，因这些人是不懂礼教、不通人性的。"诈勐"（有如法官）这样判决就合理合法了。

第五条，师傅、父母、召勐、祜巴、纳帕（圣贤）、阿章（祭佛师）、西纳阿玛（文武大臣）、西梯（富翁）、倒叭是懂经识礼、知识渊博、道德高尚的人，不能得罪他们，得罪了这些人，就没有依靠了。

第六条，拆毁佛像、佛寺、佛塔，砍菩提树，杀害无罪的僧侣、圣贤、祭佛师者，判处死刑，其子女罚为寺奴。

第七条，杀死召勐，判处死刑，其子女罚为召勐的家奴。

第八条，杀死父母，判处比死刑更重的刑法，就是砍去手脚，赶出勐界，让其活受罪一辈子。

第九条，砍"梅色曼"（寨子神树），要给"丢瓦拉曼"（寨神）赎罪，具体按该寨规矩办，若不照办，该寨人畜生病或死亡，由其负全部责任。

第十条，无大事、紧急的事，乱敲土司头人的大鼓，罚银三千三百"罢"。

第十一条，无大事、紧急的事，白天乱吹牛角，罚银一百"罢滇"；晚上乱吹牛角，罚银三百三十"罢滇"。

有关家奴的规定

第十二条，买卖家奴及家畜，都有一个试用期，家畜一至二个街期（五至十天），家奴一个月，在试用期内，若发现是鬼，如"披丝"、"披捧"及"披播"；或惯偷、惯骗、一贯欠账、一贯搞他人妻子；或害有癫痫、精神病、夜盲症、传染病、慢性病等，可以退回原主。若不准退，要罚三百三十罢滇。因为出售不健康的畜、家奴，是想让他人吃亏，就是嫁祸于人。

第十三条，家奴要出家当和尚，寺主必须征求奴主的意见，若奴主不同意就不能收。

第十四条，百姓要求做土司头人的家奴，以下六种人不能收：一、欠债；二、小偷；三、嘴硬傲慢的人；四、杀人犯；五、懒汉；六、骗子。

第十五条，男奴拐走人家的女奴，若只追回男奴，应将男奴出卖，按卖价赔一半给女奴主；若后来女奴也追回，女奴主应将那一半退还男奴主。若男女家奴都同时追回来，应将女奴卖给男奴主，让男女家奴结婚。

第十六条，两家的男女家奴相爱，若女方奴主愿卖，男方奴主不想买，以后家奴相约逃走，应由男方奴主按女奴身价赔偿女方；若男方奴主愿买，女方奴主不卖而造成私奔，就共同去找，这叫"有奴得祸"。

第十七条，拐骗他人家奴，又自动送回来者，不罚款，只赔误工费，每天按银十"罢"计。

第十八条，家奴逃走，不论与谁同路或到谁家住宿，已满三天不报寨上，也不通知奴主，以拐骗犯论罪，按家奴身价的一倍处以罚款；病死也要赔一半，若自杀、被杀、淹死、逃跑要收留户赔全价。若已报寨上，奴主找上门来，应由奴主开给收留户伙食费，每天以银二罢计。若通知奴主后，未来领走前发生病死、逃跑或其他原因死亡，收留户概无责任。

第十九条，家奴在农村的亲属死了，不能仗着土司头人之势，去抢占财产，只能按死者遗嘱办。

第二十条，土司头人的家奴，到农村与百姓结婚，家奴死了，其农村财产应归其妻儿继承，更不能将其妻儿拿来作家奴。

这是对土司头人的约束，目的是不让百姓绝种。

第二十一条，奴主将家奴打死，不能按人命案判处，首先应区别是有意或无意，若无意打死，不应降罪。若确是用凶器打死，也要搞清楚打死的原因，也许是因与人通奸、偷东西、挖得金银、其有罪怕主人告发治罪而要行凶等，应根据情节论处。若是有意打死，罚奴主三千三百罢。

破坏私人财产及农业

违犯家规

第二十二条，借宿者未经主人同意，自立或搬动火塘三脚石或三脚架，罚银一百罢滇。

第二十三条，在这家住宿，到那家洗脸，罚银一百罢公。

第二十四条，在东家泡米，到西家蒸饭，罚银一百罢滇。

第二十五条，戴篾帽、背挂包或背着刀子进人家屋里，罚银三百三十罢滇。

破坏房屋

第二十六条，砍他人楼房的柱子，罚银三百三十罢滇；砍他人扛在肩上的木头，罚银三百三十罢公。

第二十七条，用火枪打停歇在他人房头上的鸟，罚银一百罢滇。

第二十八条，晚上去摇晃或用石头木棒打砸他人的房子，罚银三百三十罢滇。

第二十九条，烧火不注意而烧了房子不应罚，因他的房子也被烧，根据情节，分三百、六百、九百罢三等出银，向火神赎罪。

破坏农业生产

第三十条，破坏水坝，罚银四百四十罢滇。

第三十一条，拆毁他人田房，罚银三百三十罢滇。

第三十二条，骑马骑牛踏着耙好整平的田，罚银一百罢公；踏着已栽的田，罚银三百三十罢滇；踏着抽穗的田，罚银五百五十罢滇。

第三十三条，未经田主同意，用鱼笼安放在灌沟中捕鱼，罚银二百二十罢公。

第三十四条，将鱼笼安放在田埂的水口处捕鱼，在孕穗时，罚银二百二十罢公；在抽穗时，罚三百三十罢公。

第三十五条，抢打歇在谷堆上的鸟，罚银二百二十罢滇；抢打谷席上的鸟，罚银三百三十罢滇；抢打割倒的谷把上的鸟，罚银一百罚滇。

第三十六条，水牛在秧田中打滚，应按秧田损失的大小，出"布扎"（赔礼）费，若不服，罚贝三千三百个。

第三十七条，犁错了田，以银二"罢"为"松玛"（即赔礼道歉）费。

第三十八条，不经田主同意，挖沟从他人田里经过，罚银二百二十罢公。

第三十九条，砍他人的槟榔树及贝叶树，罚银五百五十罢滇。

第四十条，砍他人的辣子树及绿叶树（傣族嚼槟榔的代用叶），罚银二百二十罢滇。

第四十一条，砍他人的芭蕉树，罚银一百罢公。

第四十二条，水牛黄牛吃刚栽的稻田，牛主要出鸡三对、银三罢、谷子及大米各三饭盒、蜡条三对祭谷魂；若在抽穗时，除罚牛主出三拳大（即三个拳头垒起来，用绳绕一圈，再用此绳去圈猪的胸部）的猪一头祭谷魂外，还要赔偿稻谷的损失。若田主已通知牛主三至九次，仍放牛来吃，罚牛主出银五罢及五拳大的猪一头祭谷魂。

第四十三条，栽了秧以后，不论牛吃或踏着，不分田头、田脚、田中间或沟头，都要罚牛主祭谷魂，谷魂是大事，要按"兴安竜"九级判处。

第四十四条，若水稻已成熟，被牛马吃着或在田里睡觉打滚，除要牛马主人赔偿全部损失外，还要罚牛（马）主出鸡一对、蜡条一对、大米一盒、酒一瓶祭谷魂。

第四十五条，牛马主人不拴、不用吊杆也不用人放牧，有意放牛马吃庄稼者，损失大，照价赔偿，损失小，分两等赔偿：一等：水牛一头赔田主九挑谷子，黄牛一头赔五挑，马一匹赔八挑；二等：水牛六挑、马五挑、黄牛四挑。因为谷米是人及"丢瓦拉"（神）的重要粮食。

第四十六条，水牛、黄牛、驴、马进他人园地糟蹋庄稼，损失多少，应折价赔偿，若园主已将牲畜送交主人达三次，仍放来吃，园主可将牲畜牵去送交叭召勐，让他向召勐去赎，让"召"教育大家爱护庄稼，管好家畜。

第四十七条，鸡、鸭、猪、狗进田吃谷子，田主通知家畜主已达三次，仍不管好，放出来吃，田主杀死后，自己吃一半，还家畜主一半，若畜主不来拿，将这一半献给叭召勐；若未通知畜主，田主折价赔偿畜主，畜主赔偿稻谷损失。

破坏牲畜发展

第四十八条，破坏放牧牛马的吊杆，罚银三百三十罢滇。

第四十九条，未经牧主同意，将放牧的吊杆拿去放牧自己的牛马，罚银一百罢滇。

第五十条，在寨旁安地弩、插竹尖，造成牲畜死亡，要赔偿；受伤，要负责医好；晚上，人去碰着而死，不追究责任，谁知他是去干什么坏事；白天碰着而死，要赔人命钱三百三十罢滇。

第五十一条，未经主人同意，将他人的象、马、黄牛、水牛骑走，被畜主发觉，罚银三百三十罢滇。

第五十二条，砍水牛、黄牛、马等家畜尾巴者，罚银三百三十罢滇，被砍伤的家畜要强制卖给他。

第五十三条，在他人的田地边放牧牛马，田地主自行把牛马放跑了，若发生被盗、虎咬、眼瞎、脚断等情，应由田地主人赔偿全部损失；若田地主人也警告三次，仍拉来放牧，以后放跑、被盗、虎咬、眼瞎、脚断，放者皆无责任。

第五十四条，有意赶牛去打架，造成脚断、眼瞎、角断、角掉、流血至死，皆由肇事者负全部责任，伤由他卖，死由他赔。

第五十五条，放牛在田坝中，牛将人触死，将牛卖了，赔死者一半，牛主一半。

第五十六条，两条牛打架，一条被打死了，应将打赢的那条卖了赔；若未死，应由赢方的牛主负责医好。

第五十七条，黄牛、水牛、马进田，被田主戳死了，由田主赔偿，并罚银三百三十罢滇。若牛未死，应将伤牛卖给田主，并罚银一百罢滇。

第五十八条，牛马进园子，园主将牛拴住，告诉牛主限期拉回，牛主未按期来拉而牛死了，牛主赔偿园子的损失，园主赔偿牛价。

第五十九条，将他人的家畜拴着不报，隐瞒下来，以偷盗论罪，按牛价加一倍罚款；若杀吃了，赔牛主三头，罚一头（召勐头人吃）。

婚姻

订婚

第六十条，订婚后，若不按期来结婚，可另找对象，原未婚夫不能有什么话说。

第六十一条，男方以礼物交给女方的父母，姑娘未同意，以后另找对象，不罚。

第六十二条，姑娘原来已同意，并接了男方的订婚礼物，后来又反悔另找对象，罚女方出银二百罢。

第六十三条，男方不知女方已婚而与之结婚，女方犯重婚罪，罚二百二十"罢滇"；若已知，罚男方三百三十罢滇。

离婚

第六十四条，丈夫离开妻子三年不归，就自动解除夫妻关系；若未满三年归来，仍是夫妻。

第六十五条，夫妻无法生活下去要离婚，若夫先提出，应补偿妻四百罢，并罚银三百三十罢滇；若妻先提出，应补偿夫五百罢，罚银二百二十罢滇。

第六十六条，妻子与人通奸，父母也不喜欢，因女方而造成离婚，罚女方三百三十罢滇。

财产处理

第六十七条，百姓与百姓通婚，男方不论有多少银钱财产，带去与女方同居生活，后来离婚，不能让女方赔还。

第六十八条，岳父岳母将女婿赶走，或因妻子与人通奸而造成离婚，女婿带来的财产要全部赔还。

第六十九条，两个相好的朋友，子女互相通婚，双方都带有财产，如金银、象、马、水牛、黄牛、家奴等。后来离婚，各人带来的归各人带走；共同创造积累的财产，先抽本再分利，利润分配，按双方劳动表现而定，若劳动表现一样，就平均分配；若表现不一样，勤劳的分三分之二，偷懒的分三分之一。

财产继承及债务清偿

财产继承

第七十条，招入的女婿不满一年，没有子女，种的田也未收，姑娘就病死了，岳父岳母应分给女婿适当的劳动报酬，女婿送给姑娘的聘礼，如金银首饰要送还，至于结婚时请客的费用就不应赔了。

第七十一条，招入的女婿满一年后，已收了一季庄稼，而姑娘病故，又无子女，岳父岳母应将他夫妻俩共同劳动所得的财产分一半给女婿。

第七十二条、夫妻结婚立户时，双方亲属曾支援，后来死了丈夫，夫方亲属要分财产，只能根据死者遗言及妻子的心意办，先死了妻子也同。

第七十三条，已立户的夫妻双双死了，又无子女，其财产应归双方父母，若无父母，应配双方的家族亲属，若无家族亲属，应分一半给叭召勐及"西纳"（大臣），另一半赕佛超度死者。

第七十四条，夫妻百头到老，无论谁先死，共同劳动积累的财产，男女双方家族亲属都无权来争，应由妻子儿女继承；若无子女也只能分走结婚时带来的财产。即使是其夫带来的财产若夫遗言要给妻子多少，也应照分。

第七十五条，祖父母或父母死前，未交代清楚遗产归谁继承，子孙后代为分遗产而告到官府，"诈勐"判决，应分三份：一份赕佛超度死者，一份分给子孙，一份装进叭召勐的箱子。

第七十六条，倒叭、"玛哈西梯"（富翁）或百姓，有金银借给子女另立户去经商或做生产垫本，父母死时交代下，应将这笔钱还三分之二或供养父母到死的子女，三分之一留给另立户，必须照办，若父母生前说不要他还，也就算了。

第七十七条，凡子女单独立户或与父母同居，只要他对父母有特殊贡献，应将遗产分一半给他。总之应根据对父母的亲疏、功劳大小来判决遗产的分配。

第七十八条，继父与母亲婚后所生弟妹，若父母死，财产应平分，因是同母所生；若父亲娶继母，所生弟妹，财产也应平分。

第七十九条，同胞子女与义子义女，在父母死后，其财产的分配是：同胞子女四分之三，义子义女四分之一。

第八十条，大小老婆所生子女，应平均分配遗产，不应歧视小老婆所生子女。

第八十一条，若父母死前未交代财产继承权，大小老婆子女分财产应该是：大老婆生的五分之三，小老婆生的五分之二。

第八十二条，父亲到另一家娶小，成了两个家，父亲未娶前，那边无子女，两家所生子女，有权继承各自的财产。另一家或其亲属家族无权去分。若父母死前明确交代，分给亲属家族多少，照办。否则，全部由各子女继承。

第八十三条，抢占他人的财物或田、地、园界，勐界村界，告到官府评理判决，谁告输，罚其"编沙"召勐（即召勐受封时缴纳的买官阶费）。谁告赢，要经受"点蜡烛闷水"的考验（即借神验证）。最后真正输的一方，罚银九百九十罢。若仅是寨、园、田界，输的一方，罚三百三十"罢"或五百五十罢，赢的一方，不需"点蜡烛闷水"，找当事人出庭作证即可判决。

债务清偿

第八十四条，借钱已付利息一部分，后来不论借钱人死了或未死，若无钱还本，应卖儿女还债。父母应留着承担门户，继续出"召"的负担。

第八十五条，倒叭（头人）或"西纳阿玛"（司署文武官员）向富户借钱粮不还，"诈勐"要保护富户，强制头人还债，"诈勐"得三分之一，赔债主三分之二。

第八十六条，丈夫借债不告诉妻子知道，丈夫死了，妻子可以不赔。

第八十七条，祖父母或父亲借债，子孙不知道，祖父母或父母在世，由他们还债，若他们死了，子孙只还本不付息。

第八十八条，借钱时没有讲利息多少，后来债主要利息，不应该给。若超过定期，年利一百"罢"应付息三"罢"。

第八十九条，专靠借债为生，不想劳动，屡教不改，亲属、家族及寨子上的人也因其欠债而曾受过牵连，其亲属、家族及全寨百姓有权集体将其出卖还债。卖得多少还多少，不应再连累亲属、家族及同寨亲人。

租牛租船

第九十条，租牛被盗，按原来议定赔偿，若还未犁田就被盗，只赔牛价不交牛租。

第九十一条，耕牛被累死或腰脱脚断，应由租牛者按价赔偿。

第九十二条，耕牛生病而死，没有事先通知牛主，应由租入者赔偿一半；若已通知牛主，应合作医治，若医治不好而死，那是命中注定，免赔。

第九十三条，若开荒田不知有主，开了以后，田主来认，不赔也不交租，应让开荒种五年，五年以后才交租或送还田主。开鱼塘也同。

第九十四条，租船，若船碰坏或被盗，应由租借人赔偿。

第九十五条，借衣服，若撕破、穿烂或被火烧坏，应照价赔还。

拾得财物

第九十六条，拾得黄牛、水牛、马、驴、鸡、鸭、猪、狗，不告诉寨里人知晓，自己杀吃了以偷盗论罪；若告诉寨上人知道后才杀吃，不罚，失主找到，照价赔偿，若还未杀，给一定报酬赎回。

第九十七条，在坝子中拾得水牛、黄牛，每头赎价银一百罢；若在山上拾得，每头赎价银二百罢；若从外勐拾得，每头赎价银：黄牛三百罢，水牛五百罢。

第九十八条，若过了地界拾得水黄牛，应对半分。拾得猪、狗、驴、马也同。

第九十九条，在坝子拾得鸡一只，赎价银二十罢；鸭一只，赎价银三十罢；狗一只，赎价银四十罢；猪一头，赎价银一百罢。

第一〇〇条，在坝子里拾得象一头，赎价银六百六十罢；从野象群中拾得象，每头赎价银八百八十罢；从勐界以外拾得逃走的象，分一半。

第一〇一条，拾得顺水淌下来的船，要向寨上报告，将船拉到寨中，不能藏、卖、斧破，船主来认，大船每张赎价银二百二十罢，中等船每张赎价银一百罢，小船每张赎价银四十"罢"。若拾得船不告诉寨上人，按盗窃论处，除赔船外，还要罚银一百"罢滇"。

第一〇二条，拾得衣服钱财，要在原地大喊三声："是谁的，掉在这里。"若无人来认，回到家告诉寨上人，若失主来认，还物主三分之二，拾者得三分之一。若拾得不叫、回到家里又隐瞒不告，问了才说，既不罚，也不给报酬，将原物送还失主就算了。

第一〇三条，若将东西忘记在寨上或屋内，物主来找，原物送还，不要赎金。

第一〇四条，谁挖到黄金白银，必须交叭召勐一半，倒叭不要再罚，因他只得一半，另一半不罚了。

受人之托

第一〇五条，倒叭将金钱、象、马、家奴、牛或其他物品托人看守保管，后来被保管者偷了，一定要赔还，三代人以后，物主的子孙也要负责赔清。

第一〇六条，两人将财物合在一起保管，甲将财物收回，乙说是甲偷了他的，应区别有意或无意，若财物相似，属于错拿，不罚，送还原物或按价赔偿；若财物并不相似，实属有意，应加一倍的赔偿。

第一〇七条，将财物寄留他人家，物主未告诉是什么东西，寄留户也未当面打开看，以后不论水淹、火烧或被盗，都不应由户主赔；若户主未损失，只损失托寄人的，应由户主赔偿。

第一〇八条，因事外出，将房子委托他人看守，若已承担了责任而不在心，该户财物被盗，抓着小偷，由小偷赔，抓不着小偷，由看守人赔。

第一〇九条，因有事暂将小孩委托亲朋邻居招呼，已受人之托而不负责任，致使小孩爬树跌下来、水淹、跌火、牛马踏而死亡，应由承担招呼的人赔偿人命银三百三十罢。

有关经商及交通的规定

有关经商的规定

第一一〇条，拆毁街房，罚银三罢。

第一一一条，将篾帽盖在马鞍子或马驮子上，罚银三百三十罢滇，因只有送丧的马才这样做。

第一一二条，戴篾帽、背挂包、背长刀坐在商人牛马帮的"开稍"（打尖）处，罚三百三十罢滇。

第一一三条，商队牛马帮到路上打尖或露宿，必须先由"乃怀"（百头之商）查看牧场后，随从按"乃怀"指定的范围去放牧，被虎吃了，随从无责任；若被盗，属于随从未看守好，应赔一半。

第一一四条，商队在途中打尖或露宿，若在白天放牧时，牛马被虎咬，应由随从赔一半，若晚上被咬，算主子应得的祸。

第一一五条，商队的牛马晚上被盗或被虎咬，应由随从赔偿一半，另一半分成三份，由"乃怀气"、"乃哈西"（五十商之头）及同伙各赔偿一份。（与前条有矛盾）

第一一六条，商队在打尖处，随从蒸饭，将甑子弄倒或饭泼出来，要罚随从银五罢，鸡五对"树宽"（叫魂）。另"乃怀"、"乃哈西"及同伙按人头及牛马头数，各出银一罢、鸡一对集中在一起"布扎可"（即送祸赎过之意）。

第一一七条，商队的随从将倒叭（地方头人）、"西纳阿玛"（司署文武官员）及百姓的饭甑弄倒，饭泼出来，罚随从出银三百三十"罢滇"，给主人家"布扎可"。

第一一八条，商队杀猪杀牛，应将猪牛头分给赶头把的人吃。

第一一九条，他人的牛跟着商队的牛帮走，要用竹片写通知挂在打尖或露宿的睡棚处。内容是："我们商队至此，不知谁的牛跟着我们的牛帮来了，望牛主速追上来领回，我们无力再放养。"连续写三天，若牛主来认，需出放牧费；若超过七站，无人来认领，可以杀吃；若在第八站以内牛主跟上来，肉还在，分一半；若已吃了，按半价赔偿。象、马跟着商队走，也按此原则处理。

交通规则

第一二〇条，砍寨门的竹栏杆，罚银八十罢；破坏围寨的篱笆，罚银二百二十罢滇。

第一二一条，骑马把人踏死，要赔偿人命；若未死，要负责医好，并罚银三百三十罢滇。

第一二二条，骑马，缰绳断；骑牛，穿牛鼻子的绳断；骑象，象锄断，要大吼："行人让路。"若叫喊而不让路，踏死无责任；若已来不及让路而被踏死，赔偿一半；若被踏伤，要出叫魂费一罢并负责医治好。

第一二三条，牵着牛将人踏死或将他人的牛触死，应由牵牛人赔偿；若牵牛人已喊叫而不让，牵牛人没有责任。牵马、象遇到此情也同。

第一二四条，走路人途中遇着牛帮，若走路人不让路，罚一百罢公。

第一二五条，牛帮遇着马帮，若牛帮不让路，罚二百二十罢公。

第一二六条，马帮遇着象队，若马帮不让路，罚三百三十罢公。

第一二七条，象队遇着车队，若象队不让路，罚三百三十罢滇。

第一二八条，车队遇着叭召勐，若车队不让路，罚五百五十罢滇。

第一二九条，因船长不负责而翻船，造成人及财物的损失，应由船长赔偿，若人被淹死，要赔偿人命银三百三十罢滇。

污辱妇女

调戏

第一三〇条，傣族拥抱着本族的妇女，罚三百三十罢公。

第一三一条，傣族拥抱着山区民族的妇女，罚三百三十罢公；山区民族拥抱着傣族的妇女，罚二百二十罢公。

第一三二条，头人甲拥抱着头人乙之妻，罚三百三十罢滇；召勐甲拥抱着召勐乙之妻，罚五百五十罢滇。

第一三三条，不论百姓或头人拥抱着叭召勐之妻子，判处死刑。

第一三四条，在衣服外摸他人妻子的乳房，罚二百二十罢滇；若在衣服内，罚一百罢滇（因女方同意才可能）。

通奸

第一三五条，山区民族与傣族妇女通奸，罚三百三十罢滇；傣族与山区民族妇女通奸，罚五百五十罢滇。

第一三六条，百姓与百姓、百姓与头人的妻子通奸，罚三百三十罢滇；头人与百姓的妻子通奸，罚五百五十罢滇。

第一三七条，头人与召勐的妻子通奸，罚七百七十罢滇，召勐与头人或百姓的妻子通奸，罚九百九十罢滇。

第一三八条，还未封官阶爵位的召与召勐之妻通奸，不罚，根据情节轻重，做十朵至一百朵蜡花向召勐"布扎"（赔礼道歉）。

第一三九条，山区民族与山区民族妇女通奸，罚三百三十罢滇；傣族与山区民族妇女通奸，罚九百九十罢滇；召勐与召勐之妻通奸，应给召勐"编沙"，即赔偿他被封为召勐时之"买官费"。

第一四〇条，傣族与傣族妇女通奸，罚五百五十罢滇；"哈滚西纳"（头人的家族）与百姓妇女通奸，罚七百七十罢滇；"哈滚叭勐召"（召勐的家族）与百姓妇女通奸，罚九百九十罢滇；若是叭召勐的儿子与百姓妻子通奸不罚，做"罗梅罕"（金蜡花）向其丈夫"布扎"（赔礼道歉），按情节轻重，分六十、八十、一百朵三等。

第一四一条，头人家族内部通奸，要做银花向其丈夫道歉，分二十、三十、四十朵三等；要是村寨头人的子女内部通奸，做银花向其丈夫道歉，分三、五、七朵三等；若是召勐之间的子女通奸，要做金花一株，头上一百朵，尾上四十朵，向召勐赎罪。

第一四二条，自大臣家族至村寨头人、管船官、渡口官、象官、马官、牛官等四个家族通奸，要做银花一株，头上四十朵，尾上八朵，向召勐赎罪。

第一四三条，不管是当官的或一般平民百姓，若到人家内房与有夫之妇通奸，被其夫亲手或请人将奸夫奸妇当场杀死，无罪，不准追究。

第一四四条，领有夫之妇下箐通奸，罚二百二十罢滇；若领上山坡通奸，罚一百罢滇（自愿）。

第一四五条，山区民族与山区民族；傣族与傣族妇女通奸，若是婚前的情人，只罚三百三十罢公，否则，罚三百三十罢滇。

强奸

第一四六条，马官强奸妇女，罚银二千二百罢；象官强奸妇女，罚银九千九百罢。

第一四七条，司署大臣及地方头人家族强奸妇女，罚银二万二千罢；小勐的召勐强奸妇女，罚银六千六百罢。

拐骗

第一四八条，百姓拐走百姓之妻，算"新安笼"（即大案大罪），罚银六千六百罢，若拐走后又送回来，不罚，因若不送回，还不知是谁拐走的呢？抵补"同床费"三百三十罢滇。若回来后，弄清楚并非女的自愿，要补罚九百九十罢滇。

嫌疑

第一四九条，甲说要到乙家去玩，到了乙家附近，不上楼去说明一下，又转到另一家，乙碰上问为何不上楼，支支吾吾就避开，这种形迹可疑的人，不是来串姑娘、偷东西、偷听话，就是与女主人有约会，可能女主人看到丈夫还在，而不敢赴约。若女主人没有情夫，丈夫不能怪罪。若是企图偷，罚银一百罢；若是情夫罚甲出银三百三十罢；若造成离婚，罚女方出银三百三十罢。

偷盗

偷家禽农副产品

第一五〇条，偷鸡一只赔两只，偷鸡诱子一只赔三只，罚银一百罢公，偷鸭一只赔九只，罚银一百罢公。

第一五一条，偷砍放在山上的木料，罚三百三十罢，偷搭桥的木头，罚银五百五十罢滇。偷楼下柴火，罚一百罢公，偷砍堆在山上的柴火，罚二百罢公。以上既罚还要赔原物。

第一五二条，偷竹笋一个或偷砍竹子一棵，罚一百罢滇。砍围园子的篱笆，罚三百三十罢公。偷围稻田的篱笆，罚三百三十罢滇。若水稻已收，罚三百三十罢公。

第一五三条，拿鱼笼偷放他人的鱼塘，罚银二百二十罢滇。若偷撒鱼塘，鱼未到手罚三百三十罢滇，若鱼已到手，没收并罚款。偷拿鱼的笼，密鱼笼罚一百罢公，鱼笼两边有门的罚二百二十罢公。稀鱼笼罚三百三十罢公。

第一五四条，偷谷子一箩还九箩。偷槟榔一串赔九串，偷十串罚五万贝；偷二十串，罚六万贝；偷一百串，罚三十四万贝。

第一五五条，偷他人田里的水放进自己田里，罚银一百罢公。偷犁、耙一件还九件，损坏要赔，另罚银八十罢。

第一五六条，偷下鸟的扣子或鸟，罚银四罢半。偷蜂桶一只，罚二千二百贝。偷土蜂儿一窝，罚银八十罢。偷砍有大葫芦蜂儿的树，罚银二百三十罢。

第一五七条，女人进他人家屋里偷看，不论白天或晚上，罚银一百罢滇。若作案未得逞，罚银三百三十罢滇。

盗窃牲畜财物

第一五八条，偷猪一头赔三头，罚银二百二十"罢"。偷怀孕母猪一头赔五头；肚中小猪，一头赔两头，偷阉猪一头赔九头。

第一五九条，偷羊一只赔三只，罚银四百罢。偷黄牛水牛一头赔三头，罚一头。偷怀孕的母牛，一头赔三头，肚中小牛，一头赔一头半。

第一六〇条，偷人一人赔三人，罚一人。

第一六一条，盗窃犯进房作案，被主人杀死无罪。若杀而未死，罚偷盗者三百三十罢滇。

包庇分赃

第一六二条，留小偷宿食者，区别两种情况，若主人明知是贼不报，属有意包庇，与小偷同罪，酌情罚款；若主人不知是贼，办案明智的人，应依靠主人提供线索，将案查清，不应降罪于主人。

第一六三条，小偷偷了他人的东西，却从另一户家中查获赃物，户主与小偷同罪；如果是户主协助才抓到小偷及赃物，应奖。

以盗窃犯分赃者，以后发觉，同罪。

第一六四条，明知是盗贼，来投宿不报，罚户主三千三百罢；若不知是盗贼，其作案也未得逞，罚户主一千一百罢。

第一六五条，小偷偷牛杀了分给寨上的人吃，凡吃着肉的，按一倍半折价赔偿牛主外，每人罚银一百罢滇。谁叫你嘴馋，吃来历不明的肉。小偷偷牛杀了卖给本寨或外寨的人吃，若不知是偷来的，即使后来牛主发觉，买肉吃者无罪。

第一六六条，盗贼偷了百姓的财物，头人得到赃物来留着，应将财物送还原主，不应要脚钱或赎金。

诬陷报复

第一六七条，诬陷好人偷盗或杀人，罚银三百三十罢滇。

第一六八条，不论头人、百姓或家奴，若因私仇而借机报复，捏造并扩大事实，诈勐（法官）应视情节轻重，处以罚款，重的罚三百三十罢滇，轻的罚三百三十罢公。

第一六九条，虽然原有矛盾，有私仇，但他所揭发控告或出庭作证的情况基本属实，就不能算报复或有意陷害，不能降罪或罚款，相反应依法惩办罪犯。

斗殴杀人

斗殴伤人

第一七〇条，与人吵架，手提长刀，追赶人行凶未遂，罚三百三十罢滇；口说要杀人，但刀未出鞘，罚二百二十罢滇；虽然刀已拔出鞘，但未追人行凶，罚一百罢滇。

第一七一条，打人未死，但已出血，罚五百五十罢滇；打人虽未致残，但已重伤，罚三百三十罢滇；打人轻伤不出血，罚一百罢滇。

第一七二条，与妻吵架追打妻子，追到他人家里去打，罚一百罢滇。

杀人害命

第一七三条，夫妻不睦，不论妻放毒药将夫毒死或夫将妻毒死，都要判处死罪，以命抵命。若中毒未死，妻放就罚妻三百三十罢滇，夫放就罚夫五百五十罢滇。

第一七四条，由于吵架，一方持刀、枪、矛、棒等凶器到对方家中行凶杀人，反被户主所杀，属于自卫，"诈勐"不应问罪。

第一七五条，出钱请凶手杀人致死，主使者与凶手各赔偿一半，罚款也同；若只是口议，行凶未造成事实，各罚五百五十罢滇。

第一七六条，没有罪而被杀，罚凶手三千三百罢，赔人命银一千一百罢。

过失犯

第一七七条，用枪、弩、弓射鸟而误伤了人及家畜，人死要赔偿人命，畜亡要折价赔偿。若未造成死亡，必须负责医好。枪、弩、弓箭等凶器，应归伤亡者所有。人医好后，要出鸡及银手镯一对，给受伤者叫魂。若不医，轻伤者罚三百三十罢滇。若家畜伤重，就卖给肇事者。

第一七八条，丈夫打死妻子，若不是有意打死，将财产分成三份，一份留给丈夫，两份分给妻子的亲属，另罚丈夫三百三十罢。若是有意将妻子打死，就要以命偿命，或罚款三千三百罢。

第一七九条，客人来访，用酒招待，客人酒醉主人应送客人安全回家。若不送，客人在途中被杀或发生什么意外，抓不到凶手，主人应负全部责任。若非客人自己来访，而是有事相求，请来的，返家途中被杀或跌、淹而死，应赔偿人命三千三百罢，并罚银一百罢滇。若主人留宿，客人不听，（有人证明）而归，途中被杀或发生什么意外，主人无任何责任。主人已将客人送到家，客人若不留宿，主人归途中被杀或其他原因造成死亡，客人应赔偿八个人命钱，并罚银一百罢。若客人已留宿，而主人不听劝阻，归途被杀或发生什么意外，客人皆无责任。

巫术杀人

第一八〇条，不分男女，若搞巫术杀人，如将人形咒语咒符、神牛等拿到寨内、大路上或坟山去埋，已将人害死，证据确凿，放巫术者应判处死刑。若未造成死亡，应按"新安龙"处以罚款。巫术谋害叭召勐，罚银九百九十罢；巫术谋害司署大臣，罚银七百七十罢；巫术谋害百姓，罚银五百五十罢。

三大原则

第一八一条，杀人无罪有五：

一、奸妇奸夫在行奸现场被杀；

二、盗窃犯在作案过程中被杀；

三、手持凶器杀人而被人所杀；

四、夜半三更闯进他人屋里被主人所杀；

五、破坏人家房子，在进行中被杀。

若事后寻机杀人报复，就必须依法治罪。

第一八二条，重罪不能轻判的有十一条：

一、械斗杀人；二、谋财害命；三、拆毁佛寺佛像；四、拦路抢人；五、霸占财物；六、留宿犯人；七、盗窃佛寺财物；八、盗窃佛像金身财宝；九、杀死父母；十、夫杀死妻；十一、妻杀死夫。

第一八三条，应判处极刑三条：

一、偷佛主的钱，拆毁佛像佛塔；二、杀死召勐；三、杀死父母。犯前两条罪的，罪犯判处死刑，其子女罚为寺奴及召的家奴。犯第三条的罪犯，砍去手脚，赶出勐界，让其受一辈子活罪。

傣族家族纠纷裁决法[①]

裁决家族纠纷的问题，有这样的传说："帕雅（叭）帕腊纳西"（景洪地方的"帕雅"或者景洪酋长）又称帕雅召勐，有两个儿子，他的第一协纳（大臣）也有两个儿子，地方村寨的乃曼（村社酋长）也有两个儿子。帕雅召勐死时没有留下谁来继承王位的遗嘱。协纳临终也没有讲清谁来继承他的职位和财产。乃曼与世长辞时，也没有嘱咐由谁来继承他的家产。

不久，纠纷发生了。帕雅召勐的两个儿子争夺王位，协纳的儿子也争执继承家父财产及其职位，乃曼的儿子争当乃曼和继承家产，他们争执不休，谁也解决不了。帕雅召勐的两个儿子为了争王位和家产，闹到要断绝家庭关系，互不往来。

帕雅召勐鸣鼓（上文说帕雅召勐已死。原文如此——编者）召集全勐的官员和百姓开会。到会的道昆协纳（众官员）、阿曼（侍从）及百姓们，对帕雅召勐的两个儿子为了争夺王位要断绝家族关系的重大纠纷，谁也不敢发表裁决意见。第二天，兄弟俩起程，走了十五日，来到"允萨瓦底"（城名），请求召树万

[①] 该法规原称《西双版纳傣族家族纠纷裁决法》，译自刀述仁手抄藏本，由刀永明、刀述仁翻译整理。

纳怀尚帮助他们解决这件重大纠纷案。

当时，召树万纳怀尚（只有七岁），他根据佛主的意旨对他们说："则世修行，才有今世为弟兄的缘分，不允许断绝兄弟关系，断绝了就违反天命。"帕雅帕腊纳西兄弟接受了召树万纳怀尚的劝说，合掌拜谢。然后他们问召树万纳怀尚："四个不同等级的家族，第一等级的家庭是道帕雅家族，第二等级的家族是道昆协纳、阿曼（众臣），第三等级的家族是沙恢、西堤（有钱有势的富有者），第四等级的家族是百姓，如果要断绝关系，他们的罪恶有多大？应该怎样处罚？"

召树万纳怀尚回答说："道帕雅等级的家族要断绝家族关系，必须出黄金一'先'，折合白银二十二'兰'。凡道帕雅要断绝家族关系，必须出黄金（成色要十足）八'闷'，折合白银一'兰'二'先'。道混协纳和阿曼等级的家族要断绝关系，必须出黄金五'版'，折合白银一'先'。沙恢和西提等级的家族要断绝家族关系，必须挖一个坑，宽长各一'约鲜纳'折合'掰'为一千'掰'，深也须一千'掰'，四边必须相等，要用金银珠宝填满坑才能断绝。百姓平民要断绝家族关系者，必须出黄金五'闷'，折合白银一'兰'。如果不能缴出上述规定的金银，就不能断绝家族关系。如果没有缴足法定金银就自动断绝了家族关系，就要受到背着破罐讨饭的报应。"

遵照召树万纳怀尚的旨意，帕雅召勐的两个儿子和好了，哥哥当帕雅召勐，弟弟则为乌巴腊扎（即上司副职），谷、米、象、马、牛群等家财分为三份，哥哥分两份，弟弟分得一份。对协纳、阿曼、乃曼、沙恢、西堤以及百姓平民的子孙

（继承财产），也必须按照上述原则判决。帕雅帕腊纳西为首的全勐官员百姓，都把这事作为教育训条，写成法规，遵奉执行。

他们回到勐帕腊纳西，遵照召树万纳怀尚的旨意治理地方，帕雅英、帕雅捧等众天神都满意。

孟连傣族封建习惯法[1]

祝我们舒服，永远安好。我们立的法律是要管好我们的地方。

社会秩序

法律的内容有：

众人能吃的，有的说不能吃。众人不吃的，有的说要吃。众人能下去的，有的说不能下。众人说不能下去的，有的说能下去。应该叫人下去的，他说不能叫人下去。不能叫人下去的，有的说要叫人下去。应该去拿的，有的说不能去拿。不应该去拿的，他说要去拿。应该保护的，他说不要保护。不应该保护的，他说要保护。应该走的，他说不应该走。不应该走的，他说应该走。应该拴的，他说不能拴（捕人）。不应该拴的，他说应该拴。这样的行为是错误的，是违反法律的。

有的寨了开荒开沟成立新寨。应该开田，他不开。应该占有的地点，他不去占有。不该占有的，他去占有。原来是水坝的地方，被他破坏掉。不该搞水坝的地方，他去拦成水坝。原

---

[1] 本书保藏在孟连宣府司署，由波月坦翻译，徐永安搜集整理。全书47页，每页44行，每行约31字，共74108字。波月坦，傣族，生于1934年，曾为僧10年，为二佛爷，1953年还俗。

来是桥的地方，被他改掉。不是搭桥走路的地方，他去搭桥走路，原是田的被他改成鱼塘。原是鱼塘的被他改成田。原是田的被他改为寨子，原是寨子的被他改成田。无论什么地方应该有的，被他取消。不该有的，他去占有（造成事端）。人家说是的，他说不是。人家说不是的，他说是。有些该烂（毁坏）的，不给烂。不该整烂的，他说要整烂。该懂的，他说不准懂。不该懂的，他说要懂。这些做法是违法的。

要把法律给百姓说清楚：无论是百姓升为官，无论是当官的降为百姓，小官升大官，大官降小官，这些人都应该懂得：

有的官自己的官衔只该管五十，而他想去管一百。有的官该管一百，而他才想管五十。大官在台上坐小官的座位，小官想去坐大官的座位。大官坐在后，小官坐在前。大官与百姓坐一处，百姓与大官坐一处。这种种行为犯了法规。

国家的历史法规有十条，我们应该通晓：小地方只该升千官（小官），他想去设万官（大官）。能设万官的，他去设千官。有的该有象（指坐骑），他才给马。有的地方只该有马，他有了象。有的地方应有小官（叭囡），他有了大官（叭竜）。有的地方应有大官，他才有小官。有的应该有，他说不准有。有的不该有，他说应该有。这些行为是违法的。

合法的法律有四梯：有的想多做好事，希望有福（佛）；要维护佛礼，要念经；过关门、开门节；该送的送，该赈的赈，就是想到四梯了。原来是当官的应该给他当官，该当太太的应该给她当太太。有的该做副官的做副官，有的该做正官的就给他做正官。有的该做百姓的就做百姓。旧的不要掩盖新的，新的不要掩盖旧的。这样做才合法律。

不论哪里的傣族过泼水节、赕佛、堆沙、划龙船、念经、赕三法单，要热闹、隆重，世世代代相传下去。

子女教育与家庭维护

教育子女做人应该多去接触那些懂知识、有威望、有教养的人。你要搞体力劳动，不要过分。要经常去向有文化、有知识的人学习。要做活的生意，要有思想，向那些佛多的人看齐。兄弟分家、分房屋、耕牛要考虑到长远的友好，照顾四方（公平合理）。要去接触诚实的人。睡觉要和懂理的人睡在一起。谈恋爱要找自己爱着的姑娘，要送礼物给姑娘。要会说好话，有一个灵活的头脑。要订婚，要准备东西和聘礼。要懂得就要问师傅。向人家讨东西，要说好话，有礼貌。想做重大的事要稳当。要让人家爱你，你就要多帮人家的忙。人家说你丑话时，你要会说好话，他认识了会回心转意。恨人不能全恨，人家祭我们也祭，人家赕，我们也应该赕。给人家东西要好好包扎，不能乱丢给。人要富裕要养母猪。老人要教育儿孙懂礼。当官要爱百姓。说话要讲究实际，不要怕不如人家，要按照法律说话。贵重的东西要妥善保管。娇嫩的东西放下后要慢慢拿。人与自己吵架要注意语言，不得乱骂。出门做生意去得远，要把家庭安排好。懂经书要肯传授给别人，不能只顾自己。与自己有仇的人，要多提防。难做的事要慢慢做。有鱼塘要经常看守。当和尚要经常读书。想跑时要慢慢走。想慢慢走时要跑着点。想睡高处要忍耐。想有威望要稳重。想吃饭要爱种田。想吃鱼要爱下水。想得佛要多进佛寺。想吃野味要多上山。想当官要多学道理。想当佛爷要懂经书。想懂国法要多问老师（坦虎）。

想要自己发展得美好要多听佛经。想当神仙要造七座佛寺。想上天要多赕佛。想富裕要赕佛。不愿在人间而要到天上，就要多念经书。聪明的人，读书多的人，要想永远安逸，就要懂这些道理。不要忘记（灭掉）自己的纪律。不要去做违法的事。有些大官不守纪律，乱来一气，有损威望。人穷主要是睡得多（懒惰）。有些蹲在门口妨碍人通行。有些人坐在楼梯上，这种人无威望，常倒霉，没志气。有的人好说下流话。有些佛爷不守佛规。有些人做事不顾实际。有些人解决问题不考虑全盘情况，他就是忘掉法律胡思乱想。有些人不正当，听人吵架，偏袒一方，吃了人家的东西，不顾理由（不讲道理）。有的人见朋友、老师、亲戚也不跟人家说话，这种人是骄傲的人（散戛达底）。

为人应该持重，要多尊重先辈。有些人不尊重先辈是太自满（多洒戛地）。有些人爱闹事。有些人当了官看不起群众。有的人爱和官斗，爱寻事，这种人是愚蠢的人（勐哈嘎低）。

处世之道

有水平的人（叭哈嘎底）要用有本事的人去对付有大罪的人。

不管什么人解决问题都要合理，解决后使人诚服的对，解决后结下仇的不对，要用经书和法律来对比，不是这样搞就违反了法律，他以后就会被抛到（麻那河里）地球里的火海中去。

要尊重懂法律和经书的人。

有些人不尊重他人，而是去说些下流话，这种人死后要到麻那河。

有些人解决问题，不问懂事的人，自作主张，这种人一粒芝麻的本事都没有，这是最蠢的，死后要到麻那河。

办事要考虑实际。

假设有两个人吵架，不要轻信哪个先说的，要两个人的话都听，要两个人的都考虑，把两个人的话对比之后再解决。当官的应该这样做，才会辨得明，听得清。不管是为什么而吵架，不管为价格高低而吵，不管为新事旧事而吵，还是为轻重之分而吵，当官的人要用法律来衡量，解决要公平。

有的人借人家东西不还，有的抢人家东西，有的人占他人的妻子，等等，要按法律办，不论是男、女、老、幼，处理要合适。

假设有两个人吵架，一个是佛爷，懂得佛教法规，一个是富人，听佛教的话，纪律好。为一个事情在缅寺判决，就要请下列几种人：

子孙多而贤达的；开荒种地好的；做合法的生意好的；女人懂佛教，明白事理，思想作风正派稳当不乱骂人的。

这样的人做证人才合适。而不能去请那些爱闹玩，好赌博，好酗酒，常惹人恨，会抢劫偷盗，骗子，两面三刀，耳聋，眼瞎，作风不好，打仗打死过人，受过罚款，图人财产，好得罪人，被他人收买的人作证人。一时搞不清楚的事，不要忙解决，要先祈祷天神后再慢慢断决，才不致误判。

传统的法规要继承，谁继承得多谁就能管国家。

家庭纠纷不能告官，若告官，富户要罚七十七块钱，还要增加二十八文；穷户罚八块，外增加八文，又加五文。不能超罚，罚多了，死后要到麻那河。罚款分三份，一份给判决官，一份给追罚款的人，一份交给上一级长官。

不管有什么事，三次不服从上级长官命令的，要拴去见官，见官后，能缚了定罪，以罚款治之。

派群众伕役，到生产忙时，要放百姓回家耕种。

百姓无本钱做生意，官家要借给款，满三年后才纳利息。

迁来我们这里的人，只要他思想好，无论是来开荒的，来娶亲的，来栽果木的，要年满三年后再征税。百姓借了官家钱经商而损失的，自己无偿还能力，又无人帮赔的，自己要向长官求情，求当长工来抵借款的，有几种情况：他这一代无法赔清的；他父母就是长工的；到其他地方犯法被人家捕来交官的；犯了法自己跑去做长工的；得罪了本地土司的；无依无靠，要允许他做长工，才得活命的。

得罪了大官，大官要杀他，这是他的罪，是他命中注定的；如果本人身体带病请大官帮医，医好后愿做大官长工的，大官应答应他。

有的人住在边界一带，大官要照顾他们，不能让他们跑到国外去，不能让他受外人、盗贼残害，这样的大官就能稳保江山。

对偷盗的处理

小偷跑到自己家里，不能窝藏，窝藏要罚款，小偷不能怪人家不庇护；若不知来人是小偷的，没有罪。长工或农奴从主人家逃出来躲在某一家，该主人不知道是逃亡长工的，没有过错。

借人家东西不还，偷人家东西转卖的，爱吵架的，按犯罪轻重定罪，不能判罪过重。这样做，犯人会诚服。

放置暗刺伤害人、畜的，如造成人、畜死亡的，要捕来定罪。晚上去踩着暗刺的，置刺人无罪。因为不该出去的时候他还出去，受伤活该，由置刺者拴红线给受伤的人叫魂即可。

引窃未遂就被逮着者，罚款八块钱。

庇护小偷在家里住，知而不报者，罚钱十六块。

经常受用小偷盗来什物者，给小偷在其家藏身者，不好。

被窃什物，又被他人追究回来，所获物资应该分一半给追获什物者。

知小偷行窃而默许，向小偷购买盗窃物资，被人捉到小偷供出者，物资还给失主，还要受罚。罚款一份给判官，一份给长官。被罚者可以向小偷索回买物的钱。

买着盗卖的实物，失主查明是自己的东西，买主应退还失主；失主不得责怪买主，买主可以向盗卖者索回原款。

盗窃实物在街上摆卖，失主从买者家认出是自己失物时，失主只能用同价买回原物，买主无罪，失主可追查偷盗者。

所买大牲畜是盗来的，买时有人作证，后被失主查明，买者无罪，失主可以半价买回自己的牛。

买主记不清卖者，而所买东西是盗来卖的，失主认出后，买者无罪，但失物应还原主。

卖者卖偷来实物，买主不知道，后来查出盗贼，盗贼、卖主各罚一半。

买主买着盗来物资，失主认出，买主可去追究盗卖者，查出后，由买主处理，实物还失主。

象、马、牛践踏他人的田地，受害者要把象、马、牛拴留，然后通知牲畜主人，赔偿损失后才能牵回牲畜。通知主人后，到期不来牵回要罚款。如牲畜死亡，牲畜主人不得怪田主。如牲畜主人态度好，得到受害者谅解，牲畜主人备两瓶酒和两只鸡好言劝慰即可。

牲畜践踏了庄稼，受害者拴留后不告诉牲畜主人，造成牲畜死亡或遗失的，由受害者赔偿。若受害者已告知牲畜主人，而牲畜主人不赔偿损失就擅自把牲畜牵走，造成牲畜遗失或死亡的，受害者无罪。

藏匿他人大牲畜的，牲畜主人查出后要罚银子四两。

家畜、家禽践踏庄稼的，受害者要告诉家禽主人三次，也可把家禽关留，家禽主人要赔偿损失。受害者不慎打死了践踏田地的家禽、家畜时，要告诉其主人，要分一份肉给庄稼受害者，损失的谷物要赔偿。打死了践踏庄稼的禽畜不告诉禽畜主人的，要加倍赔偿。

种田不事先告诉养猪、鸡的人，又不围田，养猪、鸡的人管不好猪、鸡，在这种情况下，种田人打死了进田践踏庄稼的牲畜，肉各分一半。

猪、鸭在他处吃着毒药而跑到另一家田里死了的，这家田主可罚死亡猪、鸭者同等价款。

路途捡到他人失物，宣告三次无人招领，回家来没有告诉头人，后来被物主认出，拾物者和物主各分一半。

拾到失物不告诉头人，物主认出失物的，拾遗者得三分之一，失主得三分之二。

拾到失物不告诉头人，失主认出后尚不供认的，全部还失主，如失物已坏的要赔偿。

在房内拾到失物的，要全部还失主，不分成。

在房内拾到他人钱后，即使被自己用了，也要偿还失主。

拾到遗失物很久，尚无人寻问的，可以不再还，物归拾遗者。事后，如失主认出是自己的遗失物欲索回时，失主须给拾物者同等价钱。

以前有个佛爷去赕佛，身背的东西遗失了，他也不再问，说明他不想拿回。另一个佛爷拾得就该他拿去了。

有人去打仗，人回来了，东西遗失在外的，谁拾到归谁。如拾者是本地的人，失主欲索回遗失物，则应照价付给拾遗者。

借他人牲畜来用，无论遗失、死亡，应照价赔偿。使用了多长时间还要付工钱，如未使用就遗失或死亡的，可以不付工钱。

借大官的牲畜使用，造成死亡的，只赔一半，照料不好把牛脚整断的，照价赔偿。

这样做就是合理的。

如耕牛得病要尽快告诉牛主，要抢救。抢救无效死亡的判决方法：

如牛病急，来不及告诉牛主，则不能归罪于借牛的人。

无论穿的、盖的、垫的，他人借去遭火灾烧毁或被人偷去或烂了，不要赔偿，但是不能再去借了。

有一人借他人一条黄牛犁田，用完后已经送还，牛主正在吃饭，也已经看见，但还牛的人不进屋去向牛主当面交代，后来牛被人偷走了，牛主要借牛的人赔还，应该把他的眼睛挖掉。两人去告官，官有不重视法律的，有重视法律不够的，有重视法律的。有的兄弟姐妹互相友爱，弟弟借哥哥、姐姐的东西已拿来还了，有时不告诉哥哥姐姐，这样的事是常有的。有一个官叫苏嘎地嘎麻拿，他的好朋友，向他借用东西，用好后拿去还了也不告诉一声，东西损坏了很多，以后苏嘎地嘎麻拿就和那人断绝了往来。另一个人向大官借物，还来不及还，东西就遗失了，大官叫借物人赔还，令他去追查借物的人，找到盗贼后要加倍罚款，这样做是合法的。

死者遗物被盗，死者家属有权追问，也可以领人去追捕盗窃者，追着后可关留，查明后可罚款，罚款的数目按死者的身价给（类似出抚恤费，视为谋财害命）。

贼在偷盗中杀死物主，应抵命。

偷盗中杀伤物主的，罚款一百块。

抓到偷牛者关禁闭二个月，不罚款。协助追捕罪犯者得与牛主共用耕牛。

捕获盗贼后能追回原物的罚一倍，追不回的罚两倍。

偷他人粮、豆、瓜、果，被逮着后关禁闭三十天。追不回来者加倍罚款。贼在关闭中逃跑，关闭者以不谨慎为由被罚钱两块。

偷农具者被逮着关禁闭二十天，物归原主。

偷渔网、渔笼、纺车，被逮着关二十五天，物归原主。

财产被盗不追究者，罚钱六块（放纵了盗贼）。

偷果木、偷杀牛马，逮着后关二十天，照价赔偿。

偷人蜂箱者，被逮着后，除追还原物外，罚钱七块。

偷菜者被逮着罚五块，偷得少只够吃一顿的不追究。

偷耙者，追还原物外，罚一块钱。

偷刀一把，追还原物外，罚一块钱。

偷了果子又砍死果树者，罚款加倍（按果树收成年代计算）。

偷砍保护区树木，如同时有人丢失了牛也要一并赔偿（因为他既然敢偷竜树，就一定敢偷牛马）。

在街上吵架，东西被人趁机偷走，逮着小偷后，罚款七十块，钱分给吵架者及缉拿小偷的人。

偷鱼塘里的鱼，逮着后罚银子六十两。

偷金、银、财、宝、布、线，追还原物外，罚款□。

两个人吵架殴斗，各罚款十块。

为换错东西而吵架的，由管街人劝说调解。

帮助寄存物，忘了取回，被寄托人据为己有的，寄托人有权向被寄托人罚款。

为他人寄托东西，被物主悄悄拿走，罚物主十四块。

因遭水、火灾害，他人寄托的物不再赔偿，也无罪。

骗取他人寄托的东西，如寄物人有人作证，按价赔寄托者。

用了人家寄托的财物，原价赔偿。

用了他人寄托的财物去做生意的，要得向物主付息。

主人不同意寄托，而物主硬要寄存的，遗失了，主人不负责。

一个人偷来东西，寄托别人处，又被他人偷走，受寄托的人无罪。

有人把东西放在别人家里、船上、筏上，不告诉主人，遗失了的，寄主不赔。

借用了东西，赔不起的，要逐步赔还。

借了人家的地段赔不起，可以用工日去抵。

当官的借了百姓东西（缺）。

继承的规定

继承了死亡人之财产，死者生前欠下的账由继承者赔偿。

夫妻俩借了账互不相告，借者死亡或逃亡后，另一方不承担还账责任。

夫妻借酒来喝、借药来吃、借钱赌博、借水果自食等，由借者自己赔还，另一人不承担还账责任。

夫妻俩商量借的账，死了一个，要由活着的一方继续赔还。

男人出家谋生欠下的账，男人死后，由妻子儿女继续赔还。

男人服现役，妻子儿女不承担户税。

男人在外服现役，欠下的钱，妻子儿女不负责赔还。

富户请穷户去抵徭役，穷人在外借吃欠下的账，由富户赔还。

父母借下的账，父母死后，由子女赔还。儿子还不清的，由孙子继续赔还。孙子虽然不记事，但受祖父抚育，应该赔。若已记事，则更应该赔。

儿媳妇借了外婆家的账，即使分家居住了，仍应赔还。

父母栽下房草，迁到另一地方居住后，茅草地应归其儿子所有。

女人欠下账还不清，有男人与这女人交往致使怀孕，这男人应该帮助这女人还账。

哥哥放债，哥哥死后或到远处去了，由嫂嫂、侄儿收账，嫂嫂让给弟弟去收也合法，父母去收也合法，其他亲戚不得去收。

父母去世或逃亡后，有人来索账，子女不知道，又无人证明，不予承认（因为人间各种诈骗行为都有）。

父母生前帮人管财物，父母去世时子女幼小，须由他人代管。他人用这些财物做生意、放账等，可不向遗属子女缴利息，缴还原财产即可。如果原物主向代管者追回这笔财物，而管财物的人已死亡，能索回多少算多少；如果没有，不得再要，不得硬逼其赔还。

借了人家钱抵赖说没有借。

借了一百说只借五十。

借了钱没有赔还说赔了。

债主说不清就祈祷天神，赢了，欠债人要加倍赔还。

借了债主钱，给债主做好事，债主不应该拿利息。

索账不得就去请那阿麻（副官）帮追回，追回来了，分成三份，给副官一份，二份归债主。

借债不按期归还，应加利息。到处差账还不清，亲友说了几次都不听的，要卖身赔账。

父母、长辈不教育孩子，孩子在外面乱借东西，赔不起，卖身赔账不合，要由父母亲友帮赔。丈夫死了，财产由妻子继承；儿子死了，财产归父母；哥哥死了，财产归弟弟；弟弟死了，财产归哥哥；爷爷死了，财产归孙子；孙子死了，财产给爷爷；佛爷死了，财产归和尚；和尚死了，财产归佛爷。

如死者生前有遗嘱，就按遗嘱办，否则，如有兄弟四人，父母死后，分家产要分成十份：老大四份，老二三份，老三一份，老四一份。因为老大得养父母到老死。

又有兄弟四人，一个做和尚，一个做生意，一个种田养父母，一个到官家当副官，父母死后分家产时，应当是：当和尚的得分两份，做生意的得分一份，当官家副官的得分一份，其余归在家种田的。

父母愿多给哪个就多给，别人不得干涉，弟兄也不得因父母不平分而有意见。

姑娘出嫁出去时就陪嫁过了，父母死后不得来分家产，如父母说要分给就分给。

如果子女都出去了，父母死后，儿女们回来共同分家产。

哪个能维护家产，由哪个来当家。

老人叫哪个当家，就由哪个来当家（包括外人在内）。

父母放的账，哪个儿子去追回来，就给哪个（因为账不容易追回）。

父母已分给分出住的儿女的财产，不准别人侵占。如子女先死了，父母可把东西要回，如父母先死又无遗嘱，财产归子女。

无兄弟姐妹的独子，父母留下的财产全归他有，如独子先死，财产仍归父母。

独子应把家产增多，要想到父母为什么留给自己家产，要发家致富，留更多的家产给后代。

妻子死了，其财产由妻子的亲戚继承，如无亲戚，财产分两份，一份交官，一份给妻子赎佛，给妻子做功德。

有个女人，儿子很多，但都不听话，偷盗的、损坏家具的、乱搞的、瞎的、哑的、聋的、有病的、患麻风病的都有。父母的财产不能分给，只能由亲戚来帮照应。

有一个人，死后无亲戚继承财产，一个佛爷来说："这些东西我拿去存着。佛爷就拿去保管了，这样合法。"

有两个人来做和尚，两个都很聪明，会服侍大佛爷。后来死了一个，如果大佛爷死了，财产应归和尚；如果和尚先死，财产应留给佛爷。

有个富人，去和女长工睡觉，女长工生了一个儿子，富人的大老婆企图杀死富人和女长工。如果杀死了，财产应分成五份，给长工儿子两份，给大老婆一份，其余两份用来安葬被杀的两个人。大老婆本人的财产应归大老婆。

有子女又讨养一个，分财产时，应分给养子一份。如本人无子女，讨养义子，财产应由养子继承。

大老婆、小老婆在分财产时，如双方亲戚都富裕，双方平均分；如小老婆贫困，平时照顾着亲戚，分财产时，大老婆分二份，小老婆分一份；如果大老婆生活贫困，可平半分，也可分成三份，小老婆得两份。

一个妇女生了子女后，死了男人，她又去嫁了人，又生了子女，老人死后，子女分家产，各自继承自己亲生父亲留下的财产。

一个男人死了妻子，留下子女，后来他又娶了一个妻子，又生了子女，老人死后，子女各自继承自己亲生母亲遗留的财产。

一个男人娶了大老婆，有了子女，后又娶了小老婆，也生了子女。男人死后，财产分五份，大老婆所生的儿子得三份，小老婆所生的儿子得两份。如大老婆无子女，财产全归小老婆的儿子。

有个穷人欠下富人的账，未赔还就死了。可折卖穷人的房屋抵账，如果穷人一无所有，不能叫别人代赔。

有一个人在官府办事，过得舒服，他死后，财产要给妻子，如无妻子，财产归官家。如官家给他的东西多，到时候由本人决定，他愿给哪个就给哪个，官家拿回去，不合。

长官给副官的东西（如象、马、财、帛等），他死后，不能给长官，死者遗嘱决定给谁就给谁。

小官死后，他的财产由妻子继承，如无继承人，财产归上一级官。

夫妻同居而财产分开的，如生了一男一女，父亲的财产给儿子，母亲的财产归女儿。

继父和继母的财产，老人死后，子女抢夺藏留的，要收回，分给亲戚两份，子女得一份。

丈夫拿了妻子的财物买米、看病、纳税、赕佛等不应还给妻子，妻子拿丈夫的财物去办这类事的也不必还。

父母包办婚姻，姑娘不愿意，跑回来，父母不能怪姑娘。女婿来索回财产，姑娘的父母不得干涉。如果女婿死了，父母不能去拿女婿的财物。姑娘回家死了，女婿来索姑娘遗物，父母不得干涉。

岳母说过须还的东西，女婿要记牢，到时候去拿（怕受骗），女婿说只还两份，也就还两份。

如姑爷死了，姑爷的财物由姑爷的父母继承。

夫妻俩勉强结合，因感情不和离婚的，离婚后只能带走自己的财物，共同劳动得的不得带走。如果共同商量离婚的，分劳动所得实物时，走的只能得一份，留的得留两份。

女的嫁到男家，因懒惰被男人骂而跑回娘家，过一段时间，男人来领她，她不愿去，要求离婚的，共同劳动所得的东西一点不给。

两个青年男女感情好，自愿结合为夫妻，后来又都愿意分离的，财产平分。如果有了子女，子女可自由选择从父或从母。

丈夫先死，财产由妻子继承；妻先死，财产由丈夫继承；夫妻都死了，财产由子女继承。

死了父母的孤儿，生活无着落的，由父母的亲戚共同抚养，孤儿成人后，要知道报恩情。如孤儿死后，财产由父母的亲戚继承。

一个男人因图女方有钱而娶了女人，后因男方懒惰，女人不要男人，男人分不得财产；结婚后劳动所得的财产分成四份，男方只能得一份。

一个男人娶了女人，因女的懒惰，男方不要女的，财产可不分给。

男的有钱，女的劳动能干，后来要离婚的，原来的财产只能自己带自己的，共同劳动得的平半分。

女的不劳动，靠男人生活，分离后财产的分配：女的得一份，男的得二份。

女的嫁男的，女的不会当家，不会操家务，不听男人的话，教育多年不改，可离婚，财产归男的，女方只能带走自己原有的部分。

一个男人想买一个妻子，但价钱给不够，女方父母不同意，男的不娶了，已付款应还男方。

祖父母死了，他们的财产由寨子头人来分。一份用来祭死者，一份给儿子，一份给孙子。

两夫妻因吵架而离婚，两人劳动都一样，劳动所得平均分配。

如一家有三人共同劳动，分家分财产时，自己的原有财物自己带走；共同劳动所得的东西分三份，各取一份。

有兄弟二人，父母是官，家庭富裕，父母死时没有说财产怎样分配，这样的情况，财产应分成三份，出去另立家的取两份，留在老家的取一份。

一个有钱的佛爷，他死在百姓家，他的钱应按佛爷死时说的处理。若佛爷未留下遗嘱，钱应分为两份，一份给百姓，一份赕佛。

有一个佛爷回到父母家死了，他的财物不论有多少都要归父母。如佛爷有遗嘱，就按遗嘱办。

若佛寺的佛爷和尚都死了，佛寺的财产，他人不得占有，应留在佛寺。（谁来侵占佛寺的财产，死后要到麻那河。）

有一个富翁临死时说："我的子孙多，我死后要把财物分掉，如果不听我的话，他们就不会得到好处，分出去的人也不得好过。"

从前，在勐危洒里有一个人，叫阿主达厅，长期和佛主在一起；又有一个叫嘎哈布里，长期服侍阿主达厅。嘎哈布里有一个儿子、一个孙子。嘎哈布里得了病，他告诉阿主达厅说："我的儿子、孙子两人中，哪个经常纪念我的，我的财产就给哪个。"嘎哈布里死后，孙子经常呐佛，经常纪念祖父，阿主达厅就按嘎哈布里的遗嘱把财产交给其孙子继承。嘎哈布里的儿子不满意，他去向麻罕阿南达厅说："哪个是儿子，哪个是孙子，父母的财产应该由谁继承？"麻罕阿南达厅回答说："你来问这句话是什么意思？按规矩儿子应该继承父亲的财产。"嘎哈布里的儿子又问道："为什么阿主达厅要嘎哈布里的孙子来继承财产？为什么儿子不能继承？"麻罕阿南达厅答："阿主达厅是把拉折（愚蠢的意思）。"阿主达厅听到阿南达厅这些辱骂的话，很不满意，他就通告所有佛爷，要众佛爷来判断。有个叫哦巴哩比别的佛爷懂得的事多，他没吭气，阿主达厅把嘎哈布里儿子的话说了一遍。哦巴达厅听了以后，向麻罕阿南达厅说："你是一个佛爷，我听说有一个农民财产很多，要给哪个人来继承，应该咋个办？"阿南达厅说："我还没有考虑，照经书说应该怎么办呢？"哦巴达厅说："阿南达厅，我们就是要解决这个问题，这些话是嘎哈布里说的，与阿主达厅没有瓜葛。"阿南达厅经过考虑以后说："人死后，他说的话要重视，如果哪个不重视死者的遗嘱，他要倒霉，死后要进麻那河。这是佛祖说的话。"哪个不尊重死人说的话，他就是不懂佛，懂佛的人不会乱做，不懂佛的人就叫阿底贡马纳（有罪的人），死后要到麻那河。

人们都要尊重父母，尊重老人的遗嘱。要尊重父母的人才能继承财产，不尊重的应该少给一点。

不管什么人家，哪个尊重父母哪个来继承财产。如果亲戚中有尊重父母胜过自己的，可由亲戚来继承父母的财产。

每个人都应懂做人的道理，要会照顾病人，一直到病人病愈或病死。病人死后财产要给这样的人。

个人修行

有一个佛爷领着一个和尚，这和尚应懂得尊师。有一个人抚育一个养子，他就要像亲儿子一样爱护。有一个人喜欢自己家长工的儿子，经常买东西给他。有一个人被别人派去打仗。有一个人当长工天天被地主打骂。后面两种人是落难。是亲戚的就要真诚相待。读书就要把书读好。交朋友就要真心相助。不该听的话不要听。传来很远的话不要听。酒醉人的话不要听。疯子的话不要听。仇人的话不要听。火气人的话不要听。愚蠢人的话不要听。无规矩的人的话不要听。耳聋人的话不要听。

婚姻规定

男的去嫁女的，订婚期内，女的跑出去另嫁男人，罚女的出钱二十二筒米。

男的订婚后又另去结婚，罚十一筒米，如果反抗不交，加罚五筒。

姑娘不愿嫁，姑娘父母不喜欢，就不能强娶，强娶了就违法。姑娘不同意，不能乱说她。

男人玩着大官的女人，罚款四十二两银子。摸着奶的，罚款五十二块；摸着女的衣服、头饰等，罚款二十八块；只是开开玩笑，罚磕头钱十四块。

大官去玩他人的妻子，罚款五十六块。摸着奶的罚二十八块；开玩笑、谈情话的，罚七块。

佛爷、大官、生意人去玩他人妻子，摸着奶的罚款四十八块；互相牵着手或男的摸着女的头的，罚七块。

男的去玩女的，女的不同意，告给大众，罚男方有罪，女方无罪。

男的出去服役，女的听说丈夫死了，等足三年后才能改嫁。如果三年后女的另嫁了人，原来的丈夫又回来，女的无罪，新丈夫也没有罪。要谁由女的自己决定，如果她要新丈夫，就给原丈夫磕头，原丈夫置下的财产，按规定分成。如果女的要原丈夫，就要给新丈夫磕头，并归还新丈夫的财物。

男的到女家上门一段时间后，擅自离开了，女的报告头人，可另找丈夫。

夫妻本来很好，但父母嫌男的不美、穷、不勤劳而教唆姑娘逼走丈夫，另找男子的，姑娘和原丈夫都无罪，应罚姑娘父母出钱；新丈夫已知道是有夫之妇，故意去夺的应该罚。

丈夫去当兵，女的要等三年才能改嫁。

找对象有二十条现定：

要给订婚礼物。

男女双方很爱慕，但不得成亲，两方约定让子女一代成亲的，合法。

女方拒绝男方的请求，女方无罪。

订过婚，女的就属于有夫之妇。

他人去玩订过婚的姑娘，有罪。

订过婚的女人又去嫁别人，有罪。嫁了他人不久又跑回来的，原订婚的男人不能要这种女人，这种女人不好。

男女青年谈婚，没有谈好，女方父母就拿他俩的手在盒里，说给你两个结成夫妻，举行过这种仪式的，两青年算得正式婚配。

女的同意，男的把银首饰戴在自己头上，就算是自己的老婆。

女的同意，拿一朵花插在自己头上，就算是男的妻子。

男的到女家，女的主动来与男的睡觉，也算得是男的妻子。

女佣人被主人玩着，她也就算是主人的老婆了。

一个姑娘还没有结婚就天天玩男人，这种人就叫灭罕嫡（妓女或烂女人），去玩她的男人无罪。

有一家人有八个姑娘，如父亲死了由母亲照顾；如母亲死了，由父亲照顾；如父亲、母亲、哥哥都死了，由亲戚去照顾。如果有人去欺负他们，这人有罪，要向姑娘的亲戚磕头。（因为这些姑娘的父母不是官，故罚得轻）

待客交友之道

客人到家里来喝醉了酒，要送他走，不能让客人一个人走。如客人一个人走，在路上死亡或被他人杀害，罚主人家八块。客人醉了给他去睡，他不睡，就要去告诉寨里的人，出了事才有人帮作证。客人吃醉后逃跑回去了，主人无罪。主人送客人回到家，客人的妻子不招呼，让其又出来，路上死亡，罚其妻八块钱。如妻子已照料他，又逃跑出来，重新到了吃酒这家，那么，这家应再把他送回去，如不送回去，醉人在路上出了事（死亡），仍要罚主人出八块钱。

请人帮自己牵牲畜，不慎损坏牲畜脚，不应罚牵牲畜的人。以前有一个放马人，追不着马匹，请一个叫嘎麻你的人帮拉住马，嘎麻你拉住了马，但伤了马脚，主人不怪嘎麻你。为防以后出口舌，同叫一个叫木罕达的官判明，木罕达说："你（放马人）要叫嘎麻你赔马，就要割掉你的舌头。"

有一人射箭误伤了人、畜，射箭人要给受害的人叫魂，还要拿锅、钵、盆、被盖来送给受伤人，如死亡，就照价赔偿损失。

置毒签扎伤或整死人、畜，赔一半价。

两人吵架，有一人先动手把对方打出血，罚六两银子。如果不错的人打着做错事的人，罚款两块；如果打出血罚六两银子；如果打死要治罪。

一人用棍、一个人用手对打的，被打出血的，罚拿棍的八块。

两人打架，一个持木棍，一个执铁器，拿木棍的把拿铁器的打出血，拿铁器的没有把拿木棍的打出血，平等对待。如果拿铁器的把拿木棍的打出血，要罚拿铁器的四两银子和七块钱；如把拿木棍的打死，要抵命。执木棍的把执铁器的打死也要抵命。

打着无辜的人，罚款十六块。

拿武器误伤了人，罚款八块。

一个人拿武器打着自己子女、妻子、长工，被打着后跑到别家的，拿武器的人要拿一块钱给受伤者跑去的那家。

哥哥杀弟弟，罚哥哥向所有亲戚赔礼，如不向亲戚赔礼，就得送官家（召叭），由官发落。（一般是一半用来赎死者，一半交官。）

怎样侍奉官，听从官的指挥，叫做什么就做什么。

晚上走路要点火，没有火要手执武器。

走路要有伴，无伴不准走，不听命令独自一个走，到时不回的要拴一夜，天亮后再发落。

一个人晚上不执武器走路的要罚。

一个人不带武器夜间行走，罚三百二十条蜡烛（阿能难邦）。

一个贼去偷人家的牲畜，物主应该寻着牲畜的脚印走，脚印在哪里消失，就罚管辖该处的头人五十块钱，另加十四块或二十一块，该处头人不能抵赖。

一个人走路，在寨子边睡觉或到寨内住宿，都要告诉本寨头人。如果小偷偷了他的财物，头人要帮追查。头人不帮追查或是客人被杀死，头人要负责任。如果未杀死要给他叫魂，这样，捉住凶手就不怪头人。

寨内的东西被人偷走，头人要向寨内百姓宣告追查；邻寨的人也要帮追查；如寨内有客人来往，客人也要帮找。如客人不帮找，也要罚钱。

如果主人不知客人是贼，也不知他住在哪里，后来查出来客是贼，主人和邻居无罪。客人有病，要给他叫魂。

贼到寨子内虽没有偷到东西，但人们知道他是贼，追着了，要罚他七块。

主人明知来客是贼，却允许他在自己家歇息，贼在主人家被他人逮着时，罚主人十六块钱。

告大官的状，告不赢，应关押原告一个月。

诬陷他人者，罚款十六块。

大官的儿子去百姓家玩，要帮做事才给吃饭。

有个官叫古沙拉扎，见自己家一个女工有三个儿子，长得很壮实，想认为义子，就应该把他们认为义子；如去玩着女长工，就更应该把他们认为是自己的老婆孩子。（本来，官不能娶百姓女人为妻，现在这种行为得到社会认可。——原文）

有一个官，有一百零一个子孙，其中大的一百个不听话，只有最小的那个最贤达，他就应该叫最小的那一个来接班继承当官。有一个叫召威吐巴里打的就是这样做的，是合法的。

有两个帕拉西（野和尚）同争一片风景秀丽的古森林。后来的一个为了争得这片森林，就用一辆漂亮的车去贿赂地方官古鲁腊他，地方官见了车很高兴，有偏袒之意。先来的那一个又用一颗宝石去贿赂古鲁腊他，古鲁腊他见了宝石也很想要，就收下了。为不得罪哪一方，他就把森林分成两半，一个帕拉西一半。上帝（叭音）见他办事不公平、不合法，就让古鲁腊他翻车死了。

当官的儿子不能说成是百姓的儿子，百姓的儿子也不能说成是官的儿子。

有一个狮子去玩狼狗，狼狗生了一个小儿，状貌像狮子，声音像狼狗，狮子就告诉它，"你不要乱叫，你到了狮子群中你不要叫，你的声音太难听，一点儿也不像我们狮子"。狮子本来是兽中之王，但它玩了狗，它的威力就下降了。大官去玩了百姓妇女，生了孩子，如这孩子很好，有本事，也可以来继承官位，这是帕召说的。

不论是官还是百姓，都不能去霸占他人的田地、果木；如果霸占着，死后要到麻那河。

种田种地要有界，不能互相侵占，不能欺负软弱的人；谁去侵占软弱的人的地界，他死后就要到麻那河。

肯帮人做好事的人，死后不消到麻那河。

扣人工钱、良心不好的人，死后要到麻那河。

已拿到了工钱还说没有拿着的人，死后要到麻那河。

犯着这些罪的，要受罪到天地毁灭。

财务纠纷

怎样判明财物之争。

有二个人去挖飞蚂蚁，挖得了一罐金子，哪个应多得？哪个应少得？两人分不清楚，就去找洗伟宰割满解决。洗伟宰割满说："谁先去，谁就多得。"

有二人同时射中一只鸟，两人分不开，就去找洗伟宰割满解决，断决说："谁打着鸟的要害处，谁应多得。"

两个妖怪同时捉到一个人，争着要吃，到底这人应归哪个妖怪，告到妖怪官处解决，妖怪官把人分成两份，一个吃了一份。

佛爷不能当着百姓的面分赊来的东西。

判明财物之争，要问明有什么依据。

两人争一幢房子，都说是自己的，当官的判决，要问明是哪个找来木料，哪些帮盖过房，找得出依据的，就是屋主。

一个贼被人追缉，跑到路上和过往的人混在一起，一同被抓来时，不要乱杀，要问明谁是过往行人，谁是贼。如一个说我是去求婚的，那就要到他求婚那家查访，搞清楚了才能判罪。

有人去串亲戚，在路上睡在一处阴功房内，后有一个人偷得一头牛也到阴功房去住，那串亲的人知他是贼，就拉住去见官，这种做法是对的。

有五十个小青年到勐大嘎西拉去学本事，到勐大嘎西拉后学了技术本事，他们的眼睛就瞎了。他们中一个知道杧果树在什么地方，一个猜得出杧果结在哪个树枝上，一个知道让芒果掉下来的口功，一个知道口功能使杧果掉下来落在自己手上，一个知道杧果落地不好留，学过的口功作废，各有各的本事，但他们都想自己多吃一点，他们为了搞清谁应多吃，就告到官府。官给他们判决说："谁接得多谁就得多吃。"

两个男人为争一个女的而吵架，都说是自己的老婆。一个说："我已和她睡过。"二个说："我爱是爱，没有和她睡过，但我已给她礼物。"应该给谁呢？官判决说："老婆应归给同过房的男人。"

有四人到勐大嘎西拉学本事，学成后回来，一个是虎拉，会算，懂天文地理，他说："明天有一只大雀叼着一个姑娘飞到这里。"第二天，果然如他所说，飞来一只叼着姑娘的大雀。一个就用弓射那雀，雀就把姑娘放下来，姑娘掉在海里。一个人会潜水口功，去把姑娘捞出来，但姑娘已死了。一个会把姑娘救活的口功，把姑娘救活了。四个人都想要这姑娘做老婆，她应该归属谁呢？四人告到官府，官判决说："姑娘应该给进水捞出的那人，因为他俩身体靠着了。姑娘应叫射鸟的人为义父，叫会算的那人为她的老师，叫念口功救活姑娘的那人为妈妈。"

有四个烂女人，见一个被钉在门上的贼男人，四个都想嫁给他：一个用三十二两金子向官买他；一个找药来医他；一个找粮来养他；一个服侍他。应该给谁？应给服侍他的那个。用金钱赎身的应视为父亲；找药医好自己的应视为母亲；找饭给吃的应视为哥哥，要他两口子报答这三个有恩的人。如不报恩，死后进麻那河。

有只虎睡在土包上，被一条蛇咬死了。一个帕拉西见着念了口功，把虎救活，虎活过来后说："为什么你要把我整死？我要吃你。"帕拉西要去告状。他们两个先告到黄牛大王（叭我）

处，黄牛大王怕老虎的威力，就判决说："老虎可以吃帕拉西。"他们两个又到狗大王（马九早）处，狗大王怕老虎的威力，判决说："虎该吃帕拉西。"他们两个又告到猴王处，猴王想："以前有一个人掉到洞里被我爷爷救出来，那人出洞后遇见一只老虎要吃他，他就叫虎吃我爷爷，我爷爷爬到树上，虎才没吃着，后来这个人又拿着弩到处追我爷爷，看来人是不知报恩的"，便判决说："虎应该吃帕拉西。"他们两个又告到大雕（婼响竜）处，大雕说："该吃帕拉西。"他们两个又去问底佤拉，底佤拉（神）说："虎该吃帕拉西。"他俩又去告诉兔子大王（叭啊嘎带），叭啊嘎带很同情帕拉西，就带着帕拉西和老虎回到现场，叫老虎和帕拉西重演一遍。老虎回到土坡上睡，又被蛇咬了一口，老虎死了。叭啊嘎带告诉帕拉西说："这种忘恩负义的东西不能再救它。"叭啊嘎带和帕拉西各自分手走了，才了却这段公案。判断："该死的要让他死，不该死的不要给他死。""效药治病好得快，懂理的人断案判得明。"

有人吵了架互不说话二十年，他们的事不要再摆出来。爱吵架的人不要和他交朋友；不礼貌的人不要和他交朋友；懒惰的、会偷盗、不懂事的人不要和他交朋友；憨人不要和他交朋友。

父母吵架，夫妻吵架，哥弟、姐妹吵架，和尚吵架，佛爷吵架，不能给罪，罚他们拿蜡条来磕头。

佛爷在百姓家吃饭，百姓要给佛爷磕头。佛爷之间、安章（缅先生）和寨子头人吵架，只要互相磕头，不给治罪。

一人背着一袋米、一包糯米饭、三十二两金银，到了一条河边，他说："只要有人拉我过河，我身上的东西可以随便取一样。"有人拉他过了河,背物人给了一袋大米和一包糯米饭,那人不同意,两人一起去告到副官处,副官说:"给你这么多东西得了。"那人不同意,又告到叭主马拉你处,叭主马拉你说:"同意副官的判决。"叭主马拉你的女人听了,认为不合,就出来调解,她叫背物人把三十二两黄金、一袋米、一包饭摆开,叫那人选取一样,那人拿了黄金,结果把背物人气死了。

有一个女人背着孩子到河边洗澡,她把孩子放在河岸上,河里一个水鬼变成一个女人来争着抱孩子,两人都说孩子是自己的,争吵不休,一同告到官处,判官就把孩子放在地上让她两个争夺,谁夺得就是谁的。孩子的妈妈怕扭伤了孩子,不敢硬拉,孩子被鬼抢走了,判官就将孩子判给了孩子的妈妈。因为,判官说,水鬼不够爱惜这个孩子,证明不是他的。

有两对夫妻很好,指腹成亲,后来女方父母失约,把姑娘另嫁了人,男方不同意,双方争吵起来告到官府,官给他们判决说:"姑娘应该给先订婚的男人。"(指腹成亲的)

有一个人去放牛,他睡着后,牛被人偷走了,他去追着偷牛的人,同告到官府,两人都说是自己的牛,主人说:"牛是自己喂养出来的。"贼说:"这是我的牛,我天天拿芝麻和黄豆喂它。"召麻窝省就去拿"埋哼"树叶捣烂喂牛,牛就吐出草来,召麻窝省判定后者是贼,把偷牛人打了一顿。

有个和尚修行五十年想还俗,但没有衣穿,他就骑在木头上顺河淌去。有两个女人来挑水,见远远漂来一个东西,一个说我要木料,一个说里面有什么我就要什么。两个女人捞出木头,见有个裸体人,要木头里东西的那个女人见了很高兴,跑回去拿衣服来给这男的穿,准备领他回去。这时,要木料的那女人趁机拿自己的衣服给那男人穿起来，就领回家了。俩人就吵了起来。官判决说："谁先拿衣服给那男人穿，谁就应得那男人。"

有个富人子弟去玩大官家的姑娘，致使怀孕生了孩子，姑娘怕人知道，就把孩子放在缸里让河水淌走。有两个女人在河边洗澡，看见淌来个缸，一个说要缸，一个说要缸中之物。捞到缸后，两个又争着要娃娃，告到官处，官判决说："谁先说要缸中之物谁得孩子。"

麻罕阿努露达厅肚子痛，他就叫苏马纳莎麻你去拿阿努麻嘎沙（海底）水来吃。苏马到了龙王处，龙王不愿给，只是说："你要什么你去拿。"龙王变成一个五十里宽的东西盖在水面上，不让苏马取水。苏马没有办法，就告诉底瓦拉："你来帮作证，我要踩龙王的头下去，如果我拿到水，我不走地下，要从天上走。"龙王怪苏马无理，请叭音判决，叭音说："龙王不给水是不对的，苏马不辞辛苦不怕困难，取水给师父治病是对的。"

过桑比（德宏）有个吵体（商人），叫自己小孩去河里取水，被河里的大鱼吃了。大鱼顺河游下去七里，被一个渔夫拿得了，渔夫就把大鱼拿到街上卖，一个女人买下大鱼，拿去送给沙体老婆。沙体老婆杀大鱼时，发现肚里有一个男孩，她很高兴，就把男孩收养起来。过了些时候，孩子长大了，孩子的父母亲打听到自己的孩子还活着，想用黄金赎回，收养孩子的沙体不愿还，两个争执不下，就告到过桑比的官府，最后判决说："两个都舍不得，就让孩子两边住，一处住三个月，孩子的名取为拔吾拉满（两边爱的儿子）。"这样判是对的。

有个人偷了一家果园里的杧果，被守杧果的人发觉追去，但是没有抓着真正的贼，而抓着了帕拉西，硬说帕拉西就是偷杧果的贼，把他杀了。官府查明守杧果的人错杀了帕拉西，罚他出三十二两黄金，一部分用于请人雕刻帕拉西的像，一部分用于造塔供奉帕拉西像。

有两个女人，一个有丈夫，一个没有丈夫。她俩走到一个水塘处，见塘里有金子，拿来准备还给遗失的人，但无人认领。官就问："你俩哪个应该多拿？"她俩说："每月初一、十五我们都进缅寺赕佛。"官判决："你俩都有佛的一份，分给一半。"

有一个人去摘杧果，踩折了树枝，掉下来吊在另一树枝上，下不来也上不去。他看见一个骑象的人过来，就说："你救我下来，我给你四十两金子。"骑象人站在象背上去救那人，他刚爬上树去，老象就走开了，两个都吊在树上下不来。又有一个猎人过来，他俩又叫猎人救他们，猎人砍树干搭成梯，他俩才下了树。骑象人和猎人都争着要四十两黄金，请官来判，判决说："四十两金子应分成两份，一份给骑象人，一份给猎人。"

勐板拉纳西有一个人，他买一把犁头留在朋友沙体家。沙体想要这把犁头，就把犁头藏了，拿一些鼠粪放在那里。沙体告诉买犁头的人说："你的犁头被鼠吃了。"买犁人不相信，告到叭处，叭说："这是教训，记住就行了。"俩人同样相处很好。有一次买犁头那人去洗澡，把儿子放在沙体家，洗完澡回来找儿子，儿子不见了，买犁的人向沙体要儿子，沙体说："被鹰抓去吃了。"买犁头的人说："你骗我两次了，老鼠怎么会吃犁头？鹰怎么会吃人？"就告到叭，叭罚沙体出钱赔偿。

分财物、划田界、地界、买物卖物，要人作证。

叭勐板拉纳西领着妻子随从去游玩，两口子洗澡把衣服、首饰脱下放在池边，叫一个用人看着。看守人睡着了，有一个猴子把叭勐拉纳西的银腰带拿走了。叭勐版拉纳西四处追寻，抓住一个路过这里的青年，说是他偷的，把他打得受不了，他就供认是自己偷的。追问他放在何处，他说放在莫巴乐显（占卜先生）家。叭的兵又去审问莫巴乐显，他害怕，就说已经给了敢塔八。叭又去问敢塔八，敢塔八怕死，就说给了自己老婆。叭勐板拉纳西把他们都关押起来，暗地里派人去偷听他们在说些什么，他们都说没有拿，因受不了吊打才乱说的。副官（啊妈）得知不是这四个人拿的，他想出了一条破案的办法，把所有叭勐板拉纳西和他老婆的衣服、首饰都摆在原处，躲在暗处监视，猴子见了又来拿东西，这才明白了真相，放了这四个无辜的人。切忌不要拿无辜的人和受苦刑的人来作证。

有个法号（不穿袈裟，全身穿白，是可娶妻子的僧），其妻把黄金藏了，不让他知道。他就去告给寨子头人，说黄金被人偷了，头人派人到处追查，抓来两个路过的人上刑。这两人受不了苦，就供认是自己拿的。这是不合法的。

在朗嘎地方有个危哈力牙，他是个副官，天天判案子。有两个人吵架，一个有金子三十二两，留在家里被人偷去，在另一家的楼梯下找到了自己装金子的袋子，就说金子是这人偷的。这个人说："钱包是小偷栽赃陷害的。"两人叫危哈力牙解决，危哈力牙罚丢着包包的那家六十四两金还给失主。失主得了金子，高高兴兴回家，走到半路上就被虎咬死了。他的灵魂受了谴责，变成鬼回家告诉老婆，叫老婆把金子拿去还给受冤屈被罚款的人家。如不还，他的鬼魂要在麻那河受罪两千年。危哈力牙因判事不明，也不得好死。

有个人叫潘，四处乞讨度日，讨了多年讨得三十二两金子，没有包包装，他自言自语说："我这些金子没有东西可装。"有一个叫腊冷的在背后听到了，就绕道赶在乞丐的前面，丢一块布在路上。乞丐走过，见一块布扔在路上，就拾起来包金子。走到太阳落，在一个寨子的烂房子里住下，腊冷也跟着进了寨子，晚上就和乞丐住在一起。天亮时，腊冷大叫，说乞丐偷了他三十二两金子。众人围着看，腊冷就把包金子的布和他身上带的布一合，恰恰是一块分成的两半，都认为乞丐是贼。事情告到叭处，叭就把黄金收起来，问腊冷："你哪里来的黄金？有几两？"腊冷说："我的金子是从勐朗嘎拿来的，共有三十二两。"叭又问腊冷："你的黄金每条有几两？"腊冷说："有十条，每条有多少多少两。"叭又问潘（乞丐）："你的金子哪里来？有多少条？"潘说："我的金子是讨了二十年聚得的，有十二条，我在半路上拾到这截布包了金子。我的金子一共有多少多少两。"叭听清楚了，把条数一核对，一过称，证明潘说得对，罚腊冷出三十二两金子。

有两个小伙子，一个没有父母，没有妻子，只有一幢好房子；另一个小伙子来与他同住。不久，房主人出去做生意，叫客人帮守着家。客人趁主人不在家，把他的房子尺寸量清楚后记在心上。不久，房主人回来了，客人说："你来住我的房子为什么不吭一声？"主人诧异，两人吵起来，同告到叭处。叭问客人："你说是你的房子，有什么依据？"客人把房子尺寸背诵一遍。副官又问主人："你说是你的房子，有什么证据？"主人说："我的房子我一样也不记。"副官判决说："谁记得房子尺寸，房子就是谁的。"房主不服，又告给叭。叭问那客人，他又照背了一遍。叭又问主人："你想想，你有什么记得起的事。"主人想了想说："我柱子下埋了一块石头。"叭叫人刨开，果然不错。叭判决房归主人，罚骗子出房价两倍。

有两个农夫，他俩的田连在一起，一个离家做生意，一个在家犁田，在家的那个把做生意去那人的田也犁了。做生意去的回来见了，就和在家的那个吵了起来，一同告给叭。叭请教了叭音，然后来判案。叭先讲了一个故事给他俩听，说："在孟普把麻底纳底，有两个人，一个叫潘不里显打，一个叫拉麻返。他俩有五百辆车，到处去做生意，每到一处都向当地长官请教取得合法权，一不让偷犁他的田，二不让人偷他的钱。过去有一个人去把一个寡妇的田偷犁了，寡妇看见后，告到叭那里，叭普麻达把底来判决。犁田的怕罚，拿出三十二两金子作贿赂，叭就袒护说：'他犁的田是他自己的，不是寡妇的。'人们都说他两人不好。神仙就把叭在的地方变成了海洋，乱犁田的那个人的地盘也陷落了，叭也变成了鬼，还来叫人把田还给寡妇。叭变的鬼在麻那河受罪，嘴巴里时常塞着一块烧红的铁。其他那些官都怕了。"叭讲完了这个故事后说："我们要记住这些话。"又说"这本故事叫勐腊敢傣来"。叭普麻达把底决断："偷犁做生意人的田，就像偷犁寡妇的田。"偷犁田那人听了以后，用一份钱来赎罪，一份钱给生意人，一份给叭。叭处理这些事好，神仙就让这个地方风调雨顺。

有两个人住在一个村子，两家的房尾紧相连，只隔一棵树桩，有一人栽下一棵杧果树在树桩旁。杧果长大后，树杈伸到另一家。杧果成熟后落在地上，栽树的人天天去捡，一天得一箩。有一天，另一家就捡去了一些杧果，栽树的人再去捡便拎不满一箩，两人就去告叭。栽树人说："我天天捡满一箩，今天却捡不满，是他家偷了。"叭住打拉鲊问："你一天捡得多少？"答："得一箩。"叭问："你一天得多少钱？"答："得十筒谷子。"叭判决："罚栽芒果树的人出二十二筒。"并说："你不想给人家吃，就不要在那里栽，像牛马一样，生下来不容易养大，你的芒果树也一样，如邻居不照管也不会长大。"

有个帕拉西住在一条河边，见有两条大蛇为争吃一个青蛙而吵架。一条蛇吞着青蛙头上，一条蛇吃了青蛙尾部，它两个就抬着青蛙去问帕拉西，都说是对方来抢吃。帕拉西问："谁先见，有谁可以作证？"两条蛇说："无人作证。"帕拉西祈求叭音来作证，祈求龙王、地神（南吐腊女）来作证。不得，帕拉西想："野猫偷吃鸡，豹子吃牛，猫捉老鼠，人捕鱼等，应该怎样才能捉到呢？"然后断决说："谁先捉到青蛙的头谁得吃。"因为：人捕鱼要卡住鱼头，虎豹咬牛先咬喉咙，猫吃耗子先咬头。

海中有一条鳄鱼，每天要吃一头象，海的彼岸有一只大雕，也是每日吃一头象。有一天雕捉到一头象飞过鳄鱼的上空，鳄鱼就去拉住象的腿与雕争执不下。有个帕拉西从天上路过，它俩见了帕拉西，就请他来帮评断。雕把过程说了一遍，帕拉西问："有谁作证？"两个都说："无人可作证。"帕拉西看了它俩咬的位置，见雕咬的是象的要害处，判断："鳄鱼你的牙齿是厉害的，你不咬它的头部说明不是你捉到的。"

从前有个农夫，有一头黄牛，晚上拴在楼下，他睡在楼上。有一天晚上，牛被贼偷走了。贼把牛杀了以后，又将牛头、牛脚放在另一家的园地里。农夫找到放着的牛头、牛脚，就把那园地主人拉去见叭。叭听了农夫的话后，对他说："如果有人偷了钱，而把钱包丢在你家，人家说你是贼，你能不能承认是贼？"农夫说："不能。"叭说："你乱拴人，诬陷好人，罚你散板（傣语，合三百九十两）。"

损坏与伤害

有人去偷人家的田水，被捉着后罚款八块，如被捉着时反抗，可以打伤打死。无辜杀害老婆、孩子的，要抵命，财产归死者亲戚。

夫妻吵架，不慎打死另一方，要撵走，其财产归死者亲戚。

借钱不还，要告给叭，由叭判决，借款追回后，给债主本人两份，给叭一份。

夫妻吵架，妻子用毒药毒丈夫未死者，罚钱二十三块；丈夫用毒药毒妻子未死者，罚款五十五块。

妻子恨丈夫吵架造成离婚的，罚妻子十六块钱。

丈夫恨妻子吵架离婚的，罚丈夫二十四块钱。

有一个人到人家打架，被打死的，无罪。

儿女杀死父母的要抵命，财产交官，或者把他的手脚砍断。

不管什么人，无故得罪人、骂人的，重者罚款二十四块，轻者罚十六块。

为赌博而打架的，打出血的罚凶手二十四块。

无论男女会异端邪术、放毒药者，把好人的画像埋在荒山者，会放哦塔努（用泥木等挖成背角牛）埋在他人屋前、寨旁者要杀死。

拿他人画像埋在河里、路底、曾住过人的地点，会口功，以及写咒语、醮饭给大官吃的，罚款七十二块；做给副官的，罚款四十二块；做给百姓，罚款三十七块。

窝藏贼盗者要罚款，查出贼后加倍罚款。

自家长工要去当和尚不能阻拦。

替叭管理牲畜财物，损坏的要赔，本人赔不清的，子孙继续赔。

和尚得罪佛爷，兵得罪官，儿子得罪父母，百姓得罪官等，都是愚蠢的行为，要拿蜡烛向父母、长官赔礼。

故意毁坏佛殿、佛像的要杀死。

儿子杀父母亲的要处死，处其妻子为官奴。

财产分配与处分

百姓去官府当长工，本人死后，其财产没收交官（本人有遗嘱的按遗嘱办）。

叭的儿子到百姓家上门，有了儿女仍然算官家人。

男的到女家上门，他带去的钱已用完又要离婚的，其钱不退还。岳父、岳母用凶器追赶女婿走的，女婿的钱由岳父、岳母赔还。

女婿不孝敬岳父、岳母而被赶走，女婿的财产要归还。其妻去玩其他男人的，罚款。

夫妻结婚尚无子女男方就死亡的，男方亲戚来要死者财产，应该还；如果已有子女的不应还；死者有遗嘱的按遗嘱办。男的上门，女的死后男的要回家，共同劳动所得的东西留给女方父母。

男的上门未满一年妻子就死的，男方拿去的财产应归还男方，女方父母不能不还，包括订婚时给女方的钱也要还，只有叩头钱不还。

男女双方死亡的，财产由双方父母分为四份，双方父母各一份，一份用于赕佛，一份交官。如果死者有子女，财产全部留给子女。

偷鸡一只，赔九只。偷鸭一只，赔九只。偷鹅一只，赔九只。偷猪一头，赔九头。偷牛一头，赔三头（黄牛水牛相同）。偷马一匹，赔三匹。偷钱一元，赔九元。偷钱一板，赔三板（一板等于三十二两）。偷钱一万，赔三万。

要有人作证，作证人要是好人。

参加大官出征，临阵逃跑的，要处死，或没收财产、刺字于面后撵走，有妻子的留给一部分财产。

战场上立功的，要赏给财物，提拔当官。

大官借钱给农民不能拿利息，拿利息不合坦帕召（即不合佛祖说的话）。

主人把父母开的鱼塘荒废，又被他人修整好，主人不得拿回去，不得卖掉，要给修整鱼塘人用五年；五年后，主人要拿回去，还必须出部分钱给修理的人。

不能交朋友以及不能收为长工的人：麻风病人、小偷、凶手、爱打架的人。

从前有个叭，叫劳挖劳登底那广地，老婆叫安扎那底，是阿西赕鲊那广人，他俩有十个儿子、一个姑娘。十个儿子去打十个地方，打胜后，叭就把地盘分给十个儿子为领地，而忘记分给安扎那姑娘。最小的儿子阿贡那对九个哥哥说道："我不想当小国王，我要做生意，我做生意时，你们不纳我的税，我的领地分给妹妹。"九个哥哥很可怜他，找一个老婆给他，每隔七个月分给他一笔钱。他妻子怀孕后，他就死了。后来，他的妻子生得一个儿子，起初九个哥哥仍然像往常一样送钱给他的妻子和儿子，过了一些日子，有的不再想给钱，还说些不好听的话，他们的母亲说："人家不是自己来嫁你们的弟弟的，是你们讨来的，不是你们的长工，任你们发落。"九个哥哥听妈妈这么说，就又按原来惯例如数给弟媳钱财。断决：真正的佛都以母亲为重。有一个人要去出家，母亲给去，父亲不给去的，可以去。

只要是傣族都可当佛爷。

大官与女奴睡觉，生下子女，仍算官家。

债主当佛爷去了，差他的账仍然要赔。这种佛爷是没有教养的佛爷，有账不应当和尚。

差了账后不想赔账就去当和尚，这也不应该留着尾巴。

良心不好的子女不应该继承父母的财产。如果他父母已宣布断绝往来，不承认是自己的孩子，不能继承父母遗产。

嘎哈布里临死时对阿主达厅说："我儿子不孝，孙子孝，要由孙子来继承我的财产"，这是对的。按佛经行事的人，死后可以再上天。

对叭不礼貌，罚款九百两银子、九十六两金子；第二等罚六百两银子、六十两金子；第三等罚三百两银子、三十二两金子；第四等罚二百七十两银子、二十两金子；第五等罚一百二十两银子、十五两金子；第六等罚九十六两银子、十二两金子；第七等罚六十两银子、六两金子；第八等罚三十两银子、三两金子。

有一方有战事，求助另一方，不支援的罚款：第一等罚三十两银子、三两金子；第二等罚二十七两银子、二点七两金子；第三等罚二十七块钱、零点七两金子；第四等罚二十一块钱、零点三两金子；第五等罚十六块钱、零点二两金子；第六等罚八块钱；第七等罚五块钱；第八等罚三块钱；第九等罚两块钱。

百姓之间吵架罚款：第一等罚二十四块；第二等罚十六块；第三等罚八块；第四等罚蜡五两；第五等罚蜡四两；第六等罚蜡三两；第七等罚蜡二点五两；第八等罚蜡二两；第九等罚蜡一点五两。

在房内吵架，罚一块。

农民交官家的田租，在半路上不慎抛撒一些，罚款一块、鸡二只、酒二瓶。

百姓外出做生意、盖房、结婚、串亲戚等要送头人一瓶酒、一束芭蕉、一包茶叶、一包草烟，求他帮助照顾家庭。

大官派来的使者到寨内，百姓要上贡酒一瓶、芭蕉四束、蜡烛四串、米四筒、蛋四个。

大官子女办婚事，每寨出水牛一头、猪一头。

大官出征，每寨交大米一百筒（二百斤）、水牛一头，送到官府。

两口子吵架，父母不准他们离婚，就要请人来送鬼叫魂，让他们和好。送鬼费用和仪式：送给佛爷五块钱、四拿白布、八条蜡烛、一瓶酒、两个水壶、两床篾笆、两面彩旗（纸）、两枝寨中神树叶、两朵白花。这些树叶、花朵拴在"埋过"（黑心树）上，做小房子两间，又拿召勐的铁链，在河边用两棵桩把铁链拉平，然后把这些东西放在其间。夫妻俩向天地神灵、父母、师长、头人祈祷要永远和好，用绳子拴住两人，再用两只公鸡拴在桩上。安章（缅先生）用两根棍子放在他俩的肩上，砍掉鸡头，丢在他们旁边，用铁链拴住他俩（表示拴牢），又杀小水牛祭之，叫魂念经即可。

寨子头人领人去做生意，要把人家的牛里拢来，连叫三声"来！来！来！跟我来"。住了三个地点以后，主人找来了，要叫主人出一些钱。到第五处住地，应做五把木刀挂着。主人找着，不做木刀，牛全还给主人；做了木刀，这牛各得一半。牛要由头人管，给其他人放牧。白天遗失，放牧人赔；夜间遗失由头人赔一半，其余一半分成三份：二份由头人出，一份由随从赔；虎豹吃了，不赔。如要杀吃，谁叫来的谁吃头。如有佩刀、戴帽、背背包的人遇着，分给二份肉；如有人把帽子放在牛马鞍子上，罚款二十一块。

骑牛、马宿营场中心，罚款二十一块。

同伙人把锅桩碰倒，罚款五块、鸡两只，给老板念经叫魂，合伙买一只鸡给牛叫魂。

大官出门碰倒锅桩，罚款二十一块。

人性善恶

人生出世有两种类型：好人，坏人。有佛的人会爱护他人，会爱护牲畜、家具，不丢，不打，不吊，不骂，不使人的白工。有一种叭满（佛教中的坏蛋），这种人无恶不作。

有个人叫嘎东坚嘎，他在勐沙挖涕，他有一个园地，栽了很多果树、花卉。他在这里培植了十四年，在园地立了佛。他去请西里腊布达（麻哈厅召）去吃，西里住了一年，因想念自己在过沙腊扎那稳的师父。他就对嘎东坚嘎说："我要去过沙腊扎那稳看我的老师，去一年还要回来。"他到过沙腊扎那稳后，老师留他过关门节。西里腊布达只得写信给嘎东坚嘎说："我要过关门节后才回来，这里只有一个十四岁的小和尚侍奉师傅。"西里走后，另一群佛爷请求在嘎东坚嘎那里过关门节，嘎东坚嘎不同意收留，佛爷苦苦哀求，嘎东坚嘎只得派人去问西里，西里同意。但过了关门节，那些佛爷还是不走，西里回来后，催他们走，那些佛爷说："这里是我们的地点，我们已问过嘎东坚嘎。"嘎东坚嘎去找哈西把给马判决，决断为：后来的佛爷不应该有嘎东坚嘎的园地，佛爷之间不应该互相争夺。这样，后来的佛爷就还俗不做佛爷了。

有个叫巴腊嘎的商人，住在勐来扎嘎恰的城北六千拏处，有钱，有密多萝树，有酸果、甜果，有船；又有一个商人叫沙力巴巴打，他有许多牛。他俩很好，沙力巴巴打盖了一间小房子和巴腊嘎一起居住，两家只隔一堵篱笆，巴腊嘎对巴力巴巴打说："我的果实你可以来拿吃，但树是我的。"巴腊嘎乘船做生意到外地，只有一个儿子和一个儿媳在家。沙力巴巴打听说巴腊嘎死了，就去对他儿子说："你父亲和我都很好，我们要世代好下去。你父亲生前说过你们的这些果木给我家了。"过了几天，沙力巴巴打就来把果木围了过去。巴腊嘎的儿子不服，说："我父亲没有跟你说过，你不该来围。"两家争吵起来。双方一同去告给叭，叭判决：沙力巴巴打趁巴腊嘎死了来霸占他的果木树。沙力巴巴打又变口说："他已卖给了我。"巴腊嘎的儿子问："卖成多少钱？"沙力巴巴打说："给了一百块、六十块的几次。"叭听了，对沙力巴巴打说："没有的东西你说有，让二十万里厚、二十万里宽的东西压在你的头上。"令沙力巴巴打退还果木，并让其迁走。

佛祖在勐板拉纳西时，有一天，麻哈西巴力厅召从勐拉扎嘎罕去勐扳拉纳西见佛祖，有一个小佛爷帮他背钵和袈裟，走在后面。麻哈厅回头看不见了小佛爷，等了一阵还不见。小佛爷在后面边走边想："我追不上麻哈厅可能得罪。"追到麻哈厅后，他说："我走不动。"到了勐扳拉纳西，小和尚想："我有什么不对，为什么跟不上麻哈厅？"他俩去问麻哈孟巴里厅，麻哈孟巴里厅说："你可能偷着你师傅的东西了。"小佛爷听到后脱下袈服还俗了。后来这些地方的佛的威信也就下降了（意思是偷盗损坏了佛的声望）。

有个嘎东坚嘎，请一个人背二百四十两金子去勐沙挖涕赶摆，这个人背着金子想跑掉，但后来他没有跑，把金子背还给了嘎东坚嘎。这种行为不能罚款。

从前有个佛爷住在森林里，那一带贼比较多。有个叫古鲁吾巴他的人，他怕贼偷他的东西，他就把银子装在罐子里，每个罐里装二百七十两，埋在缅寺旁边，告诉佛爷帮他看守。他走后，经常有贼来偷东西。过了七个月，古鲁吾巴他还是没有来拿，佛爷就起了不良之心，去把那些银子挖走后，用一些炭装在罐子里。过了很长一段时间，已经不闹贼了，古鲁吾巴他来拿他的银子，见全是些火炭。他想："我赕佛赕了不少，还受到这种结局。"他祈祷叭音说："如果我有罪，银子就不再回来；如果我没有罪，让我的银子回来。"过了一个月，他又去挖开，看见里面都是银子。古鲁吾巴他高兴极了，认为自己有佛。其实那佛爷拿了银子后，自知这样做不好，于是又把银子送回原处放着了。古鲁吾巴他回去后，有很多闲话，有的说是佛爷拿了又还的，有的说是古鲁吾巴他有佛。佛爷听到了这些闲话，他去请教勐沙挖涕哈吾巴巴里厅，后来就还俗了。因为偷过东西不能再当佛爷了。

有个农夫积得三十二两金子，藏在一个朋友家。有三个人看好路线准备去他朋友家偷。他报给叭，叭派人把贼拿来问。贼怕死，交出来二百一十两银子。叭又问丢东西的人丢了多少，有的说丢了二百二十两，有的说丢了六十两。叭问："你们丢的东西是金条、银条？"接着又拿出金条问是谁的，个个都说是自己的。叭又问农夫："你的是哪些？"农夫指出自己的包包，但包包里包着六十两金条，不是自己的，就说："包包是我的，但金子不是我的，我的没有那么多。"叭说："我的判决不给你们吃亏，拿到了贼，就应该还给你们金子。是你的拿回去，是你朋友的，你也可以帮他拿回去。"农夫拿回金子二十七两。其余的人拿去关押了七个月。贼也改邪归正了。

有三个佛爷去化缘，途中遇到一个妇女送饭给她丈夫，他们三个商量要拿这个女人去卖。佛爷对妇女说："我们遇到一伙强盗，你不能走这条路，你跟我们走，我们会护送你。"妇人信以为真，就跟佛爷走了。走到半路又遇着两个佛爷，三个佛爷又邀约着这两个佛爷一同去卖这个妇女。后又遇着一个佛爷，众佛爷又约他合伙，那个佛爷说："我不入伙，你们卖了以后分给我一点钱就行了。"佛爷把妇女卖给两个煮酒卖的人，卖了二十一块钱，先来那三个佛爷每人得五块，后来入伙的二人得两块半，剩余的一块给了不入伙的那个佛爷。两个煮酒的为争这个妇女吵了起来，告给叭，叭就审问妇女的来历，煮酒人把买妇女的过程说了一遍。叭又去找麻哈吾巴巴里招来判决。麻哈吾巴巴里召判决：卖妇女的五个佛爷，令其还俗，要一块钱的佛爷可以不还俗，但不是好佛爷。妇女放回家去。叭判五个佛爷为贼，还是罚六十三块、二十八块、十六块三笔款，缴纳了可以回家，否则在叭家当长工。

有一个佛爷要到勐敢塔腊去，说了那个地方的好处，一个长工说："我愿跟你去，不愿在这里当长工。"第二天，长工就来约佛爷一起走。长工的主人追到缅寺，又追到半路才追上了长工。佛爷对主人说："不是我约他来的，他为可怜我，送我到勐敢塔腊，到了以后，他就回来了。"佛爷就叫长工跟着主人回去了。佛爷到了勐敢塔腊，他怕自己有罪，就去问麻哈吾巴里厅召，麻哈阿南达给里也在那里，麻哈吾巴里厅召说："明天你再来找我。"第二天，佛爷又去找厅召，厅召说："你拐骗人家的长工，等于做贼偷了东西，不能当佛爷了。"佛爷如果不问厅召，仍然可以做佛爷（意思是厅召威力太大）。

有七个人偷得三个男人、一个女人去卖，途中遇到一个病人，那七个就约这个病人入股，病人说："我病了不能入股，卖得钱分我一点。"四个人卖得九十六两金子和五块钱，十四两做途中伙食费，十两送给病人，其余的就分了。有一个被卖的人不愿在人家当长工，又跑回勐阿挖涕家里，把他被卖的经过讲给父母，后又告给叭。叭把卖人犯抓来判罪，说："你们的罪太大，要杀头。"那病人也拿去问罪。有一个家人出四十二两金子把那三个被卖的男人赎回，用三十二两金子赎回被卖的女人。七个贼每人罚八倍的钱赎命。有一个无法出这么多的钱只得卖身赎命。

有五个人专偷人卖，其中有一个人去找了一个放牛的小姑娘，用水果把女孩骗来抱走了，被寨子里的人看见，贼放了女孩就跑了。寨里的人追了去，恰巧遇见另四个偷人贼，就把他们一同拿去见叭，四个人都说自己不是偷女孩的，说他们也是合股做贼的。叭判决：偷女孩的贼罚钱二十四块（若是拴来的要罚六十三块），把钱分给救孩子的人十一块，其他四个贼罚蜡九十六两（每人二十四两），分给救人者和叭。

有个长工受不了折磨，自己吊死在龟山，他家人四处寻找未找到。有三个看象的人看见树上吊着一个人，就砍断绳索让他掉下来，又吹气灌死者的耳朵把他救活，领回家去。这事被一个打笋子的人看见，就回去告诉了长工的家属。长工的家属用钱来要赎回去，放象的人不信，两边争吵告给叭，叭判决："这个被救活的人应该归放象人，由放象人出九十二块钱给长工的家属，因为这是放象人救活的。"

有个女奴怀孕十个月，经不住主人虐待，就到一个塘边上吊。在女奴上吊时，孩子生下掉在地上，被一个渔夫见了，就去砍断绳索放下尸体来。渔夫把女奴的九两金子、一对金镯、一条金带拿走了，并抱了孩子回家。路上见着一群看牛人洗澡，看见渔夫得了财物，就向他诈取，渔夫不给他们，看牛人就告给叭，说渔夫杀了人。叭到现场看尸体，有点像他杀的迹象，但判决不了，又告到上一级叭那里。叭（大官）把渔夫、看牛人拿去审问，渔夫把事情经过说了一遍，叭见看牛人自己告状、自己作证，有点怀疑。叭竜又去调查现场，见绳子还有一截拴在树上，判看牛人有意诈骗诬陷好人罪，罚六十两金子（主要者），其余随从每人罚二十八块、二十一块、十六块不等。

有个佛爷到寨子里化缘，见一家人养着一匹马，很驯服，佛爷甚爱，就用饭把小马哄来。有一个砍柴人见了，问佛爷："为什么这样？"佛爷说："我喜欢小马，哄着玩一玩。"那人用一根棍子把小马撵走了。佛爷回到寺后，心里很不自在，就去问麻哈吾巴里厅，有没有罪？麻哈吾巴里厅判决说："你想偷小马，不够格当佛爷。"令其脱掉袈裟还俗。

有个三家村，其中有一户养了一只大公鸡。有两个人路过这里，见了这只公鸡很想要，于是就用饭把公鸡引到捉住拿走了。寨里人看见了，就喊人来追，结果，一个抱鸡跑了，一个被打死。死者的弟弟说："我哥哥不是贼，他手上没有拿着什么偷来的东西，他是从前面被打死的，如果他是偷东西逃跑，那么，他应该在后面受伤。"叭判决说："偷东西的人从哪方被打死都可以，他人已死了，不罚款，追拿他的同伙，关押三个月。"

有四个帮叭养象的人去放象，他们把象赶到一个寨子，这里只有三个老人守寨。他们见没有年轻人，就用矛把百姓的猪刺死一头抬走，接着又去刺了三头。三个老人看见就告诉下田的人。寨子里的人追问放象人："你们哪里来这么多猪肉？"放象人有的说："我们在森林里猎到的。"有的说："开钱买的，一个猪一块钱。"两边争持不下，一同去问叭。叭问偷猪人从哪个寨子买的，偷猪人说："从太阳出来的方向叫蛮戳啃寨买的。"叭说："那方只有蛮费竜，没有蛮戳啃。"叭又问偷猪人多少钱买的，答："三十六块。"叭又问用什么钱买的，答："我用的钱是三个官的钱。"叭又问："买时开了多少钱？"失主都说没有见着钱。叭又问："你们放象在哪个方向？"答："在西方。"叭又派人去西方查问，都说没有见过放象人；叭又派人去街上查，查出四个人挑猪肉去卖，慌慌张张的。叭判决说："你们放象人就是偷猪的贼，每人罚八块钱。如果他们老实报，每人只罚四块。"

一个佛爷去做生意，半路买车坐，把车上放着的宝偷了。另一个佛爷遇着他，就问他有什么东西？他说："没有。"他俩到麻哈吾巴里厅处，偷宝人病死了。

有个人去勐区纳俸做生意，到了勐拉扎嘎哈的边界，他不愿出关税，就被卡关的把全部财产没收了。

有个佛爷名叫坦麻哈拉琐，他指使一个叫普麻扎里的、一个叫把个来牙的和尚去偷嘎东坚峰的金子。两个和尚各走一路，去了三个月，把个来牙到了嘎东坚峰家，请得一个女奴帮偷，答应偷到金子后，他给女奴二十两金子，回到缅寺，把偷来的一百两金子交给佛爷。普麻扎里没有偷到东西，引起了矛盾，就去告给麻哈吾巴里，把佛爷派他们去偷东西的事说了一遍。麻哈吾巴里说："偷了东西有罪，你偷不到东西，也不来回话，也有罪，但不大。他两个不能当佛爷，你可以当佛爷。"

有个人有三个儿子，此人专门叫他们去偷东西，哪个偷得多就算他能干、有本事。有一次，他的三个儿子去偷一个商人藏在船上的东西，三人各自去，互不商量，船上防备严，去了六个月，还是偷不到东西。又过了很久，有个小偷见船上有个年轻的小伙子，就主动与小伙子做朋友，他把要偷东西的事说给小伙子听，要小伙子帮忙。小伙子说："难得偷，而且这样做不好，我不和你交朋友了。"小偷说："你不要这么怕，帮我想些办法，你要趁沙体（商人）不在时偷上一点。"小伙子不干，小偷又去和一个女的打交道，叫那女的去偷，果然偷到了六十两金子。小偷把金子分成三份，一份给去偷的那女人，一份交他父亲，一份归小偷自己。那女的不敢留在船上，领着丈夫逃走了。

有四个佛爷准备去偷嘎东坚峰的银盆，四个人商量了一番，夜间便各自走了。有一个先偷到了，四个佛爷就在一起论罪。三个没有偷着的说自己没有罪，罪应归于去偷的那个佛爷，那佛爷说："罪要全部归我，我不干。"他又把银盆送去还了。他们四人去问麻哈吾巴厅，麻哈吾巴厅说："当佛爷想去偷人家的财物，个个都有罪，去偷的有罪，想着的也有罪。"

七个人商量着要去偷牛来杀，有四个在的远，有三个在的近，近的三个人偷得牛来杀了，然后去叫远的那些人来吃。远的那四个说："去偷时不来叫我们，我们不合股了。"那三个说："不要紧，罚款我们承担，你们来吃就行了。"那四个人还是不来。这三个怕他们去告，一个给他们八块钱。那四个拿了钱说："你们送给的我要，但不能算我们偷。"他四个拿了钱又去报告给叭，叭把他们七个拿去审问后判罪："去偷的有罪，不去偷的无罪。因为他们不去偷，不去吃，收的钱是你们送他们的，他们又来报告所以无罪。"叭又叫主人来辨认牛的头、脚，查实了是失主的牛，去偷的人每人罚二十一块，分三份，给主人二十一块，给叭二十一块，给四个去报的人二十一块。

有个叭年老了，达混（上一级官）准备叫他让位，但没有正式下令，叭手下的副官去对叭说："达混叫你们让位了。"叭听说是达混说的就答应退位了。副官按规矩收了百姓的九十两银子，二十两给叭，三十两给新官，三十两上交达混。达混听了就去责备叭，怪他还不到时间就让位。叭说："我还该干几年，但你们叫我让位就让位了。"达混说："他们乱说的，我要到明年换你，他们是贼，罚他们出四倍的钱，分三份给叭，二份上给达混（教育人们不能篡位），罚篡位的新叭坐地牢十天。"

有两个佛爷在一起住，老的那个天天出去化缘。他到百姓家后，见有一家有个金戒指挂在梁上，他回来后就叫年轻的佛爷去化，叫他把金戒指拿来。年轻佛爷去偷金戒指时被小孩看见，告诉大人来追，佛爷见有人来追就把金戒指丢在路上跑了。佛爷回到缅寺，心中不好受，就去问麻哈吾巴里厅有什么罪，麻哈吾巴里厅说："你俩想的都是一样，不能再当佛爷了。"

有个寨子的头人有酒，但是没有肉吃，他就指派四个人去偷黄牛来杀吃。那四个人去偷得一条水牛，头人见是水牛就不吃。有人告到叭那里，叭审头人和四个偷牛人后，定罪说："牛值七元，你们去偷的罚二十一块，头人罚八块，这些钱赔牛主十六块，叭得十三块。"

有个老佛爷和一个小佛爷去化斋，见百姓晾着一匹布，老佛爷使个眼色给小佛爷，小佛爷会意就把那匹布偷跑了。主人回来不见布，就去追赶，佛爷见有人追来，把布丢在路上跑了。布主就去告给叭，叭派人去把捡着布的那个人拴来审问。捡布人把佛爷丢布，他拾得的事说了一遍。叭就说："你不偷你为什么拿着跑？你也应该算是贼。"麻哈吾巴里厅说："偷东西当佛爷不够格，还俗做百姓去吧。"

有两个人图谋去抢一个布商，先由一个在路上等着扮买布的，一个后面赶来抢。布商来到后，一个正在看布，像是要买的样子，另一个跑来说也要买，两人互争，一个争着争着就拿着跑了，布商追去，有一个过路人帮着抓住了抢布人。告到叭那里，叭判决："布还给主人，罚抢布人出四十二块钱，叭要二十一块，布主十四块，帮拿贼的得七块。"

有个佛爷会染布，使旧布变成新布，骗取别人钱财，人家要把布退还给他，他不退。事情告到麻哈吾巴里厅，判决说："你说是人家愿换的，我们佛爷没有理骗人家的东西，你不够格当佛爷。"令他还俗当百姓。

有个佛爷会用烂铜烂铁造钱，用不了多长时间，就变形了，人家拿银子换了他的烂钱，吃了亏，要退还他，他不干。事情告到麻哈吾巴里厅那里，麻哈吾巴里厅说："你这种行为不合佛规，不能当佛爷。"

勐拉扎嘎罕有一个沙体的儿子，他造了两杆秤、两个箩、两个筒，买时用大的，卖时用小的，用铅块当金子、银子，骗了不少钱财，家里逐步变得很富裕。有一次，有一个人拿一把刀请他修理，被他粉饰得像金刀，可是几天又变成烂刀了。他买烂铜烂铁时用大秤，卖出来时用小秤。有一个人会打刀，专门来查了他的罪，然后告给叭，叭就把沙体儿子拿去审问，判决为贼，没收了他的全套工具、真金、假金和全部家产，只留下九十六两银子，给他的子女们生活。

有个人叫吾巴喃达厅，他到缅寺后，见两个佛爷为三疋布而争吵。吾巴喃达厅说："我给你们分，白布，你们一个拿去一疋，那疋红的给我。"两个佛爷不服，告到佛祖那里，佛祖说："你要还给他们，不能拿。"吾巴喃达厅听佛祖的话把布还给佛爷了。

有个叭召叫七个人去偷一个先生的二头牛，这个先生知道了，把七个贼都拿来拴着，没收了七个贼的财产，还要杀他们。他去告给大叭、小叭。叭问："你没收得的财产值多少？"先生说："值四十两银子。"叭又说："他们偷你的牛只值二十块钱。要罚款，要处死，由叭来定，你不能自己去搞。你该还的要退还。"叭也不拿罚得的东西。

为人之戒

麻哈吾巴里厅说：

"不要忘记父母恩情；不要忘记佛祖；不要忘记老人教育；不要丢掉父母的事业；不要懒；不要闭眼进岩洞；清洁的水才洗；要爱护老人、亲戚和朋友；不要乱搬家；不要忘记规矩；不要忘记做好事；要经常读经书；不要做逼人恨的事；不要看不起安章（缅先生）；不要看不起懂理的人，要和他们在一起；不要和不懂事的人做朋友；要积极；不要做不好的事；一天要想三次（上午、中午、下午该做什么）；不要教唆别人吵架；不要去拿别人的东西。"

"做人不要懒，懒了不好；爱玩爱跑不好；不该做的做了不好；爱到别人家玩不好；说话无情意不好；不懂也不问人不好；不遵守（规矩）不好；自我吹嘘不好；不要在人多处讲难听的话；不好的事不考虑，不告状，说话伤别人的心不好；不要的东西还要买来不好；人家怕的你不怕不好；自己说自己是官不好；爱和安章吵架惹人生气不好；得罪佛爷不好；歧视乞丐不好；看不起人不好；不去接触佛爷不好（他们懂理）；年轻（人）忘记老人不好；做安章乱说乱讲不好；当老师乱讲话不好；要人家东西，还讲坏话不好；和天不怕地不怕的人做朋友不好；和不懂事的人做伴不好；去哪里不讲时间不好；不爱学习不好；想要人家东西不给钱不好；和思想不稳的人做伴不好；和坏人做伴不好；和爱惹事的人做朋友不好；抢人东西不好；讲不该讲的事不好；和脾气怪的人做朋友不好；装穷叫苦的人不好；拿女人当男人的不好；爱人家的老婆不好；迷信太深不好；忘恩负义不好；背叛自己民族的不好；爱哭的人不好；笑人吵架不好。做人要记稳这些。"

后记

我没有什么做的，写这本书交给召火罕，希望你好好看。我们要离开人间了（年老了），写这本书上贡给你。傣历五月十号那天，是星期五，"黑发"写完。天上星星有十五个，我上贡这本书，祝福你。

"黑发"，类似汉族的"八字"。有多少字我不清楚，有几个内容不知道。如果写错了，望你不要给我加罪，写合了给我得佛，希望我命长一点，死后得见佛。这代我有佛，我懂文化。希望我下一代做好人，懂文化，每一代都得见法召，不要让我有病痛，让我生得好一些，给我继续有佛，给我代代都有儿女，个个都好。继续给我生在大坝子，生在富人多处。祝召火罕有名有义，继续管好孟连，使老百姓共同幸福起来，祈祷天地。

这本书我赠给孟连召火罕，我磕头到底。我们的下一代出生在一起，都懂得共同管国家的事情，祝你召火罕在阿难火罕孟连竜（大孟连）的大官、小官得幸福，永远幸福，让召火罕的佛照亮我们，种田种地都得好收成，家畜兴旺，免除灾难。

附：南士（历史书）坦麻沙（内容多），阿佤河（好事、坏事、妇人、坏人都在）。

傣历（毕竜劳）一二八三年十一月二十五日写完（傣历1283年，即公历1921年），叭竜敢塔腊写。

穆斯林圣训法典(摘编)[①]

一 婚姻[②]

第一节 鼓励结婚

【1】阿利格迈·本·艾布·阿利格迈传述：我曾在米那陪同伊本·麦斯欧德散步时，碰见奥斯曼·本·阿凡，伊本·麦斯欧德便站着和奥斯曼交谈。奥斯曼说："艾布·阿布杜·拉赫曼！我们是否给你找位少女，或许她使你回忆起你曾经具有的青春活力？"伊本·麦斯欧德说："如果你这样说的话，穆圣确

[①] 摘自穆斯林·本·哈查吉著，穆萨·余崇仁译《穆斯林圣训实录全集》，宗教文化出版社2009年版。文中序号系本书编者所编。

[②] 译者指出，《古兰经》三十章二十一节昭示："他的一种迹象是：他从你们的同类中为你们创造配偶，以便你们依恋她们，并且使你们互相爱悦，互相怜恤。对于能思维的民众，此中确有许多迹象。"婚姻，阿拉伯语"尼卡赫"一词的意译，伊斯兰将其提升到主命圣行的高度，认为是父母对儿女所负有的重要责任，而且把婚姻作为接近安拉的一种功修。伊斯兰反对独身主义，反对非婚同居及其私通乱伦行径，提倡男女健康合法的婚姻，主张男大当婚女大当嫁，认为婚姻不只是男女双方进行的一种结合，而且是一个人对自己、家庭、社会、人类生存延续负有责任的重要行为，也是一个穆斯林遵循主命履行穆圣教诲的具体表现。而且伊斯兰教法根据经训明确规定了夫妻双方所享有的权利和应尽的义务，同时要求丈夫应当呵护宽容自己妻子，妻子应当尊重顺从自己丈夫，禁止夫妻在日常生活中遇到困难或挫折动辄将离婚挂于嘴上，说出一些伤害心灵和感情的话语。要求男女双方成婚之后，积极孝敬四重父母，重视教育训导自己儿女。本章圣训从择偶标准、夫妻和睦、各尽其责等诸多方面作了详尽阐述，而且穆圣在圣训中特别要求作为穆斯林在婚姻这件直接关系家庭基础繁衍子孙后代的大事上，男女双方一定要将教门放在诸多条件之首来考虑。

曾对我们说：'青年人啊！你们谁有能力，就让他结婚，因为结婚能以降低视线，保持贞操；没有能力的人，就让他坚持封斋，因为封斋能以抑制情欲。'"

【2】阿利格迈·本·艾布·阿利格迈传述：我陪伊本·麦斯欧德散步时碰见奥斯曼·本·阿凡，奥斯曼说："跟我来，艾布·阿布杜·拉赫曼！"奥斯曼要求和伊本·麦斯欧德单独交谈，伊本·麦斯欧德认为无此必要，便对我说："你过来吧，阿利格迈！"我走近时，奥斯曼对伊本·麦斯欧德说："我们是否给你找位少女，艾布·阿布杜·拉赫曼！或许她使你回忆起你曾经具有的青春活力？"伊本·麦斯欧德说："如果你这样说的话……"

【3】伊本·麦斯欧德传述：穆圣对我们说："青年人啊！你们谁有能力，就让他结婚，因为结婚能以降低视线，保持贞操；没有能力的人，就让他坚持封斋，因为封斋能以抑制情欲。"

【4】阿布杜·拉赫曼，本·耶吉德传述：我和伯父阿利格迈·本·艾布·阿利格迈、埃斯沃德·本·希莱里拜访伊本·麦斯欧德，当时我还年轻，他讲述那段圣训，我认为他是为我而讲的。

【5】阿布杜·拉赫曼·本·耶吉德传述：我们拜访伊本·麦斯欧德，当时我最年轻，我回去立即结了婚。

【6】艾奈斯·本·马立克传述：几位圣门弟子关于穆圣在私下的功课请教圣妻们，之后其中一个说："我不娶妻。"另一个说："我不吃肉。"又一个说："我不在床上睡觉。"穆圣赞颂安拉后，说："这些人为什么那样说话？我礼拜也睡觉，封斋也

开斋，我还迎娶妻室。谁违背我的逊奈，谁就不是我的稳麦。"

【7】赛尔德·本·艾布·宛戛斯传述：穆圣驳斥了奥斯曼·本·麦兹欧尼①过独身生活的思想。假若允许那样做，那我们都会阉割。

【8】赛尔德·本·艾布·宛戛斯传述：奥斯曼·本·麦兹欧尼过独身生活的想法被驳斥了，假若允许那样做，那我们都会阉割。

【9】赛尔德·本·艾布·宛戛斯传述：奥斯曼·本·麦兹欧尼意欲过独身生活，穆圣禁止了。假若允许他那样做，我们就都阉割了。

第二节　见到妇女心中起意者宜当回到自己妻子身边与之亲昵

【10】贾比尔·本·阿布杜拉传述：穆圣见一妇女后，回到圣妻宰娜白身边，她正鞣皮。与之亲昵后，出来见门弟子们，说："女人在恶魔的外貌下迎面走来，在恶魔的背影下转身离去。如果谁见重某一女人，就让他回到自己妻子身边，这能转变他的念头。"

【11】贾比尔·本·阿布杜拉传述：穆圣说："如果你们谁让一女人吸引，倾心思虑，就让他回到自己妻子身边与之亲昵，因为这能转变他的念头。"

---

① 奥斯曼·本·麦兹欧尼（？—624年），别称艾布·萨义布，麦加古莱什人，最早归信伊斯兰，为当时第十四位穆斯林，穆圣门弟子。曾迁徙两次，参加了白德尔及其后的历次战役，蒙昧时代就自己禁酒，有阿拉伯贤士之称，为麦地那归真的第一位迁士。一生教门虔诚纯真，归真后穆圣亲吻其面庞，掩埋在圣寺旁的白吉尔墓地。

第三节 临时婚姻①得到允许之后又被彻底禁止

【12】盖斯传述：伊本·麦斯欧德说，我们曾随穆圣出征，都不携带妻室。大家议论说："我们能否进行阉割？"结果，穆圣禁止了我们。后来，穆圣允许我们用衣服作聘礼和女人缔结临时婚姻。接着，伊本·麦斯欧德诵读了这节经文：

"穆民大众啊！安拉已准许你们享受的佳美食物，你们不要把它当作禁物，你们不要过分。安拉的确不喜爱过分的人。"

——（《古兰经》5：87）

【13】伊本·麦斯欧德传述：我们当时都还年轻，便说："安拉的使者啊！我们能否进行阉割？"……

【14】贾比尔·本·阿布杜拉和赛莱玛·本·埃克沃尔传述：在一次出征中，穆塞的传令员出来对我们说："安拉的使者允许你们缔结临时婚姻。"

【15】贾比尔·本·阿布杜拉和赛莱玛·本·埃克沃尔传述：穆圣来见我们，允许我们缔结临时婚姻。

【16】阿塔仪·本·艾布·勒巴赫传述：贾比尔·本·阿布杜拉抵达麦加副朝，我们到他住所拜访，大家请教了若干问题。最后提到临时婚姻，他说："是的，我们曾在穆圣、艾布·白克

---

① "临时婚姻"为阿拉伯语"穆特尔"一词的意译，曾流行于阿拉伯社会的男女公开的性行为方式。据伊本·阿巴斯说，当时习惯为：男子外出到异乡，人地两生，可与当地一女子达成临时婚约，在该地逗留期间结为夫妻。男子离开该地，此婚姻即告结束。伊斯兰复兴初期，婚姻制度尚未确立，曾延续此习惯，允许出征在外将士以一定的彩礼与当地女人结成此类婚约，以防私通。628年海巴尔之战时，穆圣曾禁止此种婚姻。630年奥塔斯之战时，又允许三日临时婚姻。此后，临时婚姻被绝对禁止。显然，临时婚姻是一种在特殊情况下照顾青年将士久离妻室情绪和整肃军风的权宜做法。逊尼派各家伊玛目一致主张，临时婚姻已被永远废除。只有什叶派还认为这种婚姻仍可有效。

尔和欧麦尔时代缔结过临时婚姻。"

【17】贾比尔·本·阿布拉传述：穆圣时代，我们曾用微少的椰枣、面粉作为聘礼缔结临时婚姻，直到欧麦尔由于阿姆尔·本·侯莱斯案件①而将其彻底禁止。

【18】艾布·奈兹尔传述：我正在贾比尔·本·阿布杜拉处，有人来说："伊本·阿巴斯和伊本·祖拜尔关于两种穆特尔发生了分歧。"贾比尔说："在穆圣时代，这两种我们曾都做过。后来，欧麦尔禁止，我们未再去干。"

【19】赛莱玛·本·埃克沃尔传述：奥塔斯②那年，穆圣允许穆特尔三天，接着就将其禁止。

【20】赛布尔·朱海尼③传述：穆圣曾经允许我们缔结穆特尔，我便随一人去阿米尔部族一女人处，她看上去青春妙龄、玉颈修长。我们做了介绍后，她说："你给我什么？"我回答："我的斗篷。"我的同伴也回答："我的斗篷。"同伴的斗篷比我的斗篷好，但我比他年轻。她看同伴的斗篷时，看上了那件斗篷；当她看我时，又看上了我。最后，她说："你和你的斗篷满足我了。"我便和她住了三天。后来，穆圣说："谁那里有缔结临时婚姻的妇女，就让他将其放走吧。"

【21】赛布尔·朱海尼传述：我曾伴随穆圣参加光复麦加的战役后，在麦加住了十五天。穆圣允许我们缔结穆特尔，我便

---

① 阿姆尔·本·侯莱斯案件，即穆圣著名门弟子阿姆尔·本·侯莱斯曾说的一段话："假如有人将缔结临时婚姻者带到我这里，不论男女我一定会处以刑律。"

② 奥塔斯，海瓦津部落附近一山谷名。奥塔斯那年（即公元630年），指光复麦加后，与集结在奥塔斯的塔义夫赛吉夫部落和纳季德海瓦津部落的战役。

③ 赛布尔·朱海尼，全名赛布尔·本·麦尔白德·朱海尼，别称艾布·勒比尔，生卒年份及其事迹不详，穆圣门弟子，居住麦地那。

和我本族的一人出去。我仪表堂堂，他却相貌不雅。我俩每人带着一件斗篷，我的斗篷旧，他的斗篷新。走到麦加下谷时，我们碰见了一个长颈幼驼似的姑娘，便说："你能否和我们中间的一位缔结穆特尔？"她说："你俩给什么？"我们俩人便打开各自的斗篷。这时，她端详我们俩人，同伴发现不正面看他，便说："他的斗篷旧，我的斗篷新。"结果，她连着说了两三遍："这个的斗篷还可以！"之后，我和她缔结了穆特尔。我一直没有离开，直到穆圣将穆特尔列入非法。

【22】赛布尔·朱海尼传述：他曾伴随穆圣，穆圣说："人们啊！我曾经允许你们缔结穆特尔。但是，安拉确已将其列入非法，直至末日。所以，谁那里有缔结临时婚姻的妇女，就让他将其放走吧。已经给过她们的东西，丝毫不得取回。"

【23】赛布尔·朱海尼传述：我看见穆圣站在黑石角和天房门中间说："人们啊！……"

【24】赛布尔·朱海尼传述：光复那年，进入麦加时穆圣允许我们缔结穆特尔。随后，还未离开麦加，穆圣就将其禁止。

【25】赛布尔·朱海尼传述：光复麦加那年，穆圣允许门弟子们缔结临时婚姻。于是，我和苏莱姆族一个伙伴出去，碰到阿米尔族一个姑娘，她看上去像峰长颈幼驼。我们向她求婚，并且拿出各自斗篷让她看。她仔细端详，看到我比同伴漂亮，但同伴的斗篷比我的斗篷要好。她自己考虑了一下，然后选择了我。她们和我们生活了三天后，穆圣下令将之全部休离。

【26】赛布尔·朱海尼传述：光复那天，穆圣禁止了穆特尔。

【27】赛布尔·朱海尼传述：光复那天，穆圣禁止了穆特

尔。他曾用两件红色斗篷作聘礼缔结过穆特尔。

【28】欧勒沃·本·祖拜尔传述：伊本·祖拜尔曾在麦加站着说："有些人，安拉使他们心盲眼瞎了，他们以穆特尔作出法特瓦。"他是暗示一个人（指伊本·阿巴斯）。于是，那人大声对他说："你真是头脑简单。誓以我的教门！在敬畏者的伊玛目时代（指穆圣时代），穆特尔确实被从事过。"伊本·祖拜尔说："那你自己试试吧，誓以安拉！如果你干了它，我一定用你的石头将你击毙。"

本段圣训传述者之一伊本·谢哈布说，哈立德·本·穆哈吉尔告诉我，他正在一人处坐着，突然来了一人向他请教穆特尔，他允许了。这时，伊本·艾布·阿姆乐说："且慢！"他说："怎么回事？誓以安拉！在敬畏者的伊玛目（指穆圣）时代，确已这样做过。"伊本·艾布·阿姆尔说："在伊斯兰初期，这件事对为势所迫的人是特许的，就像自死物、血液和猪肉一样。后来，安拉全美了教门，便将其禁止。"

伊本·谢哈布说，勒比尔·本·赛布尔·朱海尼告诉我，他父亲说："穆圣时代，我曾用两件红色斗篷作聘礼，同阿米尔族一个女人缔结了穆特尔。后来，穆圣禁止我们缔结穆特尔。"

伊本·谢哈布说，我听到勒比尔·本·赛布尔·朱海尼对欧麦尔·本·阿布杜·阿齐兹谈这件事，因为我当时在座。

【29】赛布尔·朱海尼传述：穆圣禁止了穆特尔，并且说："它确系非法，从今天起直至复生日来临。但是，已经给过的东西，丝毫不得取回。"

【30】阿里传述：海巴尔那天，穆圣禁止了缔结穆特尔和食用家驴肉。

【31】穆罕默德·本·阿里传述：阿里对一个人说："你是陷入了迷途，安拉的使者确已禁止了我们。"

【32】阿里传述：海巴尔那天，穆圣禁止了临时婚姻和家驴肉。

【33】穆罕默德·本·阿里传述：阿里听见伊本·阿巴斯允许穆特尔，便说："且慢，伊本·阿巴斯！因为穆圣在海巴尔那天禁止了穆特尔和家驴肉。"

【34】穆罕默德·本·阿里传述：阿里对伊本·阿巴斯说："海巴尔那天，穆圣禁止了缔结临时婚姻和食用家驴肉。"

第四节 禁止将一女子与其姑母或姨母同时婚娶

【35】艾布·胡莱勒传述：穆圣说："侄女与姑母不能同时嫁一夫，甥女与姨母不能同时嫁一夫①。"

【36】艾布·胡莱勒传述：穆圣禁止四种女人同嫁一夫：侄女与姑母，甥女与姨母。

【37】艾布·胡莱勒传述：穆圣说："不得在侄女之上娶其姑母，也不得在姨母之上娶其甥女。"

【38】艾布·胡莱勒传述：穆圣禁止将一女子与其姑母同时婚娶，将一女子与其姨母同时婚娶。

【39】艾布·胡莱勒传述：穆圣禁止将一女子与其姑母或姨母同时婚娶。

【40】艾布·胡莱勒传述：穆圣说："任何人不宜在其弟兄的求婚之上求婚；任何人不宜在其弟兄的讨价之上讨价；任何

---

① 伊斯兰教法规定：如果男子同时婚娶一女子与其姑或姨，两桩婚姻均属无效。如果先后婚娶，后者的婚姻无效。

女人不宜要求休离她的姐妹,而倒进她的盘子。让她另择佳婿吧,她会得到安拉为她前定的良缘①。"

【41】艾布·胡莱勒传述:穆圣禁止将一女子与其姑母或姨母同时婚娶;禁止其一女子要求休离自己姐妹,而倒进自己盘子,因为安拉会赐她良缘的。

【42】艾布·胡莱勒传述:穆圣禁止将一女子与其姑母同时婚娶,将一女子与其姨母同时婚娶。

第五节 禁止受戒者结婚和求婚

【43】努拜赫·本·沃海布传述:欧麦尔·本·欧拜顿拉意欲将谢义白·本·朱拜尔的女儿许配塔里哈·本·欧麦尔,派人邀请时为朝觐艾米尔(即朝觐团团长)的艾巴尼·本·奥斯曼②莅临。艾巴尼回答,我听父亲奥斯曼讲穆圣曾说:"受戒者不宜结婚、不宜主婚、不宜求婚。"

【44】努拜赫·本·沃海布传述:欧美尔·本·欧拜顿拉为自己儿子向谢义白·本·朱拜尔的女儿求婚,派我邀请主持朝觐的艾巴尼·本·奥斯曼。艾巴尼说:"真的,我认为他是个游牧人!受戒者是不能结婚、不能主婚的。这是奥斯曼自穆圣传述我们的。"

【45】奥斯曼传述:穆圣说:"受戒者不宜结婚、不宜主婚、不宜求婚。"

【46】奥斯曼传述:穆圣说:"受戒者不宜结婚、不宜求婚。"

---

① 根据上述圣训,伊斯兰沙里亚严厉禁止第三者插足而破坏他人婚姻,此事断然非法。

② 艾巴尼·本·奥斯曼,全名艾巴尼·本·奥斯曼·本·阿凡,第三位哈里发奥斯曼之子,穆圣再传弟子,耶吉德·本·阿布杜·麦立克时期在麦地那归真。

【47】努拜赫·本·沃海布传述：朝觐期间，欧麦尔·本·欧拜顿拉想让自己儿子同谢义白·本·朱拜尔的女儿泰丽哈成婚，艾巴尼·本·奥斯曼时为朝觐艾米尔，便派人到艾巴尼处说："我想让儿子同泰丽哈成婚，希望你能参加。"艾巴尼说："真的，我看你真是个粗野的伊拉克人！我听奥斯曼讲穆圣曾说：'受戒者不宜结婚。'"

【48】伊本·阿巴斯传述：穆圣受戒时曾与圣妻梅姆娜·丙·哈里斯订婚①。

【49】圣妻梅姆娜·丙·哈里斯传述：穆圣开戒后与她结婚。

第六节 禁止在自己弟兄的求婚之上求婚，除非对方同意或放弃

【50】伊本·欧麦尔传述：穆圣说："任何人不宜在自己弟兄的买卖之上买卖，任何人不宜在自己弟兄的求婚之上求婚，除非对方同意。"

【51】艾布·胡莱勒传述：穆圣禁止城里人为乡下人代卖，禁止与人共谋，禁止在弟兄的求婚之上求婚，禁止在弟兄的买卖之上买卖，禁止任何女人要求休离自己姐妹而倒进她的盘子（意为：要求男方休离妻子而娶她），禁止在弟兄的讨价之上讨价。

【52】艾布·胡莱勒传述：穆圣说："你们不要与人共谋，

---

① 圣训学家们解释说，伊本·阿巴斯传述的这段圣训中"受戒"一词是指"在禁地内"的意思。穆圣同圣妻梅姆娜是在麦加订婚，而在距麦加10余公里的萨里夫完婚。当时，穆圣已完成副朝开了戒。圣妻梅姆娜本人和穆圣随从艾布·拉菲尔等人传述的圣训与此说法完全一致。

不要在自己弟兄的买卖之上买卖，城里人不要为乡下人代卖，在自己弟兄的求婚之上不要求婚，任何女人不要提出休离她人而倒进自己器皿。"

【53】艾布·胡莱勒传述：穆圣说："任何人不要在自己弟兄的买卖之上加价购买。"

【54】艾布·胡莱勒传述：穆圣说："任何穆斯林不宜在自己弟兄的讨价之上讨价，不宜在自己弟兄的求婚之上求婚。"

【55】欧格白·本·阿米尔传述：穆圣说："穆民是穆民的弟兄，所以任何穆民不宜在自己弟兄的买卖之上买卖，不宜在自己弟兄的求婚之上求婚，直到他放弃。"

第七节 禁止换婚

【56】伊本·欧麦尔传述：穆圣禁止换婚。所谓换婚就是甲将自己女儿嫁给乙，条件是乙将自己女儿嫁给自己，彼此之间均不纳聘礼①。

【57】伊本·欧麦尔传述：穆圣说："伊斯兰不允许换婚。"

【58】艾布·胡莱勒传述：穆圣禁止换婚。

本段圣训传述者之一伊本·努迈尔还传述：所谓换婚就是

---

① 蒙昧时代的阿拉伯社会曾流行买卖婚姻。婚约由男女双方家长缔结，男方须将一笔财物交与女方家长，即财物归女方家长而非女方本人。有的家长实行换婚，即把自己的女儿或姐妹嫁与某人，自己娶对方的女儿或姐妹，双方互不交纳彩礼。《古兰经》四章四节的昭示"你们应当把妇女的聘仪，当做一份赠品，交给她们。如果她们心甘情愿地把一部分聘仪让给你们，那么，你们可以乐意地加以接受和享用"就是为禁止这种婚姻而降示的。这里明确规定，结婚男方须向女方交一定的财物，表示愿意和她共享自己的财产，借以支持她的经济。倘若女方为体恤男方的经济情况，心甘情愿退让一部分甚至全部彩礼，也可允许。男方所交彩礼是给女方本人的赠品而非给予家长的买婚钱。至于换婚，因实际上就是以人为彩礼，实为变相的买卖婚姻，故被禁止。

甲对乙说："你把你女儿嫁给我，我把我女儿嫁给你。"或者说："你把你妹妹嫁给我，我把我妹妹嫁给你。"

【59】贾比尔·本·阿布杜拉传述：穆圣禁止换婚。

第八节　必须履行婚姻中的条件

【60】欧格白·本·阿米尔传述：穆圣说："最应该兑现的条件，就是你们借此而将交接变成合法的聘礼。"

第九节　婚姻大事必须征得女儿同意

【61】艾布·胡莱勒传述：穆圣说："孀妇未经本人明言同意①，不得出嫁；姑娘未经本人默许，不得出嫁。"大家说："安拉的使者啊！姑娘怎样表态呢？"穆圣说："姑娘沉默不语就意味着同意。"

【62】圣妻阿依莎传述：我问穆圣："姑娘出嫁时，家人是否要与本人商议？"穆圣回答："是要与本人商议的。"我又问穆圣："那么，姑娘羞口不说怎么办？"穆圣回答："不说话就意味着同意。"

【63】伊本·阿巴斯传述：穆圣说："孀妇对其自身比监护人更有权利；姑娘在其终身大事上须与之商议，其沉默即为允诺。"

第十节　父亲可以做主出嫁幼女

【64】圣妻阿依莎传述：穆圣与我订婚时，我六岁；与我结婚时，我九岁。我们来到麦地那后，我浑身发烧整整一月，头发脱落了不少。病愈之后，慢慢恢复了满头长发。一天，我正

---

① "明言同意"，即用一定言词表达同意或不同意。根据伊斯兰教法规定，在婚姻大事上，男女双方明言同意是婚姻缔结最重要的主命条件之一。

和伙伴们玩秋千，母亲乌姆·罗曼①向我走来，边走边叫我，我便向她走去，我不知道她找我有什么事。母亲牵着我的手，让我站在门口，我气喘吁吁，等缓过气后，她让我走进屋，突然发现有几位辅士妇女；她们齐声说："恭贺你幸福吉庆！恭喜你好运！"母亲把我交给她们，她们给我梳洗头发、着衣打扮。近午时分，穆圣突然驾临，母亲将我交给了穆圣。

【65】圣妻阿依莎传述：穆圣与我订婚时，我六岁；与我结婚时，我九岁。

【66】圣妻阿依莎传述：穆圣在我虚龄七岁时与我订婚，妙龄九岁时与我结婚，当时我还带着玩具。穆圣归真时我十八岁。

【67】圣妻阿依莎传述：穆圣与她订婚时她六岁，与她结婚时她九岁，穆圣归真时她十八岁。

第十一节 在闪瓦里月订婚结婚属于可嘉

【68】圣妻阿依莎传述：穆圣曾在闪瓦里与我订婚，又在闪瓦里与我结婚。但是，哪位圣妻比我更得到穆圣的宠幸？

圣妻阿依莎一直喜悦在闪瓦里月出嫁她的姊妹。

第十二节 相亲属于可嘉

【69】艾布·胡莱勒传述：我曾在穆圣那里，有人来告诉穆圣，他决定聘娶一位辅士姑娘为妻，穆圣问："你见过她吗？"那人回答："没有。"穆圣说："你可以去见见她，因为辅士们眼睛有点情况。"

---

① 乌姆·罗曼（？—628年），全名乌姆·罗曼·丙·阿米尔·本·欧迈尔，齐纳奈族人，穆圣门弟子，迁士。为哈里发艾布·白克尔之妻，圣妻阿依莎和阿布杜·拉赫曼的母亲。伊历6年归真，穆圣亲自下坟并且向安拉为之祈求饶恕。

【70】艾布·胡莱勒传述：一人来见穆圣，说："我决定聘娶一位辅士姑娘。"穆圣问："你见过她吗①？因为辅士们眼睛有些特殊。"那人回答："见过。"穆圣又问："你以多少聘金娶她？"那人回答："四欧基亚。"穆圣说："四欧基亚！你们好像是从山坡上挖的这些银子②。我们这里没什么可以给你，或许我们派你参加某支队伍，让你得些报酬。"当时，穆圣决定派出一支队伍到阿白斯部族那里，便派那人加入了。

第十三节 娶妻必须交纳聘金

【71】赛海里·本·赛尔德传述：有位妇女来见穆圣，说："安拉的使者啊！我来是想以身相许。"穆圣上下端详了这位妇女，随后又低下了头。那位妇女见穆圣没有对她作出任何决定，便坐了下来。这时，一位门弟子站起来说："安拉的使者啊！如果你不需要，请将她许配我吧。"穆圣问："你有聘礼吗？"那人回答："誓以安拉！没有，安拉的使者啊！"穆圣说："你去家里看看，有什么东西吗？"那人去了一趟回来，说："没有，誓以安拉！我什么也没有。"穆圣说："你再去看看，有枚铁戒指也行。"那人去后又回来，说："誓以安拉！没有，安拉的使者啊！连一枚铁戒指也没有。但我的这条裤子可给她一半作为聘礼。"穆圣说："那你如何处理你的这条裤子？如果你穿上，就没有她的份；如果她穿上，就没有你的份。"那人便坐下，坐的时间很

---

① 伊玛目安萨里在《圣学复苏》中说："教法认为：相亲是善行，它有利于夫妻婚后和睦。因此，你若准备娶某个女子时，要会面相亲后再娶她，这对夫妻和睦是有好处的。婚前男女双方要多进行了解，以免婚后带来烦恼。"

② 通过上述圣训可以明显看出，穆圣厌恶在婚姻上抬高聘金，人为造成恶性的攀比陋习，这不利于奠基合法正常的婚姻秩序，从而导致穷人娶不起嫁不起，富人在婚姻上为所欲为践踏女人。

长,之后站了起来。穆圣见他转身离开,又让人将他叫回,问:"你会诵读《古兰经》哪些章节?"那人回答:"我会诵读某章和某某章。"边计算边说。穆圣又问:"你都能背诵吗?"那人回答:"都能。"穆圣说:"你去吧,我将她许配给你,条件是把你背诵的《古兰经》章节教给她。"

【72】艾布·赛莱玛·本·阿布杜·拉赫曼传述:我问圣妻阿依莎:"穆圣的聘礼是多少?"阿依莎说:"穆圣给众位妻室送的聘礼是十二欧基亚又一个奈什。"又说:"你知道何为奈什?"我说:"不知道。"她说:"一个奈什为半欧基亚,共合五百第尔汗。这就是穆圣送给诸位妻室的聘礼。"

【73】艾奈斯·本·马立克传述:穆圣看见伊本·奥夫身上有索夫尔痕迹,便问:"这是怎么回事?"他回答说:"我与一位女人结了婚,聘礼是枣核重量的一点黄金。"穆圣说:"愿安拉赐你幸福!你应当设宴待客,宰只羊也行。"

【74】艾奈斯·本·马立克传述:穆圣时代,伊本·奥夫以枣核重量黄金作聘礼娶了位妻子。之后,穆圣对他说:"你应当设宴待客,哪怕宰只羊。"

【75】伊本·奥夫传述:穆圣看到我身上有种新婚喜色,我便说:"我娶了位辅士妻子。"穆圣问:"你给了她多少聘礼?"我回答:"枣核重量的黄金。"

【76】艾奈斯·本·马立克传述:伊本·奥夫曾以枣核重量金子作聘礼娶了位妻子。

第十四节　释放婢女并娶之为妻的可贵

【77】艾奈斯·本,马立克传述:穆圣讨伐海巴尔时,我们

在那里摸黑做了晨礼。穆圣和艾布·塔里哈都骑着驼,我让艾布·塔里哈捎着。穆圣行至海巴尔巷道,我膝盖蹭着穆圣大腿。这时,裤子掀起腿部露出,我看见了穆圣的洁白腿部。穆圣进入镇子时说:"安拉至大!海巴尔陷落了!等我们进驻广场时,这伙被警告者今天早上就应受到惩罚。"穆圣连说了三遍。那些人出来干活时,才发现穆斯林大军,边跑边喊:"穆罕默德率军队杀来了!"我们武力攻取了海巴尔,集中俘虏时,迪赫叶·克里布前来,说:"安拉的使者啊!请从俘虏中间赏我一名少妇吧!"穆圣说:"那你去选一个。"迪赫叶便挑选了索菲娅·丙·洪叶。这时,有人来见穆圣,说:"安拉的使者啊!你将索菲娅赏给迪赫叶,那可是古莱泽和奈迪尔两族①的女头领,她只对你适宜。"穆圣说:"你们让迪赫叶将她带来。"索菲娅被带来时,穆圣看了看她,说:"你从俘虏中另选一个少妇吧。"之后,穆圣释放了索菲娅并娶之为妻。

本段圣训传述者之一萨比特·本·埃斯莱姆曾问艾奈斯·本·马立克:"艾布·哈姆兹②啊!穆圣给了索菲娅什么聘礼?"艾奈斯回答说:"穆圣将她释放,然后娶之为妻。一直等到回师途中,乌姆·苏莱姆③为穆圣梳妆打扮了索菲娅,夜间给穆圣送来。翌日清晨,穆圣成了新郎,对大家说:'谁有什么都拿到这

---

① 古莱泽和奈迪尔是原来居住在麦地那的两个犹太部落,穆圣迁徙麦地那后,同他们签订了和平共处、共保麦地那的盟约,后称此盟约为"麦地那宪章"。但这两部落分别因阴谋暗杀穆圣和勾结麦加多神教徒联盟军破坏穆斯林军队,于624年和627年被穆圣及穆斯林逐出麦地那,部分被杀,余部逃往海巴尔等地。索菲娅系奈迪尔部落头领洪叶的女儿,出身名门,其夫在海巴尔犹太人中也有影响,死于海巴尔之战。故称她为两部落的女头领。
② 艾布·哈姆兹,艾奈斯·本·马立克的别称。
③ 乌姆·苏莱姆,艾奈斯·本·马立克的母亲。

儿来！'说着铺开一个皮毯子。这时，有人拿来椰枣，有人拿来奶酪，有人拿来奶油。他们将这些东西做成海斯①，就是穆圣的婚宴。"

【78】艾奈斯·本·马立克传述：穆圣释放了索菲娅·丙·洪叶，并将释放作为她的聘礼。

【79】艾布·穆萨传述：穆圣关于释放自己婢女并娶之为妻的人说："他将得到双倍报酬。"

【80】艾奈斯·本·马立克传述：海巴尔那天，我让艾布·塔里哈捎着，脚蹭着了穆圣脚。我们到他们那里时，太阳刚出来。他们赶着牲畜，拿着锄头、篮子和绳子出来，突然发现穆斯林大军，于是大声叫喊："穆罕默德率军队杀来了！"穆圣说："海巴尔陷落了！等我们进驻广场时，这伙被警告者今天早上就应受到惩罚。"结果，安拉使他们败北，迪赫叶·克里布从中挑选了一位漂亮少妇，穆圣用七名俘虏跟迪赫叶做了调换，然后将那位少妇交给乌姆·苏来姆，让她精心关照，并在她家里守限。这位少妇名叫索菲娅·丙·洪叶。之后，穆圣用椰枣、奶酪和奶油为索菲娅设婚宴，先在地上刨若干浅坑，再将皮毯子铺上，然后拿来奶酪和奶油放在上面，大家都尽情地吃饱。

当时我们不知道穆圣娶索菲娅为妻，还是将她作为乌姆·沃莱德。大家都说，如果穆圣让戴上面纱，那就是圣妻；如果没有戴面纱，便是乌姆·沃莱德。当穆圣意欲启程，让她戴上

---

① "海斯"，阿拉伯人的一种食品。用去核的椰枣、奶酪干和羊油加在一起捶打糅合，又用手搓成糕状而食。

面纱骑在自己身后时，大家才知道穆圣确已娶她为妻了。靠近麦地那时，穆圣催动乘骑，我们也随之催动各自骆驼。突然，尔兹巴仪失蹄跌倒，穆圣和索菲娅摔了下来。穆圣站起来，将索菲娅遮住。这时，女人们都走了过来，说："愿安拉使这个犹太女人走远些！"

本段圣训传述者之一萨比特·本·埃斯莱姆说，我说："艾布·哈姆兹！穆圣是否从驼上摔了下来？"他回答说："是的，誓以安拉！穆圣确实摔了下来。"

艾奈斯·本·马立克说，我曾经参加圣妻宰娜白的婚宴，穆圣用大饼和熟肉款待了人们，当时穆圣派我邀请他们前来。婚宴结束，穆圣站起来要走，我便跟在后面。当时，有两个人留恋闲话，没有告退。穆圣来到自己妻室处，向每位圣妻一一道安①："安拉赐予你们平安。你们都好吗？先知的眷属啊！"她们回答："我们都很好，安拉的使者啊！你新婚妻子好吗？"穆圣回答："很好。"穆圣问候完毕返回时，我也随之返回。到达门前，我发现那二人还在留恋闲话。二人发现穆圣已经回来，便站起来走了。誓以安拉！我记不清了，究竟是我告诉了穆圣，还是他受到启示知道那二人已经离去。穆圣回来，迈入门槛，便垂下了帷幕。安拉对此降经昭示：

"穆民大众啊！你们不要进先知的家，除非邀请你们去吃饭的时候；你们不要进去等饭熟，当请你们去的时候才进去；既吃之后就当告退，不要留恋闲话，因为那会使先知感到为难，

---

① 根据上述圣训和伊斯兰沙里亚的规定：从外面回来进家门时，诵念泰斯米，并向妻子和家人说色俩目视一件逊奈圣行，穆圣说这会给全家带来平安和吉祥。

他不好意思辞退你们……"

——《古兰经》33:53

【81】艾奈斯·本·马立克传述：索菲娅·丙·洪叶被迪赫叶·克里布①挑选之后，大家都在穆圣面前赞美说："我们在俘虏当中未见到过像她那样漂亮的！"穆圣派人找来迪赫叶，用他提出的要求换回索菲娅交给我母亲，说："请你关照她。"穆圣离开海巴尔时，将她捎在身后。到达途中停留休息时，穆圣为她搭了顶帐篷。翌日清晨，穆圣说："谁有剩余东西，都拿到这儿来！"于是，有人拿来剩余椰枣，有人拿来剩余赛威格②，他们将这些东西做成海斯，大家边吃这些海斯，边喝旁边池塘的雨水。这就是穆圣为索菲娅设的婚宴。

之后，我们继续前行。看到麦地那城墙时，心情格外舒畅，便都催动乘骑，穆圣也催动自己骆驼。穆圣当时把索菲娅捎在身后，不料骆驼失蹄，穆圣和索菲娅摔了下来。可是，人们之中谁都没有发现，穆圣起来便将索菲娅遮住。我们走近穆圣，穆圣说："我们没有摔伤。"我们进入麦地那后，穆圣几位妻室都迎上前来争相观看索菲娅。

第十五节　穆圣迎娶宰娜白，设置帷幕和规定婚宴

【82】艾奈斯·本·马立克传述：宰娜白·丙·杰赫什③守限期结束后，穆圣对宰德·本·哈里斯说："请你为我向她提

---

① 迪赫叶·克里布，全名迪赫叶·本·赫理法，克里布族人，生卒年份不详，穆圣门弟子。曾随穆圣参加过吴侯德及其后的历次战役，吉布利莱天使有时以其相貌降临穆圣，伊历6年曾携带穆圣书信晋见罗马大帝希拉克略，后移居沙姆并归真那里。

② 赛威格，用小麦和大麦面做的一种面食。

③ 生平事迹参见第四十六章（圣门弟子的品德）第十七节。

婚。"宰德去宰娜白处，她正在醒面。宰德说我这次见到她时，感到她在我心中变得非常伟大，致使我不能正面看她，因为穆圣要向她求婚了。于是，我背过身，退出门外，说："安拉使者派我前来替他向你求婚。"她回答说："在礼伊斯提哈尔拜①前，我不会作出任何决定。"说完，她走进自己的礼拜室。就在这时，《古兰经》颁降②，穆圣前来，径直到她房间。我记得在次日清晨，穆圣用大饼和熟肉设宴款待我们。饭后，人们都离开了，只有几个人继续坐在房间聊天。穆圣见此情景，便从房间出来，我也随之出来。穆圣逐一来到各位妻子居室，向她们道安。圣妻们都说："安拉的使者啊！你的新婚妻子好吗？"我已记不清是我告诉穆圣那些人已经离开，还是穆圣告诉了我。穆圣回来，直接进入室内，我也随之入内。于是，穆圣放下帷幕，将我与他隔开。就在这时，安拉降示帷幕经文③，劝诫人们说：

"穆民大众啊！你们不要进先知的家，除非邀请你们去吃饭的时候；你们不要进去等饭熟，当请你们去的时候才进去；既吃之后就当告退，不要留恋闲话，因为那会使先知感到为难，他不好意思辞退你们。安拉是不齿于揭示真理的。你们向先知的妻子们索取任何物品的时候，应当在帷幕外索取，那对于你们的心和她们的心是更清白的……"

——《古兰经》33：53

① 伊斯提哈尔拜，意为"祈福"，一种副功，为两拜，第一拜念《卡菲伦章》，第二拜念《伊赫拉斯章》，有传述的杜阿，举意做事前礼之属于避奈圣行。
② 《古兰经》颁降，指三十三章第三十七节经文。
③ 伊斯兰教历5年，安拉颁降了帷幕经文。在帷幕经文降示之前，欧麦尔曾多次提出设置帷幕，并希望《古兰经》中能对此有所昭示，他常对圣妻们说："要是挂上帷幕的话，谁也窥视不到你们了。"

【83】艾奈斯·本·马立克传述：我未曾见过穆圣为他任何妻室设的婚宴超越圣妻宰娜白·丙·杰赫什，穆圣当时为宰娜白用一只羊设了婚宴。

【84】艾奈斯·本·马立克传述：穆圣没有为他任何妻室设过比圣妻宰娜白·丙·杰赫什更为丰盛的婚宴。那次，穆圣用大饼和熟肉设宴款待，直到他们吃饱而退。

【85】艾奈斯·本·马立克传述：穆圣迎娶宰娜白·丙·杰赫什时，邀请大家赴宴。吃完之后，他们都坐着聊天。后来，穆圣像准备站起来送客似的，他们还是没起来。穆圣见此情景，自己站了起来，有的人也随之起来，只有三人坐着未动。穆圣从外面回来，发现那几个人仍然坐着。后来，他们站起来走了。我去告诉穆圣他们走了，穆圣便回来进入室内，我也随之入内，于是，穆圣放下帷幕，将我与他隔开。就在这时，安拉降经昭示：

"穆民大众啊！你们不要进先知的家，除非邀请你们去吃饭的时候；你们不要进去等饭熟，当请你们去的时候才进去；既吃之后就当告退，不要留恋闲话，因为那会使先知感到为难，他不好意思辞退你们。安拉是不齿于揭示真理的。你们向先知的妻子们索取任何物品的时候，应当在帷幕外索取，那对于你们的心和她们的心是更清白的。你们不宜使安拉的使者为难，在他之后，永不宜娶他的妻子，因为在安拉看来，那是一件大罪。"

——《古兰经》33：53

【86】艾奈斯·本·马立克传述：我最清楚设置帷幕这件事，伊本·克尔布确曾就此询问过我。穆圣在麦地那同圣妻宰

娜白·丙·杰赫什结婚,次日早晨穆圣成了新郎。太阳升高后,邀请了一些人来吃饭。饭后,大家便起身离开,只有几个人随穆圣坐着。后来,穆圣站起来走了出去,我也随之出去。一直走到圣妻阿依莎居室门口,穆圣以为那几个人已经离开,便返回来。结果,发现那几个人仍然原地坐着。穆圣又第二次回到圣妻阿依莎居室门口,再返回来,才发现那几个人起身离去。穆圣放下帷幕,将我与他隔开。接着,安拉降示了关于帷幕的经文。

【87】艾奈斯·本·马立克传述:穆圣迎娶圣妻宰娜白·丙·杰赫什后,我母亲乌姆·苏莱姆做好海斯,放在一个陶尔中,说:"艾奈斯!你端上这个去穆圣那里,说:'我母亲派我将这点东西给你送来,并向你致意道安,她说这是我们送你的一点薄礼,安拉的使者!'"于是,我端着这个陶尔去穆圣那里,说:"我母亲向你道安,她说这是我们送你的一点薄礼,安拉的使者!"穆圣说:"你放下吧!"接着又说:"你替我请某人、某某人,并把你见到的人都请来。"穆圣还点了一些人的名字。我便请了穆圣点名的人和我见到的人。(本段圣训传述者之一杰尔德·艾布·奥斯曼说,我问艾奈斯:"他们共有多少?"艾奈斯说:"大约三百人。")穆圣对我说:"艾奈斯!你把那个陶尔端来。"不一会儿,他们都来,挤满了凉棚和屋子。穆圣说:"让十个人坐一圈,十个人坐一圈,每个人都从靠近自己的那边先吃。"一伙吃饱出去,另一伙进来再吃,直到全部吃饱。之后,穆圣对我说:"艾奈斯!你把陶尔端起来。"我端起陶尔[①],我不

[①] 陶尔,一种小容器名。

知道放的时候多，还是端的时候多。饭后，有几个人坐下来在穆圣房间闲聊，穆圣和妻子面对墙坐着，他们使得穆圣非常为难。见此情景，穆圣便出去向他的几位妻室一一道安，然后返回来。当看到穆圣往回走时，他们意识到自己确已使得穆圣为难，便赶在穆圣前面夺门而出。穆圣回来放下帷幕，当时我在室内坐着，穆圣还未出来见到我，关于帷幕的经文就降示了。于是，穆圣出来向大家宣读了这节经文：

"穆民大众啊！你们不要进先知的家，除非邀请你们去吃饭的时候；你们不要进去等饭熟，当请你们去的时候才进去；既吃之后就当告退，不要留恋闲话，因为那会使先知感到为难，他不好意思辞退你们。安拉是不齿于揭示真理的。你们向先知的妻子们索取任何物品的时候，应当在帷幕外索取，那对于你们的心和她们的心是更清白的。你们不宜使安拉使者为难，在他之后，永不宜娶他的妻子，因为在安拉看来，那是一件大罪。"

——《古兰经》33：53

这节经文颁降时，我距离穆圣最近。从此，圣妻们都设置了帷幕。

【88】艾奈斯·本·马立克传述：穆圣迎娶圣妻宰娜白·丙·杰赫什时，乌姆·苏莱姆用石制陶尔给穆圣送来海斯。穆圣说："你去把你见到的人都替我请来。"我便替穆圣请了我所见到的人，他们全部应邀前来，吃完之后出去走了。

穆圣把手放在海斯上，做了杜阿。凡是见到的人，我都请了。他们吃完后都出去走了，就剩下那么几个人漫无边际地闲聊。穆圣不好意思对他们说啥，便只身出去，将他们留在室内。

于是，安拉降经昭示：

"穆民大众啊！你们不要进先知的家，除非邀请你们去吃饭的时候；你们不要进去等饭熟，当请你们去的时候才进去；既吃之后就当告退，不要留恋闲话，因为那会使先知感到为难，他不好意思辞退你们。安拉是不齿于揭示真理的。你们向先知的妻子们索取任何物品的时候，应当在帷幕外索取，那对于你们的心和她们的心是更清白的。你们不宜使安拉的使者为难，在他之后，永不宜娶他的妻子，因为在安拉看来，那是一件大罪。"

——《古兰经》33：53

第十六节 宜当应答邀请

【89】伊本·欧麦尔传述：穆圣说："如果你们谁被邀请参加宴席，就当准时到场①。"

【90】伊本·欧麦尔传述：穆圣说："如果你们谁被邀请参加婚宴，就当接受邀请。"

【91】伊本·欧麦尔传述：穆圣说："你们应当答人所请，如果有人邀请你们。"

【92】伊本·欧麦尔传述：穆圣说："如果你们谁邀请了自己弟兄，就让他届时参加，不论婚宴抑或其他。"

【93】伊本·欧麦尔传述：穆圣说："如果你们受到邀请，就当届时到场。"

【94】伊本·欧麦尔传述：穆圣说："遇人邀请，必当

---

① 应答邀请在侯昆上是穆斯林的一项瓦吉布，宜当准时参加。倘若出现哈拉姆事项，如席面上摆设烟酒等，则不可应答。

应答。"

伊本·欧麦尔曾经答人所请，不论是否婚宴，而且封着斋也参加。

【95】伊本·欧麦尔传述：穆圣说："如果有人邀请你们去吃羊前腿，你们也当应答。"

【96】贾比尔·本·阿布杜拉传述：穆圣说："如果有人邀请你们谁去吃饭，宜当应答，吃与不吃，任之所愿。"

【97】艾布·胡莱勒传述：穆圣说："如果你们谁受到邀请，就让他应邀参加。如若封斋，就为之祈祷；没有封斋，便让他就餐。"

【98】艾布·胡莱勒传述：穆圣说："最坏的食物便是那种宴席，专请富人而不请穷人。不答人所请者，确已违抗了安拉及其使者。"

【99】苏福扬·本·欧耶纳传述：我问祖海里："'最坏莫过于富贵人家的食物'这句话是怎回事？艾布·拜克莱！"祖海里笑着说："'最坏的食物'并非指富贵人家的食物。"由于我父亲曾经富有，听到这句话我很害怕，所以我请教了祖海里。祖海里说阿布杜·拉赫曼·埃尔莱吉告诉他，他听艾布·胡莱勒说："最坏的食物是宴席。"

【100】艾布·胡莱勒传述：穆圣说："最坏的食物是宴席。"

【101】艾布·胡莱勒传述：穆圣说："最坏的食物是宴席。欲去者摒弃，拒绝者邀请。谁不答人之请，谁确已违抗了安拉及其使者。"

第十七节　三休妇女不得与原来丈夫复婚

【102】圣妻阿依莎传述：利法尔·本·赛姆瓦里①的前妻来对穆圣说："我曾在利法尔名下，后来他将我离异，而且是断然的休离②。后来我又同阿布杜·拉赫曼·本·祖拜尔结了婚，可是他那东西像个衣边穗儿③。"穆圣微笑着说："你是想和利法尔复婚？这不可以，除非你同另一人结婚，你尝了你的甜头④，他也尝了你的甜头。"当时，艾布·白克尔坐在穆圣身

---

① 利法尔·本·赛姆瓦里，生卒年份及其事迹不详，穆圣门弟子，为圣妻索菲娅舅父。和妻子同属古莱泽部落人，妻子名为泰米玛·丙·沃海布。

② "断然休离"，伊斯兰教法规定的休离方式之一，阿拉伯语称为"塔拉格·巴因"。具体有三种表现形式：一是三次休离（简称三休），即丈夫在妻子未发生性交的月经净期内宣布同她离异，然后与她分居。如在三次月经期内（约为三个月）不主动收回前言，不恢复夫妻关系，夫妻关系即告终止。二是丈夫在同一时间、同一地点对妻子连续说了三句明确表示离异的言辞，如"我不要你了"，或"你不是我的妻子了"，或"你是被休弃的"，或"我们的婚姻已到尽头了"等等。三是丈夫在妻子三次月经净期内对她先后说了三次明白表示离异的言词。此外，丈夫用言语或书信形式坚决不留余地地表示断绝夫妻关系，或发誓不接近妻子，或将妻子说成对自己是禁止的人或事物，然后与之分居，过了待婚期，也算断然休离。

③ 意指此人阴茎小而软，不能进行正常性生活。

④ "甜头"，该词直译为"小蜜"。尝甜头意指男女结婚同房的性交快感。本段圣训意为，断然离婚的妇女，不能直接与原夫复婚，必须另嫁他人并发生性关系后再离婚，守完待婚期，方能与原夫复婚。如与后者只举行结婚仪式，不发生性关系，则不能与原夫复婚。这是根据《古兰经》关于"如果他休了她，那么，她以后不可以做他的妻子，直到她嫁给其他的男人。如果后夫又休了她，那么，她再嫁前夫，对于他们俩是毫无罪过的，如果他们俩猜想自己能遵守安拉的法度。这是安拉的法度，他为有知识的民众而阐明它。"（2：230）的昭示规定的。经训对三次休离后再行复婚作如此严厉的规定，不是漠视与前夫的感情，提倡男女频繁结婚，而是教育男女对离婚要特别慎重，不能草率行事，更不能以伤害夫妻关系的休离为儿戏。如果夫妇感情破裂，确实不能共同生活，待慎重考虑后再行休离。既已离异，就不必反悔，再行复婚。如因特殊原因定要复婚，那么男方须要忍受离异的妻子经与他人结婚同居而后离异这一过程给他带来的心理惩罚。

边，哈立德·本·赛义德①在门口等待穆圣允许。哈里德大声说："艾布·白克尔！难道你没听见这个女人在穆圣面前叫嚷什么？"

【103】圣妻阿依莎传述：利法尔·本·赛姆瓦里离异了自己妻子，而且是断然的休离。后来，她改嫁阿布杜·拉赫曼·本·祖拜尔。她来见穆圣，说："安拉的使者啊！我原在利法尔名下，利法尔对我作出了三休的最后一次。在他之后，我改嫁了阿布杜·拉赫曼·本·祖拜尔。誓以安拉！他那东西像个衣边穗儿。"穆圣微笑着说："你是想和利法尔复婚？这不可以，除非在你改嫁他人，你尝了你的甜头，他也尝了你的甜头之后。"当时，艾布·白克尔坐在穆圣身边，哈立德·本·赛义德坐在门口，还未得到允许入内。哈立德呼唤艾布·白克尔："这个女人在穆圣面前叫嚷，你为啥不呵斥？"

【104】圣妻阿依莎传述：有人请教穆圣："有个女人被丈夫休离后，改嫁了另外一人。圆房之前又被那人休离，她能与第一个丈夫复婚吗？"穆圣回答说："不能。除非在她改嫁他人，彼此尝了甜头之后。"

【105】圣妻阿依莎传述：有人将自己妻子作了三休，后来她改嫁别人，圆房之前又遭离异，第一个丈夫意欲同其复婚。有人就此请教穆圣，穆圣说："不行。除非她改嫁别人，并且让

---

① 哈立德·本·赛义德（？—635年），全名哈立德·本·赛义德·本·阿斯·伍麦叶，穆圣门弟子。在穆圣秘密传教初期即归信伊斯兰，伴随穆圣在麦加城内度过了最困难的阶段。有人曾强迫其放弃伊斯兰信仰，他严词拒绝，遂遭毒打和迫害。后被迫迁徙阿比西尼亚，在那里生活了10余年。629年前后回到麦地那，随穆圣参加了光复麦加和泰布克的战役。后被派往也门担任税收官。穆圣归真后，参加了征服叙利亚的军事行动，在麦尔杰·萨法尔战役中牺牲于大马士革附近。

其尝了她的甜头,就像第一个丈夫尝过似的。"

第十八节　同房时的杜阿

【106】伊本·阿巴斯传述:穆圣说:"如果他们谁意欲交接自己妻子时诵念:'奉安拉之名。主啊!求你使恶魔远离我们,使恶魔远离你赐给我们的孩子。'如果夫妇借此房事而喜得孩子,那么,这孩子绝不会受到恶魔的伤害。"

第十九节　夫妻交接不限于一种姿势

【107】贾比尔·本·阿布杜拉传述:犹太人常说,如果丈夫从妻子背后交接,生下的孩子是斜眼。于是,安拉降经昭示:

"你们的妻子好比是你们的田地,你们可以随意耕种。你们当预先为自己而行善。你们当敬畏安拉,当知道你们将与他相会。你当向穆民们报喜。"

——《古兰经》2:223

【108】贾比尔·本·阿布杜拉传述:犹太人常说,如果有人从背后交接妻子,然后怀孕,孩子生下是斜眼。于是,安拉颁降了以上经文。

第二十节　禁止妻子与丈夫分床

【109】艾布·胡莱勒传述:穆圣说:"如果妻子离开丈夫床过夜,众天使将会诅咒她,直到她回来。"

【110】艾布·胡莱勒传述:穆圣说:"誓以我的生命在其掌握的安拉!如果有人召唤妻子到自己床上,遭到妻子拒绝,那么宇宙中的主宰将会恼怒她,直到丈夫欣悦。"

【111】艾布·胡莱勒传述:穆圣说:"如果丈夫召唤妻子到

自己床上，妻子不来，丈夫恼怒着过夜，那么，天使们将会诅咒她，直至翌日清晨。"

第二十一节　禁止泄露妻子秘密

【112】艾布·赛义德传述：穆圣说："到复生日，在安拉阙前地位最恶劣者，就是那般夫妻交接，然后泄露妻子秘密之辈。"

【113】艾布·赛义德传述：穆圣说："到复生日，在安拉阙前背信最严重者是那般人，夫妻交接之后，泄露妻子秘密。"

第二十二节　尔兹里

【114】伊本·穆海利兹传述：我和艾布·苏尔迈访问艾布·赛义德，艾布·苏尔迈请教说："艾布·赛义德啊！你是否听到过穆圣曾经提及尔兹里[①]？"艾布·赛义德回答说："听到过。我们曾随穆圣参加白尼·穆索托利格战役[②]，俘虏了一些阿拉伯闺秀[③]。我们单身很久，想跟她们交接，又怕怀孕不能出售。于是，我们打算交接时体外排精，以免受孕。这时，大家说："穆圣就在我们中间，不经请教我们能这样做吗？"我们遂请教穆圣，穆圣说："你们那样做也没关系。任何一个注定要有的生灵，必然是要有的。"

【115】艾布·赛义德传述：我们曾经得到一批女俘，我们

[①] "尔兹里"，原意为"隔离"、"分开"，这里指夫妻交接临近射精时将精子排在体外以免受孕，一般译为"体外射精"，亦可直接译为"避孕"。

[②] 白尼·穆索托利格战役，指628年穆斯林同胡札尔部落的穆索托利格族在希贾兹西部靠近红海岸边的麦里希尔河一带的一次战役。此次战役穆斯林军胜利，穆索托利格族被驱逐出境。故此，亦称麦里希尔战役。

[③] "阿拉伯闺秀"，因穆索托利格族为纯阿拉伯人，在古莱什人之前曾管理过天房，属于阿拉伯贵族。

与之交接时体外排精。后来,我们就此请教穆圣,穆圣问我们:"你们一定要那样做吗(穆圣一连问了三遍)?任何一个注定要有的生灵,必然是要有的。"

【116】艾布·赛义德传述:穆圣说:"你们那样做也无妨,因为生育有定。"

【117】艾布·赛义德传述:穆圣关于尔兹里说:"你们那样做也无妨,因为生育有定。"

【118】艾布·赛义德传述:有人关于尔兹里请教穆圣,穆圣说:"你们那样做也无妨,因为生育有定。"

【119】艾布·赛义德传述:有人在穆圣面前提及尔兹里,穆圣说:"那是怎回事?"大家说:"有人妻子正在哺乳,与之交接不愿受孕;有人拥有使女,与之交接也不愿受孕,于是选择体外排精。"穆圣听后说:"你们那样做也无妨,因为生育有定。"

【120】艾布·赛义德传述:有人在穆圣面前提及尔兹里,穆圣说:"你们为什么要那样做?任何一个注定要有的生灵,安拉一定会造化的。"

【121】艾布·赛义德传述:有人关于尔兹里请教穆圣,穆圣说:"孩子并非完全决定于精水。如果安拉意欲创造,寰宇之中无以阻止。"

【122】贾比尔·本·阿布杜拉传述:一人来见穆圣,说:"我有一婢女侍奉,与之交接,但是不愿让她受孕,如何是好?"穆圣说:"如果愿意,你可以对之避孕。但是,凡注定要有的生灵,一定会有的。"事隔不久,那人来见穆圣,说:"婢女果然有孕!"穆圣说:"我确已告诉过你,凡是注定要有的生灵,一

定会有的。"

【123】贾比尔·本·阿布杜拉传述：一人请教穆圣："我有个婢女，对其避孕，是否可行？"穆圣说："安拉意欲之物，避之无益。"事隔不久，那人又来，说："安拉的使者啊！我上次对你提及的那个婢女，果然有孕。"穆圣说："我确是安拉的仆人和使者。"

【124】贾比尔·本·阿布杜拉传述：我们曾经选择尔兹里时，《古兰经》正在颁降之际。

本段圣训传述者之一苏福扬·本·欧耶纳说："假使尔兹里属于禁物，《古兰经》（在颁降期间）定会禁止我们的。"

【125】贾比尔·本·阿布杜拉传述：我们曾在穆圣时代避孕，穆圣得知此事后并未禁止。

第二十三节　禁止亲近女俘

【126】艾布·岱尔达仪传述：穆圣见一孕妇在帐篷门口，便问："有人蹂躏了她？"大家回答："是的。"穆圣说："我意欲诅咒其人及至坟墓！其子分娩，遗赠与之不合法，役使与之也不合法。"

第二十四节　基莱特

【127】珠达麦·丙·沃海布·埃赛德①传述：穆圣说："我原本禁止基莱特②，后来我发现波斯、罗马人都这样做，并未损害他们孩子。"

---

① 珠达麦·丙·沃海布·埃赛德，生卒年份及其事迹不详，穆圣门弟子，埃赛德族人，曾在麦加归信伊斯兰并与穆圣结约，后迁徙麦地那。

② "基赖特"，阿拉伯语音译，意为在怀孕和哺乳期交接妻室。

【128】珠达麦·丙·沃海布·埃赛德传述：穆圣说："我原本禁止交接乳妇，后来我观察波斯、罗马人都这样做，并未损害他们孩子。"接着，大家就尔兹里请教穆圣，穆圣说："那是无形地活埋婴儿。"

【129】赛尔德·本·艾布·宛戛斯传述：一人来见穆圣，说："我对妻子避孕。"穆圣问他："你为什么那样做？"那人回答说："我为了怜悯她的孩子。"穆圣说："假若那样做有损失的话，波斯、罗马人早受其害了。"

二 利札尔[①]

第一节 血亲所禁止的婚姻对乳亲也禁止

【1】圣妻阿依莎传述：穆圣曾在她那里，她听到一男子在圣妻哈福索门口求见的声音，便说："安拉的使者啊！这人是请求允许他进入你的居室。"穆圣说："我认为是某某人（指哈福索的乳叔父）。"她又说："安拉的使者啊！假若某某（指她的乳叔父）健在，能否进入我的居室？"穆圣回答说："可以。血

---

① 据译者介绍，利札尔，伊斯兰教法术语，阿拉伯语音译，即由于婴幼儿就乳而产生的"乳亲"关系，为伊斯兰教法禁止通婚的六大范畴之一。《古兰经》四章二十二至二十四节明文昭示："……安拉严禁你们娶你们的母亲、女儿、姊妹、姑母、姨母、侄女、外甥女、乳母、同乳姊妹……"根据伊兰沙里亚的规定，如果两周岁内幼儿就乳于某一妇女，则其利札尔的关系就已得到确定。本章圣训在论述禁止与乳母乳父的直系尊辈和晚辈亲属包括乳兄弟或乳姐妹婚配，这是为了尊重乳母及其家人；同时禁止主人同养女、丈夫与妻妹通婚，这是保护养女合法权益和避免妯娌产生矛盾造成姊妹反目的必要措施，而且明确要求善待妇女，提倡作为丈夫应当容忍妻子缺点，大度慷慨，宽厚容让，充分体现了伊斯兰教尊重、保护妇女的基本原则。

亲所禁止的婚姻，乳亲也禁止①。"

【2】圣妻阿依莎传述：穆圣对我说："血亲所禁止的婚姻，乳亲也禁止。"

第二节 禁止与乳父胞兄通婚

【3】圣妻阿依莎传述：关于帷幕的经文降示后，艾布·古埃斯弟弟埃福莱赫（我的乳叔父）请求见我，我未允许。穆圣回来，我将情况告诉穆圣，穆圣让我允许埃福莱赫求见。

【4】圣妻阿依莎传述：我的乳叔父埃福莱赫——艾布·古埃斯的弟弟到我居室见我，我未允许……我说："哺乳我的是艾布·古埃斯的妻子，此人并未哺乳过我。"穆圣说："你太刻板了。"

【5】圣妻阿依莎传述：关于帷幕的经文降示后，艾布·古埃斯弟弟——埃福莱赫前来请求见我。我说："誓以安拉！在取得穆圣许可之前，我不能允许埃福莱赫求见。因为哺乳我的不是艾布·古埃斯，而是他的妻子。"穆圣回来后，我说："安拉的使者啊！艾布·古埃斯弟弟——埃福莱赫前来请求见我，在取得你的许可之前，我不愿允许见他。"穆圣说："你可以允许见他。"

【6】圣妻阿依莎传述：穆圣说："因为他是你叔父。你这样显得太刻板了。"

---

① 伊斯兰出于重视后天的饮食对人体血统的影响，出于对乳母的尊重，认为乳父母如同生身父母。《古兰经》在规定不能与有生养关系的近亲结婚的同时，规定不能同乳母及乳姊妹结婚（4:23）。因此，凡乳母与乳父的直系尊辈和卑辈亲属，都在禁止婚配之例。孩童在哺乳期间（即两岁内）吸过一妇女三口以上乳汁者，二者之间即确立了哺乳关系。同一乳母所哺养的两个孩子称为乳兄弟或乳姐妹，与亲兄妹一样，相互不能婚配。

艾布·古埃斯是哺乳过圣妻阿依莎的那位乳母的丈夫。

【7】圣妻阿依莎传述：我的乳叔父前来请求见我，在取得穆圣许可之前，我未允许。穆圣回来后，我说："我的乳叔父请求见我，我未允许。"穆圣说："你应该让你的叔父见你。"我说："哺乳过我的是艾布·古埃斯妻子，此人并未哺乳过我。"穆圣说："他是你叔父，应该让他见你。"

【8】圣妻阿依莎传述：我的乳叔父艾布·杰尔德①要求见我，我未允许。穆圣回来后，我将情况告诉穆圣。穆圣说："为什么不允许他，你太刻板了。"

【9】圣妻阿依莎传述：她的一位叫埃福莱赫的乳叔父要求见她，她便戴着面纱接见。之后，她告诉穆圣，穆圣说："你对他可以不戴面纱，因为血亲所禁止的婚姻，乳亲也禁止。"

【10】圣妻阿依莎传述：埃福莱赫·本·古埃斯要求见我，我未允许。他又派人来说："我是你叔父，我嫂子哺乳过你。"我还是未允许。穆圣回来，我提及这件事，穆圣说："应该让他见你，因为他是你叔父。"

第三节 禁止迎娶同乳关系的侄女

【11】阿里传述：我说："安拉的使者啊！你怎么选择古莱什而舍弃我们？"穆圣问："你们那里有人选吗？"我回答："有，哈姆兹的女儿。"穆圣说："她对我是不合法的。她是我同乳弟兄的女儿。"

【12】伊本·阿巴斯传述：有人向穆圣提及哈姆兹女儿，穆圣说："她对我不合法，她是我同乳弟兄的女儿。凡是血亲所禁

---

① 史布·杰尔德，系埃福莱赫之别称，生卒年份不详，穆圣门弟子。

止的婚姻，乳亲也禁止。"

【13】圣妻乌姆·赛丽麦传述：有人问穆圣："你为什么不向哈姆兹女儿求婚？"穆圣回答说："哈姆兹是我的同乳弟兄。"

第四节　禁止迎娶养女和妻子姐妹

【14】圣妻乌姆·哈比布传述：穆圣曾到我这里，我问他："你看我妹妹怎样？"穆圣说："你要我干什么？"我说："你娶她。"穆圣说："你愿意我这样做吗？"我说："我不是说你没有妻室，而是愿和我妹妹共享福分。"穆圣说："这对我是不合法的。"我说："我听说你正向杜尔·丙·乌姆·赛丽麦求婚。"穆圣说："是乌姆·赛丽麦的女儿？"我说："是的。"穆圣说："即使她不是我的养女，对我也不合法。因为她是我同乳弟兄的女儿，苏薇布①曾经哺乳过我和她父亲。以后，你们不要以你们的女儿和你们的姐妹对我说媒。"

【15】圣妻乌姆·哈比布传述：她曾对穆圣说："安拉的使者！你娶我妹妹安泽吧。"穆圣说："你愿意我这样做吗？"她说："愿意，安拉的使者！我不是说你没有妻室，而是愿和我妹妹共享福分。"穆圣说："这对我不是合法的。"她说："安拉的使者啊！我们正在谈说你打算迎娶杜尔·丙·乌姆·赛丽麦。"穆圣说："是乌姆·赛丽麦的女儿？"她说："是的。"穆圣说："即使她不是我的养女，对我也不合法。因为她是我同乳弟兄的女儿，苏薇布曾经哺乳过我和她父亲。以后，你们不要以你们的姐妹和你们的女儿对我说媒。"

---

① 苏薇布，艾布·莱海布的释奴，哺乳过穆圣。

第五节　就乳一两口的问题

【16】圣妻阿依莎传述：穆圣说："一两口不会成为非法。"

【17】乌姆·法德里传述：穆圣在我房间，有位游牧人进来，说："安拉的使者啊！我原有老婆，后来又娶了一位。大老婆声称她让我的小老婆吃了一两口奶，这如何是好？"穆圣说："一两口不会成为非法。"

【18】乌姆·法德里传述：有位白尼·阿米尔人说："安拉的使者啊！一口是否成为非法？"穆圣说："不会成为非法。"

【19】乌姆·法德里传述：穆圣说："一两口不会成为非法。"

【20】乌姆·法德里传述：有人请教穆圣："一口是否成为非法？"穆圣说："一口不会成为非法。"

第六节　吮乳五口便为非法

【21】圣妻阿依莎传述：安拉曾在《古兰经》中昭示，就乳十口则成为非法。后来，又以就乳五口取而代之。穆圣归真后，它们仍然在《古兰经》中被诵读[1]。

【22】阿姆尔特·丙·阿布杜·拉赫曼传述：圣妻阿依莎提及利札尔的禁律时说："《古兰经》最初昭示就乳十口则成为非法，后来又昭示就乳五口便成为非法。"

第七节　成人的利札尔

【23】圣妻阿依莎传述：赛海莱·丙·苏海里[2]来见穆圣，

---

[1] 这节废止性经文颁降较晚，最初人们都在诵读，后来门弟子们一直会同而放弃，《古兰经》文中现已不复存在。

[2] 赛海莱·丙·苏海里，生卒年份不详，穆圣门弟子，早期归信伊斯兰，艾布·侯宰法之妻，古莱什族人，曾随丈夫迁徙阿比西尼亚，迁士。

说:"安拉的使者啊!萨里姆①进我室内,我见艾布·侯宰法②面有愠色,如何是好?"穆圣说:"那你可以喂他乳汁。"她说:"他是成人了,我如何喂他?"穆圣微笑着说:"我知道他是成人,他确曾参加过白德尔战役。"

【24】圣妻阿依莎传述:艾布·侯宰法的释奴萨里姆曾同艾布·侯宰法和妻子住在一起,一次他妻子来见穆圣,说:"萨里姆已经长大懂事;他进我室内,我看艾布·侯宰法内心不快,如何是好?"穆圣说:"那你喂他乳汁,这既能使你对他成为非法,又能消除艾布·侯宰法内心的不快。"

后来,她说:"我给萨里姆喂了乳汁以后,艾布·侯宰法内心的不快确实消除了。"

【25】圣妻阿依莎传述:赛海莱·丙·苏海里来见穆圣,说:"安拉的使者啊!萨里姆跟我们住在一起,他已经达到男人们所达到、了解男人们所了解的年龄了。"穆圣说:"你可以喂乳他,借此你就对他变成非法。"

【26】宰娜白·丙·乌姆·赛丽麦传述:圣妻乌姆·赛丽麦曾对圣妻阿依莎说:"我不愿意让到你那儿的少年进我室内。"阿依莎说:"安拉使者不是你最好的楷模吗?"她接着又说:"艾

---

① 萨里姆,全名萨里姆·本·麦尔吉里,生卒年份不详,穆圣门弟子,迁士,艾布·侯宰法的释奴。原籍波斯人,圣门弟子中的学者,《古兰经》诵读家之一。穆圣曾说:"你们应向四人学习《古兰经》:伊本·乌姆·阿布杜、伊本·克尔布、萨里姆·本·麦尔吉里和穆阿兹·本·哲百里。"为早期迁士之一,曾在库巴清真寺担任伊玛目,随穆圣参加过白德尔、吴侯德及其后的历次战役。耶玛迈战役时,为迁士军队旗手,两臂先后被敌人砍断,仍抱旗不倒,直至最后咽气。

② 艾布·侯宰法,全名艾布·侯宰法·本·欧特白·本·勒比尔,穆圣门弟子,早期归信伊斯兰,古莱什族人,迁士。曾迁徙阿比西尼亚,参加过白德尔、吴侯德及其后的历次战役,哈里发艾布·白克尔时代在耶玛迈战役牺牲。

布·侯宰法妻子曾说：'安拉的使者啊！萨里姆常进我室内，他已经长大，我发现艾布·侯宰法内心对此不快。'穆圣说：'你可以喂他乳汁，这样就能进你室内。'"

【27】宰娜白·丙·乌姆·赛丽麦传述：圣妻乌姆·赛丽麦对圣妻阿依莎说："誓以安拉！我不愿意让确已断乳的孩子看见我。"阿依莎说："为什么这样？赛海莱·丙·苏海里确曾来见穆圣，说：'安拉的使者啊！誓以安拉！萨里姆进我室内，我看见艾布·侯宰法面有愠色。'穆圣说：'你可以喂他乳汁。'她说：'他有胡子了！'穆圣说：'你喂他乳汁，就能消除艾布·侯宰法脸上的愠色。'后来她说：'誓以安拉！我在艾布·侯宰法脸上再未看到愠色。'"

【28】圣妻乌姆·赛丽麦传述：其他圣妻都拒绝有人通过这种利札尔关系进入她们室内，并对圣妻阿依莎说："誓以安拉！我们认为这只是穆圣给予萨里姆的特许。誓以安拉！任何人休想通过这种利札尔关系进我们室内见到我们。"

第八节 利札尔只限于哺乳期内

【29】圣妻阿依莎传述：穆圣来我房间，见我这里坐着一人，难为情，面露愠色。我说："安拉的使者啊！他是我的同乳弟兄。"穆圣说："你们要考虑什么人才是你们的同乳弟兄！利札尔只限于哺乳期内[①]。"

[①] 此句原意为"哺乳只是解决饥饿"。穆圣教导圣妻阿依莎，必须弄清何为同乳弟兄。因为，同乳弟兄不是指所有乳过同一乳母者，而是有条件的，即吮吸乳汁是为抵抗饥饿，这只能局限于婴儿的哺乳期，即《古兰经》规定的两年的哺乳期内（见 2:233，46:15）。

第九节　女俘在清宫①后方可亲近

【30】艾布·赛义德传述：侯奈因那天，穆圣派遣一支部队前往奥塔斯，途中遭遇敌军，将其歼灭，缴获了俘虏。由于那些女俘都有多神教徒丈夫，部分圣门弟子似乎不愿亲近。于是，安拉降经昭示：

"（他又严禁你们娶）有丈夫的妇女，但你们所管辖的妇女除外（她们对你们是合法的，如果她们的守限期结束）。"

——《古兰经》4：24

第十节　孩子归床主，不论其相貌

【31】圣妻阿依莎传述：赛尔德·本·艾布·宛戛斯和阿布杜·本·泽姆尔为一男童发生争执，赛尔德说："安拉的使者啊！这孩子是我家兄欧特白的儿子，他曾对我留下遗嘱，说这是他的儿子。请你看他的长相。"阿布杜说："安拉的使者啊！这孩子是我弟弟，是我父亲婢女的孩子，他生在我父亲的床上。"穆圣看孩子相貌，真有点像欧特白，便说："这孩子归你，阿布杜！孩子归床主②，姘夫得石头。苏黛！你应该对他戴面纱。"此后，这孩子从未见到过圣妻苏黛。

【32】艾布·胡莱勒传述：穆圣说："孩子归床主，姘夫得石头。"

---

① "清宫"，指守待婚期（伊达）。按照《古兰经》的规定，通常是三次经期过后（2：228）；停经或月经不正常的妇女为三个月；遗孀为四个月零十天（2：234）；孕妇的待婚期须一直延续到分娩（65：4）。待婚期的规定主要是为了明确该妇女是否怀有身孕，以确定孩子的生父身份，以免造成血统混乱，产生继承纠纷等。

② "床主"是指能与孩子生母发生合法性关系的人，包括丈夫和男性奴隶主。伊斯兰禁止私通，并主张不明生父的孩子应判归与其生母能结为合法婚姻关系的男方。奴隶主与女奴的性关系在当时被认为是合法的，女奴生的孩子应归其主人。

第十一节　可以接受相术师①对孩子血统的判断

【33】圣妻阿依莎传述：一次，穆圣笑容满面地来我这里，说："你见过这样的事吗？刚才穆詹齐兹·穆德利吉看着宰德·本·哈里斯和伍萨麦·本·宰德说：'这些脚彼此很像，有血统关系。'"

【34】圣妻阿依莎传述：有天，穆圣高兴地来我这里，说："阿依莎！你见过这样的事吗？穆詹齐兹·穆德利吉去我那里，当时宰德和伍萨麦俩人盖着一条毯子蒙头而卧，只有两脚露在外面，他看见后说：'这些脚彼此很像，有血统关系。'"

【35】圣妻阿依莎传述：一次，穆圣在家，有个相术师来访，当时伍萨麦和宰德侧卧休息。那个相术师说："这些脚彼此很像，有血统关系。"穆圣听后非常高兴，并且回来告诉了我。

第十二节　与新婚妻子居住的可嘉时间

【36】圣妻乌姆·赛丽麦传述：穆圣和我结婚时，在我那里住了三天，尔后说："我不是怠慢你，若你愿意，我与你住七天；如果我与你住七天，我得与各位妻室都住七天。"

【37】阿布杜·麦立克·本·艾布·白克尔传述：穆圣曾在迎娶圣妻乌姆·赛丽麦的次日清晨对她说："这不是怠慢你，若

---

① 血统相术是阿拉伯民间相术之一。观相者根据自己的观察经验，判断孩子的血统孰归。圣训中提及的穆詹齐兹属于穆德利吉族。在当时，该族和埃赛德族擅长此相术，受到阿拉伯人的公认。穆圣对穆詹齐兹的相术用"高兴"的表情予以肯定，是因为宰德皮肤白皙，妻子为阿比西尼亚人皮肤黝黑，生下的伍萨麦皮肤也黑。当时人们曾对伍萨麦与宰德的血统多有议论。这父子俩均为穆圣所亲近的门弟子，穆圣每每为此议论不安。穆詹齐兹只看到俩人的脚，就判断他们之间有血统关系，以此否定了人们的议论，所以穆圣为之高兴。

你愿意，我在这里住七天；若你愿意，我住三天，然后轮住。"乌姆·赛丽麦说："那你住三天吧。"

【38】阿布杜·麦立克·本·艾布·白克尔传述：穆圣迎娶圣妻乌姆·赛丽麦后，意欲离开时，她抓住了穆圣的衣服。穆圣说："你若愿意，我可以为你增加，但是要为各位妻室计算。姑娘住七天，孀妇住三天。"

【39】圣妻乌姆·赛丽麦传述：穆圣说："你若愿意，我可以在你这里住七天，但我在各位妻室处也要住七天。"

【40】艾奈斯·本·马立克传述：有妻室再娶姑娘时，则与之住七天；如果所娶为孀妇，则与之住三天。这样做是逊奈。

【41】艾奈斯传·本·马立克述：在新婚姑娘那里住七天属于逊奈。

第十三节　在各妻室处宜当轮流居住，每处一昼夜为佳

【42】艾奈斯·本·马立克传述：穆圣曾有九位妻室，每九天轮流居住一次，但是她们每晚都到穆圣居住的那位妻室处聚会。一次，穆圣在圣妻阿依莎居室，圣妻宰娜白前来，穆圣一伸手摸到宰娜白身上。阿依莎说："这是宰娜白！"穆圣便收回了自己手。二人为此发生争执，礼拜时间到了，艾布·白克尔从门前经过听到声音，说："安拉的使者！你去礼拜，把土扬到她们口中！"于是，穆圣出门去礼拜了。礼完拜后，艾布·白克尔来到阿依莎居室，批评阿依莎说："你怎能这样做事？"

第十四节　可以将自己的机会让给姊妹

【43】圣妻阿依莎传述：我不曾看到过任何女人比圣妻苏黛

更为热心，她上年龄之后，将穆圣在她那里轮流居住的时间让给了我，说："安拉的使者啊！我把你在我这里的那一天让给阿依莎了。"此后，穆圣一直为我分配两天：我的一天和苏黛的一天。

【44】圣妻阿依莎传述：我曾经责怪那些将自己献给穆圣做妻子的妇女，我说一个女人怎能将自己送人呢？后来，安拉降经昭示：

"你可以任意地离绝她们中的任何人，也可以任意地挽留她们中的任何人。你所暂离的妻子，你想召回她，对于你是毫无罪过的。"

——《古兰经》33：51

我说："誓以安拉！我没想到你的主这么快就满足了你的愿望。"

【45】圣妻阿依莎传述：我曾说："难道那些将自己献给男人做妻子的妇女没有羞愧之心吗？"后来，安拉降示了以下经文：

"你可以任意地离绝她们中的任何人，也可以任意地挽留她们中的任何人。你所暂离的妻子，你想召回她，对于你是毫无罪过的。"

——《古兰经》33：51

我对穆圣说："我没想到你的主这么快就满足了你的愿望。"

【46】阿塔仪·本·艾布·勒巴赫传述：我们曾随伊本·阿巴斯在赛尔夫参加圣妻梅姆娜的哲纳兹，伊本·阿巴斯说："这是穆圣的妻室，你们抬她的灵匣时不要晃动，要平稳些走。因为那时穆圣有九位妻室，穆圣给其中八位分配了轮流居住的时

间，只给一位没有分配。"

【47】阿塔仪·本·艾布·勒巴赫传述：素菲娅是圣妻们当中最后一位在麦地那归真者。

第十五节　择妻以有教门者为佳

【48】艾布·胡莱勒传述：穆圣说："世人择妻一般看重四个方面：资财、门第、姿色和教门。（作为穆民）你应该选择有教门者，那你将会两世受益（亦译为：否则你就失算了）[①]。"

第十六节　择妻以处女为佳

【49】贾比尔·本·阿布杜拉传述：穆圣时代，我娶了一位妻室。我碰见穆圣，穆圣问："你结婚了？"我回答："是的。"穆圣问："姑娘还是孀妇？"我回答："孀妇。"穆圣问："你为什么不娶姑娘，彼此相亲相爱？"我回答："安拉的使者啊！我全是些妹妹，我担心再娶个姑娘会造成我同她们之间的隔阂。"穆圣说："那就这样更好。人们择妻一般重视女方的教门、资财和姿色。（作为穆民）你应该选择有教门的，你将会两世受益。"

【50】贾比尔·本·阿布杜拉传述：我娶了一位妻室，穆圣问我："你结婚了？"我回答："是的。"穆圣问："姑娘还是孀妇？我回答："孀妇。"穆圣问："你为什么不娶姑娘，彼此更为相爱？"

【51】贾比尔·本·阿布杜拉传述：家父阿布杜拉（在吴侯

[①] 本段圣训提到的择婚四条标准，是为人之常情，但特别强调教门尤为重要。因为信仰的虔诚和对教门功修的上进，不仅是夫妇思想和生活方式一致的基础，同时也是感情长久的重要条件。虔诚、勤奋的穆民，一般均有较高的道德情操和品德修养。此等夫妇共同生活，互相理解，互相尊敬，家庭生活大多和睦美满。

德战役）归真时留下了七个（一说是九个）女儿。后来，我娶了位孀妇为妻。穆圣问我："贾比尔！你结婚了？"我回答："是的。"穆圣问："姑娘还是孀妇？"我回答："孀妇，安拉的使者！"穆圣问："你为什么不娶姑娘，彼此相亲相爱？"我对穆圣说："家父阿布杜拉归真时留下了七个女儿，我不愿再娶个和她们一样的女孩子，所以我娶了位孀妇，以便抚养教育她们。"穆圣说："愿安拉赐福你！"

【52】贾比尔·本·阿布杜拉传述：我对穆圣说："我娶了位孀妇，以便抚养她们，给她们梳头。"穆圣说："你做得对！"

【53】贾比尔·本·阿布杜拉传述：我们曾随穆圣参加一次战役①，部队凯旋归来时，由于骑峰慢驼我很着急。突然，我身后一位骑士追上我，用拐杖戳了一下我的骆驼，我的骆驼便像良驼般疾步行走。我转脸一看，原来是穆圣。穆圣问："你为何这样着急？贾比尔！"我回答："安拉的使者！我刚结婚不久。"穆圣问："娶的是姑娘还是孀妇？"我回答："孀妇。"穆圣问："为何不娶个姑娘，彼此心心相印？"我们抵达麦地那，就要各自回家时，穆圣说："且慢！等到天黑时你们再进家门，以便让等待丈夫归来的女人们梳洗打扮。"穆圣还对我说："你回去后，要凯斯凯斯（意指共度良宵，早生贵子）。"

【54】贾比尔·本·阿布杜拉传述：我曾随穆圣参加一次战役，凯旋返归时我的骆驼走得很慢。穆圣到我跟前说："贾比尔！"我回答："敬候尊命！"穆圣说："你怎么了？"我回答："我的骆驼疲惫走得慢，所以我掉队了。"穆圣下了驼，用他的

---

① 这里指发生于631年的泰布克战役。

弯把手杖勾了一下我的骆驼，然后说："你骑上吧！"我便骑上了。这时，我真的看到我要勒住自己骆驼，不要超到穆圣前面。穆圣问："你结婚了？"我回答："是的。"穆圣问："姑娘还是孀妇？"我回答："孀妇。"穆圣问："为什么不娶个姑娘，彼此更为相爱？"我回答："我全是些妹妹，我希望娶个女人能团结她们，给她们梳头，抚养她们。"穆圣说："快到家了。回到家里，你要她凯斯凯斯。"接着又说："这峰驼你卖吗？"我说："卖。"于是，穆圣用一欧基亚买了我的这峰驼。

穆圣先期到达，我于次晨才到。我来圣寺，发现穆圣在圣寺门口。穆圣问："你是刚到的？"我回答："是的。"穆圣说："你先扔下骆驼，进寺礼两拜吧①！"我便进寺礼了拜。然后回来，穆圣吩咐毕莱里·本·勒巴赫给我称一欧基亚，毕莱里称得很足。我出来转身要走时，穆圣让毕莱里叫住了我。我想穆圣现在是否要将骆驼退还给我，对我来说，没有比这骆驼更令我厌恶的东西了。结果，穆圣说："你牵回你的骆驼吧，这钱也归你。"

【55】贾比尔·本·阿布杜拉传述：一次旅行中，我们伴随穆圣。当时我骑着峰驮水浇田的骆驼，所以落在大家后面。穆圣用自己拐杖戳了一下，此后它一直疾步行走，致使我不得不勒紧些。穆圣说："你是否以如许价钱将它卖给我？愿安拉饶恕你②。"我说："就卖给你吧，安拉的使者！"穆圣又问了我一

---

① 根据经训规定，出门前和归来后，先到寺上做大净且礼两拜副功拜是一项主要逊奈圣行，以求安拉恩赐保佑旅途顺利、家庭平安。

② 本段圣训传述者之一艾布·奈兹尔说："这是穆斯林常说的一句祝福话。例如他们说：'你去干某某事吧，愿安拉饶恕你！'"

遍，我还是作出了以上答复。穆圣问我："你父亲归真后，你娶妻室了没有？"我回答："娶了。"问："姑娘还是孀妇？"我回答："孀妇。"问："为什么不娶个姑娘，彼此相亲相爱，心心相印？"

第十七节 人世间最大的享受是拥有贤惠之妻

【56】伊本·阿慕尔传述：穆圣说："人生皆为享受。尘世上最好的享受，便是拥有一位清廉贤惠的妻子。"

第十八节 善待妇女

【57】艾布·胡莱勒传述：穆圣说："女人宛若肋骨，如果你要矫直，则她必折无疑；如果你要生活，就让她带点弯曲而享受吧①。"

【58】艾布·胡莱勒传述：穆圣说："女人由肋骨所造，她不会那么端端正正地使你满意。如果你要生活，就让她带点弯曲而享受；如果你要矫直，那她必折无疑。折即离异。"

【59】艾布·胡莱勒传述：穆圣说："凡是笃信安拉和末日的人，如果目睹一件事情，就让他口说善言，或者保持缄默。你们应当善待妇女，因为她们由肋骨所造。肋骨最弯处是其上端，你若一味矫正，则她必折无疑；你若放任自流，那她一直弯曲。所以，你们应当善待妇女。"

---

① 本段圣训说明男女虽同出一源，但妇女有其天然的特长和弱点，因而要求丈夫对妻子应温柔体贴、关心照顾，忍受其性格的"弯曲"。伊玛目安萨里说："对妻子优待不是防止她的伤害，而是忍受她的伤害，宽容她的草率轻浮行为。"总之，伊斯兰要求对妻子要近而爱之，不能敬而远之。对其特点要善于尊重、引导，不能强其改变。穆圣曾在著名的辞朝演说中尤其嘱咐一定要敬畏安拉，善待自己妻子，宽容疼爱妻子，和睦幸福地共同生活。

【60】艾布·胡莱勒传述：穆圣说："男穆民不宜憎恶女穆民，如果厌恶她的某一品性，他会喜悦她的另一性格的①。"

【61】艾布·胡莱勒传述：穆圣说："若不是哈娃，女人就不会不忠于自己丈夫②。"

【62】艾布·胡莱勒传述：穆圣说："若不是以色列人，食肉就不会变臭③；若不是哈娃，女人就不会不忠于自己丈夫。"

三　离异④

第一节　禁止经血期间离异妻室

【1】伊本·欧麦尔传述：穆圣时代，他离异了正来月经的妻子。欧麦尔就此请教穆圣，穆圣说："你让他收回离异，挽留妻子，待月经干再来。月经再干之后，如果愿意，就让他在交接前与之离异；如果愿意，就让他继续挽留。因为这就是安拉

---

① 虽为夫妻，更是穆民弟兄姐妹，宜当相互怜悯疼爱，要积极发现对方的优点，不要一味看重相貌，在乎脾性，丑媳妇生的俊儿子，此中奥妙唯有安拉知道。

② 本段圣训意为哈娃曾受恶魔引诱，唆使阿丹同吃生命树果实，遂被逐出天园。这种贪奇引诱丈夫的心理遗传于人类后裔，故妻子对丈夫不忠是妇女之本性。这里所说的"不忠"非单指背叛丈夫与他人私通，而指产生于贪求虚荣、追逐浮华的心理欲望而对丈夫予以隐瞒。

③ 本段圣训意为以色列人不听禁令私自储存鹌鹑，致使腐臭，这是对他们的惩罚。此臭延续至今，贻害人类。

④ 译者指出，离异，阿拉伯语"托拉格"一词的意译，指夫妻之间放弃婚约，解除相互之间的婚姻关系和义务。《古兰经》四章三十五节昭示："如果你们怕夫妻不睦，那么，你们当从他们俩的亲戚中各推一个公正人，如果两个公正人欲加以和解，那么，安拉必使夫妻和睦……"伊斯兰教认为婚姻是一项严肃的誓约，绝不能将离异当作儿戏，夫妻关系出现矛盾，可由亲友进行调解。反复调解无效，感情确已破裂，允许双方离异，但属"安拉最恼恨的合法之行为"。必须强调的是，在婚姻这件大事上，双方父母和亲友宜当竭尽全力促成和解，任何一方有意制造离异拆散婚姻，必将遭到安拉和众天使的诅咒。按照伊斯兰教经训和教法的规定，只有在感情破裂婚姻无以维持的情状之下，夫妻任何一方便可提出离异。

所命令的离异妻室的时限①。"

【2】伊本·欧麦尔传述：他将正来月经的妻子休离了一次，结果穆圣命令他收回休离，挽留妻子，待月经干再来月经再干之后，如果他意欲休离，让他在月经干交接前与之休离。这就是安拉所命令的离异妻室的时限。

后来，有人就此请教伊本·欧麦尔，伊本·欧麦尔说："如果你将妻子休离了一次或两次，穆圣确曾让我在此情况下收回休离挽留妻子；如果你将她休离了三次，那她确已对你成为非法，直到改嫁你之外的丈夫，而且你违背了安拉命令休离妻室的时限。"

【3】伊本·欧麦尔传述：穆圣时代，我休离了月经来潮的妻子，欧麦尔将此事禀告穆圣，穆圣说："你让他挽留妻子，待其干净再来月经再干净后，让他在交接前或休离、或挽留。这就是安拉命令休离妻室的时限。"

本段圣训传述者之一欧拜顿拉说，我问纳菲尔·本·赛尔吉斯："一休意味着什么？"纳菲尔回答说："她要为此而守待婚期。"

【4】纳菲尔·本·赛尔吉斯传述：伊本·欧麦尔曾经休离了经血来潮的妻子，欧麦尔请教穆圣，穆圣命令他挽留妻子，待其再来月经再干净后，在交接前进行休离。这就是安拉命令

---

① 这个"时限"，即《古兰经》所说的"规定的期限"，也就是月经结束，尚未发生交接的时期。在此时期提出离异较为适宜。《古兰经》昭示："先知啊！当你们休妻的时候，你们当在她们的待婚期之前休她们，你们当计算待婚期，当敬畏安拉——你们的主。"（65：1）丈夫在妻子洁净期宣布离异是符合伊斯兰教法的可嘉离异方式，而在妻子行经期宣布离异则有悖于伊斯兰教法，属于"比德尔"，即异端离异方式，违背安拉命令，受到严厉谴责。

休离妻室的时限。

后来，有人关于一人休离自己经血来潮的妻子请教伊本·欧麦尔，伊本·欧麦尔说："如果你将其休离了一次或两次，穆圣确曾让我在此情况下收回休离，待其再来月经再干净后，在交接前进行休离；如果你休离了三次，你确已违抗了安拉命令你休离妻室的时限，而且她确已跟你断绝了。"

【5】伊本·欧麦尔传述：我休离了月经来潮的妻子，欧麦尔禀告穆圣，穆圣为之动怒，说："你让他挽留妻子，待其再来月经再干净后，那时如果他想休离，就让他在净期内交接前与之休离。这就是待婚期的休离，依照安拉的命令。"

那次，伊本·欧麦尔休离了一次，并将这次算入其妻的休离之内，又依穆圣命令挽留了妻子。伊本·欧麦尔说："我挽留了妻子，但我对她计算了我作出的这次休离。"

【6】伊本·欧麦尔传述：他休离了正来月经的妻子，欧麦尔禀告穆圣，穆圣说："你让他挽留妻子，待其干净再来月经再干净后，他或休离，或挽留。"

【7】伊本·欧麦尔传述：他休离了正来月经的妻子，欧麦尔禀告穆圣，穆圣说："你让他挽留妻子，然后让他在净期或孕期再作休离。"

【8】优努斯·本·朱拜尔传述：伊本·欧麦尔曾将正来月经的妻子休离了一次，后来奉命收回休离，挽留妻子。我说："你对她计算这次休离吗？"伊本·欧麦尔说："行了！你认为他无能愚蠢？"

【9】优努斯·本·朱拜尔传述：我听伊本·欧麦尔说他休离了正来月经的妻子，欧麦尔去将此事禀告穆圣，穆圣说："让

他挽留妻子，待她干净后，如果意欲，让他休离。"我问伊本·欧麦尔："那你对她计算这次休离吗？"他回答："为什么不算，你认为他无能愚蠢？"

【10】艾奈斯·本·西林传述：我请教伊本·欧麦尔有关他休离的那位妻子的问题，他回答说："我休离时她正在经血来潮，有人将此事告诉欧麦尔，于是欧麦尔禀告穆圣，穆圣说：'你让他收回休离，挽留妻子，待其干净后，让他在净期休离。'后来，我在净期又将她休离。"我问："你计算经血来潮时作出的那次休离吗？"他回答："我为什么不算？我就那么无能愚蠢！"

【11】艾奈斯·本·西林传述：他曾听伊本·欧麦尔说，妻子正来月经被他休离，欧麦尔便去告诉了穆圣。穆圣说："你让他收回休离，待其洁净时，让他再休。"他问伊本·欧麦尔："你计算那次休离吗？"伊本·欧麦尔回答："这你别问了！"

【12】塔乌斯·本·齐萨尼传述：他曾听到有人关于休离正来月经的妻子请教伊本·欧麦尔，伊本·欧麦尔说："你认识伊本·欧麦尔吗？"那人回答："认识。"伊本·欧麦尔说："因为他曾休离了正来月经的妻子，欧麦尔去见穆圣禀告此事，穆圣命令收回休离。"

【13】阿布杜·拉赫曼·本·埃迈尼传述：他请教伊本·欧麦尔："有人休离了正来月经的妻子，你怎样看待此事？"他回答说："伊本·欧麦尔曾在穆圣时代休离了正来月经的妻子，欧麦尔禀告穆圣：'阿布杜拉休离了正来月经的妻子！'穆圣说：'你让他收回休离。'他遂挽留了妻子。穆圣还说：'待她干净后，让他或休或留。'穆圣还诵读了以下经文：

'先知啊！当你们休妻的时候，你们当在她们的待婚期之前休她们，你们当计算待婚期，当敬畏安拉——你们的主。'"

——《古兰经》65：1

第二节 三次休离

【14】伊本·阿巴斯传述：在穆圣、艾布·白克尔以及欧麦尔继任哈里发的前两年，三休定为一次。后来，欧麦尔说："离异之事需要从容慎重，可是人们对此都很性急，希望我们同意他们的决定。"于是，欧麦尔认同了三休。

【15】艾布·索海巴仪传述：他问伊本·阿巴斯："你是否知道：在穆圣、艾布·白克尔以及欧麦尔继任哈里发的前三年，三休曾被定为一次？"伊本·欧麦尔回答说："知道。"

【16】艾布·索海巴仪传述：他对伊本·阿巴斯说："请将你所知道的事情告诉我，在穆圣和艾布·白克尔时代，三休是否被定为一次？"伊本·阿巴斯回答说："那时确曾这样。后来到欧麦尔时代，人们遇到离异之事大都性急，欧麦尔便允许了他们的决定。"

第三节 未举意休离而将妻子说成是非法则须纳罚赎

【17】赛义德·本·朱拜尔传述：伊本·阿巴斯关于"丈夫将妻子说成是非法"的问题说：这常是誓言，须纳罚赎①。"接着又说："安拉的使者确是你们最好的楷模。"

---

① 伊斯兰沙里亚规定：将合法事物说成非法属于誓言，如说"这件事对我是非法的"，或说"你对我是非法的"，而实际上他说的事物对他本不属被禁或非法，因此他须纳罚赎。这同毁坏所发誓言一样应纳罚赎，即供给10位贫民一餐中等质量的饮食，或供给他们各一件衣服，或释放一名仆人。如果无此能力，则连续斋戒3天（见《古兰经》5：89）。

【18】赛义德·本·朱拜尔传述：伊本·阿巴斯说："如果有人将妻子说成是非法。那就是誓言，须纳罚赎。"又说："安拉的使者确是你们最好的楷模。"

【19】圣妻阿依莎传述：穆圣曾在圣妻宰娜白处逗留了一会，并在那里吃了蜂蜜。于是，我和圣妻哈福索商定：穆圣到我们谁那里，就让她说："我从你身上闻到一股树胶味儿，你吃树胶了？"后来，她对穆圣这样说了。穆圣说："没有。我在宰娜白那里吃了点蜂蜜，我不再吃它了。"于是，颁降了以下经文：

"先知啊！安拉准许你享受的，你为什么加以禁戒，以便向你的妻子们讨好呢？安拉是至赦的，是至慈的。安拉确已为你们规定赎誓制，安拉是你们的保佑者。他是全知的，是至睿的。当时先知把这一句话（是指穆圣说：没有。我吃了点蜂蜜）秘密地告诉他的一个妻子，她即转告了别人。而安拉使先知知道他的秘密已被泄露的时候，他使她认识一部分，而隐匿一部分。当他既以泄露告诉她的时候，她说：'谁报告你这件事的？'他说：'是全知的、彻知的主告诉我的。'如果你们俩（是指阿依莎和哈福索）向安拉悔罪，（那末，你们俩的悔罪是应当的），因为你们俩的心确已偏向了。如果你们俩一致对付他，那末，安拉确是他的保佑者，吉布利莱和行善的穆民，也是他的保护者。此外，众天使是他的扶助者。"

——《古兰经》66：1—4

【20】圣妻阿依莎传述：穆圣曾经喜爱吃甜食和蜂蜜。穆圣每次做完晡礼，就去妻室们房间一一看望。一次，穆圣去圣妻哈福索房间，在她那里停留的时间比以往长了些。我就此事询

问，有人告诉我说，哈福索家族的一个妇女送来一小器皿蜂蜜，哈福索让穆圣喝了一些。我心想：誓以安拉！我们一定要对穆圣用点计谋。我便将此事告诉圣妻苏黛，说："如果穆圣到你房间，等他走近你时，你说：'安拉的使者！你是否吃了树胶？'他肯定会说：'没有。'这时，你问他：'那你身上是什么味儿？'（穆圣一直不愿有人在他身上闻到异味）他肯定会说：'哈福索让我喝了点蜂蜜。'你就对他说：'做那蜜的蜜蜂可能采了欧勒福图①树上的花。'我也会对穆圣这样说。索菲娅！你也要这样说。"

后来，穆圣到圣妻苏黛房间，苏黛说她怕我责备，誓以独一的安拉！穆圣尚在门口，她几乎是喊着对穆圣说了我教的这番话。她说，穆圣刚到门口，她就说："安拉的使者！你是否吃了树胶？"穆圣说："没有啊！"她说："那你身上是什么味儿？"穆圣说："哈福索让我喝了点蜂蜜。"她又说："做那蜜的蜜蜂可能采了欧勒福图树上的花。"穆圣到我房间时，我也这样说了。接着，穆圣到索菲娅房间，索菲娅也这样说了。最后，穆圣又回到哈福索那儿，哈福索说："安拉的使者！我让你再喝点好吗？"穆圣说："我不喝了。"

苏黛说："誓以安拉！我们确已让穆圣忌食蜂蜜了。"我对她说："你别说了！"

第四节　无意休离而让妻子在离异与否之间抉择不属休离

【21】圣妻阿依莎传述：当穆圣奉命让他的妻室们在离异与

---

① 欧勒福图：一种山楂树名。该树是以吴侯德战役阵亡的埃兹迪族圣门弟子欧勒福图·本·侯巴布之名而命名。

否之间作出抉择时,首先从我开始。穆圣对我说:"我向你提出一件事,你不要急于回答我,先去征求你父母的意见。"穆圣确实知道我父母不会让我同他分手的。接着,穆圣诵读了以下经文:

"先知啊!你对你的众妻室说:'如果你们欲得今世的生活与装饰,那末,你们来吧!我将以离仪馈赠你们,我任你们依礼而离去。如果你们欲得安拉及其使者的喜悦,与后世的安宅,那末,安拉确已为你们中的行善者,预备了重大的报酬。"

——《古兰经》33:28—29

于是,我说:"关于这件事,我没有必要征求父母意见,因为我意欲安拉及其使者和后世的安宅。"后来,穆圣的其他妻室①都像我这样做了②。

【22】圣妻阿依莎传述:在"你可以任意地休离她们中的任何人,也可以任意地挽留她们中的任何人。你所暂离的妻子,你想收回她,对于你是毫无罪过的。"(《古兰经》33:51)这节经文降示后,穆圣就他在我们中间轮流过夜问题曾征询我们的意见。

本段圣训传述者之一阿绥姆·本·苏莱曼说,穆阿泽③曾问圣妻阿依莎:"穆圣征询意见时,你当时是怎么说的?"阿依莎

---

① 当时穆圣名下有9位妻室,5位属于古莱什族:阿依莎,哈福素,乌姆·哈比布,苏黛和乌姆·赛丽麦,另外4位是奈迪尔族的素菲娅·丙·洪叶,希莱里族的梅姆娜·丙·哈里斯,埃赛迪族的宰娜白·丙·杰赫什,穆素塔里格族的朱威莉娅·丙·哈里斯。

② 这次事件约发生在伊斯兰教历5年。

③ 穆阿泽(?—705年),全名穆阿泽·丙·阿布杜拉·阿德维耶,穆圣再传弟子中的女学者,蒙受阿里和圣妻阿依莎薪传,传述有圣训。阿绥姆等人曾从她处接受圣训,其传述甚为可靠。

回答:"我曾对穆圣说:'如果你轮到在我这里过夜,我不会让给任何人的。'"

【23】圣妻阿依莎传述:穆圣确曾让我们在休离与否上作出抉择,但我们认为那不算休离。

【24】麦斯鲁格·本·埃吉岱尔传述:妻子既已选择了我,我就不在乎让她在休离与否上作出一次或千百次的抉择。我确曾就此请教圣妻阿依莎,阿依莎说:"穆圣确曾让我们在休离与否上作出抉择,难道那是休离?"

【25】圣妻阿依莎传述:穆圣曾让他的妻室们在休离与否上作出抉择,那不算休离。

【26】圣妻阿依莎传述:穆圣曾让我们在休离与否上作出抉择,结果我们都选择了他,他认为那不算休离。

【27】圣妻阿依莎传述:穆圣曾让我们在休离与否上作出抉择,结果我们都选择了他,他认为那对我们不算任何休离。

【28】贾比尔·本·阿布杜拉传述:艾布·白克尔进去求见穆圣,发现人们坐在门前,一人都未允许入内。结果,艾布·白克尔得到允许入内。过了一会,欧麦尔前来,求见穆圣,也得到允许。欧麦尔进去,发现穆圣愁眉不展,沉默不语,众妻室都坐在周围。欧麦尔心想,他一定要说句话,惹穆圣发笑。欧麦尔说:"安拉的使者!假若你看见哈里杰女儿(指他妻子)向我索要生活费用,我定会上去朝她脖子砍一巴掌。"这时,穆圣笑了,说:"你看见了,她们都在我身边,向我索要生活费用。"这时,艾布·白克尔和欧麦尔分别走近阿依莎和哈福索,各自朝自己女儿脖子砍了一巴掌,并且说:"难道你们向安拉使者索要他不拥有之物?"她们说:"誓以安拉!我们绝不再向安

拉使者索要他不拥有的任何东西。"于是，穆圣离开了她们一月（或为二十九天）。后来，穆圣受到以下启示：

"先知啊！你对你的众妻室说：'如果你们欲得今世的生活与装饰，那末，你们来吧！我将以离仪馈赠你们，我任你们依礼而离去。如果你们欲得安拉及其使者的喜悦，与后世的安宅，那末，安拉确已为你们中的行善者，预备了重大的报酬。'"

——《古兰经》33：28—29

这节经文降示后，穆圣先从阿依莎开始，说："阿依莎！我想对你提出一件事，希望你不要急于回答我，先去征求你父母的意见。"阿依莎说："是什么事情？安拉的使者！"穆圣便向阿依莎诵读了上述经文。阿依莎说："安拉的使者！难道关于你我征求父母意见？不！我选择安拉及其使者和后世的安宅。而且我请求你不要把我说的话告诉你的其他任何妻室。"穆圣说："如果她们当中有人要问我，我便会告诉。安拉差遣我的使命不是强人所难令人窘迫，我的使命是教人为善给人容易。"

第五节 誓不近妻

【29】欧麦尔传述：当穆圣离开众位妻室时，我走进圣寺，发现人们都以石击地沉静深思，并说穆圣休离了众位妻室。这件事发生在圣妻们奉命设置帷幕之前。我确实知道那一天终会发生的，便去圣妻阿依莎那里，说："艾布·白克尔的女儿！你的行为确已伤害了安拉的使者。"阿依莎说："你怎么来说我？应该去劝你的女儿，伊本·罕塔布！"于是，我来到女儿哈福索房间，说："哈福索！你的行为确已伤害了安拉的使者。誓以安拉！你知道安拉使者并不宠爱你，如果不是我的面份，定会将

你休离！"这时，哈福索失声泣哭。我问她："安拉的使者现在哪里？"她回答："穆圣在居室阁楼。"我进去后，发现穆圣的释奴勒巴赫坐在居室门槛上，两脚伸向梯板，即穆圣从阁楼上下的台阶木。我大声说："勒巴赫！请你禀告穆圣，欧麦尔求见。"勒巴赫看看阁楼，又看看我，没有作声。我又说："勒巴赫！请你禀告穆圣，欧麦尔求见。"勒巴赫看看阁楼，又看看我，还是没有作声。我再次提高声音说："勒巴赫！请你禀告穆圣，欧麦尔求见。"我以为穆圣知道我是为哈福索而来，誓以安拉！如果穆圣命令我砍下她的头颅，我定会将其砍下。就在我提高声音说话时，勒巴赫示意我登上阁楼。

我进入阁楼后，看到穆圣在一张席子上侧卧休息，便坐了下来。穆圣身上盖着自己斗篷，未铺任何东西。席篾在他肋部留下了明显的痕迹。我凝视穆圣的阁楼，发现阁楼一角放着大约半沙阿的一点大麦和一些阿拉伯橡胶果实，还挂着一张熟皮（作为储藏室阁楼，除了上述这些，别无其他，这就是穆圣的全部家私）。看到这些，我不禁泪流。穆圣问："你为何要哭？伊本·罕塔布！"我说："安拉的使者！席篾在你肋部留下了明显的痕迹，作为你储藏室的阁楼，我只看到了这点什物。科斯鲁、恺撒他们过着桃园般的奢华生活。你身为安拉的使者和挚友，这就是你的储藏室！"穆圣说："伊本·罕塔布啊！难道你不愿意后世只属我们而尘世归于他们吗？"我回答："当然愿意！"

我进去看到穆圣时，发现他面有愠色，便说："安拉的使者啊！你为妻子们的事情而为难什么，如果你将她们休离，安拉确是你的保佑者，众天使尤其是吉布利莱和米卡伊莱都是你的保护者，我和艾布·白克尔及穆民大众是你的扶助者。"感赞安拉，我每次说话，都希望安拉颁降经文加以证实。于是，颁降了以下经文：

"如果他休了你们，他的主或许将以胜过你们的妻子补偿他……如果你们俩一致对付他，那末，安拉确是他的保佑者，吉布利莱和行善的穆民，也是他的保护者。此外，众天使是他的扶助者。"

——《古兰经》66：1—4

阿依莎和哈福索一直合作对付穆圣的其他妻室，我便问："安拉的使者！你是否休了她们？"穆圣说："没有。"我说："安拉的使者！我走进圣寺，发现众穆斯林以石击地沉静深思，并说安拉的使者休离了众位妻室。我是否下阁楼告诉他们，你没有休离妻室？"穆圣说："可以，若你愿意。"我继续和穆圣谈话，直到穆圣脸上愠色排除，粲然地笑出声来。穆圣的牙齿非常漂亮。

穆圣意欲下楼，我先下来抓住楼板。穆圣好像步履平地一般下了阁楼，未用手扶。我说："安拉的使者啊！你在这个居室度过了二十九天。"穆圣说："这个月是二十九天。"于是，我站在圣寺门上，高声宣谕："安拉的使者没有休离众位妻室！"接着降示了以下经文：

"当安全或恐怖的消息到达他们的时候，他们就加以传播，假若他们把消息报告使者和他们中主事的人，那末，他们中能推理的人，必定知道当如何应付（我曾经就推理了那件事情）……"

——《古兰经》4：83

之后，安拉又降示了抉择的经文①。

【30】伊本·阿巴斯传述：我等了一年，想就一节经文请教欧麦尔·本·罕塔布。可是，怯于他的威严，我一直不敢贸然去问。后来，欧麦尔去朝觐，我也随之同行。返回途中，欧麦尔离开大路到一棵牙刷树旁方便，我便伫立等候。待他方便完毕，我随之同行，便说："穆民的官长！穆圣妻室中曾有俩人合作对付穆圣，这俩人是谁？"欧麦尔说："那是哈福索和阿依莎。"我对欧麦尔说："誓以安拉！一年以来，我老想跟你请教此事，但是怯于你的威严，我不敢贸然而问。"欧麦尔说："你没必要那样想。你认为我所知道的，不妨尽管问。只要我知道，一定会告诉你的。"

欧麦尔接着说："誓以安拉！在蒙昧时代，我们不把妇女当回事。直到安拉为她们降示了所降的经文②，为她们分配了所分配的权利。一次，我正考虑处理一件事情，突然妻子对我说：'但愿你如此这般地去做……'我对她说：'你怎么又到这里干预我要做的事情？'她对我说：'你好奇怪，伊本·罕塔布！你不愿意和人商量，可是你女儿却与穆圣顶嘴，致使穆圣整天怒气冲冲。'于是，我拿了斗篷，从家中出来，直奔哈福索那里。我问哈福索：'我的女儿！你是否顶撞穆圣，致使他整天怒气冲冲，可有此事？'哈福索说：'誓以安拉！我顶撞过穆圣。'我说：'你是知道的，我一再叮嘱你要谨防安拉的惩罚和穆圣的恼怒。我的女儿！你一定不要上那位生得美貌、深受穆圣宠爱的

---

① "抉择的经文"："阿叶提·泰赫义勒"的意译，指《古兰经》33章28—29节。

② 即关于优待妇女的经文，见《古兰经》2:233，4:19等。

女人（指阿依莎）的当。'然后，我从哈福索那里出来，又去乌姆·赛丽麦处，因为我与她有亲戚关系，我又劝说她。结果，乌姆·赛丽麦对我说：'你这个人真奇怪，伊本·罕塔布！你什么事都管，甚至还想管穆圣与妻室们之间的事情！'她的这番话真的震动了我，把我原有的一半怒气都给打消了。我便离开了她那里。

我有一位辅士朋友，我们曾约定：如果我不在场，他就把消息带给我；如果他不在场，我就把消息带给他。当时，我们都担心加萨尼①的一个国君，根据得到的消息，他想进犯我们，我们无比愤慨。

一天，我的那位辅士朋友来敲门说：'快开门，快开门呀！'我问：'是加萨尼人来了？'他说：'比这更严重！穆圣离开了他的所有妻室们！'我说：'哈福索和阿依莎真折本！'接着，我穿上衣服，出门来见穆圣。到了穆圣那里，发现穆圣住在自己阁楼，踩着梯子才能上去，穆圣的一名黑仆人守在梯阶前。我说：'我是欧麦尔。'得到允许进入后，我向穆圣讲了上述话。当我讲到乌姆·赛丽麦的话时，穆圣笑了。当时，穆圣侧卧在席子上休息，上面没铺任何东西，头枕着一个椰枣纤维填起来的皮枕垫。脚下堆着一些阿拉伯橡胶果实，头前挂着几张生皮。我

---

① 加萨尼，古代阿拉伯部落名，原居住在也门，后因马里布大坝崩溃，迁逃于半岛北部的豪兰、外约旦和巴勒斯坦一带，改宗基督教的一性派。公元五世纪建立自己的国家，藩属于拜占庭帝国，成为拜占庭与波斯国、阿拉伯半岛之间的缓冲地带。加萨尼王国最有名的国王是哈里斯·本·哲伯莱（529—569 年），因打败莱赫米王国受到拜占庭皇帝查士丁尼的奖赏，封他为叙利亚各阿拉伯部族首领。伊斯兰复兴时，该王国站在拜占庭一边反对穆斯林，甚至在 636 年雅尔穆克战役时，加萨尼最后一位国王哲伯莱·本·埃仪海姆仍和拜占庭一起反对伊斯兰。但后来改宗伊斯兰，因在朝觐中打伤人不服惩罚，逃往拜占庭首都君士坦丁堡。

看到穆圣肋部留着席篾痕迹，不禁落泪。穆圣问：'你为何要哭？'我说：'安拉的使者！科斯鲁、恺撒他们过着什么样的生活，而你作为安拉的使者，却这样的清贫！'穆圣说：'难道你不愿意尘世属于他们而后世归于我们吗？'"

【31】伊本·阿巴斯传述：欧麦尔说："我走进圣妻们居室，发现每个房间都有泣哭声，因为穆圣发誓一月不接近她们。到二十九天时，穆圣从阁楼下来，返回妻室们的居室。"

【32】伊本·阿巴斯传述：我曾想就穆圣时代联合起来的那两个女人请教欧麦尔，结果一直等了一年，没有发现合适的场合。后来，我伴随欧麦尔前往朝觐，途经曼尔·泽海兰①时，欧麦尔去方便，说："你给我送一皮袋水。"我便将水送去。方便完毕返回来时，我边给他倒水边说："穆民的官长啊！那两个女人是谁？"我还未说完，他就回答："是阿依莎和哈福索。"

【33】伊本·阿巴斯传述：我一直想关于穆圣众妻室中的两位妻室请教欧麦尔，安拉关于这两位妻室说：

"如果你们俩向安拉悔罪，（那末，你们俩的悔罪是应当的），因为你们俩的心确已偏向了……"

——《古兰经》66:4

后来，欧麦尔去朝觐，我与之同行。途中，欧麦尔离开大路去方便，我便拿了袋水随之跟去。方便之后回来，我倒水他洗小净时，我说："穆民的官长啊！安拉说的'如果你们俩向安拉悔罪，（那末，你们俩的悔罪是应当的），因为你们俩的心确

---

① 曼尔·泽海兰，地名，距离麦加一驼程。

已偏向了……'(《古兰经》66:4）这节经文中'你们俩'指的是圣妻中的哪两位？"欧麦尔说："你真是奇怪，伊本·阿巴斯！（祖海尔说，誓以安拉！欧麦尔不愿意向他提出这个问题，而且他又不能隐瞒不讲）那指的是阿依莎和哈福索。"

接着，欧麦尔继续说道："我们古莱什人本来是能管住女人的，抵达麦地那后，我们发现这里的男人被女人所管，我们的女人便开始向当地女人学习。我家过去住在阿利亚高地伍麦叶·本·宰德部族那里①，有天我对我妻子发脾气，她突然顶撞我。我反对她这样做，她说：'你为啥反对我顶撞你？誓以安拉！圣妻们还顶撞穆圣呢。她们中还有人白天到黑夜地疏远穆圣。'于是，我去哈福索那里，问：'你是否顶撞穆圣？她回答：'是的。'我问：'你们中是否有人白天到黑夜地疏远穆圣？'她回答：'是的。'我说：'你们中谁这样做，那她确已折本了。难道你们不怕惹穆圣恼怒要招来安拉谴怒而遭到毁灭吗？你不要顶撞穆圣，也不要向穆圣要这要那，你可以尽管向我要。你的那位邻居（指阿依莎）比你漂亮、比你更受穆圣宠爱，你千万别上她的当。'"

欧麦尔又说："我有位辅士邻居，我们曾经轮流去穆圣那里，他去一天，我去一天。他给我带来沃赫仪和其他消息，我也给他带来同样的消息。我们当时谈论加萨尼人正在厉兵秣马，准备侵犯我们的事情。有天我的那位朋友去穆圣那里，傍晚回来敲我的门，大声喊我。我出去后，他说：'今天发生了一件重大的事情！'我问：'什么重大事情？加萨尼人打来了？'他说：

---

① 位于麦地那东部地区，原为奥斯部落居住之地。

'不是的，而是一件比这更重大的事情：穆圣把他的妻室们都休离了！'这时，我心里说：'哈福索真折本啊！'我原来就认为这一天终要发生的。待到做完晨礼，我穿好衣服，便去圣寺。我到哈福索房间，发现她正在泣哭，便问：'穆圣是否把你们全都休离了？'她说：'我不知道，穆圣现在隐居在这个阁楼上。'我便来到穆圣的那个黑仆面前，说：'请你禀告穆圣，欧麦尔求见！'他进去然后出来，说：'我禀告了穆圣，穆圣沉默不语。'我转身回来，走到讲坛前坐下，这时发现讲坛周围有一些人，有的也在泣哭。我坐了一会儿，身不由己地又去那个黑仆面前，说：'请你禀告穆圣，欧麦尔求见！'他进去然后出来，说：'我禀告了穆圣，穆圣沉默不语。'我只好转身离开。突然，那个仆人叫我，说：'请你进去吧，穆圣确已允许了。'我进去后，向穆圣道了色兰，只见穆圣侧卧在一张编织的席子上休息，席篾在他肋部留下了明显的痕迹。我说：'安拉的使者！你把你的妻室们都休离了？'穆圣举目看着我说：'没有。'我说：'安拉至大！'我接着又说：'安拉的使者啊！你知道我们古莱什人能管住女人。来到麦地那后，我们发现这里的男人被女人们所管，我们的女人便开始学习这里的女人。有天我对我的妻子发脾气，突然她顶撞我。我反对她顶撞，结果她说：'你为啥反对我顶撞你，誓以安拉！圣妻们还顶撞穆圣呢，她们中还有人白天到黑夜地疏远穆圣。'我说：'她们当中谁那样做，谁确已折本了。难道她们不怕惹穆圣恼怒要招来安拉谴怒而遭到毁灭吗？'这时，穆圣微笑了。我又说：'安拉的使者！我去了哈福索那里，我说：你的那位邻居比你漂亮、比你更受穆圣宠爱，你千万别上她的当。'穆圣又一次微笑了。我说：'我可以坐下来说话吗？

安拉的使者！'穆圣说：'可以。'于是，我坐了下来。我举目观察室内，誓以安拉！除了三张生皮外，没有任何打眼的东西。我说：'安拉的使者啊！请你向安拉祈祷，求他使你的稳麦富裕起来。因为他已赐富给罗马和波斯人，可是他们不崇拜安拉！'这时，穆圣坐了起来，说：'伊本·罕塔布！难道你怀疑不成？那些人他们都是急于享受今世的幸福。'我说：'请你为我向安拉求饶吧，安拉的使者！'由于受到安拉责备，穆圣非常生气她们，便发誓一月不进她们的屋门。"

本段圣训传述者之一祖海里说，阿依莎说：当二十九天过去时，穆圣最先回到我的房间，我说："安拉的使者啊！你发誓一月不进我们的房门吗？我屈指算着，你今天回来是二十九天。"穆圣说："这个月是二十九天。"穆圣接着又说："阿依莎！我向你提出一件事，你不要急于回答我，先去征求你父母的意见。"接着给我诵读了这节经文：

"先知啊！你对你的众妻说：'如果你们欲得今世的生活与其装饰，那末，你们来吧！我将以离仪馈赠你们，我任你们依礼而去；如果你们欲得安拉及其使者的喜悦，与后世的安宅，那末，安拉确已为你们中的行善者，预备了重大的报酬。"

——《古兰经》33：28—29

誓以安拉！穆圣知道我的父母不会让我同他分手的。我便说："关于这件事，没有必要征求我父母的意见，因为我意欲安拉及其使者和后世的安宅。"我又接着说："请你不要把我选择你的事情告诉你的其他妻室。"穆圣说："安拉差遣我传达使命，而不是强人所难。"

第六节　论三休妇女的生活费

【34】法图麦·丙·盖斯①传述：艾布·阿姆尔·本·哈福索·本·穆义尔②将她断然休离，当时他出门在外，派代理人给她送来一些大麦，她很不高兴。代理人说："我们对你不负担任何生活费用。"她来见穆圣，禀告此事，穆圣说："你在他那里不再享有生活费用③。"并让她到乌姆·谢立克④家守制，接着又说："这位妇女处，我的门弟子（指乌姆·谢立克的至亲和孩子）时常造访。你到伊本·乌姆·麦克图姆处守制吧，他是个盲人，你在那里可以摘纱宽衣。待婚期满时，你通知我。待婚期满后，我告诉穆圣：穆阿威叶·本·艾布·苏福扬和艾布·杰海姆⑤向我求婚，穆圣说："艾布·杰海姆的手杖不离肩头，穆阿威叶穷得身无分文。你嫁给伍萨麦·本·宰德吧！"我未同意。穆圣又说："你嫁给伍萨麦吧！"于是，我

---

① 法图麦·丙·盖斯，生卒年份不详，穆圣门弟子，古莱什族人，为丹哈克·本·盖斯的胞姐，年长10岁，早期迁士之一。

② 艾布·阿姆尔·本·哈福索·本·穆义尔，有的称为艾布·哈福索·本·穆义尔，系其别称，全名阿布杜·麦吉德，生卒年份及其事迹不详，古莱什部落麦赫祖姆族人，穆圣门弟子。

③ 《古兰经》规定，妇女离异后，待婚期间的食宿应由原夫家负责（65：1—7）。伊本·欧麦尔和艾布·哈尼法等伊玛目都如此主张。这段圣训中所说的法图麦·丙·盖斯，在断然离异后曾为生活费用问题上诉穆圣，穆圣针对其丈夫出征在外，其为伶牙俐齿之妇女，担心会伤害其原夫家人，故让其到堂兄——盲人伊本·乌姆·麦克图姆家中守待婚期，这是一种对特殊情况的特殊处理，而她却将此视为普遍性的规定，到处说穆圣曾如此讲过。故圣妻阿依莎指出，如她再这样说，对自己和教门均无好处。欧麦尔曾说："我们不能因一个无知女人的话而丢掉安拉的经典和穆圣的圣训。"

④ 乌姆·谢立克，生卒年份及其事迹不详，穆圣门弟子，辅士。

⑤ 艾布·杰海姆，系其别称，全名阿米尔·本·侯宰法，穆圣门弟子，麦加古莱什族人。在穆阿威叶时代归真，为掩埋哈里发奥斯曼的四人之一。

嫁给了伍萨麦。后来，安拉在他身上赐予了很多福利，我跟随他非常遂心愉快。

【35】艾布·赛莱玛传述：法图麦·丙·盖斯在穆圣时代被丈夫休离后，给了微少的一点生活费。法图麦见此情景，说："誓以安拉！我一定要禀告穆圣。如果享有生活费，我就拿到应得份额；如果不享有生活费，我便分毫不拿。"于是，她将此事禀告穆圣，穆圣说："你不再享有生活费和住所。"

【36】艾布·赛莱玛传述：我请教法图麦·丙·盖斯，她告诉我说，她的麦赫祖姆族前夫将她休离后，拒绝向她支付生活费，她便来见穆圣禀告情况。穆圣说："你不再享有任何生活费用。你搬到伊本·乌姆·麦克图姆处住吧，他是个盲人，在他那里你可以摘纱宽衣。"

【37】艾布·赛莱玛传述：丹哈克·本·盖斯姐姐法图麦·丙·盖斯告诉他说，艾布·哈福索·本·穆义尔·麦赫祖姆将她作了三休之后，去了也门。前夫家属对她说："你在我们这里不再享有生活费。"于是，哈立德·本·沃立德带了几个人到圣妻梅姆娜居室见穆圣，说："艾布·哈福索将妻子作了三休，她是否享有生活费？"穆圣说："她不享有生活费，但她应该守制。"穆圣又派人告诉她："在禀告我之前，你不要作出任何婚姻上的决定。"穆圣让她搬到乌姆·谢立克处，后来又派人告诉她，乌姆·谢立克家为早期迁士们（指乌姆·谢立克的至亲和孩子）所光顾，你还是去盲人伊本·乌姆·麦克图姆家，因为你摘下面纱时，他看不见。于是，她去了伊本·乌姆·麦克图姆家。待婚期结束后，穆圣将她许配了伍萨麦·本·宰德·本·哈里斯。

【38】艾布·赛里玛传述：我直接从法图麦·丙·盖斯的口头上记录，她说："我曾在白尼·麦赫祖姆的一人名下，后来他断然地将我休离，我派人向他家人索要生活费。"

【39】法图麦·丙·盖斯传述：她曾在艾布·阿姆尔·本·哈福索·本·穆义尔名下，后来艾布·阿姆尔对她进行了三休的最后一次。于是，她来见穆圣，请求离开原家。穆圣便嘱咐她到盲人伊本·乌姆·麦克图姆处。

但是，在被休女人可以离开原家这件事上，麦尔旺·本·哈克姆拒绝相信法图麦。欧勒沃·本·祖拜尔说，圣妻阿依莎也否定法图麦的这番言论。

【40】欧拜顿拉·本·阿布杜拉·本·欧特白传述：艾布·阿姆尔·本·哈福索随同阿里去也门后，派人向他妻子法图麦·丙·盖斯传达了仅存的最后一休，并嘱咐哈里斯·本·希沙姆①和安雅什·本·艾布·勒比尔②给她提供生活费。结果，这俩人对她说："誓以安拉！你不享有生活费，除非你有身孕。"她便前来向穆圣禀告了二人的话，穆圣说："你真的不享有生活费。"于是，她请求穆圣允许搬家，穆圣允许了。她问："往哪儿搬？安拉的使者！"穆圣说："你搬到伊本·乌姆·麦克图姆处，他是盲人，你在他那里可以摘纱宽衣，他看不见。"待婚期

---

① 哈里斯·本·希沙姆，为艾布·杰海里·本·希沙姆的同胞兄弟，古莱什部落麦赫祖姆族人，光复麦加那天请求乌姆·哈尼·艾布·塔里布保护，当时阿里意欲格杀，后归信伊斯兰，成为穆圣门弟子。参加了侯奈因战役，穆圣赏赐百峰骆驼。后来，哈里斯信仰坚定功修虔诚，欧麦尔任哈里发期间前往沙姆参加战役，临行前麦加居民哭着送行，伊历15年3月阵亡在耶尔穆克战役。

② 安雅什·本·艾布·勒比尔，为艾布·杰海里·本·希沙姆的同母兄弟，古莱什部落麦赫祖姆族人，早期归信伊斯兰，穆圣门弟子，曾迁徙阿比西尼亚，后与欧麦尔一道迁徙麦地那，伊历15年3月阵亡在耶尔穆克战役。

结束后，穆圣将她许配给了伍萨麦·本·宰德。

后来，麦尔旺·本·哈克姆派格比斯·本·祖威布[①]就此事询问法图麦，法图麦将事情原委告诉了格比斯。麦尔旺说："这段圣训我们只从一位妇女上听到，我们将遵循人们一致接受的律例。"法图麦听到麦尔旺的话之后，说："《古兰经》可以作为我和你们之间的证据。安拉昭示：

'你们不要把她们从她们的房里驱逐出门，她们也不得自己出门……'"

——《古兰经》65：1

法图麦说："上述经文是针对复婚者。那么，三休之后，哪种事情会发生呢？你们怎能说她无身孕便不享有生活费，而又要将她限制在原夫家里？"

【41】谢尔比·阿米尔·本·舒勒赫比里传述：我访问法图麦·丙·盖斯，询问穆圣曾经对她作出的判决。她说："丈夫将她断然休离，她为食宿将丈夫控告于穆圣。结果，穆圣没有为她规定食宿，而吩咐她到伊本·乌姆·麦克图姆家守待婚期。"

【42】谢尔比·阿米尔·本·舒勒赫比里传述：我们访问法图麦·丙·盖斯，她用伊本·塔布鲜枣款待我们，并让我们吃了黑麦赛威格。之后，我关于被三休的女人在哪里守制请教她，她回答说："前夫曾将我作了三休，穆圣允许我回到自己家里守制。"

---

① 格比斯·本·祖威布（？—708年），胡札尔族人，迁徙第一年诞生，穆圣门弟子。穆圣曾经为之做过杜阿，后与伊本·穆赛叶布、欧勒沃·本·祖拜尔和阿布杜·麦立克·麦尔旺一道成为麦地那四大教法学家。

【43】法图麦·丙·盖斯传述：穆圣关于三休妇女说："她不享有食宿。"

【44】法图麦·丙·盖斯传述：前夫将我作了三休，我意欲搬家，便来见穆圣。穆圣说："你可以搬到你堂兄阿姆尔·本·乌姆·麦克图姆家，在他那里守制。"

【45】谢尔比·阿米尔·本·舒勒赫比里传述：法图麦·丙·盖斯说穆圣没有给她规定食宿。

后来，埃斯沃德·本·希莱里拿了一把石子投掷他，说："你呀！怎能传述此类事情？欧麦尔曾说：'我们不能因为一个女人的话而舍弃安拉的经典和穆圣的逊奈，她有记有忘的。被休妇女在待婚期间享有食宿，安拉昭示：'你们不要把她们从她们的房间驱逐出门，她们也不得自己出门，除非她们做了明显的丑事……'"

——《古兰经》65:1

【46】法图麦·丙·盖斯传述：前夫将她作出三休之后，穆圣未给她规定食宿。穆圣对她说："如果你的待婚期满，就禀告我。"后来，她禀告穆圣：穆阿威叶·本·艾布·苏福扬、艾布·杰海姆和伍萨麦·本·宰德向她求婚。穆圣说："穆阿威叶身无分文，艾布·杰海姆好打妻室，还是伍萨麦·本·宰德……"她用手示意道："伍萨麦！伍萨麦！"穆圣对她说："服从安拉服从使者于你更好。"于是，她嫁给了伍萨麦，从此生活得非常舒心。

【47】法图麦·丙·盖斯传述：前夫艾布·阿姆尔派安雅什·本·艾布·勒比尔向我传达了离异，同时送来五沙阿椰枣和五沙阿大麦。我说："难道我享有的生活费就这点？那我不

能在你们这里守待婚期了。"安雅什说:"这不可以。"我便穿上衣服来见穆圣,穆圣问:"他将你作了几休?"我回答:"三休。"穆圣说:"他说得对,你不享有生活费。你在你堂兄伊本·乌姆·麦克图姆处守待婚期吧,他视力不好,在他那里你可以宽衣。如果你的待婚期结束,就禀告我。"后来,包括穆阿威叶·本·艾布·苏福扬和艾布·杰海姆在内的若干人向我求婚,穆圣说:"穆阿威叶·本·艾布·苏福扬身无分文,艾布·杰海姆对妻室严厉,你还是嫁给伍萨麦·本·宰德吧!"

【48】艾布·白克尔·本·艾布·杰海姆传述:我和艾布·赛莱玛·本·阿布杜·拉赫曼访问法图麦·丙·盖斯时请教她,她说:"我曾在艾布·阿姆尔名下,后来他出门参加奈吉兰战役……于是,我嫁给了伍萨麦·本·宰德,安拉藉他赐予了我荣耀。"

【49】艾布·白克尔·本·艾布·杰海姆传述:伊本·祖拜尔时代,我和艾布·赛莱玛访问法图麦·丙·盖斯,她告诉我们说,她的前夫曾经断然地将她休离……

【50】法图麦·丙·盖斯传述:我的丈夫曾将我作了三休,穆圣未给我规定食宿。

【51】希沙姆传述:我父亲曾说,叶海亚·本·赛义德·本·阿斯娶了阿布杜·拉赫曼·本·哈克姆的女儿,后来将之休离,并且令其从家中离开。欧勒沃·本·祖拜尔责备此事,他们回答说:"法图麦·丙·盖斯确曾离家出走。"欧勒沃说,我去见圣妻阿依莎禀告此事,阿依莎说:"法图麦·丙·盖斯这样说没有任何好处。"

【52】法图麦·丙·盖斯传述：我说："安拉的使者啊！我丈夫将我作了三休，我担心遭遇不测。"于是，穆圣允许我迁居他处。

【53】戛希姆传述：圣妻阿依莎说："法图麦·丙·盖斯这样说没什么好处。"阿依莎指的是她说原夫家不负责食宿。

【54】戛希姆传述：欧勒沃·本·祖拜尔问圣妻阿依莎："哈克姆的某某女儿被丈夫断然休离后迁居他处这件事你是否知道？"阿依莎回答说："她做得不对！"他又问："法图麦·丙·盖斯说的话你是否听闻？"阿依莎回答说："说真的，她提及那件事毫无益处。"

第七节　断然被休之妇和亡夫之妇由于需要白天可以出门

【55】贾比尔·本·阿布杜拉传述：我姨妈被休离后，想摘椰枣，有人禁止她出门。于是，她来见穆圣，穆圣说："你可以出门去摘椰枣，或许你能从中施济行善。"

第八节　亡夫之妇的待婚期以分娩为结束

【56】欧拜顿拉·本·阿布杜拉·本·欧特白传述：他父亲阿布杜拉·本·欧特白[①]致信欧麦尔·本·阿布杜拉·本·埃勒格迈[②]，吩咐他去访问苏拜尔·丙·哈里斯[③]，向她询问她的事

[①] 阿布杜拉·本·欧特白，全名阿布杜拉·本·欧特白·本·麦斯欧德，为伊本·麦斯欧德的胞侄，胡泽里族人，穆圣再传弟子。原籍麦地那，后移居库法，毕什尔·本·麦尔旺时代在库法归真。

[②] 欧麦尔·本·阿布杜拉·本·埃勒格迈，生卒年份及其事迹不详，穆圣再传弟子，祖海里族人。

[③] 苏拜尔·丙·哈里斯，生卒年份及其事迹不详，穆圣门弟子，在赛尔德·本·豪莱·阿米里名下，其夫系早期归信伊斯兰者之一，曾在第二次迁徙阿比西尼亚，参加过白德尔战役，辞朝时归真在麦加，穆圣为之惋惜。

情以及她请教时穆圣对她说的话。随后，欧麦尔复信我父亲阿布杜拉，苏拜尔告诉他说：她曾在赛尔德·本·郝莱名下，赛尔德是白尼·阿米尔人，参加白德尔战役的圣门弟子之一，辞朝期间他归真了。当时，她已有身孕。赛尔德归真不久，她就分娩了。恶露结束后，她便为求婚者修饰打扮起来。艾布·赛纳比莱·本·白尔凯克①（他是白尼·阿布杜·达尔人）来她家说："我怎么看你修饰打扮起来，是否想出聘？誓以安拉！你不守制四个月零十天，绝不能再婚。"苏拜尔说，艾布·赛纳比莱说了这番话后，傍晚我就整装去请教穆圣。结果，穆圣对我作出裁决：分娩后，我的待婚期已结束，并且吩咐我说，如果有合适对象，可以再婚。

伊本·谢哈布说，我认为分娩后她便可再婚，即便恶露未干。但是，其夫不可亲近，直至洁净。

【57】苏莱曼·本·叶萨尔传述：艾布·赛莱玛·本·阿布杜·拉赫曼·本·奥夫和伊本·阿巴斯在艾布·胡莱勒处聚会时，提到有个妇女在其夫归真几天后即分娩。这时，伊本·阿巴斯说："她的待婚期是两种期限的后者。"艾布·赛莱玛说："她的待婚期确已结束。"二人对此事意见不一，艾布·胡莱勒说："我赞同我侄子（指艾布·赛莱玛）的意见。"于是，他们派库莱布·本·艾布·穆斯林（伊本·阿巴斯的释奴）到圣妻乌姆·赛丽麦处请教此事，乌姆·赛丽麦说："苏拜尔曾在丈夫归真若干天后分娩，她将此事禀告穆圣，穆圣允

---

① 艾布·赛纳比莱·本·白尔凯克，本名阿姆尔，生卒年份及其事迹不详，穆圣门弟子。光复麦加那年归信伊斯兰，诗人，后移居库法。

许她再婚①。"

第九节　亡夫之妇在待婚期②内必须守制

【58】侯迈德·本·纳菲尔传述：宰娜白·丙·艾布·赛丽麦③曾经告诉我这三段圣训：

宰娜白说：圣妻乌姆·哈比布的父亲艾布·苏福扬归真后，我去看她，她要来含有素夫尔的混合香料，给使女涂了一点，之后又在自己双颊上涂了一些，接着说："誓以安拉！我本来不需要美香，可是我听穆圣在讲坛上曾说：'凡是笃信安拉和末日的妇女，不宜对任何亡者守制超过三天，除非对自己丈夫当守四个月零十天。'"

宰娜白说：我听母亲乌姆·赛丽麦说，有个妇女来见穆圣，说："安拉的使者啊！我女儿的丈夫归真了。她的眼病患有眼疾，是否可用化装墨涂她的眼圈？"穆圣回答说："不可以。"接

---

① 先贤和后辈欧莱玛仪们大多遵循本段圣训，认为亡夫之孕妇其待婚期以分娩为结束。即使在丈夫归真后不久就分娩，甚至是流产，包括所生为成形胎儿或不成形的肉块，均可再嫁。四家教法学派伊玛目都如此主张。但是伊本·阿巴斯和马立克学派的法学家赛赫努认为，必须要守4个月零10天的待婚期。

② 根据伊斯兰沙里亚规定，待婚期是离异的妻子或无常丈夫的孀妇再婚前必须等待的一段时间。待婚期内，男女双方不得再婚。规定待婚期，目的在于给夫妻重归于好的最后一次机会，同时也易于判定女方是否怀有身孕，如受孕则便于确定孩子的生父。待婚期因女方的情况而有不同：一、孕妇（无论是离异或亡夫）的待婚期均以分娩为结束（见《古兰经》65：4）。二、无孕的孀妇待婚期为4个月零10天（见《古兰经》2：234）。三、断然离异的月经正常的妇女待婚期为3次月经包括每次经后的无经日期，一般按3个月计（见《古兰经》2：228）。四、断然离异而已绝经的妇女待婚期为3个月（见《古兰经》65：4），超过月经年龄而无月经的妇女也如此。已婚但未同居而离异的女子无待婚期（见《古兰经》33：99）。

③ 宰娜白·丙·艾布·赛丽麦，为圣妻乌姆·赛丽麦的女儿，穆圣的养女，原名芭勒，后被穆圣改名宰娜白，穆圣门弟子。诞生在阿比西尼亚，曾在阿布杜拉·本·泽姆尔名下，为当时妇女中的法学家，哈尔事件后归真。

着又说："这仅是四个月零十天。而在蒙昧时代，你们要守制到岁首才扔掉驼粪①。"

侯迈德说，我问宰娜白："'到岁首才扔掉驼粪'是什么意思？"宰娜白回答说："蒙昧时代，一个妇女如果丈夫亡故，她就住进一间茅舍，身着破旧衣服，不再涂搽任何香料。直到一年满后，有人牵来一头动物，如驴、羊或鸟之类，让她用之擦身。凡被擦过的动物，没有不死的。尔后，她走出茅舍，有人递给她一个牲畜粪蛋，她接过去扔掉。经过这些之后，她才可以索要任何喜爱的美香使用，以恢复正常生活。"

【59】宰娜白·丙·乌姆·赛丽麦传述：圣妻乌姆·哈比布的一位亲戚归真后，她要来索夫尔，在自己双颊上涂了一些，接着说："我之所以这样做，是因为我听穆圣曾说：'凡是笃信安拉和末日的妇女，不宜守制超过三天，除非对自己丈夫当守四个月零十天。'"

【60】圣妻乌姆·赛丽麦传述：有个妇女丈夫归真，他们担心她的眼睛，便来请求穆圣准许，用化装墨涂眼圈。穆圣说："你们曾在最破烂的茅舍身着最破旧的衣服守制一年，狗从门口经过时，用驼粪投掷了，才能走出茅舍。难道现在守制四个月零十天就不能克制吗？"

---

① 这是蒙昧时代歧视妇女的一种陋习。据说当时一妇女死了丈夫，便让其穿破烂衣服，住在又小又暗的茅舍，不让梳洗，不许修甲，不准与之交谈。经过一年，用一只鸡或一只羊或一头驴，摩擦其皮肤，往往摩擦后动物即被其污臭熏死，再让其将畜粪投掷于狗身，服丧才为结束，恢复正常生活。伊斯兰复兴后，废除了此陋习，规定4个月零10天的待婚期为致哀期。此期穿素服，照常生活，唯不许化妆打扮，不许社交和议婚。无论妻室是老是少，是已婚或尚未结婚，均需同样服丧。孕妇分娩后，服丧即告解除。

【61】圣妻乌姆·赛丽麦和圣妻乌姆·哈比布传述：有个妇女来见穆圣，说她女儿丈夫归真后患了眼疾，想用化装墨涂眼圈，是否可以。穆圣说："你们曾在岁首才扔掉驼粪，这仅为四个月零十天啊！"

【62】宰娜白·丙·艾布·赛丽麦传述：圣妻乌姆·哈比布接到父亲艾布·苏福扬归真的讣闻后，在第三天要来索夫尔，在两臂和双颊上涂了一些，接着说："我本来不需要这些，可是我听穆圣曾说：'凡是笃信安拉和末日的妇女，守制期不宜超过三天，除非对自己丈夫当守四个月零十天。'"

【63】乌姆·阿蒂娅传述：穆圣说："任何妇女对任何亡者守制不宜超过三天，除非对丈夫当守四个月零十天。守制期间，她不宜穿着色衣服，粗织粗染的衣服除外；不宜用化装墨涂眼圈；不宜涂搽香料。不过，在月经结束洗大净时可用一点古斯特①或埃兹法勒。"

【64】圣妻阿依莎传述：穆圣说："凡是笃信安拉和末日的妇女，对任何亡者守制不宜超过三天，除非是自己的丈夫，当守四个月零十天。"

【65】乌姆·阿蒂娅传述：我们曾经奉到禁令：对任何亡者守制不能超过三天，唯丈夫亡故当守制四个月零十天。守制期间，我们不能用化装墨涂眼圈，不能使用香料，不能穿着色衣服。但是，允许我们在月经结束洗大净时使用一点古斯特或埃兹法勒。

---

① 古斯特、埃兹法勒，两种著名香料名。

四 代证发誓①

【1】赛海里·本·赛尔德传述：阿吉兰族的欧威米尔·本·埃布耶兹②对辅士阿绥姆·本·阿迪仪③说："请告诉我，阿绥姆！如果有人发现自己妻子跟人私通，是先杀了奸夫后你们让他抵命，还是别有办法？阿绥姆！请你替我请教穆圣④。"阿绥姆就此请教穆圣，穆圣讨厌这样的提问，并且谴责这类问题⑤。听到穆圣所言，阿绥姆十分难堪。阿绥姆回家后，欧威米尔来问："阿绥姆！穆圣对你怎么说了？"阿绥姆对欧威米尔说："你让我干的不是好事。穆圣对我所提的问题非常反感。"欧威米尔说："誓以安拉！不问清楚，我不休止。"于是，欧威米尔自己去见穆圣，正巧穆圣在人群中，便问："安拉的使者啊！请告诉我，如果有人发现自己妻子跟人私通，是先杀了奸夫后你们让他抵命，还是别有办法？"穆圣说："安拉确已针对你和你

---

① 据译者介绍，代证发誓，阿拉伯语"利阿尼"一词的意译，即以指主发誓的形式确定自己对妻子所提出的指控。为了维护家庭的稳定和给妇女以应有的地位和权利，伊斯兰教禁止以奸情随便污蔑他人，并且规定了诬陷奸情罪的刑律，《古兰经》二十四章六至九节对此作出了明确昭示。至于有关利阿尼的具体实施条件，伊斯兰教法对此作出了详细规定。
② 欧威米尔·本·埃布耶兹，生卒年份及其事迹不详，穆圣门弟子，辅士。
③ 阿绥姆·本·阿迪仪（？—665年），穆圣门弟子，辅士的盟友。原为阿吉兰族的头人，归信伊斯兰后，穆圣委任他管理麦地那的阿利亚地区。参加过白德尔、吴侯德及其后的历次战役，归真在麦地那，据说享年120岁。
④ 这件事发生在伊斯兰教历9年8月。
⑤ 穆圣之所以厌恶阿绥姆的这种提问，是因事关穆斯林的声誉。特别是在问题尚未发生仅为假设的情况下，穆圣不便回答，也不愿回答，更不愿别人渲染和张扬此事。有段圣训说："有种人最可恼，有些事情本来不是非法的，但由于他的好问而成为非法了。"

的妻子颁降了经文①，你去将她带来。"

赛海里·本·赛尔德说，于是，二人相互代证发誓，我和人们都站在穆圣身旁。代证发誓后，欧威米尔说："安拉的使者！如果我继续挽留她，那就等于我在诽谤诬蔑她。"结果，欧威米尔在穆圣允许休离之前，就将其作了三休。嗣后，这成了代证发誓的逊奈。

【2】赛海里·本·赛尔德传述：嗣后，欧威米尔·本·埃布耶兹将其休离便成了代证发誓双方的一项逊奈。当时，其妇已有身孕，后来孩子断给其母。逊奈还规定：其母子可以相互继承安拉所规定的遗产份额。

【3】赛海里·本·赛尔德传述：有位辅士来见穆圣，说："安拉的使者！请告诉我，假若有人发现自己妻子跟人私通……"嗣后，二人在圣寺相互代证发誓，当时我也在现场。代证发誓后，穆圣命令之前，男方就将其作了三休，在穆圣当面与其分手。穆圣说："事情就是这样，代证发誓双方宜当判决离异。"

【4】赛义德·本·朱拜尔传述：伊本·祖拜尔继任哈里发期间，有人就有关代证发誓双方的问题请教我："是否判决二人离异？"我不知道该怎样回答，便动身前往伊本·欧麦尔在麦加的居所。我对仆人说："请禀告伊本·欧麦尔，赛义德求见。"

---

① 即《古兰经》二十四章六至九节经文。据伊玛目穆斯林等人辑录的其他圣训和一些圣训学家说，在伊斯兰教史上，首先执行代证发誓的人，是希莱里·本·伍麦叶，关于代证发誓的经文即为他而降示。本段圣训却说为欧威米尔·埃布耶兹所降。究竟何说正确，多数伊玛目认为，经文降示于迁徙9年8月，而希莱里之事发生在此之前，故经文是针对其事而降示的。后来又出现欧威米尔之事，经文所规定的教法律例同样适用，故穆圣说："已为你和你的妻子降示了经文。"

伊本·欧麦尔正在午休，听到我的声音，问："是伊本·朱拜尔吗？"我回答："是的。"伊本·欧麦尔说："请进。誓以安拉！你此刻来访，必有要事。"我进入居室，发现他身下铺着马衣，枕着一个用椰枣皮纤维充填起来的枕头。我说："艾布·阿布杜·拉赫曼啊！相互代证发誓者是否断其离异？"伊本·欧麦尔说："赞颂安拉超绝万物！是的，宜当断其离异。率先询问此事的确是某人之子某某，他说：'安拉的使者啊！请告诉我，假若我们有人看见自己妻子犯罪，应该怎样去做？如果说出口则事态重大，不做声则受闷气。'穆圣沉默未作答复。事隔不久，那人又来见穆圣，说：'我曾请教你的那种事被我遭遇了！'于是，安拉颁降了《努尔章》的以下经文：

'凡告发自己的妻子，除本人外别无见证，他的证据是指安拉发誓四次，证明他确是说实话的，第五次是说：他甘受安拉的诅咒，如果他说谎言……'

——《古兰经》24：6—10

穆圣将上述经文宣读给那人，并劝谕说：'今世的惩罚比后世的惩罚更易于承受。'那人回答说：'不，誓以遣你传播真理的安拉！我对她没有说谎。'接着，穆圣又叫来女方劝谕说：'今世的惩罚比后世的惩罚更易于承受。'女方也回答说：'不，誓以遣你传播真理的安拉！他确是说谎的。'之后，穆圣先让男方指安拉发誓四次，证明他确是说实话的，第五次说：他甘受安拉的诅咒，如果他说谎言。接着又让女方指安拉发誓四次，证明男方确是说谎的，第五次发誓：她甘受天谴，如果他是说实话的。最后，穆圣判决二人离异。"

【5】伊本·欧麦尔传述：穆圣曾对代证发誓的夫妇说：

"清算你俩是安拉的事，你们二人中必有一个是说谎的。男方对女方不可采取任何行动。"男方说："那我的财物呢？"穆圣说："你的财物不复存在。如果你说的是实话，那你的财物就变成了聘礼；如果你对她说的是谎话，那你更不能向她索回聘礼了。"

【6】伊本·欧麦尔传述：穆圣曾经宣判阿吉兰族一对夫妇离异，并且说："安拉知道你们二人中必有一个是说谎的。你们二人中有愿意悔罪的吗？"

【7】赛义德·本·朱拜尔传述：伊本·祖拜尔未将代证发誓夫妇判决离异，有人禀告伊本·欧麦尔，伊本·欧麦尔说："穆圣曾经判决阿吉兰族的一对夫妇离异。"

【8】伊本·欧麦尔传述：穆圣时代，有个人跟妻子代证发誓后，穆圣判决二人离异，并让孩子归其母亲。

【9】伊本·欧麦尔传述：穆圣曾经主持了一位辅士和妻子的代证发誓，并判决二人离异。

【10】伊本·麦斯欧德传述：一个聚礼夜晚，我们正在圣寺，突然一位辅士前来，说："如果有人发现自己妻子跟人私通，他说出口则遭鞭笞，杀奸夫则要抵命，不做声则受闷气。誓以安拉！我一定就此事请教穆圣。"第二天，他来请教穆圣，说："如果有人发现自己妻子跟人私通，他说出口则遭鞭笞，杀奸夫则要抵命，不做声则受闷气，如何是好？"穆圣听后说："主啊！求你裁决吧。"穆圣一直祈祷，于是颁降了代证发誓的经文：

"凡告发自己的妻子，除本人外别无见证，他的证据是指安拉发誓四次，证明他确是说实话的，第五次是说：他甘受安拉的诅咒，如果他说谎言……"

——《古兰经》24：6—10

事隔不久，那人遭受耻辱，便和妻子来见穆圣，双方代证发誓。男方指安拉发誓四次，证明他确是说实话的，第五次说："他甘受安拉的诅咒，如果他是说谎的。"接着，女方开始代证发誓，穆圣劝她说："别说了吧！"她拒绝劝告，依然代证发了誓。二人转身离去时，穆圣说："或许她将来生下的孩子是黑色卷毛。"果然，她生了一个黑色卷毛孩子。

【11】阿布杜·埃尔拉①传述：我曾请教艾奈斯·本·马立克，我认为他知悉代证发誓的由来。艾奈斯说："希莱里·本·伍麦叶②曾经告发自己妻子私通谢立克·本·赛赫玛，他是白拉仪·本·马立克的同母兄弟，是伊斯兰时代第一个代证发誓者。他和妻子代证发誓后，穆圣说："你们都看她，如果生下的孩子是白色、垂发、红眼，就是希莱里的；如果生下的孩子是黑眼睑、卷头发、细小腿，那便是谢立克的。"

艾奈斯·本·马立克说，后来有人告诉我，那妇人生下的孩子是黑眼睑、卷头发、细小腿的。

【12】伊本·阿巴斯传述：有人在穆圣跟前提及相互代证发誓的问题，阿绥姆·本·阿迪仪就此谈了一阵转身走了。之后，阿绥姆一个同族人前来诉说他妻子跟一男人私通，阿绥姆说："我遭此耻辱，是否因我那番话？"阿绥姆便带那人来见穆圣，

---

① 阿布杜·埃尔拉（？—840年），全名阿布杜·埃尔拉·本·穆斯希尔，穆圣再传弟子，沙姆著名伊玛目。
② 希莱里·本·伍麦叶，生卒年份不详，参加过白德尔战役，穆圣门弟子，为泰布克战役三位落伍者之一。

并向穆圣禀告了私通自己妻子的那个男子。此人面黄肌瘦,头发秀长。而他所控告私通自己妻子的那个男子身材魁梧,肌肤棕色,且为胖子。穆圣听后说:"主啊!求你明断吧。"后来,那妇人生了个孩子,很像她丈夫控告的那个男子。穆圣主持了那对夫妇的代证发誓。

当时,在现场的一人问伊本·阿巴斯:"此妇就是穆圣所说的'假若我不依证据而将一人处以石击刑的话,那我必对此妇处以石击刑'的那个女人吗?"伊本·阿巴斯回答说:"不是。那个女人是在伊斯兰教中公开显露丑事者。"

【13】伊本·闪达德传述:有人在伊本·阿巴斯跟前提及代证发誓的一对夫妇,我问:"他们就是穆圣所说的'假若我不依证据而处以石击刑的话,那我必对此妇处以石击刑'的那对夫妇吗?"伊本·阿巴斯回答说:"不是。那是个公开显露丑事的女人。"

【14】艾布·胡莱勒传述:赛尔德·本·欧巴德说:"安拉的使者啊!请告诉我,有人发现自己妻子跟人私通,是否将其杀死?"穆圣回答:"不可以。"赛尔德说:"应该可以,誓以真理差遣你的安拉!"穆圣说:"你们都听你们部落首领说的话!"

【15】艾布·胡莱勒传述:赛尔德·本·欧巴德说:"安拉的使者啊!如果我发现自己妻子跟人私通,难道我将其放过,而去找四位证人吗?"穆圣回答:"是的!"

【16】艾布·胡莱勒传述:赛尔德·本·欧巴德说:"安拉的使者啊!如果我发现自己妻子跟人私通,我不能将其杀死,而要去找四位证人!"穆圣回答:"是的。"赛尔德说:"这不可

以，誓以真理差遣你的安拉！我一定会将其杀死，再找证人。"穆圣说："你们都听你们部落首领说的话。他确实嫉恨，我比他更嫉恨，而安拉比我又更嫉恨。"

【17】穆义尔·本·舒尔白传述：赛尔德·本·欧巴德说："假若我看见有人跟我妻子私通，我一定会拔剑杀之！"穆圣听到后说："你们对赛尔德的这种嫉恨感到奇怪吗？誓以安拉！我比他更嫉恨，而安拉比我又更嫉恨。正因为安拉嫉恨，安拉才禁止人们干各种明显和隐藏的丑事。但是，任何人都不会比安拉更为嫉恨，任何人都不会比安拉更重视证据，因此安拉才差遣了报喜讯、传警告的使者；任何人都不如安拉更喜悦赞颂，因此安拉才预许了天堂。"

【18】艾布·胡莱勒传述：有个白尼·法札尔人来见穆圣，说："我妻子生了个黑孩子！"穆圣说："你有骆驼吗？"那人回答："有。"穆圣问："都是什么颜色？"那人回答说："红色。"穆圣问："其中有灰色的吗？"那人回答："有。"穆圣问："那是怎么回事①？"那人回答："也许是返祖现象。"穆圣说："那你这个孩子或许也是返祖现象②。"

【19】祖海里传述：那人当时暗示将否认孩子的血统，但是穆圣未曾允许他进行否定。

【20】艾布·胡莱勒传述：有个游牧人来见穆圣，说："安拉的使者！我妻子生了个黑孩子，我很厌恶。"穆圣问他："你

---

① 穆圣此话目的在于告诉人们，不要根据一些不确切的表面现象去主观臆猜，不要轻易怀疑自己妻子的贞节和孩子的血统。

② 即其前辈中曾有黑色或非红色皮毛因素，隔代遗传至此幼驼，系为"返祖现象"。

有骆驼吗？"回答："有。"穆圣问："都是什么颜色？"回答："红色。"穆圣问："其中有灰色的吗？"回答："有。"穆圣问："那是怎回事？"回答："安拉的使者！也许是返祖现象。"这时，穆圣对那人说："那你这个孩子或许也是返祖现象。"

五 释放奴隶①

第一节 鼓励释放奴隶

【1】伊本·欧麦尔传述：穆圣说："谁释放了自己在一奴隶上的股份，手中还有相当于这奴隶的钱物，便将此奴公平估价，然后给合伙人应得的股份赔偿，然后将此奴完全释放；如果他无此财力，那只好释放属于自己的那一份。"

第二节 奴隶可以劳动所得赎身

【2】艾布·胡莱勒传述：穆圣关于二人合有而其中一人释放了自己股份的奴隶说："让他自己负责偿还主人。"

---

① 译者指出，7世纪伊斯兰复兴前，阿拉伯半岛北部已出现奴隶制经济的萌芽，部落战争中战败的弱小部落成员及负债无力偿还的城市贫民被蓄为奴隶，形成人身依附关系（即沃莱仪["沃莱仪"，或音译为"瓦拉关系"，伊斯兰复兴之前指阿拉伯社会弱小部落成员以被收养、效忠等方式投靠大部落，寻求保护的依附关系。随着蓄奴制的发展，将脱离奴籍者称为"麦瓦利"（"毛拉"的复数），即被解放的奴隶，简称释放或叫新穆斯林，但仍须在自己名前冠其原主人姓名，表示二者仍有某种从属关系。如一方无常，而别无法定继承人，双方可相互继承财产。伊斯兰也承认这种关系及由此关系产生的权利和义务。]关系）。此外，还有许多奴隶市场，拍卖从世界各地贩来的外族奴隶。伊斯兰复兴后，提倡穆斯林在安拉面前一律平等，并且指出人类均为阿丹后裔，积极鼓励赈济贫民释放奴隶，将其视为自己弟兄，这被视为善行可以赎罪。于是，奴隶地位明显提高，大批奴隶逐步变成释奴（阿拉伯语称为"麦瓦利"，即摆脱奴籍、但与释放者保持从属关系的自由民），早期圣门弟子中就有许多释奴。特别是到再传弟子和三传弟子时代，伊斯兰史上涌现出的许多著名学者均为释奴出身，他们对伊斯兰的贡献早已汇入总体伊斯兰文明之中。

【3】艾布·胡莱勒传述：穆圣说："谁释放了一名奴隶属于自己的那份，若有财力，他应该完全释放该奴；若无财力，可要求该奴以劳动所得赎身，但不能勉为其难。"

【4】艾布·胡莱勒传述：穆圣说："谁释放了一个奴隶属于自己的那份，若有财力，他应该完全释放该奴；若无财力，可将该奴公平估价，然后要求此奴以劳动所得缴纳未曾释放的那份，但不能勉为其难。"

第三节　沃莱仪只归释放者

【5】圣妻阿依莎传述：她意欲买下白莉莱①释放，其主人却提出沃莱仪要归他们。她便将此事禀告穆圣，穆圣说："这不妨碍你，因为沃莱仪只归释放者。"

【6】欧勒沃·本·祖拜尔传述：白莉莱来见圣妻阿依莎，求她帮助赎身，当时赎身金一分都未缴。阿依莎对她说："你回去同你的主人商议，如果他们愿意我替你付赎身金，你的沃莱仪归我，我可以办。"白莉莱将此事禀告主人，遭到拒绝。他们说："如果她愿意对你行好，就让她办吧，但你的沃莱仪只能归我们。"阿依莎将此事禀告穆圣，穆圣说："你可以将她买下，然后将她释放，因为沃莱仪只归释放者。"接着，穆圣站起来说："为什么有些人提出安拉经典中不存在的一些条件呢？谁提出安拉经典中不存在的条件，那对他是无效的，即使他提出一百个条件。安拉的条件是最真实、最可靠的。"

【7】圣妻阿依莎传述：白莉莱来见我，说："阿依莎！我与主人签订了九欧基亚的赎身金，每年缴纳一欧基亚，请你帮助

---

① 白莉莱，生卒年份及其事迹不详，穆圣门弟子，圣妻阿依莎的释奴。

我。"……穆圣说："这不妨碍你。你可以将她买下，然后将她释放。"接着，穆圣站起来，赞颂安拉之后，说："为什么有些人提出……"

【8】圣妻阿依莎传述：白莉莱前来我的居室，说："我的主人与我签订了九欧基亚的赎身金，每年缴纳一欧基亚，请你帮助我。"我对她说："如果你的主人愿意，我一次性兑现而释放你，并且沃莱仪归我，我可以办。"白莉莱向主人提出此事，遭到拒绝。他们提出沃莱仪必须归他们。白莉莱来对我说，被我斥责，她说："没有办法，誓以安拉！"穆圣听到后问我，我便告诉穆圣，穆圣说："你可以将她买下，然后将她释放，并向他们提出以沃莱仪为条件，因为沃莱仪归释放者。"我便照办了。接着，穆圣在傍晚赞颂安拉后宣讲说："为什么有些人将不是安拉经典中的条件作为条件呢？谁以不是安拉经典中的条件作为条件，那对他是无效的，即使他提出一百个条件。安拉的经典是最真实的，安拉的条件是最可靠的。为什么你们中有人说：'你将某人释放，沃莱仪归我。'沃莱仪只归释放者。"

【9】杰利尔·本·阿布杜拉传述：白莉莱丈夫原为奴隶，穆圣给予她选择的自由，结果她选择了自身的幸福。如果她丈夫是公民，穆圣不会给予她选择的自由。

【10】圣妻阿依莎传述：关于白莉莱赎身的事说明了三项律例：

一、她的主人意欲卖她，却以她的沃莱仪作为条件。我将此事禀告穆圣，穆圣说："你可以将她买下，然后将她释放，因为沃莱仪归释放者。"

二、她被释放后，穆圣给予她选择丈夫的自由，结果她选择了自身的幸福。

三、人们曾给她出散所得格，她赠送我们。我禀告穆圣，穆圣说："对她是所得格，但对我们是海迪叶，你们可以食用。"

【11】圣妻阿依莎传述：她曾向部分辅士买白莉莱，他们提出以沃莱仪作为条件。穆圣说："沃莱仪归释放者。"穆圣让白莉莱有选择丈夫的自由，她丈夫原为奴隶。白莉莱给她送来肉，穆圣说："但愿你们用此肉给我们做些食物。"她说："这是有人散给白莉莱的所得格。"穆圣说："对她是所得格，但对我们是海迪叶。"

【12】圣妻阿依莎传述：她意欲买白莉莱释放，可是他们提出沃莱仪作为条件。她便将此事禀告穆圣，穆圣说："你可以将她买下，然后将她释放，因为沃莱仪归释放者。"有人曾给穆圣送来肉，大家对穆圣说："这是有人散给白莉莱的所得格。"穆圣说："对她是所得格，但对我们是海迪叶。"

白莉莱释放后获得了选择丈夫的自由，她的丈夫原为奴隶。

本段圣训传述者之一舒尔白说，我曾关于白莉莱丈夫的情况请教阿布杜·拉赫曼·本·戛希姆·阿布杜·拉赫曼说："我不知道。"

【13】圣妻阿依莎传述：白莉莱丈夫曾为奴隶。

【14】圣妻阿依莎传述：关于白莉莱发生了三件逊奈：

一、她被释放后，获得了选择丈夫的权利。

二、有人给她送来肉。穆圣到我居室，看到锅在火上，便要食物。有人给他端上来大饼和家常作料，穆圣说："我不是看到锅在火上煮着肉吗？"大家说："是这样的，安拉的使者！那是有人散给白莉莱的所得格，我们不敢让你吃。"穆圣说："对她是所得格，但对我们是海迪叶。"

三、穆圣关于白莉莱说："沃莱仪只归释放者。"

【15】艾布·胡莱勒传述：圣妻阿依莎意欲买个使女释放，其主人提出沃莱仪必须归他们。阿依莎将此事禀告穆圣，穆圣说："这不妨碍你，因为沃莱仪只归释放者。"

第四节　禁止出售或赠与沃莱仪

【16】伊本·欧麦尔传述：穆圣禁止出售或赠与沃莱仪。

第五节　禁止释奴同自己释主以外的人缔结沃莱仪

【17】贾比尔·本·阿布杜拉传述：穆圣曾规定每个部族都要承担本部族的恤金，接着又规定一个穆斯林同另一个穆斯林的释奴缔结沃莱仪是不合法的，除非得到其释主的允许。后来，有人告诉我说，穆圣曾在自己册本中诅咒过这样做的人。

【18】艾布·胡莱勒传述：穆圣说："谁未经其释主同意而与他人缔结沃莱仪，谁将遭到安拉和众天使的诅咒，安拉不接受他的任何善功。"

【19】艾布·胡莱勒传述：穆圣说："谁未经其释主同意而与他人缔结沃莱仪，谁将遭到安拉、众天使和全人类的诅咒，安拉在复生日不接受他的任何善功。"

【20】伊布拉欣·泰米自其父亲传述：阿里曾向我们宣讲说："除了安拉的经典和这页纸上所写的以外，谁声称我们这里还有其他可读的经籍，则他确已撒谎了。"阿里打开那页纸，上面写着关于用骆驼抵偿生命和各类创伤的律例，还写着："麦地那禁区的范围从埃勒到骚勒。谁在此范围内制造异端或窝藏异

端者，必将遭到安拉、众天使和全人类的诅咒，安拉在复生日不接受他的任何善功。"上面还写道："穆斯林的保护是统一的，他们中的弱者也拥有此保护权。谁声称他人是自己父亲，谁声称他人是自己释主，必将遭到安拉、众天使和全人类的诅咒，安拉在复生日不接受他的任何善功。"

第六节　释放奴隶的贵重

【21】艾布·胡莱勒传述：穆圣说："谁释放一个穆民奴隶，安拉将用这奴隶的每个肢体，从火狱中解救他的每个肢体。"

【22】艾布·胡莱勒传述：穆圣说："谁释放一个奴隶，安拉将用这奴隶的每个肢体，从火狱中解救他的每个肢体，甚至以其下体解救他的下体。"

【23】艾布·胡莱勒传述：穆圣说："谁释放一个穆民奴隶，安拉将用这奴隶的每个肢体从火狱中解救他的肢体，甚至以其下体解救他的下体。"

【24】艾布·胡莱勒传述：穆圣说："任何穆斯林要释放一个穆斯林，安拉将以这穆斯林的每个肢体，从火狱中解救他的每个肢体。"

本段圣训传述者之一赛义德·本·麦尔札那说，我从艾布·胡莱勒上听到这段圣训后，又告诉阿里·本·侯赛因，阿里便将伊本·贾法尔给他出一千第尔汗的那个奴隶释放了。

第七节　释放父亲的贵重

【25】艾布·胡莱勒传述：穆圣说："任何子女都无以报答生父之恩，除非发现父亲沦为奴隶，赎而释之。"

六 贸易①

第一节 禁止抚摸交易和投掷交易

【1】艾布·胡莱勒传述：穆圣禁止以抚摸和投掷确定交易。

【2】艾布·胡莱勒传述：穆圣禁止抚摸交易和投掷交易②。所谓抚摸交易，就是交易一方用手抚摸另一方的布料，不许细看；所谓投掷，就是交易一方将自己布匹投掷给另一方，任何一方不看对方布料。

【3】艾布·赛义德传述：穆圣禁止两种装束和两种交易。在交易上，穆圣禁止以抚摸和投掷确定买卖。所谓以抚摸定买卖，就是买方只能用手触摸卖方布料，不论白天或黑夜，不许翻动，一经触摸，就算成交。所谓以投掷定买卖，就是每方将

---

① 译者介绍贸易为阿拉伯语"柏尔"一词的意译。《古兰经》二章二七五节昭示："安拉准许买卖，而禁止重利。"本章圣训专门论述关于商业贸易的法规和道德，主张公平交易、互惠互利、诚实经营、自由竞争、货畅其流、讲求信誉、履行契约，严禁称量不公、欺行霸市、哄抬物价、囤积居奇、招摇撞骗、强行索买、欺诈作假、投机取巧等非法行为。纵观世界各大宗教典籍，唯有伊斯兰的《古兰经》和"圣训"对商业活动作了充分的论述，进而指出了一系列的律法规定，并且明确阐述了所遵循的商业伦理道德。伊斯兰如此重视商业道德，是因为物质财富的生产、交换和分配，不仅关系人类个体的现世幸福，关系人类社会的稳定发展，而且也直接关系到力行教门的根本基础，因为安拉不接受享用非法食物者的任何教门功修。所以，伊斯兰认为，商业经济体系的优劣，并不在于有无市场、有无交易，甚至不在于有无完善的市场法律，关键在于有无健全的商业伦理道德。

② 这两种做法均系蒙昧时代阿拉伯人的交易方法，所谓以抚摸定交易，就是售者对购者说：你若触摸我这商品，就算给你了，不能退货；或者售者将布匹、头巾一类商品包卷起来，或在黑暗地方将商品卖给别人，不许购者当场看清，购回后打开捆包即不能退货。所谓以投掷定交易，是指售者对购者说：你给我多少钱，我将此货投掷于你，即算成交，不许退货；或指双方商定以石子等物投掷商品，投一次多少钱，凡被投中商品即归投掷者。这种做法之所以被教法禁止，是因其违反了等价交换、买卖公平的商品交换原则，含有欺骗、赌博因素。

自己布料投掷给对方，彼此即为成交，不翻看，不还价。

第二节　禁止掷石交易和欺诈交易

【4】艾布·胡莱勒传述：穆圣禁止掷石交易和欺诈交易。

第三节　禁止胎羔交易

【5】伊本·欧麦尔传述：蒙昧时代的人们彼此买卖骆驼时，曾将交付货款推迟到驼下小羔之后。所谓驼下小羔，就是该驼生下小驼，小驼再产驼羔。于是，穆圣禁止他们进行这样的交易。

【6】伊本·欧麦尔传述：穆圣禁止出售牲畜胎羔①。

第四节　禁止争抢自己弟兄买卖、哄抬市价和聚乳作假

【7】伊本·欧麦尔传述：穆圣说："你们别抢自己弟兄的买卖。"

【8】伊本·欧麦尔传述：穆圣说："任何人都不要争抢自己弟兄的买卖，任何人都不要插足自己弟兄的求婚，除非得到自己弟兄同意。"

【9】艾布·胡莱勒传述：穆圣说："任何穆斯林都不要在自己弟兄的讨价之上讨价。"

【10】艾布·胡莱勒传述：穆圣禁止有人在自己弟兄的讨价

---

① "出售牲畜胎羔"，即卖牲畜腹中胎儿。对此语含义，圣门弟子及教法学家有两种解释：一是指买卖骆驼将支付货款推迟到驼生小驼、小驼再产仔之后，这是一种无限期拖延货款、货物难以交付的交易。本段圣训首传人伊本·欧麦尔同意这样解释。伊玛目马立克和伊玛目沙菲尔及其门子也赞成此说。二是艾布·欧拜德、伊码目伊本·罕百里和部分文字学家从字面意思分析，认为是指当场出售它所怀的胎羔。两种解释，虽不相同，但都认为此类交易无效。按前种解释，其无效是因这种交易将交付货款无限期延迟。按后种解释定其无效，是因出售者出售自己未占有或根本不存在的商品。

之上讨价。

【11】艾布·胡莱勒传述：穆圣说："不要拦截商队中途索买①，不要相互争抢买卖，不要彼此哄抬市价，城里人不要为游牧人代卖，不要扎住驼羊乳头聚乳作假。谁买到这样的驼羊，挤奶后发现实情，则有两种处理办法：愿意则留下；不愿意留则退回，再加上一沙阿椰枣。"

【12】艾布·胡莱勒传述：穆圣禁止拦截商队中途索买，禁止城里人为游牧人代卖，禁止任何妇女提出以休离自己姐妹作为许诺求婚的条件，禁止哄抬市价，禁止聚乳作假，禁止任何人在自己弟兄的估价之上估价。

【13】伊本·欧麦尔传述：穆圣禁止哄抬市价。

第五节　禁止拦截货物中途索买

【14】伊本·欧麦尔传述：穆圣禁止拦截货物中途索买，直至货物到达市场。

【15】伊本·欧麦尔传述：穆圣禁止拦截商队。

【16】伊本·欧麦尔传述：穆圣禁止截迎货物。

【17】艾布·胡莱勒传述：穆圣说："你们不要截迎货物。如果有人在路上截迎购买，则货主到达市场后，享有选择权。"

第六节　禁止城里人为游牧人代售

【18】艾布·胡莱勒传述：穆圣说："城里人不要为乡下人代售货物。"

【19】伊本·阿巴斯传述：穆圣禁止截迎商队中途索买，禁

---

① "拦截商队中途索买"，指城镇商人在贩运货物的商队或商人未将商品运到市场，不了解行情之前，以较低的价格强买，尔后转手再以较高价格卖出，牟取暴利。

止城里人为游牧人代卖货物。

本段圣训传述者之一塔乌斯·本·齐萨尼说，我问伊本·阿巴斯："穆圣说的'城里人为游牧人代卖货物'是什么意思？"伊本·阿巴斯说："就是别作游牧人的掮客。"

【20】贾比尔·本·阿布杜拉传述：穆圣说："城里人不要为游牧人代卖货物。你们应当任由大家，安拉恩赐他们互惠互利。"

【21】艾奈斯·本·马立克传述：我们奉到禁令：城里人不得为游牧人代售货物，即使对方是自己的父亲或弟兄。

【22】艾奈斯·本·马立克传述：我们曾经得到禁令：城里人不得为游牧人代售货物。

第七节　禁止聚乳作假

【23】艾布·胡莱勒传述：穆圣说："谁买到一只聚乳之羊，带回家挤奶后发现实情，若喜欢其奶水，则留下；若不喜欢，则退还原主，再加上一沙阿椰枣。"

【24】艾布·胡莱勒传述：穆圣说："谁买到一只聚乳之羊，他将享有三天的选择权。若想退回便可退回，再加上一沙阿椰枣，不退还小麦。"

【25】艾布·胡莱勒传述：穆圣说："买奶羊的人，享有选择权。"

【26】艾布·胡莱勒传述：穆圣说："如果你们谁买了一峰聚乳之驼或一只聚乳之羊，则他在挤奶之后拥有两种处理办法：愿意则将其留下；否则，可将其退回，再加上一沙阿椰枣。"

第八节　禁止到手之前出售货物

【27】伊本·阿巴斯传述：穆圣说："购买食物者在拿到手

之前，不得售出此货物。"

本段圣训传述者之一塔乌斯·本·齐萨尼说，伊本·阿巴斯说："我认为所有东西都和食物一样（拿到手之前不宜售出）。"

【28】伊本·阿巴斯传述：穆圣说："购买食物者在称量之前，不得售出此食物。"

本段圣训传述者之一塔乌斯·本·齐萨尼说，我问伊本·阿巴斯："这是为什么？"伊本·阿巴斯说："难道你没看见他们彼此间用金子交易而食物却是延期的吗？"

【29】伊本·欧麦尔传述：穆圣说："购买食物者不得售出，直至拿到手。"

【30】伊本·欧麦尔传述：穆圣时代，我们进行食物交易。穆圣派人命令我们将买到的食物易地出售。

【31】伊本·欧麦尔传述：穆圣说："购买食物者不得出售，直至拿到手。"我们曾从商队那里论堆购买食物，穆圣便禁止我们就地出售，而要我们易地出售。

【32】伊本·欧麦尔传述：穆圣时代，他们曾经遭到鞭笞，因为他们当时论堆购买食物，未运离原地就进行出售。

【33】伊本·欧麦尔传述：穆圣时代，我看到有些人遭到鞭笞，他们当时论堆购买食物，未运回家就进行出售。

【34】艾布·胡莱勒传述：穆圣说："购买食物未称量者，就不得售出此食物。"

【35】苏莱曼·本·叶萨尔传述：艾布·胡莱勒问麦尔旺·本·哈克姆："你允许了利巴交易？"麦尔旺说："我没干啊！"艾布·胡莱勒说："你允许证券交易，穆圣确曾禁止出售未到手

的食物。"于是，麦尔旺向人们宣讲，禁止了证券交易。

苏莱曼·本·叶萨尔说，我看到卫兵从人们手中收回了那些证券。

【36】贾比尔·本·阿布杜拉传述：穆圣说："如果你买了食物，拿到手之前就别出售。"

第九节 禁止论堆售枣

【37】贾比尔·本·阿布杜拉传述：穆圣禁止不知其量地论堆出售椰枣。

第十节 交易双方均有选择自由

【38】伊本·欧麦尔传述：穆圣说："交易双方只要未分手，一方对另一方均有选择自由，除非双方商定的是选择交易①。"

【39】伊本·欧麦尔传述：穆圣说："如果二人相互交易，每方都有选择自由，只要未曾分手。如果二人达成交易之后，分手时谁也没有反口，则为成交。"

【40】伊本·欧麦尔传述：穆圣说："如果二人做交易，只要尚未分手，每方都有选择自由。如果二人商定的是选择交易，就算成交。"

【41】伊本·欧麦尔传述：穆圣说："交易双方在分手之前不算成交，除非是选择交易。"

第十一节 买卖当诚实

【42】哈齐姆·本·黑札姆传述：穆圣说："交易双方只要

---

① "选择交易"，指如下两种交易情况：一是在商定的时限内，双方均有选择自由。如商定三日内允许任何一方反悔已达成的协议，逾期即为成交，再无选择自由。二是双方已达成交易，只要不离开现场，即有选择自由。一旦离开现场，则不能反悔。通常多为第一种情况。

尚未分手，则其拥有选择自由。如果双方都如实地将货物和价格讲清楚，则双方在此项交易中都获得吉祥；如果双方都未讲实话，相互隐瞒，则此项交易便无吉祥可言。"

第十二节　论交易上受骗

【43】伊本·欧麦尔传述：有人①曾向穆圣提到他在多次交易中受骗。穆圣说："你若再同人交易，可向对方说：'不可欺诈！'"于是，那人每次做生意，都说："不可欺诈！"

第十三节　禁止出售尚未成熟的椰枣

【44】伊本·欧麦尔传述：穆圣禁止出售尚未成熟的椰枣，这是对交易双方而言的。

【45】伊本·欧麦尔传述：穆圣禁止出售椰枣，直到其泛红；禁止出售谷物，直到其泛白保收，这是针对买卖双方而言的。

【46】伊本·欧麦尔传述：穆圣说："你们不要出售椰枣，直到其成熟抗灾。"成熟是指泛红泛黄。

【47】贾比尔·本·阿布杜拉传述：穆圣禁止出售椰枣，直到其成熟。

【48】艾布·白赫泰尔②传述：我关于出售椰枣请教伊本·

---

① 此人为辅士哈班·本·蒙格德·本·阿姆尔，他的两个儿子叶海亚和瓦希尔参加过吴侯德战役。哈班曾随穆圣参加战役头部受伤，留下口吃和思维迟钝的后遗症，有人便利用其弱点行骗。穆圣除教他每次交易时提醒对方别忘了"伊斯兰禁止欺骗"外，还当众规定：凡哈班与人所进行的交易，哈班有三日时限的选择权。

② 艾布·白赫泰尔（？—705年），系其别称，全名赛义德·本·菲鲁兹，穆圣再传弟子，曾与哈比布·本·艾布·萨比特、赛义德·本·朱拜尔一道为库法三大教法学家。

阿巴斯，他回答说："穆圣曾经禁止出售椰枣，直到可以摘食上秤。"我问："何谓上秤？"伊本·阿巴斯跟前的一人回答说："就是可以保存。"

【49】艾布·胡莱勒传述：穆圣说："你们不要出售椰枣，直至其成熟。"

【50】伊本·欧麦尔传述：穆圣禁止出售椰枣，直至其成熟；禁止用干椰枣交易树上的青椰枣。

【51】宰德·本·萨比特传述：穆圣允许阿拉亚①交易。

【52】艾布·胡莱勒传述：穆圣说："你们不要买卖椰枣，直到其成熟；你们也不要用干椰枣交易树上的青椰枣。"

第十四节　禁止用干椰枣交易树上的青椰枣，阿拉亚除外

【53】赛义德·本·穆赛叶布传述：穆圣禁止穆札白那和穆哈格莱。

所谓穆札白那，就是用干椰枣交易树上的青椰枣；所谓穆哈格莱，就是用食物交易田里的谷物，用食物出租土地。

【54】宰德·本·萨比特传述：穆圣是在阿拉亚交易上允许以青椰枣或干椰枣交易，但在其他任何交易上都未允许。

---

① "阿拉亚"，阿利叶的复数，原意为"果实被吃掉的椰枣树"或"留给别人吃的椰枣树"。圣门弟子和各伊玛目对其所指有不同解释：马立克说："阿拉亚是指：一个人把一树椰枣馈赠给另一个人，后来由于接受者要进入馈赠者的私人花园（去管理椰枣树、收椰枣等等），这使馈赠者感到很受打扰，于是馈赠者被允许用干椰枣换回那棵树上的鲜椰枣。伊本·伊德利斯说："用来换取阿拉亚的椰枣必须是用量器称量过的，且必须当面交清，而不是估堆。伊本·欧麦尔说："阿拉亚一词是指，一个人把属于自己的一树或两树椰枣馈赠他人。"耶吉德传自苏福扬·本·侯赛因说："阿拉亚一词是指被赠送给穷人的椰枣，而他们又没有能力支撑到椰枣成熟，故他们被允许出售青枣以换取干枣。"

【55】宰德·本·萨比特传述：穆圣允许有特殊需求者①估量地用干椰枣交易树上的青椰枣。

【56】宰德·本·萨比特传述：穆圣允许阿拉亚，是为了让其眷属估量地用干椰枣交易而吃上鲜椰枣。

本段圣训传述者之一叶海亚·本·赛义德说，阿拉亚是指将椰枣树赠与他人，他们可以估量地用干椰枣交易树上的青椰枣。

【57】宰德·本·萨比特传述：穆圣允许在阿拉亚的交易中估量地用干椰枣买卖树上的青椰枣。

本段圣训传述者之一叶海亚·本·赛义德说，阿拉亚是指有人为了家人生活估量地用干椰枣交易树上的青椰枣。

【58】宰德·本·萨比特传述：穆圣允许有特殊需求的人用量器估量地售出能食的鲜枣。

【59】宰德·本·萨比特传述：穆圣允许估量地进行阿拉亚交易。

【60】赛海里·本·艾布·赫斯迈②传述：穆圣禁止用干椰枣交易树上的青椰枣，并且说："那就是利巴，那就是穆札白那。"但是，穆圣允许有特殊需求者，估量地售出一两棵能食的青椰枣。

【61】拉菲尔·本·赛海里传述：穆圣禁止穆札白那，即以

---

① "有特殊需求者"一词，圣训注释家解释不一。有说指果实被吃光的椰枣树，有说指正在树上生长的椰枣。译为特殊需求者，是根据伊本·埃希尔的注释。他说是指没有椰枣树而又有多余干椰枣的人。这种人赶上椰枣成熟季节，家中需要鲜枣，自己又无现钱购买，可用自己的干椰枣换取他人的鲜椰枣。

② 赛海里·本·艾布·赫斯迈，别称艾布·穆罕默德，麦地那奥斯族人，穆圣门弟子，辅士。迁徙第三年诞生，后移居库法，穆素尔布·本·祖拜尔时代归真。

干椰枣交易树上的青椰枣。唯有特殊需求者例外，因为穆圣允许他们这样做。

【62】艾布·胡莱勒传述：穆圣允许有特殊需求者估量地进行低于五沃斯格的交易。

【63】伊本·欧麦尔传述：穆圣禁止穆札白那，即用量器称干椰枣交易树上的青椰枣，用量器称干葡萄交易树上的鲜葡萄，用量器称小麦交易田里谷物。

【64】伊本·欧麦尔传述：穆圣禁止穆札白那。所谓穆札白那，就是用斗具量称干椰枣交易树上的青椰枣，用斗具量称干葡萄交易树上的鲜葡萄。并且禁止估量地出售各种果实。

【65】伊本·欧麦尔传述：穆圣禁止穆札白那。所谓穆札白那，就是用确切的斗具量称干椰枣交易树上的青椰枣，多则归我所有，少则由我负担。

【66】伊本·欧麦尔传述：穆圣禁止穆札白那。所谓穆札白那，就是用斗具量称干椰枣交易园中树上的青椰枣，用斗具量称干葡萄交易枝上的鲜葡萄，用斗具量称食物交易田里的谷物。这一切，穆圣都加以禁止[①]。

第十五节　出售已结果的椰枣树

【67】伊本·欧麦尔传述：穆圣说："谁出售开花授粉的椰枣树，则其果实归卖主，除非买主以果实归自己作为成交的条件[②]。"

---

① 之所以被禁止是因果实尚在树上，庄稼仍为禾苗，未收获之前其产量难以准确计算，而且能否如愿收获尚难预料，故不许以此交换粮食和干果。

② 如买主明确提出归他，卖主也同意，树上的果实即归买主。

【68】伊本·欧麦尔传述：穆圣说："凡是购买授粉的椰枣树者，其果实归卖主，除非买主以果实归自己作为成交的条件。"

【69】伊本·欧麦尔传述：穆圣说："谁卖授粉的椰枣树，则其果实归卖主，除非买主以果实归自己作为成交的条件。"

【70】伊本·欧麦尔传述：穆圣说："谁买了授粉的椰枣树，则其果实归卖主，除非买主以果实归自己作为成交的条件；谁买了一名仆人，则其钱物归其卖主，除非买主以其财物归自己作为成交的条件。"

第十六节　禁止穆哈格莱、穆札白那、穆哈白勒和穆阿沃迈

【71】贾比尔·本·阿布杜拉传述：穆圣禁止穆哈格莱、穆札白那、穆哈白勒和穆阿沃迈，禁止出售树上未成熟的青椰枣。树上的青椰枣只能用金银钱币进行交易，只有特殊需求者例外。

本段圣训传述者之一阿塔仪·本·艾布·勒巴赫说，贾比尔·本·阿布杜拉曾为我们对此作出了以下解释：

所谓穆哈白勒，就是田主作为甲方提供土地，乙方提供籽种和劳力，收后共分果实，这是一种合伙种田的形式。

所谓穆札白那，就是用斗具量称干椰枣交易树上的青椰枣。

所谓穆哈格莱，就是用斗具量称谷物交易田里长着的庄稼。

【72】贾比尔·本·阿布杜拉传述：穆圣禁止穆哈格莱、穆札白那和穆哈白勒。禁止购买椰枣，直到变成红色或黄色可以食用。

穆哈格莱就是用确切数量的食物交易田里的谷物；穆札白那就是用若干沃斯格干椰枣交易树上的青椰枣；穆哈白勒就是以收成的三分之一或四分之一等比例作为条件，让他人耕种其田地。

【73】贾比尔·本·阿布杜拉传述：穆圣禁止穆札白那、穆哈格莱、穆哈白勒以及出售树上变色的青椰枣。

本段圣训传述者之一赛里姆·本·哈雅尼说，我问赛义德·本·米纳仪："何谓变色？"赛义回答说："就是椰枣变成红色或黄色可以食用。"

【74】贾比尔·本·阿布杜拉传述：穆圣禁止穆哈格莱、穆札白那、穆阿沃迈、穆哈白勒和苏奈亚①，但他允许阿拉亚。

第十七节　出租土地

【75】贾比尔·本·阿布杜拉传述：穆圣禁止出租土地。

【76】贾比尔·本·阿布杜拉传述：穆圣说："凡是拥有土地的人，应该自己耕种；如果自己不种，就让自己弟兄去种。"

【77】贾比尔·本·阿布杜拉传述：曾经部分圣门弟子拥有多余土地，穆圣便说："谁有多余地，就自己耕种，或将它赠给自己弟兄。如果无人接受，就让他留着自己土地。"

【78】贾比尔·本·阿布杜拉传述：穆圣禁止收取土地的租金或股份。

【79】贾比尔·本·阿布杜拉传述：穆圣说："谁有土地应该自己耕种；如果自己不能耕种，赠给穆斯林弟兄去种，但不能租给他人。"

【80】贾比尔·本·阿布杜拉传述：穆圣说："谁有土地，应该自己耕种，或让自己弟兄去种，是不能出租。"

---

① 苏奈亚，阿拉伯语音译，意为"除外"，指在缔结交易协定时，笼统非确定地除去该事物的一部分，例如：我把这堆食物卖给你，除去它的一部分；我把这棵树卖给你，除去它的一部分。

【81】贾比尔·本·阿布杜拉传述：穆圣禁止穆哈白勒。

【82】贾比尔·本·阿布杜拉传述：穆圣说："谁有多余土地，应该自己耕种，或让自己弟兄种，但是你们不要出租。"

【83】贾比尔·本·阿布杜拉传述：穆圣时代，我们曾出租土地，收取谷穗上未打掉的谷粒。于是，穆圣说："谁有土地，应该自己耕种，或让自己弟兄去种。否则，就让它留着。"

【84】贾比尔·本·阿布杜拉传述：穆圣时代，我们曾以收取水道两旁长出的庄稼的三分之或四分之一租金出租土地。穆圣为此站起来宣讲说："凡是有土地的人，应该自己耕种；如果自己不种，就让自己弟兄去种；如果不愿赠与，就留着自己土地。"

【85】贾比尔·本·阿布杜拉传述：穆圣说："凡是拥有土地的人，或赠与弟兄，或借给弟兄。"

【86】伊本·欧麦尔传述：我们曾经出租土地，听到拉菲尔·本·赫蒂赞传述的圣训之后，我们便放弃了。

【87】贾比尔·本·阿布杜拉传述：穆圣禁止签订两年或三年的耕地出租合同。

【88】贾比尔·本·阿布杜拉传述：穆圣禁止按年出售椰枣。

【89】艾布·胡莱勒传述：穆圣说："凡有土地的人，应该自己耕种，或赠给自己弟兄去种。如果无人接受，那就留着自己土地。"

【90】贾比尔·本·阿布杜拉传述：穆圣禁止穆札白那和侯吉莱。穆札白那是指用干椰枣交易树上的青椰枣，侯吉莱是指出租耕地。

【91】艾布·赛义德传述：穆圣禁止穆札白那和穆哈格莱。穆札白那是指购买树枝上的青椰枣，穆哈格莱是指出租土地。

【92】伊本·欧麦尔传述：我们曾经认为以收取实物的形式出租耕地无妨。直到安瓦里那年，拉菲尔·本·赫蒂赞声称穆圣确已禁止。

【93】穆札希德·本·杰布尔传述：伊本·欧麦尔说："拉菲尔·本·赫蒂赞确已制止我们出租自己土地。"

【94】纳菲尔·本·赛尔吉斯传述：伊本·欧麦尔在穆圣、艾布·白克尔、欧麦尔、奥斯曼以及穆阿威叶执政初期，都曾出租自己耕地。直到穆阿威叶执政末期，他听到拉菲尔·本·赫蒂赞传述了关于出租耕地的禁令，便在我的陪同下，去请教拉菲尔。拉菲尔说："穆圣确曾禁止了出租土地。"从此，伊本·欧麦尔便放弃了。后来，有人就此询问伊本·欧麦尔，伊本·欧麦尔说："拉菲尔声称穆圣确已禁止[①]。"

【95】纳菲尔·本·赛尔吉斯传述：此后，伊本·欧麦尔便放弃了，未再出租。

【96】纳菲尔·本·赛尔吉斯传述：我陪伊本·欧麦尔去拉菲尔·本·赫蒂赞那里，到白拉特[②]才见到。拉菲尔告诉伊本·欧麦尔说："穆圣确曾禁止了出租耕地。"

【97】纳菲尔·本·赛尔吉斯传述：伊本·欧麦尔曾经出租

[①] 关于出租土地是否合法的问题，早期的伊斯兰伊玛目有三种主张：伊玛目塔乌斯·本·齐萨尼和哈桑·巴士拉根据此段圣训，明确主张绝对不可出租，无论租金是实物还是现金。伊玛目沙菲尔和艾布·哈尼法等人主张，用现金或非土地直接所产的实物如食物、布匹等作租金可以；如用该土地所产的实物如所产的三分之一、四分之一收成作租金则不可。伊玛目马立克主张金银货币出租尚可，用食物出租不可。

[②] 白拉特，地名，位于麦地那，在圣寺附近。

耕地，后来有人告诉他拉菲尔·本·赫蒂赞传述的一段圣训，他便带我去见拉菲尔。拉菲尔说，他的一位伯父传述穆圣禁止出租耕地，伊本·欧麦尔便放弃，未再出租。

【98】萨里姆·本·阿布杜拉传述：伊本·欧麦尔曾经出租自己土地，后来听到拉菲尔禁止出租，便去会见拉菲尔，说："伊本·本·赫蒂赞啊！关于出租土地你从安拉使者上有什么传述？"拉菲尔说："我曾听我参加过白德尔战役的两位伯父告诉家人说，穆圣禁止出租土地。"伊本·欧麦尔说："我确曾知道在穆圣时代，有人就出租土地。"后来，伊本·欧麦尔害怕穆圣关于出租土地重新说过什么，而他自己不知道，于是放弃了出租土地。

第十八节　以食物出租土地

【99】拉菲尔·本·赫蒂赞传述：在穆圣时代，我们曾以分成制出租耕地，而收取三分之一、四分之一或确切食物的租金。有一天，我的一位伯父回来对我们说："穆圣禁止了一件有益我们的事情，但是服从安拉及其使者于我们更有益。穆圣禁止我们以分成制出租耕地，而收取三分之一、四分之一或确切食物的租金。穆圣命令田主自己耕种或赠人耕种，而厌恶将之出租及其他形式。"

【100】拉菲尔·本·赫蒂赞传述：我伯父祖海尔·本·拉菲尔回来对我们说："穆圣确已禁止了一件对我们有益的事。"我问："什么事？穆圣说的话确是真理！"伯父说："穆圣问我：'你们是怎样处理自己耕地的？'我回答说：'我们以分成制出租耕地，安拉的使者！以水道两旁长出的庄稼或若干沃斯格椰枣、大麦作为租金。'穆圣听后说：'你们不要那样办。要么你们自

己耕种，要么你们赠人耕种，要么你们留着停种。'"

第十九节　以金银出租土地

【101】罕泽莱·本·盖斯①传述：我关于出租土地请教拉菲尔·本·赫蒂赞，拉菲尔回答说："穆圣禁止出租耕地。"我问："以金银作为租金呢？"拉菲尔回答说："以金银作租金则无妨。"

【102】罕泽莱·本·盖斯传述：我关于以金银作租金出租土地请教拉菲尔·本·赫蒂赞，拉菲尔回答说："这无妨。穆圣时代，人们出租土地，以水道两旁长出的庄稼和草秸之类为租金，结果有的有收成，有的没收成。当时，人们都以这种形式出租土地，穆圣因此而禁止了。至于数量确定且有保障的租金则无妨。"

【103】拉菲尔·本·赫蒂赞传述：我们曾在辅士当中土地最多。我们通常出租土地时对租方说："这一块的收成归我们，那一块的收成归你们。"往往一块有所收成，而另一块却颗粒无收。于是，穆圣禁止我们这样做。至于用金银币作租金，穆圣未曾禁止我们。"

第二十节　分成租地和现金租地

【104】萨比特·本·丹哈克传述：穆圣禁止分成租地，允许现金租地。

第二十一节　赠人耕种

【105】穆札希德·本·杰布尔传述：他对塔乌斯·本·齐萨尼说："请你和我们一起去伊本·拉菲尔那里听听他从父亲拉

---

① 罕泽莱·本·盖斯，生卒年份及其事迹不详，穆圣再传弟子，麦地那人。

菲尔·本·赫蒂赞自穆圣上传述的圣训，结果塔乌斯责备他说："誓以安拉！如果我知道穆圣禁止，我不会那样做的。但是，比他们更知道此事的人（指伊本·阿巴斯）告诉我，穆圣曾说：'你们将土地送给自己弟兄耕种，强过拿它吃租金。'"

【106】阿姆尔·本·迪纳尔传述：塔乌斯·本·齐萨尼曾经分成租地，我对他说："艾布·阿布杜·拉赫曼！但愿你放弃穆哈白勒，因为他们都说穆圣曾经禁止。"塔乌斯回答说："阿姆尔！他们中最知道这件事情的人（指伊本·阿巴斯）告诉我，穆圣未曾禁止，只是说：'你们送给自己弟兄耕种，强过拿它吃租金。'"

【107】伊本·阿巴斯传述：穆圣说："你们谁将土地送给自己弟兄耕种，强过拿它吃租金。"

【108】伊本·阿巴斯传述：穆圣说："凡是拥有土地的人，送给自己弟兄耕种为最好。"

七　合伙种植[①]

第一节　以收取部分收成为条件将土地交他人种植

【1】伊本·欧麦尔传述：穆圣曾以收取果树或庄稼收成的一半与海巴尔人达成种植协定。

[①] 本章圣训虽然题为《合伙种植》，但内容涉及经济活动的诸多方面，阐述了各类商事贸易，实际是对上一章内容的延伸和补充。从这些圣训可以看出，伊斯兰倡导合伙种植而且将其纳入善行的范畴，维护个人合法权益，主张诚信平等和宽容。安拉据其深刻的哲理，将才能和幸运分配给世人，故伊斯兰倡导人们在资本、智慧、经验和劳务上相互合作，在公正诚信合法的条件下，共同谋求安拉所赐的今世福分。伊斯兰是入世的宗教，鼓励人们积极从事各种产业，赞许积极进取勤奋工作兼善天下，反对消极颓废好吃懒做沿街讨要。

【2】伊本·欧麦尔传述：穆圣曾将海巴尔土地交给犹太人种植，条件是收取果树或庄稼收成的一半。之后，穆圣每年给自己诸位妻室一百沃斯格，其中八十沃斯格干椰枣、二十沃斯格大麦。欧麦尔继任后，重新分配海巴尔土地，他让圣妻们在分得土地与水源或继续为她们每年保证那些沃斯格之间选择。结果，圣妻们各有所好，有的选择土地水源，有的选择沃斯格。圣妻阿依莎和圣妻哈福索选择了土地水源。

【3】伊本·欧麦尔传述：海巴尔光复后，犹太人请求穆圣允许他们继续留在海巴尔，条件是他们交纳椰枣和庄稼收成的一半。穆圣说："就以此为条件吧，允许你们住下来。住多长时间，由我决定。"

海巴尔那半数椰枣曾被分为两份，穆圣收取五分之一。

【4】伊本·欧麦尔传述：穆圣曾将海巴尔椰枣树和土地交给海巴尔人，条件是他们自己种植，椰枣的一半归于穆圣。

【5】伊本·欧麦尔传述：欧麦尔下令犹太人和基督徒搬出希贾兹地区。彼时，穆圣光复海巴尔，意欲从中逐出犹太人，因为那里的土地在攻克之时就已收归安拉、先知和全体穆斯林。当时穆圣想将犹太人从那里逐出，而犹太人则要求穆圣允许他们留住在那里，愿尽自己能力搞好种植，上缴收成一半。穆圣便对他们说："我们就以此为条件，允许你们住下来。住多长时间，由我决定。"于是，他们便继续留在海巴尔。直到欧麦尔继任哈里发后，下令他们搬到泰玛仪[①]和埃利哈[②]。

[①] 泰玛仪，地名，位于沙特阿拉伯北部的一绿洲。
[②] 埃利哈，地名，巴勒斯坦一古城。在叙利亚吉斯尔山口有一集镇也称埃利哈。此处可能指后者。

第二节　种植的可贵

【6】贾比尔·本·阿布杜拉传述：穆圣说："如果一位穆斯林种下一棵树苗，长大后结出果实，不论人拿、兽吃或鸟啄，皆为其所得格。不论谁动，皆为施散。"

【7】贾比尔·本·阿布杜拉传述：穆圣曾到椰枣园看望辅士乌姆·穆巴什尔时问："谁曾种植了这些椰树，穆斯林还是卡非尔？"乌姆·穆巴什尔回答说："是穆斯林。"穆圣说："如果一位穆斯林种下一棵树苗或一粒庄稼，长大后结出东西，不论人拿、兽吃或鸟啄，都是他的所得格。"

【8】贾比尔·本·阿布杜拉传述：穆圣曾到果园看望乌姆·麦尔白德时问："乌姆·麦尔白德！谁曾种植了这些椰树？穆斯林还是卡非尔？"乌姆·麦尔白德回答说："是穆斯林。"穆圣说："如果一位穆斯林种下一棵树苗，不论人拿、兽吃或鸟啄，都是他的所得格，直至复生日来临。"

【9】艾奈斯·本·马立克传述：穆圣说："一个穆斯林只要栽一棵树苗或种一粒庄稼，长大后结出东西，人畜鸟吃的一切，都是他的所得格。"

【10】艾奈斯·本·马立克传述：穆圣走进女辅士乌姆·穆巴什尔的椰枣园时曾问："谁种植了这些椰树？穆斯林还是卡非尔？"大家回答："是穆斯林。"

第三节　果树遭遇天灾受损，买卖双方不能索赔

【11】贾比尔·本·阿布杜拉传述：穆圣说："如果你将椰枣卖给自己弟兄，尔后果实遭受天灾，那你拿走他的分毫都不合法。你凭什么无端地拿走自己弟兄的钱财？"

【12】艾奈斯·本·马立克传述：穆圣曾经禁止售出尚未成熟的椰枣。

本段圣训传述者之一侯迈德说，我们问艾奈斯·本·马立克："何谓成熟？"艾奈斯回答说："就是椰枣泛红色或泛黄色。"接着又说："请告诉我，倘若果实遭受天灾，你凭什么拿走自己弟兄的财物？"

【13】艾奈斯·本·马立克传述：穆圣说："倘若果实遭受天灾，你们凭什么索要自己弟兄的财物？"

【14】艾奈斯·本·马立克传述：穆圣说："倘若果实遭受天灾，你们凭什么享用自己弟兄的财物？"

【15】贾比尔·本·阿布杜拉传述：穆圣曾经命令免除自然灾害。

第四节　减免债务属于可嘉

【16】艾布·赛义德传述：穆圣时代，有人购买的椰枣遭受天灾，负债累累。穆圣说："你们都给他散个所得格吧！"于是，大家都给散了所得格，但是未能偿清他的债务。穆圣对那人的债权人说："你们见到什么都可以拿走，你们也只有这样了。"

【17】圣妻阿依莎传述：穆圣听到门口有人争吵，声音很高。忽然听到一个争吵者要求对方减免债务而宽容厚道。对方却说："誓以安拉！我不能那样做。"于是，穆圣出来见此二人，说："你们俩谁以安拉发誓不行善事？"那人回答："是我，安拉的使者！他现在可以得到他所满意的减免。"

【18】克尔布·本·马立克传述：穆圣时代，他曾在圣寺向伊本·艾布·赫德勒德索要所欠债务，两人声音很高，让坐在

家里的穆圣听见。穆圣揭起卧室门帘，出来见他二人，说："克尔布！"他回答："敬候尊命，安拉的使者！"穆圣向他暗示，减去二分之一。他说："我照办，安拉的使者！"穆圣说："那你立即偿还吧！"

【19】克尔布·本·马立克传述：伊本·艾布·赫德勒德曾欠债务，他碰见索要，两人说话声音很高。穆圣路过见到他俩，说："克尔布！"并向他暗示，好像要他减免一半。于是，他要了一半，免了一半。

第五节　破产

【20】艾布·胡莱勒传述：穆圣说："谁在破产者处发现了自己原货，那他比其他人更有资格得到此货。"

【21】艾布·胡莱勒传述：穆圣关于破产者说："如果在他那里发现货物尚未分开，则此货物归于原卖主。"

【22】艾布·胡莱勒传述：穆圣说："如果一人破产，卖方发现了自己原货，那他最有资格得到此货。"

第六节　宽容困难者的可贵

【23】侯宰法·本·耶玛尼传述：穆圣说："天使们接到你们前辈中一人的灵魂后，问他：'你曾干过哪些善行？'他回答说：'没干过多少善行。'天使们说：'你仔细想想。'他说：'我曾与人们有债务关系，便下令我的手下人，要他们对富有者宽容，对困难者减免。'这时，安拉昭示天使们：'你们宽恕他吧！'"

【24】侯宰法·本·耶玛尼传述：穆圣说："一人归真后，安拉问：'你干过哪些善行？'他回答说：'我没干过多少善行。

但是，我生前有点财物，每次向人要债，我都宽容富人，减免穷人。'安拉说：'你们宽恕我的仆人吧！'"

【25】侯宰法·本·耶玛尼传述：穆圣说："一人归真后进了天堂，有人问他：'你曾干过哪些善行？'他回答说：'我生前与人交易时，时常宽容穷人，减免债务。'他因此而得到饶恕。"

【26】侯宰法·本·耶玛尼传述：穆圣说："有个富有仆人被带到安拉阙前，安拉问他：'你曾在尘世干过哪些善行？'（其实，他们不能隐瞒安拉一句话）他回答说：'我的主啊！你将你的财帛赐给我，我每次同人交易，因为生性仁厚，时常方便富人，宽容穷人。'安拉说：'我比你更宽容。你们饶恕我的仆人吧！'"

【27】艾布·麦斯欧德传述：穆圣说："从前有个人受清算，他未曾干过多少善行，但是这人生前富裕，每次与人交际，常常下令手下人，对困难人给予宽容。安拉说：'我比他更为宽容。你们饶恕他吧！'"

【28】艾布·胡莱勒传述：穆圣说："曾有一人经常借债与人，但他总是叮嘱手下人：'如果到困难人那里，就宽容一些，但愿安拉将来宽恕我们。'这人归真后，安拉饶恕了。"

【29】艾布·格塔德传述：他曾向一债务人要债，那人藏了起来。后来发现，那人说："我确实困难。"他问："誓以安拉？"那人回答："誓以安拉！"他说："我听穆圣曾说：'谁希望安拉将来拯救他脱离复生日的忧愁，就让他对困难人宽容和减免。'"

第七节　禁止富人拖欠债物，债务可以转拨

【30】艾布·胡莱勒传述：穆圣说："富人拖延债务是不义

之举。如果有人将你们谁的债务转拨给一个富人，就让他接受转拨吧！"

第八节　禁止出售剩余之水

【31】贾比尔·本·阿布杜拉传述：穆圣禁止出售剩余之水①。

【32】贾比尔·本·阿布杜拉传述：穆圣禁止经营种驼、出售水土让人耕种。

【33】艾布·胡莱勒传述：穆圣说："剩余之水不得扣留，不然那里的野草便无法放牧。"

【34】艾布·胡莱勒传述：穆圣说："你们不要扣留剩余之水，否则就阻碍了那里的野草。"

【35】艾布·胡莱勒传述：穆圣说："剩余之水不得出售，否则那里的野草也会被人出售。"

第九节　禁止使用肮脏之财

【36】艾布·麦斯欧德传述：穆圣禁止使用卖狗钱、青女钱和卜者钱。

【37】拉菲尔·本·赫蒂赞传述：穆圣说："最肮脏之财是青女钱、卖狗钱和放血钱。"

【38】拉菲尔·本·赫蒂赞传述：穆圣说："卖狗钱是肮脏的，青女钱是肮脏的，放血钱是肮脏的。"

【39】艾布·祖拜尔传述：我关于卖狗卖猫钱请教贾比尔·本·阿布杜拉，贾比尔回答说："穆圣禁止使用此类之财。"

---

① 意指有人在荒野打出一井或挖出水源，凿井者不能拒绝将自己盈余之水供放牧者和牲畜饮用，拒绝供给属于哈拉姆。

第十节　可以捕杀狗

【40】伊本·欧麦尔传述：穆圣曾下令捕杀狗①。

【41】伊本·欧麦尔传述：穆圣曾下令捕杀狗，并派人到麦地那各地区宣传捕杀。

【42】伊本·欧麦尔传述：穆圣曾下令捕杀狗，于是我们到麦地那各地，见狗便杀，甚至捕杀跟随女人从牧区回来的狗。

【43】伊本·欧麦尔传述：穆圣曾经下令捕杀狗，只有猎犬和牧犬除外。

有人对伊本·欧麦尔说，艾布·胡莱勒说还有护田犬。伊本·欧麦尔说："艾布·胡莱勒有庄稼。"

【44】贾比尔·本·阿布杜拉传述：穆圣下令我们捕杀狗，以致有的女人从牧场带回来的狗也被我们捕杀。后来，穆圣禁止捕杀，说："你们捕杀两眼上有黑点的纯黑色狗。"

【45】伊本·穆安法里传述：穆圣曾经下令捕杀狗，后来说："他们怎么见狗就杀？"嗣后，穆圣允许豢养猎犬和牧犬。

【46】叶海亚·本·艾布·安优布传述：穆圣允许豢养猎犬、牧犬和护田犬。

【47】伊本·欧麦尔传述：穆圣说："谁养一只狗，谁的善

---

① 由于生活的需要，如看家、狩猎、保护庄稼和牲畜等，养狗是允许的。除此之外，伊斯兰禁止穆斯林把狗养在家里作为宠物。伊斯兰禁止在家里养狗，并不是表示要残忍虐待它，或判处其死刑，而是自有其重要哲理：一、防止因养狗而导致腐化堕落，有些人不惜花费金钱豢养宠物，慷慨喂养尽心竭力无微不至建立感情，却疏忽亲友漠视穷人甚至将亲生父母弃之不顾，有的甚至与狗同吃喝共起居相交接。二、维护生命安全健康，避免与狗有关的各种病源传播给人。穆圣禁止人们与狗混在一起、孩子与狗嬉戏，禁止狗入屋内，让人警惕被狗舔过的盆碟，所有这些均被现代医学一一验证。

功每天减损两个基拉特，唯有牧犬和猎犬除外。"

【48】伊本·欧麦尔传述：穆圣说："谁养一只狗，谁的善功每天减损一个基拉特，唯有猎犬、牧犬和护田犬例外。"

【49】伊本·欧麦尔传述：穆圣说："谁家养一只狗，他们的善功每天减损两个基拉特，唯有猎犬和牧犬例外。"

【50】艾布·胡莱勒传述：穆圣说："谁养一只狗，谁的善功每天减损两个基拉特，唯有猎犬和牧犬例外。"

【51】艾布·胡莱勒传述：穆圣说："谁养一只狗，谁的善功每天减损一个基拉特，唯有猎犬和牧犬例外。"

【52】艾布·胡莱勒传述：穆圣说："谁养一只狗，谁的善功每天减损一个基拉特，唯有猎犬、牧犬和护田犬例外。"有人将艾布·胡莱勒说的话告诉伊本·欧麦尔，伊本·欧麦尔说："愿安拉怜悯艾布·胡莱勒，他是种庄稼的。"

【53】萨义布·本·耶吉德[①]传述：他曾听圣门弟子苏福扬·本·艾布·祖海尔说，我听穆圣说："谁养一只狗，既不为护耕又不为护牧，则其善功每天减损一个基拉特。"他问："你是否亲自从安拉的使者上听到？"苏福扬回答说："是的，誓以这座清真寺的安拉！"

第十一节　放血取酬合法

【54】侯迈德·本·阿布杜·拉赫曼传述：有人曾就放血者的酬金问题请教艾奈斯·本·马立克，艾奈斯说，艾布·泰

---

① 萨义布·本·耶吉德（620—700年），别称艾布·耶吉德，穆圣门弟子，曾随父亲参加了辞朝。

义白①曾给穆圣放血，穆圣嘱咐给他两沙阿食物，并告诉他的主人让减轻他的赋税。穆圣曾说："你们治病最好的方法就是放血（一说，放血是最佳疗法之一）。"

【55】艾奈斯·本·马立克传述：穆圣让我们当中一个放血者给他放血，然后吩咐给他一沙阿（一说是一莫德或两莫德），并告诉他的主人让减轻他的赋税。

【56】艾奈斯·本·马立克传述：穆圣曾经接受放血，并给放血者付了报酬。穆圣还用过鼻中催喷剂。

【57】艾奈斯·本·马立克传述：穆圣说："你们治病最好的方法是放血和使用印度香木，你们不要用指压法使你们孩子受罪。"

【58】伊本·阿巴斯传述：白尼·白亚兹一个仆人曾给穆圣放过血，穆圣给了酬金，并告诉他的主人让减轻他的赋税。假若属于非法，穆圣就不会给他付酬金了。

第十二节 禁止买卖酒类

【59】艾布·赛义德传述：穆圣在麦地那宣讲说："人们啊！安拉在所降经文②涉及酒，或许将要对此降示经文，谁家中有这类东西，就将其变卖掉。"结果未隔几天，穆圣就说："安拉确已将酒列为禁物，凡是听到禁酒的经文者，如果家中还有这类东西，既不能喝也不能卖。"于是，人们纷纷将家里的酒拿出

---

① 艾布·泰义白，著名圣门弟子白雅兹族辅士穆海义素·本·麦斯欧德的释奴，穆圣门弟子。曾与其主人约定，以放血收入的一定比例交其主人用以赎身，故穆圣转告其主人，要对其宽厚，勿太克扣。本段圣训足以证明教法允许放血治病，也允许放血取酬。

② 指《古兰经》二章二一九节经文。

来，倒在麦地那路上。

【60】阿布杜·拉赫曼·本·沃尔莱①传述：他关于葡萄汁请教伊本·阿巴斯，伊本·阿巴斯说，有人给穆圣送来一皮袋酒，穆圣问他："你是否知道安拉确已将酒列入禁物？"那人回答说："不知道。"说完之后，那人便跟另外一人附耳密谈。穆圣问："你跟他密谈什么？"那人回答："我吩咐他将酒卖掉。"穆圣说："安拉既禁止喝酒，也禁止卖酒。"于是，那人解开皮袋，将酒倒了。

【61】圣妻阿依莎传述：当《百格勒》章末几节经文降示之后，穆圣出去向人们宣读了这些经文，接着就禁止了买卖酒类。

【62】圣妻阿依莎传述：当《百格勒》章末有关利巴的几节经文②降示后，穆圣便到圣寺，禁止了买卖酒类。

第十三节　禁止买卖自死物、猪和偶像

【63】贾比尔·本·阿布杜拉传述：光复那年，穆圣在麦加宣讲说："安拉及其使者禁止你们买卖酒类、自死物和偶像。"这时，有人说："安拉的使者啊！你可知道自死物的脂肪不仅可以涂船、润革，人们还用它点灯。"穆圣说："不，它是非法的③。"

---

①　阿布杜·拉赫曼·本·沃尔莱，本名伊本·伍斯迈戈尔，生卒年份及其事迹不详，穆圣再传弟子，埃及人。

②　指《古兰经》二章二七五节经文。

③　穆圣说："不，它是非法的"，所禁只是买卖而非利用，正如圣训及教法学家赫塔布（929—998年）所说，如一人家畜死亡，可以用此死亡的肉喂猎犬，用其脂肪涂船等。伊玛目马立克和哈奈菲的多数欧莱玛仪主张，死动物原本与生命无直接关系的部分，如毛、绒，是洁净的，可以利用，亦可买卖。如大象牙齿，一经水搓洗，也变成洁净的了。伊玛目沙菲尔认为，死动物之主人可将其赠送或施舍他人，但不可出售。

接着又说："犹太人该死！安拉禁止他们食用动物脂肪①，他们却将它熔炼后，出售而食其价钱。"

【64】伊本·阿巴斯传述：欧麦尔听赛姆尔·本·钟杜布卖酒时，说："赛姆尔该死！难道他不知道穆圣曾说过'犹太人该死！曾禁止他们食用动物脂肪，可他们将其熔炼后出售了'吗？"

【65】艾布·胡莱勒传述：穆圣说："犹太人该死！安拉曾禁止他们食用动物脂肪，他们便将其卖了使用钱。"

【66】艾布·胡莱勒传述：穆圣说："犹太人该死！他们曾被禁止食用动物脂肪，他们便将其出售而食其价钱。"

第十四节 利巴②

【67】艾布·赛义德传述：穆圣说："你们不要以金易金，除非两者相等，不许相互盈余；你们不要以银易银，除非两者相等，不许相互盈余。你们不要用现金买债务。"

【68】纳菲尔·本·赛尔吉斯传述：伊本·欧麦尔和一位莱斯族人去见艾布·赛义德，我随伊本·欧麦尔同去。伊本·欧麦尔说，这位莱斯人告诉我，你说穆圣禁止以银易银，除非两者相等；禁止以金易金，除非两者相等。艾布·赛义德听后，

---

① 动物油脂本为洁净，食用本为合法，安拉禁止犹太教徒食用，是"因为他们的不义而加于他们的惩罚"《古兰经》6：146）。故《圣经·旧约》记载说："耶和华对摩西说，你晓谕以色列人说，牛的脂油，绵羊的脂油，山羊的脂油，你们都不可吃。自死的和被野兽撕裂的，那脂油可以作别的使用，只是你们万不可吃。"（《利末记》7：22）圣训诅咒他们该死，是因为他们只遵行启示的表面意思，虽不直接食用油脂，而却将其炼成油，售后以所得购食它物。

② "利巴"，伊斯兰教法用语，阿拉伯语音译，意为"利息"、"重利"。伊斯兰严禁放债取利及以一切不正当手段牟取暴利，而提倡穆斯林友爱互助扶贫济危，反对少数人以不正常手段聚敛财富，以消除社会上业已出现的贫富不均和两极分化。

用两根手指指着自己两眼和两耳说:"我亲眼看见、亲耳听到穆圣曾说:'你们不要以金易金,不要以银易银,除非等量交换,不许相互盈余。你们不要用现金买卖债务,除非当面交清①。'"

【69】艾布·赛义德传述:穆圣说:"你们不要以金易金,以银易银,除非等量交换,两者相等,当面交清。"

【70】奥斯曼传述:穆圣说:"你们不要用两块第纳尔交换一块第纳尔,以两块第尔汗交换一块第尔汗。"

第十五节　兑换

【71】马立克·本·奥斯②传述:塔里哈·本·欧拜顿拉正在欧麦尔跟前,我迎面过来说:"谁有第纳尔兑换?"塔里哈说:"你先让我看看你的金子,等我的仆人回来后,你再过来,我们将金币兑给你。"这时,欧麦尔说:"不,誓以安拉!要么你将金币兑给他,要么将金子退给他。因为穆圣曾说:'金币兑黄金是利巴,除非现款交易;小麦兑小麦是利巴,除非现款交易;大麦兑大麦是利巴,除非现款交易;椰枣兑椰枣是利巴,除非现款交易。'"

【72】艾布·格莱白传述:我在沙姆时参加包括穆斯林·

---

① 伊斯兰复兴前。阿拉伯社会放高利贷即吃重利的现象十分严重,有钱人或用现金借贷按期取利;或赊欠货物限期付款,逾期加倍重利,再逾期利上加利,致使借债穷人倾家荡产,故《古兰经》要求穆斯林"不要吃重复加倍的利息"(3:130)。但是一些人利欲熏心,虽信教仍不肯放弃吃重利行为,还胡说什么"买卖与吃重利一样",故《古兰经》又重申"安拉准许买卖,而禁止重利",并警告"再犯的人,是火狱的居民,他们将永居其中"(2:275)。根据圣训,买卖中也会产生不劳而获、无本投机似为吃重利的现象。本段圣训中指出,同类货币或实物交换,必须数量相等,如有附加,便是利息。同时规定同类物品交换不仅数量相等,且应当场出手,如有附加或拖欠,也被认为是吃重利。

② 马立克·本·奥斯(?—714年),穆圣门弟子,巴士拉人,归真在麦地那。

本·叶萨尔①在内的一个学习小组,艾布·埃什尔斯来了。大家都说:"这位是艾布·埃什尔斯!"坐下来之后,我对他说:"请你给我们弟兄讲一讲欧巴德·本·萨米特传述的那段圣训。"他说:"可以。我们曾经参加一次战役,由穆阿威叶统帅。那次我缴获了很多战利品,还缴获了一件银制器皿。穆阿威叶嘱咐一人将那件银器和一些赠品卖掉,人们遂都争相购买。欧巴德·本·萨米特得悉后,站起来说:'我听穆圣曾禁止黄金兑换黄金,白银兑换白银,小麦兑换小麦,大麦兑换大麦,椰枣兑换椰枣,盐兑换盐,除非等量交换,现款交易。多给多要,皆为利巴。'于是,人们都将他们拿的东西,全部退回了。穆阿威叶闻听,站起来宣讲道:'真的,为什么有些人从穆圣上传述许多圣训?我们确曾晋见穆圣,伴随穆圣,可是我们未曾从穆圣上听到这些。'欧巴德又站起来,重复了上述圣训,接着说:'从穆圣听到的我们一定传述,即使穆阿威叶不愿意,我不在乎黑夜在军中随同他。'"

【73】欧巴德·本·萨米特传述:穆圣说:"黄金兑换黄金,白银兑换白银,小麦兑换小麦,大麦兑换大麦,椰枣兑换椰枣,盐兑换盐,必须等量兑换,现款交易,当面付清。如果种类有别,你们可以任意交换,只要当面交清。"

【74】艾布·赛义德传述:穆圣说:"黄金兑换黄金,白银兑换白银,大麦兑换大麦,小麦兑换小麦,盐兑换盐,必须等量兑换,现货交易。多要多给,皆属利巴,双方同罪。"

---

① 穆斯林·本·叶萨尔,生卒年份及其事迹不详,穆圣再传弟子,朱海尼族人。

【75】艾布·胡莱勒传述：穆圣说："椰枣兑换椰枣，小麦兑换小麦，大麦兑换大麦，盐兑换盐，必须等量兑换，现款交易。多要多给，皆属利巴，唯有类别有异例外。"

【76】艾布·胡莱勒传述：穆圣说："黄金兑换黄金，必须等量兑换；白银兑换白银，必须等量兑换，现货交易。多要多给，皆属利巴。"

【77】艾布·胡莱勒传述：穆圣说："第纳尔兑换第纳尔，不得相互盈余；第尔汗兑换第尔汗，不得相互盈余。"

第十六节　论以债务黄金买卖银币

【78】艾布·敏哈里[①]传述：我的一位合伙人赊卖了银币，时间是到朝觐季节。成交之后前来告诉我，我说："这不适宜。"他说："我确已在市场上出售，当时没有一人指责我。"于是，我来请教白拉仪·本·阿齐布，白拉仪说："穆圣曾经抵达麦地那时，我们就进行此种交易。穆圣便说：'若是现款交易则无妨；凡是赊欠，皆为利巴。'接着又说：'你去见宰德·本·埃勒格迈，他的生意比我大。'"我便去见宰德，向他请教，结果宰德也这样说。

【79】艾布·敏哈里传述：我关于兑换问题请教白拉仪·本·阿齐布，他说："你去请教宰德·本·埃勒格迈，他更清楚。"于是，我请教宰德，他说："你请教白拉仪·本·阿齐布，他更为清楚。"后来二人说："穆圣禁止以债务黄金买卖银币。"

【80】艾布·拜克莱传述：穆圣禁止以银易银，以金易金，

---

① 艾布·敏哈里（756—835 年），全名奥夫·穆哈利姆·艾布·敏哈里，出身释奴，圣训传述家。

除非二者相等。穆圣命令我们以金易银，任意买卖；以银易金，任意买卖。

第十七节　论出售镶嵌金子和珍珠的项链

【81】法札莱·本·欧拜德传述：穆圣在海巴尔时，分配战利品之后，有人给穆圣送来一条镶嵌金子和珍珠的项链，进行出售。于是，穆圣下令将那条项链上的金子摘下来，接着对他们说："黄金兑换黄金，必须等量交易。"

【82】法札莱·本·欧拜德传述：海巴尔那天，我用十二块第纳尔买了一条镶嵌金子和珍珠的项链，后来鉴定这条项链，发现它上面的金子超过十二块第纳尔。于是，我将此事禀告穆圣，穆圣说："应当鉴定后再出售。"

【83】法札莱·本·欧拜德传述：海巴尔那天，我们曾伴随穆圣。我们同犹太人以两三块第纳尔兑换一欧基亚黄金，穆圣说："你们不要以金易金，除非等量兑换。"

【84】赫奈什·萨阿尼传述：我们曾随法札莱·本·欧拜德参加一次战役。后来，我和我的伙伴们分到一条镶嵌金子、银子和珍珠的项链。我想买此项链，便请教法札莱，他说："你摘下项链上的金子放在一个秤盘上，将你的金子放在另一个秤盘上，你一定要等量交易。因为我听穆圣曾说：'谁笃信安拉和末日，则他必须等量交易。'"

第十八节　食物交易必须等量交换

【85】布斯尔·赛义德传述：麦尔迈尔·本·阿布杜拉[①]派

---

① 麦尔迈尔·本·阿布杜拉，生卒年份不详，早期归信伊斯兰，穆圣门弟子，曾第二次迁徙阿比西尼亚，古莱什人，迁士。辞朝那年，开戒时曾给穆圣剃头。

自己仆人拿一沙阿小麦卖掉，然后买些大麦回来。结果，仆人去兑换了一沙阿半多的大麦。仆人回来禀告，麦尔迈尔问仆人："你为什么这样做？你去将其退掉，必须等量交换。因为我听穆圣曾说：'食物兑换食物，必须等量交易。'当时，我们的食物就是大麦。"有人对麦尔迈尔说："小麦和大麦并非同类食物。"麦尔迈尔说："我害怕两者相似。"

【86】艾布·胡莱勒和艾布·赛义德传述：穆圣曾派阿迪仪族一位辅士弟兄前往海巴尔担任收税官。后来，他带回来一些优质椰枣，穆圣便问："海巴尔椰枣都是这样的吗？"他回答说："誓以安拉！并非都是这样。安拉的使者！我是拿两沙阿混合椰枣兑换这种椰枣一沙阿。"穆圣说："你们不能这样做，必须等量交换。你们可将混合椰枣卖成第尔汗，再用第尔汗买优质椰枣。称量方面也是如此。"

【87】艾布·胡莱勒和艾布·赛义德传述：穆圣曾派一人担任海巴尔收税官，后来这人带着一些优质椰枣来见穆圣，穆圣便问："海巴尔椰枣都是这样的吗？"那人说："誓以安拉！并非全是这样。安拉的使者！我是拿两沙阿兑换这种椰枣一沙阿，拿三沙阿兑换两沙阿。"穆圣说："不能这样干！你们可以将混合椰枣卖成第尔汗，再用第尔汗买优质椰枣。"

【88】艾布·赛义德传述：毕莱里·本·勒巴赫拿来一种上等椰枣，穆圣便问："这椰枣是从哪里弄来的？"毕莱里说："我那里原来有些次椰枣，便拿两沙阿换一沙阿，以供你食用。"这时，穆圣叹惜说："哎呀，这正是利巴！你不能这样干！如果你想买好椰枣，可将次椰枣卖掉，再用卖的第尔汗买好的。"

【89】艾布·赛义德传述：有人给穆圣拿来椰枣，穆圣说：

"这种椰枣不像是我们本地出产的?"那人说:"安拉的使者啊!我们是拿我们两沙阿椰枣换这种椰枣一沙阿。"穆圣说:"这正是利巴!你们将其退回,然后可以卖掉我们的椰枣,再买回这样的优质椰枣。"

【90】艾布·赛义德传述:穆圣时代,我们收到一些混合椰枣,我们便拿两沙阿换一沙阿优质椰枣。穆圣听到此事后说:"椰枣不能两沙阿换一沙阿,小麦不能两沙阿换一沙阿,第尔汗不能两块换一块。"

【91】艾布·奈兹尔传述:我就金银兑换问题请教伊本·阿巴斯,伊本·阿巴斯说:"是现款交易吗?"我说:"是的。"伊本·阿巴斯说:"那就无妨。"后来,我告诉艾布·赛义德说我关于兑换问题请教伊本·阿巴斯,伊本·阿巴斯问是否是现款交易,我回答说是现款交易,伊本·阿巴斯说那就无妨。艾布·赛义德说:"他怎能这样说?我将写信给他,让他不要给你们作出这样的法特瓦。"接着又说:"一次,穆圣的一名仆人拿来椰枣,穆圣拒绝食用,说:'这好像不是我们本地出产的椰枣。'仆人说:'今年我们本地椰枣一部分较好,我便增加一些换来这种优质椰枣。'穆圣说:'你加倍兑换而干了利巴,你绝不能接近这种交易。如果你怀疑自己椰枣的质量,可以将其出售,再买回来你爱吃的好椰枣。'"

【92】艾布·奈兹尔传述:我关于兑换问题请教伊本·欧麦尔和伊本·阿巴斯,他俩认为无妨。一次,我坐在艾布·赛义德那里,关于兑换请教他,他说:"如果盈余,就属利巴。"根据那二人所言,我否定此话。这时,艾布·赛义德说:"我告诉你的话,都是我从穆圣上听来的。一次,穆圣的园丁给穆圣拿

来优质椰枣，穆圣园中椰枣都是这种较次的，便问：'你从哪里弄来这种？园丁说：'我拿两沙阿换来这种一沙阿，因为这种好椰枣的市场价格是这样，而我们次椰枣的市场价格是那样。'穆圣说：'你呀！你干了利巴！如果你想要这种椰枣，就将你的椰枣卖成第尔汗，然后再用第尔汗购买你喜欢的任何种类的椰枣。'"艾布·赛义德接着又说："那么，椰枣兑椰枣、白银兑白银，两者之中哪个更应成为利巴？"次后，我来见伊本·欧麦尔，他也对我禁止这种交易。我没有去伊本·阿巴斯那里，因为艾布·索海巴仪告诉我，他在麦加就此请教伊本·阿巴斯，伊本·阿巴斯也厌恶这种交易。

【93】艾布·萨里哈传述：我曾听艾布·赛义德说："第纳尔兑换第纳尔，第尔汗兑换第尔汗，必须等量交易。多给多要，皆属利巴。"我对他说："伊本·阿巴斯不是这样说的。"艾布·赛义德说："我确曾见到伊本·阿巴斯，便说：'请告诉我，你这样说是从穆圣那里听到的，还是你在安拉的经典中找到了根据？'伊本·阿巴斯说：'我从穆圣那里也未听到，在安拉的经典中也未找到根据。只是伍萨麦·本·宰德告诉我，穆圣曾说：'利巴只是在延期付款和赊卖之中。'"

【94】伍萨麦·本·宰德传述：穆圣说："利巴就是在延期付款之中。"

【95】伍萨麦·本·宰德传述：穆圣说："现款交易，则无利巴。"

【96】阿塔仪·本·艾布·勒巴赫传述：艾布·赛义德见到伊本·阿巴斯时曾问："请告诉我，你关于兑换这样说，是你从穆圣那里听到的，还是你在安拉的经典中找到了根据？"伊本·

阿巴斯说:"这一切,我都未说过。穆圣那里,你们比我更知道;安拉的经典中,我也不知道。只是伍萨麦·本·宰德告诉我,穆圣曾说:'利巴就是在延期付款和赊卖之中。'"

第十九节 食利和行利

【97】伊本·麦斯欧德传述:穆圣诅咒食利者和行利者。

本段圣训传述者之一阿利格迈说,我说:"还有书写者和见证者呢?"伊本·麦斯欧德说:"我们只传述我们听到的。"

【98】贾比尔·本·阿布杜拉传述:穆圣诅咒食利者、行利者、书写者和见证者,并说:"他们全部同罪。"

第二十节 遵守合法,放弃可疑

【99】努尔曼·本·白什尔传述:我曾听穆圣说:"合法事物是明显的,非法事物也是明显的,但在二者之间有些是含糊不清的事物,很多人不易区分①。因此,谁谨防这些含糊不清的事物,谁就能保持自己教门和名誉的清白;谁坠入含糊不清的事物,谁就会陷入非法之中。就像牧人在某一禁地周围放牧似的,将有踏入禁地的危险。须知,每个国王都有禁地,而安拉的禁地就是他所禁止的事情。须知,人体内有块肉,其若好,全身则好;其若坏,全身则坏。须知,那就是心。"

【100】努尔曼·本·白什尔传述:穆圣曾在霍姆斯宣讲说:

---

① 关于合法事物和非法事物的问题,教法学家们根据安拉为人类创造并制服了大地上一切等有关经文(见《古兰经》2:29,31:20,45:13)和圣训,作出"一切事物根本上是被允许的即合法的"结论。据《伊本·马哲圣训集》中赛里曼传述的一段圣训可作此说的佐证:有人就动物脂肪和皮革洁净的教法规定请教穆圣,穆圣说:"合法的事物,就是安拉在其经典中所允许的;非法的事物,就是安拉在其经典中所禁止的。至于安拉未明言而保持沉默的事物,都是属于安拉对你们所宽容的。"

"合法事物是明显的，非法事物也是明显的……"

第二十一节　出售骆驼可以附加条件

【101】贾比尔·本·阿布杜拉传述：我曾骑着自己骆驼行军，骆驼确已走得筋疲力尽。我正欲任其行走，突然穆圣赶上来打了一下，并为我做了杜阿。于是，这峰骆驼以从未有过的速度行进起来。后来，穆圣说："给你一欧基亚，你将此驼卖给我吧。"我开始说不卖，穆圣又一次要买，我只好以一欧基亚卖了，但条件是要它把我驮回家中。当我回到家后，就把骆驼送到穆圣那里。穆圣付了款，我便告退。刚走不远，穆圣又派人将我叫回去，说："难道你认为我减价买你的骆驼吗？收回你的骆驼和那些第尔汗吧，它们都归你。"

【102】贾比尔·本·阿布杜拉传述：我曾随穆圣出征，骑着我的一峰驮水骆驼，它确已筋疲力尽地几乎走不动了。正在这时，穆圣赶上我，问："你的骆驼怎么了？"我说："它有病了。"穆圣便退到后面吆喝骆驼，并为它做了杜阿。于是，这峰驼一直走在驼队前边而向前行进。穆圣问我："你看你的骆驼现在怎样？"我回答："很好！它沾了你的吉祥。"穆圣说："你是否将它卖给我？"当时我有些为难，因为我们家只有这么一峰驮水骆驼，但我仍说："可以卖给你，但是我要将它骑到麦地那。"我接着又说："安拉的使者啊！我刚结婚不久，请准许我先回家。"穆圣同意了，我便先于大家回到麦地那。抵达后碰见我舅父，问到骆驼情况，我如实相告，受到舅父责备。当我向穆圣请求先回家的时候，穆圣曾问："你娶的是姑娘还是孀妇？"我回答说："孀妇。"穆圣说："你为啥不娶姑娘，彼此相亲相

爱?"我说:"我父亲阵亡时,留下几个小妹妹,我不愿意娶个像她们一样的小姑娘,那样就不能教育照料她们了。我娶媳妇,就是为了管教她们。"穆圣回到麦地那,第二天早上我就将驼送去。穆圣付钱之后,又将骆驼退给了我。

【103】贾比尔·本·阿布杜拉传述:我们曾随穆圣从麦加返回麦地那,我的骆驼疲惫地走不动了。后来,穆圣对我说:"你将这峰驼卖给我吧。"我说:"不卖,送给你吧。"穆圣说:"不行,你将它卖给我。"我说送给穆圣,可是穆圣坚持要买。最后,我说:"我欠某某人一欧基亚黄金,那就以一欧基亚黄金将它卖给你。"穆圣说:"那就成交了。但你可以将它骑到麦地那。"回到麦地那后,穆圣对毕莱里说:"你给他一欧基亚黄金,并且再加给一点。"毕莱里便给了我一欧基亚黄金,外加了一基拉特。穆圣多给的那基拉特放在我的皮袋,我一直未用。后来在哈尔那天,被沙姆人给拿走。

【104】贾比尔·本·阿布杜拉传述:一次旅行中,我们伴随穆圣。途中我的骆驼落在后面,穆圣用拐杖捅了一下,说:"你以安拉的名义骑上吧!"……穆圣一直给我加价,并且说:"愿安拉饶恕你。"

【105】贾比尔·本·阿布杜拉传述:穆圣到我跟前时,我的骆驼已经疲惫不堪,几乎走不动了。穆圣用拐杖捅了一下,骆驼立时精神起来,向前直冲。在此之后,我一直勒紧缰绳听穆圣说话,结果还是跑到了前面。穆圣赶上我,说:"你将它卖给我吧。"我便以五个欧基亚卖给了穆圣,同时提出一个条件,就是要它将我驮回麦地那。穆圣说:"你可以骑到麦地那。"到达麦地那后,我将骆驼送去,穆圣多给了我一欧基亚,然后又

将骆驼送给了我。

【106】贾比尔·本·阿布杜拉传述：我曾随穆圣为一次战役外出。穆圣问："贾比尔！骆驼钱你全数拿到了吗？"我回答说："拿到了。"穆圣说："钱归你，骆驼也归你了！"连说了两遍。

【107】贾比尔·本·阿布杜拉传述：穆圣曾用两欧基亚黄金外加一两块第尔汗买了我的一峰骆驼。当穆圣来到绥拉尔①时，叫人宰了一头牛，让大家分享。到达麦地那时，穆圣让我先去圣寺礼两拜。礼完拜，穆圣已为我称好了买骆驼的金银，而且称得很高。

【108】贾比尔·本·阿布杜拉传述：穆圣以事先言明的价钱向我买了这峰驼，没有提及两欧基亚和一两块第尔汗。穆圣让宰了一头牛，然后将肉分给了大家。

【109】贾比尔·本·阿布杜拉传述：穆圣说："我用四块第纳尔②买你的骆驼，但你可以骑到麦地那。"

第二十二节　借人东西当以更好的归还

【110】艾布·拉菲尔传述：穆圣曾向一人借了一峰幼驼。天课骆驼送来后，穆圣让我还那人的幼驼。我面见穆圣，说："我见驼群中全是六岁良驼。"穆圣说："那就给他吧！以好物还债者确是你们中最优秀的人。"

【111】艾布·拉菲尔传述：穆圣说："以好物还债者确是安

---

① 绥拉尔：地名，位于麦地那东郊约5公里处，因一枯井名而得名。
② 这里只提数量，未明确物品，但其他人所传述的圣训有说是"1欧基亚黄金"，有说是"5欧基亚白银"，有说是"4枚第纳尔银币"等。据说，当时1欧基亚黄金约等于5欧基亚白银或4枚第纳尔银币，说法不同，价值相同。

拉仆人中最优秀的人。"

【112】艾布·胡莱勒传述：穆圣曾欠一人债务，那人出言粗鲁，门弟子们意欲教训，穆圣说："债主有权说话。"接着又说："你们买峰口齿相当的骆驼还给他。"大家说："我们见到的骆驼口齿都比他的要好。"穆圣说："那你们买回来还给他。以好物还债者确是你们中最优秀的人。"

【113】艾布·胡莱勒传述：穆圣曾经借了一种口齿的骆驼，后来还了更好的口齿，并且说："以好物还债者确是你们中最优秀的人。"

【114】艾布·胡莱勒传述：一人来讨要穆圣欠他的一峰骆驼，穆圣说："你们还他一峰更好的口齿。"接着又说："以好物还债者确是你们中最优秀的人。"

第二十三节　非食物、非货币兑换可以盈余

【115】贾比尔·本·阿布杜拉传述：曾有一人前来同穆圣结约迁徙，穆圣不知道是个仆人。不一会儿，主人来找，穆圣说："你将他卖给我吧。"便用两个黑仆将其兑换。自此以后，穆圣每跟人结约，首先问他是否仆人。

第二十四节　典当

【116】圣妻阿依莎传述：穆圣曾向一名犹太人赊了一些食物，拿出自己一付盔甲作抵押。

【117】圣妻阿依莎传述：穆圣曾向一名犹太人赊了一些食物，将自己一付铁制盔甲作了抵押。

第二十五节　预购

【118】伊本·阿巴斯传述：穆圣迁徙麦地那后，发现人们

提前两三年预购椰枣。便说:"谁预购椰枣,就让他以明确的数量、明确的重量、明确的时间预购。"

【119】伊本·阿巴斯传述:穆圣抵达时,发现人们从事预购,便说:"谁预购什么,必须以明确的数量和明确的重量进行预购。"

第二十六节　禁止囤积居奇

【120】麦尔迈尔·本·阿布杜拉传述:穆圣说:"囤积居奇者,乃作恶之人。"

【121】麦尔迈尔·本·阿布杜拉传述:穆圣说:"只有作恶之流,才会囤积居奇。"

第二十七节　禁止以发誓推销商品

【122】艾布·胡莱勒传述:穆圣说:"发誓能促销商品,但也能勾销吉庆①。"

【123】艾布·格塔德传述:穆圣说:"你们应当谨防常在买卖中发誓。发誓虽能促销商品,但最终会丧失吉庆。"

第二十八节　优先权

【124】贾比尔·本·阿布杜拉传述:穆圣说:"凡合伙之物,不论住宅或果园,在分开以前不得随便出售,直到征求伙友同意,愿要则要,愿弃则弃②。"

---

① 以安拉的名义发誓赌咒推销商品是一种欺骗行为,故穆圣加以禁止。据伊本·艾布·奥法说:有人在市场售货,以安拉名义发誓说他赔本销售,企图骗一穆斯林上当。于是,安拉降经昭示:"那些以安拉的盟约和自己的盟誓换取些微代价的人,在后世不获恩典,在复生日,安拉不和他们说话,不理睬他们,不涤清他们的罪恶,他们将受痛苦的刑罚。"(《古兰经》3:77)

② 伊斯兰规定优先权是保障合伙者利益,不使其受到损害。但欧莱玛仪们认为,只有合伙经营不动产,未分割之前双方拥有优先权(即优先购买权)。至于经营动物、服装、杂货等,则无优先权。

【125】贾比尔·本·阿布杜拉传述：穆圣判决凡合伙之物在分开以前皆有优先权，不论住宅或果园。合伙人不得随便出售，直到征求伙友意见，愿要则要，愿弃则弃。如果出售之后，伙友不同意，则其最有资格拥有。

【126】贾比尔·本·阿布杜拉传述：穆圣说："凡合伙之物，皆有先买权，不论是土地、住宅或果园。在征求伙友是否购买之前，不宜随便出售。如果在征求意见之前伙友不同意，则其最有资格拥有。"

第二十九节　可将椽头担在邻居墙上

【127】艾布·胡莱勒传述：穆圣说："你们任何人都不要阻挡邻居将椽头担在自己墙上。"

本段圣训传述者之一埃尔莱吉说，艾布·胡莱勒接着又说："我怎么看见你们背弃穆圣的这件逊奈？誓以安拉！我一定要大声疾呼，让你们将这件逊奈谨记在心。"

第三十节　禁止霸占他人土地

【128】赛义德·本·宰德传述：穆圣说："谁无端地强占他人一寸土地，谁将在复生日戴上由七层地制成的桎梏。"

【129】赛义德·本·宰德传述：埃勒娃·丙·乌威斯为一处宅第和他发生了争执，他说："你们让她占用吧！因为我听穆圣曾说：'谁无端地强占他人一寸土地，谁将在复生日戴上由七层地制成的桎梏。'安拉啊！如果她说的是谎言，求你让她失明后，将此宅第变成她的坟墓。"

后来，我见此女果然失明，扶着墙说："我遭到了赛义德的杜阿！"一天，她正在那个宅第扶墙走着，经过院内的水井时，突然掉在井里，结果那口水井变成了她的坟墓。

【130】欧勒沃·本·祖拜尔传述：埃勒娃·丙·乌威斯控告赛义德·本·宰德强占了她的一处土地，上诉麦尔旺·本·哈克姆。赛义德说："我亲耳聆听了穆圣的教诲，还能强占她分毫土地吗？"麦尔旺说："你从穆圣那里听到什么教诲？"赛义德说："我听穆圣曾说：'谁无端地霸占一寸土地，谁将戴上由七层地制成的桎梏。'"麦尔旺说："听你这样说，我不再要你拿出证据了。"赛义德说："安拉啊！如果她说的是谎言，求你让她失明后，死在这块土地上。"后来，那个女人果然在临死前双目失明，有次正在那块土地上走着，突然掉进一个坑内死亡。

【131】赛义德·本·宰德传述：穆圣说："谁不义地强占一寸土地，谁在复生日将会戴上由七层地制成的桎梏。"

【132】艾布·胡莱勒传述：穆圣说："谁无端地霸占一寸土地，安拉将在复生日让他戴上由七层地制成的桎梏。"

【133】艾布·赛莱玛传述：他和自己族人为一块地发生了争执，便来向圣妻阿依莎诉说原委。阿依莎说："艾布·赛莱玛！你离开那块地吧。因为穆圣曾说：'谁强占一寸土地，谁将会戴上由七层地制成的桎梏。'"

第三十一节　道路的宽度

【134】艾布·胡莱勒传述：穆圣说："如果你们为道路问题彼此间发生了争执，便将其宽度定为七腕尺。"

八　遗产继承

【译者按】《古兰经》第四章十一节至十四节经文中明确昭示

了继承人的权利及其应得份额，并且重申"这些是安拉的法度"绝对不可逾越，后来穆圣在著名的辞朝演说中对此项律法又加以申明。伊斯兰复兴之前，阿拉伯社会只有男性才能继承遗产，女性和儿童没有继承权利。众所周知，美国妇女在1880年才获得继承权，西欧的法国、意大利和西班牙等国，直到20世纪初才允许妇女继承遗产。我国封建社会实行男性宗祧继承制，1929年虽然废除了宗祧继承制度，但妇女在许多地区并未从此享有继承权。妇女获得经济上的自立，享受到真正平等的遗产继承权，是新中国成立后的事。由此可知，世界上首先倡导男女平等，并赋予妇女以一定继承权的是伊斯兰。本章圣训是对《古兰经》关于继承法内容的解释和说明，后来伊斯兰法学家在经训原则和具体规定的基础上，逐步建立和完善了伊斯兰继承法，成为伊斯兰教法体系中内容最完整、最详尽的具体律法。

第一节 遗产应分给有继承资格的至亲

【1】伊本·阿巴斯传述：穆圣说："你们应将遗产分给有继承资格的至亲，剩余部分则归最亲近的男性亲属。"

【2】伊本·阿巴斯传述：穆圣说："你们应当根据安拉的经典将财产分在有继承资格的亲属中间，剩下的遗产则归最亲近的男性亲属。"

第二节 孤寡者的遗产

【3】贾比尔·本·阿布杜拉传述：有次我患病，穆圣和艾布·白克尔步行来看望时，适逢我昏厥过去。穆圣便做小净，将水洒在我身上，我才恢复知觉。我说："安拉的使者啊！我如何处理我的财产？"当时，穆圣未作任何答复，直到关于遗产的

经文降示：

"他们请求你解释律例。你说：'安拉为你们解释关于孤寡人的律例。如果一个男人归真了，他没有儿女，只有一个姐姐或妹妹，那末，她得他的遗产的二分之一；如果她没有儿女，那他就继承她。如果他的继承人是两个姐姐或妹妹，那末，她们俩得遗产的三分之二；如果继承人是几个弟兄姐妹，那末，一个男人得两个女人的分子。安拉为你们阐明律例，以免你们迷误。安拉是全知万物的。"

——《古兰经》4：176

【4】贾比尔·本·阿布杜拉传述：穆圣曾和艾布·白克尔徒步到白尼·赛莱玛居住区来看望我时，发现我昏厥不醒，便要水做了小净，然后将水洒在我身上。我苏醒过来，便说："我如何处理我的财产？安拉的使者！"于是，降示了以下经文：

"安拉为你们的子女而命令你们。一个男子，得两个女子的分子。如果亡人有两个以上的女子，那末，她们共得遗产的三分之二；如果只有一个女子，那末，她得二分之一。如果亡人有子女，那末，亡人的父母各得遗产的六分之一。如果他没有子女，只有父母承受遗产，那末，母亲得三分之一。如果他有几个兄弟姐妹，那末，他母亲得六分之一。（这种分配）须在交付亡人所嘱的遗赠或清偿亡人所欠的债务之后。——你们的父母和子女，谁对于你们是更有裨益的，你们不知道——这是从安拉降示的定制。安拉确是全知的，确是至睿的。"

——《古兰经》4：11

【5】贾比尔·本·阿布杜拉传述：我患病时，穆圣由艾

布·白克尔陪伴着徒步来看望我。来后发现我昏厥不醒，穆圣便做了小净，然后将做小净的水洒在我身上。我苏醒过来，猛然看见穆圣在面前，便说："安拉的使者啊！我如何处理我的财产？"穆圣未作任何答复，直到关于继承的经文降示。

【6】贾比尔·本·阿布杜拉传述：穆圣看望我时，我病得不省人事。穆圣便做了小净，他们将穆圣做小净的水洒在我身上，我才苏醒过来。我说："安拉的使者啊！只有一个孤寡人继承我。"于是，降示了关于遗产的经文。

本段圣训传述者之一舒尔布说，我问穆罕默德·本·蒙克迪尔："关于遗产的经文是指'他们请求你解释律例。你说：安拉为你们解释关于孤寡人的律例……'（《古兰经》4：176）这节经文吗？"他回答说："遗产经文就是这样降示的。"

【7】麦尔达尼·本·艾布·塔里哈传述：欧麦尔曾在聚礼日宣讲时提及穆圣和艾布·白克尔，接着说："在我看来，我身后留下的事情，最重要者莫过于孤寡人的问题①。我对任何问题从未像关于孤寡人的问题那样反复地请教穆圣，穆圣在任何问题上也未像关于孤寡人的问题那样斥责过我，以至用手指捣着我的胸脯说：'欧麦尔！难道《尼萨仪章》末的那段'夏天的经文'还不能满足你吗？'倘若我活着，我会对此作出裁定，让会诵读《古兰经》和不会诵读《古兰经》的人都以此判决。"

---

① 伊玛目瓦赫迪说：安拉关于孤寡人的问题降示了两节经文：一节在冬季颁降，即《尼萨仪》章首的那节经文；另一节在夏季颁降，即《尼萨仪》章末的那节经文。

第三节　最后颁降的启示是关于孤寡人的经文

【8】白拉仪·本·阿齐布传述：《古兰经》最后颁降的经文是："他们请求你解释律例。你说：'安拉为你们解释关于孤寡人的律例……'"

——《古兰经》4：176

【9】白拉仪·本·阿齐布传述：最后颁降的启示是关于孤寡人的经文，最后颁降的篇章是《讨白章》。

【10】白拉仪·本·阿齐布传述：完整颁降的最后一章是《讨白章》，最后颁降的一节经文是关于孤寡人的经文。

【11】白拉仪·本·阿齐布传述：最后颁降的一节经文是："他们请求你解释孤寡人的律例……"

——《古兰经》4：176

第四节　遗产归继承人

【12】艾布·胡莱勒传述：曾经每次人们将负有债务的埋体抬到穆圣处，穆圣都问："他是否留下还债的财产？"如果有人说他留下的遗产足够还债，穆圣便为之举行殡礼；否则，穆圣便说："你们为你们的这位同伴举行殡礼吧[①]！"后来，安拉襄助穆圣取得了诸多的胜利[②]，穆圣说："我对穆民大众的关切超越他们自己。谁归真时欠下债务，由我替他偿还；谁留下遗产，

[①] "欠债不还，穆圣不给举行殡礼"没有比这更说明债务的严重性了。关于债务，穆圣还曾讲过"一切罪过均可饶恕，唯债务除外，即使其人为舍希德"、"欠债不还，无常后安拉不收'罗赫'"的严重警告。所以，每个穆斯林一定要在生前积极主动地料理自己所欠债务，或偿还财物或要口唤，特别是拖欠非穆斯林债务；可能将来要以自己的伊玛尼作为偿还，这一点必须铭记在心，切不可马虎。

[②] "取得了诸多的胜利"，指在安拉的襄助下，经过穆圣和众门弟子的努力，伊斯兰疆域得以扩展，穆斯林队伍得以壮大和阿拉伯半岛实现统一的伟大胜利。

就归他的继承人①。"

【13】艾布·胡莱勒传述：穆圣说："誓以穆罕默德生命在其掌握的安拉！大地上的每位穆民，我对他的关切超越世人。你们谁欠下债务，由我替他偿还；你们谁留下遗产，就归血亲继承。"

【14】艾布·胡莱勒传述：穆圣说："在安拉的经典中，我对穆民大众是最关切的。你们谁欠下债务，就让我来偿还；你们谁留下遗产，就让他的血亲继承。"

【15】艾布·胡莱勒传述：穆圣说："谁留下财产，就归继承人；谁欠下债务，就由我负责。"

九 馈赠②

第一节 购买已散之物属于可憎

【1】欧麦尔传述：我曾将一匹良马散给一位为主道出征的战士，可是那人不尽饲养之责。后来，我听说那人将要廉价出

---

① 本段圣训说明，穆圣对稳麦是十分关切和充满责任感的。伊玛目脑威说，穆圣对稳麦生前死后的利益都十分关切。当时，穆圣作为穆斯林的监护人，有穆民欠债亡故，无法偿还，穆圣以自己的或公共的财物替他们偿还。而穆民中有人去世，留下遗产，穆圣不取分文。如果亡者留下贫弱的家属，穆圣还为他们提供赈济。穆圣一贯强调借债必还，保护债权人的利益，以维护穆斯林的信誉，有助于促进正常的经济交往。

② 译者介绍，"并将所爱的财产施济亲戚、孤儿、贫民、旅客、乞丐和赎取奴隶……"（《古兰经》2:177），生活交际中礼尚往来、相互馈赠既是一种礼仪又是一件善行，穆圣秉承安拉启示号召广大穆斯林继承和发扬人世间的这一优良传承，主张人与人之间宜当关心帮助、和睦相处、相亲相爱。这种关心既表现为见面道安、探望病人等精神安慰，又表现为向他人进行馈赠等物质行为。穆圣本人曾经既接受馈赠，也馈赠与人。据此，伊斯兰沙里亚主张，穆斯林和非穆斯林之间可以相互馈赠礼尚往来，且在方便之时有情当还。同时还强调指出，父母对子女们的馈赠务必坚持公正。

售，便就此请教穆圣，穆圣说："你不能买它，你不能收回自己所散之物。因为收回自己所赠之物，那就像吐而复食之犬一般[①]。"

【2】马立克·本·艾奈斯传述：穆圣说："你不能买它，即使他卖你一块第尔汗。"

【3】埃斯莱姆·艾布·哈立德传述：欧麦尔曾将一匹战马散于主道，后来发现那位拥有者家境贫寒不尽饲养之责，便想买回。欧麦尔来见穆圣，提及此事，穆圣说："你不能买它，哪怕卖你一块第尔汗。这是因为，收回自己所散之物者的比喻，宛若吐而复食之犬一般。"

【4】欧麦尔传述：他曾将一匹战马散于主道，后来发现此马出售，他想买回，便问穆圣，穆圣说："你不能买它，你不能收回自己所散之物。"

【5】欧麦尔传述：他曾将一匹战马献于主道，后来看见此马出售，他想买回，便问穆圣，穆圣说："你不能收回自己所散之物，欧麦尔！"

第二节 禁止收回馈赠和施散之物

【6】伊本·阿巴斯传述：穆圣说："收回自己所得格的人，就像那种吃了吐、吐了又吃的狗一样。"

【7】伊本·阿巴斯传述：穆圣说："出散所得格后又收回的

[①] 由此可见，凡是以天课、罚赎、许愿或馈赠等形式施散的财物，均不许再行买回或索回。散出去的东西，不要再惦记在心，不要老是挂在嘴上，不要操心放在什么地方，这种心态和行为最终要破坏自己的那份出散，（见《古兰经》2:264，47:33等）众所周知，食用自己呕吐之物是一种令人恶心和众皆鄙视的行为。穆圣作此比喻，目的在于教育穆斯林不要将施散之物再行购回，因为此种行为既反映了施散或馈赠者的不诚心，也表现出对受施或受赠者的不尊重。

人，就像那种吐而复食之犬一般。"

【8】伊本·阿巴斯传述：穆圣说："收回自己赠品的人，宛若吐而复食者一般。"

【9】伊本·阿巴斯传述：穆圣说："收回自己赠品的人，就像那种吐而复食的狗一样。"

第三节 在馈赠方面对儿女厚此薄彼属于可憎

【10】努尔曼·本·白什尔传述：父亲曾经带他去见穆圣，说："我将我的一个男仆送给我儿子，是否可以？"穆圣问："你是否给你每个孩子都送了这样的赠品？"父亲回答："没有。"穆圣说："你应该收回这种赠品。"

【11】努尔曼·本·白什尔传述：父亲曾给他一个男仆，穆圣问他："这个男仆是怎回事？"他回答说："我父亲送给我的。"穆圣又问我父亲："你是否给他的弟兄们都像他一样送了？"父亲回答说："没有。"穆圣说："那你应该收回这种馈赠。"

【12】努尔曼·本·白什尔传述：父亲送我一件赠品，我母亲阿姆莱·丙·勒瓦赫说："我不同意，除非你请来穆圣见证。"父亲便去请穆圣来见证。穆圣问他："你是否给你所有孩子都送这样的赠品？他回答说："没有。"穆圣说："你当敬畏安拉，应当公平地对待自己的孩子们。"于是父亲回来，收回了那件赠品。

【13】努尔曼·本·白什尔传述：母亲阿姆莱·丙·勒瓦赫曾为自己儿子（指他本人）向他父亲要一件赠品，结果父亲拖了一年后才想起来，便送给了他。母亲说："我不同意，除非你

请来穆圣见证你送我儿子的这件赠品。"我当时是个孩子，父亲便拉着我的手来见穆圣，说："安拉的使者！这孩子的母亲希望你见证我送她孩子的那件赠品。"穆圣问："白什尔！除了他你还有孩子吗？"父亲回答："有。"穆圣又问："你给他们都送了这样的赠品？"父亲回答："没有。"这时，穆圣说："那你就不能请我见证，因为我不会见证不义之事的。"

【14】努尔曼·本·白什尔传述：穆圣对他父亲说："你不能请我见证不义之事！"

【15】努尔曼·本·白什尔传述：我父亲曾抱着我去见穆圣，说："安拉的使者啊！请你见证，我确已将我的某某财物送给了努尔曼。"穆圣问："是否你的每个孩子你都送了努尔曼一样的赠品？"父亲回答："没有。"穆圣说："那你请我以外的人对此见证吧！"穆圣接着又问："你喜欢他们将来对你的孝敬都一样吗？"父亲回答："当然喜欢！"穆圣说："那你就不能这样馈赠。"

【16】努尔曼·本·白什尔传述：父亲送我一件赠品，然后带我来见穆圣，以便请穆圣见证。穆圣问："你是否给你每个孩子都送了这样的赠品？"父亲回答："没有。"穆圣又问："难道你不希望他们将来都像这个孩子一样孝敬吗？"父亲回答："当然希望！"穆圣说："因为我不能对不义之事作见证。"

【17】贾比尔·本·阿布杜拉传述：白什尔的妻子说："你将你的仆人送给我儿子，并且请穆圣为我作见证。"白什尔便来见穆圣，说："某某人的女儿（指他妻子）要求我将我的仆人送给她儿子，并且说：'你请安拉的使者为我见证。'"穆圣问："他有弟兄们吗？"白什尔回答："有。"穆圣又问："你是否给

你所有孩子都送这样的赠品?"白什尔回答:"没有。"穆圣说:"这样就不合适,我只能对真理作见证。"

第四节 欧姆拉

【18】贾比尔·本·阿布杜拉传述:穆圣说:"如果甲以欧姆拉①方式赠与乙及其后裔,那就归受赠者所有,不再属于赠与者。因为他馈赠的礼品,确已变成了遗产。"

【19】贾比尔·本·阿布杜拉传述:穆圣说:"谁以欧姆拉方式赠与一人及其后裔,那就归受赠者及其后裔所有。因为他说的话确已剥夺了他的所有权。"

【20】贾比尔·本·阿布杜拉传述:穆圣说:"如果谁以欧姆拉方式赠与一人及其后裔,且说:'我将它赠与你和你的后裔,只要你们之中有一人健在。'那就归受赠者所有,不再属于赠与者。因为他馈赠的礼品,确已变成了遗产。"

【21】贾比尔·本·阿布杜拉传述:穆圣允许的欧姆拉是:甲对乙说:"它归你和你的后裔。"如果甲对乙说:"它归你,只要你健在",那就在受赠者去世后,房屋复归原主。

【22】贾比尔·本·阿布杜拉传述:穆圣曾经判决:"如果甲以欧姆拉的方式赠与乙和他的后裔,那就断然归于受赠者,

---

① "欧姆拉",阿拉伯语音译,意为"馈赠房产或事物,令其终身居住或占有",也可译为"限期馈赠房产"。这是蒙昧时期阿拉伯人转授不动产产权的一种契约方式,是附加以时限和条件的馈赠。具体做法有三种方式:一是甲对乙说"我将此房屋赠你居住终生,你死后,房屋产权归你的后裔或继承人"。二是甲对乙说"我将此房屋赠你居住终生,但你死后房屋即归我"。三是甲对乙说"我将此房屋赠你居住终生,你死后房子归我;我若先死了,房子归我的继承人"。这种馈赠曾经流行于伊斯兰之前的阿拉伯社会。伊斯兰认为,这是对双方均无伤害且有利于人们互助的做法,遂承认其为可允许的行为。

赠与者不可对其限制或除外，因为他馈赠的礼品，确已变成了遗产。"

【23】贾比尔·本·阿布杜拉传述：穆圣说："欧姆拉归受赠者所有。"

【24】贾比尔·本·阿布杜拉传述：穆圣说："你们应当保留自己财产，不要使之受损。因为，谁以欧姆拉方式馈赠礼品，则其属于受赠者及其后裔所有，不论健在或亡故。"

【25】贾比尔·本·阿布杜拉传述：辅士们曾以欧姆拉方式赠与迁士们不动产，穆圣说："辅士们啊！你们应当保留自己财产……"

【26】贾比尔·本·阿布杜拉传述：麦地那有位妇女曾以欧姆拉方式将一座果园赠与自己一个儿子，不久这个儿子去世，母亲也相继归真，但还留下了其他儿子。赠与者的儿子说："果园归我们所有！"受赠者的孩子说："不！这座果园归我父亲所有，不论他健在或亡故。"于是，他们上诉奥斯曼的释奴塔里格·本·阿姆尔①，塔里格请来贾比尔·本·阿布杜拉，贾比尔见证："穆圣曾经判决：欧姆拉归受赠者所有。"塔里格便以此作出判决，接着写信向阿布杜·麦立克禀告自己的判决和贾比尔的见证。阿布杜·麦立克说："贾比尔说得对！"塔里格便这样执行了。

那座果园至今仍归受赠者的后裔所有。

【27】苏莱曼·本·叶萨尔传述：塔里格·本·阿姆尔判决

---

① 塔里格·本·阿姆尔，生卒年份不详，穆圣再传弟子，哈里发奥斯曼的释奴，当时阿布杜·麦立克任命其为麦地那总督。

欧姆拉归继承人所有，是根据贾比尔·本·阿布杜拉自穆圣上传述的圣训。

【28】贾比尔·本·阿布杜拉传述：穆圣说："欧姆拉是可行的。"

【29】贾比尔·本·阿布杜拉传述：穆圣说："欧姆拉是属于受赠者的遗产。"

【30】艾布·胡莱勒传述：穆圣说："欧姆拉是可行的。"

十　遗嘱[①]

第一节　穆斯林宜当及时立下遗嘱

【1】伊本·欧麦尔传述：穆圣说："一个穆斯林有可遗嘱之事，而能安然度过两夜，立下遗嘱确是他的义务。"

【2】伊本·欧麦尔传述：穆圣说："一个穆斯林有可遗嘱之事，而能安然度过三夜，立下遗嘱确是他的义务。"

伊本·欧麦尔说："自从我听到安拉使者这样说以来，我每次过夜都立遗嘱。"

---

① 译者介绍，"你们当中，若有人在临终的时候，还有遗产，那末，应当为双亲和至亲而秉公遗嘱。这已成为你们的定制，这是敬畏者应尽的义务。"（《古兰经》2：180）伊斯兰提倡立遗嘱，并且认为早立为佳。《古兰经》和"圣训"还要求遗嘱须以书面形式体现，并有法定证人即两个理智健全、办事公道的男子，或同样条件的一男两女的见证，以防伪造。遗嘱分两类：一是关于处理自己遗产方面的遗嘱，如偿还债务、至亲（尊辈和晚辈）继承遗产的份额不得超过被继承人全部净资产（即偿还亡者生前债务、扣除安葬费后的余额）的三分之一，以及捐献慈善事业的数额等；二是委托代办未尽事宜或完成立嘱者的某种宿愿（包括对家属子女所立的遗言训诫等）。受理遗嘱者多是立嘱者的法定继承人，男女均有继承权，但同等条件下男性优于女性，由于男性担负家庭生活给养。

第二节　遗赠财产的三分之一

【3】赛尔德·本·艾布·宛戛斯传述：辞朝那年，我得了一场重病。穆圣来看望我，我说："安拉的使者啊！你看我已身患重病。我有些财产，只有一个女儿继承，我能否出散财产三分之二？"穆圣说："不行。"我又说："那出散二分之一呢？"穆圣说："不行。三分之一吧，三分之一也够多了。你留下富有的继承人，比留下贫穷乞讨的继承人更好。你为寻求安拉喜悦做出的任何费用，都会得到回报，甚至包括你喂进自己妻子口中的食物①。"我说："安拉的使者啊！我的同伴们将随你返回麦地那，我却要滞留于此地了！"穆圣说："你滞留于此，每干善功求，主喜悦，都会给你增加品位。或许你滞留下来，有些人借你受益，个别人因你受害②。主啊！求你使我的门弟子们完成他们的迁徙，不要使他们半途退却。但不幸的是赛尔德·本·

---

①　根据上述圣训，伊斯兰沙里亚规定，即使是父母也不能剥夺作为继承人的儿女的财产继承权，这是安拉规定的法度不可逾越，父母无此权利剥夺，甚至在儿女中间薄此厚彼，复生日都会受到安拉的审问。上述圣训同时昭示我们，临终之际我们对自己财产只有三分之一的支配权，其余则归继承人所有。安拉赐予我们恩典，应当在有生之年及时施散而完纳安拉规定的责任，千万别到奄奄一息之际才想到舍散，那为时太晚！诚如安拉昭示："在死亡降临之前，你们当分舍我赐予你们的，否则，将来人人说：'我的主啊！你为何不让我延迟到一个临近的期限，以便我有所施舍，而成为善人呢？'但寿限一到，安拉绝不让任何人延迟，安拉是彻知你们的行为的。"（63:10—11）穆圣劝谕我们："你们当在健康之时多做施散，丝毫别拖延。待'罗赫'到达喉咙之际，你再说'给某人施散多少、给某人施散多少'。须知，那时财产已经归继承人所有了！"我们发现一些有教门的人，在患病期间，拿出部分财帛，自己亲手作些施散，还是难能可贵的。

②　这表明了穆圣的预见。因赛尔德·本·艾布·宛戛斯在穆圣归真后曾率军征服伊拉克等地，给穆斯林带来了巨大的利益。而被战败的敌人却因失去权势，甚至变成奴隶或阶下囚而感到受害匪浅。

豪莱①。"穆圣对其归真在麦加甚为痛心。

【4】赛尔德·本·艾布·宛戛斯传述：赛尔德·本·豪莱一直不愿归真在确已迁出之地。

【5】赛尔德·本·艾布·宛戛斯传述：我患病之后，派人请来穆圣。我说："请你允许我将我的财产出散在我愿意的地方。"穆圣不同意。我又说："那二分之一呢？"穆圣还是不同意。我又说："那三分之一呢？"穆圣沉默了一会，说："三分之一还可以。"

【6】赛尔德·本·艾布·宛戛斯传述：穆圣探望我，我说："我能否遗赠我的全部财产？"穆圣说："不行。"我说："二分之一呢？"穆圣说："不行。"我说："三分之一呢？"穆圣说："可以，三分之一够多了。"

【7】赫米德·本·阿布杜·拉赫曼·黑姆叶尔传述：穆圣在麦加探望赛尔德·本·艾布·宛戛斯时，赛尔德哭了。穆圣说："你哭什么？"赛尔德说："我害怕归真在确已迁出之地，就像赛尔德·本·豪莱那样。"这时，穆圣接连祈祷了三遍："安拉啊！求你使赛尔德恢复健康吧。"赛尔德说："安拉的使者啊！我有些财产，只有一个女儿继承。我能否遗赠全部财产？"穆圣说："不行。"他又说："那三分之二呢？"穆圣说："不行。"他又说："那二分之一呢？"穆圣说："不行。"他又说："那三分之一呢？"穆圣说："三分之一，三分之一够多了。你从财产上

---

① 赛尔德·本·豪莱，生卒年份不详，早期归信伊斯兰，参加过白德尔战役，穆圣门弟子，迁士。对其历史，说法不一。据历史学家伊本·希沙姆说，他曾迁徙阿比西尼亚，参加过白德尔等战役，在穆圣辞朝那年归真于麦加。穆圣对其归真表示痛惜，是因其自行而非奉命回到麦加，失去迁徙于安拉及其使者的报酬。

出散的是所得格，你对眷属花费的是所得格，你妻子吃穿的也是所得格。你留下你的眷属富裕，比你留下他们乞讨要更好。"

【8】赫米德·本·阿布杜·拉赫曼·黑姆叶尔传述：赛尔德·本·艾布·宛戛斯在麦加得了病，穆圣前去探望。

【9】欧勒沃·本·祖拜尔传述：伊本·阿巴斯说："但愿人们将遗赠从三分之一减少到四分之一，因为穆圣曾说：'三分之一，三分之一太多了。'"

第三节　所得格的回赐到达亡人

【10】艾布·胡莱勒传述：一人对穆圣说："我父亲归真时留下财产，可是没有立下任何遗嘱。我若替他出散，能否罚赎他的罪过？"穆圣说："能以罚赎。"

【11】圣妻阿依莎传述：一人①对穆圣说："我母亲突然归真了。我认为假若她当时能说出话，一定会施散的。我若替她施散，对她有回赐吗？"穆圣说："有回赐。"

【12】圣妻阿依莎传述：一人来见穆圣，说："安拉的使者啊！我母亲突然归真了，没有立下任何遗嘱。我认为假若她当时能说出话，一定会施散的。我若替他施散，对她有回赐吗？"穆圣说："有回赐②。"

---

① 据说此人是赛尔德·本·欧巴德，因他知道自己母亲一贯热心善举并愿意作此遗嘱，故他说："如果她当时能说话，定会施散的。"

② 欧莱玛仪一致主张：继承人替埋体出散所得格不是瓦吉布，而是一项穆斯泰罕布。至于埋体生前所欠债务，如果埋体留下财产，不论是否遗嘱，继承人替之偿还属于瓦吉布，是一项当然的责任，不论所欠是安拉的债务，如泽卡特、罕志、奈兹尔（指生前的许愿）、凯法尔（指生前发誓的赎金等）、斋戒；或者是他人的债务。如果未留下财产，则继承人替之偿还属于穆斯泰罕布。

第四节 归真后哪些善行仍得回赐

【13】艾布·胡莱勒传述：穆圣说："人一旦无常，其善功便中止，只有三件事对其仍然有益：一是为公益捐出的所得格①，二是人们受益的济世知识，三是为其作杜阿的清廉儿女。"

第五节 沃格夫②

【14】伊本·欧麦尔传述：欧麦尔得到海巴尔一块土地后，便就如何处理这块土地前来请教穆圣，说："安拉的使者啊！我在海巴尔得到的这块土地确是我最宝贵的财富，我还未得到过比这更宝贵的财富。请你吩咐我如何处理？"穆圣说："你若愿意，可捐作沃格夫，将其收益施散于人。"于是，欧麦尔便将那块地作了沃格夫："不得出售、不得转赠、不得继承，将其收益施散给穷人、亲属、奴隶、为安拉战斗或工作者、异乡人和旅客。管理人员可以从其收益中合理地食用或招待朋友，但不能用此生财。"

【15】欧麦尔传述：我得到了海巴尔一块土地，便来见穆圣，说："我得到的这块土地确是我最宝贵的财富，我还未得到过比这更宝贵的财富……"

第六节 没有财产可以不立遗嘱

【16】塔里哈·本·穆赛利夫③传述：我问伊本·艾布·奥

---

① "为公益捐出的所得格"，是指生前为主道所作的沃格夫。
② "沃格夫"，阿拉伯语音译，也可音译为"瓦克夫"，意为"捐公产"或"捐义产"。在中国亦称为"义地"、"义产"。沃格夫的特点是以奉献安拉之名义永久性地冻结财产的所有权，明确限定其用益权，留存沃格夫的土地、产业归安拉所有，只能用于弘扬主道事业，禁止出售、典当、抵押、继承、赠与等。
③ 塔里哈·本·穆赛利夫（？—730年），穆圣再传弟子，库法人，擅长诵读《古兰经》，有"诵读家之首"之称，也是可靠的圣训传述者。

法："穆圣曾经是否留过遗嘱？"伊本·艾布·奥法说："没有。"我问："那怎么规定并且命令穆斯林大众要立遗嘱？"伊本·艾布·奥法说："穆圣曾以安拉的经典作了遗嘱①。"

【17】圣妻阿依莎传述：穆圣没有留下一块第纳尔、一块第尔汗、一只羊、一峰驼。他也没有留下任何遗嘱。

【18】埃斯沃德·本·耶吉德传述：我们在圣妻阿依莎跟前提及阿里是穆圣指定的遗嘱执行人②，阿依莎说："穆圣何时给他留过遗嘱？当时穆圣靠在我胸脯上，要来一盆水洗手，还未洗，就倒在我怀中。我还未感觉到，他已归真了。那么，穆圣在什么时候给阿里留了遗嘱？"

【19】赛义德·本·朱拜尔传述：伊本·阿巴斯说："星期四，星期四是什么日子？"说着他哭了，泪水滴湿了脚前的石粒。我说："伊本·阿巴斯啊！星期四到底是个什么日子？"伊本·阿巴斯说："星期四那天，穆圣的病情加重，便说：'给我拿纸笔来，我要给你们留下一纸遗书，以免你们日后走上迷途。'这时，在场的人相互争执起来，而在先知面前是不应该出现争执的。大家说：'怎么了？难道穆圣在说吃语？你们应当请求穆圣讲明。'这时，穆圣说：'你们出去，让我安静一会儿，我现在的情况比你们要我做的强得多③。我嘱咐你们三件事：

---

① "以安拉的经典作遗嘱"，意思是说，穆圣的使命是传授《古兰经》，传播伊斯兰，对稳麦的一切嘱咐都在《古兰经》中。严格实践《古兰经》的教诲，是穆圣最大的遗愿。

② "阿里是穆圣指定的遗嘱执行人"一语，源自拥护阿里为哈里发的那部分人的说法。逊尼派不承认什叶派所说的穆圣辞朝麦地那途中在格迪尔·胡姆地方对阿里所作的遗嘱。

③ "我现在的情况比你们要我做的强得多"，此句意为穆圣正处于生命最后一刻，专心归主之际，不愿受到干扰，所以不愿接受有人提出请他留遗嘱的要求。

一、你们将多神教徒逐出阿拉伯半岛；二、你们要像我那样接待各种代表团……'"

第三件事[1]，伊本·阿巴斯没有说，或者说了，我却忘记。

【20】赛义德·本·朱拜尔传述：伊本·阿巴斯说："星期四，星期四是什么日子？"说着他哭了，泪如泉涌，我看它像两串珍珠，在面颊上流淌。伊本·阿巴斯说："穆圣说：'你们给我拿来肩胛骨和墨盒，我要为你们留下遗书，有了它你们绝不会迷失正道。'大家说：'难道穆圣是在说呓语？'"

【21】伊本·阿巴斯传述：穆圣垂危之际，房间有很多人，其中包括欧麦尔。穆圣说："你们过来，我要为你们留下一纸遗书，有了它你们就不会迷失正道。"欧麦尔说："穆圣病痛如此严重，你们已有《古兰经》，安拉的经典确已使你们满足了[2]。"这时，穆圣的眷属们出现了分歧，而且相互争执起来。其中有人说："你们赶快拿来，让穆圣为你们留下一纸遗书，有了它你们以后不会迷失正道。"其中也有人跟欧麦尔说的一样。当他们在穆圣面前七嘴八舌争论不休时，穆圣说："你们都走开！"

伊本·阿巴斯曾说："这种不幸极其严重，由于他们的分歧和争吵，妨碍了穆圣为他们写下那份遗书。"

---

[1] 这段遗嘱的第三件事有两种说法：一是卡迪·伊雅德所说，是指穆圣曾说的"你们不要将我的坟墓变成供膜拜的偶像"；一是如伊玛目马立克所说，是指犹太人撤出阿拉伯半岛。

[2] 欧麦尔以其智慧和远见，认为在此情况下不写遗嘱为上策。他担心如果穆圣真的写了一些事情，那他们就必须落实，如果落实不了，就要承担罪过。所以他说穆圣病情非常严重，如立遗嘱，将承受更剧烈的疼痛，于心不忍。何况穆圣传授的《古兰经》启示，内容丰富，已使众多穆民感到极大的满足，再立遗嘱已无必要。看来欧麦尔比伊本·阿巴斯更为机智更富有远见。

十一　许愿①

第一节　许愿当还

【1】伊本·阿巴斯传述：赛尔德·本·欧巴德请教穆圣："我母亲许了愿，未来得及履行就归真了，如何处理？"穆圣说："那你可以替她还愿。"

第二节　许愿不能改变前定

【2】伊本·欧麦尔传述：穆圣曾经禁止许愿，并且说："许愿丝毫不能改变前定，但它确能使吝啬者解囊出血②。"

【3】伊本·欧麦尔传述：穆圣说："许愿不会将任何事物提前或延缓，它只能迫使吝啬者施济而已。"

【4】伊本·欧麦尔传述：穆圣曾经禁止许愿，并且说："许愿不会带来任何福利，它只是迫使吝啬者施济而已。"

【5】艾布·胡莱勒传述：穆圣说："你们不要许愿，因为许

---

① 译者指出，"他们中有些人，与安拉缔约：'如果安拉把部分恩惠赏赐我们，我们一定施舍，一定成为善人。'"（《古兰经》9：75）许愿，阿拉伯语"奈兹勒"一词的意译，是指人们在祈求得福避祸的同时，许愿做某一善举或牺牲某物，以酬谢安拉。关于此类问题，穆圣说："许愿不会带来任何福利，它只是迫使吝啬者施济而已。"由此看来，许愿只是表达许愿者个人求福免灾的愿望，事实上无济于事，伊斯兰鼓励人们行善，并不鼓励许愿。但是教法根据经训规定：既然许了愿，就须自觉兑现，因为这是一个穆斯林与安拉的约定，是一项神圣的瓦吉布（见《古兰经》76：7，22：29）。在我国穆斯林日常生活中，经常与许愿并用的一个词叫"乜帖"，即心中的举意。许愿和举意的相同点在于二者都是为了安拉做某事，区别是前者为有前提的约定，而后者是无前提的善意打算。值得注意的是：不论举意做任何事情，只要当时诵念"引沙安拉"，就不会变成"奈兹勒"——许愿。

② 穆圣之所以禁止，是因为一些愚昧之辈误认为许愿能改变前定，能阻止注定之事的发生，尔后将一件不能完全实现的行为同对安拉的奉献联系起来，这是对信仰安拉和信仰前定缺乏虔诚的一种表现。

愿不会改变前定丝毫,它只是促使吝啬者舍财而已。"

【6】艾布·胡莱勒传述:穆圣说:"许愿不能给人带来命中未曾注定的任何东西,但是许愿有时会与前定巧合,借此而使吝啬者拿出本来不欲施济之物。"

第三节　违抗安拉无还愿,无所拥有无还愿

【7】欧姆拉奈·本·侯斯尼传述:赛吉夫①部落曾为白尼·欧盖里的盟友。一次,赛吉夫部落将两位圣门弟子俘虏,于是圣门弟子便将一名白尼·欧盖里②人抓获,而且缴获了一峰叫尔兹巴仪的良驼。穆圣从旁经过,那人还被捆绑,于是呼喊:"穆罕默德啊!"穆圣近前问:"你有何事?"那人说:"你为什么抓我,还抓哈吉的赛驼?"穆圣说:"由于你们赛吉夫盟友的罪恶,我才抓了你。"穆圣转身离开,那人又呼喊:"穆罕默德啊!穆罕默德!"穆圣待人怜悯厚道,又返回来,问:"你有何事?"那人说:"我确是穆斯林!"穆圣说:"假若在自由的那个时候你说出来,那你确已脱离了。"穆圣转身离去,那人又呼喊:"穆罕默德啊!穆罕默德!"穆圣又返回来,问:"你有何事?"那人说:"我非常饥渴,请你给我饮食。"穆圣说:"这能满足你。"后来,穆圣用这人赎回了那两位圣门弟子。

又一次,有位辅士妇女被俘,那峰尔兹巴仪驼也被抢走。那位妇女一直被绑着。这帮劫匪夜晚都将自己骆驼卧在门前。有个晚上,那位妇女挣脱绑绳,来到驼群,走近每峰都咆哮,便将之放弃直到走近尔兹巴仪时没有吼叫,便骑在驼峰后面策

---

① 赛吉夫,海瓦津一部落名。
② 白尼·欧盖里,一部落名。

驼逃离。他们对尔兹巴仪非常留心，发现不在就跟踪追赶，结果被尔兹巴仪远远抛在后面，望尘莫及。当时，那位妇女因为安拉许愿："如果安拉使她脱险，她一定将尔兹巴仪献牲。"当她回到麦地那，人们看见时，都说："尔兹巴仪是穆圣的骆驼。"她说："她已许愿：如果安拉使她脱险，她一定将尔兹巴仪献牲。"大家来见穆圣禀告此事，穆圣说："赞颂安拉超绝万物！她对尔兹巴仪的报答真糟啊！——她为安拉许愿：如果安拉让她骑着尔兹巴仪脱险，她一定将其献牲。罪恶之事无还愿，无所拥有无还愿。"

第四节　论许愿步行到天房

【8】艾奈斯·本·马立克传述：穆圣见一老者由俩儿子搀扶着走路，便问："这是为什么？"他们回答："他曾许愿步行去天房。"穆圣说："安拉不需要这位老人如此折磨自己。"便让那位老人骑着骆驼上路[①]。

【9】艾布·胡莱勒传述：穆圣见一老者由俩儿子搀扶着走路，便问："这是怎回事？"俩儿子回答："安拉的使者啊！他曾许过愿。"穆圣说："你骑上骆驼吧，这位老人！安拉不需要你这样的许愿。"

【10】欧格白·本·阿米尔传述：我姐姐曾经许愿赤脚步行去天房，便让我就此请教穆圣。于是，我请教穆圣，穆圣说："步行乘骑让她自便。"

[①] 穆圣让此老者骑驼上路，而未让他履行自己的许愿，是根据《古兰经》关于"安拉要你们容易，不要你们困难"（2∶185）的教诲。由此可见，任何超越自身承受能力的许愿，均非伊斯兰所鼓励。

第五节 许愿的罚赎

【11】欧格白·本·阿米尔传述：穆圣说："许愿的罚赎等同发誓的罚赎。"

十二 发誓①

第一节 禁止以非安拉名义发誓

【1】欧麦尔传述：穆圣说："安拉禁止你们以父辈名义发誓。"欧麦尔说，誓以安拉！自从听到禁止此事，我再没有以父辈名义发过誓言，不论是有意识或无意识。

【2】欧麦尔传述：自从我听到穆圣禁止此事，我再没有以父辈名义发过誓，也没有以父辈名义说过话。

【3】伊本·欧麦尔传述：穆圣曾在一次驼队行进中赶上欧麦尔时，听到欧麦尔以自己父亲名义发誓，便呼唤他们说："请注意！安拉禁止你们以父辈名义发誓。谁要发誓，就以安拉发誓吧；否则，就保持沉默。"

【4】伊本·欧麦尔传述：穆圣说："谁要发誓，就以安拉发誓。"古莱什曾以自己父辈名义发誓，于是穆圣说："你们不要以你们父辈名义发誓。"

第二节 误以偶像发誓者须诵清真言

【5】艾布·胡莱勒传述：穆圣说："你们谁在发誓中提到

---

① 译者介绍，发誓，阿拉伯语"赫莱夫"和"格赛姆"一词的意译。伊斯兰不赞许随意张口发誓，并将假誓列入最为严重的大罪之一。与此同时，经训明确规定：要发誓必须以安拉的名义，严禁以非安拉名义发誓。而且指出：既已发誓宜当履行誓言，反对轻诺寡信；誓言若妨害他人，发现更佳方法宜当纳罚赎而解除誓言；发誓时若声明"如果安拉意欲"，则可自行解除誓言。本章圣训还包括善待奴隶，努力改变他们的生活待遇，而且倡导穆斯林应当将释奴作为一件善功积极来做。

'拉特'，就让他诵念：'万物非主，唯有安拉。'谁对自己同伴说：'来，咱们赌博吧！'就让他出散所得格，（以赎失口之罪）。"

【6】阿布杜·拉赫曼·本·赛姆尔传述：穆圣说："你们不要以偶像和父辈来发誓。"

第三节　发誓后发现有更佳方法者宜当放弃誓言

【7】艾布·穆萨传述：我和几个艾什尔里人去穆圣那里，请求穆圣配备我们乘骑。穆圣说："誓以安拉！我不能配备你们乘骑，我没有可供你们乘骑的骆驼。"我们等了一阵，有人给穆圣送来骆驼，穆圣吩咐给了我们三峰良驼。我们边走边说："安拉不会赐福我们的。我们去穆圣那里，请求配备我们乘骑，结果穆圣发誓他不会提供我们乘骑的。"于是，我们又返回来将此禀告穆圣，穆圣说："我并没有配备你们乘骑，那是安拉提供你们的。誓以安拉！如果安拉意欲，我若发了誓，然后发现比自己誓言更好的事情，我就罚赎自己誓言，而按更好的去办。"

【8】艾布·穆萨传述：我的几个伙伴派我去穆圣那里，请求配备他们乘骑，当时他们都要随穆圣参加泰布克战役。我说："安拉的使者啊！我的几个伙伴派我到你这里来，让你配备他们乘骑。"穆圣说："誓以安拉！我没有可供你们乘骑的骆驼。"当时正碰巧穆圣生气，可我没有发觉，便闷闷不乐地返回，既由于穆圣拒绝，又担心穆圣生我的气。我回来后，向伙伴们告诉了穆圣的答复。刚过了一会儿，突然听到毕莱里呼唤："阿布杜拉·本·盖斯[①]！"我回应了。毕莱里说："穆圣在叫你，你快

---

① 阿布杜拉·本·盖斯，系艾布·穆萨之本名。

去!"等我到穆圣那里,穆圣指着刚从赛尔德·本·欧巴德手中买来的六峰骆驼说:"这两峰拴在一起,你牵去;这两峰拴在一起,你牵去;这两峰拴在一起,你也牵去,将它们带给你的伙伴们。你告诉他们,安拉使者配备你们这些骆驼,你们骑上它们吧!"我将骆驼牵到我的伙伴那里,告诉他们说:"安拉使者给你们配备了这些骆驼。但是,誓以安拉!我现在不让你们骑,直到你们有人随我一道去见听到穆圣上述话的人。当时,我为你们请求穆圣,穆圣开始拒绝,后来又答应给我,以免你们误以为我告诉你们的不是穆圣的原话。"他们对我说:"誓以安拉!我们是信任你的,你愿意怎么办,我们就怎么办。"于是,我带着几个人来见那些曾经听到穆圣谈话的人,关于穆圣最初拒绝后来又配备他们骆驼乘骑,这些人说的同我所说的完全一样。

【9】泽海岱姆·杰尔米亚[①]传述:我们曾在艾布·穆萨那里,他要来自己食物,上面放着鸡肉。这时,进来一位深棕色皮肤的白尼·泰姆人,此人好像是个麦瓦里[②]。艾布·穆萨说:"你过来!"这人磨磨蹭蹭的。艾布·穆萨又说:"过来吧!因为我确曾看见穆圣吃它。"这人说:"我看见它吃肮脏东西,便认为不干净,并且发誓不再吃它。"艾布·穆萨说:"你来!我给你谈谈解除誓言的办法:我曾和几个艾什尔里人去见穆圣,请求给我们配备乘骑,穆圣说:'誓以安拉!我不能配备你们乘骑,我没有可供你们乘骑的骆驼。'我们等了一阵,有人给穆圣送来一群缴获的骆驼。于是,穆圣叫来我们,下令给我们五峰

[①] 泽海岱姆·杰尔米亚,生卒年份及其事迹不详,穆圣再传弟子。
[②] "麦瓦里",刚入教的新穆斯林,一般指非阿拉伯人。

良驼。离开之后，我们议论说：'我们使穆圣疏忽了他发过的誓，这对我们并非吉事。'于是，我们又返回穆圣那里，说：'安拉的使者！开始我们前来请求你配备我们乘骑，你当时发誓不给我们，难道你忘了吗？'穆圣说：'誓以安拉！我没有忘记。如果安拉意欲，我若发了誓，然后发现比自己誓言更好的事情，我将罚赎自己誓言，而按更好地去办。你们去吧，那是安拉提供给你们的乘骑。'"

【10】泽海岱姆·杰尔米亚传述：杰勒姆和艾什尔里两部族之间曾有传统友谊，一次我们在艾布·穆萨那里，有人给他端来食物，上面放着鸡肉……

【11】泽海岱姆·杰尔米亚传述：我访问艾布·穆萨，他正在吃鸡肉……

【12】艾布·穆萨传述：我们曾到穆圣那里，请求他配备我们乘骑。穆圣说："我这里没有可供你们乘骑的骆驼。誓以安拉！我不能配备你们骆驼。"后来，穆圣派人给我们送来三峰良驼。我们都议论说，我们去穆圣那里，请求他配备我们乘骑，他发誓不给我们提供。于是，我们又返回来告诉穆圣，穆圣说："如果我发了誓，然后发现比自己誓言更好的事情，我就罚赎自己誓言，按更好地去办。"

【13】艾布·穆萨传述：我们曾经步行着去穆圣那里，请求穆圣配备我们乘骑……

【14】艾布·胡莱勒传述：有个人在穆圣那里呆到深夜，回到家里发现孩子确已熟睡，便心疼孩子发誓不吃。后来觉得不对，就吃了饭。第二天来见穆圣，禀告此事，穆圣说："如果谁发了誓，然后发现比自己誓言更好的事情，就让他罚赎誓言，

按更好地去办。"

【15】艾布·胡莱勒传述：穆圣说："如果谁发了誓，然后发现比自己誓言更好的事情，就让他罚赎誓言，按更好地去办。"

【16】泰米姆·本·托勒法传述：一人来向阿迪仪·本·哈蒂姆索要一名仆人剩余的身价，阿迪仪说："我致信家人，让他们给你。"结果那人不同意。阿迪仪生气了，说："誓以安拉！我一文都不给你。"后来，那人又同意了，阿迪仪说："誓以安拉！如果不是我听穆圣曾说'如果谁发了誓，然后发现比自己誓言更敬畏安拉的事情，就让他去干那件敬畏之事'，则我不会解除我的誓言的。"

【17】阿迪仪·本·哈蒂姆传述：穆圣说："如果谁发了誓，然后发现比自己誓言更好的事情，就让他放弃誓言纳罚赎，按更好地去办。"

【18】阿迪仪·本·哈蒂姆传述：穆圣说："如果谁发了誓，然后发现比自己誓言更好的事情，就让他罚赎誓言，按更好地去办。"

【19】阿迪仪·本·哈蒂姆传述：有人前来向他索要一百第尔汗，他说："你向我索要一百第尔汗，我是哈蒂姆的儿子，誓以安拉！我不会给你的。"后来，他说："如果不是我听穆圣曾说'如果谁发了誓，然后发现比自己誓言更好的事情，就让他按更好地去办'……"

【20】阿迪仪·本·哈蒂姆传述：我说："我另外再给四百！"

【21】阿布杜·拉赫曼·本·赛姆尔传述：穆圣曾对我说：

"阿布杜·拉赫曼·本·赛姆尔！你不要乞求官职，因为通过乞求得到的官职，虽有其位而不得佑助；如果不经乞求得到官职，既有其位又蒙佑助。你若发了誓言，然后发现比誓言更好的办法，就当罚赎誓言，按更好地去办。"

第四节 誓在人意

【22】艾布·胡莱勒传述：穆圣说："誓在人信[①]。"

【23】艾布·胡莱勒传述：穆圣说："誓在人意。"

第五节 发誓时诵念伊斯提斯纳仪

【24】艾布·胡莱勒传述：先知苏莱曼·本·达乌德曾有六十位妻室，便说："我将在今天晚上同她们过夜，让每位妻室各生一名为安拉战斗的骑士。"结果，仅有一位妻室怀孕，后来生下了一个体态不全的孩子。穆圣说："假若他念了伊斯提斯纳仪[②]，她们每个人都会为他生下一名为安拉而战斗的骑士。"

【25】艾布·胡莱勒传述：穆圣说："先知苏莱曼·本·达乌德说：'我一定在今天晚上同七十位妻室轮着过夜，让每位妻室都生一个为安拉战斗的骑士。'天使提醒他：你应该念'英沙

---

① 即是否发誓取决于对方的要求和意愿，如在法庭上法官明确要求发誓，再予以宣誓。

② 伊斯提斯纳仪是"英沙安拉"一句的称谓，意为"如果安拉意欲的话"，一般也称为"托靠词"。我们常说做穆民的不要失托靠，就是指不论做任何事情首先要念"英沙安拉"，托靠安拉，祈求安拉襄助成功。《古兰经》明确指出："你不要为某事而说：'明天我一定要做那件事。'除非同时说：'如果安拉意欲。'你如果忘了，就应当记念你的主。"（18：23—24）根据伊斯兰教义教法规定：发誓者如果诵念了"英沙安拉"，不论发生任何事情，也不会破坏誓言而须纳罚赎；举意功修时诵念"英沙安拉"，就不会变成"奈兹勒"（许愿），特别是古尔邦节宰牲，事先一定要念"英沙安拉"。

安拉'。但是，他却忘而未念。结果，他的诸位妻室中仅有一位妻室生育，而且生了一个体态不全的孩子。"穆圣接着又说："假若他念了'英沙安拉'，既不会违背他的誓言，而且又能使他达到自己的愿望。"

【26】艾布·胡莱勒传述：先知苏莱曼·本·达乌德曾说："我一定在今天晚上同七十位妻室过夜，让她们每人生下一个为安拉战斗的孩子。"当时，有人提醒他："你应该念'英沙安拉'。"但是他未诵念。之后，他同妻室们过了夜，结果诸位妻室中仅有一位生育，而且生了一个体态不全的孩子。穆圣说："假若他念了'英沙安拉'，既不会违背他的誓言，而且又能使他达到自己的愿望。"

【27】艾布·胡莱勒传述：穆圣说："先知苏莱曼·本·达乌德①说：'我一定在今天晚上同九十位妻室过夜，让每位妻室生下一个为安拉战斗的骑士。'当时，他的伙伴提醒他：你应该念'英沙安拉'。但是，他未诵念'英沙安拉'。之后，他与全部妻室们过了夜，结果仅有一位怀孕，后来生下了一个体态不全的孩子。誓以穆罕默德生命在其掌握的安拉！假若他念了

---

① 达乌德，《古兰经》中提到的古代先知之一，《旧约全书》称为"大卫"。据《古兰经》记载，他是一位能使群山和百鸟听命的有能力的国君（38：17—20）。在随国王同查鲁特作战中，杀死巨人查鲁特，从而得到了安拉赏赐的国权和智慧（2：246—251）。安拉还使他精于冶炼术，能"使铁柔软"，并能制造完善的铠甲，设计其宽度（34：10—11；21：80）。安拉把四部天经之一的《则布勒》降示给他（17：55；4：163），并任命他为"大地的代治者"，告诫他要"替人民秉公判决，不要顺从私欲"。他奉安拉旨意，在继承王位后，时常反躬自省，谨慎处理国政，执法严格公正，后来传位幼子先知苏莱曼。有人认为达乌德即《旧约全书》的大卫，他杀死的敌人查鲁特即哥利亚、扫罗王，《则布勒》即《旧约全书·诗篇》。尽管情节有类似之处，但穆斯林经学家认为不宜将他们完全等同。

'英沙安拉'，他们全部都会成为安拉战斗的骑士。"

第六节　禁止坚持有害于家人的誓言

【28】艾布·胡莱勒传述：穆圣说："誓以安拉！你们坚持有害家人的誓言，在安拉看来，那比违背誓言而交纳安拉规定的罚金罪过更大。"

第七节　信奉伊斯兰之前的许愿亦当履行

【29】伊本·欧麦尔传述：欧麦尔说："安拉的使者啊！我在蒙昧时期曾许愿在禁寺坐静一夜，现在是否履行？"穆圣说："那你应当践行自己的许愿。"

【30】伊本·欧麦尔传述：欧麦尔从塔义夫返回之后在吉尔拉那请教穆圣："安拉的使者啊！我在蒙昧时期曾许愿在禁寺坐静一日，你看我是否践行？"穆圣说："那你去坐静一日吧。"

穆圣曾从五分之一战利品中赏赐父亲欧麦尔一个女俘。后来，穆圣将大家所获俘虏全部释放，欧麦尔在街巷听到那些俘虏说："安拉的使者将我们释放了！"便问："这是怎么回事？"大家说："穆圣将人们所分的俘虏全部释放了！"欧麦尔听后说："阿布杜拉！你去将那个女俘也释放了吧！"

【31】伊本·欧麦尔传述：穆圣从侯奈因归来时，欧麦尔关于他在蒙昧时期曾许愿坐静一日请教穆圣。

【32】纳菲尔·本·赛尔吉斯传述：有人在伊本·欧麦尔跟前提及穆圣从吉尔拉那的那次副朝，伊本·欧麦尔说："穆圣从吉尔拉那副朝这件事他不知道。"接着他又说："欧麦尔曾在蒙昧时期许愿坐静一夜……"

第八节 打自己仆人耳光的罚赎是将其释放

【33】贾贾尼·艾布·欧麦尔传述：我访问伊本·欧麦尔时，他正在释放一名仆人。伊本·欧麦尔从地上拿起了一根柴棍，说："我释放这名仆人仅能得到这根柴棍的报酬。因为我听穆圣曾说：'谁打了自己仆人耳光，他的罚赎就是将这个仆人释放。'"

【34】贾贾尼·艾布·欧麦尔传述：伊本·欧麦尔叫来自己仆人，看到脊背上有伤痕，便问仆人："我打痛你了吗？"仆人回答："没有。"伊本·欧麦尔说："你确已得到了释放！"接着他从地上捡起一根柴棍，说："我从这名仆人身上得到的报酬不及这根柴棍的分量。因为我听穆圣曾说：'谁无故鞭打了自己仆人，或者将其打了耳光，他的罚赎就是将其释放。'"

【35】穆阿威叶·本·苏威德传述：我将我们家一名仆人打了一个耳光后，便从家里逃走，近午时分我才回来。跟随父亲礼完拜后，父亲将那个仆人和我一起叫来，对仆人说："你向他报仇！"结果，那个仆人宽恕了我。父亲接着说："在穆圣时代，我们穆格利尼家族仅有一名仆人，后来被我们家中的一人打了一个耳光，穆圣得悉后说：'你们应当将其释放！'他们告诉穆圣说，他们仅有这么一个仆人。穆圣说：'你们可以暂时使用，如果再有仆人，则当将其释放。'"

【36】希莱里·本·耶萨福传述：有位老人在气头上将自己仆人打了一个耳光，苏威德·本·穆格利尼见到后对那位老人说："你打她不能打脸呀！曾经我们七个穆格利尼人仅有一名仆人，后来我们中间年龄最小的一个将其打了一耳光，穆圣便命

令我们将其释放。"

【37】希莱里·本·耶萨福传述：我们曾在苏威德·本·穆格利尼，即努尔曼·本·穆格利尼哥哥宅第卖棉布，后来出来了一名使女对我们中的一人说了句话，便被打了一个耳光。苏威德非常生气，便提及了上述圣训。

【38】艾布·舒尔白传述：苏威德·本·穆格利尼的使女被人打了一个耳光，便问那人："难道你不知道禁止打脸吗?"接着又说："我们七个弟兄曾经伴随穆圣，当时我们仅有一名仆人。后来，我们中的一人将那名仆人打了一个耳光，穆圣便命令我们将其释放。"

【39】艾布·麦斯欧德传述：我曾用皮鞭打我的仆人，突然听到背后有人说："艾布·麦斯欧德啊！你可要知道。"当时由于生气，我没有听清声音。待到走近时，我才发现是安拉的使者，他说："艾布·麦斯欧德啊！你可要知道。"穆圣连说了两遍。我便从手中扔下了皮鞭。穆圣接着又说："你可要知道，艾布·麦斯欧德！安拉对你的能力，比你对这个仆人的能力要大得多。"自此之后，我再未打过任何仆人。

【40】艾布·麦斯欧德传述：由于害怕穆圣，皮鞭从我的手中掉了下去。

【41】艾布·麦斯欧德传述：我曾打我的仆人，突然听到身后有人说："你可要知道，艾布·麦斯欧德啊！安拉对你的能力，比你对他的能力要大得多。"我回头一看，原来是穆圣。我便说："安拉的使者啊！因为安拉，他现在是自由人了。"穆圣说："要知道，假若你没有这样做，则你必受火刑。"

【42】艾布·麦斯欧德传述：他曾打自己仆人，仆人哀告

说:"祈求安拉保佑我!"他又要打,仆人又哀告说:"祈求安拉的使者保护我!"他便放弃了。后来,穆圣说:"誓以安拉!安拉对你的能力,比你对他的能力要大得多。"于是,他释放了那个仆人。

第九节　严禁以私通罪诬蔑自己仆人

【43】艾布·胡莱勒传述:穆圣说:"谁以通奸罪诬蔑自己仆人,谁在复生日将受鞭笞,除非他所言属实。"

第十节　善待自己仆人

【44】麦尔鲁勒·本·苏威德①传述:我们在勒白兹②地方碰到艾布·赞尔,发现他穿的衣服跟自己仆人一模一样,便说:"艾布·赞尔啊!假若你将这两件衣服都穿上,那正好是一套。"艾布·赞尔说:"我曾和我的一位弟兄(指他的仆人)吵架,他母亲是非阿拉伯人,我便以其母亲羞辱。之后,他向穆圣控诉。我见到穆圣,穆圣说:'艾布·赞尔!你这人身上还残留着蒙昧时代的陋习。'我说:'安拉的使者啊!谁跟人吵架,都会辱骂其父母的。'穆圣说:'艾布·赞尔!你这人身上确实还残留着蒙昧时代的陋习。他们(指仆人)是你们的弟兄,安拉将他们置于你们手下。你们吃什么就让他们吃什么,你们穿什么就让他们穿什么,不要责成他们做力所不及的劳务。如果责成他们干什么,就当尽力帮助他们。'"

【45】麦尔鲁勒·本·苏威德传述:我看见艾布·赞尔穿的一套衣服跟自己仆人穿的一模一样,便就此请教。艾布·赞尔

---

① 麦尔鲁勒·本·苏威德,生卒年份及其事迹不详,穆圣再传弟子。
② 勒白兹,麦地那东部汉志路上的一村镇,距札特·伊尔格5公里。

说:"他曾在穆圣时代跟一人吵架,以其母亲羞辱对方。之后,那人前来禀告穆圣,穆圣说:'你这人身上还残留着蒙昧时代的陋习。他们是你们的弟兄。你们的仆人,是安拉将他们置于你们手下。谁手下有自己弟兄,自己吃什么就让他们吃什么,自己穿什么就让他们穿什么,不要责成他们做力所不及的劳务。如果责成他们干什么,就当尽力帮助他们。'"

【46】艾布·胡莱勒传述:穆圣说:"仆人享有吃穿的权利,而且只能责成他们干力所能及的工作。"

【47】艾布·胡莱勒传述:穆圣说:"如果仆人给你们谁做好食物端来,就让他坐下来跟自己共餐,因为他承受了火烤烟熏。如果食物不多,那就夹上一两口放在他手里。"

第十一节 敬事安拉忠于主人的奴仆将得厚报

【48】伊本·欧麦尔传述:穆圣说:"仆人如果忠于自己主人,并且虔诚敬事安拉,那他定将获得双倍报酬。"

【49】艾布·胡莱勒传述:穆圣说:"忠于主人敬事安拉的仆人,将会得到双重报酬。"誓以艾布·胡莱勒生命在其掌握的安拉!如果不是为了能为安拉之道出征、举行朝觐和孝敬父母①,我情愿做个仆人而归真②。

【50】艾布·胡莱勒传述:穆圣说:"如果一个仆人履行了安拉规定的主命、主人责成的义务,那他将会得到双倍报酬。"

【51】艾布·胡莱勒传述:穆圣说:"虔诚敬事安拉、效忠

---

① 据传述:由于陪伴母亲,艾布·胡莱勒没有随同穆圣一道朝觐,直到母亲归真后他才朝了觐。

② 因为奴隶人身不自由,故没有出征、朝觐的义务,同时因无经济条件,也难以尽赡养父母的责任。

自己主人而归真的仆人多好啊！"

第十二节　释放奴隶属于自己的股份

【52】伊本·欧麦尔传述：穆圣说："谁释放了自己在奴隶上的股份，如果还拥有到达该奴价值的能力，就将此奴公平估价，然后给合伙人应得的股份赔偿，而将此奴完全释放；如果没有财力，那只好释放属于自己的那一份。"

【53】伊本·欧麦尔传述：穆圣说："谁释放了自己在奴隶上的股份，若有到达其价值的财力，则他有责任将该奴完全释放；若无财力，那只好释放属于自己的那一份。"

【54】伊本·欧麦尔传述：穆圣说："谁释放了自己在奴隶上的股份，若有到达其价值的财力，便将该奴公平估价；若无财力，那只好释放属于自己的那一份。"

【55】伊本·欧麦尔传述：穆圣说："谁释放了与他人共有的一名奴隶，若其富有，便将该奴公平估价，既不压价也不抬价，然后将此奴完全释放。"

【56】伊本·欧麦尔传述：穆圣说："谁释放了自己在奴隶上的股份，若还拥有到达该奴价值的能力，那他应该用自己财产释放该奴剩下的份额。"

【57】艾布·胡莱勒传述：关于两人共有一奴，尔后其中一人释放了属于自己股份的问题，穆圣说："释放者应该给予合伙人应得的赔偿。"

【58】艾布·胡莱勒传述：穆圣说："谁释放了一名奴隶属于自己的股份，若有财力，应该用自己财产帮助该奴完全释放；若无财力，可要求该奴以劳动所得赎身，但不能勉为其难。"

【59】欧姆拉奈·本·侯斯尼传述：有人曾在弥留之际释放了自己六名奴隶，可是除了他们，他别无任何财产。于是，穆圣叫来那六名奴隶，分作三份，让他们抓阄。最后，释放了两名，保留了四名。穆圣还严肃批评了那位释放者[①]。

【60】欧姆拉奈·本·侯斯尼传述：有位辅士在弥留之际立下遗嘱，释放六名奴隶……

第十三节　可以出售穆旦白尔[②]

【61】贾比尔·本·阿布杜拉传述：有位辅士与其奴隶约定，他归真后释放其为公民。可是除此奴隶外，他别无任何财产。穆圣闻讯后便说："谁从我手上买走这名奴隶？"结果，努埃姆·本·阿布杜拉[③]以八百第尔汗买走。之后，穆圣把钱交给了那位辅士。

贾比尔·本·阿布杜拉说，该奴隶是科布特[④]人，在伊本·祖拜尔执政的第一年归真。

【62】贾比尔·本·阿布杜拉传述：有位辅士与其奴隶约定，他归真后此奴即为公民。可是除此奴隶外，他别无任何财产，穆圣便将此奴出售了。

贾比尔·本·阿布杜拉说，伊本·纳哈姆买了该奴，其人

---

①　伊斯兰沙里亚明确规定，穆斯林在临终之际仅有自己财产三分之一的遗赠权利，财产三分之二属于继承人。穆圣严肃批评是因为他违背教法侯昆严重侵犯了继承人的权利。

②　"穆旦白尔"，阿拉伯语音译，指主人与其约定在无常后将其释放的奴隶。

③　努埃姆·本·阿布杜拉，别称伊本·纳哈姆，麦加古莱什人，早期归信伊斯兰，一直隐藏自己的信仰，穆圣门弟子。曾在族人中享用威望，只身赡养本族孤孀，侯岱比亚那年迁徙麦地那，艾布·白克尔任哈里发时期在战役中归真。

④　科布特，埃及一古老民族名称。

为科布特人，伊本·祖拜尔执政的第一年归真。

十三 集体宣誓、抵命和赔偿[①]

第一节 集体宣誓[②]

【1】赛海里·本·艾布·赫斯迈和拉菲尔·本·赫蒂赘传述：阿布杜拉·本·赛海里[③]和穆赫义索·本·麦斯欧德·本·克尔白[④]出门到海巴尔，抵达之后二人各奔东西。后来，穆赫义索发现伊本·赛海里遭人杀害，便将其掩埋。返回麦地那，穆赫义索和胡威斯·本·麦斯欧德[⑤]、阿布杜·拉赫曼·本·

---

① 本章圣训内容是对伊斯兰刑律中同态复仇和赔偿血金处罚方式的具体论述。同态复仇，阿拉伯语"基萨斯"一词的意译，亦称血亲复仇，指以同样方式进行正当的复仇，适用于故意致命和故意伤害罪，源自《古兰经》"杀人者抵罪"（2：178）和"一切创伤都要抵偿"（5：45）的原则。赔偿恤金，阿拉伯语"迪叶"一词的意译，亦称赎罪恤金，指以交纳恤金的方式向被害者亲属和被伤害者谢罪求得谅解。源于《古兰经》"如果被害者的弟兄有所宽赦，那末，一方应依例提出要求，一方应依礼给予赔偿"（2：178）。这是同态复仇的温和形式和重要补充，既是对罪犯的惩罚，又是对受害方的经济补偿，适用于情节轻微的故意伤害、过失伤害、防卫过当和意外事故造成的间接伤害等。赔偿金额因受害人的社会身份和受伤程度不同而有区别。

② 集体宣誓确定恤金的判案是古代阿拉伯人处理无头血案的一种方法。即有人在一地遭杀害，但不知凶手是谁，成了无头案。如受害家属对遇害地的居民提出控告，要求赔偿恤金，法官即让原告方出50人宣誓，肯定他们的控告属实，此后可判遇害地的居民交纳恤金。如果没有50人，可让在场者宣誓50次。宣誓者必须是成年男性自由民，不包括儿童、妇女和奴隶。法官也可让被告方50人宣誓，肯定杀害事件与他们无关。如果原告发了誓，就可得到恤金；如果被告发誓予以否定，可不必交纳恤金。

③ 阿布杜拉·本·赛海里，生卒年份及其事迹不详，穆圣门弟子，辅士，哈里斯族人，穆赫义索·本·麦斯欧德的堂弟，在海巴尔遭人杀害。

④ 穆赫义索·本·麦斯欧德，生卒年份及其事迹不详，穆圣门弟子，辅士，哈里斯族人，参加过吴侯德、壕沟及其后的历次战役。

⑤ 胡威斯·本·麦斯欧德，生卒年份及其事迹不详，穆圣门弟子，辅士，哈里斯族人，穆赫义索的兄长，参加过吴侯德、壕沟及其后的历次战役。

赛海里[1]来见穆圣。阿布杜·拉赫曼当时年纪最小，他要在两个同伴之前发言，穆圣说："让年长者先说吧！"于是，他们依次发言，向穆圣禀告了伊本·赛海里的遇害情况。穆圣听后对他们说："你们能出五十人发誓，以便受害者家属享受恤金[2]吗？"他们说："这件事我们未曾目击，怎能发誓呢？"穆圣说："那么，能让五十个犹太人共同发誓，以向你们宣告清白无辜吗？"他们说：'我们怎能接受卡菲尔的发誓？"穆圣见此情景，便自己出钱给受害者家属付了恤金[3]。

【2】赛海里·本·艾布·赫斯迈和拉菲尔·本·赫蒂赞传述：穆赫义索·本·麦斯欧德·本·克尔白和伊本·赛海里来到海巴尔，在椰枣树林两人走散了。后来，伊本·赛海里遭人杀害，他们怀疑是犹太人所为。伊本·赛海里弟弟阿布杜·拉赫曼和他的两个堂兄胡威斯、穆赫义索来见穆圣，阿布杜·拉赫曼当时年纪最小，他要发言介绍哥哥情况，穆圣说："让年长者先说吧！"于是，他们依次发言，介绍了自己伙伴的情况。穆圣说："你们能出五十人发誓，以便享受全部恤金吗？"他们说："这件事我们未曾目击，怎能发誓呢？"穆圣说："那么，能让五

---

[1] 阿布杜·拉赫曼·本·赛海里，生卒年份及其事迹不详，穆圣门弟子，辅士，哈里斯族人，阿布杜拉·本·赛海里的胞弟。

[2] 在穆圣和四大哈里发时代，人命恤金数量据各家所传圣训记载为：故意杀人的恤金是100峰骆驼，或200头牛，或1000只羊。如以货币偿付，则为800到1000第纳尔，或1万到1.2万第尔汗。如系准误杀，为上述数目的四分之一。如系误杀，则为上述数目的五分之一。妇女的恤金为男性的二分之一。非穆斯林的恤金也为男性穆斯林的二分之一。

[3] 在受害者家属不了解真正凶手，只知出事地点是犹太人居住区，凶手可能是犹太人，但又不知具体人，举不出证据的情况下，穆圣作为当时的政教领袖，为了了解此案，息事宁人，自己给受害者家属付了抚恤金。

十个犹太人共同发誓,以向你们宣告清白无辜吗?"他们说:"安拉的使者啊!他们是卡非尔。"于是,穆圣自己出钱,给受害者家属付了恤金。

赛海里·本·艾布·赫斯迈说,一天,我走进他们驼栏,其中的一峰母驼还踢了我一蹄子。

【3】布沙尔·本·叶萨尔传述:穆圣时代,哈里斯族两位辅士——阿布杜拉·本·赛海里和穆赫义索·本·麦斯欧德出门到海巴尔。当时,海巴尔是和约之地,居民为犹太人。抵达之后,二人为自己的生计各奔东西。后来,阿布杜拉遭人杀害,在椰枣树根部浇水的凹坑里发现,穆赫义索便将其掩埋,然后返回麦地那。受害者兄弟阿布杜·拉赫曼和穆赫义索、胡威斯徒步来见穆圣,禀告了阿布杜拉的情况和被杀害的地点。穆圣问他们:"你们能出五十人发誓,以便受害者家属享受恤金吗?"他们回答说:"安拉的使者啊!我们既未目睹又没到现场,怎能发誓呢?"穆圣说:"那么,能让五十个犹太人共同发誓,以向你们宣告清白无辜吗?"他们说:"安拉的使者啊!我们怎能接受卡非尔的宣誓呢?"于是,穆圣自己出钱,给受害者家属付了恤金。

【4】布沙尔·本·叶萨尔传述:哈里斯族一位叫阿布杜拉·本·赛海里的辅士和他的一位叫穆赫义索·本·麦斯欧德的堂弟去了海巴尔。

【5】赛海里·本·艾布·赫斯迈传述:他们族的几个人去海巴尔后各奔东西,后来发现其中的一人遭到杀害。穆圣不愿让受害者血白流,便以百峰天课骆驼作为其家属的恤金。

【6】赛海里·本·艾布·赫斯迈传述:由于生活困苦,阿布杜拉·本·赛海里和穆赫义索去了海巴尔。后来,穆赫义索

返回麦地那说，阿布杜拉遭人杀害，被扔在树坑（一说是水井），他去见犹太人，说："誓以安拉！你们杀害了他。"他们说："誓以安拉！我们没有杀他。"他回来报告族人，又和兄长胡威斯、阿布杜·拉赫曼·本·赛海里面见穆圣。穆赫义索要先发言，因为他曾在海巴尔。穆圣说："你让年长者先说，让年长者先说吧！"于是，胡威斯首先发言，接着穆赫义索发了言。穆圣听后说："要么他们给你们的受害者付恤金，要么向他们宣战。"穆圣关于此事致信犹太人，犹太人复信说："誓以安拉！我们确实没有杀他。"穆圣问胡威斯、穆赫义索和阿布杜·拉赫曼："你们能发誓而享受受害者的恤金吗？"他们回答说："不能。"穆圣又问："那让犹太人给你们发誓呢？"他们回答说："那些人不是穆斯林。"最后，穆圣自己出钱，给受害者家属付了恤金，给了他们一百峰骆驼，一直赶进他们宅院。

赛海里·本·艾布·赫斯迈说，其中的一峰红驼还踢了我。

【7】圣妻梅姆娜的释奴苏莱曼·本·叶萨尔自一位辅士门弟子传述：穆圣认可蒙昧时代以集体宣誓的方式处理无头血案。

【8】伊本·谢哈布传述：有位辅士遭人杀害，他们控告是犹太人所为，穆圣便以集体宣誓的方式作出判决。

第二节　反叛者的刑律

【9】艾奈斯·本·马立克传述：几个欧莱那[①]人来到麦地那同穆圣结了约。他们不适应麦地那气候，穆圣对他们说："如果你们愿意，便去天课驼场，可以饮用驼奶和驼尿。"他们照办

---

① 欧莱那，一部落名。

了，不久疾病痊愈。后来，他们杀害牧驼人[①]，背叛伊斯兰，赶着穆圣的骆驼逃走。穆圣闻讯，立即派人跟踪追捕，终于将他们抓来，下令断其手足，剜其眼睛，掷于哈尔，致使全部死亡。

【10】艾奈斯·本·马立克传述：几个欧莱那人来见穆圣，同穆圣结约信奉了伊斯兰。他们不适应当地气候，都得了病，来向穆圣诉苦。穆圣说："你们能否跟随我们的牧人一道去牧驼，这样可以饮用驼奶和驼尿？"他们说可以，便外出放牧，饮用驼奶驼尿后疾病痊愈。结果后来，他们杀害牧人，赶走了骆驼。穆圣得讯，立即派人跟踪追捕，终于将他们抓来，下令断其手足，剜其眼睛，掷于太阳下，致使全部死亡。

【11】艾奈斯·本·马立克传述：几个欧克莱（一说是欧莱那）人访问穆圣，他们不适应麦地那气候，穆圣便吩咐他们放牧奶驼，饮用驼奶驼尿……剜其眼睛，掷于哈尔，他们要水，无人给予。

【12】艾布·格莱自传述：我曾坐在欧麦尔·本·阿布杜·阿齐兹身后，欧麦尔问人们："你们对集体宣誓有何看法？"安白斯说："艾奈斯·本·马立克确曾对此传述我们某某段圣训。"我也回答说："艾奈斯也曾给我传述过那段圣训。"当我原原本本地讲完那段圣训时，安白斯说："赞颂安拉超绝万物！"我说："你怀疑我？安白斯！"安白斯说："不！艾奈斯·本·马立克就是这样传述我们的。沙姆人啊！只要你们中间有这样的人物，那你们一定是有福气的。"

[①] 据载，这八个欧莱那人打死穆圣的牧驼人，砍断手足，并剜掉眼睛。穆圣根据启示中关于"以命还命，以眼还眼，以鼻还鼻，以耳还耳，以牙还牙"（《古兰经》5:45）的原则，以其人之道，还治其人之身。

【13】艾奈斯·本·马立克传述：穆圣未曾下令给他们止血。

【14】艾奈斯·本·马立克传述：几个欧莱那人来见穆圣，他们信奉伊斯兰，并且同穆圣结了约。当时，麦地那发生了胸膜炎……穆圣得到消息，身边约有二十位辅士青年，便派他们跟踪追捕，还特意派了位追缉人跟踪。

【15】艾奈斯·本·马立克传述：穆圣下令剜掉那伙人眼睛，是因为他们剜了牧人眼睛。

第三节　用石头、铁器等物伤人宜当抵偿

【16】艾奈斯·本·马立克传述：有个犹太人为抢银首饰用石头将一姑娘头部砸破，家人将她带到穆圣处时，已经奄奄一息。穆圣指着一个与此事无关的人问她："是这人打伤了你？"她用头暗示不是此人。穆圣又指着另一个与此事无关的人问她："是这个打伤了你？"她摇头表示不是。穆圣指着真正的凶手问，她点头称是。于是，穆圣下令用两块石头击毙凶手。

【17】艾奈斯·本·马立克传述：有个犹太人为抢首饰将一辅士姑娘杀死，投入井中，且用石头击碎头部，其人被抓来后，穆圣下令乱石击死。

【18】艾奈斯·本·马立克传述：有人发现一个姑娘被人用两块石头夹击了头部，便问她："谁打了你？是某人某人吗？"直到提及那个犹太人的名字，她才点头称是。该犹太人被抓来时，供认不讳，穆圣下令用石头击碎其头部。

第四节　无意致伤不赔偿

【19】欧姆拉奈·本·侯斯尼传述：耶尔莱（一说是伊本·伍麦叶）与人打架，将对方手咬住，对方使劲挣脱，将其门牙

带掉。二人上诉穆圣，穆圣说："你们怎能像公驼似的咬自家弟兄？此事无赔偿。"

【20】欧姆拉奈·本·侯斯尼传述：有人咬住另外一人前臂，那人使劲挣脱，咬者门牙落地。二人上诉穆圣，穆圣判决无理，且说："你想吃他肉吗？"

【21】索福旺·本·耶尔莱传述：耶尔莱的一名雇工被人咬住前臂，便使劲挣脱，将咬者门牙带落。其人上诉穆圣，穆圣说："你企图像骆驼似的咬他吗？"

【22】欧姆拉奈·本·侯斯尼传述：有人咬住另一人手，那人使劲挣脱时，咬者门牙落地。其人请求穆圣治罪对方，穆圣说："你要我怎样？你要我下令他将手伸进你嘴里，让你像公驼似的咬他吗？那你伸出手让他咬，然后你再使劲挣脱！"

【23】耶尔莱·本·伍麦叶传述：有人来见穆圣，他咬别人手被挣脱时掉了门牙。结果，穆圣判其无理，且说："你意欲像公驼似的咬他吗？"

【24】耶尔莱·本·伍麦叶传述：我曾随穆圣参加泰布克战役，那次战役在我心中是影响最深的一件功修。我有个雇工，与人打架，一方咬住另一方手，被咬者挣脱手时，将咬者一颗门牙给带掉。二人来见穆圣，穆圣判决其门牙无赔偿。

第五节　牙齿之类的赔偿

【25】艾奈斯·本·马立克传述：鲁白义尔[①]姐姐乌姆·哈里斯·本·苏拉格打伤了一人，他们上诉穆圣，穆圣下令抵偿。

---

① 鲁白义尔，生卒年份不详，全名鲁白义尔·丙·奈兹尔，为艾奈斯·本·马立克的姑母，穆圣门弟子，辅士。

鲁白义尔母亲说:"安拉的使者啊!难道要她抵偿吗?誓以安拉!不能让她抵偿。"穆圣说:"赞颂安拉超绝万物!鲁白义尔的母亲啊!抵偿是安拉的规定。"她回答说:"不,誓以安拉!不能让她抵偿。"她一直请求穆圣,直到他们接受了赔偿费。这时,穆圣说:"安拉的仆人中确有这样的人:他若向安拉发了誓,安拉定会答应其誓愿的。"

第六节 穆斯林触犯哪种刑律方可被杀

【26】伊本·麦斯欧德传述:穆圣说:"凡是见证万物非主唯有安拉,见证穆罕默德是安拉使者的穆斯林,其生命神圣不可侵犯,除非触犯三种刑律之一:已婚通奸、以命偿命或叛教而脱离穆斯林集体。"

【27】伊本·麦斯欧德传述:穆圣站在我们中间宣讲说:"誓以独一的安拉!凡是见证万物非主唯有安拉,见证穆罕默德是安拉使者的穆斯林,其生命神圣不可侵犯。唯有三种人例外:已婚通奸者、以命偿命者、叛教脱离穆斯林集体者。"

第七节 首开杀戒者之罪

【28】伊本·麦斯欧德传述:穆圣说:"凡有一人被无端杀害,阿丹长子对此血债都将负有责任,因为他是首开杀戒者[①]。"

---

① 人类始祖阿丹的长子戛比里(即该隐)杀死其弟哈比里(即亚伯)的故事,在《古兰经》(5:27—31)和《圣经旧约·创世记》(4:1—8)中均有记述,被认为是人类历史上自家兄弟相互残杀的开始。由于私欲的驱使,人类之间的残杀绵延不断。几乎所有天启宗教都禁止杀戮,尤其禁止枉杀。《古兰经》昭示:"凡枉杀一人的,如杀众人;凡救活一人的,如救活众人……"(5:32)所以,禁止杀人,杀人者须负抵偿是伊斯兰的基本原则之一。由戛比里对其后人的血债负有责任的圣训中可知,凡是恶事作俑者,要永远承担每个效法其恶行者的罪责。同样,凡是首创一善事者,要分享每个效法其善举者的报酬。善恶之榜样影响力巨大,其责任绵延久远。

第八节　复生日血债将首先得到偿还

【29】伊本·麦斯欧德传述：穆圣说："在复生日，人间事务首先得到判决的是血债案①。"

第九节　严禁危害生命、毁坏他人名誉和财产

【30】艾布·拜克莱传述：穆圣说："自从安拉造化天地之日起，年月循序轮转，井然有序。每年的月份是十二个月，其中四个为禁月：祖勒·格尔德、祖勒·罕志和穆罕兰三个禁月紧密相连，第四个禁月——木达尔的勒哲布②则独居朱玛达和舍尔邦之间。"穆圣接着问："现在是什么月份？"大家说："安拉及其使者知道。"穆圣沉默不语，致使我们以为他要重新为此月命名。穆圣说："这不是祖勒·罕志月吗？"大家回答："是的。"穆圣又问："这里是什么城市？"大家说："安拉及其使者知道。"穆圣沉默不语，致使我们以为他要重新为此城命名。穆圣说："这不是麦加城吗？"大家回答："是的。"穆圣又问："今天是什么日子？"大家说："安拉及其使者知道。"穆圣沉默不语，致使我们以为他要重新为此日命名。穆圣说："这不是奈赫尔日吗？"大家回答："是的，安拉的使者！"穆圣说："你们的生命、你们的财产、你们的名誉，都是神圣而不可侵犯的。就像在这座城市里这个月份中今天这个

---

① 人生一世，勿欠血债。血以血还，不在自身，就在儿女；不在今世，就在后世。人命关天，凡人命血债，宜当避而远之，万万不可牵连在内。在复生日，一切均可得到安拉宽恕，只要不是以物配主，唯人命血债例外，因为那是对遇害者的不公。

② "木达尔的勒哲布"，当时阿拉伯各部落对勒哲布月有不同理解，木达尔部落认为勒哲布月就是在朱玛达和舍尔邦两月之间的那一月（7月），他们特别尊重此月。而有的部落如勒比尔人则将9月莱迈丹称为勒哲布。故穆圣将勒哲布与木达尔部落联系起来，说"木达尔的勒哲布"，以免发生误解，借以统一对该月的正确理解。

日子的神圣性一样。今天的在场者要传达给不在场者。"

宣讲结束，穆圣亲手献牲了黑白相间的两只羝羊和另外几只羊，然后将肉分给了我们。

【31】艾布·拜克莱传述：奈赫尔那天，穆圣给我们作了宣讲。穆圣说："就像在这座城市里这个月份中今天这个日子的神圣性一样，直至你们见你们主的那一天。请问，我传达了吗？"大家都回答："是的，你传达了！"穆圣说："安拉啊！请你见证。"

第十节　请求宽赦血债属于可嘉

【32】瓦义里·本·侯吉尔传述：我正陪穆圣坐着，突然有人用皮条拉着一人前来，说："安拉的使者啊！此人杀死了我弟兄！"穆圣问："是你杀死他的？"血主说："假使他不承认，我可以对他举证。"其人回答："是的，是我杀死的。"穆圣问："你怎样杀死的？"其人回答："我和他打树叶，他骂得激怒了我，我用斧子砍他耳朵，结果砍到了头上。"穆圣问："你有纳恤金的财物吗？"其人回答："除了衣服和斧子，我一无所有。"穆圣问："你看你的族人能否替你交纳恤金？"其人回答："我在族人面前微不足道。"穆圣便将皮条交给血主，说："你带走他吧！"血主转身离开时，穆圣说："他若杀了此人，他与此人同罪！"血主听到穆圣的话，转身回来，说："安拉的使者！我听你说：'他若杀了此人，他与此人同罪！'我是遵照你的命令将他带走的呀！"穆圣说："你愿意让他担负你原有的罪恶和你弟兄原有的罪恶吗？"血主回答："安拉的使者！愿意。"穆圣说："那就宽赦他吧！"于是，血主松开皮条，将其放走了。

【33】瓦义里·本·侯吉尔传述：有人将一杀人凶手带到穆圣面前，穆圣便交给血主处理。当时，凶手脖子上束着一根皮条，被血主拉着。血主转身离去时，穆圣说："杀人者和被杀者都入火狱！"这时，一人上前将穆圣说的话告诉血主，血主便将凶手释放了。

【34】伊本·埃什沃尔①传述：穆圣当时要求血主宽赦凶手，血主拒绝。

第十一节 胎儿的恤金

【35】艾布·胡莱勒传述：两个胡宰里族妇女，其中一个用石头击中另一个腹部，致使流产。穆圣对此判决赔偿一名仆人，不论男仆或女仆。

【36】艾布·胡莱勒传述：关于莱赫亚尼族一个妇女流产而亡的胎儿，穆圣判决赔偿一名仆人，不论男仆或女仆。后来，被判决赔偿仆人的那个妇女去世，穆圣判决遗产归其孩子和丈夫，恤金由其父系亲属赔偿。

【37】艾布·胡莱勒传述：两个胡宰里族妇女打架，其中一个用石头击中另一个，致使对方及其腹内胎儿母子双亡。他们上诉穆圣，穆圣判决胎儿恤金是一名仆人，不论男仆或女仆，并判决受害妇女恤金由凶手的父系亲属赔偿，遗产由其子女和至亲继承。这时，胡宰里族的哈迈里·本·马立克说："安拉的使者啊！我们怎能为一个不曾喝过水、吃过饭、说过话、哭叫过的婴儿赔偿呢？像这种情况，宜当不了了之。"穆圣说："你

---

① 伊本·埃什沃尔（？—742年），全名赛义德·本·阿姆尔，穆圣再传弟子，圣训可靠传述者，曾为库法卡迪。

这话，好像来自卜卦之流的言词①。"

【38】艾布·胡莱勒传述：一个妇女用帐篷柱子打了自己已有身孕的姊妹，致其身亡。俩人中的一个是莱赫亚尼族。之后，穆圣作出判决："受害者恤金由凶手的父系亲属赔偿，腹中胎儿的恤金是一名仆人。"凶手的父系亲属中有人说："我们怎能为一个不曾喝过水、吃过饭、说过话、哭叫过的婴儿赔偿呢？像这种情况，宜当不了了之。"穆圣说："你是在学游牧人咬文嚼字！"穆圣判决他们赔偿了恤金。

【39】穆义尔·本·舒尔自传述：有个妇女用帐篷柱子将其姊妹致死，人们为此来见穆圣，穆圣判决其父系亲属赔偿恤金。受害者当时已有身孕，穆圣判决胎儿的恤金是一名仆人。这时，凶手父系亲属中的一人说："我们怎能为一个不曾喝过水、吃过饭、哭叫过的婴儿赔偿恤金呢？像这种情况，宜当不了了之。"穆圣说："你是在学游牧人咬文嚼字！"

【40】穆义尔·本·舒尔自传述：受害妇女流产，有人上诉穆圣。穆圣判决赔偿一名仆人，并判决由女方的氏族赔偿。

【41】米斯沃勒·本·麦赫莱迈②传述：欧麦尔就致使孕妇流产的赔偿问题征求大家意见，穆义尔·本·舒尔白说："我见证穆圣曾经就此判决赔偿一名仆人，不论男仆或女仆。"欧麦尔

---

① 此语的意思是说，这人一味玩弄韵味辞藻，喋喋不休为自己辩解，不听穆圣正确的判决，穆圣甚为厌恶。
② 米斯沃勒·本·麦斯莱迈（589—666年），全名穆罕默德·本·麦斯莱迈·本·赛莱玛·艾布·阿布杜·拉赫曼，麦地那奥斯部落人，穆圣门弟子，辅士。除泰布克战役外，他还参加了白德尔等多次战役。穆圣在几次出征中，委任他代理麦地那政务。曾为欧麦尔的谋士之一，后负责收管朱海那部落的天课。哈里发阿里时代的菲特奈，他均规避未予参加。

说："你应当给我举出跟你一道见证的人。"于是，伊本·麦斯莱迈为他作了见证。

十四　刑律①

第一节　偷盗的刑律及定刑的限额

【1】圣妻阿依莎传述：穆圣说："偷盗四分之一第纳尔以上者可断其手。"

【2】圣妻阿依莎传述：穆圣曾在四分之一第纳尔以上断手。

【3】圣妻阿依莎传述：穆圣说："四分之一第纳尔以上可断手。"

【4】圣妻阿依莎传述：在穆圣时代，偷盗少于盾牌价值——不论皮盾或铁盾价值不断手。

---

① 刑律，阿拉伯语"侯杜德"一词的意译，亦称"安拉之法度"，即安拉为制止犯罪行为而明确规定的行为规范及对违者的固定刑罚，此为伊斯兰刑法的基础和主体，包括酗酒、盗窃、私通、诬陷私通、抢劫和叛教在内的伊斯兰视为不容宽恕的6种大罪。"酌定刑"，阿拉伯语"塔吉尔"一词的意译，亦称"人定之法度"，即依据人定法给予适当的惩罚。这类刑罚较为灵活，为固定刑的一种补充，主要适用于故意杀人罪、故意伤害罪、过失杀人罪、过失伤害罪以及不按固定刑罚处分的一切轻微的刑事犯罪。原则上酌定刑的量刑标准要低于固定刑。一般固定刑由沙里亚法院实施，酌定刑由统治者主持的世俗法院实施，而同态复仇则属于被害人一方的私人权利，被害人一方可要求同态复仇，亦可给予宽恕而以赎罪血金代替。本章圣训主要是对盗窃、通奸、酗酒等违犯伊斯兰律法罪行的量刑和处罚规定。伊斯兰教法规定：私自窃取他人财物其价值达10枚第尔汗以上，即构成盗窃罪。通奸罪其刑律因罪犯婚姻状况和社会身份不同而区别：自由人男女通奸，判处100鞭刑并处以石块击毙；未婚者判处100鞭刑并流放一年；对奴隶仅处以50鞭刑。为防止冤枉贞洁妇女，《古兰经》规定，凡告发妇女与他人通奸而又不能举出四个男子见证者，即构成诬陷通奸罪，须处以80鞭刑（24∶4）。对于酗酒，《古兰经》严格禁止，但未述及刑律。穆圣虽曾鞭笞饮酒者，但未具体明确数量。哈里发欧麦尔和阿里执政时，对犯酗酒罪者，自由人处以80鞭刑，奴隶处以40鞭刑。在穆圣和四大哈里发时代，之所以社会治安和道德状况良好，与伊斯兰上述刑律的制定和严格推行不无关系。

【5】伊本·欧麦尔传述：穆圣曾斩断一个偷盾者的手，该盾价值三个第尔汗。

【6】艾布·胡莱勒传述：穆圣说："安拉诅咒偷盗者。偷鸡蛋可断手，偷绳也可断手①。"

第二节　偷盗者不分贵贱一律断手，禁止以法徇情

【7】圣妻阿依莎传述：古莱什人为麦赫祖姆族一女人的偷盗行为甚感忧虑，便商议派谁去向穆圣为她求情，结果一致认为除了穆圣所喜爱的伍萨麦·本·宰德外，没有人敢当此任。于是，伍萨麦去向穆圣求情，穆圣说："难道你为违反安拉戒律的事而求情吗？"接着，穆圣站起来宣讲说："在你们之前有些民族遭到毁灭，其因就是他们执法不公。贵族犯偷盗罪逍遥于法外，贫民犯偷盗罪便处以严刑。誓以安拉！假若我的女儿法图麦偷了东西，我也必断其手②。"

【8】圣妻阿依莎传述：穆圣时代，在光复麦加那年，古莱什人为一女人的偷盗行为甚感忧虑，便商议派谁去向穆圣为她

---

① 男女偷盗者应断其手是《古兰经》的明文规定（见5:38），但未具体规定偷盗物达到定此刑律的数量。本章几段圣训规定了偷盗达到定刑的最低数量。由此可以看出，针对当时阿拉伯社会生产力十分低下，财富和货币短缺，淫风盛行，抢劫偷盗猖獗的情况，穆圣制定了偷盗断手、私通处死的刑律。表面看来此种刑律十分严厉，实际上在当时并不难实行，因为它是治理乱世和建立新秩序的必要措施。当然，立法虽严，执法却较宽。即偷盗物品达到施刑的数量在执行过程中均有不同程度的放宽。比如，伊玛目沙菲尔主张偷盗物不足四分之一第纳尔；伊玛目马立克主张不及3个第尔汗；艾布·哈尼法主张不及10个第尔汗，皆不能断其手。伊斯兰教历史上，对偷盗鸡蛋、绳子者的断手，只是一种严厉的警告，从未有实践的记载。断手的主要对象是惯犯，目的在于以儆效尤。私通罪的成立要有4个目击交合之实况的见证人，故对已婚男女犯私通罪者执行石击极刑，亦是十分慎重而严格的。

② 在古代社会，"刑不上士大夫"是很普遍的现象。伊斯兰主张在刑律面前人人平等，谴责和严禁刑不上权贵以及以法徇情的行为。在这方面，穆圣为穆斯林大众树立了光辉的典范。

求情，结果一致认为除了穆圣所喜爱的伍萨麦·本·宰德外，没有人敢当此任。此妇被带到穆圣面前时，伍萨麦为之向穆圣求情，穆圣面带愠色说："难道你为违反安拉戒律的事而求情吗？"伍萨麦说："请你为我求饶，安拉的使者！"傍晚时分，穆圣站起来宣讲，赞颂安拉之后，说："在你们之前有些民众遭到毁灭，其因就是他们执法不公。贵族犯偷盗罪逍遥于法外，贫民犯偷盗罪便处以严刑。誓以我的生命在其掌握的安拉！假若我的女儿法图麦偷了东西，我也必断其手。"接着，穆圣下令将那个犯偷盗罪的女人断了手。

自此之后，这个女人虔心悔罪，并且结了婚。一次，她来见我，我将她的困难禀告了穆圣。

【9】圣妻阿依莎传述：一个麦赫祖姆女人借了东西，后来矢口否认。穆圣下令断手时，其家属来见伍萨麦·本·宰德，要他为之说情。于是，伍萨麦向穆圣为之求情……

【10】贾比尔·本·阿布杜拉传述：有个麦赫祖姆族女人犯了偷盗罪，人们将她带到穆圣那里时，她要请求圣妻乌姆·赛丽麦保护。穆圣说："誓以安拉！假若我的女儿法图麦偷了东西，我也必断其手。"于是，将其断了手。

第三节 通奸的刑律

【11】欧巴德·本·萨米特传述：穆圣说："你们应当聆听我的教诲（连说了两遍），安拉确已对他们作出了规定：未婚双方，各打百鞭，流放一年；已婚双方，各打百鞭，处以石刑。"

【12】欧巴德·本·萨米特传述：穆圣曾经每次受到启示，异常艰难，面色如土。有一天，穆圣受到启示，面色如土，颁

降结束后说："你们应当聆听我的教诲，安拉确已对他们作出了规定：已婚双方，各打百鞭，再处以石刑；未婚双方，各打百鞭，再流放一年。"

【13】欧巴德·本·萨米特传述：穆圣说："未婚双方，处以鞭笞和流放；已婚双方，处以鞭笞和石刑。"

第四节　已婚者私通当处以石击刑

【14】伊本·阿巴斯传述：欧麦尔坐在穆圣的讲坛上宣讲说："安拉确已派遣穆罕默德昭示真理，并且降示他经典，其中有一节关于石击刑的经文①，我们都曾读过它，并且理解它背诵它。穆圣曾经令人执行过石击刑，他归真后我们也执行石击刑。但我担心随着光阴流逝，日久天长，有人会说：'我们在安拉经典中没有发现有关石击刑的经文。'致使他们由于背弃安拉曾降示的规定而误入歧途。依安拉的规定：凡是已婚而私通的男女，只要证据成立，或出现身孕，或供认不讳，则务必处以石击刑。"

第五节　自己供认奸情的刑律

【15】艾布·胡莱勒传述：有次穆圣正在寺内，来了一个穆斯林，呼唤穆圣说："安拉的使者！我犯了私通罪。"穆圣转身未理。那人又走到穆圣面前说："安拉的使者！我犯了私通罪。"就这样那人一连重复了四遍。当其人对自己见证四次时，穆圣叫住问："你是否发疯了？"那人回答："不是。"穆圣又问：

---

① 此节经文意为"男女老者如犯奸情，你们断然对其施以石击极刑，以作为安拉的惩戒"。后来其文词被废止，未辑入奥斯曼定本《古兰经》中，但其所规定的律法仍然实行。

"你可曾结婚?"那人回答:"已经结婚。"这时,穆圣说:"你们将他带下去处以极刑。"

贾比尔·本·阿布杜拉说,我当时是行刑者之一,我们将其带到旷野礼拜场①处以极刑。当石块纷纷砸向时,那人撒腿而跑,我们在哈尔追上,将其击毙。

【16】贾比尔·本·赛姆尔传述:我看见玛义兹·本·马立克②被人带到穆圣跟前,个头矮小,小腿健壮,未穿斗篷。他对自己见证四次,说他犯了私通罪。穆圣说:"或许你……"他说:"不,誓以安拉!小人确实犯了私通之罪。"之后,穆圣宣讲说:"真的,我们每次为主道外出征战;他们便有人溜在家里,施以小惠而窃玉偷香。真的,誓以安拉!如果被我发觉,我必以其人为儆戒。"

【17】贾比尔·本·赛姆尔传述:有人将一人带到穆圣那里,此人个头矮小,蓬头垢发,小腿健壮,身着外套。他供认自己确已犯了私通之罪,一连重复了两遍。第三次供认时,穆圣下令将其处以极刑。之后,穆圣说:"我们每次为主道外出征战,你们便有人溜在家里施以小惠而偷香窃玉,安拉若襄助我发觉此事,我必以其人为儆戒。"

【18】伊本·阿巴斯传述:穆圣问玛义兹·本·马立克:"我听到的有关你的事情属实吗?"玛义兹说:"你听到了我的什么事情?"穆圣说:"我听说你私通某族的一个姑娘。"玛义兹说:"有这回事。"他自己又见证了四次,最后穆圣下令处以

---

① "旷野礼拜场",是指白吉尔墓地旁举行殡礼的地方。
② 玛义兹·本·马立克,生卒年份及其事迹不详,麦地那埃斯莱姆族人。

极刑。

【19】艾布·赛义德传述：有个叫玛义兹·本·马立克的埃斯莱姆族人来见穆圣，说："我犯了大罪，请你对我执行刑律！"穆圣驳斥了数次，最后询问他的族人，他们说："我们知道他没病，他确实犯了大罪。他认为只有对他执行刑律才能使他脱离罪恶。"玛义兹又来见穆圣，穆圣便下令我们将其处以极刑。我们将他带到白吉尔·阿尔格德，没有捆绑，也没有挖坑。我们向他投掷骨头、胶泥、碎瓦，突然他撒腿逃走，我们跟踪追赶。跑到哈尔时，他挺身站住，我们遂投掷哈尔巨石，将之击毙。傍晚时分，穆圣站起来宣讲说："我们每次为主道外出征战，总有个别人赖在家里，公羊似的到处叫唤。触犯此类勾当者若被带来，我必以其人为儆戒。"

【20】艾布·赛义德传述：傍晚时分，穆圣站起来赞颂安拉后，说："为什么有些人，每次我们出征，他们都溜下来像公山羊似的到处叫唤？"

【21】布莱德·本·侯赛布传述：玛义兹·本·马立克来见穆圣，说："安拉的使者啊！请你涤除我的罪恶。"穆圣说："你真可怜！你回去向安拉求饶悔罪吧。"他走了不远又返回来说："安拉的使者啊！请你涤除我的罪恶。"穆圣又说："你真可怜！你回去向安拉求饶悔罪吧。"他走了不远又返回来。一连往返了三次，第四次返回来，穆圣问他："我涤除你的什么罪恶？"他回答说："我的私通之罪！"穆圣问："他有疯病吗？"大家禀告穆圣说他没有疯病。穆圣又问："他喝酒了吗？"一人站起来要他对着自己喷气，结果没有闻到酒味。穆圣又问："你私通了？"他回答说："是的。"于是，穆圣下令将其处以极刑。当时，大

家对玛义兹有两种看法，有的说玛义兹彻底折本，确已被罪孽所包围；有的说没有比玛义兹更为可贵的忏悔。玛义兹来见穆圣时，把他的手放在穆圣手里，说："你将我处以石击刑律吧！"此后过了两三天，他们正坐着，穆圣前来道了色兰，然后坐下来，说："你们都给玛义兹祈求饶恕吧！"于是，大家都祈求说："愿安拉饶恕玛义兹！"穆圣说："他做的这个讨白，假若分给全体稳麦，一定能容纳他们。"

事隔不久，埃兹德部落一个阿米德族女人来见穆圣，说："安拉的使者啊！请你涤除我的罪恶。"穆圣说："你真可怜！你回去向安拉求饶悔罪吧。"她说："我看你想驳回我，就像驳回玛义兹·本·马立克那样。"穆圣说："这是为什么？"她说自己私通已有身孕。穆圣说："你……？"她说："是的。"穆圣说："你分娩后再来。"有位辅士便为之作了担保。分娩之后，那位辅士来见穆圣，说："那个阿米德女人已经分娩。"穆圣说："我们不能将之处以极刑，而抛下幼小的婴儿无人哺乳。"这时，一位辅士站起来说："我负责孩子的哺乳，安拉的使者！"于是，穆圣下令将之处以极刑。

【22】布莱德·本·侯赛布传述：埃斯莱姆族的玛义兹来见穆圣，说："安拉的使者！我确已亏折自己触犯了私通之罪，我想让你涤净我的罪恶。"穆圣将其驳回。第二天，他又来见穆圣，说："我确已犯了私通之罪！"穆圣第二次将其驳回。之后，穆圣派人去问他的族人，你们是否知道玛义兹智力上有问题。他们回答说，据我们所知玛义兹理智健全，我们都认为他是个好人。玛义兹第三次来见穆圣，穆圣又派人到他的部族那里询问，他们还是说玛义兹在为人和智力方面没啥问题。第四次前

来时，穆圣下令为之挖了个坑，然后处以石击刑律。

嗣后，有个阿米德族女人前来，说："安拉的使者！我确已犯了私通之罪，请你涤净我的罪恶。"穆圣将其驳回。第二天，她又前来，说："安拉的使者！你为什么要驳回我？或许你像驳回玛义兹那样将我驳回。誓以安拉！我已经有了身孕。"穆圣说："不！你先回去，分娩后再说。"分娩后，她用一块破皮包裹着孩子来见穆圣，说："这是孩子，我已经分娩。"穆圣说："你先回去哺乳他，断奶之后再说。"断奶后，孩子手里捏着一块饼子，她抱着来见穆圣，说："这是孩子，安拉的使者！我已经给他断了奶，他能吃食物了。"于是，穆圣把孩子交给一位穆斯林抚养，然后下令给她挖了一个及胸的深坑，让大家将之处以石刑。当时，哈立德·本·沃立德参与执刑，投掷了一块石头，血溅在脸上，他便骂了几句。穆圣闻听后，说："别骂，哈立德！誓以我的生命在其掌握的安拉！她做的这个讨白，假若税吏做了，安拉都会饶恕。"之后，穆圣吩咐抬来，亲自站了哲纳兹，然后将之掩埋。

【23】欧姆拉奈·本·侯斯尼传述：有个朱海那族女人来见穆圣，当时她已私通有孕，说："安拉的使者啊！我触犯了刑律，请你对我执行。"穆圣叫来她的监护人，说："你要善待她，分娩之后将她带来。"监护人奉命照办，分娩后将其带来。穆圣下令束紧她的衣服，然后处以极刑，穆圣亲自为之站了哲纳兹。事后，欧麦尔说："安拉的使者啊！她犯了私通之罪，你还给她举行殡礼？"穆圣说："奠她做的这个讨白，假若将其分给七十位麦地那人，一定能容纳他们。你发现过比为安拉献出生命更高贵的德行吗？"

【24】艾布·胡莱勒和宰德·本·哈立德传述：有个游牧人来见穆圣，说："安拉的使者啊！我以安拉发誓，恳求你按照安拉的法度对我进行裁决。"这时，他的对手——比他有才识的一个说："是的，请你按照安拉的法度对我们之间的纠纷进行裁决。请允许我发言。"穆圣说："你说吧。"他便说："我儿子原先在他家做工，与他女人私通了。有人告诉我说，我儿子将受极刑，我便用百只羊和我的一名使女抵偿了我儿子。后来，我请教了几位有学问的人，他们说我儿子应当处以一百鞭笞①并流放一年，石击死刑只是针对他的妻子。"穆圣听后说："誓以我的生命在其掌握的安拉！我一定按照安拉的规定，在你们俩之间作出裁决。羊和使女收回归你，你儿子当受一百鞭刑并流放一年。伍奈斯！你去会那个女人，若她承认无误，当处以石击死刑。"伍奈斯便去见那女人，结果其人承认无误，穆圣遂下令将其处以极刑。

第六节　吉米人犯私通罪亦处以石击刑

【25】伊本·欧麦尔传述：有人将犯了私通罪的一对犹太男女带到穆圣那里，穆圣便去会见犹太人。穆圣问他们："你们发现《讨拉特》②中对私通者是怎样规定的？"他们回答说："将脸涂黑，倒骑毛驴，游街示众。"穆圣说："如果你们所言属实，就把《讨拉特》拿来！"他们便将《讨拉特》拿来诵读，读到

---

① 鞭笞是伊斯兰的刑罚之一，分定量鞭笞和儆戒鞭笞。前者如未婚男女犯奸情者各鞭笞100，饮酒者鞭笞80。后者如对违犯教门某种禁律而未达到施以固定鞭笞的程度，犯者本人要求鞭笞，以消除罪愆，则法官酌情施以象征性的鞭笞，促其痛改前非，绝不再犯。

② 《讨拉特》和《引支勒》为《古兰经》中记载的安拉启示于先知穆萨和先知尔撒的经典，奉行这两部经典者被称为"有经人"，受到穆圣及其后的历代伊斯兰政权的保护。

有关石击刑的经文时，诵读的那个青年人把手放在有关石击刑的经文上面，只读前后经文。这时，随同穆圣的伊本·色俩目对穆圣说："你让他把手抬起来！"那人将手抬起，发现下面就是有关石击刑的经文。于是，穆圣下令将其二人处以极刑。

伊本·欧麦尔说，我当时是行刑者之一，我看见那男的用自己身体为那女的阻挡石头。

【26】伊本·欧麦尔传述：由于触犯私通之罪，穆圣判决将一对犹太男女处以石击死刑，犹太人便来见穆圣……

【27】伊本·欧麦尔传述：犹太人为他们中间触犯私通之罪的一对男女来见穆圣……

【28】白拉仪·本·阿齐布传述：有人带着一个脸被涂黑、受过鞭笞的犹太人经过穆圣，穆圣叫住他们，说："你们发现在你们的经典中，私通罪的刑律是这样的吗？"他们回答说："是这样的。"于是，穆圣请来他们中的一位学者，说："我以降示《讨拉特》给穆萨的安拉的名义请你回答：'你们发现在你们的经典中，私通者的刑律就是这样吗？'"那位学者回答："不是这样的。要不是你以这种方式请我回答，我不会告诉你的。我们发现是石击死刑，可是在我们贵族中间私通泛滥，过去我们抓住贵族便宽免，抓住贫民就执法。后来，我们说：大家都来，我们共同决定一条律例，对贵族和贫民都可执行。结果，我们一致决定采用涂脸和鞭笞，放弃了石击死刑。"穆圣说："主啊！在他们废弃时，我率先复兴你的戒律。"接着下令将那个犹太人处以极刑。于是，安拉降示了以下经文：

"使者啊！那些口称信道，而内心不信的人，和原奉犹太教的人，他们中有争先叛道的人，你不要为他们的叛道而忧愁。

（他们）是为造谣而倾听（你的言论）的，是替别的民众而探听（消息）的，那些民众，没有来看你，他们篡改经文，他们说：'如果给你们这个（判决），你们就可以接受；如果不给你们这个，就慎勿接受。'……"

——《古兰经》5：41

犹太人说："你们去穆罕默德那里，如果他以涂脸和鞭笞命令你们，你们就可以接受；如果他以石击刑给你们作出裁决，你们就慎勿接受。"于是，安拉又降示了以下三节经文：

"谁不依照安拉所降示的经典而判决，谁是不信道的人。"

——《古兰经》5：44

"凡不依安拉所降示的经典而判决的人，都是不义的。"

——《古兰经》5：45

"凡不依安拉所降示的经典而判决的人，都是犯罪的。"

——《古兰经》5：47

这些经文是针对所有卡菲尔的。

【29】贾比尔·本·阿布杜拉传述：穆圣曾经下令将一个埃斯莱姆人、一个犹太男人和犹太女人处以石击死刑。

【30】艾布·伊斯哈格传述：我请教伊本·艾布·奥法："穆圣执行过石击刑吗？"他回答："是的。"我又问："是在《努尔章》[①] 降示之前还是在那以后？"他回答："不知道。"

[①] 《古兰经》规定"淫妇和奸夫，你们应当各打一百鞭"（24：2），而穆圣对犯奸情罪的男女却执行石击刑，这样看来经典明文与圣训似乎不一致。故有人请教伊本·艾布·奥法。实际上，此段圣训所说的要处以石击极刑，是针对已婚的通奸男女，而《古兰经》所说的处以80鞭笞的淫妇奸夫，则指未婚而犯奸情的男女，经训内容并无矛盾。

【31】艾布·胡莱勒传述：穆圣说："如果你们谁的使女私通，败露之后，当处以鞭笞，不再谴责；如再犯，依旧处之；如三次犯，则将其出售，哪怕换根头发绳子亦可。"

【32】艾布·胡莱勒传述：穆圣说："使女私通，前三次处以鞭笞；第四次犯，则将其出售。"

【33】艾布·胡莱勒传述：有人向穆圣请教有关未婚使女私通的处罚问题，穆圣回答："初犯，处以鞭笞；再犯，照样处之；三犯，将其卖掉，换根绳子亦可。"

第七节　对产妇可以延缓执法

【34】艾布·阿布杜·拉赫曼[①]传述：阿里宣讲说："人们啊！你们应当对你们仆人执行律法，不论结婚或未婚。穆圣曾有个使女犯了私通之罪，便下令我将其处以鞭笞，结果发现其人分娩不久。我害怕处以鞭笞致其性命，便禀告穆圣，穆圣说：'你做得对。'"

第八节　饮酒的刑律

【35】艾奈斯·本·马立克传述：有人将一饮酒者带到穆圣那里，穆圣用两根椰枣枝打了约四十下。艾布·白克尔也这样处罚。欧麦尔继任哈里发后，他为此事征求大家意见，阿布杜·拉赫曼·本·奥夫说："我认为你按最轻的刑律——八十鞭笞规定。"于是，欧麦尔便以此作出了规定。

【36】艾奈斯·本·马立克传述：穆圣曾用椰枣枝和鞋底鞭笞过饮酒者。艾布·白克尔曾鞭笞四十下。欧麦尔继任哈里发

---

① 艾布·阿布杜·拉赫曼：生卒年份及其事迹不详，全名阿布杜拉·本·宰德，穆圣再传弟子，埃及人。

时，随着版图不断开拓，人们不断迁居各地重镇，财物富足，生活优裕。欧麦尔说："你们对饮酒的刑律有何看法？"这时，阿布杜·拉赫曼·本·奥夫说："我认为你按照最轻的刑律规定。"于是，欧麦尔关于饮酒规定了八十鞭笞。

【37】胡岱尼·本·孟齐尔传述：我曾见奥斯曼·本·阿凡，有人将沃立德·本·欧格白[①]带到他那里，侯姆兰[②]和另外一人对其作见证：一个见证看到沃立德饮酒，另一个见证沃立德呕吐。奥斯曼说："他喝了酒才会呕吐的。"便说："阿里！你去对他执法吧。"阿里说："哈桑！你去对他执法."哈桑回答："让受过恩惠的人承担重负吧！"奥斯曼说："伊本·贾法尔！你去对他执法。"于是，伊本·贾尔法拿起鞭子进行处罚，阿里旁边数着。到四十鞭子时，阿里说："够了！穆圣曾经鞭笞四十，艾布·白克尔也鞭笞四十，欧麦尔鞭笞八十，全部都是逊奈，但我更喜悦四十下。"

【38】欧迈尔·本·赛义德传述：阿里说："任何因犯罪而受刑律致死者，我心中对其不曾感到忧伤，唯饮酒者除外。因为如果其人受到刑律而死，我还要为之付恤金，那是由于穆圣对此刑律未曾作出具体规定。"

第九节　酌定刑鞭笞的数量

【39】艾布·布尔岱传述：穆圣说："除对违反安拉所定之

---

① 沃立德·本·欧格白：生卒年份不详，哈里发奥斯曼的同母兄弟，光复麦加那天归伊斯兰，后被奥斯曼委任为库法总督，事件发生后奥斯曼下令从库法将其带回麦地那处置。

② 侯姆兰：生卒年份及其事迹不详，穆圣再传弟子，哈里发奥斯曼的释奴。

某项戒律者外，一般鞭笞不得超过十鞭①。"

第十节　刑律是对违法者的罚赎

【40】欧巴德·本·萨米特传述：我们曾随穆圣参加一次聚会，穆圣说："你们应该同我结约：你们不以物配主，不偷盗，不私通，不违背安拉的禁令而杀人。你们中谁履行誓约，必得安拉报酬；谁触犯其中一项而在今世受到惩罚，那是对他的罚赎；谁触犯其中一项而得到安拉的掩盖，赦罚则由安拉，愿意就宽恕，愿意便惩罚②。"

【41】欧巴德·本·萨米特传述：穆圣接着给我们诵读了有关妇女们结约的以下经文：

"先知啊！如果穆民妇女们到你面前来与你誓约：她们不以任何物匹配安拉，不偷盗，不私通，不杀自己的女儿，不以别人的儿子冒充丈夫的儿子，不违背你的合理的命令，那末，你当与她们誓约，你当为她们向安拉求饶。安拉确是至赦的，确是至慈的。"

——《古兰经》60:12

【42】苏纳比赫③传述：欧巴德·本·萨米特说："我是阿格白之夜曾与穆圣结约的十二族长之一。当时，我们与穆圣结

---

① 伊玛目艾哈迈德和部分沙菲尔派的欧莱玛仪根据本段圣训，主张对违反经典明确规定的刑律者依法惩处，而对一般犯罪者处以儆戒性处罚时，不超过10鞭。伊玛目马立克和哈奈菲两派以及部分沙菲尔派欧莱玛仪则主张，儆戒性处罚有轻重之分，可酌情定刑，因哈里发欧麦尔曾令艾布·穆萨执行儆戒性处罚时不要超过20鞭；哈里发奥斯曼下令处罚时曾打过30鞭。故此段圣训的规定在四大哈里发时代已灵活执行。

② 此段圣训所说的誓约内容与穆圣同妇女结约的内容基本相同。

③ 苏纳比赫：生卒年份及其事迹不详，全名苏纳比赫·本·札希尔·本·阿米尔，穆圣门弟子，穆拉迪族人。

约：不以物配主，不私通，不偷盗，不违背安拉的禁令而杀人，不掠夺，不叛逆。如果我们履行约言，则进天堂；如果我们触犯其中某一项，则其判决归于安拉。"

第十一节　牲畜、矿坑、井坑的伤害问题

【43】艾布·胡莱勒传述：穆圣说："牲畜伤人①无赔偿，井坑伤人无赔偿，矿坑伤人无赔偿。利卡兹②应收取五分之一课捐。"

十五　诉讼③

第一节　被告宜当宣誓

【1】伊本·阿巴斯传述：穆圣说："假若仅依原告的起诉断

---

①　所谓牲畜伤害，意指牲畜脱缰逃跑，撞伤人或毁坏其他财物，如主人不在场，主人不负赔偿责任；如主人与牲畜在一起，主人应负赔偿责任。至于水井和矿坑，意指矿坑或水井无赔偿。即一人在自己的地段内或荒野上挖了一口井，尔后有人失足落井，井主不负赔偿之责。如在道旁或在他人地段内挖井，并未征得其主人允许，若有人误落此井，井主应负赔偿之责。矿坑、矿井造成伤害，亦如此。

②　"利卡兹"，阿拉伯语音译，原文意为埋在地下的财宝，这里指蒙昧时期埋在地下的财宝。译为"矿产物"显然不妥，本段圣训中已提到矿产无赔偿问题，说明埋藏物与矿产有区别。就天课而言，矿产物没有五一课捐，发掘埋在地下的财富则须缴纳五分之一课捐。

③　译者介绍，诉讼，阿拉伯语"格迪叶"的意译，亦称诉讼程序，即伊斯兰教法关于民事、刑事、商事的审判程序，主要内容包括证据制度（证人、证据、证人资格、证人信誉等）和审判制度（法院的组成、法官的资格、权限、职责、原告、被告、审判程序等）。本章圣训实际上是伊斯兰诉讼程序法的雏形。从中可以看出，当时诉讼的基本程序是"原告举证，被告盟誓"，法官（卡迪 [卡迪，伊斯兰教职称谓。旧译"哈的"、"朶最"、"卡孜"。系阿拉伯语音译，意为"教法执行官"，简称"教法官"。即依据伊斯兰教法对穆斯林当事人之间的民事、商事、刑事等诉讼执行审判的官员]）主要依据原被告双方辩论中确定的事实断案。穆圣特别重视查找证据，反对主观臆断，强调主事者裁决案件时应当尽心尽责，防止感情用事。承认主事者的判断可能失误，如发现错误甚至荒诞的判决，应及时纠正。对一般案件，提倡尽可能协商调解，以争取诉讼双方满意。

案，那他人的生命和财产就不能得到保护，还应该让被告宣誓。"

【2】伊本·阿巴斯传述：穆圣说："被告宜当宣誓。"

【3】伊本·阿巴斯传述：穆圣曾判决让被告宣誓。

第二节 依宣誓和举证进行裁决

【4】伊本·阿巴斯传述：穆圣依宣誓和证人作出裁决。

第三节 以现象裁决要查找证据

【5】圣妻乌姆·赛丽麦传述：穆圣说："你们诉讼双方来见我，也许你们有人比对方更善于表达自己的理由，我就根据所听到的陈述而作出有利于他的判决。我若将他人权利判给某人，那他绝不要据为己有，因为我断给他的只是一团火[①]。"

【6】圣妻乌姆·赛丽麦传述：穆圣听到门外有争吵声，便出来说："我只是一个凡人，你们诉讼双方来见我，也许你们有人比对方更善于表达自己的理由，我以为诚实就作出有利于他的判决。我若将一个穆斯林的权利判给了谁，那便是一团火，就看他愿意拿走或者愿意放弃。"

【7】麦尔迈勒·本·阿布杜拉传述：穆圣听到圣妻乌姆·赛丽麦门外有争吵声。

第四节 杏德的诉案

【8】圣妻阿依莎传述：艾布·苏福扬妻子杏德·丙·欧

---

① 本段圣训不仅说明穆圣断案很重视证据，并不完全依据诉讼双方陈述裁决，同时也可看出，穆圣一贯强调自己是一个和众人一样的人，并不知道未来，也不知悉他人心中隐藏的事情。穆圣判案也是根据事情的外在现象和情形，一般是正确的，但也难免错误。

特白①前来，说："安拉的使者啊！艾布·苏福扬为人吝啬，他给我的生活费无法维持我和孩子的生活，我只能背地里拿些他的东西凑合，这对我是否有罪？"穆圣说："你可以依理拿够自己和孩子的生活费用。"

【9】圣妻阿依莎传述：杏德·丙·欧特白来见穆圣，说："安拉的使者啊！誓以安拉！我曾经盼望大地上的人家中，安拉使你们成为最卑微的一家人。而现在，我则盼望大地上的人家中，安拉使你们成为最高贵的一家人。"穆圣说："誓以我的生命在其掌握的安拉！你们的这种转变还要加深的！"杏德接着又说："安拉的使者啊！艾布·苏福扬为人吝啬，我不经允许拿他的钱财赡养他的家庭于我是否有罪？"穆圣说："合理花费，于你无罪。"

第五节　无聊多问、不尽义务只求权利属于可憎

【10】艾布·胡莱勒传述：穆圣说："安拉喜悦你们三件事，厌恶你们三件事。安拉喜悦你们只崇拜他、不以物配主、共同坚持安拉的准绳，厌恶你们人云亦云、无聊多问、浪费财物。"

【11】穆义尔·本·舒尔白传述：穆圣说："安拉禁止你们忤逆父母、活埋女婴、不尽义务只求权利。安拉厌恶你们三件事：人云亦云、无聊多问、浪费财物。"

---

① 杏德·丙·欧特白，全名杏德·丙·欧特白·本·勒比尔，光复麦加那天归信伊斯兰，穆圣门弟子。麦加古莱什人，率领妇女们前来与穆圣结约，曾为此事颁降经文（《古兰经》60：12）。她以坚毅和善辩著称，谙练词韵。嫁于艾布·苏福扬，生穆阿威叶。欧麦尔任哈里发期间，在艾布·白克尔父亲艾布·古哈法归真那天她也归真。

【12】宛拉德①传述：穆义尔·本·舒尔白致信穆阿威叶："敬致色兰，我听穆圣曾说：'安拉禁止三件事：忤逆父母，活埋女婴，不尽义务只求权利。安拉厌恶三件事：人云亦云，无聊多问，浪费财物。'"

【13】宛拉德传述：穆阿威叶致信穆义尔·本·舒尔白："从穆圣上你听到的有关问题请写信告诉我。"于是，穆义尔复信穆阿威叶："我听穆圣曾说：'安拉厌恶你们三件事：人云亦云，浪费财物，无聊多问。'"

第六节　卡迪只要用心裁决，正确与否均有报酬

【14】伊本·阿慕尔传述：穆圣说："如果卡迪处理诉讼时尽心竭力，裁决正确则得双份报酬；如果尽心竭力裁决，即使错误也得一份报酬。"

第七节　卡迪恼怒时断案属于可憎

【15】欧拜顿拉·本·艾布·拜克莱②传述：我在锡吉斯坦③任卡迪时，父亲写信嘱咐我："你在恼怒时不要为诉讼双方作出裁决。因为我听穆圣曾说：'任何人都不要在恼怒时为诉讼双方断案。'"

第八节　推翻荒诞判决，拒绝标新立异

【16】圣妻阿依莎传述：穆圣说："在我们的教门事务中，

---

① 宛拉德，生卒年份及其事迹不详，穆圣再传弟子，穆义尔·本·舒尔白的释奴。

② 欧拜顿拉·本·艾布·拜克莱（？—715年），穆圣再传弟子中的学者，曾任锡吉斯坦法官，齐亚德任巴士拉总督时，曾要他代理部分政务。

③ 锡吉斯坦，地名，位于中亚赫尔曼德河下游盆地，为伍麦叶王朝东部行省之一。现在分属于伊朗和阿富汗。

凡不依据经训而标新立异者，皆当拒绝接受。"

【17】赛尔德·本·伊布拉欣传述：我请教戛希姆·本·穆罕默德："一人有三处住宅，他遗赠每处住宅的三分之一，是否可行？"戛希姆回答说："那就将全部归纳在一处住宅上。"接着又说："圣妻阿依莎告诉我，穆圣曾说：'谁办功课不依据我们的教律，那是被拒绝的。'"

第九节　最好的证人

【18】宰德·本·哈立德传述：穆圣说："真的，我告诉你们，最好的证人是未经请求便举证者。"

第十节　以个人见解裁决诉讼也会发生分歧

【19】艾布·胡莱勒传述：穆圣说："从前有两个女人带着两个孩子，突然来了一只狼，将一孩子叼走。两个女人各执一词，硬说被叼走的是对方孩子。于是，双方上诉先知达乌德，结果达乌德将幸存的孩子判给其中年长的那个女人。两个人出来，遇到达乌德的儿子先知苏莱曼，将情况告诉他，苏莱曼听后说：'拿刀来！我将这孩子劈成两半分给你俩。'这时，那个年少的女人说：'不能这样做！愿安拉怜悯你，这就是她的孩子。'于是，苏莱曼将孩子断给了这个年少的女人[①]。"

艾布·胡莱勒说，誓以安拉！我在那天才听说"森齐尼"一词，我们过去都将刀子叫"姆德叶"。

第十一节　卡迪居中调停属于可嘉

【20】艾布·胡莱勒传述：穆圣说："甲买了乙一处住宅，

---

① 之所以要改判给那个年少的女人，是因为苏莱曼认为，生母是最疼爱自己孩子的。

后来在宅地中发现了一罐金子。甲对乙说：'把你的金子拿走，我向你买的是住宅而未买金子。'乙说：'我把这处宅地及地里的一切全卖给你了。'二人上诉一人进行仲裁，仲裁者问：'你二人有子女吗？'一个说：'我有一子。'另一个说：'我有一女。'仲裁者听后说：'那你们就让这一男一女结为良缘，将这金子作为他俩的嫁娶和施散之用。'"

沧州回族戒酒歌[①]

饮酒恶，害无比，百罪之冠。
喝醉酒，伊玛尼，定受伤残。
无耻事，任意为，胡言乱语。
甚狂者，敢杀人，胆大包天。
呕吐物，味难闻，使人鼻掩。
坠深渊，自伤身，今古常见。
泄机密，误大事，屡见不鲜。
西域贤，舍黑麦，医病酒犯。
邪魔诱，犯奸情，事后醒惭。
悔恨己，常讨白，将至一年。
女方至，抱婴儿，铁证如山。
其父怒，严行法，痛打百鞭。
舍黑麦，因此亡，永离人间。
商纣王，昏暴极，饮酒色乱。
亡国家，身受焚，结局何残。
三国将，毛张飞，酒后失关。
曹操醉，宛城丑，损将多员。

---

① 选自吴丕清编著：《沧州回族》，中央民族大学出版社 1999 年版，第 166—167 页。

关云长，手下将，醉烧营盘。
宋朝将，杨七郎，英勇骁悍。
中奸计，被酒醉，身穿乱箭。
提几条，触犯才，作为镜鉴。
快改过，做讨白，永禁不犯。

回族经堂歌[1]

命行总诗（七律）

梦寐昏昏不醒迷，谆谆主谕六千奇。
专差至圣频频引，惟冀吾侪谨谨跻。
贤哲固能知正否，愚昧依旧认支离。
予今一份回回子，缄默无言敢自欺。

清真二十禁

第一禁，烟酒令，戒酒歌词引证明。
醒世篇中详言尽，我今再说烟之性。
沙非耳[2]
此处地气得中和，严禁之令何不服。
第二禁，莫赌博，输赢胜负且不说。
父母嗔怒妻子恼，废时失业何为乐。
久必输，赌近盗，国法之中亦不肖。
莫如谨守清真规，有用精神归正道。
第三禁，莫奸淫，男婚女配最分明。

---

[1] 选自《十等复生》，民国十六年（1927）一月，清真书报社发行，云南玉溪马玉龙（瑞图）敬述。

[2] 沙非耳：回教宗派之名也，有瘴毒，穆民吸之为驱疫。

窃玉偷香图苟合，不思家内妻妹行。
万恶首，淫为先，循环之理不移迁。
我不在外淫人妇，我妇何能被人奸。
第四禁，鸡奸淫，阴阳颠倒更胡行。
两人犯罪身难洗，千江万海不能清。
受之者，干之人，不男不女辱家门。
岂仅祖宗名誉玷，枉到人间走一程。
第五禁，是胡行，迎神送鬼并叫魂。
扶乩仙方祝由术，端公香头奉为神。
走阴差，关亡魂，起病消灾能不能。
各种魍魉图财帛，难夺真主妙全衡。
第六禁，择风鉴，向东向西将钱骗。
堪舆若有回天力，代代当富不贫贱。
惯求签，问命卦，先天已定徒空话。
背主之人方犯此，穆民之类不受诈。
第七禁，寄外名，穿耳穿鼻锁项圈。
子嗣有无并早晚，岂由人力定由天。
千生计，万设法，主命不存亦无法。
莫如生死全听命，真主安排自有他。
第八禁，亲友病，日落如何不探省。
同病相怜同气求，无分朝夕并远近。
坏习惯，理不正，晚间探亲增病症。
要知灾病有限期，何能以此为正论。
第九禁，论医药，因病求医如火着。
多有迷信不认主，年节之时不服药。

一年终，又三节，行政经营以此结。
何关病疾与灾殃，迷人以此论凶吉。
第十禁，喜寿事，燃烛盆火放鞭子。
炮声隆隆有何益，日光朗朗何用此。
图热闹，背主恩，花钱费钞更无因。
实事求是不愿外，君子频频素位行。
十一禁，放利息，以母求子形不易。
真主多次禁谆谆，与受犯科同一例。
对异端，对敌人，不在此律另章程。
莫若经营耕种取，洁净财帛甚安宁。
十二禁，莫跫粮，古云斗米望天干。
人家求丰他求歉，忍毒之心太不良。
己田收，并贩卖，余三余一不为害。
真主造物普慈人，岂可因利将心坏。
十三禁，息词讼，遇事忍耐莫争愤。
排难解纷勿挑唆，正教当然有一份。
劝勿讼，讼终凶，朱熹格言有此宗。
一时之气不能忍，后来欲罢不能终。
十四禁，莫沽名，善恶公道在人心。
若夸功德随风去，真主最恶自显能。
逢人前，便说项，显无学问且无量。
奔殿反言马不进，孟君不伐真将相。
十五禁，莫高傲，主圣最恶惟此道。
尔之领命有才能，毫与旁人无沾靠。
满招损，谦受益，高而不危满不溢。

青竹虚心比君子，守富守贵俱无极。
十六禁，强与霸，以财称强以势霸。
强中自有强中手，天外有天真实话。
财有尽，势有消，消尽之时祸必招。
莫如平时谦与让，忍字头上一把刀。
十七禁，性刚愎，因为小愤燥火出。
大则殒命小伤家，追悔无及徒悲哭。
气好忍，刚能柔，圣贤功夫宜讲求。
井栏成沟皆绳力，柔能克刚自古由。
十八禁，莫懒惰，忙里偷闲办功课。
大富由天小富勤，勤能补拙无差错。
受贫贱，忍饥饿，无非馋懒不勤过。
朝夕胼胝手足忙，两世荣华无绽破。
十九禁，莫吝啬，富贵贫贱命中定。
正路来钱正路花，源源而来不得尽。
看财奴，聚钱手，阴骘不留把钱留。
儿孙自有儿孙福，莫替儿孙做马牛。
二十禁，金和绸，此等装饰是女流。
男人用之生高傲，圣谕谆谆戒不休。
金镶物，绸滚边，尺寸之中有界限。
布衣布服亦温暖，何必甘心逆圣言。

禁止总词

迷信人儿固然不听，闻禁令也须触目惊心，
究竟是人非草木，孰能无性，愿我辈挂胸襟。须惧他法令森森。

又：

普慈主，对于人，不忍不教而诛遽尔行，

多次降经差圣重申令，惟愿人忙趋真改假希贤圣，

劬劳不惮，现身说法渡迷津，我等穆民，应当奉之如明镜。

分析指明十四条

惯贪办，是副功，责轻将重主恩浓。

天命圣行须分析，当然富余不相同。

长都阿，三夜头，平时把斋皆自由。

格得①一夕月赏，五时欠缺不能钩。

主目者②，另立言，七日一聚令由天。

八拜圣行天命二，功胜前人五百年。

一星期，如不礼，顺性三分暗其一。

三次不遵应全暗，凛遵朝觐且能抵。

一年内，两会期，尔得③之名发自西。

每期两拜当然者，外增四拜贤者遗。

小节日，应宰牲，大节之期散麦金。

丁畜两种捐课项，无拘贫富贵非轻。

逢斋月，礼晚拜，至圣惯行本可爱。

天命应较圣行重，圣行不能增其外。

弃五时，仅此拜，去重就轻糊涂派。

---

① 格得：格得夜，即斋月第二十七日之夕也，长都阿者即祈祷之言多而长也。
② 主目者：相聚之谓也，顺性之暗者，非顺性之无也，宜变之。
③ 尔得：即会期之名也。

五时不缺兼行此，后世天堂真乐快。
男女人，出幼时，天命责任不能迟。
男者十二女九岁，因其悟性已全知。
父母教，师尊传，各尽其职方卸肩。
自此功课时时干，必须忙里要偷闲。
男孩们，作圣行，小便藏赞洗不清。
幼小年龄责父母，成人长大在己身。
耶教人，亦有遵，希图洁净是缘因。
清真若不遵守此，至圣不允是穆民。

逢丧事，设孝堂，尸前悬幔本无妨。
幔外安桌并燃烛，赐揖两字上面黏。
迷信人，立牌位，与此形势相等类。
垂吊本属唁生者，此等淆风宜反对。

汉教殡，引魂鸡，亡者恐不辨东西。
死后尸体无用物，绝气之时性已离。
回教人，已沾迷，出殡宰鸡甚属奇。
亡魂若要鸡魂引，鸡魂又赖谁引擒。

见丧事，应举哀，睹物伤情喜性灰。
吊客到时主无敬，便将筵席面前开。
闻啼哭，听哀哉，饱食于侧该不该。
孔子亦曾存此念，我等遇此当主裁。

为家主，责任重，眷口保全无饿冻。
且须正道都其行，当行应止莫胡弄。
羊入田，践禾苗，牧夫被责岂能逃。
后世拷问家属过，罪及家长不轻饶。

无知者，嫉妒心，惯言斋拜无好人。
斋拜俨如纳粮课，并与别事不相侵。
奸人妻，盗人物，犯科至生将人戮。
国法另有刑事条，清真严戒也不出。

赌博等，各小罪，逃出国法也不会。
斋拜之人故犯此，地禁加惩不相类。
斩绞重，笞杖轻，皆非完粮纳课刑。
试看法场正刑者，可有斋拜正经人。

邪正路，本两歧，向东行走岂能西，
近朱者赤近墨黑，表里相同莫自欺。
清真教，称回回，自应内外向主归。
修道真切方谓教，背心悖理岂能为。

男女人，习尔令①，无分老幼是天命。
惟因腹内学问无，不知是否与远近。
尔令功，非仅诵，八路尔令皆须通。

---

① 尔令者，即学问之谓也。

回汉之文能领略，不偏不倚得其中。
并无私语无私行，德行超众劝教生。

以妈尼之仪则六件

第一箴，信真主。
第一当信独一主，知能听观无臭声。
眼见丹青知画手，不见真主见乾坤。
第二箴，信天仙。
主造天仙无老少，不吃不饮不聘亲。
各有功课恒顺主，并无男女与产生。
第三箴，信天经。
天经妙意深如海，明如日月照世间。
惊吓许约命令禁，明明正路要凛遵。
第四箴，信圣人。
圣人受命有感应，才学知识盖光阴。
并无私语无私行，德行超众劝教生。
第五箴，信后世。
后世公道又复生，查考义卷秤盘称。
作恶归落地狱苦，行善天堂享大恩。
第六箴，信前定。
我信万事有前定，富贵贫贱不由人。
吉凶祸福领来受，诚信风水是昧真。

以妈尼之断法六件

一不得杀人性命。

天下穆民是一家，犹如一树发之芽。

无故杀害一穆民，永久地狱难超拔。

二不得抢人财物。

财帛之中各有份，急求富贵命有亏。

夺人财物霸田地，今世逃脱后世赔。

三不得买穆民为奴。

穆民好比一树生，买来作奴罪难容。

媳女嫁时接银吃，后世惹火烧自身。

四不得歹猜穆民。

穆民之叫中多赞夸，不可轻慢歹猜他。

无故亏枉后世报，自作自受怨谁家。

五不得坏穆民名誉。

背谈穆民断不可，坏人名节是罪孽。

亲自若不取和好，讨白难准要亲赔。

六不得定穆民永久地狱。

命令禁止宜恪遵，不昧苦心得久长。

纵有罪恶下地狱，期满定然升天堂。